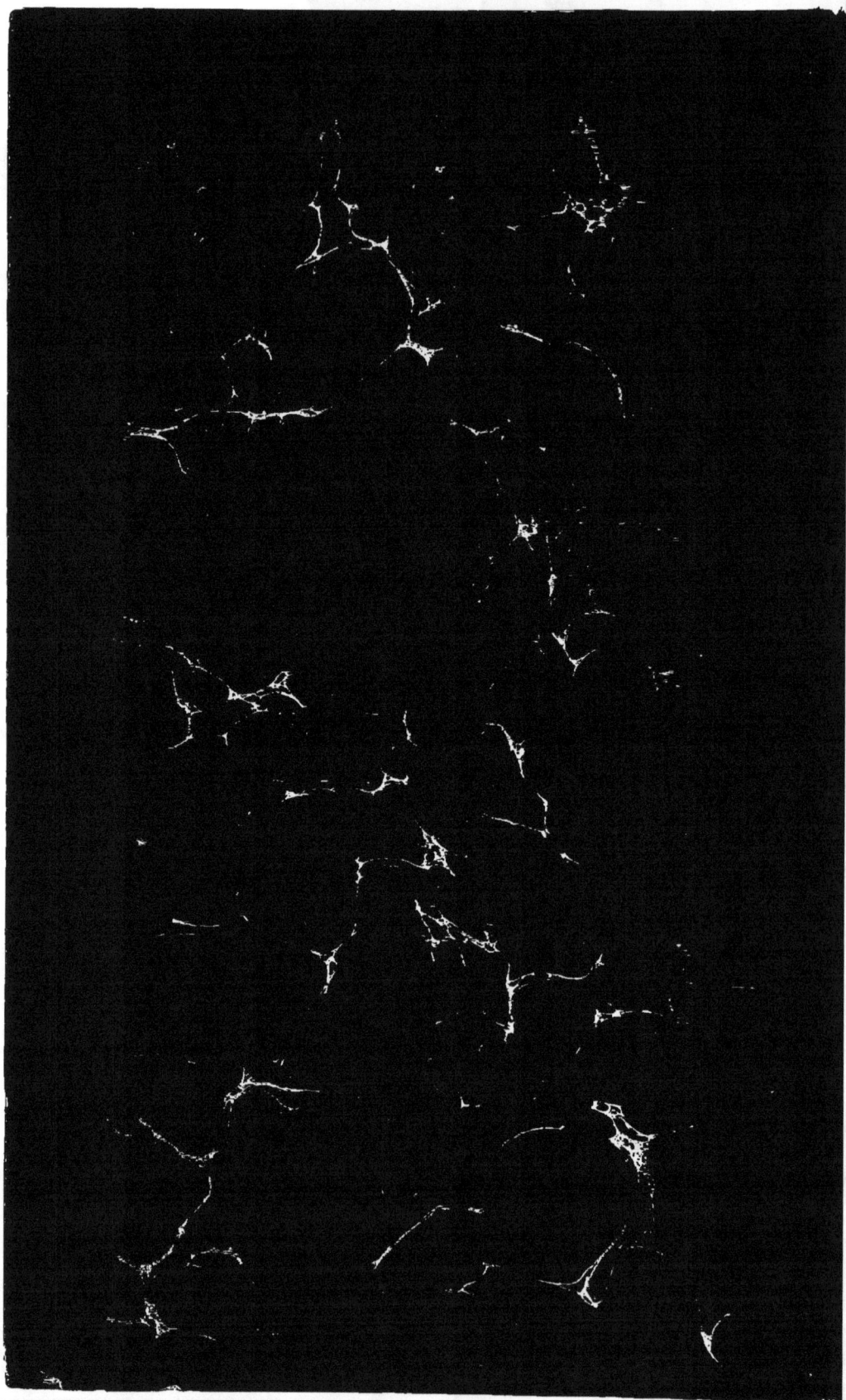

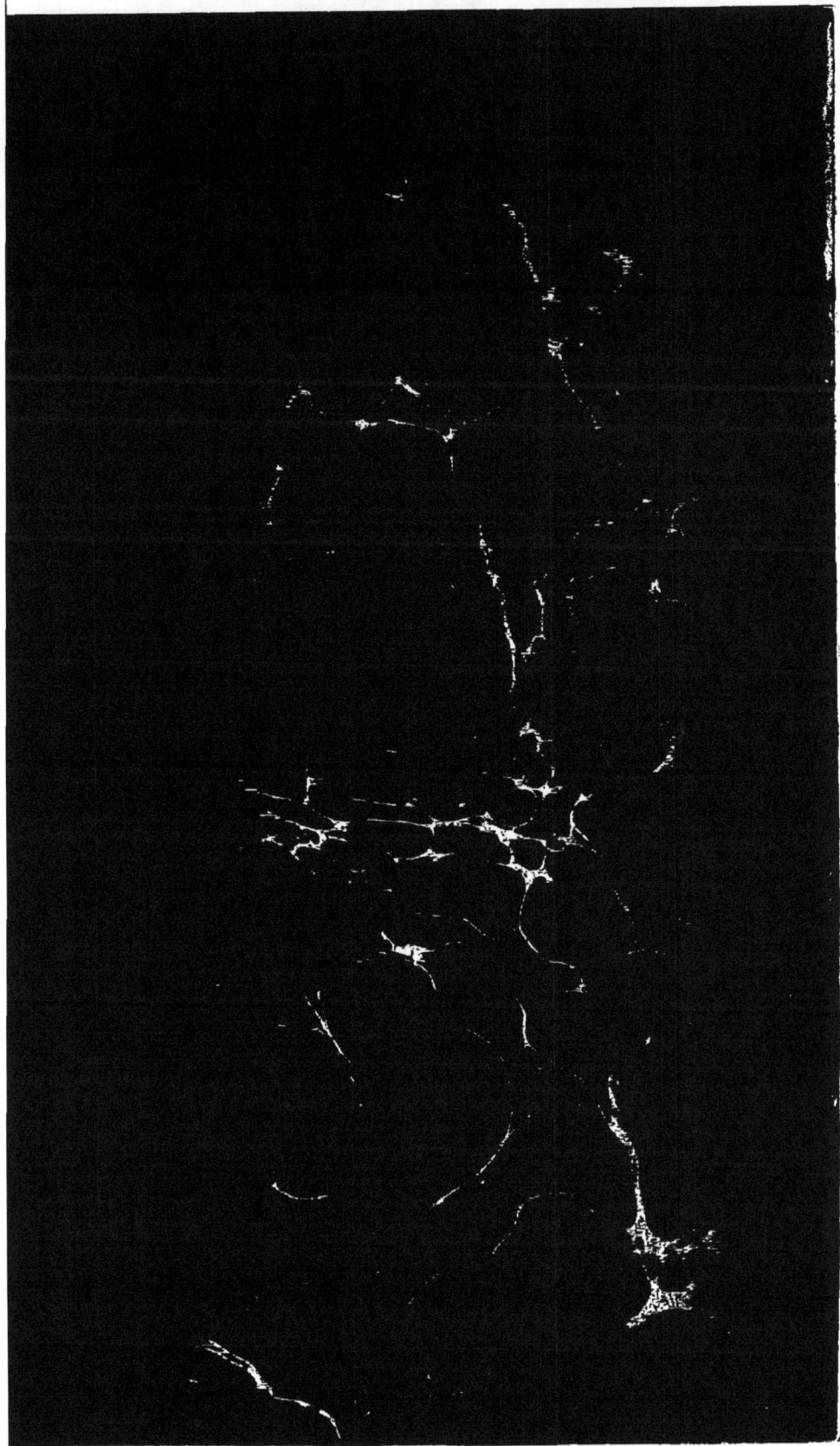

MÉMORIAL

DU

MINISTÈRE PUBLIC

I.

EXPLICATION DES RENVOIS ET ABRÉVIATIONS

Pour les arrêts, l'ouvrage renvoie soit au *Journal du Ministère public*, soit au recueil fondé par Sirey et continué par Devilleneuve, soit aussi quelquefois au recueil de Dalloz, au *Journal du Palais* et au Bulletin criminel de la Cour de cassation.

Pour les circulaires et décisions du Ministère de la justice, il est renvoyé, en ce qui concerne celles antérieures au 26 octobre 1858, à l'*Analyse des circulaires*, etc., de M. Gillet, et en ce qui concerne celles qui ont paru depuis cette date, au *Résumé chronologique des circulaires*, etc., annexé au *Journal du Ministère public*.

Voici les abréviations employées pour ces renvois :

J.M.p.1.12. . . — *Journal du Ministère public*, tome 1, page 12.
S.-V.55.2.481 . — Recueil Sirey-Devilleneuve, tome 55, deuxième partie, page 481.
S -V. chr. . . . — Même recueil, collection chronologique.
D.P-53.1.443. . — Recueil périodique de Dalloz, tome 53, première partie, page 443.
J.P.50.2.138. . — *Journal du Palais*, tome 50, deuxième partie, page 138.
J.P. chr.. . . . — Même recueil, édition chronologique.
Bull. n. 15. . . — Bulletin criminel de la Cour de cassation, numéro 15 (du volume de l'année pendant laquelle a été rendu l'arrêt).
Gillet, n. 2306 — *Analyse des circulaires*, etc., de Gillet, numéro 2306.
Rés. chr., p. 73 — *Résumé chronologique des circulaires*, etc. (annexe du *Journal du Ministère public*), page 73.

Les chiffres qui suivent les mots auxquels il est renvoyé désignent les numéros. — Ainsi, V. *Compét. crim.*, 114, 124 et s., signifie : V. Compét. crim., numéros 114, 124 et s.

Les autres abréviations qui ont été employées dans l'ouvrage s'expliquent d'elles-mêmes.

L'attention du lecteur est appelée sur la *Table complémentaire de renvois* qui est à la fin du tome deuxième.

C.

MÉMORIAL

DU

MINISTÈRE PUBLIC

OU

RÉPERTOIRE ALPHABÉTIQUE ET ABRÉGÉ

De Jurisprudence, de Doctrine, de Législation, d'Instructions ministérielles

ET DE DOCUMENTS DIVERS

CONCERNANT LES ATTRIBUTIONS ADMINISTRATIVES ET JUDICIAIRES DU MINISTÈRE PUBLIC

DANS LEQUEL NOTAMMENT SONT ANALYSÉES TOUTES LES MATIÈRES QUE RENFERMENT
LES COLLECTIONS DU

JOURNAL DU MINISTÈRE PUBLIC

ET DU

Résumé chronologique des Circulaires du Ministère de la justice qui y est annexé,

ET SERVANT DE TABLE GÉNÉRALE DE CES DEUX COLLECTIONS;

Par Gustave DUTRUC

Ancien Juge d'instruction, Auteur de divers ouvrages de droit civil et criminel, Rédacteur
en chef du *Journal du Ministère public* et de plusieurs autres recueils.

TOME PREMIER

PARIS

IMPRIMERIE ET LIBRAIRIE GÉNÉRALE DE JURISPRUDENCE
COSSE, MARCHAL et BILLARD, Imprimeurs-Éditeurs,
LIBRAIRES DE LA COUR DE CASSATION,
Place Dauphine, 27.

—

1871

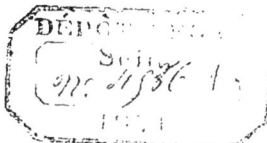

AVERTISSEMENT

Depuis quatorze ans, le *Journal du Ministère public*, que j'ai fondé et que je continue à diriger avec le concours de magistrats éminents, s'efforce, en recueillant les décisions des tribunaux qui intéressent particulièrement le Parquet, en accompagnant ces décisions des observations qu'elles comportent, et en publiant en même temps des dissertations ou autres travaux d'un caractère pratique, d'aplanir les difficultés que les officiers du ministère public rencontrent dans l'exercice de leurs fonctions.

Cette publication périodique, trop longtemps interrompue par les événements, reprend aujourd'hui et suivra désormais régulièrement son cours. Mais la quantité déjà considérable de volumes dont se compose la collection du journal, rend longue et difficile la recherche des notions nombreuses qu'elle renferme. Aussi beaucoup d'abonnés ont-ils réclamé une table générale des matières.

Je ne pouvais résister à cette légitime demande. Toutefois, j'ai pensé qu'au lieu d'une sèche analyse des solutions exposées dans le journal et des documents divers qui y ont été recueillis, il était préférable d'offrir aux officiers du ministère public un Répertoire embrassant, dans l'ordre alphabétique, non-seulement les sommaires des décisions, dissertations et autres études ou documents répandus dans la collection, mais encore, d'une part, le résumé des développements dont ces diverses matières ont été l'objet, et, d'autre part, un aperçu des notions pratiques concernant les attributions judiciaires ou administratives des magistrats du parquet, qui n'ont pu être encore présentées dans le journal.

Tel est le plan d'après lequel a été composé le *Mémorial du Ministère public* que je fais paraître aujourd'hui et auquel avaient souscrit d'avance un grand nombre de mes honorables abonnés.

On y trouvera toute la substance des douze premiers volumes du *Journal du Ministère public*, ainsi que celle d'une partie du treizième, qui était en cours de publication au moment où s'imprimait cet ouvrage. J'y ai fondu également le *Résumé chronologique des circulaires, instructions et décisions du ministère de la justice* servant d'annexe au journal. Enfin, sur tous les points qui se rattachent à l'administration des parquets, je me suis appliqué à exposer la jurisprudence de la chancellerie, en la puisant soit dans cette annexe, soit dans les recueils spéciaux qui la retracent et auxquels fait suite le *Résumé chronologique*.

Ce que je viens de dire indique suffisamment que le *Mémorial du Ministère public* n'est ni un traité abrégé de droit criminel, ni un manuel des fonctions du ministère public, mais qu'il tient de l'un et de l'autre, et renferme un exposé, présenté autant que possible au point de vue le plus pratique, des règles, soit de législation civile et criminelle, soit de pure administration, dont la connaissance est particulièrement utile aux magistrats du parquet.

Il est ainsi appelé à remplir un double objet : d'un côté, il tiendra lieu de Table générale du *Journal du Ministère public* pour ceux des abonnés qui possèdent la collection de ce recueil, et pourra remplacer la collection elle-même pour les abonnés nouveaux qui n'en voudraient pas faire l'acquisition ; et, d'un autre côté, il constituera pour tous les officiers du parquet, abonnés ou non au journal, ainsi que pour les juges d'instruction, dont les fonctions sont si fréquemment liées à celles du ministère public, une sorte de *vade-mecum*, facile à consulter.

Afin de ne pas surcharger ce Répertoire de simples mots de renvoi, qui sont sans doute nécessaires pour faciliter au Lecteur la recherche des points qu'il veut examiner, mais dont l'accumulation nuirait à la netteté du texte, j'ai consacré à la nomenclature de ces mots une *Table complémentaire* qui, placée à la fin du tome deuxième, pourra être aisément consultée, lorsqu'on n'aura pas trouvé dans le corps de l'ouvrage les matières à étudier. J'ai fait de plus entrer dans cette Table complémentaire quelques solutions dont le manuscrit s'était égaré pendant la longue interruption qu'ont eu à subir les travaux d'imprimerie.

Peut-être ce livre, que je n'aurais pu rendre plus complet sans manquer, en le dépassant, le but modeste que je m'étais proposé dans l'intérêt particulier des Abonnés du *Journal du Ministère public*, rendra-t-il, tel qu'il est, des services véritables aux magistrats auxquels il est destiné. C'est toute la satisfaction que j'ambitionne en le publiant.

Les événements déplorables qui, pendant les deux tiers d'une année, ont suspendu à Paris tout travail sérieux, sont survenus au moment où l'impression du tome premier du *Mémorial du Ministère public* venait d'être achevée. Cette circonstance donnera l'explication de quelques disparates que le Lecteur pourra remarquer entre ce tome premier et le deuxième. Dans l'un, en effet, imprimé avant la chute de l'Empire, j'ai dû, soit rappeler des principes que notre nouveau régime a abolis (par exemple, celui de la garantie administrative ou constitutionnelle), soit parler d'institutions qu'il a supprimées (telles que le Corps législatif, le Sénat, la Haute-Cour de justice), soit enfin employer des qualifications qu'il a naturellement proscrites (notamment celles de *Cour impériale, procureur impérial*); tandis que, dans l'autre volume, j'ai pu conformer la rédaction de mon travail aux changements apportés si rapidement à notre organisation politique et à notre organisation judiciaire.

Le Lecteur comprendra, au surplus, que ce petit défaut d'harmonie, qu'il n'a pas dépendu de moi d'éviter, ne saurait nuire réellement au fond de l'ouvrage, parce que les changements que je viens de mentionner sont trop récents pour avoir fait perdre tout intérêt aux questions qui se rattachent à l'état de choses antérieur, et que, du reste, ils n'ont pas encore reçu une consécration définitive.

Paris, le 31 août 1871.

MÉMORIAL

DU

MINISTÈRE PUBLIC

ABANDON DE POURSUITES. — V. *Acquiescement,*
n. 5; *Action directe,* n. 18; *Action publique,* n. 29, 30; *Appel correctionnel,* n. 44.

ABSENCE.

1

1. La loi, assimilant aux incapables les personnes dont l'existence est incertaine et qui sont *présumées absentes*, les place sous la protection du ministère public. — Ainsi, d'une part, l'art. 114, C. Nap., charge le ministère public de *veiller aux intérêts* de ces personnes, et exige en outre qu'il soit *entendu sur toutes les demandes qui les concernent*, et, d'autre part, l'art. 83-7°, C. proc. civ., en vue de l'application de cette dernière règle, dispose que les causes concernant ou intéressant les personnes présumées absentes, doivent être *communiquées* au procureur impérial.

2. De la première disposition de l'art. 114, C. Nap., on conclut à peu près universellement que le ministère public a le droit d'agir d'office dans l'intérêt des présumés absents, et non point seulement de se faire entendre dans les affaires qui les concernent : Cass., 8 avr. 1812 (S.-V.4.1.72) ; Metz, 15 mars 1823 (S.-V.7.2.181) ; — Proudhon, *État des pers.*, t. 1, p. 338 et s. ; Toullier, t. 1, n. 395 ; Ortolan et Ledeau, *Minist. publ.*, t. 1, p. 134 et s. ; Massabiau, *Man. du minist. publ.*, t. 1, n. 540 ; Zachariæ, Massé et Vergé, t. 1, p. 136 ; Aubry et Rau, d'après Zachariæ, t. 1, p. 532 ; Demolombe, *Absence*, n. 29 ; Périer, *Minist. publ. à l'aud. civ.*, n. 56 ; Debacq, *Act. du minist. publ. en mat. civ.*, p. 164 et s. — *Contrà*, de Moly, *Absence*, p. 56 et s.

3. Mais quelle est la portée de cette action d'office ? Divers jurisconsultes paraissent admettre que le ministère public peut former directement contre les tiers les demandes qui intéressent l'absent. — V. notamment Proudhon, Toullier, Ortolan et Ledeau, *loc. cit.* ; Massabiau, n. 542-8° ; Zachariæ, édit. Massé et Vergé, p. 137.

4. Et il a été jugé en ce sens, que le ministère public est investi d'une action directe dans tous les cas où il s'agit de pourvoir aux intérêts de personnes absentes ou présumées absentes ;— Qu'ainsi, il a qualité pour interjeter appel d'un jugement qui intéresse un présumé absent : Bruxelles, 9 nov. 1857 (J. M. p. 1.192).

5. D'autres estiment, au contraire, que le ministère public n'a pas ici un droit plus étendu que les parties intéressées dont parle l'art. 112, C. Nap., et que, comme celles-ci, il peut seulement s'adresser au tribunal pour faire nommer soit un notaire, soit un curateur, qui, lui, sera chargé d'exercer les actions du présumé absent : Demante, *Cours analyt. Cod. Nap.*, t. 1, n. 143 *bis* 1 ; Massé et Vergé sur Zachariæ, *loc. cit.*, note 8 ; Aubry et Rau, p. 352 et 353 ; Demolombe, n. 3 ; Périer, *loc. cit.* ; Debacq, p. 168 et s.

6. C'est ainsi qu'il a été décidé que si le ministère public n'a pas qualité pour faire lui-même valoir les droits des personnes présumées absentes, il a du moins action pour faire nommer un administrateur (curateur ou notaire) à l'effet de les représenter, de pourvoir à leurs intérêts et de défendre leurs droits ; que, par suite, il est recevable à émettre appel du jugement rejetant une telle action formée par lui : Metz, 15 mars 1823, *suprà*, n. 2.

7. Jugé encore que le ministère public a le droit de requérir la nomination d'un notaire pour représenter, dans l'inventaire d'une succession, un individu dont l'existence n'est pas reconnue, bien que la succession, s'étant ouverte depuis sa disparition, soit exclusivement dévolue aux héritiers présents (C. Nap., 136 et 137) : Riom, 20 mai 1816 (S.-V.5.2.144). — V. aussi Ortolan et Ledeau, p. 140 ; Massabiau, n. 542-5° ; Debacq, p. 174.

8. Nous croyons, quant à nous, qu'à la vérité, le ministère public ne peut pas agir directement pour les personnes présumées absentes dans tous les cas indistinctement où leurs intérêts sont en jeu, mais qu'il a ce droit, soit dans les cas urgents et en tant que le présumé absent n'est pas représenté, soit lorsque les intérêts du présumé absent et de celui qui le représente se trouvent en opposition.—V. nos observations sur l'arrêt précité de Bruxelles, 9 nov. 1857.—V. aussi de Plasman, *Absents*, t. 1, p. 71 et s.

9. Il semble du reste incontestable que le droit d'action directe du ministère public ne saurait trouver à s'exercer, lorsque le présumé absent a laissé un procureur fondé, et que l'officier du parquet ne peut user en pareil cas que de son droit de réquisition. — V. Debacq, p. 173.

10. Toutefois, il cesserait d'en être ainsi, non-seulement dans l'hypothèse par nous déjà indiquée d'opposition entre les intérêts du présumé absent et ceux de son mandataire, mais encore dans le cas d'insuffisance ou de cessation du mandat, et dans celui d'infidélité ou de déconfiture du procureur fondé. — V. Schenck, *Min. publ.*, t. 1, p. 173 ; Toullier, t. 1, n. 395 ; Massabiau, n. 343 ; Ortolan et Ledeau, p. 139 ; Debacq, p. 174.—Compar. aussi Demolombe, n. 32 et 33.

11. En tout cas, il est certain que le ministère public ne doit point s'immiscer personnellement dans l'administration des biens du présumé absent. — V. Ortolan et Ledeau, p. 139 ; Massabiau, n. 544.

12. Appartient-il au ministère public de veiller aux intérêts des individus qui sont seulement *non présents*, c'est-à-dire qui se

trouvent éloignés de leur domicile et de leurs affaires, sans que
leur existence soit d'ailleurs incertaine? MM. Ortolan et Ledeau,
t. 1, p. 132, pensent que le ministère public n'a, dans ce cas,
d'autres attributions que celles déterminées par les art. 69 et 911,
C. proc. civ. — V. aussi Massabiau, n. 540. — Mais d'autres auteurs enseignent avec plus de raison, en argumentant soit de
l'art. 3, tit. 8, de la loi des 16-24 août 1790, soit de l'art. 69-9°,
C. proc., que le ministère public est autorisé à demander des
mesures conservatoires dans l'intérêt d'un non-présent. — V. Talandier, p. 12; Demolombe, n. 18.

13. La présomption d'absence, qui résulte de circonstances
abandonnées à l'appréciation des tribunaux, est ordinairement
reconnue par le jugement même qui ordonne des mesures conservatoires dans l'intérêt de la personne à laquelle s'applique cette
présomption. Toutefois, comme la reconnaissance doit émaner
des juges du lieu du domicile de la personne qui a disparu, s'il
était nécessaire de prescrire de telles mesures dans un autre
arrondissement où seraient situés des biens appartenant à cette
personne, le procureur impérial de cet arrondissement devrait
adresser à celui du domicile, soit directement, soit par l'intermédiaire du procureur général ou du garde des sceaux, si les deux
tribunaux n'appartenaient pas au même ressort, l'invitation d'agir
pour faire rendre le jugement préalable de reconnaissance de la
présomption d'absence : Ortolan et Ledeau, p. 137; Massabiau,
n. 544; Debacq, p. 176 à 178.

14. Lorsqu'il y a lieu de faire *déclarer*, après un laps de quatre
années écoulées sans nouvelles de la personne qui a disparu,
l'absence de celle-ci, qui jusque-là n'était que *présumée*, un rôle
particulier est assigné par la loi au ministère public. L'enquête
ordonnée par le tribunal, sur la demande des parties intéressées,
pour constater l'absence, doit, aux termes de l'art. 116, C. Nap.,
être faite, contradictoirement avec le procureur impérial, dans
l'arrondissement du domicile, et dans celui de la résidence, s'ils
sont distincts l'un de l'autre.

15. Il suit de là que c'est le ministère public, et non le présumé absent, qui doit être assigné pour assister à l'enquête, et
qu'il a, en ce qui concerne les reproches, les interpellations aux
témoins, et la preuve contraire, les mêmes droits que toute partie
contre laquelle une enquête a été ordonné (C. proc., 256, 261,
270 et 273) : Demolombe, n. 64.

16. Le ministère public peut même, après l'expiration du délai d'un an qui doit s'écouler entre le jugement ayant ordonné l'enquête et le jugement de déclaration d'absence (C. Nap., 119), provoquer, avant que ce dernier jugement soit rendu, une seconde enquête pour s'assurer s'il n'est pas survenu de nouvelles du présumé absent; et il a aussi, bien entendu, la faculté d'interjeter appel du jugement qui refuserait de faire droit à sa réquisition : Ortolan et Ledeau, p. 142 et 143; Massabiau, n. 547; de Plasman, t. 1, p. 114; Demolombe, n. 68.

17. Mais le procureur impérial ne peut pas provoquer lui-même la déclaration d'absence, qui n'est point prononcée dans l'intérêt du présumé absent : Duranton, t. 1, n. 420 *bis;* Ortolan et Ledeau, p. 143; Massabiau, n. 547; Aubry et Rau, t. 1, p. 536; Demolombe, n. 62; Périer, *loc. cit.*, n. 56, p. 49; Debacq, p. 176. — Bien loin de là, il est le contradicteur de la demande tendant à cette déclaration; en sorte que l'absent est non recevable, lors de son retour, à former tierce opposition au jugement de déclaration d'absence, comme ayant été valablement représenté par le ministère public : Colmar, 4 mars 1815 (S.-V.5.2.26); — Demolombe, n. 64.

18. L'art. 118, C. Nap., impose au ministère public l'obligation d'envoyer, aussitôt qu'ils sont rendus, les jugements tant préparatoires (c'est-à-dire ordonnant l'enquête) que définitifs (c'est-à-dire déclarant l'absence), au ministre de la justice, qui doit les rendre publics par leur insertion dans le *Moniteur* (au-d'hui *Journal officiel*). Ce sont de simples *extraits* de ces jugements qu'il faut envoyer, sans attendre que les parties en aient remis des *expéditions* (Circ. 31 janv. 1811 et 31 mai 1813). — Ces extraits, délivrés sur papier libre (Circ. 3 mai 1825), doivent contenir les noms, prénoms, qualités, profession et domicile tant des parties qui poursuivent la déclaration d'absence que de l'absent lui-même, ainsi que l'époque et les motifs présumés de l'absence, et le dispositif sommaire du jugement (Circ. 31 mai 1813 et 3 mai 1825). — Ils sont certifiés par le greffier (Lett. minist., 25 avril 1856), auquel ils sont payés sur les fonds généraux de justice, sauf le recouvrement contre qui de droit, s'il y a lieu (Décis. 2 mars 1825).

19. Lorsque, après la déclaration de l'absence, les héritiers présomptifs de l'absent au jour de sa disparition ou de ses dernières nouvelles ont obtenu l'envoi en possession provisoire des biens qui lui appartenaient à cette époque, le testament, s'il en existe un, est ouvert à la réquisition des parties intéressées ou du procureur impérial (C. Nap., 120, 123). — Le ministère public ne pourrait pas requérir cette ouverture avant l'envoi en possession provisoire. — V. Ortolan et Ledeau, p. 145; Debacq, p. 188.

20. ... A moins cependant qu'il ne fût sollicité de le faire par l'héritier testamentaire qui, pour pouvoir provoquer la déclaration d'absence, serait dans la nécessité de justifier de son titre. — V. Dalloz, *Rép.*, v° *Absence*, n. 249.

21. Si les héritiers présomptifs de l'absent, pour éviter les frais et les lenteurs de la procédure, s'emparaient de ses biens sans demander au tribunal l'envoi en possession, le ministère public devrait agir contre eux, pour les contraindre à remplir les formalités prescrites par la loi : Ortolan et Ledeau, p. 149 ; Massabiau, n. 549.

22. Au cas où, après la déclaration d'absence, une contestation s'élève entre les envoyés en possession provisoire et des tiers, sur l'époque précise des dernières nouvelles de l'absent, il n'est point nécessaire d'ordonner à cet égard une enquête contradictoirement avec le ministère public. Les juges peuvent admettre tout autre genre de preuve, et se contenter notamment d'un simple acte de notoriété : Cass., 14 nov. 1811 (S.-V.3.1.423); — Massabiau, n. 550.

23. L'envoi en possession provisoire n'est ordonné au profit des héritiers présomptifs qu'à la charge de fournir caution pour sûreté de leur administration (C. Nap., 120). Cette caution doit être reçue par le tribunal en présence du procureur impérial (C. Nap., 114; C. proc. civ., 517 et 860): Demolombe, n. 92.

24. Il en est de même de celle que doit aussi donner le conjoint de l'absent qui, ayant demandé la dissolution provisoire de la communauté, exerce ses reprises et autres droits légaux ou conventionnels (C. Nap., 124).

25. Le ministère public a qualité pour discuter soit la capacité, soit la solvabilité de la caution, laquelle doit remplir les conditions prescrites par les art. 2018 et 2019, C. Nap. : Ortolan et Ledeau, p. 145; Massabiau, p. 549; Demolombe, *loc. cit.;* Debacq, p. 181.

26. Si les héritiers présomptifs ou l'époux ne trouvaient pas de caution, il y aurait lieu d'appliquer, par une équitable extension, les art. 602 et 603, C. Nap., qui règlent ce cas à l'égard de l'usufruitier : Delvincourt, t. 1, p. 46, note 9; Massé et Vergé sur Zachariæ, t. 1, p. 142, note 8; Aubry et Rau d'après

Zachariæ, t. 1, p. 538; Demolombe, n. 93. — *Contrà*, Merlin, *Rép.*, v° *Absent*, sur l'art. 120, n. 5; de Plasman, t. 1, p. 194. — A plus forte raison, la caution pourrait-elle être remplacée par un gage ou une hypothèque (C. Nap., 2041; L. 13 janv. 1817, art. 9) : Demolombe, Massé et Vergé, *loc. cit.*

27. Il a été décidé que le ministère public a qualité pour appeler du jugement qui dispense de fournir caution le légataire envoyé en possession provisoire des biens d'un absent, et qu'il peut former cet appel, même incidemment, sur l'appel principal interjeté par d'autres parties, « attendu qu'il est lui-même *partie* à tous les procès dans lesquels il est question de l'administration de la fortune de l'absent » : Toulouse, 24 mars 1836 (Dalloz, *Rép.*, v° *Absent*, n. 274). — Cette décision nous paraît être exacte au fond ; mais le motif sur lequel elle s'appuie est inadmissible dans sa généralité. — V. *suprà*, n. 5 et s.

28. Ceux qui ont obtenu l'envoi en possession provisoire et l'époux qui a opté pour la continuation de la communauté, doivent faire procéder à l'inventaire du mobilier et des titres de l'absent, en présence du procureur impérial ou d'un juge de paix requis par lui (C. Nap., 126). — En cas de négligence de la part des héritiers présomptifs ou de l'époux, le procureur impérial devrait agir contre eux pour les contraindre à remplir cette formalité : Debacq, p. 180.

29. Le juge de paix requis par le procureur impérial à l'effet d'assister à l'inventaire dont il s'agit, ne peut réclamer aucune vacation ni indemnité de transport (Av. Comit. de législ., 15 nov. 1823; Circ. 22 nov. 1824).—Il en est de même, et à plus forte raison, pour l'officier du ministère public qui assiste en personne à l'inventaire : Massabiau, n. 549.

30. Le rapport de l'expert que les envoyés en possession provisoire auraient fait nommer par le tribunal pour constater l'état des immeubles, doit également être homologué en présence du procureur impérial (C. Nap., 126).

31. Il n'appartient point du reste au ministère public de requérir lui-même une telle expertise, qui, d'après les termes formels de l'art. 126 précité, ne peut avoir lieu que pour la sûreté des envoyés en possession provisoire : Ortolan et Ledeau, p. 146; Debacq, p. 181.

32. Parmi les causes qui doivent être communiquées au ministère public, l'art. 83, C. proc., ne spécifie point celles qui intéressent les personnes dont l'absence a été *déclarée*. M. de

Moly a soutenu néanmoins que ces causes étaient sujettes à communication en vertu du n° 6 de cet article, parce que l'envoyé en possession provisoire devait être assimilé à un curateur. Mais cette interprétation, condamnée par les termes restrictifs du n° 7 de l'art. 83, est généralement repoussée. Après la déclaration d'absence, le ministère public, dont l'intervention est devenue inutile (C. Nap., 134), n'est plus ni partie principale ni partie jointe dans les affaires qui concernent l'absent. — V. de Plasman, t. 1, p. 87; Ortolan et Ledeau, p. 147; Demolombe, n. 116; Debacq, p. 188.

33. Le ministère public n'a pas à intervenir dans la demande d'envoi définitif. Vainement objecte-t-on que l'absent, contre qui cette demande est dirigée par les envoyés en possession provisoire, n'est pas alors représenté. Il eût été bon peut-être que la loi chargeât dans ce cas le ministère public de prendre en main la défense de l'absent; mais elle ne lui a pas donné cette mission spéciale, comme dans l'hypothèse prévue par l'art. 123, C. Nap., et l'obligation générale qu'elle lui impose de veiller aux intérêts de la personne qui a disparu, se restreint à la période de la présomption d'absence (C. Nap., 114; C. proc., 83, 70). — V., en ce sens, Debacq, p. 190. — *Contrà*, Ortolan et Ledeau, p. 147.

34. Toutefois, il a été jugé que dans le cas où les immeubles affectés au cautionnement fourni par les envoyés en possession provisoire viennent à être vendus, si ceux-ci négligent de produire à l'ordre ouvert pour la distribution du prix de ces immeubles, le ministère public peut provoquer la nomination d'un curateur *ad hoc* pour faire cette production, ainsi que tous les actes nécessaires pour la conservation du cautionnement : Colmar, 14 juill. 1837 (S.-V.41.2.216).

35. Lorsqu'une succession vient à s'ouvrir au profit d'une personne non présente, le ministère public doit requérir l'apposition des scellés dans son intérêt (C. proc. civ., 911-2°). — Ce devoir, selon nous, lui incombe même dans le cas où c'est une personne dont l'absence est présumée ou déclarée qui est appelée à la succession, et encore qu'il y aurait eu envoi en possession des biens de cette personne. V. notre *Traité du part. de success.*, n. 70.

36. Les règles qui précèdent s'appliquent à l'absence des militaires comme à celle de toutes autres personnes. Toutefois, la loi du 13 janvier 1817 a organisé une procédure spéciale relativement aux militaires ou marins qui, ayant été en activité de service pendant les guerres postérieures au 21 avril 1792 et antérieures au traité de paix du 20 nov. 1815, ont cessé de paraître avant cette dernière époque au corps dont ils faisaient partie, ou au lieu de leur domicile ou de leur résidence.

37. L'art. 2 de cette loi charge le ministère public, à qui doit être communiquée la requête des héritiers présomptifs ou de l'épouse du militaire ou marin, tendant soit à faire déclarer l'absence de celui-ci, soit à faire constater son décès (art. 1er), d'adresser cette requête, avec les pièces justificatives, au ministre de la justice, qui doit les transmettre au ministre de la guerre ou de la marine, et rendre publique la demande, ainsi qu'il est prescrit par l'art. 118, C. Nap. — V. *suprà*, n. 18.

38. La requête doit contenir les noms, prénoms, qualités, profession et domicile des parties requérantes et de l'absent, l'époque et les motifs présumés de l'absence, ainsi que l'indication du corps dans lequel il a servi : Circ. 3 mai 1825.

39. D'après l'art. 3, la requête, les extraits d'actes, pièces et renseignements recueillis au ministère de la guerre ou de la marine, sont renvoyés au procureur impérial par l'intermédiaire du ministre de la justice. — Si l'acte de décès a été transmis au procureur impérial, il en fait immédiatement le renvoi à l'officier de l'état civil qui doit se conformer à l'art. 98, C. Nap. — Le procureur impérial remet le surplus des pièces au greffe, après en avoir prévenu l'avoué des parties requérantes, et, à défaut d'acte de décès, il donne ses conclusions. — Le greffier doit constater, sans frais, sur un registre non timbré, le dépôt de ces pièces (Lett. minist., 22 oct. 1816).

40. L'art. 4 de la loi de 1817 règle l'instruction de l'affaire devant le tribunal.

41. Aux termes de l'art. 5, la preuve testimoniale du décès peut être ordonnée, conformément à l'art. 46, C. Nap., s'il est établi qu'il n'y a pas eu de registre, ou qu'ils ont été perdus en tout ou partie, ou que leur tenue a éprouvé des interruptions. — Dans ce cas, il est procédé aux enquêtes contradictoirement avec le procureur impérial.

42. Avant que la déclaration d'absence d'un militaire ou marin soit prononcée, des renseignements sur son compte doivent être demandés au ministère de la guerre ou de la marine: Circ. 16 déc. 1806. Mais il n'est donné suite aux demandes de renseignements qu'autant qu'elles ont été transmises par des fonctionnaires judiciaires, civils ou militaires, lesquels doivent préalablement s'assurer qu'elles émanent des parents du militaire ou marin qui a disparu, ou de personnes ayant un intérêt personnel et légal à les former : Circ. 27 mai 1824 et 21 avr. 1828. — Ces demandes ne peuvent être faites par l'intermédiaire des agents d'affaires. Les officiers ministériels doivent s'abstenir de donner à ces agents des signatures de complaisance, et ne signer des demandes d'actes ou de renseignements, qu'autant qu'ils seraient personnellement intéressés à les obtenir, soit pour eux-mêmes, soit pour des affaires dont ils sont chargés : Circ. 21 avr. 1828.

43. Les art. 6 et 7 de la loi du 13 janv. 1817 déterminent le délai et les formes de la prononciation du jugement portant déclaration d'absence ou de décès.

44. Le jugement déclarant l'absence d'un militaire ou marin n'est pas, comme la requête, soumis à la formalité de l'insertion au *Journal officiel* : Circ. 3 mai 1825; Décis. min. 30 déc. 1826.

45. Suivant l'art. 8 de la loi précitée, le procureur impérial et les parties requérantes peuvent interjeter appel des jugements soit interlocutoires, soit définitifs. — L'appel du procureur impérial doit être, dans le délai d'un mois à dater du jugement, signifié à la partie, au domicile de son avoué. — Les appels sont portés à l'audience sur simple acte et sans aucune procédure.

46. L'art. 9 indique les conditions de l'envoi en possession provisoire. — Les art. 10, 11 et 12 renferment des dispositions qu'il nous paraît inutile d'analyser et auxquelles nous renvoyons le lecteur.

47. Enfin, l'art. 13 porte que les dispositions du Code Napoléon relatives aux absents, qui n'ont pas reçu de dérogation de la loi de 1817, doivent continuer d'être exécutées.

48. Bien que la femme ou les héritiers du militaire ou marin demandeur en déclaration d'absence ou en constatation de décès soient dans l'indigence, il n'y a pas lieu d'allouer les frais de l'instance sur les fonds généraux de justice : Décis. min. 17 mai 1824. Les parties peuvent seulement réclamer le bénéfice de l'assistance judiciaire : Massabiau, n. 556.

49. La loi du 13 janvier 1817 n'étant applicable qu'aux militaires ou marins disparus de 1792 à 1815, il est évident que ses dispositions perdent de jour en jour tout leur intérêt pratique. Il serait donc superflu de s'y arrêter davantage.

50. Lorsqu'une succession s'ouvre au profit d'un militaire qui était sous les drapaux avant 1792 ou y a été appelé depuis 1815, le juge de paix doit apposer sur-le-champ les scellés et prendre pour la conservation des droits de ce militaire les précautions prescrites par la loi du 11 vent. an II, laquelle concerne les militaires qui, sans être *présumés absents*, ne sont pas présents sur les lieux, et à laquelle dès lors n'ont point dérogé les art. 135 et 136, C. Nap. : Av. Cons. d'Ét. 24 juill. 1819; Décis. minist. 12 mai 1820.

51. En ce qui touche les droits du ministère public relativement au second mariage contracté par le conjoint de l'absent, V. *Mariage*.

ABUS D'AUTORITÉ. — 1. Il n'entre pas dans le plan de cet ouvrage d'étudier les éléments constitutifs des divers abus d'autorité. Mais il existe en cette matière quelques principes d'un intérêt particulièrement pratique qu'il est à propos de rappeler.

2. On sait que les art. 184 à 187, C. pén., répriment les abus d'autorité contre les particuliers, à savoir : la violation du domicile, le déni de justice, les violences dans l'exercice des fonctions, et la violation du secret des lettres.

3. La violation de domicile ne constitue un abus d'autorité que dans le cas prévu par la première disposition de l'art. 184, C. pén., portant : « Tout fonctionnaire de l'ordre administratif ou judiciaire, tout officier de justice ou de police, tout commandant ou agent de la force publique qui, *agissant en sadite qualité*, se sera introduit dans le domicile d'un citoyen contre le gré de celui-ci, hors les cas prévus par la loi, et sans les formalités qu'elle a prescrites, sera puni d'un emprisonnement de six jours à un an, et d'une amende de seize francs à cinq cents francs, sans préjudice de l'application du second paragraphe de l'art. 114 (relatif aux attentats à la liberté) ». — En ce qui concerne la violation de domicile par un fonctionnaire, officier de justice, etc., n'agissant point en sa qualité, ou par un particulier, V. *Violation de domicile*.

4. L'introduction illégale dans le domicile d'un citoyen, de la part de l'un des fonctionnaires ou agents de l'autorité désignés par l'art. 184, agissant en sa qualité, constitue un abus d'autorité, par cela seul que la visite domiciliaire n'a été agréée ni expressément ni tacitement par celui qui en a été l'objet; et l'on ne saurait voir un consentement tacite dans le seul défaut de réclamation, dans le seul silence : Dalloz, *Répert.*, v° *Liberté individuelle*, n. 53; Hélie et Chauveau, *Théor. Cod. pén.*, t. 3, n. 753.

5. Il n'est nullement nécessaire, pour constituer ce délit, que le citoyen chez lequel un fonctionnaire ou agent de l'autorité s'est illégalement introduit, ait refusé son autorisation préalable à la visite domiciliaire, ni, à plus forte raison, qu'il y ait résisté.

6. Aussi a-t-il été jugé que celui dans le domicile duquel est opérée une visite illégale par un fonctionnaire porteur d'un mandat régulier, ne peut s'y opposer par la violence, et n'a d'autre droit que de protester passivement contre cette violation de domicile, sauf à en demander ensuite par les voies légales la réparation et la répression : Bruxelles, 25 fév. 1864 (J. M. p. 7. 59).

7. Mais dès qu'il y a eu consentement manifesté d'une façon quelconque, la visite ou perquisition cesse de constituer une violation de domicile, un abus d'autorité punissable, quelle que soit son illégalité. Les circonstances anormales dans lesquelles elle se produit (telles que celles de nuit, par exemple), peuvent seulement être prises en considération dans l'appréciation du consentement.

8. Décidé spécialement qu'il n'y a pas délit d'abus d'autorité de la part du garde champêtre qui s'est introduit illégalement, pendant la nuit, dans le domicile d'un particulier, pour y faire des perquisitions, lorsque celui-ci, non-seulement ne s'est point opposé à son introduction, mais a facilité même la visite domiciliaire : Colmar, 15 janvier 1856 (J. M. p. 1. 169).

9. L'abus d'autorité consistant dans la violation du secret des lettres est prévu et réprimé par l'art. 187, C. pén., en ces termes : « Toute suppression, toute ouverture de lettres confiées à la poste, commise ou facilitée par un fonctionnaire ou un agent du Gouvernement ou de l'administration des postes, sera punie d'une amende de seize francs à cinq cents francs, et d'un emprisonnement de trois mois à cinq ans. Le coupable sera, de plus, interdit de toute fonction ou emploi public pendant cinq ans au moins et dix ans au plus. »

10. Le principe essentiel de l'inviolabilité du secret des lettres, sanctionné par cette disposition, n'est point toutefois absolu; il fléchit devant la nécessité plus impérieuse de la répression des crimes et délits, et, d'après une jurisprudence et une doctrine constantes, le juge d'instruction est autorisé à faire saisir dans les bureaux de la poste les lettres missives présumées contenir les indices d'une infraction à la loi pénale. : Cass., 13 oct. 1832 (S.-V.32.1.730); Paris, 30 janv. 1836 (S.-V.37.2.267); — Chassan, *Délits de la parole, de l'écriture et de la presse*, t. 1, n. 80; Duverger, *Man. des jug. d'instr.*, t. 1, n. 134, p. 440, 3e édit.;

de Dalmas, *Frais de just. crim.*, suppl., p. 113 et s.; Massabiau, *Man. du min. publ.*, t. 2, n. 1581; Hélie et Chauveau, t. 3, n. 768; F. Hélie, *Instr. crim.*, t. 4, n. 1820, et sur Mangin, *Instr. écr.*, t. 1, p. 162, à la note; Trébutien, *Cours de dr. crim.*, t. 2, p. 247; Dalloz, *Répert.*, v^is *Lettres missives*, n. 31, et *Instr. crim.*, n. 348. — *Contrà*, Mangin, *loc. cit.*

11. Parmi les auteurs qui viennent d'être cités, quelques-uns restreignent ce droit de saisie aux lettres adressées à l'inculpé ou qui sont prouvées (autrement que par la rupture du cachet) émaner de lui, parce que ce seraient les seules qui constituent des pièces de conviction. V. MM. F. Hélie et Trébutien, *loc. cit.* Mais le plus grand nombre enseignent qu'une latitude entière est laissée sur ce point au juge d'instruction, sauf à ce magistrat à user de tous les ménagements nécessaires en ce qui concerne les lettres qui ne sont pas adressées à l'inculpé ou qui n'émanent pas de lui.

12. Une question plus grave est celle de savoir si le pouvoir exorbitant dont le juge d'instruction est investi en pareille matière, appartient également aux préfets des départements et au préfet de police à Paris, en vertu de l'art. 10, C. instr. crim., qui les charge de faire tous les actes nécessaires à l'effet de constater les crimes, délits et contraventions, et d'en livrer les auteurs aux tribunaux. La négative, fondée sur ce que, d'après les art. 8 et 10, C. instr. crim., combinés, les préfets n'auraient d'autres attributions que celles des officiers de police judiciaire, et seulement dans les cas de flagrant délit, est enseignée par M. F. Hélie, *Instr. crim.*, t. 3, n. 1215, et a été consacrée par un arrêt de la chambre criminelle du 23 juill. 1853 (S.-V. 53.1.776). V. aussi Morin, *Répert. du dr. crim.*, v° *Préfets*, n. 3.

13. Mais un arrêt des chambres réunies de la Cour de cassation du 21 novembre de la même année (S.-V.53.1.774) a sanctionné, par de très-solides raisons, l'opinion contraire, que professent aussi le plus grand nombre des jurisconsultes : Carnot, *Instr. crim.*, sur l'art. 10; Mangin, *Procès-verb.*, p. 155, n. 63; Boitard, *Leç. sur le Code d'instr. crim.*, art. 10; Vivien, *Étud. administrat.*, t. 2, p. 191; Trébutien, *loc. cit.*, p. 169, note 6; Dalloz, *Répert.*, v° *Instr. crim.*, n. 254; Blanche, *Étud. sur le Cod. pén.*, t. 3, n. 475.

14. La chambre criminelle s'est ralliée elle-même plus récemment à cette dernière doctrine, en jugeant que le préfet de police à Paris a (comme les préfets dans les départements) le droit de faire saisir dans les bureaux de la poste des lettres présumées constituer soit l'instrument ou la preuve d'un délit, soit le corps du délit lui-même, et spécialement celles émanant des inculpés : Arrêt du 16 août 1862 (J. M. p. 6.29).

15. Dans sa session de 1868, le Corps législatif a été saisi par quelques députés d'un amendement ayant pour objet de refuser à tout fonctionnaire autre que le juge d'instruction le droit de faire ainsi saisir des lettres dans les bureaux de la poste. Cet amendement portait entre autres dispositions : « Il est interdit aux préfets, sous-préfets et autres fonctionnaires ou agents du pouvoir exécutif d'ordonner ou d'exécuter la saisie ou retenue d'aucune lettre déposée à la poste, sous les peines portées par l'art. 187, C. pén. Les poursuites auront lieu sans l'autorisation du Conseil d'État. » — Après une discussion très-vive entre MM. Lanjuinais, Picard, députés, et Pinard, ministre de l'intérieur, est intervenu un vote duquel il est résulté que l'amendement n'a pas été pris en considération par le Corps législatif (J. M. p. 11.197).

16. Il reste donc certain que le préfet de police à Paris et les préfets des départements sont investis, en ce qui concerne les lettres missives, du droit d'investigation et de saisie que la jurisprudence et la doctrine ont, par une exacte interprétation des art. 8 et 10, C. instr. crim., proclamé en leur faveur. Mais c'est avec la plus grande réserve que doit être exercé ce droit exorbitant, qui ne peut trouver sa justification que dans l'urgence.

17. D'après une circulaire du ministre de l'intérieur aux préfets, en date du 21 février 1854 (Gillet, n. 3506), le rôle du receveur de la poste, en ce qui touche les saisies de lettres, est entièrement passif ; il doit mettre à la disposition du préfet, sans restriction ni réserve, toutes les lettres qui se trouvent dans son bureau. Celles qui paraissent suspectes sont ouvertes ; elles sont saisies, si elles contiennent la preuve d'un crime ou d'un délit, ou des indications propres à éclairer la justice ; et si elles n'ont rien de répréhensible, elles sont recachetées avec un timbre portant les mots : *Ouverte par autorité de justice*, et rendues, contre récépissé, au préposé de la poste, qui les remet au service.

18. Il résulte de ce qui précède qu'il n'y aurait violation du secret des lettres constituant l'abus d'autorité prévu par l'art. 187, C. pén., de la part soit du juge d'instruction, soit du préfet ou de l'officier de police judiciaire délégué par lui, que si la perquisition et la saisie opérées par eux dans les bureaux de la poste avaient lieu sans une nécessité bien démontrée de recourir à ces graves mesures pour parvenir à la constatation d'un crime ou d'un délit.

ABUS DE BLANC SEING. — **1**. L'art. 407, C. pén., punit d'un emprisonnement d'un an au moins, de cinq ans au plus, et d'une amende de cinquante francs au moins, et de trois mille francs au plus, celui qui, abusant d'un blanc seing qu'on lui a confié, écrit au-dessus une obligation ou décharge, ou tout autre acte pouvant compromettre la personne ou la fortune du signataire.

2. La circonstance que l'acte frauduleusement créé au moyen d'un blanc seing, serait irrégulier pour défaut du *bon* ou *approuvé* dont l'art. 1326, C. Nap., exige que les billets ou promesses sous seing privé soient revêtus, n'empêche pas qu'il n'y ait délit d'abus de blanc seing, parce que, malgré cette irrégularité, un tel acte peut encore, suivant une jurisprudence constante, servir de commencement de preuve par écrit de l'obligation qu'il mentionne: Nancy, 15 juin 1857 (S.-V.58.2.86).

3. C'est un principe bien établi que lorsqu'un délit consiste dans la violation d'un contrat, la preuve de ce contrat, nécessaire pour arriver à la preuve de ce délit, ne peut être faite devant la juridiction correctionnelle que conformément aux règles du droit civil, c'est-à-dire par écrit seulement et non par témoins, s'il s'agit d'une valeur supérieure à 150 fr. (C. Nap., 1341), et si l'on ne se trouve pas dans l'un des cas où la loi civile admet exceptionnellement la preuve testimoniale. V. *Preuve des délits*. Ce principe reçoit-il son application en matière d'abus de blanc seing?

4. On l'a contesté, sur le motif que la remise d'un blanc seing ne constituerait pas une convention, mais serait un fait purement matériel, n'ayant par lui-même aucune valeur, et dès lors toujours susceptible d'être prouvé par témoins. V. Hélie et Chauveau, *Théor. Cod. pén.*, t. 5, n. 2049; Morin, *Répert. de dr. crim.*, v° *Abus de blanc seing*, n. 10. Et la jurisprudence belge s'est presque unanimement prononcée en ce sens. V. Hoffmann, *Quest. préjud.*, t. 1, n. 242.

5. Mais la jurisprudence française et la grande majorité des auteurs, voyant, au contraire, avec raison dans la remise d'un blanc seing, un contrat exprès ou tacite de mandat ou de dépôt, en soumettent la preuve aux règles du droit civil: Cass., 18 janv. et 5 mai 1831 (S.-V.31.1.488 et 192); 3 mai 1848 (S.-V.48.1.321); Toulouse, 5 juin 1841 (S.-V.42.2.12); Riom, 30 mars 1844

(S.-V.44.2.321); Orléans, 7 fév. 1853 (S.-V.53.2.621); Nancy, 15 juin 1857 (S.-V.58.2.86); Cass., 23 fév. et 11 oct. 1860 (J.M.p. 4.132) et 26 septembre 1831 (J.M.p.5.21); Grenoble, 23 nov. 1860 (J.M.p.4.60); — Merlin, *Rép.*, v° *Blanc seing*, n. 2; Le Sellyer, *Dr. crim.*, t. 4, n. 1488; Haus, *Cours de dr. crim.*, n. 503; F. Hélie, *Instr. crim.*, t. 4, n. 1882, et t. 6, n. 2894; Berriat Saint Prix, *Proc. des trib. crim.*, 2ᵉ part., t. 2, n. 819; Hoffmann, *loc. cit.*, n. 243.

ABUS DE CONFIANCE. — 1. Prise dans un sens générique, cette expression désigne soit l'abus des besoins, des faiblesses ou des passions d'un mineur (C. pén., 406), soit l'abus de blanc seing (407), soit le détournement d'objets confiés à un certain titre ou à de certaines conditions (408), soit enfin la soustraction de titres produits en justice (409). Mais elle s'applique plus particulièrement au fait, prévu par l'art. 408 précité, de détourner ou dissiper au préjudice des propriétaires, possesseurs ou détenteurs des effets, deniers, marchandises, billets, quittances ou tous autres écrits contenant ou opérant obligation ou décharge, qui ne lui auraient été remis qu'à titre de louage, de dépôt, de mandat, de nantissement, de prêt à usage, ou pour un travail salarié ou non salarié, à la charge de les rendre ou représenter, ou d'en faire un usage ou un emploi déterminé.

2. Avant la loi du **13** mai **1863** modificative de plusieurs dispositions du Code pénal, il était de jurisprudence et de doctrine constantes que le détournement d'une chose donnée en gage ne constituait pas le délit d'abus de confiance. V. Grenoble, 14 nov. 1860 (J.M.p.4.40), et les indications d'autorités à la suite.

3. Mais un des changements apportés par cette loi à l'art. 408 a consisté à ajouter le nantissement, ainsi que le prêt à usage, aux contrats dont la violation est constitutive de l'abus de confiance.

4. La loi du 13 mai 1863 a modifié encore gravement l'article 408, en plaçant les officiers publics et ministériels sur la même ligne que les autres personnes à l'égard desquelles le 2ᵉ § de cet article, introduit par la loi du 28 avr. 1832, a imprimé à l'abus de confiance le caractère de crime. V. sur ce point notre *Cod. pén. modif.*, 2ᵉ part., n. 120 et s.

5. Au reste, la circonstance que l'abus de confiance a été commis par un officier public ou ministériel ne donne à ce fait le caractère de crime qu'autant que l'officier public ou ministériel l'a commis dans l'exercice de ses fonctions: Colmar, 26 mai 1864

(J.M.p.7.208). C'est l'interprétation qui a été exprimée lors de la discussion de la modification apportée au 2e § de l'art. 408 par la loi du 13 mai 1863. V. notre *Cod. pén. modif.*, 2e part., n. 121 et 122.

6. Le fait de l'individu qui, ayant reçu d'une autre personne le mandat de vendre un immeuble de celle-ci, s'entend avec un tiers pour lui faire consentir une vente à vil prix de cet immeuble, et pour lui faire souscrire à son profit personnel un billet valeur causée en fournitures, mais n'ayant réellement d'autre cause que le prix de la fraude par lui commise au préjudice du mandant, constitue-t-il le délit d'abus de confiance? — Cette question, que nous a soumise un des abonnés du *Journal du Ministère public*, nous a paru devoir être résolue négativement, par les motifs, en substance, que ce n'est pas en vertu du mandat et en sa qualité de mandataire que celui à qui a été remis le billet se l'est fait souscrire; que ce n'est pas comme complément de la vente que la remise du billet lui a été consentie; que sans doute le montant du billet représente, dans la réalité, une partie de la portion de prix dont le mandant se trouve privé, mais qu'il ne peut néanmoins être assimilé à cette portion de prix, du moment où le billet ne se trouve pas dans les mains du mandataire à titre de mandat, comme le prix lui-même; qu'il y a là incontestablement un abus de mandat dans un sens absolu, mais qu'on n'y rencontre pas l'abus de confiance spécialement prévu et puni par la loi. Nous nous sommes d'ailleurs appuyé sur un arrêt analogue de la Cour de cassation du 19 mars 1857 (S.-V.57.1.615). Voy. J.M.p.8.183.

7. En matière d'abus de confiance, le délit n'existe que par le détournement ou la dissipation des effets qu'un contrat de louage, de mandat, de dépôt, de nantissement, de prêt à usage avait fait passer à titre précaire entre les mains de l'agent. L'*abus* punissable ne commence qu'avec ce détournement ou cette dissipation. Si donc le contrat a été passé dans un lieu, et que le fait du détournement se soit accompli dans un autre, il est évident que ce dernier lieu est seul celui du délit, et que dès lors c'est devant les juges de ce même lieu, exclusivement à ceux du lieu du contrat, que la poursuite doit être dirigée.

8. Il a été jugé en ce sens que le délit d'abus de confiance n'étant consommé qu'au moment où celui à qui une chose a été remise en vertu de l'un des contrats spécifiés par l'art. 408, C. pén., a accompli les actes destinés à lui en assurer la possession définitive, c'est devant les juges du lieu où ces actes ont été commis, et non devant ceux du lieu où la chose a été remise, que ce délit doit être poursuivi; — Qu'ainsi, spécialement, l'individu qui, après avoir pris en location à l'étranger un objet mobilier (un cheval), fait acte de propriétaire sur cet objet en France, est valablement poursuivi pour abus de confiance devant les tribunaux français: Grenoble, 1er juill. 1858 (J.M.p.1.247).

9. Décidé de même que le délit d'abus de confiance ne peut être réputé commis dans le lieu où les sommes détournées ont été remises à titre de mandat ou de dépôt au prévenu, alors que la mise en demeure adressée à celui-ci lui a été faite dans un autre lieu, et qu'il est établi que l'intention frauduleuse ne s'est manifestée qu'au moment de cette mise en demeure; qu'en pareil cas, c'est ce dernier lieu qui est celui de la perpétration du délit: Cass., 5 déc. 1862 (J.M.p.6.178).

10. En ce qui concerne la preuve du contrat dont l'abus de confiance suppose la violation, V. *Preuve des délits.*

— V. *Compétence criminelle,* n. 71, 73, 74, 118.

ACQUIESCEMENT.—1. L'acquiescement est, comme on sait, l'adhésion volontairement donnée, soit d'une manière expresse, soit tacitement, à un jugement ou à un acte judiciaire.

2. En matière criminelle, le ministère public, qui n'est que le dépositaire et non le maître de l'action publique, ne peut aliéner, ni par une approbation formelle ni par une exécution quelconque du jugement rendu sur ses poursuites, son droit d'exercer un recours contre ce jugement; l'expiration des délais des voies de recours peut seule, en ce qui le concerne, produire l'effet de l'acquiescement. C'est là un principe constant et qui a reçu de nombreuses et très-diverses applications.

3. Ainsi, le ministère public ne perd le droit d'interjeter appel d'un jugement correctionnel, ni par la circonstance qu'il a pris en première instance des conclusions conformes à ses dispositions, ni par sa renonciation à l'appel, ni par l'exécution qu'il a fait donner au jugement. V. *Appel correctionnel,* n. 45 et 47.

4. Et il en est de même du droit du ministère public de déférer à la Cour de cassation les jugements ou arrêts intervenus sur son action. V. *Cassation (pourvoi en),* n. 26.

5. D'un autre côté, il n'appartient au ministère public ni d'empêcher, par son abandon des poursuites, que la justice prononce une condamnation (V. *Action publique,* n. 29 et 30), ni même d'atténuer dans ses conclusions à l'audience, par des déclarations nouvelles et fondées sur ses notions personnelles ou sur des circonstances non juridiquement établies, la force probante des procès-verbaux qu'il a dressés en qualité d'officier de police judiciaire. V. *Preuve des délits*.

6. Quant à l'acquiescement résultant, à l'égard du ministère public, de l'expiration des délais des voies de recours, il faut remarquer qu'il n'empêche point que la partie civile ne puisse elle-même attaquer la décision en ce qui touche ses intérêts privés. V. *Appel correctionnel*, n. 27.

7. A la différence du ministère public, les administrations qui, comme celles des douanes, des contributions indirectes et des forêts, concourent avec lui à l'exercice de l'action publique, peuvent acquiescer soit aux moyens de défense du prévenu, en transigeant avec lui (V. *Action publique*, n. 29 et 108), soit au jugement rendu sur leurs poursuites, par exemple, en faisant signifier ce jugement sans réserves, et, à plus forte raison, en l'exécutant. V. MM. Dalloz, *Répert.*, v° *Acquiescement*, n. 892.—V. aussi *infrà*, *Appel correctionnel*, n. 34.

8. La partie civile et la partie civilement responsable des réparations pécuniaires peuvent incontestablement acquiescer aux décisions qui les concernent, aucun intérêt public n'étant mis en jeu par cet acquiescement. V. *Appel correctionnel*, n. 25 et 26.

9. Mais il n'en est pas de même de la partie condamnée, du moins en ce qui touche les décisions violant les règles protectrices du droit de la défense ou prononçant des peines. Sans doute, quant aux chefs relatifs aux réparations civiles, le condamné est libre de consentir un acquiescement qui ne peut compromettre que ses intérêts privés (V. Merlin, *Quest.*, v° *Appel*, § 2, n. 9; Dalloz, *loc. cit.*, n. 902); mais une puissante considération d'ordre public s'oppose à ce qu'il lui soit facultatif de renoncer à des garanties que la loi a établies autant dans l'intérêt général de la société que dans l'intérêt individuel du condamné lui-même. V. *Appel correctionnel*, n. 21. Nous n'avons pas à développer ici ce principe bien certain; nous nous bornerons à rappeler quelques-unes des décisions qui l'ont appliqué.

10. D'abord, il est reconnu par la jurisprudence que les exceptions d'incompétence, étant toujours absolues en matière criminelle, ne peuvent être couvertes par l'acquiescement exprès ou tacite du prévenu, pas plus que par celui du ministère public. V. *Compétence criminelle*, n. 188.

11. Cette solution a été contestée, il est vrai, à l'égard du l'incompétence *ratione loci ;* mais les arrêts les plus récents l'ont étendue avec raison à cette exception même. V. *ibid.,* n. 191.

12. Toutefois, dans le cas où un prévenu, après un premier jugement rejetant une exception d'incompétence qu'il avait soulevée, a été condamné par un second jugement rendu au fond, les juges du second degré ne peuvent, sur l'appel par lui interjeté de ce jugement, être saisis par ses conclusions d'audience du déclinatoire qu'il avait précédemment proposé, alors que le premier jugement repoussant ce déclinatoire n'a été frappé d'appel ni par lui ni par le ministère public. V. *Appel correctionnel,* n. 133. Cela tient à la différence qui existe entre l'acquiescement proprement dit et la déchéance résultant de l'expiration du délai de l'appel. V. *suprà,* n. 2.

13. L'acquiescement donné par un prévenu aux condamnations pénales qu'un jugement par défaut a prononcées contre lui, ne l'autorise pas à notifier à la partie civile seule, et non au ministère public, son opposition à ce jugement par défaut. Mais, au contraire, l'opposition peut être valablement notifiée au ministère public seul, et non à la partie civile, lorsque le prévenu a acquiescé au jugement quant à l'action civile. V. *Jugement par défaut.*

14. L'illégalité d'une arrestation et d'une perquisition opérées hors des cas où la loi les autorise, n'est pas couverte par l'acquiescement de la personne qui en est l'objet. V. *Attentat à la liberté,* n. 4.

15. En matière civile, le ministère public n'étant autorisé à agir comme partie principale que dans des cas où l'ordre public est intéressé, ne peut pas mieux qu'en matière criminelle acquiescer ni formellement ni par un acte d'exécution volontaire au jugement rendu sur son action. V. *Action directe ou d'office,* n. 17.

ACTE D'ACCUSATION. — 1. L'acte d'accusation, sur l'utilité duquel nous n'entreprendrons pas ici de disserter, et dont nous ne pouvons parler que brièvement, est rédigé soit par le procureur général, soit par un membre de son parquet, sous sa direction (C. instr. crim., 241 ; Décr. 6 juill. 1810, art. 45). Mais appartient-il au procureur général seul de le signer ? L'affirmative se fonde sur l'importance d'un tel acte : Décis. minist., 9 avr. 1825 et 4 déc. 1827 (Gillet, n. 2048) ; — Mangin, *Instr. écr.,* t. 2, n. 92, p. 182 ; F. Hélie, *Instr. crim.,* t. 5, n. 2242. —La négative, que justifie le principe de l'indivisibilité du ministère public, nous semble plus juridique (Conf., Legraverend, *Législ. crim.,* t. 1, p. 445 ; Dalloz, *Répert.,* v° *Instr. crim.,*

n. 1178; Nouguier, *Cour d'assises*, t. 1, n. 12 et 13), bien qu'en même temps nous regardions comme convenable que les avocats généraux ou substituts qui ont dressé l'acte d'accusation le soumettent à la signature du procureur général (V. aussi Nouguier, n. 13). — Dans tous les cas, il est incontestable que lorsque le procureur général se trouve absent ou empêché, l'acte d'accusation est régulièrement signé par l'avocat général chargé de la direction du parquet. — Le procureur impérial près la Cour d'assises d'un département autre que celui où siége la Cour impériale n'a pas qualité pour rédiger ni signer l'acte d'accusation : Mangin, n. 92; Dalloz, *loc. cit.;* Nouguier, n. 14.

2. L'acte d'accusation contient : — la dénomination et la désignation de l'accusé; — l'exposé des faits de l'accusation; — le résumé (C. instr. crim., 241). — Bien que les erreurs ou autres vices de l'exposé ne soient pas une cause de nullité, il n'y en a pas moins pour le procureur général obligation morale très-impérieuse de le rédiger avec un soin scrupuleux : Nouguier, n. 29 à 32.—L'exposé doit comprendre : 1° la nature du crime qui forme la base de l'accusation; 2° le fait et toutes les circonstances qui peuvent aggraver ou diminuer la peine (C. instr. crim., 244). — Il doit être exact et complet, quoique bref, simple, et d'un langage sobre et réservé. Il raconte plutôt qu'il ne discute, et évite autant que possible les mouvements passionnés. Il pose les bases de l'accusation d'une main ferme, mais circonspecte et prudente. V. Carnot, sur l'art. 244, C. instr. crim.; F. Hélie, n. 2235, et surtout Nouguier, n. 34 et s.

3. Sous aucun prétexte, l'exposé ne doit énoncer une inculpation quelconque de personnes qui n'ont pas été comprises dans la poursuite, et qui par conséquent ne peuvent se défendre : F. Hélie, n. 2237. — *Contrà*, Cass., 24 déc. 1822 (S.-V.7.1.175); — Mangin, *Instr. écr.*, t. 2, p. 185.

4. Il n'est pas interdit de reproduire dans l'exposé de l'acte d'accusation la déclaration par laquelle un parent de l'accusé, reprochable comme témoin, a spontanément révélé, dans l'instruction écrite, le crime pour lequel celui-ci a été poursuivi : Cass., 18 oct. 1858 (J.M.p. 2.317). Par là, en effet, l'exposé ne fait que rappeler l'une des charges de l'accusation, que le ministère public a ensuite à justifier dans les débats, et ne reproduit point (ce qui serait interdit) une *déposition* d'un témoin reprochable.

5. Le résumé est soumis à une forme précise, que la loi détermine elle-même; il doit être ainsi conçu : « En conséquence N... est accusé d'avoir commis tel meurtre, tel vol ou tel autre crime, avec telle ou telle autre circonstance » (C. instr. crim., 241). Il doit être la reproduction fidèle du dispositif de l'arrêt de renvoi, qui a fixé l'accusation et en a précisé l'étendue et les termes (Arg. C. instr. crim., 271). — Sans doute, ce caractère de reproduction ne va pas jusqu'à s'opposer à ce que le résumé répare les omissions matérielles commises dans l'arrêt de renvoi, ou celles de ces irrégularités qui ne touchent ni à la nature du crime ni aux circonstances servant à le qualifier. Mais le résumé ne peut comprendre une qualification qui ne serait contenue ni dans le dispositif ou dans les motifs de l'arrêt de renvoi, ni dans l'ordonnance de prise de corps : Cass., 10 fév. 1832, 12 avr. 1833, 29 nov. 1834 (S.-V.32.1.620; 33.1.715; Bull., n. 465); — F. Hélie, n. 2238; Nouguier, n. 40, 46 et s. V. toutefois ce dernier auteur, n. 42 et s., et Cass., 14 avril 1842 (D.p.46.1.367). — Il ne peut pas davantage omettre des circonstances essentielles relevées par l'arrêt de renvoi : Nouguier, n. 52 et 53, et arrêts cités par lui. — Il importe du reste de remarquer que les irrégularités du résumé ne sont pas nécessairement une cause de nullité, mais qu'il dépend du président de la Cour d'assises d'en prévenir l'effet en puisant dans l'arrêt de renvoi lui-même la formule des questions à poser au jury : Cass., 26 sept. et 10 oct. 1822 (Bull., n. 133 et 141); 2 déc. 1825 (S.-V.8.1.228); 18 déc. 1858 (Bull., n. 513); — F. Hélie, n. 2242; Nouguier, n. 54 et s.

6. Aussitôt rédigé, l'acte d'accusation doit être notifié à l'accusé avec l'arrêt de renvoi, et cette double notification est prescrite à peine de nullité : F. Hélie, n. 2244 et s.; Nouguier, n. 71 et s., et arrêts cités par eux. Mais il n'en est pas du retard comme de l'omission, pourvu toutefois que l'accusé jouisse du délai de cinq jours qui lui est accordé pour se pourvoir en cassation contre l'arrêt de renvoi et pour préparer sa défense : F. Hélie, n. 2246; Nouguier, n. 76 et s., et décisions citées.

7. La notification est faite à la requête soit du procureur général, soit du procureur impérial du siége de la Cour d'assises, soit du procureur impérial du siége où l'instruction s'est faite et où l'accusé est détenu (C. instr. crim., 272) : Nouguier, n. 86.—Elle est soumise aux formes prescrites pour tous les exploits (C. proc. civ., 61, 68 et s.). Toutefois, les règles générales du Code de procédure civile ne sont pas toutes indistinctement applicables à la notification de l'arrêt de renvoi et de l'acte d'accusation, et l'inobservation de celles qui s'y appliquent n'est pas toujours une cause de nullité.

8. Par exemple, la défense faite par les art. 63 et 1037 C.

proc. civ., de signifier aucun exploit un jour de fête légale, si ce n'est en vertu d'une permission du président du tribunal, ne concerne point la notification des actes de procédure criminelle et notamment de l'arrêt de renvoi et de l'acte d'accusation (L. 17 therm. an VI, art. 2) : Cass., 10 mai 1849 (Bull., n. 169) et 6 déc. 1850 (Bull., n. 604); — Nouguier, n. 112.

9. L'espace nous manque pour rappeler les nombreuses solutions de la jurisprudence déterminant celles des formalités prescrites pour les ajournements par le Code de procédure civile qui, dans notre matière, doivent être observées à peine de nullité, et celles qui, au contraire, y peuvent être omises impunément. On consultera sur ce point les ouvrages qui traitent de la procédure en Cour d'assises.—V. aussi *Exploit*.

10. Mais nous devons mentionner l'art. 10 de la loi du 27 juill. 1849, d'après lequel il est interdit de publier l'acte d'accusation, ou tout autre acte de procédure, avant qu'ils aient été lus en audience publique, sous peine d'une amende de 100 à 2,000 fr. La loi n'a pas voulu que la connaissance anticipée de l'acte d'accusation pût répandre dans le public, et surtout dans l'esprit des citoyens qui doivent plus tard siéger comme jurés, des préventions défavorables qui souvent ne s'effacent plus.

11. Remarquons toutefois que la disposition précitée ne s'applique qu'à la publication par les journaux, et n'empêche point que l'acte d'accusation ne puisse, comme l'arrêt de renvoi, être imprimé pour la notification qui doit en être faite, lorsqu'il y a un grand nombre d'accusés. Une décision du ministre de la justice du 16 avr. 1849 (Gillet, n. 3186) veut que cette impression ait lieu, avec l'autorisation de ce ministre, par les soins du procureur général et aux frais du Trésor, sauf recouvrement.

12. Quant à la lecture de l'acte d'accusation, qui doit, comme celle de l'arrêt de renvoi, être faite par le greffier à l'audience de la Cour d'assises, immédiatement après la prestation de serment des jurés (C. instr. crim., 313), elle ne constitue pas, malgré son importance, une formalité substantielle, et son omission n'emporterait point nullité (Cass., 10 nov. 1849, Bull., n. 298; 10 déc. 1857, Bull., n. 323; 8 juin 1866, Bull., n. 147; — F. Hélie, t. 7, n. 3462; Nouguier, t. 3, n. 1600), à moins que son accomplisssement n'eût été réclamé par l'accusé : Nouguier, n. 1601; Arg., Cass., 10 nov. 1849, précité.

13. Il résulte de la disposition générale de l'art. 59 du décret du 18 juin 1811 que l'acte d'accusation ne doit pas être joint en expédition, mais seulement en minute, aux pièces de la procédure de la Cour d'assises : Décis. minist. 6 oct. 1824 et 9 avr. 1832 (Gillet, n. 1782 et 2321).

ACTE DE NOTORIÉTÉ. — V. *Actes de l'état civil*, *État civil*, *Mariage*.

ACTES JUDICIAIRES. — **1.** Lorsque, en exécution de l'art. 69, n. 9, C. proc. civ., les procureurs impériaux transmettent au ministère des affaires étrangères des actes judiciaires destinés à des personnes domiciliées à l'étranger, ils doivent : 1° indiquer dans les lettres d'envoi, le nom du destinataire, le lieu de sa résidence et le nom de la personne à la requête de laquelle la signification est faite ; 2° placer les actes selon leur rang d'inscription, et mettre sur chacun d'eux, en tête et à l'encre rouge, le nom et la demeure du destinataire, et enfin les attacher par un cordon à la lettre d'envoi : Circ. 28 avr. 1865 (Rés. chr., p. 74).

2. Les magistrats du parquet doivent veiller, en ce qui concerne les actes signifiés hors de France, à l'exécution de l'art. 20 de la loi du 2 juill. 1862 qui, complétant le décret du 29 août 1813, dispose que tous les actes d'huissier doivent être corrects et lisibles et sans abréviation, sous peine d'une amende de 25 fr.: Circ. 8 mai 1863 (Rés. chr., p. 54). — V. aussi Circ. 18 mars 1824, 15 avr. 1840 et 6 déc. 1850 (Gillet, n. 1743, 2671, 3303).

3. Un décret du 30 juill. 1862 fixe, en exécution de la loi du 2 du même mois, le nombre de lignes par page et de syllabes par ligne que doivent contenir les copies d'exploits et autres actes judiciaires. — Les magistrats doivent veiller avec soin à l'exécution de ce décret, dont le but principal est d'assurer aux copies d'actes de procédure une netteté et une correction qui leur manquaient trop souvent : Circ. 9 août 1862 (Rés. chr., p. 49).

4. Les règles relatives au timbre et à l'enregistrement des actes judiciaires en matière criminelle ont été résumées dans une circulaire du 24 sept. 1823, concertée entre le ministre de la justice et le ministre des finances (Gillet, n. 1708). Une autre circulaire 'du ministre de la justice, en date du 14 janv. 1863 (Rés. chr., p. 50), indique de nouveau ces règles, et rappelle particu. lièrement que les procès-verbaux des gardes champêtres et forestiers et des gendarmes doivent être visés pour timbre et enregistrés en débet toutes les fois qu'ils constatent un fait donnant lieu à une poursuite.

— V. *Cassation (pourvoi en)*, n. 55 et s., *Exploit*.

ACTES DE L'ÉTAT CIVIL.

SOMMAIRE ALPHABÉTIQUE.

1. Pour assurer la tenue régulière et l'exactitude des actes de l'état civil, dont l'importance est manifeste, puisqu'ils sont destinés à constater les conditions des personnes dans la société, la loi les a placés sous la sauvegarde du contrôle et du droit d'action même du ministère public.

§ Iᵉʳ. — *Vérification des registres et des actes de l'état civil. — Réparation des irrégularités. — Poursuite des infractions.*

2. D'abord, l'art. 53, C. Nap., impose au procureur impérial l'obligation de vérifier les registres de l'état civil après le dépôt qui en aura été fait au greffe par l'officier de l'état civil, en exécution de l'art. 43 du même Code. Il doit, aux termes de l'art. 53 précité, dresser un procès-verbal sommaire de la vérification, dénoncer (ou, plus exactement, poursuivre) les contraventions ou délits commis par les officiers de l'état civil et requérir contre eux la condamnation aux amendes. — V. *infrà*, n. 36 et s.

3. Indépendamment du double des registres de chaque année, les officiers de l'état civil sont tenus de déposer au greffe une double expédition des tables des actes de l'état civil contenus dans ces registres. Le procureur impérial a la mission de veiller à ce que ce dépôt soit effectué dans les trois mois (Décr. 20 juill. 1807, art. 2; Ord. 26 nov. 1823, art. 4). — La vérification dont il est chargé par l'art. 53, C. Nap., doit évidemment porter sur les tables alphabétiques comme sur les registres eux-mêmes : Circ. 20 avr. 1820. — V. Ortolan et Ledeau, *Minist. publ.*, p. 100.

4. Cette vérification doit être faite tant sur le double des registres destiné au greffe du tribunal que sur le double déposé aux archives de la commune. Les maires sont donc tenus d'envoyer les deux doubles au greffe ou au parquet : Circ. 24 mars 1832 et 2 mai 1844; — Cass., 23 fév. 1847 (S.-V.47.1.361).—Toutefois, ils doivent les envoyer séparément, soit pour éviter que l'un des deux ne soit perdu ou détruit dans le trajet, soit pour ne pas priver trop longtemps les communes de leurs registres. En conséquence, les maires, après avoir adressé l'un des doubles au procureur impérial, doivent attendre que ce magistrat leur en ait accusé réception, et que l'autre leur soit réclamé. Les magistrats du parquet ont soin de ne réclamer le second envoi que pour l'époque où ils pourront procéder à la vérification, et ils renvoient le double aux mairies dès qu'ils l'ont vérifié : Circ. 6 juin 1843.

5. Il est bon de diviser le travail par cantons, de manière que la transmission des registres aux parquets et leur renvoi aux mairies aient lieu en même temps pour toutes les communes du même canton : *Id.*

6. En cas de retard dans le dépôt des registres, qui doit avoir lieu pendant le mois de janvier, ou dans celui des tables alphabétiques annuelles, le procureur impérial rappelle aux maires l'obligation où ils sont d'effectuer ce dépôt, et leur accorde, s'il y a nécessité, un nouveau délai qui ne peut jamais excéder deux mois. A l'expiration de ce délai, il poursuit les retardataires (Ord. 26 nov. 1823, art. 4) : Circ. 31 déc. 1823.

7. La vérification des registres et des tables doit être faite dans les quatre premiers mois de chaque année. — Le procès-verbal destiné à la constater est rédigé conformément au modèle annexé à l'ordonnance du 26 nov. 1823. — Ce procès-verbal est divisé par cantons, et subdivisé par communes et par nature de registres. — Il désigne les actes défectueux par le numéro correspondant du registre dont ils font partie, et indique les contraventions en énonçant les articles du Code Napoléon dont les dispositions ont été violées (Ord. 26 nov. 1823, art. 1er).

8. Lors de la vérification des registres, le procureur impérial doit s'assurer qu'ils contiennent toutes les feuilles qu'ils doivent avoir : Lett. minist. 23 fév. 1853.

9. Il convient d'indiquer, à la fin de chaque canton, et en marge ou à la suite des procès-verbaux, le nombre des naissances, des mariages et des décès; cette récapitulation peut offrir une véritable utilité : Lett. minist. 5 déc. 1822; Décis. 6 août 1827.

10. Il importe aussi de joindre au procès-verbal de vérification un tableau comparatif du nombre des actes inscrits sur les registres et du nombre des contraventions relevées sur les mêmes registres, pour l'année dont les actes ont fait l'objet de la dernière vérification et l'année précédente. M. Lebon donne le modèle de ce tableau dans ses *Notions pratiques concernant l'administr. des parq. de 1ʳᵉ inst.*, p. 32.

11. La vérification des registres de l'état civil ne rentre nullement dans le droit de surveillance du préfet; elle est exclusivement réservée aux magistrats du ministère public (Lett. minist. 25 nov. 1808). — Le travail est réparti, dans chaque parquet, entre les officiers qui le composent : Circ. 31 déc. 1823.

12. Les procès-verbaux de vérification sont adressés, dans la première quinzaine du mois de mai, aux procureurs généraux, qui les transmettent, avec leurs observations, au garde des sceaux, dans la première quinzaine du mois suivant (Ord. 26 nov. 1823, art. 2). — Les procureurs impériaux doivent du reste joindre eux-mêmes aux procès-verbaux qu'ils adressent au parquet de la Cour impériale, les observations dont ils leur paraissent susceptibles : Circ. 20 avr. 1820.

13. Aussitôt la vérification terminée, les procureurs impériaux adressent aux officiers de l'état civil de leur arrondissement des instructions sur les contraventions qui ont été commises dans les actes de l'année précédente, et sur les moyens de les éviter. — Ils envoient copie de ces instructions aux procureurs généraux (Ord. 26 nov. 1823, art. 3).

14. D'après le modèle joint à l'ordonnance du 26 nov. 1823, le procureur impérial doit mentionner dans son procès-verbal qu'après avoir vérifié successivement les registres et actes, il a, par une lettre d'instruction par lui adressée aux officiers de l'état civil, indiqué celles des irrégularités qui peuvent et doivent être réparées tant par son fait que par celui des parties, déclarants et témoins, sans nuire à la substance des actes. — V. aussi Circ. 6 juin 1843.

15. Des auteurs critiquent cette prescription comme illégale ou au moins imprudente : Coin-Delisle, *Actes de l'ét. civ.*, sur l'art. 53, n. 2 ; Demolombe, t. 1, n. 287. Un autre voudrait qu'elle fût restreinte à l'apposition des signatures omises : Richelot, t. 1, p. 208. — Pour nous, nous croyons qu'aucune irrégularité dans les actes ne peut être réparée sans un jugement, et que celles-là seules doivent être réparées d'office par les maires, qui portent sur des formalités extrinsèques aux actes, telles que le défaut d'annexe des pièces qui doivent être jointes, de clôture des registres, etc.

16. Il faut remarquer, à l'appui de notre opinion, que l'art. 7 de l'ordonn. du 23 oct. 1833 concernant les attributions des consuls en matière d'actes de l'état civil des Français en pays étranger, dispose qu' « aucun acte de l'état civil reçu dans les consulats ne pourra, sous prétexte d'omission, d'erreur ou de lacune, être rectifié que d'après un jugement émané des tribunaux compétents ».

17. Les procureurs impériaux peuvent, lorsqu'ils le jugent nécessaire, se transporter sur les lieux pour vérifier les registres de l'année courante, ou déléguer à cet effet le juge de paix du canton dans lequel est située la commune dont les registres sont à vérifier (Ord. 26 nov. 1823, art. 5).

18. Toutefois, ce transport sur les lieux ne peut être opéré que sur l'ordre ou avec l'autorisation préalable du procureur général. Et le même ordre ou la même autorisation est nécessaire pour la délégation du juge de paix, lorsque celui-ci, pour exécuter la délégation, est obligé de se transporter à plus de cinq kilomètres du chef-lieu de son canton (Ord. 10 mars 1825, art. 5 et 6).

19. Les procureurs impériaux doivent surtout mettre à profit, pour les vérifications locales faites dans le courant de l'année, les occasions où ils sont obligés de se déplacer par suite de procédures criminelles : Circ. 6 juin 1843 ; Lett. minist. 10 fév. 1850.

20. Les magistrats doivent procéder aux vérifications seuls et sans l'assistance du greffier (Ord. 10 mars 1825, art. 3).

21. Lorsqu'ils se transportent à plus de cinq kilomètres, ils ont droit aux indemnités déterminées par l'art. 88 du règlement du 18 juin 1811. — Si les faits constatés par la vérification donnent lieu à des poursuites judiciaires, le montant des indemnités avancées aux magistrats par l'administration de l'enregistrement et des domaines est compris dans la liquidation des dépens, et recouvré contre qui de droit, conformément aux règles tracées par le chap. 2 du titre 3 du règlement précité de 1811 (*Id.*, art. 1 et 4).

22. L'ordre ou l'autorisation du procureur général et la délégation sont joints au mémoire de la partie prenante (*Id.*, art. 7).

23. Dans le cas de vérification sur les lieux, le procès-verbal doit constater que le procureur impérial a, en faisant appeler auprès de lui l'officier de l'état civil et les personnes intéressées, tant comme parties que comme déclarants et témoins, aux actes reconnus défectueux, fait réparer et régulariser, en leur présence, ceux de ces actes qui ont pu être régularisés par leur fait et sans nuire à la substance des mêmes actes.

24. Ici trouvent encore leur place les observations que nous avons présentées plus haut, n. 15 et 16, au sujet des instructions que les procureurs impériaux doivent adresser aux maires, pour leur faire réparer les irrégularités constatées dans les actes ou registres.

24 *bis*. On s'est demandé si toute personne a le droit d'exiger de l'officier de l'état civil la communication des registres de l'état civil pour y opérer des recherches. Il résulte soit de l'art. 45, C. Nap., qui permet seulement à toute personne de se faire délivrer des extraits de ces registres, soit du décret du 12 juill. 1807, d'une décision ministérielle du 27 juin 1839 et de l'art. 9-1º de la loi du 24 mai 1854 combinés, d'après lesquels les greffiers seuls peuvent exiger des droits de recherches des actes de l'état civil, quand ils n'en délivrent pas des expéditions, que les officiers de l'état civil sont autorisés à refuser la communication des registres à des étrangers, et que s'ils jugent à propos de leur faire cette communication, c'est sous leur propre responsabilité et gratuitement. V. article de M. Perussel, J.M.p.8.81.

25. Lorsqu'un maire est décédé, sans avoir signé des actes inscrits sur les registres de l'état civil, un jugement du tribunal de première instance rendu, soit sur les réquisitions du ministère public, soit sur la demande des parties intéressées, peut autoriser le successeur de ce maire à les signer lui-même (Avis Cons. d'Ét., 30 frim. an XII) : Décis. minist. 29 mai 1837 et 14 janv. 1840 ; Trib. de Saint-Amand, 20 avr. 1861 ; — Lebon, *Notions pratiques concernant l'administr. des parq.*, p. 31, note 1.

26. Dans le cas où les parties intéressées sont indigentes, elles peuvent demander au ministère public de poursuivre d'office la régularisation des actes non signés (Décis. minist. 16 sept. 1823), ou solliciter le bénéfice de l'assistance judiciaire à l'effet de faire ordonner elles-mêmes cette régularisation. — Compar., *infrà*, n. 49 et s.

27. Si les actes non signés lors du décès d'un maire ont été ensuite signés du nom de ce maire par son successeur, ou si des actes ont été, soit du vivant, soit après le décès de l'officier de l'état civil qui les a inscrits, revêtus de signatures sans valeur, le ministère public doit requérir la condamnation à l'amende du maire qui a commis ou laissé commettre ces irrégularités, faire déclarer les signatures fausses, et ordonner que les actes seront signés par le maire, faute de quoi, après l'expiration d'un délai déterminé, le jugement tiendra lieu de sa signature, et que ce jugement sera dans tous les cas transmis sur les registres. — Le tout sans préjudice des poursuites criminelles qui devraient être exercées, s'il y avait crime de faux : Décis. minist. 27 juin 1836.

28. Les officiers du parquet doivent faire savoir aux juges de paix que toutes les fois qu'ils se transporteront dans les communes de leur canton, ils ont le droit et le devoir de s'assurer de la bonne tenue des registres de l'état civil, et de veiller notamment à ce que les maires ne se bornent pas à prendre de simples notes pour rédiger plus tard les actes, et à ce qu'ils n'omettent pas de signer immédiatement les actes rédigés : Circ. 15 oct. 1852.

29. Après un premier avertissement donné sans résultat aux maires qui, au lieu d'inscrire les actes de l'état civil successivement et à leur date, se contentent de prendre des notes et rédigent en masse les actes à une certaine époque de l'année, le ministère public doit demander au garde des sceaux l'autorisation de les poursuivre : Circ. 6 juin 1843.

30. Si les registres de l'état civil et tous les actes qu'ils contiennent sont bien tenus et réguliers, on l'énonce dans le procès-verbal par ces mots : *Point de contraventions.* — Dans le cas où il n'y a pas d'actes sur un registre, le procès-verbal doit dire comment on s'est assuré qu'il n'y a pas eu de naissances, de mariages ou de décès : Circ. 31 déc. 1823.

31. Les procès-verbaux doivent indiquer la Cour impériale du ressort, le département, l'arrondissement et la commune, expliquer si la vérification est annuelle ou accidentelle, et faire connaître la nature du registre, lorsque chaque espèce d'actes a le sien : *Id.*

32. La rédaction des procès-verbaux de vérification doit être l'œuvre des officiers du ministère public eux-mêmes, et non des greffiers. Ce sont d'ailleurs les procès-verbaux en minute, et non des expéditions, qui doivent être adressés aux procureurs généraux : Décis. 18 janv. 1825.

33. En procédant à la vérification des actes de l'état civil, les procureurs impériaux doivent constater ceux des actes ou certificats de décès de militaires qui ont été inscrits sur les registres, et dans le cas où ces actes seraient entachés de fraude, il est du devoir du ministère public d'instruire contre leurs auteurs : Circ. minist. 7 janv. 1824.

34. Dans tous les cas où la mention d'un acte relatif à l'état civil doit avoir lieu en marge d'un acte déjà inscrit, l'officier de l'état civil est tenu d'en donner avis dans les trois jours au procureur impérial, pour que ce magistrat veille à ce que la mention soit opérée d'une manière uniforme tant sur les registres courants ou déposés aux archives de la commune, que sur les registres déposés au greffe (C. Nap. 49).

34 bis. Aux termes de l'art. 19 du décret du 3 janv. 1813, sur l'exploitation des mines, lorsqu'il y a impossibilité de parvenir jusqu'au lieu où se trouvent les corps d'ouvriers qui ont péri par accident dans une exploitation, les exploitants, directeurs et autres ayants cause sont tenus de faire constater cette circonstance par le maire, ou autre officier public, qui en dresse un procès-verbal, qu'il transmet au procureur impérial. — Ce magistrat provoque alors un jugement ordonnant que le procès-verbal dont il s'agit soit annexé aux registres de l'état civil, pour tenir lieu d'acte de décès. — Ces dispositions semblent devoir être étendues à toute autre hypothèse où il est impossible de retrouver les corps des personnes qui ont péri par un accident quelconque, inondation, incendie, éboulement, etc.: Demolombe, n. 308. — *Contrà*, Debacq, p. 262 et s.

35. Les expéditions d'extraits d'actes de l'état civil délivrées par des notaires chez qui ces extraits ont été déposés par les parties, ne peuvent faire foi en justice ni être admises comme pièces probantes à l'appui d'aucune demande soit judiciaire, soit administrative. Les officiers du parquet doivent les rejeter de tous dossiers concernant de telles demandes soumises à leur examen, signaler aux chambres des notaires le danger qui s'attache au dépôt, dans leurs études, d'actes de l'état civil dont ils ne peuvent reconnaître ni l'exactitude ni la sincérité, ainsi que l'abus qu'on peut faire des expéditions délivrées par eux, et prescrire aux maires de ne recevoir aucune copie de ce genre lorsqu'ils procéderont à un mariage ou à tout autre acte de leur ministère: Circ. 23 mai 1862 (Rés. chr., p. 44).

36. L'art. 50, C. Nap., punit d'une amende qui ne peut excéder 100 fr. toute contravention aux articles qui le précèdent. — Cette amende peut-elle être prononcée contre le procureur impérial lui-même? L'affirmative est soutenue par quelques auteurs, qui se fondent sur les termes généraux de l'art. 50 et sur les explications dont il a été l'objet au Conseil d'État: Toullier, t. 1, n. 312; Hutteau d'Origny, *État civil*, tit. 10, ch. 1, § 1, n. 7;

Rieff, *Actes de l'ét. civ.*, n. 95; Zachariæ, édit. Massé et Vergé, t. 1, p. 113; Aubry et Rau d'après Zachariæ, t. 1, p. 185.

37. Mais l'opinion contraire, basée sur le principe général de l'irresponsabilité des magistrats, qui ne peut fléchir que devant une exception formellement édictée, est enseignée avec plus de raison par MM. Coin-Delisle, sur l'art. 50, n. 1; Richelot, t. 1, p. 205, note 16; Marcadé, sur l'art. 50; Descloseaux, *Encycl. du dr.*, v° *Actes de l'ét. civ.*, n. 33; Massabiau, n. 812; Ducaurroy, Bonnier et Roustain, *Comment. Cod. Nap.*, t. 1, n. 129; Demolombe, t. 1, n. 288; Massé et Vergé sur Zachariæ, *loc. cit.*, note 1.

38. L'action du ministère public pour obtenir la condamnation à l'amende prononcée par l'art. 50, C. Nap., doit, d'après les termes mêmes de cet article, être portée devant le tribunal civil, et non devant le tribunal correctionnel. D'où la conséquence que cette action est soumise, notamment en ce qui concerne la durée de la prescription, aux règles du droit civil : Ortolan et Ledeau, t. 1, p. 103; Massabiau, t. 1, n. 814; Debacq, p. 199.

39. Le jugement rendu sur une telle action est susceptible d'appel : Malleville, sur l'art. 54, C. Nap.; Toullier, t. 1, n. 314; Duranton, t. 1, n. 281; Coin-Delisle, sur l'art. 54; Marcadé, *eod.*; Demolombe, n. 289; Zachariæ et Massé et Vergé, t. 1, p. 113; Aubry et Rau, t. 1, p. 185.

40. Quant à la répression des délits ou des crimes commis par les officiers de l'état civil, tels que ceux prévus par les art. 145 et s., 192 et s., C. pén., elle est, bien entendu, poursuivie devant la juridiction correctionnelle ou criminelle, conformément au droit commun.

41. Il est d'ailleurs constant que les maires (ou adjoints) n'ayant point, comme officiers de l'état civil, la qualité de fonctionnaires de l'ordre administratif, peuvent être poursuivis pour les diverses infractions par eux commises dans l'exercice de leurs fonctions, sans l'autorisation préalable du Conseil d'État (Av. Cons. d'Ét. 31 juill. 1806) : Cass., 11 juin et 3 sept. 1807 (S.-V. 2.1.399 et 431), 3 juin 1811 (S.-V.3.2.503) et 9 mars 1815 (S.-V. 3.1.127); Cons. d'Ét. 22 mars et 15 juin 1841 (D.p.41.3.343 et 384) et 24 janv. 1849 (S.-V.50.2.190);— Merlin, *Répert.*, v° *État civil* (*actes de l'*), § 5, n. 5; Mangin, *Act. publ.*, t. 2, n. 251; F. Hélie, *Instr. crim.*, t. 2, n. 909; Ortolan et Ledeau, p. 103 et s.; Massabiau, n. 813; Demolombe, t. 1, n. 278; Zachariæ et Massé et Vergé, t. 1, p. 101; Aubry et Rau, t. 1, p. 176.—Circ. 22 brum.

an xiv et 31 déc. 1823; Décis. minist. 23 oct. 1818, 6 janv. 1825, 8 mars 1826 et 4 juin 1840.

42. Mais, du moins, les magistrats du ministère public ne doivent intenter aucune poursuite contre les officiers de l'état civil pour les contraventions commises dans la tenue des registres, sans en avoir préalablement donné avis au ministre de la justice (Av. Cons. d'Ét. 28 juin 1806).

§ 2. — *Rectification des registres ou des actes de l'état civil. —*
Action. — Procédure. — Compétence.

43. Les registres ou les actes de l'état civil qui contiennent des erreurs ou autres irrégularités ne peuvent être rectifiés qu'en vertu d'un jugement provoqué par les parties intéressées à demander ou à contredire la rectification (Av. Cons. d'Ét. 13 niv. an x).

44. Et il en est de même du rétablissement, sur les registres, d'actes de l'état civil qui y ont été omis (Av. Cons. d'Ét. 12 brum. an xi). — V. *infrà*, n. 60.

45. Mais dans le cas où l'un des doubles des registres contient des actes qui ne sont point sur l'autre, on peut inscrire sur ce dernier les actes qui y manquent, pourvu que l'authenticité du premier registre ne soit pas équivoque, et que cette opération se fasse avec des précautions que le procureur général propose à l'approbation du ministre : Lett. minist. 4 avr. 1817.

46. Les jugements qui interviennent dans les hypothèses prévues par les avis précités du Conseil d'État des 13 niv. an x et 12 brum. an xi sont rendus sur les conclusions du ministère public, mais non point sur son action d'office, à moins que les circonstances n'intéressent l'ordre public (Av. 12 brum. an xi), comme, par exemple, lorsque les deux doubles des registres ont été détruits (Circ. 4 nov. 1814), ou lorsque ces registres présentent de nombreuses lacunes (Décis. minist. 16 juill. 1817 et 2 mai 1834), ou quand il s'agit d'actes concernant des individus qui tenteraient de se soustraire au service militaire par suite d'omission de ces actes sur les registres : Circ. 27 nov. 1821. — V. Massabiau, n. 816. — *Contrà*, Debacq, p. 196 et 197.

47. Il résulte spécialement de l'art. 75 de la loi de finances du 25 mars 1817 que le ministère public peut requérir d'office le remplacement des registres de l'état civil qui auraient été perdus ou incendiés par les événements de la guerre, ou l'établissement de ceux qui n'auraient pas été tenus.

48. Quant à la rectification des erreurs, omissions ou autres irrégularités que présentent les actes de l'état civil inscrits sur les registres, ç'a été une question fort controversée que celle de savoir dans quel cas le ministère public peut la provoquer d'office.

49. Il y a bien quelques hypothèses à l'abri de toute difficulté sérieuse, parce que la loi les a indiquées.—Ainsi, l'action en rectification peut être exercée d'office par le ministère public, non-seulement, en vertu de la loi du 10 déc. 1850, à l'égard des actes nécessaires au mariage des indigents, mais, d'une manière générale, relativement à tous les actes qui intéressent ceux-ci, en vertu de l'art. 75 de la loi du 25 mars 1817, auquel n'ont dérogé ni la loi précitée de 1850, ni celle du 22 janv. 1851, sur l'assistance judiciaire : Toulouse, 1er août 1836 (S.-V.37.2.186); Nîmes, 21 mars 1838 (D.P.38.2.183); Angers, 27 fév. 1846 (D.P.46.2.85); Colmar, 2 avr. 1852 (J.M.p.1.216); — Demolombe, n. 333; Zachariæ et Massé et Vergé, t. 1, p. 108; Aubry et Rau, t. 1, p. 188; Debacq, p. 200 et s.; nos observ. sur l'arrêt ci-dessus de Colmar.

50. Toutefois, il importe de remarquer que le ministère public, loin d'être tenu de poursuivre d'office la rectification des actes de l'état civil concernant les indigents, doit, dans une pensée d'économie, réserver l'exercice de son action pour les cas extraordinaires et où la rectification est absolument indispensable : Décis. minist. 19 avr. 1815.

51. Les individus indigents dans l'intérêt desquels le ministère public ne croit pas devoir provoquer une rectification d'actes de l'état civil, conservent d'ailleurs la faculté de demander à cet effet le bénéfice de l'assistance judiciaire : Bureau d'assist. judic. près la Cour de Paris, 8 août 1854 (*Cod. de l'assist. judic.* de M. Brière-Valigny, p. 285) et 25 mai 1869 (J.M.p. 12.157).

52. C'est sans doute sur l'intérêt de l'ordre public que la loi fonde ici, comme dans le cas où il s'agit du rétablissement d'actes omis dans les registres ou du remplacement des registres détruits (V. *suprà*, n. 46), le droit d'action directe du ministère public.— Mais faut-il aller jusqu'à décider, en thèse générale, que le ministère public est recevable à provoquer d'office la rectification des actes de l'état civil dans tous les cas (et conséquemment même dans ceux non prévus par la loi) où l'ordre public est intéressé?

53. Nous avons, dans divers articles de notre journal, soutenu la négative par des raisons qui peuvent se résumer ainsi : La voie d'action directe, que la loi du 24 août 1790 (tit. VIII, art. 2) refusait au ministère public en matière civile, ne lui a été attribuée, pour la rectification des actes de l'état civil, ni par le Code Napoléon ou le Code de procédure, ni par aucun autre texte, si ce n'est dans quelques cas nettement déterminés. Il résulte clairement soit de l'exposé des motifs du titre des actes de l'état civil, soit du rapport au Tribunat sur ce titre, que les auteurs du Code Napoléon ont entendu que cette rectification ne fût demandée que par les parties intéressées. — L'avis du Conseil d'État du 12 brum. an XI qui, après avoir décidé qu'il convient de laisser aux parties intéressées le soin de faire réparer les *omissions* d'actes sur les registres de l'état civil, ajoute : « *sauf le droit qu'ont incontestablement les commissaires du Gouvernement d'agir d'office en cette matière dans les circonstances qui intéressent l'ordre public* », ne saurait être interprété en ce sens que le ministère public peut provoquer directement la *rectification* des actes de l'état civil dans tous les cas où l'ordre public est intéressé. Le Conseil d'État n'a voulu par là faire allusion qu'au droit du ministère public de requérir la répression des infractions commises par les officiers de l'état civil, ou tout au plus encore au droit de provoquer directement la réparation des omissions d'actes dans les registres de l'état civil, lorsqu'elle serait de nature à intéresser l'ordre public. V. *suprà*, n. 46. — L'art. 46 de la loi du 20 avr. 1810, qui charge le ministère public de *poursuivre d'office l'exécution* des lois, des arrêts et des jugements *dans les dispositions qui intéressent l'ordre public*, ne justifie point non plus le droit d'action directe du parquet en matière de rectification des actes de l'état civil, dans toutes les circonstances où l'ordre public est intéressé; car, par une autre disposition, ce même article ne permet au ministère public d'agir d'office que *dans les cas spécifiés par la loi*. Tout ce qui en résulte raisonnablement, c'est qu'en dehors des cas spécialement déterminés par la loi, le ministère public ne peut procéder d'office que dans les circonstances exceptionnelles où, l'intérêt social étant seul en jeu, les particuliers n'auraient pas le droit d'agir eux-mêmes. V. au surplus *Action directe ou d'office*, n. 5 et s.

53 *bis*. On oppose encore le décret du 18 juin 1811, contenant le tarif des frais en matière criminelle, dont l'art. 122 prévoit le cas où le ministère public *poursuit d'office la rectification des actes de l'état civil*, en conformité de l'avis du Conseil d'État du 12 brum. an XI.

Mais on ne saurait chercher l'interprétation de cet avis du Conseil d'État dans une disposition du tarif qui ne le rappelle que d'une manière énonciative. L'art. 122 du décret de 1811 ne peut, quels que soient ses termes, se référer qu'à l'hypothèse en vue de laquelle a statué l'avis du Conseil d'État précité, celle où il s'agit, non de la rectification d'actes inscrits sur les registres de l'état civil, mais de la réparation d'omissions d'actes sur ces registres, réparation qui, lorsque les omissions sont très-nombreuses, ne peut être laissée à l'initiative des particuliers. — On argumente, en dernier lieu, de la loi du 28 mai 1858 sur les distinctions honorifiques, qui serait, dit-on, illusoire, si le ministère public n'avait que le droit de poursuivre correctionnellement ceux qui, dans les actes de l'état civil, se seraient attribué de faux noms ou de fausses qualifications, sans être armé de celui de faire supprimer les énonciations constituant le principe du délit et que le temps pourrait finir par consacrer. Mais quelle rectification pourrait être nécessaire, en présence de la mention du jugement qui doit être faite, d'après la loi précitée, en marge des actes de l'état civil dans lesquels ont été pris le faux nom ou la fausse qualification?—V. les Art. 52, 180, 252 et 283 du *Journ. du min. publ.*—Conf., Merlin, *Rép.*, v° *Etat civ. (actes de l')*; Delvincourt, t. 1, p. 31, note 3; Carré et V. Foucher, *Lois de l'org. et de la compét.*, t. 2, n. 113 et 125; Massabiau, *Man. du minist. publ.*, t. 1, n. 816; Bonnin, *Comment. Cod. proc.*, sur l'art. 856; Chauveau sur Carré, *Lois de la procéd.*, quest. 2896, et *Journ. du dr. administr.*, t. 9, p. 18 et s.; Dalloz, *Rép.*, v° *Actes de l'ét. civ.*, n. 435; Aubry et Rau, d'après Zachariæ, t. 1, § 63, p. 188; Boileux, *Comm. Cod. Nap.*, t. 1, p. 200; Mourlon, *Répét. écr.*, t. 1, p. 184; — Dijon, 11 mai 1860 (J.M.p.3.135); Douai, 18 août 1860 (*Id.*3.205); Bordeaux, 28 août 1860 (*Id.*3.262) et 3 mars 1862 (*Id.*5.120); Cass., 21 nov. et 11 déc. 1860 (*Id.*3.289; 4.52); Amiens, 11 déc. 1860 (*Id.*4.53); Nîmes, 17 janv. 1862 (*Id.*5.120); trib. de Verviers, 27 nov. 1863 (*Id.*8.96).

54. Plusieurs des décisions mentionnées ci-dessus ont jugé spécialement que le ministère public est sans qualité, en dehors des cas spécialement prévus par la loi, pour agir d'office en matière de rectification des actes de l'état civil, alors notamment que cette rectification doit avoir pour effet d'attribuer à une partie une qualification ou particule nobiliaire : Dijon, 11 mai 1860; Douai, 18 août 1860; Bordeaux, 28 août 1860 et 3 mars 1862; Cass., 21 nov. 1860.

55. Et de ce défaut de qualité pour agir on a naturellement conclu au défaut de qualité pour interjeter appel des jugements ordonnant des rectifications d'actes de l'état civil sur la demande des particuliers : Mêmes arrêts, et Amiens, 11 déc. 1860 ; Cass., 19 déc. 1860.

56. Mais l'opinion suivant laquelle le ministère public est autorisé à agir d'office, en matière de rectification d'actes de l'état civil, dans toutes les circonstances qui intéressent l'ordre public, soit par acte introductif d'instance, soit par appel, a prévalu en doctrine comme en jurisprudence. — V. en ce sens, Duranton, t. 1, n. 309 ; Zachariæ, édit. Massé et Vergé, t. 1, p. 108 ; Ortolan et Ledeau, t. 1, p. 101 ; Rieff, n. 313 ; Hutteau d'Origny, p. 420 ; Coin-Delisle, *Act. de l'ét. civ.*, sur l'art. 99 ; Descloseaux, *Encyclopéd. du dr.*, v° *Act. de l'état. civ.*, n. 79 ; Taulier, *Théor. Cod. civ.*, t. 1, p. 181 ; Demante, *Cours analyt. Cod. civ.*, t. 1, n. 122 *bis* II ; Marcadé, sur l'art. 99, n. 2 ; Valette, *Explicat. Cod. Nap.*, p. 45 et s. ; Bioche, *Dictionn. de proc.*, v° *Acte de l'ét. civ.*, n. 41 ; Demolombe, t. 1, n. 333 ; Bertin, *Ch. du cons.*, t. 1, n. 149, et journ. *le Droit* du 9 juill. 1860 ; Crépon, *le Minist. publ. a-t-il qualité*, etc. (brochure) ; Debacq, p. 253 et s. ; Périer, *du Minist. publ. à l'aud. civ.*, p. 45 et 68 ; — Bourges, 2 fév. 1820 (S.-V.6.2.199) ; Poitiers, 26 mai 1846 (S.-V.46.2.462) ; Bruxelles, 28 fév. 1852 (D.P.53.2.203) et 9 nov. 1857 (J.M.p.1.192) ; Montpellier, 10 mai 1859 (*Id.* 2.227) ; Orléans, 17 mars 1860 (*Id.* 3.138, aux Observ.) ; trib. d'Angers, 27 mars 1860 (*Id.* 3.112) ; Colmar, 15 mai 1860 (*Id.* 3.159, aux Observ.) ; Agen, 18 juin 1860 (*Id.* 3.157) ; Metz, 31 juill. 1860 (*Id.* 3.187) ; Nîmes, 9 août 1860 et 6 mai 1861 (*Id.* 4.44 et 226) ; Angers, 5 déc. 1860 (*Ibid.*) ; Orléans, 29 déc. 1860 (*Ibid.*) et 1er août 1863 (*Id.* 7.147) ; Paris, 22 fév. 1861 (*Id.* 4.68) et 3 juin 1867 (*Id.* 10.204) ; Rouen, 18 mars 1861 (*Id.* 4.226) ; Agen, 23 avr. 1861 (*Id.* 4.117) ; trib. de Confolens, 27 avr. 1851 (*Id.* 5.229) ; Cass., 22 janv. 1862 (*Id.* 5.3), 27 mai 1862 (implicit.) (*Id.* 5.249), 24 nov. 1862 (*Id.* 6.17), 25 mars 1867 (*Id.* 10.204) et 25 mai 1869 (*Id.* 12.257) ; Besançon, 6 fév. 1866 (*Id.* 9.3).

57. Et il a été jugé particulièrement que le ministère public est recevable à interjeter appel du jugement qui ordonne l'inscription sur les registres de l'état civil du décès d'un individu qui doit seulement être présumé absent : Bruxelles, 9 nov. 1857 (J.M.p.1.192).

57 *bis*... Que le ministère public a qualité pour poursuivre devant le tribunal civil la rectification des actes de l'état civil renfermant des altérations ou usurpations de noms ou de titres : Trib. d'Angers, 27 mars 1860 : Agen, 18 juin 1860 et 23 avr. 1861; Nîmes, 9 août 1860 et 6 mai 1861; Angers, 5 déc. 1860 ; Orléans, 29 déc. 1860 et 1er août 1863; Paris, 22 fév. 1861 et 3 juin 1867; Cass. 22 janv., 24 nov. 1862 et 25 mars 1867; Besançon, 6 fév. 1866, précités.

58. Décidé aussi que l'ordre public doit être considéré comme intéressé en cette matière lorsque la demande en rectification, sans avoir pour objet la collation ou la reconnaissance de titres de noblesse, ouvre cependant les voies à l'obtention éventuelle de ces titres, comme, par exemple, la demande tendant à faire décider qu'avant la naissance du réclamant, son père était connu et désigné sous le titre de *marquis*, et que ce titre, omis à tort dans son acte de naissance, doit y être rétabli : Metz, 31 juill. 1860, également précité.

59. Le droit d'action d'office du ministère public, en cette matière a été consacré même dans le cas où la prétention à un nom ou à un titre dont on n'est pas autorisé à se prévaloir, s'est produite seulement sous la forme d'une protestation faite à la suite d'un acte de l'état civil contre les énonciations de cet acte : Besançon, 6 fév. 1866 (J.M.p.9.3). Il semble cependant difficile d'admettre que l'ordre public soit intéressé à ce qu'une telle protestation disparaisse.

60. Mais il a été jugé, d'autre part, qu'en tout cas le ministère public ne peut, en dehors des hypothèses spécialement prévues par la loi, être partie principale dans les affaires civiles, et notamment en matière de rectification d'actes de l'état civil, qu'autant que l'ordre public est *directement* intéressé; et qu'ainsi, il ne peut figurer à ce titre dans une instance engagée sur la demande d'un particulier en réparation de l'omission de son acte de naissance sur les registres de l'état civil, une telle demande ne mettant en jeu que l'intérêt privé : Bruxelles, 28 oct. 1861 (J.M.p. 5.7). — V. *suprà*, n. 44.

61. Le droit du ministère public de provoquer d'office la rectification des actes de l'état civil dans les circonstances qui intéressent l'ordre public, étant admis, s'ensuit-il que les officiers du parquet puissent intervenir, sans aucune forme de procédure, dans toute instance civile, pour requérir contre les parties la suppression des noms, titres ou qualifications qu'elles y auraient pris? Un arrêt de la Cour de Colmar du 29 déc. 1859 (J.

M.p.3.62) n'a pas craint d'étendre jusque-là le pouvoir du ministère public.

62. Mais la même Cour a jugé ultérieurement en sens contraire que le ministère public est sans qualité pour requérir, dans une instance civile, que l'une des parties en cause soit condamnée, à défaut de production de titres justificatifs, à supprimer la particule nobiliaire dont elle a fait précéder son nom dans les actes du procès : Colmar, 6 mars 1860 (J.M.p.3.84).

63. La même solution a été consacrée par le jugement du tribunal de Confolens du 27 avr. 1861, cité *suprà*, n. 56.

64. Et, de son côté, la Cour de cassation, par son arrêt du 22 janv. 1862 (*ibid.*), a décidé que l'action directe du ministère public en matière d'actes de l'état civil est soumise aux mêmes règles et aux mêmes formes de procédure que celle de toute autre partie intéressée; qu'ainsi, il ne saurait être admis à intervenir incidemment, en toute occasion, devant telle ou telle juridiction, pour prendre à partie une personne y figurant en une qualité quelconque, et lui demander raison de ses noms et du titre ou de la qualification nobiliaire dont ces noms sont accompagnés. — V. aussi, Cass., 3 avr. 1826 (S.-V.8.1.310).

65 Nous avons exprimé une opinion conforme dans les observations accompagnant l'arrêt de la Cour de Colmar du 29 déc. 1859, et nous avons ajouté que le ministère public peut seulement, dans les instances civiles, faire des réserves pour l'exercice de son action en répression des usurpations de noms, titres ou qualifications [que les actes du procès révéleraient de la part des parties.

66. Mais, en se plaçant toujours au point de vue du système dominant, le ministère public est incontestablement recevable à intervenir dans une instance en rectificatien d'actes de l'état civil introduite par un particulier : Trib. de Confolens, 27 avr. 1861, ci-dessus. — V. aussi Montpellier, 10 mai 1859 (J.M.p.2.225).

67. C'est encore une question délicate que celle de savoir si l'on peut demander, par voie d'action en rectification d'actes de l'état civil, soit l'addition d'un titre nobiliaire au nom patronymique dans de tels actes, soit la suppression d'un titre de cette nature qui y serait énoncé.—D'après les uns, une semblable demande est non recevable lorsque le droit au titre n'est pas justifié par un acte régulier de collation ou de confirmation, parce qu'il appartient exclusivement au Conseil du sceau des titres de vérifier et reconnaître les titres nobiliaires : Douai, 10 août 1852 (S.-V.53.2.102);

Agen, 28 août 1860 (S.-V.61.2.277); Cass., 1er juin 1863 (J.M. p. 7.119, aux observ.); Nancy, 7 mai 1864 (*Id.* 7.147); Orléans, 1er août 1863 (*Ibid.*); Cass., 27 mai 1866 (*Id.* 7.118); Rennes, 18 juin 1864 (*Id.* 9.124); Besançon, 6 fév. 1866 (*Id.* 9.3).

68. Et il a été jugé, par suite, que lorsque devant la juridiction civile, saisie par le ministère public d'une demande en rectification d'actes de l'état civil à raison de ce qu'une partie y aurait pris un titre qui ne lui appartient pas, celle-ci prétend avoir été fondée à prendre ce titre, c'est là une question préjudicielle sur laquelle doit nécessairement statuer le Conseil du sceau; et que le refus que ferait la partie de soumettre la question à ce Conseil n'aurait pas pour effet de rendre la juridiction civile compétente pour en connaître elle-même : Besançon, 6 fév. 1866, ci-dessus. V. aussi Cass., 27 mai 1864, également ci-dessus.

69. Mais, selon d'autres, dont l'opinion nous paraît plus exacte, les tribunaux ont le droit d'ordonner, par voie de rectification d'actes de l'état civil, l'addition ou le maintien d'un titre nobiliaire dans ces actes, lorsqu'ils n'ont, pour cela, qu'à constater une possession constante et des faits non susceptibles de contestation : Montpellier, 10 mai 1859 (J.M.p.2.225); Aix, 25 mai 1859 (S.-V.60.2.33); Colmar, 15 mai 1860 (S.-V.60.2.369); Metz, 31 juill. 1860 (J.M.p. 3.187); Rouen, 18 mars 1861 (*Id.* 4.226); Toulouse, 12 juill. 1862 (*Id.* 5.255); Cass., 16 janv. 1864 (*Id.* 7.179). — V. nos Observ. à la suite de l'arrêt de Toulouse. — V. aussi, dans le même sens, Circ. min. just. 22 nov. 1859 (Rés. chr., p. 14).

70. Il a été décidé spécialement que si le Gouvernement peut seul, après avoir entendu le Conseil du sceau, conférer les titres de noblesse ou reconnaître leur légitimité, les tribunaux sont compétents pour vérifier, en fait, ce qu'était, avant la naissance d'un individu, l'état civil de sa famille, pour lui laisser ou lui rendre cet état intact et dégagé des omissions provenant de l'erreur ou de la négligence des rédacteurs des actes de l'état civil ou des personnes qui ont fait les déclarations que ces actes sont destinés à constater : Metz, 31 juill. 1860, mentionné ci-dessus, n. 56.

71. ... Et, de même, que le ministère public est recevable à demander, et l'autorité judiciaire compétente pour ordonner, par voie de rectification des actes de l'état civil, la suppression d'un titre nobiliaire énoncé dans de tels actes, lorsqu'il s'agit, non d'apprécier si ce titre appartient ou n'appartient pas à la personne au nom de laquelle il a été ajouté (ce qui rentrerait dans les attributions du Conseil du sceau des titres), mais uniquement de mettre les énonciations des actes dont la rectification est demandée en conformité avec les énonciations des actes antérieurs : Orléans, 1er août 1863, ci-dessus, n. 67.

72. Jugé encore que le ministère public est fondé à intervenir dans une instance en rectification d'actes de l'état civil, à l'effet de faire déclarer l'incompétence du tribunal à raison de ce que la demande impliquerait une usurpation de titre ou un changement de nom sur lesquels il appartient au Conseil du sceau des titres de statuer; mais que son intervention ainsi motivée est, au contraire, inadmissible, lorsque la rectification réclamée n'attribue au demandeur qu'un nom ou une qualification appartenant à celui-ci en vertu de concessions régulièrement obtenues, parce qu'alors le tribunal civil est compétent pour connaître de la demande : Montpellier, 10 mai 1859, ci-dessus, n. 69.

73. Quant à la demande tendant simplement à l'addition ou au maintien de la particule *de* devant le nom patronymique, elle est incontestablement de la compétence des tribunaux. La jurisprudence est unanime à cet égard. V. notamment Nîmes, 11 juin 1860 (S.-V.60.2.599); Cass., 17 déc. 1860 (S.-V.61.1.273) et 10 mars 1862 (S.-V.62.1.593); Bordeaux, 14 janv. 1861 (S.-V.61.2. 276); Pau, 8 déc. 1862 (J.M.p.7.147).

74. Est-ce par action en rectification qu'il y a lieu de procéder, dans le cas où un acte de l'état civil a été omis sur les registres ? On a soutenu que l'art. 46, C. Nap., aux termes duquel, lorsqu'il n'a pas existé de registres ou qu'ils sont perdus, les naissances, mariages ou décès peuvent être prouvés tant par les registres et papiers émanés des pères et mères décédés que par témoins, doit recevoir ici son application (Arg. art. 75, L. 25 mars 1817) : Cass., 2 fév. 1809 (S.-V.3.1.13), 22 déc. 1819 (S.-V. 6.1.153) et 1er juin 1830 (S.-V.9.1.530); Montpellier, 2 mars 1832 (S.-V.32.2.610); Limoges, 26 juill. 1832 (D.p.32.2.182); — Merlin, *Répert.*, vo *Légitimité*, sect. 1, § 2, et *Quest. de dr.*, vo *Décès*, § 1; Malleville, sur l'art. 46, C. Nap.; Zachariæ, édit. Massé et Vergé, t. 1, p. 112; Coin-Delisle, sur l'art. 46, n. 19; Richelot, t. 1, n. 245. — MM. Aubry et Rau, d'après Zachariæ, t. 1, p. 192, estiment que l'art. 46 est applicable à l'omission des actes de naissance et de décès, mais non à celle des actes de mariage. — Suivant MM. Massé et Vergé sur Zachariæ, *loc. cit.*, note 5, l'omission ne pourrait être réparée par les moyens qu'autorise l'art. 46, qu'à la requête du ministère public, agissant dans un but d'ordre public et d'intérêt général, ou quand la demande formée par une partie privée ne rencontre aucune contradiction.

75. Un des honorables correspondants de notre journal a exprimé l'opinion que la réparation de l'omission peut être poursuivie, sous la forme d'une demande en rectification des registres de l'état civil (ce qui implique la faculté d'entendre des témoins. V. *infrà*, n. 83), à la requête soit des parties intéressées, soit du ministère public. — Et il a parfaitement démontré que, dans tous les cas, la production d'un acte de notoriété, même homologué, ne suffirait point pour suppléer à l'acte omis sur les registres de l'état civil (J.M.p.12.185 et s.). — V. aussi conf., sur le premier point, J.M.p.7.250.

76. Enfin, selon divers auteurs, la preuve de l'acte qu'on prétend avoir été omis sur les registres ne peut être faite ni par titres ni par témoins, les termes mêmes de l'art. 46 indiquant qu'il ne s'applique point à ce cas, et l'extension que l'on voudrait donner à ses dispositions étant le renversement de la théorie de la loi sur la constatation de l'état civil : Duranton, t. 1, n. 297; Valette sur Proudhon, *État des pers.*, t. 1, p. 212; Demante, t. 1, n. 91 *bis* II; Ducaurroy, Bonnier et Roustain, *Comment. Cod. Nap.*, t. 1, n. 319 et s. et 361; Demolombe, n. 324.

77. La demande en rectification est en général formée par requête adressée au président du tribunal au greffe duquel le double des registres est ou aurait dû être déposé : Circ. minist. 10 août 1836; Orléans, 19 mars 1860 (S.-V.60.2.301). Ce magistrat désigne un juge sur le rapport duquel le tribunal statue, après avoir entendu le ministère public (C. proc., 855 et 856). — Toutefois, s'il y avait lieu de demander la rectification incidemment à une contestation dont serait saisi un autre tribunal, c'est à ce tribunal que la demande devrait être soumise : Cass., 19 juill. 1809 (S.-V.3.1.86); — Rieff, n. 315; Coin-Delisle, art. 99, n. 15; Massabiau, n. 821; Zachariæ, éd. Massé et Vergé, t. 1, p. 109; Aubry et Rau, t. 1, p. 189; Demolombe, n. 334.

78. Lorsque la demande intéresse une personne dont le lieu de naissance est inconnu, et qu'elle a pour objet de procurer à cette personne un acte de naissance, c'est devant le tribunal de son domicile ou de sa résidence qu'elle doit être portée : Cass., 14 juin 1858 (S.-V.58.1.659); Rouen, 8 déc. 1858 (S.-V.59.2.5).

— Demolombe, n. 334. — *Contrà*, Paris, 29 nov. 1856 (S.-V.57. 2.511).

79. Dans le cas où la demande a pour objet une même rectification à opérer dans plusieurs actes dressés en des arrondissements différents, elle doit être soumise au tribunal dans l'arrondissement duquel a été reçu l'acte dont l'irrégularité a entraîné celle des autres, qui n'ont fait qu'en reproduire les énonciations : Orléans, 17 mars 1860 (S.-V.60.2.301); — Chauveau sur Carré, quest. 2893; Bertin, *Ch. du cons.*, n. 153.

80. Quand l'acte a été reçu à l'étranger, la demande doit être portée devant le tribunal du domicile d'origine de celui dont il y a lieu de régulariser l'état civil, et s'il est né à l'étranger, devant le tribunal du domicile de ses père et mère ou aïeuls. — Cette règle doit être observée d'une manière absolue pour les naissances et les décès. En ce qui concerne les mariages, il faut se conformer à l'avis du Conseil d'État du 30 mars 1808 (V. *infrà*, n. 94 et s.) : Circ. minist. 10 août 1836.

81. L'Art. 757 de notre journal (7.250) contient un modèle de requête à fin de rectification d'acte ou de registres de l'état civil présentée par le ministère public dans l'intérêt d'individus indigents et spécialement en vue du mariage que se proposent de contracter ces derniers.

82. Le tribunal, avant de statuer, peut ordonner que les parties intéressées seront appelées, et même que le conseil de famille sera préalablement convoqué (C. proc., 856; C. Nap., 99). — Cette convocation du conseil de famille peut être ordonnée même lorsque les parties sont majeures : — Coin-Delisle, art. 99, n. 2; Demolombe, n. 334. — *Contrà*, Richelot, t. 1, n. 281.

83. Le tribunal peut aussi, pour s'éclairer, entendre les témoins qui seraient produits, ou ordonner lui-même une enquête ou toute autre mesure d'instruction : Massabiau, n. 822 et 823. — L'enquête doit être sommaire, au moins lorsqu'elle requiert célérité (C. proc., 404) : Mêmes auteurs, n. 823. V. aussi J.M.p. 7.250, note 2.

84. La requête doit, d'ailleurs, être accompagnée de pièces justificatives, et rien ne s'oppose à ce que parmi ces pièces on fasse figurer des extraits des registres des paroisses, qui, s'ils ne sont plus complétement probants par eux-mêmes, peuvent du moins servir de commencement ou de complément de preuve : Massabiau, n. 824. — Compar. Ord. 9 janv. 1815, art. 7. — V. aussi J.M.p.7.250, note 1re.

85. Le jugement rendu sur la demande en rectification peut être attaqué par la voie de l'appel, dont le délai court à partir de la date du jugement (C. Nap., 54; C. proc., 858).

86. Le délai de l'appel du jugement statuant sur la demande en rectification d'actes de l'état civil est le même pour le ministère public que pour toute autre partie intéressée, et il court aussi à son égard du jour du jugement, par application de l'art. 858, C. proc. civ. : Metz, 31 juill. 1860 (J.M.p. 3.187); Orléans, 29 déc. 1860 (*Id.* 4.44); Cass., 22 janv. 1862 (*Id.* 5.3).

87. Et il en est de même du pourvoi en cassation : Cass., 27 mai 1862 (J.M.p. 5.249).

88. Lorsque le ministère public n'a figuré ni comme partie principale ni comme intervenant dans une instance en rectification d'actes de l'état civil, mais s'est borné à y donner des conclusions, est-il néanmoins recevable à interjeter appel du jugement qui a été rendu ? Plusieurs décisions ont consacré l'affirmative, en se fondant soit expressément, soit implicitement, sur ce que le ministère public est toujours et nécessairement partie principale dans une telle instance : Agen, 18 juin 1860 (J.M.p. 3.157); Metz, 31 juill. 1860 (*Id.* 3.187); Nîmes, 9 août 1860 (*Id.* 4.44) et 6 mai 1861 (*Id.* 4.226); Angers, 5 déc. 1860 (*Ibid.*); Orléans, 29 déc. 1860 (*Id.* 4.44) et 1er août 1863 (*Id.* 7.147); Cass., 24 nov. 1862 (*Id.* 6.17); Paris, 3 juin 1867 (*Id.* 10.204). — Compar. *Action directe ou d'office*, n. 16.

89. Mais la négative, qui semble découler du principe proclamé par l'arrêt déjà cité de la Cour de cassation du 22 janv. 1862, que l'action du ministère public en matière d'actes de l'état civil, est soumise aux mêmes règles et aux mêmes formes de procédure que celle de toute autre partie intéressée (V. *suprà*, n. 64), la négative, disons-nous, a été, en outre, formellement admise par d'autres arrêts : Montpellier, 10 mai 1859 (J.M.p. 2.225); Dijon, 11 mai 1860 (*Id.* 3.135).

90. La voie de simple requête ne peut être employée, lorsque la rectification d'actes de l'état civil n'est demandée qu'accessoirement à une action en réclamation d'état. Il y a lieu de se conformer, en pareil cas, aux règles ordinaires de compétence et de procédure en matière personnelle (C. proc., 59), et aux conditions spéciales que la loi prescrit alors quant au fond et au mode de preuve (C. Nap., 312, 318, 323, 341) : Bordeaux, 11 juin 1828 (S.-V.9.2.94); Cass., 14 mars 1834 (D.P.34.1.245) et 9 janv. 1854 (S.-V.54.1.689); — Hutteau d'Origny, p. 416; Coin-Delisle, sur l'art. 99, n. 18; Marcadé, *ibid.*, n. 3; Zachariæ, édit. Massé et Vergé, t. 1, p. 108; Bertin, *Ch. du cons.*, n. 157 et s.; Chauveau, *Lois de la procéd.*, Suppl., quest. 2893 *ter;* Demolombe, n. 332 et 334. — *Contrà*, Agen, 27 nov. 1866 (S.-V.67.2.138). — Aubry et Rau d'après Zachariæ, t. 1, p. 187 et 188, texte et note 6.

91. La rectification ordonnée ne peut être faite sur l'acte; mais le jugement de rectification est inscrit sur les registres par l'officier de l'état civil après l'expiration du délai de l'appel ou après qu'il a été statué sur l'appel, et aussitôt qu'une expédition lui en a été adressée par le ministère public. Mention en est faite de plus en marge de l'acte rectifié, qui ne peut désormais être délivré qu'avec la rectification ordonnée (C. proc., 857).

92. La demande en rectification ayant pour objet de faire opérer sur les registres de l'état civil le changement résultant du décret qui a autorisé un particulier à modifier son nom, est soumise à la procédure spéciale indiquée ci-dessus, n. 77 et s.: seulement elle ne doit être formée qu'après l'expiration du délai d'une année fixé par la loi du 11 germ. an XI (art. 71, tit. 2), pendant lequel toute personne y ayant droit peut faire opposition au décret, et elle doit être accompagnée d'un certificat du secrétaire général du Conseil d'État constatant qu'aucune opposition n'a eu lieu dans le délai imparti. Le jugement ordonne l'inscription du décret sur les registres de l'état civil et sa mention en marge de l'acte ou des actes réformés, de la manière prescrite par l'art. 857, C. proc., pour le jugement de rectification dans les cas ordinaires. Voy. J.M.p.7.277.

93. Les actes de procédure et les jugements auxquels donnent lieu les demandes en rectification formées d'office par le ministère public sont visés pour timbre et enregistrés gratis : Circ. min. just. 21 juill. 1824.

94. Un avis du Conseil d'État du 30 mars 1808 dispense de la rectification par jugement les personnes qui veulent se marier, lorsque les actes de l'état civil qu'elles sont obligées de produire contiennent des irrégularités qui ne rendent pas nécessaire la rectification sur les registres. — Ainsi, dans le cas où le nom d'un des futurs ne serait pas orthographié dans son acte de naissance comme celui de son père, et dans celui où on aurait omis quelqu'un des prénoms de ses parents, le témoignage des père et mère ou aïeux, assistant au mariage et attestant l'identité, suffit pour permettre de procéder à la célébration du mariage. Et il en est de même dans le cas d'absence des père et mère ou aïeux, s'ils attestent l'identité dans leur consentement donné en la forme légale.

95. En cas de décès des père et mère ou aïeux, l'identité est valablement attestée, pour le mineur, par le conseil de famille ou par le tuteur *ad hoc*, et pour les majeurs, par les quatre témoins de l'acte de mariage (même av. Cons. d'Ét., 30 mars 1808).

96. Dans le cas où l'omission d'une lettre ou d'un prénom se trouve dans l'acte de décès des père et mère ou aïeux, la déclaration à serment des personnes dont le consentement est nécessaire pour les mineurs, et celle des parties et des témoins pour les majeurs, suffisent aussi, sans qu'il soit nécessaire, dans tous les cas, de toucher aux registres de l'état civil (*Ibid*).

ACTES NOTARIÉS. — 1. Il a été jugé que le ministère public est recevable à demander d'office la rectification des actes notariés, dans les cas où l'ordre public est intéressé, et spécialement lorsque ces actes contiennent des infractions aux lois qui interdisent d'y prendre des noms ou titres auxquels on n'a pas droit; et cela, soit que la prétention à un tel nom ou à un tel titre émane de l'une des parties contractantes, soit qu'elle émane d'un témoin de l'acte : Besançon, 6 fév. 1866 (J.M.p.9.3); Cass., 25 mars 1867 (*Id*. 10.204). — Ayant exprimé l'opinion que l'action directe ou d'office n'appartient au ministère public, même dans les circonstances ou l'ordre public est intéressé, qu'autant qu'elle lui a été spécialement ouverte par la loi (V. *Action directe ou d'office*, n. 5 et s. ; *Actes de l'état civil*, n. 53), nous ne saurions admettre la solution qui vient d'être indiquée, car nul texte ne confère au ministère public le droit de demander directement la rectification des actes notariés qui contiendraient des énonciations erronées touchant à l'ordre public. On voudrait en vain puiser ce droit dans les lois des 6 fruct. an II, 11 germ. an XI et 28 mai 1858, qui ne peuvent être la source que d'une action répressive.

2. En tout cas, le ministère public n'est pas recevable à intervenir dans une instance civile pour requérir la suppression de titres nobiliaires pris par l'une des parties dans des actes notariés : Trib. civ. de Confolens, 27 avr. 1861 (J.M.p. 5.229).

ÀCTION CIVILE.

SOMMAIRE ALPHABÉTIQUE.

1. L'action civile est celle que la partie lésée par une infraction exerce devant la juridiction civile ou devant la juridiction criminelle pour obtenir la réparation du préjudice qu'elle a souffert. — L'exercice de cette action n'intéressant qu'indirectement le ministère public, nous n'en parlerons pas longuement ; nous nous bornerons à exposer les principales règles qui gouvernent ses rapports avec l'action publique.

2. L'action civile est indépendante de l'action publique. V. *Act. publ.*, n. 3. Aussi, elle peut être exercée, soit simultanément avec celle-ci, et devant les mêmes juges, soit séparément (C. instr. crim., 3). Il en résulte que le prévenu poursuivi par le ministère public n'est pas recevable à demander la mise en cause de la partie lésée, pour qu'il soit statué en même temps sur l'action publique et sur l'action civile : Cass., 30 juill. 1849 (S.-V.6. 1.108) ; — F. Hélie. *Instr. crim.*, t. 2, n. 601.

3. Une des conséquences les plus graves de l'indépendance de l'action civile et de l'action publique, c'est que, dans diverses circonstances, la première survit à la seconde. V. notamment C. instr. crim., 2 ; L. 26 mai 1819, art. 29.

3 *bis*. L'indépendance des deux actions produit encore cet effet, que l'une peut être définitivement réglée par l'autorité de la chose jugée, et l'autre être encore débattue sur opposition ou sur appel. — En conséquence, l'appel par le ministère public d'un jugement correctionnel que le prévenu n'a pas lui-même attaqué, ne saurait avoir pour effet de faire renaître devant les juges d'appel le débat entre la partie civile et le prévenu. — Et, dès lors, l'arrêt qui, sur cet appel du ministère public seul, prononce l'acquittement du prévenu, ne peut décharger ce dernier de la condamnation prononcée contre lui au profit de la partie civile, encore bien que celle-ci aurait elle-même interjeté appel du jugement pour faire augmenter le chiffre des dommages-intérêts à elle alloués : Cass., 21 juill. 1859 (J.M.p.2.295). — Rappelons que les auteurs enseignent dans le même sens qu'en cas d'appel par la partie civile seule, les juges du second degré ne peuvent réformer les condamnations civiles prononcées à son profit et contre lesquelles le prévenu ne s'est pas pourvu. V. Merlin, *Quest. de dr.*, v° *Appel*, § 5, et *Rép.*, *eod. v°*, sect. 2, § 6; Legraverend, *Législ. crim.*, t. 2, p. 402; Le Sellyer, *Dr. crim.*, t. 2, n. 408.

4. De ce que, aux termes de l'art. 3, C. instr. crim., précité, l'action civile déférée à la juridiction criminelle doit être exercée en même temps et devant le même juge que l'action publique, il suit que la partie lésée n'a pas un droit absolu d'option entre les deux juridictions, et qu'elle ne peut saisir la juridiction criminelle que lorsqu'elle est en même temps saisie de l'action publique, ou, en d'autres termes, que la juridiction criminelle ne peut connaître de l'action civile qu'accessoirement à l'action publique, qui est toujours devant elle l'action principale. La partie lésée ne saurait donc porter son action civile devant la juridiction criminelle lorsque l'action publique est éteinte. V. notamment Cass., 2 août 1856 (Bull. n. 276) ; — F. Hélie, t. 2, n. 613.

5. Du principe que les tribunaux de répression n'ont le pouvoir de statuer sur l'action civile qu'accessoirement à l'action publique dont ils sont en même temps saisis, il suit que si, en prononçant sur cette dernière action, ils ont omis ou se sont mal à propos abstenus de statuer sur la première, ils ne peuvent plus être saisis ultérieurement de celle-ci. — En conséquence, lorsque le tribunal de police a condamné à l'amende un prévenu d'usurpation d'un chemin communal, sans ordonner le rétablissement des lieux dans leur état primitif, ce rétablissement des lieux ne peut faire l'objet d'une action nouvelle de la part du ministère public : Gand, 9 mars 1859 (J.M.p.3.273). — La jurisprudence offre un grand nombre d'autres décisions en ce sens. V. notamment celles qui sont rapportées par Dalloz, *Répert.*, v° *Instr. crim.*, n. 139. *Adde* Cass., 5 déc. 1835 (S.-V.36.1.924); 22 août 1845 (D.P.46.4.92); 27 mars 1852 (D.P.52.5.568) et 1er août 1856 (S.-V.57.1.151). — V. aussi F. Hélie, t. 6, n. 2533; Trébutien, *Cours de dr. crim.*, t. 2, p. 40.

6. Il faut du reste remarquer que la juridiction criminelle n'a pas toujours besoin d'avoir été saisie de l'action publique par le ministère public lui-même, pour pouvoir statuer sur l'action civile. Devant le tribunal de police et devant le tribunal correctionnel, la citation de la partie lésée suffit pour mettre l'action publique en mouvement (C. instr. crim., 162 et 182), et pour obliger le juge à apprécier le fait qui lui est déféré, tant au point de vue de la répression qu'au point de vue des réparations civiles, encore bien que le ministère public ne ferait aucune réquisition : Cass., 23 janv. 1823 (S.-V.7.1.186), 29 fév. 1828 (S.-V.9.1.45) et 23 fév. 1839 (J. de dr. crim., t. 2, p. 366); — F. Hélie, t. 1, n. 518.

7. Si la partie lésée a, sous les restrictions que nous avons indiquées, l'option entre la juridiction criminelle et la juridiction civile pour le jugement de son action, elle ne peut pas, en général, après avoir choisi la voie civile, revenir à la voie criminelle. Ce principe, qui n'a pas de base dans la loi, est « fondé sur l'humanité et même sur la justice, qui ne permettent pas qu'on traîne ainsi un accusé d'une juridiction dans une autre, et qu'on décline à son préjudice celle qu'on a volontairement saisie, parce qu'on ne la croira peut-être pas favorable aux demandes qu'on a formées devant elle » (le président Barris, *Rép.* de Merlin, v° *Délit*, § 1). Il est à peu près universellement admis en doctrine et en jurisprudence. V. Merlin, *Quest.*, v° *Option*, n. 4; Carnot, *Instr. crim.*, sur l'art. 3, n. 9, et observ. addit., n. 1, et sur l'art. 67, n. 8; Bourguignon, *Jurispr. des Cod. crim.*, sur l'art. 3, n. 11; Legraverend, *Législ. crim.*, t. 1, p. 69, et son annotateur Duvergier, *ibid.*, note 1; Mangin, *Act. publ.*, t. 1, n. 35 et s.; Rauter, *Dr. crim.*, t. 2, n. 665; F. Hélie, t. 2, n. 616 et 617; Berriat Saint-Prix, *Procéd. des trib. crim.*, 2e part., t. 1, n. 410 et s.; Trébutien, t. 2, p. 34 et s.; Dalloz, *Répert.*, v° *Instr. crim.*, n. 150, ainsi que les arrêts cités par ces divers auteurs, et particulièrement Cass., 11 et 20 juin 1846 (S.-V.46.1.710). — *Contrà*, Le Sellyer, *Dr. crim.*, t. 5, n. 2094.

8. Mais ce principe, formulé par la maxime : *Electâ unâ viâ, non datur recursus ad alteram*, ne saurait être absolu; il fléchit nécessairement dans tous les cas où les motifs qui le justifient cessent d'être applicables. Nous ne pouvons ici examiner en détail ces divers cas; nous nous bornerons à rappeler que, d'après la jurisprudence et la doctrine, la maxime : *Electâ unâ viâ* n'est point opposable à la partie lésée : 1° lorsque les deux actions successivement exercées devant la juridiction civile et devant la juridiction répressive procèdent de causes différentes et ont des objets distincts; 2° lorsque dans les deux instances les parties ne sont pas les mêmes; 3° lorsque la juridiction civile d'abord saisie s'est déclarée incompétente; 4° enfin, lorsque, après l'introduction de l'instance civile, il se découvre des faits que la partie lésée n'avait pu connaître et qui donnent à l'affaire un caractère criminel.

9. La première exception a été consacrée par de nombreux monuments de jurisprudence. V. Cass., 28 janv. 1819 (S.-V.6.1.15); 20 juin 1846 (S.-V.46.1.713); 22 juin 1850 (S.-V.50.1.629); 16 août 1851 (S.-V.53.1.680); 7 mai 1852 (*ibid.*); 6 août 1852 (*ibid.*); 10 juill. et 18 nov. 1854 (S.-V.54.1.419 et 814); 16 nov. 1861 (S.-V.62.1.656). Et une doctrine conforme est enseignée par M. F. Hélie, t. 4, n. 1716 et 1717. V. également M. Vial, étude insérée J.M.p.6.102.

10. Il a été décidé spécialement que le jugement de la juridiction civile condamnant une personne à qui des fournitures ont été faites, à en payer le montant au fournisseur, ne met pas obstacle à ce que ce dernier poursuive ultérieurement la même personne devant la juridiction correctionnelle sous l'inculpation du délit d'escroquerie résultant de l'emploi fait par elle de manœuvres frauduleuses pour obtenir les fournitures dont il s'agit : Paris, 24 juill. 1865 (J.M.p.5.199). — Et il a été jugé de plus que si cette action correctionnelle vient à être, à tort, déclarée non recevable, le ministère public peut lui-même interjeter appel du jugement correctionnel, qui fait grief à l'intérêt public : Même arrêt.

11. La seconde exception ne peut évidemment faire difficulté.

12. En ce qui concerne la troisième, il a été jugé que la maxime : *Electâ unâ viâ* s'oppose à ce que la partie qui a intenté une action devant la juridiction civile, reproduise la même action devant la juridiction correctionnelle, alors même que le juge civil se serait déclaré incompétent, si cette incompétence est simplement particulière au juge saisi, et ne s'étend pas à la juridiction civile en général : Amiens, 22 août 1863 (J.M.p.6.180).

13. Cette solution nous a paru contestable (observ., *loc. cit.*). — Pourquoi, en effet, l'incompétence déclarée par le tribunal que la partie a saisi est-elle un obstacle à l'application de la maxime : *Electâ unâ viâ ?* C'est parce que, comme le dit Mangin, si ce tribunal « n'a pas le droit de prononcer, la partie se trouve, après la déclaration d'incompétence, dans la même situation qu'avant d'avoir formé son action ». V. aussi F. Hélie, t. 2, n. 619. L'option qu'elle avait faite est non avenue. Il n'importe que l'incompétence soit simplement relative au tribunal que la partie avait saisi, et que d'autres juges civils puissent connaître de son action. L'incompétence en cette matière est toujours purement relative, car il n'est pas de fait délictueux dont la juridiction civile, prise d'une manière générale et par opposition à la juridiction criminelle, n'ait compétence pour apprécier les conséquences civiles.

14. La quatrième exception est, comme la règle elle-même, fondée sur la plus vulgaire équité : la partie lésée ne peut être déchue d'une action qu'une erreur de fait l'a empêchée d'exercer : Barris, *loc. cit.* ; F. Hélie, t. 2, n. 618 ; Vial, *loc. cit.*

15. La règle : *Electâ unâ viâ* n'étant qu'un bénéfice particulier, étranger à toute considération d'ordre public, peut évidemment être l'objet d'une renonciation de la part du prévenu, et ce dernier doit être réputé y avoir renoncé, lorsque, au lieu de l'opposer, il a accepté le débat devant la juridiction correctionnelle. Il semble d'ailleurs naturel, comme le disent MM. Dalloz, n. 153, « qu'on repousse le défendeur par un moyen semblable à celui qu'il aurait pu invoquer contre le demandeur. De même qu'on admet qu'il aurait pu opposer à l'action criminelle de celui-ci, la renonciation résultant de son option pour la voie civile, de même le demandeur revenant à la voie criminelle après avoir opté pour l'action civile, est, à son tour, autorisé à opposer au défendeur la renonciation à se prévaloir du bénéfice de la règle : *Elect unâ viâ.* »

16. Jugé, par application de ces principes, que la maxime dont il s'agit cesse d'être opposable par le prévenu, après qu'il a produit ses témoins et subi son interrogatoire, sans l'invoquer : Amiens, 22 août 1863 (J.M.p.6.180). — V. encore dans le même sens, Bordeaux, 23 nov. 1842 (D.p.44.2.13).

17. La partie lésée qui a commencé par saisir la juridiction criminelle, peut, avant qu'il ait été statué sur son action, la retirer pour la porter devant la juridiction civile, car le prévenu est sans intérêt à se plaindre qu'elle revienne à une voie plus douce : Cass., 21 nov. 1825 (S.-V.8.1.218) ; — Merlin. *Quest. de* *dr.*, v° *Option*, § 1; F. Hélie, t. 2, n. 620; Vial, *loc. cit.* — Il n'en serait autrement que si les débats avaient été commencés devant la juridiction criminelle, parce qu'on devrait présumer que c'est la mauvaise tournure que prend l'affaire qui détermine seule ce changement de procédure, ou bien si sa plainte avait été déjà écartée par une ordonnance de non-lieu ou par un jugement : Duvergier, notes sur Legraverend, t. 1, p. 69; F. Hélie, *loc. cit.*; Vial, *loc. cit.*

18. La partie lésée qui n'a pas exercé son action avant toute poursuite de la part du ministère public, peut, si d'ailleurs elle n'a pas renoncé à cette action, intervenir, en se constituant partie civile, au cours de l'instruction à laquelle a donné lieu le fait dont elle se plaint, et jusqu'à la clôture des débats (C. instr. crim., 67).

19. Lorsque l'action civile est portée devant la juridiction civile, l'exercice en est suspendu, tant qu'il n'a pas été prononcé définitivement sur l'action publique intentée avant ou pendant l'instance civile (C. instr. crim., 3). — Il suffit du reste, pour l'application de cette règle, que l'action publique ait été engagée par le réquisitoire du ministère public à fin d'informer : Cass., 18 nov. 1812 (S.-V.chr.); — F. Hélie, t. 2, n. 963. — La plainte même de la partie lésée aurait pour effet de faire considérer l'action publique comme intentée, si elle avait été suivie d'une constitution de partie civile devant le juge d'instruction, ou d'un acte d'instruction quelconque : Même auteur, *ibid.*

20. Il est aujourd'hui constant que l'action civile est, comme l'action publique, soumise à une autorisation préalable du Conseil d'État, en vertu de l'art. 75 de la constitution du 22 frim. an VIII, lorsqu'elle est dirigée contre un agent du Gouvernement à raison d'un acte ou d'un fait relatif à ses fonctions. V. *Mise en jugement de fonctionnaire.* — Mais ce que nous disons de la garantie administrative ou constitutionnelle ne s'applique pas à la garantie politique. Ainsi, un sénateur ou un député pendant la session, un ministre ou un conseiller d'État, peuvent fort bien être poursuivis civilement pour des faits rentrant dans leurs fonctions (Constit. 22 frim. an VIII, art. 70; Constit. 14 janv. 1852, art. 6 et 14; Décr. 2 fév. 1852, art. 11; Sénatus-cons. 4 juin 1858, art. 1er, 3 et 6) : F. Hélie, t. 2, n. 968.

21. L'action civile et l'action publique s'éteignent par des causes particulières à chacune d'elles, et en outre par deux causes communes : la *chose jugée* et la *prescription.* V. ces mots.

22. Il est généralement admis que la chose jugée au criminel a autorité au civil, encore bien que la personne lésée ne se soit pas portée partie civile dans le procès criminel. Cependant cette doctrine est combattue par M. F. Hélie, t. 2, n. 1108 et s. Il n'entre pas dans notre plan de l'apprécier.

23. En ce qui concerne la prescription, il est de principe qu'elle atteint l'action civile, même lorsqu'elle est portée devant les tribunaux civils, après le même laps de temps que l'action publique : F. Hélie, n. 1113, et autorités diverses citées par lui. — C'est là aussi un point que nous n'avons pas à développer.

ACTION DIRECTE OU D'OFFICE.

SOMMAIRE ALPHABÉTIQUE.

1. L'expression *action directe ou d'office* désigne l'action que le ministère public exerce, en matière civile, comme partie principale, par opposition aux simples réquisitions ou conclusions qu'il prend dans les affaires où il n'est que partie jointe. V. *Partie jointe, Partie principale*.

2. Dans l'ancien droit, les officiers du ministère public, appelés *gens du roi*, remplissaient, dans les matières civiles, une mission purement politique. A part ce qui concernait les intérêts domaniaux ou de droit public, ils ne pouvaient agir d'office que dans les cas très-rares déterminés par la loi. Privés en général de l'initiative, ils ne prenaient un rôle actif que quand les parties avaient elles-mêmes saisi la justice de leur différend. Ce point est savamment établi par M. Debacq, *Act. du minist. publ. en mat. civ.*, p. 5 à 52.

2. La législation révolutionnaire a été moins favorable encore à l'action directe du ministère public. L'art. 2, tit. viii, de la loi des 16-24 août 1790 portait expressément qu'au civil les commissaires du roi exerçaient leur ministère, non par voie d'action, mais par voie de réquisition, dans les procès dont les juges avaient été saisis. L'art. 5 les chargeait, à la vérité, de poursuivre d'office l'exécution des jugements dans toutes les dispositions qui intéresseraient l'ordre public. Mais de ce droit de faire exécuter les jugements rendus, ne découlait en aucune façon le droit bien différent d'intenter les actions devant les tribunaux. Aussi divers décrets furent-ils jugés nécessaires pour conférer au ministère public, dans des matières spéciales, le pouvoir que la loi générale ne lui accordait point. Ces décrets sont énumérés par M. Debacq, *loc. cit.*, n. 68 et s.

4. Le Code Napoléon ni le Code de procédure civile n'ont posé un principe contraire à celui qu'avait établi la loi de 1790; ils se sont bornés à élargir le cercle des exceptions apportées à ce principe.

5. Mais c'est une question délicate que celle de savoir si une doctrine différente a été inaugurée par l'art. 46 de la loi du 20 avr. 1810, relative à l'organisation judiciaire et à l'administration de la justice, article ainsi conçu : « En matière civile le ministère public agit d'office dans les cas spécifiés par la loi. — Il surveille l'exécution des lois, des arrêts et des jugements; il poursuit d'office cette exécution dans les dispositions qui intéressent l'ordre public. » Aucune pensée d'un changement dans l'état de la législation sur les attributions du ministère public en matière civile ne se manifeste dans les travaux préparatoires de la loi de 1810. Quant au texte de l'art. 46, il présente peut-être quelque ambiguïté; mais, en l'examinant de près, on ne saurait, selon nous, y trouver une règle opposée à celle qui découlait de l'art. 2 de la loi de 1790.

6. On peut même dire que le législateur de 1810 n'a fait que résumer, dans l'art. 46 précité, les dispositions des art. 1 et 5 de la loi de 1790. Au lieu de donner, d'un côté, au ministère public, comme l'art. 1er de cette loi, la mission de *faire observer les lois intéressant l'ordre général*, et de le charger, d'un autre côté, comme le faisait l'art. 5, de *poursuivre d'office l'exécution des jugements dans les dispositions qui intéressent* également *l'ordre public*, le 2e § de l'art. 46 de la loi de 1810 a réuni les deux attributions dans une prescription commune, en disant que le ministère public poursuit d'office l'exécution *des lois, des arrêts et des jugements dans la disposition où l'ordre public est intéressé*. Et, de même que, sous la loi de 1790, il était manifestement impossible de soutenir qu'en investissant le ministère public du droit de faire observer les lois intéressant l'ordre général, le législateur avait entendu l'autoriser à exercer une action directe dans toutes les circonstances où ce même intérêt se trouverait engagé, puisque l'art. 2 du titre précité de cette loi interdisait aux commissaires du roi d'exercer leur ministère, au civil, par voie d'action ; de même, sous l'empire de la loi de 1810, on ne saurait inférer, en faveur du ministère public, le pouvoir d'agir directement en semblables circonstances, du droit qui lui est donné de poursuivre d'office l'exécution des lois dans les dispositions qui intéressent l'ordre public, parce que le premier paragraphe de l'art. 46 ne lui permet d'agir d'office *que dans les cas spécifiés par la loi*. Aujourd'hui, comme d'après la loi de 1790, le ministère public, privé en principe de l'action directe dans les matières civiles, ne peut, en dehors des cas spécialement déterminés par le législateur, procéder d'office, soit pour faire observer les lois, soit pour faire exécuter les jugements, que dans les circonstances exceptionnelles où, l'ordre social étant seul en jeu, les particuliers n'auraient pas le droit d'agir eux-mêmes.—V. à l'appui de cette opinion, Cass., 1er août 1820 (S.-V.6.1.286) et 5 mars 1821 (S.-V.6.1.391); Ortolan et Ledeau, *du Minist. publ.*, t. 1, p. 164; Duranton, t. 2, p. 344 ; Foucher sur Carré, *Lois de la compét.*, t. 2, p. 215; Allemand, *du Mariage*, t. 1, n. 547; Duvergier sur Toullier, t. 1, n. 372, note 2; Dalloz, *Rép.*, vo *Mariage*, n. 521 ; Aubry et Rau, d'après Zachariæ, t. 4, § 454, note 27, et § 458, note 6; Debacq, p. 76 et s.— V. aussi Cass., 5 juill. 1824 (S.-V.1.490), 9 déc. 1819 (S.-V.6.1. 146), 28 déc. 1829 (S.-V.9.1.416), ainsi que les décisions mentionnées au mot *Actes de l'état civil*, n. 53.

7. Les actes législatifs postérieurs à la loi du 20 avr. 1810 n'ont pas généralisé davantage le droit d'action directe du ministère public en matière civile. Si l'art. 122 du décret du 18 juin 1811 porte que les dispositions de ce décret relatives à la taxe et au recouvrement des frais des actes émanés du ministère public, s'appliquent *dans tous les cas où le ministère public agit dans l'intérêt de la loi et pour assurer son exécution*, c'est qu'il a voulu suppléer par là à l'insuffisance de l'énumération faite par l'article précédent des hypothèses dans lesquelles le ministère public agit d'office, énumération qui suppose elle-même que le droit d'action directe n'appartient pas d'une manière générale et absolue au ministère public dans toutes les circonstances où l'ordre public est en jeu. V. encore l'article *Actes de l'état civil*, n. 53; Debacq, p. 100 et s.

8. Ajoutons qu'une preuve certaine de l'erreur du système qui fait résulter soit de la loi de 1810, soit du décret de 1811, le droit du ministère public d'agir d'office dans tous les cas touchant à l'ordre public, résulte encore des dispositions de plusieurs lois postérieures qui ont attribué au ministère public l'action directe dans des hypothèses particulières où l'ordre public est intéressé, et qui n'auraient pas eu besoin de la lui attribuer, s'il s'était déjà trouvé en possession d'un droit plus général. V. L. 25 mars 1817, art. 75; L. 30 juin 1838, art. 29, 32, 34, 38; L. 5 juill. 1844, art. 37; L. 10 juill. 1850; L. 10 déc. 1850, art. 3. Disons enfin que l'étendue presque indéfinie qu'aurait ce droit, tel qu'on prétend le faire découler des diverses dispositions que nous avons examinées, démontre elle-même qu'il est impossible que le législateur l'ait consacré. Il ne serait pas, en effet, de causes concernant, soit l'état des personnes, soit l'ordre des juridictions, soit les établissements publics, etc., où les magistrats du parquet ne pussent agir d'office, sous le prétexte que l'ordre public y est intéressé...; alors pourtant que la loi ne leur reconnaît que le droit d'obtenir communication de ces causes (C. proc., 83) !

9. Cependant l'opinion contraire a de nombreux partisans, et elle sert généralement de base au système dominant d'après lequel le ministère public peut agir d'office en rectification des actes de l'état civil toutes les fois que cette rectification intéresse l'ordre public. V. Bruxelles, 1er août 1808 (S.-V.2.2.422); Pau, 28 janv. 1809 (S.-V.3.2.14); Paris, 13 août 1851 (S.-V.51.2.465), et Bruxelles, 19 juin 1861 (J.M.p., 5.231), ainsi que les arrêts cités au mot *Actes de l'état civil*, n. 56;—Merlin, *Rép.*, v° *Mariage*, sect. 6, § 3, n. 3; Toullier, t. 1, n. 648; Delvincourt, t. 1, p. 325; Schenck, *du Ministère publ.*, t. 1, p. 141; Carré, *loc. cit.*; **Valette**

sur Proudhon, t. 1, p. 444; Demolombe, t. 3, n. 312; Périer, *du Minist. publ. à l'aud. civ.*, n. 17.

10. Il importe toutefois de remarquer que dans aucun des arrêts qui viennent d'être indiqués, la Cour de cassation n'a tiré argument de la deuxième partie de l'art. 46 de loi du 20 avr. 1810, en sorte que ces décisions peuvent être considérées comme confirmant, à titre d'exception, plutôt que comme contrariant l'interprétation par elle précédemment donnée de l'article précité.

11. Mais il semble en être autrement des motifs d'un arrêt de la Cour suprême du 3 juill. 1863 (J.M.p.8.169), d'après lesquels il appartiendrait au procureur général de déférer à la Cour impériale une décision d'un tribunal de première instance du ressort qui a statué sur une demande d'inscription au tableau de l'ordre des avocats, malgré l'existence d'un conseil de discipline de cet ordre, en tant que cette décision renfermerait une usurpation de fonctions et une infraction à l'ordre des juridictions, intéressant l'ordre public. Néanmoins, en rapportant cet arrêt, nous avons exprimé la pensée qu'au lieu d'y voir un revirement de jurisprudence, trop grave pour se présumer aisément, il était permis de croire que l'opinion émise dans ses motifs y avait été énoncée sans avoir été débattue par la Cour, qui se trouvait d'ailleurs parfaitement dispensée de l'examiner.

12. La Cour d'Alger, qui avait rendu la décision formant l'objet du pourvoi en cassation sur lequel est intervenu l'arrêt précité du 3 juill. 1865, avait, au contraire, jugé *in terminis* que le procureur général tient soit de l'art. 79 du décret du 30 mars 1808, soit du § 2 de l'art. 46 de la loi du 20 avr. 1810, le droit de demander à la Cour impériale près laquelle il exerce ses fonctions la nullité des jugements des tribunaux de première instance du ressort rendus en violation des lois et règlements, et particulièrement de ceux qui méconnaissent les règles relatives à l'ordre des juridictions;... tels, par exemple, que le jugement par lequel un tribunal de première instance statue, comme conseil de discipline de l'ordre des avocats, sur une demande d'admission au tableau, alors que cet ordre est composé d'un nombre de membres suffisant pour constituer un conseil de discipline; — Et que le recours du procureur général contre de telles décisions n'est soumis à aucun délai : Arrêt du 15 fév. 1864 (J.M.p.7.81).—Dans nos observations sur cette décision, nous en avons combattu la doctrine, et nous avons fait remarquer que la théorie générale qu'elle proclame ne saurait trouver appui dans la jurisprudence qui reconnaît au procureur général qualité pour faire annuler les élections de l'ordre des avocats, parce que le litige rentre alors dans les prescriptions particulières de l'art. 79 du décret de 1808. — V. *Avocat.*

13. Jugé, d'un autre côté, que le ministère public a le droit d'agir d'office, comme partie principale, à l'effet de faire décider si un Français est devenu citoyen d'un pays étranger par son établissement et son admission à l'exercice de certains droits dans ce pays, une telle question intéressant essentiellement l'ordre public : Colmar, 19 mai 1868 (J.M.p.12.10).

14. Enfin il a été décidé, d'une manière moins absolue, que le droit du ministère public d'agir comme partie principale, en matière civile, n'existe, en dehors des cas spécifiés par la loi, que dans les affaires où son action se trouverait commandée par un intérêt supérieur d'ordre public actuellement mis en péril et dont la défense nécessiterait son intervention; et qu'ainsi, ce droit n'appartient point au ministère public dans le cas où une question d'ordre public (naissant, par exemple, de la violation de l'immunité dont jouissent les agents diplomatiques étrangers de n'être point justiciables des tribunaux français) se confond avec une question d'intérêt privé, débattue entre les parties intéressées dans une instance contradictoire : Paris, 12 juill. 1867 (J.M.p.10. 225). — V. *Compétence criminelle.*

15. Dans l'opinion d'après laquelle le ministère public ne peut, en matière civile, agir d'office hors des cas où il y est spécialement autorisé par la loi, il est rationnel de décider qu'il n'est pas plus recevable à procéder par voie d'intervention ou d'appel que par voie d'exploit introductif d'instance, dans les matières où le droit d'action directe ne lui a pas été expressément conféré.

16. Mais dans les cas où le ministère public est autorisé à agir d'office, il est incontestable que son action directe peut s'exercer par la voie de l'appel ou du pourvoi en cassation aussi bien que par celle d'un exploit introductif d'instance : Cass., 2 déc. 1851 (S.-V.52.1.54); Paris, 11 juill. 1857 (J.M.p.1.17); Bruxelles, 19 juin 1861 (J.M.p.5.231); Colmar, 19 mai 1868 (J. M.p.12.10). Et la circonstance que le ministère public, en pareil cas, se serait borné à conclure en première instance, au lieu d'y procéder comme partie principale, ne créerait point une fin de non-recevoir contre son appel : Bruxelles, 1er août 1808 (S.-V. chr.); Paris, 11 juill. 1857, Bruxelles, 19 juin 1861 et Colmar,

19 mai 1868, précités. — V. conf., nos observ. sur l'arrêt ci-dessus indiqué de Paris, 11 juill. 1857; Debacq, p. 138 et s. V. aussi, *Actes de l'état civil*, n. 88. Mais V. en sens contraire, *Ibid.*, n. 89.

17. Il importe même peu que les conclusions de l'officier du parquet aient été conformes à la décision des premiers juges (V. Metz, 31 juill. 1860, J.M.p.3.187; Nîmes, 9 août 1860 et 6 mai 1861, *Id.*4.44 et 226; Paris, 22 fév. 1861, *Id.*4.68; Colmar, 19 mai 1868, *Id.*12.10; — Merlin, *Répert.*, v° *Mariage*, p. 3, et *Appel*, p. 8; Ortolan et Ledeau, p. 82 et s.; Debacq, p. 133), qu'il ait acquiescé à cette décision (Debacq, p. 135), ou qu'il l'ait laissé exécuter : Nîmes, 6 mai 1861, et Colmar, 19 mai 1868, précités;—Debacq, p. 136.—*Contrà*, Ortolan et Ledeau, t. 1, p. 86 et s.

18. Décidé aussi que le ministère public peut reproduire sur son appel un des chefs de la demande originaire qu'il avait abandonné en première instance : Orléans, 1er août 1863 (J.M. p.7.147). — V. Debacq, p. 139.

18 *bis.* Mais le ministère public est non recevable à interjeter appel d'un jugement statuant sur une affaire dans laquelle il aurait eu le droit d'agir d'office, lorsque la partie contre laquelle a été rendu ce jugement l'a déjà elle-même frappé d'appel : Cass., 19 mai 1868 (J.M.p.12.10).

19. L'action directe du ministère public peut également se manifester sous la forme d'une intervention, soit en première instance, soit en appel. V. Paris, 18 mars 1850 (S.-V.50.2.594); trib. de Confolens, 27 avr. 1851 (J.M.p.5.229). — V. aussi *Actes de l'état civil*, n. 66.

20. Le ministère public, dans les cas où il peut agir d'office, est, en général, libre d'user ou de ne pas user de ce droit : la loi s'en rapporte à ses lumières et à sa conscience. — Cependant ce principe souffre des exceptions. Ainsi, il n'est pas facultatif au ministère public de ne pas provoquer l'interdiction d'un individu qui est dans un état habituel de fureur (C. Nap., 489, 491), non plus que de ne point requérir l'apposition des scellés dans les cas prévus par les art. 819, C. Nap., et 911, C. proc. civ. Et, d'un autre côté, lorsqu'il est chargé par la loi, dans un intérêt d'ordre public, d'exercer des actions appartenant aux simples particuliers (comme dans les cas prévus par l'art. 200, C. Nap., par l'art. 90 du décret du 30 déc. 1809, relatif aux fabriques, par l'art. 6 de l'ordonn. du 1er juin 1828, concernant les conflits d'attributions entre les tribunaux et l'autorité administrative, par l'art. 14 de la loi du 3 mai 1841, sur l'expropriation pour cause d'utilité publique), le ministère public est un mandataire obligé, à qui il n'appartient point de s'abstenir. — V. M. Debacq, p. 148 et s. — V. aussi les mots *Conflit*, *Expropriation pour utilité publique*, *Fabrique d'église*, *Interdiction*, *Partage de succession*.

21. Quand c'est par voie d'exploit introductif d'instance que le ministère public exerce l'action directe, il est toujours dispensé du préliminaire de conciliation. Il n'a pas besoin de constituer avoué; mais il élit domicile à son parquet, et c'est là que toutes significations doivent lui être faites. Il est d'ailleurs soumis à toutes les autres règles ordinaires de la procédure. V. Périer, n. 76.

22. Lorsque le ministère public agit par voie d'intervention dans une instance engagée entre des parties privées, il doit se conformer aux dispositions des art. 330 et suiv., C. proc. civ., sauf dans les cas où il se borne à requérir, soit la condamnation à une amende dans l'intérêt du fisc, soit l'application d'une peine, comme au cas de séparation de corps pour cause d'adultère, prévu par l'art. 308, C. Nap.; il suffit alors que ses réquisitions soient mentionnées au jugement.

23. Les actes de procédure faits à la requête du ministère public sont dressés sur papier libre visé pour timbre; ils sont enregistrés gratis en débet; et les frais de signification sont payés par les receveurs de l'enregistrement, comme les frais de justice criminelle.

24. Les décisions rendues sur l'action directe du ministère public acquièrent, par l'expiration des délais pour les faire réformer, l'autorité de la chose jugée à son égard, conformément au droit commun. Mais la chose jugée avec le ministère public n'est pas opposable aux tiers, qui, en matière civile, ne peuvent être réputés, comme en matière criminelle, avoir été représentés par lui dans les débats auxquels il a figuré : Debacq, 151 et s.

25. Il cesse cependant d'en être ainsi, soit dans le cas exceptionnel que prévoient les art. 37 et s. de la loi du 5 juill. 1844, sur les brevets d'invention, soit dans les diverses circonstances où le ministère public a agi comme mandataire obligé de certains particuliers (V. ci-dessus n. 20) : Debacq, *loc. cit.*

26. Les matières dans lesquelles le ministère public peut ou doit agir comme partie principale, sont les suivantes :

1° Celles où l'action directe est purement facultative, à savoir :

Absence, *Actes de l'état civil*, *Aliénés*, *Amendes prononcées par les tribunaux civils*, *Brevets d'invention*, *Hypothèques*, *Interdiction*, *Mariage (nullité)*, *Nationalité*, *Partage de succession*, *Séparation de corps*, *Substitution*, *Succession en déshérence*, *Succession vacante;*

2º Celles où l'exercice de l'action directe est obligatoire : *Conflits ou Déclinatoires administratifs*, *Expropriation pour cause d'utilité publique*, *Fabrique d'église*, *Interdiction (pour cause de fureur)*, *Mariage (preuve falsifiée ou détruite)*, *Scellés;*

3º Celles dans lesquelles le ministère public agit en vertu d'une délégation que la loi autorise certaines personnes à lui donner, bien que l'action soit dirigée contre elles ou exercée en leur nom : *Domaine*, *Enseignement* (lycées);

4º Enfin, certaines voies de recours qui n'appartiennent qu'au procureur général à la Cour de cassation : *Cassation (pourvoi en)* dans l'intérêt de la loi, *Excès de pouvoir (annulation pour)*.

Les règles auxquelles est soumise l'action du ministère public dans ces diverses matières sont indiquées sous chacun des mots qui viennent d'être énoncés.

27. Nous ne mentionnons pas ici l'action du ministère public en matière de *discipline*, non plus que celle qui lui appartient pour faire réprimer les *délits d'audience*, les *faux en écriture*, les *faux témoignages* ou *faux serments* commis devant la juridiction civile, parce que ces actions ne touchent pas aux matières civiles proprement dites. V. les différents mots que nous venons de rappeler.

ACTION DISCIPLINAIRE. V. *Discipline*.

ACTION PUBLIQUE.

SOMMAIRE ALPHABÉTIQUE.

§ 1er. — *Caractères de l'action publique.* — *Par qui elle est exercée, mise en mouvement ou surveillée.*

1. L'action publique est celle que le ministère public exerce, par délégation de la société et dans son intérêt, pour faire réprimer par les tribunaux les infractions prévues par la loi pénale. — Nous exposerons à grands traits les principes qui gouvernent cette action, en nous appliquant particulièrement à mettre en saillie les notions du caractère le plus pratique.

2. L'action publique, se rattachant tout à la fois au pouvoir exécutif proprement dit, comme tendant à maintenir l'ordre dans l'État, et au pouvoir judiciaire, comme concourant à l'œuvre de la justice, appartient en même temps, quoique dans une mesure différente, et aux officiers du ministère public (C. instr. crim., 22, 26, 144, 145, 441, 444, 486, 487, 491, 532, 542, etc.; L. 20 avr. 1810, art. 6, 45 et 47; Décr. 18 août 1810, art. 20), sous le haut contrôle du ministre de la justice (C. instr. crim., 274; L. 20 avr. 1810, art. 60), et aux Cours impériales (C. instr. crim., 9 et 235; L. 20 avr. 1810, art. 11).

3. Quoique marchant de concert avec l'action civile pour arriver à la réparation complète du dommage causé par l'infraction, l'action publique s'en distingue essentiellement, en ce que, n'agissant que dans l'intérêt général, elle poursuit uniquement l'application d'une peine, tandis que l'action civile a seulement pour objet d'assurer à la partie lésée l'indemnité du préjudice qu'elle a souffert : aussi sont-elles complétement indépendantes l'une de l'autre. V. *Action civile*, n. 2 et s.

4. Aux termes de l'art. 1er, C. instr. crim., l'action publique ne peut être exercée que par les fonctionnaires auxquels elle est confiée par la loi. L'exercice n'en appartient donc point à la partie lésée, qui peut seulement, comme nous l'expliquerons plus loin, la mettre en mouvement.

5. Les fonctionnaires auxquels est dévolu cet exercice sont : — les membres des parquets des Cours impériales et des tribunaux de première instance (C. instr. crim., 22, 26; L. 20 avr. 1810, art 6, 45 et 47; Décr. 18 août 1810, art. 20 et s.), — les commissaires de police, maires et adjoints, chargés des fonctions du ministère public près les tribunaux de police (C. instr. crim., 144 et 145), — les agents des administrations des douanes, des contributions indirectes et des eaux et forêts, en matière de délit de contrebande, forestier et de pêche fluviale (L. 15-29 sept. 1791, tit. 9; L. 15 août 1793, art. 3; L. 14 fruct. an III, art. 5 et 6; L. 9 flor. an VII, tit. 4, art. 14; L. 5 vent. an XII, art. 90, et décr. 5 germ. an XII, art. 23; C. instr. crim., 19 et 182; C. for., 159, 183, 184; L. 15 avr. 1829, art. 60 et 61). — On peut ajouter encore le procureur général près la haute Cour de justice, qui, lorsque cette juridiction est momentanément constituée, se trouve investi, relativement aux crimes dont elle est exceptionnellement appelée à connaître, de toutes les attributions ordinaires du ministère public (Const. 14 janv. 1852, art. 54; Sénatus-cons. 10 juill. 1852, art. 5, 17 et 21; Sénatus-cons. 4 juin 1858),—et le procureur général près la Cour de cassation, qui procède en certains cas à des actes directs de poursuite (C. instr. crim., 441, 444, 486, 487, 491, 532, 542, etc.).

6. Les officiers de police judiciaire ne sont pas compris parmi les fonctionnaires chargés d'exercer l'action publique, à raison du danger qu'il y aurait à réunir dans les mêmes mains le pouvoir d'accuser et celui de recueillir les preuves à l'appui de l'accusation. A cette règle cependant il a été apporté une double exception. D'une part, les procureurs impériaux et leurs substituts remplissent les fonctions d'officiers de police judiciaire en cas de flagrant délit (C. instr. crim., 9, 32 et s.); et, d'autre part, les maires, leurs adjoints et les commissaires de police cumulent avec les fonctions d'officiers de police judiciaire celles d'officiers du ministère public près les tribunaux de simple police (C. instr. crim., 9, 11 et s.; 50, 52 et s., 144, 167).

7. Les divers fonctionnaires auxquels est confiée l'action publique ne l'exercent pas tous dans la même mesure. La direction en appartient aux *procureurs généraux* dans toute l'étendue de leur ressort; les *avocats généraux* et *substituts* près les Cours impériales participent à cette direction, mais sous la surveillance des procureurs généraux et dans les limites que leur tracent ces magistrats (L. 20 avr. 1810, art. 6, 42, 45 et 47). — Les *procureurs impériaux*, tout en se trouvant soumis à la même surveillance, jouissent, pour l'exercice de l'action publique, dans leur arrondissement, d'un plus grand pouvoir que les avocats généraux et les substituts près les Cours impériales (C. instr. crim., 22, 29, 30, 31, 53, 61, 63, 135, 167, 177, 182, 192, 202, 274, 289). Leurs *substituts*, quoique placés sous leur direction pour la portion du service qu'ils doivent remplir, sont investis personnellement par la loi des mêmes fonctions et concourent dès lors avec la même autorité à l'exercice de l'action publique (C. instr. crim., 9; L. 20 avr. 1810, art. 43). — *Sic*, F. Hélie, *Instr. crim.*, t. 1er, n. 496 et 497, et arrêts cités par lui. — *Contrà*, Mangin, *Act. publ.*, t. 1, n. 94, p. 185. — Les *commissaires de police*, les *maires* et les *adjoints* sont, dans les matières de simple police, complétement investis de l'action publique en vertu d'une délégation directe de la loi, et sans aucune direction ni même aucun concours de la part du procureur impérial de l'arrondissement, dont ils ne peuvent être considérés comme les substituts (C. instr. crim., 11, 15, 20, 21, 145, 155, 172) : Cass., 6 août 1824 (S.-V.7.1. 512); — F. Hélie, n. 501. — Enfin, les administrations publiques appelées à participer à l'exercice de l'action publique, ne jouissent de ce droit que concurremment avec le ministère public et seulement à l'égard d'une certaine nature d'infractions (*Douanes :* L. 6-2 août 1791, tit. 12, art. 1; L. 15 août 1793, art. 3 et 4; L. 4 flor. an II, tit. 6, art. 14 et 18; L. 14 fruct. an III, art. 5 et 6; L. 9 flor. an VII, tit. 4, art. 6; LL. 17 déc. 1814, 28 avr. 1816, 27 mars 1817 et 21 avr. 1818. — *Contrib. indir.* : L. 5 vent. an XII, art. 90; Arr. 5 germ. an XII, art. 23; Décr. 1er germ. an XIII, art. 21, 28, 31 et 34; Ord. 3 janv. 1821, art. 10. — *Eaux et forêts* : L. 15-29 sept. 1791, tit. 9, art. 1er; C. instr. crim., 19 et 182; C. for., 159, 183 et 184; L. 15 avr. 1829, art. 36, 60 et 61). — V. les mots *Commissaire de police*, *Contributions indirectes*, *Douanes*, *Forêts*, *Maire*, *Ministère public*, *Pêche fluviale*.

8. Si la partie lésée ne concourt point, ainsi que nous l'avons rappelé déjà, à l'exercice de l'action publique, elle peut du moins provoquer cet exercice, ou, en d'autres termes, mettre, par une dénonciation ou une plainte, l'action publique en mouvement. Sans doute, le ministère public n'est pas tenu de donner suite à toutes les plaintes ou dénonciations qu'il reçoit; mais elles le mettent en mesure de poursuivre, si elles lui paraissent avoir une certaine gravité. Il dépend d'ailleurs de la partie lésée par un délit ou par une contravention de rendre l'exercice de l'action publique obligatoire, en se portant partie civile et en saisissant elle-même directement le juge (C. instr. crim., 162 et 182).

9. Mais la partie lésée qui se constitue partie civile peut-elle provoquer une information préalable et mettre de cette manière l'action publique en mouvement, même dans le cas d'inculpation de crime ? Le ministère public est-il tenu de communiquer la plainte de la partie civile au juge d'instruction avec des conclusions quelconques ? L'affirmative se fonde sur l'apparence de gravité de la plainte en pareil cas, sur la disposition de l'art. 63, C. instr. crim., portant que toute personne qui se prétend lésée par un crime ou par un délit peut en rendre plainte et se constituer partie civile devant le juge d'instruction, sur celle de l'art. 61, qui oblige le procureur impérial à faire les réquisitions qu'il juge convenable en cas de communication d'actes de la procédure de la part du juge d'instruction, enfin sur l'art. 3, qui, en autorisant la partie civile à porter son action devant la juridiction criminelle, lui reconnaît d'une manière générale le droit de saisir cette juridiction. — V. en ce sens, F. Hélie, t. 1, n. 519 et s.; Arg. Cass., 8 déc. 1826 (S.-V.8.1.479). V. aussi séance du Cons. d'Ét. du 11 juin 1808 (Locré, t. 25, p. 147). — Mais l'opinion contraire, qui a pour base l'indépendance du ministère public, a prévalu dans la pratique des parquets. V. conf., Mangin, t. 1, n. 21 ; Arg. Cass., 10 mess. an xII (S.-V.1.1.992).

10. Lorsque la partie civile qui a saisi le tribunal correctionnel de la connaissance d'un délit par citation directe vient à se désister de son action, ce tribunal se trouve par là dessaisi, si le ministère public ne déclare pas vouloir reprendre la poursuite dans l'intérêt de la vindicte publique. — En conséquence, il ne peut, en cas d'abstention du ministère public, lui enjoindre de faire réassigner aux frais de la partie civile les témoins que celle-ci avait originairement cités et qui, sur la foi de son désistement, n'avaient pas comparu, et de sommer la partie civile elle-même de comparaître : Amiens, 24 mars 1859 (J.M.p.2.118). — Il faut bien observer, en effet, que la citation de la partie civile n'étant qu'une provocation à l'exercice de l'action publique, et non cet exercice même, on ne saurait dire, alors que le désistement de la partie civile fait disparaître la nécessité où le tribunal correctionnel se trouvait de prononcer sur la pénalité en même temps que sur les intérêts civils, que ce tribunal reste saisi de l'action publique et doit nécessairement y statuer. Non, l'action publique qui, dans cette hypothèse, a été mise en mouvement, mais n'a pas encore été exercée, ne peut subsister qu'autant que le ministère public juge à propos d'y donner suite. Que si celui-ci s'abstient, elle s'évanouit, sans que le tribunal puisse enjoindre au magistrat du parquet de l'exercer. Sans doute, les tribunaux ne portent aucune atteinte à l'indépendance et à la liberté d'action du ministère public, lorsque, après avoir été saisis par lui de l'ac-

tion publique, ils lui prescrivent certaines mesures qui leur paraissent nécessaires pour compléter l'instruction et éclairer leur
conscience; car en portant cette action devant eux, le ministère
public doit nécessairement les mettre à même de l'apprécier
exactement. Mais il est élémentaire qu'ils ne peuvent lui imposer
l'obligation de diriger telles ou telles poursuites (V. *infrà*, n. 24);
et c'est pourtant le droit qu'on leur reconnaîtrait, si l'on décidait
qu'il leur appartient de lui enjoindre de continuer des poursuites
entamées et ensuite abandonnées par la partie civile.

11. De même, quand la citation donnée au prévenu par la
partie civile devant le tribunal correctionnel est déclarée non
recevable, notamment pour défaut d'intérêt, ce tribunal se trouve
dessaisi, et le ministère public ne peut requérir l'application de
la peine : Cass., 20 août 1847 (S.-V.47.1.852) et 14 févr. 1852
(D.p.52.5.12); Liége, 13 juill. 1859 (J.M.p.2.251).—Plaçons ici
une remarque qui nous paraît de nature à justifier péremptoirement cette solution : c'est que, en l'absence d'une ordonnance
de renvoi, le tribunal correctionnel ne peut être saisi que par
une citation directe, soit de la partie civile, soit du ministère
public, et non par les simples réquisitions de celui-ci à l'audience (V. *Tribunal correctionnel*); de telle sorte que si la poursuite n'a été engagée que par une citation de la partie civile,
et que cette citation soit écartée comme non recevable, il est bien
manifeste que le tribunal correctionnel ne se trouve plus saisi en
aucune façon, et que l'action publique ne peut plus être exercée
que par une nouvelle citation du ministère public. V. aussi
Dalloz, *Répert.*, v° *Instr. crim.*, n° 126.

12. Les Cours impériales, bien que n'exerçant pas non plus
l'action publique, peuvent la provoquer d'une manière beaucoup
plus large et beaucoup plus efficace que les parties lésées, car
elles sont investies du droit, non-seulement de donner l'impulsion à cette action, mais de la diriger et de l'étendre. — D'un
côté, l'art. 235, C. instr. crim., dispose que les chambres
d'accusation peuvent, dans toutes les affaires, et d'office, tant
qu'elles n'ont pas statué sur la mise en accusation, soit qu'il y
ait ou non une instruction commencée par les premiers juges,
ordonner des poursuites, se faire apporter les pièces, informer
ou faire informer, et prononcer ensuite ce qu'il appartiendra. —
D'autre part, l'art. 11 de la loi du 20 avr. 1810 porte que les
Cours impériales peuvent, toutes les chambres assemblées, entendre les dénonciations de crimes ou de délits qui leur seraient

faites par un de leurs membres, et mander le procureur général pour lui enjoindre de poursuivre à raison de ces faits, ou pour entendre le compte qu'il leur rendra des poursuites qui seraient commencées.

13. Ces deux attributions faites, l'une à la chambre d'accusation, l'autre aux chambres assemblées des Cours impériales, ne doivent pas être confondues. Tandis que la première est restreinte au cas de procédures déjà ouvertes, la seconde s'applique à l'hypothèse de faits nouveaux ; elles se complètent ainsi l'une par l'autre pour prévenir les effets de la négligence du ministère public. V. Mangin, n. 25 ; F. Hélie, n. 530, ainsi que nos observ., J.M.p.4.220 et s.

14. Remarquons que l'espèce de droit d'évocation conféré à la chambre d'accusation par l'art. 235, C. instr. crim., ne peut être exercé par la chambre correctionnelle : Cass., 27 nov. 1828 (S.-V. chr.) ; — F. Hélie, n. 531.

15. Ce droit n'appartient d'ailleurs à la chambre d'accusation elle-même que relativement aux faits qui ont le caractère de crimes, de délits ou de contraventions ; il n'embrasse pas les simples fautes disciplinaires : Cass., 8 oct. 1829 (S.-V. chr.) ; — F. Hélie, n. 531.

16. Quant à la compétence des chambres assemblées, l'art. 11 de la loi du 20 avr. 1810 la limite lui-même expressément aux crimes et délits, sans doute parce que les contraventions ne peuvent avoir assez d'importance pour donner lieu à une mesure aussi grave que celle autorisée par cet article.

17. Faisons observer, d'un autre côté, que le pouvoir dévolu aux chambres assemblées des Cours impériales de se faire rendre compte par le procureur général des poursuites *commencées*, est restreint aux poursuites ordonnées par les chambres assemblées elles-mêmes sur la dénonciation d'un de leurs membres, et ne s'étend pas aux poursuites ouvertes par le ministère public en vertu de sa propre initiative : relativement à ces dernières poursuites, l'inaction du ministère public ne peut donner lieu qu'à l'exercice du droit d'évocation qui appartient à la chambre d'accusation, ou du droit dont sont investies les Cours impériales de dénoncer au ministre de la justice les officiers du ministère public qui s'écartent des devoirs de leur état (L. 21 avr. 1810, art. 61) : Cass., 12 juill. 1861 (J.M.p.4.243), et notre dissertation à la suite.

18. Il résulte de diverses dispositions de lois particulières et

du Code d'instruction criminelle que le ministre de la justice, qui
ne participe point à l'exercice de l'action publique et qui n'en a
pas même la direction, à proprement parler (Cass., 22 déc. 1827,
S.-V.8.1.731), est du moins investi du droit d'ordonner qu'elle
soit exercée, et d'en surveiller l'application (L. 27 avr.-25 mai
1791, art. 5; L. 10 vend. an IV, art. 3; Sénatus-cons. 16 therm.
an x, art. 81; C. instr. crim., 274, 441, 444, 486; L. 20 avr.
1810, art. 60 et 61). — V. *Ministre de la justice.*

19. Mais, de même que le ministère public n'est pas obligé de
donner suite aux plaintes qu'il reçoit (V. *suprà,* n. 8), de même,
et à plus forte raison encore, le ministre de la justice ne saurait
être tenu d'enjoindre au ministère public d'exercer des poursuites sur une plainte déposée par un particulier. Il a donc été
jugé à bon droit que la décision par laquelle le ministre de la
justice refuse d'ordonner au procureur général d'exercer des poursuites criminelles sur une plainte déposée entre ses mains, rentre
dans l'exercice des pouvoirs conférés au ministre par l'art. 274,
C. instr. crim., et ne saurait dès lors être attaquée devant le Conseil d'État comme entachée d'excès de pouvoirs : Cons. d'Ét. 26
déc. 1867 (J.M.p.11.228).

20. Un autre droit de surveillance de l'application de l'action
publique appartient encore au procureur général près la Cour
de cassation; mais il a un caractère purement judiciaire, et son
objet est uniquement de rappeler à l'exacte observation des lois
et des règlements les officiers des parquets de première instance
et d'appel qui s'en seraient écartés dans l'exercice de l'action
publique (Sénatus-cons. 16 therm. an x, art. 84) : Tarbé,
Lois et règlem. de la Cour de cass., Introd., p. 100; F. Hélie,
n. 532.

§ 2. — *Mode d'exercice de l'action publique. — Son étendue.*

21. Le ministère public exerce l'action publique avec une
complète indépendance. D'un côté, il n'est pas obligé, sauf dans
des cas exceptionnels, d'attendre, pour diriger des poursuites,
qu'une dénonciation ou une plainte ait été déposée entre ses
mains; et, d'un autre côté, lorsqu'il a été contraint à agir par
les autorités ou par les parties à qui il appartient de mettre l'action publique en mouvement, il conserve encore une entière liberté pour ses réquisitions, qui peuvent tendre au rejet de la
poursuite qu'il a intentée. S'il ne lui est pas toujours facultatif

de s'abstenir; il est toujours maître de conclure comme bon lui semble.

22. De l'indépendance de l'action publique il résulte naturellement que cette action, à raison d'un fait dont il a été porté plainte au ministère public, ne cesse pas d'être recevable, bien que le plaignant ait déjà précédemment actionné devant la juridiction civile la personne dénoncée. On ne saurait appliquer ici la maxime *Electâ unâ viâ*, etc., alors surtout que le plaignant ne s'est pas porté partie civile : Cass., 6 juill. 1867 (J. M. p. 11.62). Et il importerait même peu qu'il se fût constitué partie civile au cours des poursuites exercées par le ministère public ; en ce sens du moins que si la maxime *Electâ unâ viâ* s'opposait à ce qu'il réclamât devant la juridiction correctionnelle saisie par le ministère public, la réparation qui a fait l'objet de son action civile. l'action publique n'en demeurerait pas moins recevable. — Sur le caractère de la maxime précitée, V. *Action civile*, n. 7 et s.

23. Soit qu'il procède d'office, soit qu'il agisse sous une impulsion étrangère, le ministère public ne peut voir son action entravée par les tribunaux. Il n'a ni autorisation préalable ni réserves à leur demander : Cass., 28 fév. 1828 (Bull., p. 131) et 2 avril 1829 (D. p. 29.1.207);—Carnot, *Instr. crim.*, sur l'art. 361 ; Bourguignon, *Jurispr. des C. crim.*, *ibid*; F. Hélie, n. 575.

24. Loin que les tribunaux puissent arrêter ou étendre cette action, ils sont rigoureusement tenus d'en assurer le libre cours, en l'appréciant et en en faisant la matière d'une décision. Il ne saurait donc leur appartenir ni d'enjoindre au ministère public de comprendre dans la poursuite qui leur est soumise des individus qu'il n'a pas cru devoir y faire figurer, ni, ce qui revient au même, de déclarer son action non recevable, faute d'avoir mis ces individus en cause. Vainement les tribunaux invoqueraient-ils la connexité ou le principe de l'indivisibilité des procédures. Ils n'ont aucune initiative à prendre, aucune direction à imprimer ; l'organe de l'action publique ne relève, dans l'exercice de cette action, que de ses supérieurs dans la hiérarchie judiciaire. V. notamment Cass., 27 nov. 1828 (S.-V.9.1.193); 4 fév. 1832 (D.p.32.1.153); 24 avr. 1834 (S.-V.34.1.555); 12 sept. 1835 (D.p. 35.1.423); 6 août 1836 (D.p. 37.1.124); 20 déc. 1845 (S.-V. 46.1.316) et 7 mars 1857 (D.p.57.1.181). V. *suprà*, n. 16, et *infrà*, n. 28.

25. Jugé spécialement qu'un tribunal correctionnel ne peut déclarer l'action du ministère public non recevable, sur le motif que cette action n'a pas été étendue à un individu originairement impliqué dans la poursuite; alors surtout que la chambre d'accusation a rendu un arrêt de non-lieu en faveur de cet individu, et n'a renvoyé devant le tribunal correctionnel que celui contre lequel l'action publique a été exercée: Amiens, 22 janv. 1858 (J. M. p. 1.157).

26. Nous reconnaissons bien que les tribunaux répressifs auraient le droit de surseoir à statuer sur l'action du ministère public jusqu'après la mise en cause d'une partie, si cette mise en cause était une condition indispensable de leur compétence. Par exemple, le sursis serait parfaitement justifié dans le cas où la partie civilement responsable du fait qui a provoqué les poursuites, aurait été seule citée, parce que les tribunaux de répression ne peuvent prononcer sur les réparations civiles qu'accessoirement à l'application de la peine (C. instr. crim., 3), et qu'ils ne sauraient compétemment statuer sur ce dernier point, tant que le véritable auteur du fait incriminé n'a pas été traduit devant eux (Cass., 24 avril 1834, déjà cité). Mais rien de semblable ne se produit dans le cas où une poursuite, entreprise d'abord contre deux individus inculpés du même délit, est abandonnée à l'égard de l'un et continuée seulement à l'égard de l'autre.

27. Peu importerait que la poursuite eût été dirigée contre deux commerçants associés en nom collectif, prévenus du délit de banqueroute (Amiens, 22 janv. 1858, précité). L'action publique peut évidemment n'être exercée qu'à l'égard de l'un de ces deux inculpés, et la mise en cause de l'autre n'est nullement nécessaire pour attribuer compétence au tribunal correctionnel saisi de cette action. Ce n'est pas contre la société qu'agit le ministère public, c'est contre chaque associé personnellement, car la culpabilité d'un être moral ne se conçoit point; et, les délits étant essentiellement personnels, aucune indivisibilité ne saurait exister entre la prévention qui concerne l'un des associés et celle qui pèse sur le second. Le ministère public peut donc ne poursuivre pour délit de banqueroute que l'un des associés; il le doit même, si la chambre d'accusation a rendu un arrêt de non-lieu à l'égard des autres, ainsi que cela était arrivé dans l'affaire jugée par l'arrêt de la Cour d'Amiens que nous venons de mentionner.

28. Il importe de remarquer que l'indépendance du ministère public, complète quant à la manifestation de sa conviction, est soumise à de certaines restrictions relativement à l'opportunité et au mode des poursuites. Sous ce rapport, il est soumis à la direction de ses supérieurs hiérarchiques et particulièrement du ministre de la justice. Et nous devons à ce sujet rappeler diverses circulaires d'après lesquelles les procureurs impériaux doivent s'abstenir d'informations et de poursuites d'office sur les plaintes qui n'intéressent pas essentiellement l'ordre public, ne provoquer une instruction préalable, pour les affaires qui ont évidemment un caractère correctionnel, qu'autant qu'elle est le seul moyen qui permette d'éclairer certains doutes ou de faire certaines recherches, et veiller à ce que, pour ces affaires, l'information soit aussi sommaire que possible, la véritable instruction devant se faire à l'audience : Circ. min. just., 23 sept. 1812, 12 nov. 1815, 8 mars 1817, 29 janv. 1828, 20 nov. 1829 (Gillet, n. 805, 995, 1122, 2056 et 2176). V. aussi Massabiau, n. 1178 et s.

29. L'action publique une fois exercée, même d'office, par le ministère public, cesse d'être à sa disposition et appartient aux tribunaux qui en ont été saisis. Elle ne peut être désormais de la part du ministère public l'objet ni d'un abandon, ni d'un désistement (Cass., 30 avr. 1851, Bull., n. 363 ; 3 mars 1853, S.-V. 53.1.674 ; 10 avr. 1856, D. p. 56.5.143 ; 4 juin 1858, J. M. p. 2. 96 ; 28 avr. 1859, J.M.p. 2.254 ; Pau, 5 janvier 1860, J. M. p. 3. 68), ni d'une transaction : F. Hélie, n. 576. Seulement, les administrations qui concourent avec le ministère public à l'exercice de l'action publique (V. *suprà*,.n. 5 et 7), peuvent elles-mêmes arrêter le cours de cette action en usant du droit de transaction qui leur est attribué. V. *infrà*, n. 108. — V. encore *Acquiescement*, n. 77 ; *Chasse*, n. 34 et s.

30. Il résulte de ce qui précède que le juge de répression ne peut renvoyer le prévenu des poursuites, sur le seul motif qu'elles auraient été abandonnées par le ministère public : les conclusions de celui-ci ne sauraient avoir pour effet de le dispenser de statuer en connaissance de cause : Cass., 28 avr. 1859 (J. M. p. 2.254).

31. Le ministère public ne peut pas davantage renoncer à l'exercice des voies de recours qui lui sont ouvertes contre les décisions rendues sur l'action publique : Cass., 16 juin 1809 (S.-V. 3.1.74), 20 nov. 1811 (S.-V. 3.1.425) et 26 mai 1827 (S.-V. 8.1.605) ; — F. Hélie, t. 2, n. 580. V. *Acquiescement*, n. 2 et s.; *Appel correctionnel*, n. 45 et 47 ; *Cassation (pourvoi en)*, n. 26.

32. L'ordonnance de transmission au procureur général dont a été l'objet un fait déféré comme crime au juge d'instruction,

ne met pas obstacle à ce que le ministère public, après l'acquittement de l'accusé, poursuive encore le même fait comme délit
devant le tribunal correctionnel : ce n'est point là une violation
de la maxime *Electâ unâ viâ, non datur recursus ad alteram :* Cass.,
28 mai 1868 (J. M. p. 12.42).

53. L'action publique embrasse tous les crimes, délits et contraventions commis sur le territoire, quels que soient le rang et
la nationalité des auteurs de ces faits ; la tranquillité et la sûreté
de l'État sont à ce prix (C. Nap., 3). Peu importe que l'étranger
qui a commis une infraction en France n'y réside pas : Cass.,
31 janv. 1822 (S.-V.7.1.23) et 22 juin 1826 (S.-V.8.1.368) ;
— F. Hélie, t. 2, n. 629.

54. L'action publique pour la répression des contraventions
aux lois et règlements, ne peut, à la différence de l'action civile
en dommages-intérêts, s'exercer que là où ces lois et règlements
ont autorité et où ils ont été violés, et non partout indistinctement où le dommage se manifeste. En conséquence, le propriétaire d'une distillerie qui s'est conformé aux obligations sur l'é-
coulement des eaux de son usine, imposées par l'arrêté d'autorisation du préfet du département dans lequel cette usine est située,
ne peut être poursuivi, à raison de l'écoulement de ces mêmes
eaux dans un département voisin, pour contravention à un arrêté
du préfet de ce département établissant un mode d'écoulement
contraire à celui prescrit par l'arrêté d'autorisation : Cass., 14
août 1857 (J.M. p. 1.52). V. aussi Cass., 20 août 1841 (D.P. 41.
1.434) et 1er juin 1855 (S.-V. 55.1.612).

55. Au point de vue de la juridiction, le territoire ne s'étend pas
seulement jusqu'aux frontières naturelles ou conventionnelles du
pays ; il se prolonge au delà et comprend tous les lieux où la
souveraineté du pays se manifeste par des signes ostensibles.
Cette extension idéale du territoire, qu'on appelle le privilége de
l'*exterritorialité*, s'applique : 1° aux lieux où flotte le drapeau
français, soit en temps de guerre, soit même en temps de paix
(C. just. milit., 63, 65 et suiv. et 77 ; Cass., 18 oct. 1811, S.-V.
3.1.412 ; 14 août 1851, Bull., n. 339 ; 22 mai 1852, Bull., n.
167 ; 10 janv. 1865, Bull., n. 14), ainsi qu'aux lieux où les consulats français sont établis (F. Hélie, n. 632) ; 2° à cette
portion de la mer qu'on appelle la mer territoriale et qui est
mesurée par la plus forte portée de canon (Grotius, *de jure pacis
et belli*, lib. ii, chap. 3, §13, n. 2 ; Vattel, *Dr. des gens*, liv. i, ch.
3, § 289 ; Th. Ortolan, *Règles internationales*, t. 1, p. 175 ; F.

Hélie, n. 633; Dalloz, v° *Instr. crim.*, n. 169); 3° aux vaisseaux de guerre et aux navires de commerce voguant en pleine mer, ainsi qu'aux vaisseaux de guerre seulement (et non aux navires de commerce) mouillés dans les eaux dépendant d'un État étranger (Av. Cons. d'Ét. 20 nov. 1806; Ord. 29 oct. 1833, art. 22) : Vattel, liv. I, ch. 19, § 216; Fœlix, *Dr. internat. privé*, n. 508; Ortolan, t. 1, p. 222; F. Hélie, n. 634 et s.; — Bordeaux, 31 janv. 1838 (S.-V. 38.2.38); Cass., 25 févr. 1859 (J.M. p. 2.57), et nos observ. à la suite. — V. aussi *Compét. crim.*, n. 93 et s.

56. Remarquons du reste que l'extension de l'action publique aux crimes ou délits commis sur des navires de guerre ou de commerce mouillés dans les eaux territoriales d'un autre État, cesse d'être applicable, lorsque ces navires commettent des actes d'hostilités qui les placent en dehors du droit des gens : Cass., 7 sept. 1832 (S.-V. 32.1.591); Lyon, 15 oct. 1832 (S.-V. 33.2. 237); — F. Hélie, n. 698. — Et il semble même qu'il doive encore en être ainsi, soit lorsque les faits commis sur les navires sont de nature à compromettre la tranquillité du port, soit lorsque l'intervention de l'autorité locale est réclamée, soit lorsque les faits sont constitutifs de crimes de droit commun que leur gravité ne permet à aucune nation de laisser impunis. V. *Compétence criminelle*, n. 94.

57. Il est, dans tous les cas, certain que le privilége de l'exterritorialité ne protége pas les marins qui commettent des crimes ou délits, non à bord du navire de l'équipage duquel ils font partie, mais sur le territoire même d'un autre État : Cass., 29 févr. 1868 (J.M. p. 11.214).

58. Il a été jugé avec raison que l'exercice de l'action publique, en France, peut s'étendre jusqu'à l'axe des chemins mitoyens entre le territoire français et le territoire étranger; le territoire entier de ces chemins n'est pas soumis au concours simultané des juridictions française et étrangère : Douai, 21 juill. 1857 (J.M.p.1.39). En effet, un tel concours sur toute la largeur du chemin mitoyen entre les deux territoires, serait peu compatible soit avec les règles ordinaires de la mitoyenneté, soit avec le principe que l'action publique, en France, s'étend à toutes les infractions commises sur le territoire français, même par les étrangers (V. *suprà*, n. 33). Ce concours pourrait amener entre les deux juridictions des conflits qu'il est sage de prévenir. — La décision que nous venons de mentionner est, du reste, en harmonie avec ce point du droit des gens, que, dans le cas où les territoires de deux nations sont séparés par un cours d'eau, sans qu'aucune de ces nations puisse justifier de sa possession exclusive, la domination de chacune d'elles s'étend jusqu'au milieu du cours d'eau. V. Dalloz, *Répert.*, v° *Droit naturel*, n° 92.

39. Mais lorsque le prévenu soutient, en invoquant les termes d'un traité international, que la partie du chemin mitoyen sur laquelle il a commis le fait incriminé dépend du territoire étranger, il n'appartient pas aux juges saisis de la poursuite de statuer sur cette exception; ils doivent surseoir jusqu'à ce qu'elle ait été appréciée par le Gouvernement, qui a seul compétence à cet effet: Cass., 9 fruct. an VIII (S.-V. chr.); — Dalloz, *Rép.*, v^{is} *Douanes*, n. 162, et *Quest. préjud.*, n. 207; nos observ. sur Douai, 22 juill. 1857, précité. — *Contrà*, même arrêt (implicitement).

40. Le principe que l'action publique atteint tous les auteurs, quels qu'ils soient, d'infractions commises sur le territoire du pays, reçoit exception à l'égard des agents diplomatiques, à raison de leur inviolabilité: Grotius, lib. II, cap. 8, § 4, n. 8; Benkersheek, trad. de Barbeyrac, lib. II, ch. 8, § 3; Vattel, liv. IV, ch. 7, n. 92 et 93; F. Hélie, t. 2, n. 646. Mais les agents diplomatiques n'échappent à la juridiction du pays dans lequel ils résident, qu'autant que les infractions qu'ils viennent à y commettre ne sont pas de nature à jeter le trouble et le désordre dans l'État: F. Hélie, n. 647 et 648, et autres auteurs cités par lui. Dans tous les cas, ils ne peuvent être l'objet d'aucun acte d'information sans l'assentiment du Gouvernement (Décr. 13 vent. an II): Cass., 29 therm. an VIII (S.-V. 1.1.359); — Mangin, t. 1, n. 80, p. 253; F. Hélie, n. 648.

41. L'immunité qui vient d'être indiquée protége tous les ministres qui, dans un pays, représentent une autre puissance et sont chargés de ses affaires et de ses ordres, tels que les ambassadeurs et envoyés extraordinaires, les nonces et internonces, les envoyés, les résidents, les ministres plénipotentiaires, les chargés d'affaires et les légats. Cette immunité couvre encore les secrétaires d'ambassade, mais non les secrétaires des ambassadeurs, ou leurs domestiques ou gens de leur maison: Cass., 11 juin 1852 (S.-V.52.1.467); — Merlin, *Rép.*, v° *Minist. publ.*, sect. 6, n. 6; F. Hélie, n. 650. Seulement, les domestiques ou gens de la maison d'un ambassadeur ne doivent pas être saisis par la justice sans l'assentiment de celui-ci, qui doit lui être demandé par l'intermédiaire du ministre des affaires étrangères : mêmes auteurs, *ibid.*

42. A plus forte raison, l'immunité ne pourrait-elle être invoquée par les sujets du souverain que représente l'ambassadeur et qui ne font point partie de la suite de celui-ci, à raison des crimes ou délits qu'ils auraient commis dans l'hôtel de l'ambassade : Cass., 13 oct. 1865 (J.M. p. 11.216).

43. Il est vrai que l'hôtel d'un ambassadeur ou de tout autre ministre étranger est inviolable comme sa personne elle-même ; mais cette inviolabilité ne va pas jusqu'à permettre que cet hôtel puisse servir d'asile à des personnes poursuivies par la justice criminelle : Martens et Pinhieiro Ferreira, *Droit des gens moderne*, § 220 ; Mangin, n. 82 ; F. Hélie, n. 651. — Ici, le privilége de l'exterritorialité est moins absolu qu'à l'égard des navires de guerre mouillés dans les eaux territoriales d'un pays étranger (V. *suprà*, n. 35) ; et cette différence tient à ce que le vaisseau de guerre qui, suivant les expressions d'un auteur (M. Th. Ortolan, t. 1, p. 215), « porte dans son sein une partie de la puissance publique de l'État auquel il appartient, un corps organisé de fonctionnaires et d'agents de cette puissance dans l'ordre administratif et dans l'ordre militaire, » représente la souveraineté étrangère à un plus haut degré que l'ambassadeur. V. au surplus, *Compétence criminelle*, n. 102 et s.

44. Ajoutons que l'immunité qui couvre les agents diplomatiques ne s'étend point aux consuls, à l'égard desquels seulement il convient d'user de ménagements, surtout en ce qui concerne les mesures préventives, lorsque les faits qu'on leur impute ne sont pas d'ailleurs d'une haute gravité : Aix, 14 août 1829 (S.-V. 9.2.322) ; — Merlin, *Rép.*, v° *Consul français*, § 2 ; Legraverend, *Législ. crim.*, t. 1, p. 107 ; Mangin, t. 1, p. 162 ; Le Sellyer, *Dr. crim.*, t. 3, p. 18 ; F. Hélie, t. 2, n. 652.

45. Malgré le caractère territorial de la loi pénale, l'action de l'autorité judiciaire française s'étend aux crimes et délits punis par la loi française que des Français commettent hors du territoire de la France, en ce sens que les inculpés peuvent être poursuivis après leur retour en France, et même sans qu'il soit besoin d'attendre leur retour, quand il s'agit de crimes attentatoires à la sûreté de l'État ou de contrefaçon des sceaux de l'État, de monnaies nationales ayant cours, de papiers nationaux ou de billets de banque autorisés par la loi (C. instr. crim., art. 5 et 7 modifiés par la loi du 27 juin 1866).

46. Faisons tout de suite observer que cette extension de l'action publique aux crimes ou délits commis par des Français hors du territoire, est moins une exception au principe de la juridiction territoriale, qu'une application de cet autre principe, que la loi pénale, en même temps qu'elle a un caractère territorial, constitue un statut personnel accompagnant les citoyens même sur le territoire étranger : Cass., 5 février 1857 (Bull., n. 46) ; — F. Hélie, n. 653 à 666. — V. toutefois Mangin, t. 1, p. 111.

47. La condition du retour en France exigée pour la poursuite de ces crimes ou délits doit s'entendre d'un retour volontaire. — Dès lors, le Français qui, à raison d'un crime par lui commis à l'étranger, a été ramené en France par les soins de l'autorité française, ne peut y être poursuivi pour ce crime : Aix, 28 avril 1868 (J.M. p. 11.139). Et il en est de même dans le cas où le retour de l'inculpé en France a été uniquement le résultat de l'extradition : Cass., 5 fév. 1857 (S.-V.57.1.220) ; — Carnot, *Instr. crim.*, sur l'art. 7, n. 13 ; Legraverend, t. 1, p. 96, note 2 ; Bourguignon, sur l'art. 7, n. 5 ; Mangin, t. 1, n. 70 ; Le Sellyer, t. 5, n. 1986 ; F. Hélie, t. 2, n. 679. — V. toutefois, C. d'ass. de la Seine, 26 mars 1846 (S.-V.47.1.315).

48. Mais le Français qui s'est rendu coupable d'un crime en pays étranger, peut être poursuivi à son retour en France, alors même que ce retour aurait eu lieu après demande d'extradition formée à son égard, si, avant qu'il ait été donné suite à cette demande, il a consenti à être conduit en France pour y être jugé : Cass., 8 nov. 1860 (J.M. p. 4.152). Dans ce cas, en effet, le retour de l'inculpé conserve, malgré la demande d'extradition, le caractère de retour volontaire.

49. Certaines circonstances peuvent autoriser l'action des magistrats français à saisir l'inculpé sur le territoire même du pays étranger où le crime a été commis. Il en est ainsi, par exemple, lorsque ce territoire appartient à des peuplades à demi barbares et ne se soumettant point aux règles du droit des gens : Cass., 17 mai 1839 (D.P. 39.1.402).

50. La même solution doit être admise, à plus forte raison, quand la France a un droit de suzeraineté sur le pays où a été commis le crime. C'est donc à bon droit qu'il a été jugé spécialement que l'exercice de l'action publique de la part des magistrats français s'étend sur le territoire de la vallée d'Andorre à l'égard des Français qui commettent des crimes sur ce territoire, et que, par suite, lorsqu'un Français qui s'est rendu coupable d'un crime dans la vallée d'Andorre, a été remis à la justice française par l'autorité andorrane, il est compétemment traduit devant les tribunaux français : Bordeaux, 25 mai 1859 (J.M. p. 2.212). On sait en effet qu'aux termes d'un décret du 27 mars 1806, l'Andorre se trouve placée sous la double suzeraineté de l'évêque d'Urgel et du Gouvernement français, que la justice s'y rend au nom de ce Gouvernement, et que la constitution andorrane ne permet pas aux autorités de ce pays de poursuivre les criminels d'origine étrangère.

51. Il n'importe, pour l'application de l'action publique aux crimes ou délits commis hors du territoire, que ces crimes ou délits aient été commis contre un étranger ou contre un Français ; mais il faut que les crimes soient punis par la loi française, et que les faits qualifiés délits par cette loi soient punis par la législation du pays dans lequel ils ont été commis (C. instr. crim., 7, précité).

52. La poursuite n'est d'ailleurs autorisée qu'autant que l'inculpé ne prouve pas avoir déjà été définitivement jugé à l'étranger (même art.).

53. Enfin, lorsqu'il s'agit d'un délit commis contre un particulier français ou étranger, la poursuite ne peut être intentée qu'à la requête du ministère public, et seulement au cas de plainte de la partie offensée ou de dénonciation officielle à l'autorité française par l'autorité du pays où le délit a été commis (5, C. instr. crim.). Par exception à la règle générale, la partie lésée ne peut elle-même saisir directement la juridiction correctionnelle ; elle n'a que la faculté de former une action en dommages-intérêts devant le tribunal civil.

54. Le désistement dont la plainte de la partie lésée viendrait à être l'objet de la part de celle-ci, n'empêcherait pas l'action publique, mise en mouvement par cette plainte, de suivre son cours : Cass., 2 oct. 1852 (Bull., n. 332) ; — F. Hélie, n. 682. — V. *infrà*, n. 69.

55. La poursuite est intentée soit par le ministère public du lieu où réside le prévenu, soit par celui du lieu où il peut être trouvé. — Néanmoins, la Cour de cassation peut, sur la demande du ministère public ou des parties, renvoyer l'affaire devant une Cour ou un tribunal plus voisin du lieu du crime ou du délit (C. instr. crim., 6).

56. Par dérogation au principe d'après lequel l'action publique en France n'atteint pas les étrangers qui se sont rendus coupables de crimes commis en pays étranger, l'art. 7, C. instr. crim. (modifié par la loi du 27 juin 1866) dispose que tout étranger qui, hors du territoire de la France, s'est rendu coupable, soit comme auteur, soit comme complice, d'un crime attentatoire à la sûreté de l'État ou de contrefaçon du sceau de l'État, de monnaies nationales ayant cours, de papiers nationaux, de billets de banque autorisée par la loi, peut être poursuivi et jugé d'après les dispositions des lois françaises, s'il est arrêté en France ou si le Gouvernement obtient son extradition.

57. Jugé aussi que l'étranger qui prend un nom supposé dans le passe-port qu'un consul français lui a délivré en pays étranger, peut être poursuivi devant les tribunaux français comme coupable du délit prévu par l'art. 154, C. pén. : Trib. de Boulogne-sur-Mer, 25 fév. 1858 (J.M.p.1.120), et nos observations à la suite.

58. Mais pour aucun autre crime commis en pays étranger, un étranger ne peut être poursuivi en France, lors même qu'il aurait des complices français et conséquemment justiciables des tribunaux de France : Cass., 2 juin 1825 (S.-V.8.1.130); — Mangin, t. 1, n. 64; Rauter, *Dr. crim.*, t. 1, n. 54; Fœlix, n. 540; F. Hélie, t. 2, n. 673; Trébutien, *Cours de dr. crim.*, t. 2, p. 132; Dalloz, *Rép.*, v° *Compét. crim.*, n. 114.

59. Les crimes ou délits commis partie sur le territoire français, partie sur le territoire étranger, ne tombent sous l'action publique en France, dans le cas où les faits ne sont pas de nature à permettre à cette action d'atteindre le coupable à l'étranger, par application des règles exposées ci-dessus, qu'autant que, d'une part, les actes accomplis sur notre territoire constituent par eux-mêmes et indépendamment de ceux qui ont été perpétrés au dehors, une infraction punie par la loi française, et, d'autre part, que ces actes se rattachent par un lien nécessaire et indivisible aux actes accomplis sur le territoire étranger : Cass., 21 nov. 1806 (S.-V.2.1.310), 1er sept 1827 (S.-V.8.1.681), 20 nov. 1828 (S.-V.9.1.187) et 17 oct. 1834 (S.-V.35.1.33); Bruxelles, 12 août 1819 (S.-V.6.2.130); Colmar, 27 janv. 1824 (J.P.18. 392) et 14 juill. 1863 (J.M.p.6.217); — Mangin, t. 1, n. 73, p. 140; F. Hélie, t. 2, n. 685 et s. — Sur ce point et sur ceux qui précèdent, V. encore *Compétence criminelle*, n. 83 et s.; *Étranger; Extradition*.

§ 3. — *Causes de suspension de l'action publique.*

60. 1° *Défaut de plainte.* — En principe, l'exercice de l'action publique est indépendant de toute plainte de la partie lésée, comme nous l'avons déjà rappelé plus haut, n.21. Mais une restriction a été apportée à ce principe relativement à certains délits dont la poursuite met en jeu des intérêts ou des sentiments qui ne peuvent être livrés à la seule appréciation du ministère public, ou dont la preuve exige nécessairement le concours des parties. A l'égard de ces délits, l'exercice de l'action publique est suspendu, tant que la condition de la plainte préalable n'a pas été remplie.

61. Les délits dont il s'agit sont : *l'adultère, l'enlèvement de mineure,* les délits des *fournisseurs des armées,* les délits commis à *l'étranger* (V. *suprà,* n. 33 et s.), la *diffamation* et *l'injure,* les délits de *chasse* sur les terrains chargés de récoltes, de *pêche* dans les eaux des particuliers, et les délits de *contrefaçon.* — V. ces divers mots, sous chacun desquels sont indiquées les conditions de l'exercice de l'action publique.

62. L'action en répression de la *banqueroute simple* ou de la *banqueroute frauduleuse,* n'est point subordonnée à la déclaration de la faillite : Cass., 1er sept. 1827 (S.-V. chr.); 11 août 1837 (S.-V.37.1.1026); 24 juin 1864 (J.M.p.7.139); — Legraverend, t. 1, p. 25; Mangin, n. 420; F. Hélie, n. 742. — En matière de *coups et blessures* par un époux à l'autre ou par le père ou la mère à ses enfants, l'action publique n'a pas besoin, comme dans notre ancien droit, d'être provoquée par une plainte des parties lésées : Cass., 9 avr. 1825 (S.-V. chr.); 2 fév. 1827 (S.-V. chr.); 15 mars 1828 (S.-V. chr.); — F. Hélie n. 743. — La dénonciation du directeur général de la librairie n'est pas une condition nécessaire de la poursuite des contraventions de police de *l'imprimerie* et de la *librairie* : Cass., 17 mars 1828 (Bull., p. 374);—F. Hélie, n. 744.—Le ministère public n'est pas obligé, pour pouvoir poursuivre les délits et contraventions commis dans les *bois des particuliers,* d'attendre que ceux-ci leur aient envoyé les procès-verbaux dressés par leur garde; il peut réclamer d'office cet envoi : F. Hélie, n. 745. — La poursuite des délits et contraventions contre les *propriétés rurales* n'est pas subordonnée à la plainte de la partie lésée : Cass., 31 oct. 1822

(Bull., n. 159); — Mangin, t. 1, p. 345; F. Hélie, n. 746. — Enfin, en matière de délits et contraventions concernant les *contributions indirectes*, les *douanes* et les *forêts*, l'action du ministère public, quoique se trouvant en concours avec celle des administrations, est complétement libre (V. F. Hélie, t. 1, n. 505), sauf le droit de transaction de celles-ci, essentiellement distinct de celui de plainte préalable; la transaction ne suspend pas l'action publique, elle l'éteint. V. *infrà*, n. 108.

63. Lorsque la plainte de la partie lésée est nécessaire pour mettre l'action publique en mouvement, elle doit, en général, sous peine de nullité de la procédure, remplir les conditions prescrites par les art. 30, 31, 48, 50, 63 et 65, C. instr. crim.; l'accomplissement régulier des formalités exigées par la loi atteste seul la volonté réfléchie du plaignant : F. Hélie, n. 752. Toutefois, il a été dérogé à ce principe en certaines matières. V. *Diffamation*.

64. L'action civile formée par la partie lésée devant la juridiction civile n'ayant pour objet que la réparation pécuniaire du dommage, ne saurait être considérée comme équivalant à la plainte nécessaire pour provoquer l'action publique, qui tend à la répression pénale : Carnot, *Cod. pén.*, t. 2, p. 112; Le Sellyer, t. 2, p. 530; Chassan, *Délits de la parole, de l'écriture et de la presse*, t. 2, p. 51; de Grattier, *Presse*, t. 1, p. 346; F. Hélie, n. 754. — *Contrà*, Mangin, *Act. publ.*, t. 1, n. 132. — V. toutefois le même auteur, *Instr. écr.*, t. 1, p. 91.

65. Mais il en est autrement de la citation directe de la partie civile devant le tribunal correctionnel, puisque cette citation saisit les juges de l'action publique en même temps que de l'action civile : Cass., 25 fév. 1830 (S.-V. chr.); — F. Hélie, n. 755.

66. Ainsi que nous l'avons déjà rappelé plus haut, n. 8, le ministère public n'est pas lié par les plaintes qui lui sont remises; il peut n'y pas avoir égard. Mais quand, sur une plainte à laquelle était subordonnée la poursuite, il a une fois exercé son action, il en devient, en principe général, le maître absolu; il n'appartient plus à la partie lésée d'en arrêter la marche par le retrait de sa plainte ou son désistement (4, C. instr. crim.) : Cass., 23 janv. 1813 et 31 juill. 1830 (S.-V. chr.); — F. Hélie, n. 757.

67. Il résulte de là que lorsqu'un jugement a été rendu sur une poursuite provoquée par une plainte de la partie lésée, une seconde plainte n'est pas nécessaire pour que le ministère public puisse interjeter appel de ce jugement : Cass., 13 avr. 1820 (S.-V.6.1.217) et 5 juin 1845 (S.-V.45.1.780); — Mangin, *Act. publ.*, t. 1, n. 131; F. Hélie, *loc. cit.*

68. Le retrait de la plainte, ou désistement de la partie lésée, ne désarme pas le ministère public, même dans le cas où il aurait lieu avant que l'action soit engagée. Si, en pareille circonstance, le ministère public peut consentir à annuler la plainte, il n'y est pas obligé, puisque la remise même de cette plainte l'a investi d'une entière liberté d'action : Legraverend, t. 1, p. 55; Bourguignon, t. 1, p. 51; Mangin, t. 1, p. 271; F. Hélie, n. 758.

69. Les principes qui précèdent reçoivent, comme on l'a vu *suprà*, n. 54, leur application en matière de délits commis à l'étranger.

70. Mais il y est fait exception en matière d'*adultère*. V. ce mot.

71. 2° *Questions préjudicielles.* — L'exercice de l'action publique est encore suspendu par les *questions préjudicielles*, c'est-à-dire par les exceptions qui mettent obstacle à la poursuite jusqu'à la vérification d'un fait dont l'appréciation est une condition indispensable de cette poursuite; ce sont les *questions d'état*. Il est d'autres exceptions que l'on qualifie encore de questions préjudicielles; mais elles ne sont préjudicielles qu'au jugement, et non à l'action elle-même V. le mot *Questions préjudicielles*.

72. D'après les art. 326 et 327, C. Nap., la poursuite du crime ou du délit de suppression d'état (C. pén., 345) ne peut commencer qu'après le jugement définitif de la question d'état par les tribunaux civils. La loi, qui n'admet pas la simple preuve testimoniale pour établir la filiation légitime (C. Nap., 319, 320, 323), n'a pu vouloir permettre que les parties se procurassent indirectement le bénéfice de cette preuve en portant la question devant la juridiction criminelle sous la forme d'une plainte en suppression d'état.

73. Jugé, par application de ce principe, que le crime de faux résultant de l'inscription d'un enfant sur les registres de l'état civil sous le nom de parents supposés, ne peut, comme constituant un mode de perpétration du crime de suppression d'état, être poursuivi par le ministère public qu'après le jugement de la question d'état par les tribunaux civils : Cass., 9 fév. 1810 (S.-V.3.1.149); 30 mars 1813 (S.-V.4.1.314); 9 juin 1838 (S.-V.38.

1.1008); 19 juill. 1849 (S.-V.49.5.198); 3 janv. 1857 (S.-V.57.1. 177); Colmar, 5 mai 1865 (J.M.p.8.197). — Conf., F. Hélie, t. 2, n. 833 et 843.

74. Il résulte de quelques décisions que le ministère public pourrait, en pareille occurrence, demander d'office la rectification de l'acte de l'état civil, dans le but de faire juger par la juridiction civile la question d'état à la solution de laquelle est subordonnée la poursuite du crime ou du délit de suppression d'état : Cologne, 2 déc. 1846 (Belg. judic., V, 557); Trib. de Tournay, 2 juin 1862 (*Ibid.*, xxi, 106). V. aussi Hoffmann, *Quest. préjudic.*, t. 2, p. 43. — Mais cette solution est, à nos yeux, très-contestable. V. *Actes de l'état civil*, n. 48 et s.; *Action directe ou d'office*, n. 5 et s.

75. La juridiction criminelle, saisie à tort d'une poursuite pour suppression d'état avant que la question d'état ait été jugée par les tribunaux civils, n'est pas seulement tenue de surseoir jusqu'après la décision de cette question; elle est absolument incompétente, et doit se dessaisir d'une manière définitive, à quelque phase que soit arrivée la procédure (V. cependant Cass., 3 juill. 1862, J.M.p.5.310). Il en résulte nécessairement qu'elle doit en même temps ordonner la mise en liberté immédiate de l'inculpé. C'est ce que proclament la jurisprudence et les auteurs : Cass., 24 juill. 1823 (S.-V.7.1.299); Paris, 10 janv. 1851 (S.-V. 52.2.265); Colmar, 5 mai 1865, précité; — Le Sellyer, nos 1506 et 1507; F. Hélie, n. 834 et s.; Trébutien, p. 72; Dalloz, n° 377; Hoffmann, n. 275.

76. Toutefois, la mise en liberté devrait-elle être ordonnée dans le cas même où la juridiction criminelle saisie serait la Cour d'assises? L'affirmative résulte d'un arrêt de la Cour de cassation du 21 mai 1813 (S.-V.4.1.358); mais quelques auteurs enseignent dans un sens moins absolu et plus exactement, selon nous, que si la mise en liberté de l'accusé ne peut, en pareil cas, être directement ordonnée par la Cour d'assises, qui n'a pas compétence pour prononcer l'annulation de la procédure dont cette mise en liberté est la conséquence, l'ordonnance de prise de corps qui a été rendue tombe néanmoins par l'effet même de la déclaration de la Cour d'assises, qu'il n'y a lieu de statuer sur l'accusation. *Sic*, F. Hélie, n. 836; Trébutien, *loc. cit.*; Hoffmann, n. 278. — *Contrà*, Cass., 22 juin 1820 (S.-V.6.1.260); M. Mangin, n. 189.

77. Dans le cas où la question d'état n'est pas encore engagée devant les tribunaux civils, la partie lésée ne peut saisir la juridiction correctionnelle de son action civile à raison de la suppression d'état; autrement, la prohibition de la loi serait éludée : Cass., 24 juill. 1823 et 9 juin 1838, déjà cités; — F. Hélie, n. 837.

78. Mais des auteurs ont prétendu qu'en pareil cas le ministère public, lui, conserve toute sa liberté d'action, parce qu'il ne peut dépendre des parties intéressées de paralyser l'exercice de cette action en s'abstenant d'exercer elles-mêmes celle qui leur appartient : — Merlin, *Quest.*, v° *Suppress. d'état*, § 2, et *Rép.*, v^is *Naissance (acte de)*, § 2, et *Supposition de part*, § 2; Richefort, *Et. des famill.*, t. 1, n. 24 et 151; Marcadé, sur l'art. 327, C. Nap. — Cette opinion est évidemment erronée, et elle a été repoussée par tous les autres jurisconsultes, ainsi que par la jurisprudence, sur le motif particulièrement que les termes de l'art. 327 étant généraux et absolus, comprennent le cas où l'action criminelle est exercée d'office par le ministère public, aussi bien que celui où elle a été provoquée par la partie civile, et que d'ailleurs la raison de décider est la même dans les deux hypothèses, puisque, dans l'une comme dans l'autre, la preuve de la suppression ou de la supposition d'état ne pourrait avoir lieu sans que la question d'état se trouvât résolue par des moyens présentant moins de garantie d'une bonne justice que ceux qu'autorise la loi civile. V. les auteurs et les arrêts mentionnés dans la *Table générale* de Devilleneuve et Gilbert, v° *Suppression d'état*, n. 1 et s., et dans le *Répertoire* de Dalloz, v° *Paternité et filiation*, n. 368 et 369. *Junge* F. Hélie, t. 2, n. 840; Trébutien, t. 2. p. 62; Demante, *Cours analyt. Nap.*, Cod. t. 2, n. 53 *bis* II; Aubry et Rau, d'après Zachariæ, t. 4, § 544 *bis*, p. 559, texte et note 23; Hoffmann, t. 2, n. 281, ainsi que Paris, 10 janv. 1851, et Colmar, 5 mai 1865, déjà cités.

79. La suspension de l'action publique par la question d'état a lieu aussi bien pour la filiation naturelle que pour la filiation légitime; la loi ne fait aucune distinction, et elle n'en devait faire aucune, puisqu'elle exige une preuve écrite ou au moins un commencement de cette preuve à l'égard de la filiation naturelle comme à l'égard de la filiation légitime : Mangin, n. 187; F. Hélie, n. 844. — *Contrà*, Le Sellyer, n. 1517.

80. Mais la prohibition prononcée par l'art. 327, C. Nap., ne s'applique qu'au crime ou au délit de suppression d'état.—Ainsi, par exemple, la poursuite en adultère dirigée contre une femme mariée ne peut être arrêtée par une question soulevée devant la juridiction civile relativement à l'état d'un enfant attribué à cette femme : Metz, 14 août 1819 (S.-V.6.2.131); Paris, 13 mars 1826 (S.-V.8.2.208); Cass., 3 juill. 1862 (J.M.p.5.310);—Dalloz, *Rép.*, v⁰ *Adultère*, n. 51.

81. D'un autre côté, ce n'est que la suppression ou supposition d'état d'un enfant qu'a en vue l'art. 327, C. Nap. Les crimes qui ont pour objet la suppression d'état d'un époux peuvent donc être poursuivis sans jugement préalable de la question d'état par les tribunaux civils (C. Nap., 53, 192 à 195, 198, 199) : Merlin, *Rép.*, v⁰ *Bigamie*, n. 2; Mangin, n. 191; Le Sellyer, n. 1520; F. Hélie, n. 845.—.... Et cela, sans qu'il y ait à distinguer, comme l'a proposé un auteur (Merlin, *Rép.*, v⁰ *Légitimité*, sect. 4, § 4, n. 5), entre le cas de crime de faux commis dans les actes de l'état civil et ceux de destruction de ces actes : Bourguignon, t. 1, p. 44 et 45; Mangin, Le Sellyer, F. Hélie, *loc. cit.* — Peu importerait encore que la poursuite à laquelle donnerait lieu le faux commis dans les actes de l'état civil réfléchît sur l'état des enfants ; l'art. 327 suppose que la question de filiation est directement soulevée par la poursuite : Mangin, *ibid.*; Le Sellyer, n. 1523; F. Hélie, n. 847. — *Contrà*, Legraverend, t. 1, p. 39; Grenoble, 9 déc. 1822 (D.p.2.193).

82. Enfin, la nécessité d'une décision préalable de la juridiction civile sur la question d'état, ne se produit qu'autant que le crime ou le délit poursuivi est essentiellement lié à cette question, et elle cesse d'exister toutes les fois que la répression du crime ou du délit est indépendante de l'état de l'enfant, et que la question d'état ne se présente qu'incidemment, sans se rattacher au fait de la poursuite.

83. Ainsi, l'action en répression du crime ou du délit de suppression d'état reprend son libre cours, lorsque l'action en réclamation d'état est éteinte, soit par le décès de l'enfant, sans que celui-ci eût transmis son action à ses héritiers, conformément à l'art. 329, C. Nap., soit par son désistement : Cass., 2 juill. 1819 (S.-V.6.1.93);—Mangin, n. 170 et 190; Le Sellyer, t. 4. n. 1510; F. Hélie, t. 2, n. 849; Dalloz, *loc. cit.*, n. 372; Hoffmann, n. 304. — Mais il en serait autrement, si l'enfant décédé avait laissé des héritiers pouvant exercer l'action en réclamation d'état : Cass., 16 fév. 1854 (S.-V.54.1.288); Colmar, 5 mai 1865 (J.M.p.8.197).

84. La poursuite peut encore être exercée librement, lorsqu'elle a pour objet la suppression de la personne même de l'enfant, qui se distingue essentiellement de la suppression d'état, et peut être réprimée sans qu'il soit besoin de rechercher l'état de l'enfant : Cass., 26 sept. et 12 déc. 1823 (S.-V.7.1.325 et 353); 8 avr. 1826 (S.-V.8.1.315); 4 août 1842 (S.-V.42.1.777); 20 mars 1862 (J.M. p. 5.202); — Merlin, *Rép.*, v° *Suppress. de personne*, §2, n. 2; Carnot, *Comment. Cod. pén.*, sur l'art. 345, Observ. addit., n. 1; Mangin, t. 1, n. 190; Hélie et Chauveau, *Théor. Cod. pén.*, t. 4, n. 1544 : Le Sellyer, t. 4, n. 1514; F. Hélie, t. 2, n. 849; Trébutien, t. 2, p. 66; Bertauld, *Quest. préjudic.*, n. 16 et 18; Demolombe, t. 5, n. 273 et s.; Demante, *Cours analyt. C. Nap.*, t. 2, n. 53 *bis* iv; Massé et Vergé, sur Zachariæ, t. 1, § 160, p. 292, note 24.

85. L'action en répression du délit d'exposition d'enfant dans un lieu solitaire (C. pén., 349 et s.) n'est pas non plus suspendue par la question d'état, dont elle est complétement indépendante : Discuss. au Cons. d'Ét., séance du 20 fruct. an x ;—F. Hélie, n. 849.

86. La supposition d'enfant à une personne qui n'est pas accouchée peut être poursuivie, sans qu'il y ait à se préoccuper de la question d'état, lorsque la filiation supposée est purement imaginaire, et que, dans la réalité, aucun enfant étranger n'a été introduit dans la famille : Cass., 7 avr. 1831 (J.P. chr.);—Mangin, n. 190 : F. Hélie, n. 850.

87. Mais il en est autrement dans le cas contraire, car alors la filiation de l'enfant supposé est nécessairement un des éléments du débat : F. Hélie, *loc. cit.;* Arg. Cass., 1er oct. 1842 (J. dr. crim., 14.366).

88. Enfin, le faux commis dans un acte de naissance peut lui-même tomber sous l'action répressive, sans jugement préalable de la question d'état, si l'altération de la vérité porte simplement sur une circonstance étrangère à la filiation : Cass., 28 déc. 1809 (S.-V. 3.1.135) et 8 juill. 1824 (J.P. chr.); — Mangin, n. 190; F. Hélie, n. 851.

89. Lorsque la question d'état est un élément même du crime ou du délit poursuivi, et qu'elle se présente incidemment sans se rattacher à une réclamation d'état, elle ne constitue pas une question préjudicielle à l'action publique. Telle est la question de savoir si l'accusé du crime de parricide est le fils adoptif de la victime : Cass., 27 nov. 1812 (S.-V.4.1.233). — Telle aussi la question de savoir si la personne qui se porte partie civile dans une accusation d'assassinat est fille de la personne assassinée : Cass., 15 janv. 1818 (S.-V.5.1.403).— Telle encore la question de savoir si la victime d'un crime d'empoisonnement était la mère de l'accusé : Cass., 19 sept. 1839 (Bull. n. 301).—Conf., F. Hélie, n. 852 et 853.

90. 3° *Autorisation de la mise en jugement.* Deux sortes différentes de garanties défendent certaines personnes contre le libre exercice de l'action publique : la *garantie politique*, qui, pour tous les crimes ou délits non flagrants imputés aux ministres, aux membres du Sénat, aux membres du Corps législatif et aux membres du Conseil d'État, subordonne la poursuite à une autorisation préalable devant émaner, en ce qui concerne les premiers, du Sénat, et en ce qui concerne les autres, du Corps dont il font partie ; — la *garantie administrative*, qui exige l'autorisation préalable du Conseil d'État pour la poursuite des faits relatifs à leurs fonctions commis par les agents du Gouvernement. Les règles propres à chacune de ces deux garanties seront indiquées au mot *Mise en jugement de fonctionnaire.*

§ 4. — *Causes d'extinction de l'action publique.*

91. Ces causes sont communes à tous les crimes et délits, ou particulières à certaines infractions seulement.—Les causes générales sont : le décès du prévenu, la chose jugée, la prescription, l'amnistie. — Il n'y a que deux causes particulières : la transaction des parties civiles en quelques matières spéciales, et l'omission de certaines formes dans des cas prévus par la loi.

92. 1° *Décès de prévenu.* L'art. 2, C. instr. crim., proclame formellement cette cause d'extinction de l'action publique, que justifie l'objet même d'une telle action : comment l'application de la peine, qui tend surtout à l'amendement du coupable, pourrait-elle être encore poursuivie, quand le coupable a cessé de vivre ?

93. Le décès du prévenu, non-seulement s'oppppose à ce que la poursuite soit commencée, mais anéantit la procédure déjà ouverte et la condamnation même déjà prononcée, pourvu qu'il intervienne avant que cette condamnation soit devenue définitive par l'expiration des délais de l'appel et du pourvoi en cassation. — Et si un jugement ou arrêt de condamnation avait été rendu par erreur depuis le décès du prévenu, il serait frappé de nullité : Cass., 25 oct. 1821 (S.-V.6.1.506); — Merlin, *Quest.,* v° *Contumace,* § 3 ; Carnot, *Comment. C. pén.,* t. 1, p. 71 ; Mangin, *Act. publ.,* t. 2, p. 79 ; F. Hélie, t. 2, p. 972.

94. Décidé qu'un tel jugement est nul, même quant aux réparations civiles, sur lesquelles aucune défense n'a pu être présentée ; et que, cette nullité ne s'opérant pas de plein droit, les héritiers du prévenu sont recevables à se pourvoir par la voie de l'appel pour la faire prononcer : Grenoble, 12 fév. 1863 (J.M. p. 6.145).

95. L'extinction de l'action publique par le décès du prévenu s'applique aux peines pécuniaires aussi bien qu'aux peines corporelles. — Toutefois, un doute s'est élevé en ce qui concerne les amendes prononcées en matière de douanes et de contributions indirectes, qu'au point de vue de la responsabilité civile, la jurisprudence considère comme des réparations civiles plutôt que comme des peines. Mais le caractère de peine étant incontestablement dominant dans ces amendes, elles ne sauraient, quant aux effets du décès du prévenu, échapper à la règle générale : Cass., 28 mess. an VIII (S.-V.1.1.342) et 9 déc. 1813 (S.-V.4.1.484) ; Besançon, 21 déc. 1854 (S.-V.55.2.181) ; — Legraverend, t. 1, p. 66 ; Mangin, t. 2, n.279 ; Le Sellyer, t. 5, n. 2114 ; F. Hélie, t. 2, n. 973.

96. La solution doit être la même, en général, à l'égard de la confiscation des objets saisis : Cass., 15 mars 1828 (J. P. chr.); 19 avr. 1833 (*ibid.*); 21 juill. 1838 (J. dr. cr., 1839, p. 52) ; — Mangin, n. 280 ; F. Hélie, n. 974. — Mais ici le principe fléchit en matière fiscale : Cass., 9 prair. an IX (S.-V.1.1.471) ; 11 flor. an X (S.-V.1.1.633) ; 9 déc. 1813 (S.-V.4.1.484) ; Besançon, 21 déc. 1854, précité. — Et il est également inapplicable à la suppression ou destruction des choses nuisibles, telles que les comestibles gâtés, les boissons falsifiées, les armes prohibées : F. Hélie, n. 975.

97. Jugé que lorsque le prévenu condamné par défaut vient à décéder après l'opposition par lui formée au jugement, le tribunal correctionnel ne peut plus statuer au fond sur cette opposition, même en ce qui concerne simplement les intérêts civils, parce qu'il cesse dès ce moment de lui appartenir de rechercher si le fait poursuivi et à raison duquel des dommages-intérêts sont réclamés, constitue ou non un délit : Trib. corr. de Tarbes, 24 avr. 1863 (J. M. p. 6.83). V. aussi les observations à la suite de ce jugement.

98. Le décès du prévenu après une condamnation devenue définitive, ne met aucun obstacle à l'action en remboursement des frais, qui est tout naturellement dirigée contre les héritiers. Mais si le décès survient avant qu'il ait été statué sur l'appel ou sur le pourvoi en cassation qu'avait formé le condamné, le ministère public est-il encore recevable à requérir une décision sur les frais? La question est controversée. V. pour l'affirmative: Cass., 16 janv. 1811 (S.-V.3.1.281); 10 févr. 1814 (S.-V.4.1.535) et 13 mai 1815 (S.-V.5.1.55); Besançon, 21 déc. 1854, déjà cité; — Legraverend, t. 1, p. 67 et 68; Carnot, *C. instr. crim.*, art. 2, n. 24; Bourguignon, n. 7; Mangin, n. 281; Le Sellyer, t. 5, n. 2124; — et pour la négative, qui nous paraît plus conforme à la véritable nature de la condamnation aux frais: Cass., 28 août 1807 (S.-V.2.1.430), 21 juill. 1834 (S.-V.35.1.75) et 3 mars 1836 (S.-V.36.1.193); Décis. min. 13 mai 1823; — Dalmas, *Fr. de just. crim.*, p. 380; F. Hélie, n. 976.

99. Il importe de remarquer que le décès de l'auteur d'un crime ou d'un délit n'éteint l'action publique qu'à son égard seulement, et non à l'égard de ses coauteurs ou complices; Cass., 21 avr. 1815 (S.-V.5.1.43); 4 déc. 1823 (S.-V.7.1.348); — Merlin, *Rép.*, v° *Complice*, p. 679; Legraverend, t. 1, p. 155; Ortolan et Ledeau, t. 2, p. 22; Massabiau, t. 2, n. 1209 et 1273; Duverger, *Man. des juge d'instr.*, t. 1, n. 58; Hélie et Chauveau, t. 1, n. 206 et 207; F. Hélie, t. 2, n. 977.

100. 2° *Chose jugée.* V. ce mot.

101. 3° *Prescription.* V. le mot *Prescription criminelle.*

102. Lorsque l'action publique est éteinte par l'effet des déchéances que le ministère public a encourues, la partie civile ne peut la faire revivre au moyen de ses diligences et des recours qu'elle exerce; en sorte, par exemple, qu'elle est non recevable à attaquer un arrêt ou une ordonnance de non-lieu contre lesquels le ministère public ne s'est pas lui-même pourvu: Cass., 30 sept. 1841, (S.-V.42.1.320); 11 mars 1843 (D.P.43.4.63); 7 mars 1844 (D.P.44.4.58); 17 août 1849 (D.P.49.1.224); 14 juill. et 8 sept. 1859 (J.M. p. 2.238 et 301).

103. Peu importe qu'il s'agisse d'une matière, comme celle de l'adultère, où la plainte de la partie lésée est indispensable pour que l'action publique puisse être exercée; car, on l'a vu, l'action publique, une fois mise en mouvement par la plainte, appartient au ministère public, en ce sens qu'il peut l'exercer ou la laisser éteindre, et que la partie lésée n'a pas plus le droit d'en exiger l'exercice que de l'arrêter. Il est vrai que la Cour de cassation a, par plusieurs arrêts, reconnu au mari le pouvoir de frapper d'appel, malgré le silence du ministère public, le jugement correctionnel qui a relaxé sa femme de la poursuite en adultère dirigée contre elle; mais cette doctrine est repoussée par la majorité des auteurs; elle est d'ailleurs en contradiction avec la solution qu'a adoptée la Cour suprême sur la question de savoir si le mari peut se pourvoir isolément en cassation contre l'arrêt de la chambre d'accusation qui a déclaré n'y avoir lieu à suivre sur sa plainte en adultère. La chambre criminelle a refusé un tel droit au mari, en se fondant sur ce que, même en cette matière et malgré les restrictions apportées à l'action publique dans l'intérêt de la paix et de l'honneur des familles, l'exercice de cette action ne cesse point d'appartenir exclusivement au ministère public. V. *Adultère*, n. 4 et s. Cette décision est éminemment conforme aux vrais principes.

104. 4° *Amnistie.* V. ce mot.

105. On a prétendu que l'action publique ne peut être exercée à raison d'un délit dont l'auteur a été déjà condamné, pour un délit antérieur, à la peine la plus forte dont il soit passible, et avec laquelle celle applicable au nouveau délit devrait se confondre. V. Cass., 19 mars 1818, 15 oct. 1825, 8 juin 1827 et 14 juill. 1832 (S.-V.5.1.454; 8.1.204; 33.1.154); — Mangin, t. 2, n° 438; Le Sellyer, t. 5, n° 2133; Morin, *Répert.*, v° *Cumul de peines*, n°s 20 et 21; Ortolan, *Élém. de dr. pén.*, p. 765, note; Duverger, t. 1, n° 69; Thierret, *Rev. de législ.*, t. 13, p. 483.

106. Mais la jurisprudence a fini par se fixer dans le sens de l'opinion contraire, qui est aussi défendue par divers jurisconsultes. V. Cass., 9 brum. an XIV, 8 oct. 1824, 6 mai 1826, 23 juin 1832, 18 juin 1841 (S.-V.2.1.174; 7.1.540; 8.1.336; 41.1.883) et 3 janv. 1867 (J.M.p.10.197); Montpellier, 17 oct. 1844 (S.-V.45. 2.281); — Devilleneuve, *observ.* sur l'arrêt précité de 1841; F. Hélie, t. 2, n. 1092 et s.; Trébutien, t. 2, p. 144; Bertauld, *Cours de Cod. pén.*, 3° édit., p. 290; Dalloz, *Rép.*, v° *Peine*, n° 187.

107. Cette dernière opinion est aussi la nôtre. Le système contraire part de ce point, que, la première condamnation ayant prononcé la peine la plus forte, la seconde poursuite n'aurait plus pour objet l'application d'aucune pénalité. Mais dans beaucoup de cas, est-il possible d'affirmer *à priori* que la peine prononcée par la condamnation déjà encourue est *la plus forte?* N'arrive-t-il pas fréquemment que la qualification donnée par le ministère public à un fait poursuivi est modifiée soit par le juge d'instruction, soit par la juridiction de jugement, et que celle que le juge d'instruction a admise disparaît elle-même aux débats pour faire place à une autre qualification, ou moins sérieuse ou plus grave?

Et ne résulte-t-il pas de là que le fait, objet d'une seconde poursuite, qui, au premier abord, a pu paraître passible d'une peine moins forte que celle qui a été prononcée pour le fait poursuivi le premier, peut, en définitive, être au contraire reconnu passible d'une peine plus élevée ? Mais lors même qu'il serait évident que la première condamnation a entièrement épuisé la pénalité, la nouvelle poursuite peut être utile et nécessaire même sous différents rapports, indépendamment des effets moraux et matériels que signale particulièrement l'arrêt de la Cour de cassation du 3 janv. 1867 mentionné ci-dessus. — Utile, disons-nous ; quel intérêt, en effet, le prévenu lui-même ne peut-il pas avoir à ce que la justice prononce sur la seconde inculpation dont il a été l'objet et qui, malgré la similitude de la peine, peut être plus déshonorante que la première ! — Nécessaire ; car empêcher la seconde condamnation, c'est supprimer le premier élément de la récidive légale dans le cas où le second fait, étant du nombre de ceux dont la répétition entraîne une aggravation de peine (comme les délits de presse, de chasse, etc.), viendrait à être suivi d'un autre fait de même nature. C'est aussi soustraire le délinquant aux incapacités que la loi fait résulter de certaines condamnations (V. notamment C. pén., 272 ; L. 3 mai 1844, art. 6, n. 5 ; L. 15 mars 1850, art. 26 ; Décr. 2 févr. 1852, n. 15). Enfin, lorsque le second fait, bien que passible d'une peine principale moins forte que celle qui a déjà été prononcée, entraîne des peines accessoires qui n'étaient pas attachées au premier, et à l'application desquelles le principe prohibitif du cumul des peines ne met pas obstacle, ce serait encore affranchir le prévenu de ces peines accessoires !... Évidemment, des résultats aussi contraires à la raison, à l'équité et au droit ne peuvent recevoir la sanction des tribunaux ni l'approbation des jurisconsultes.

108. 5° *Transaction*. — Le droit de transaction accordé aux administrations des douanes, des contributions indirectes et des forêts (Arr. 14 fruct. an x, art. 1 et 2 ; arr. 5 germ. an xii ; ord. 27 nov. 1816, art. 9 ; ord. 30 janv. 1822, art. 10 ; C. for. 159, modifié par la loi du 18 juin 1859), est une cause d'extinction de l'action publique relativement aux infractions qui atteignent les intérêts confiés à ces administrations. Toutefois, l'exercice de ce droit ne met pas, selon nous, obstacle à la poursuite de toutes les infractions de cette nature indistinctement, mais seulement des contraventions passibles de confiscation et d'amende. Quant aux délits punis de la peine d'emprisonnement, la poursuite en reste soumise aux principes du droit commun, d'autant que les administrations n'ont pas qualité pour demander elles-mêmes l'application de cette peine. *Sic*, Legraverend, t. 1, p. 617; Le Sellyer, n. 2194; F. Hélie, n. 1098 et 1099; arg. Cass., 23 fév. 1811 (Bull., n. 54). — *Contrà*, Cass., 26 mars 1830 (S.-V. 9.1.479); — Bourguignon, art. 4, C. instr. crim., n. 2; Mangin, n. 41, 47 et 48.

ADJOINT. — V. *Maire*.

ADMINISTRATION JUDICIAIRE. 1. Le concours que le ministère public est appelé à donner à l'administration judiciaire s'applique particulièrement à la nomination des magistrats, à leurs congés, à leur retraite; — à la formation du tableau de l'ordre des avocats; — à la transmission des offices; — à la discipline; — à l'administration intérieure des Cours et tribunaux. Nous indiquerons sous les mots *Avocat, Discipline, Magistrat. Office*, ses principales attributions dans les matières que désignent ces mots, et nous nous bornerons à parler ici brièvement de son rôle dans l'administration intérieure de la compagnie à laquelle il appartient.

2. Le ministère public doit veiller à la tenue des audiences. Quand l'ouverture n'en est pas faite à l'heure prescrite, par défaut de juges, il en est dressé un procès-verbal, qui est envoyé par le procureur général au ministre de la justice (Décr. 30 mars 1808, art. 15).

3. Lorsque les feuilles d'une ou de plusieurs audiences d'une Cour impériale n'ont pas été signées par le président, c'est sur les conclusions écrites du procureur général que la chambre tenue par le premier président peut, suivant les circonstances, autoriser un des juges qui ont concouru aux décisions portées sur ces feuilles, à les signer (*Id.* art., 38). S'il s'agit de feuilles d'audiences d'un tribunal de première instance, le procureur impérial en réfère à la Cour, pour la mettre en mesure d'user de la même faculté (*Id.*, art. 74).

4. Les procureurs généraux ou impériaux et leurs substituts sont soumis à la pointe de la même manière que les juges, dans le cas où ils sont remplacés par un juge (*Id.* art. 89).

5. C'est sous la surveillance du ministère public que le greffier tient un registre de la comptabilité relative au traitement des magistrats (*Id.* art. 16).

6. Les procureurs généraux et les procureurs impériaux sont investis de la mission générale de veiller à ce que les lois et règlements soient exécutés dans les Cours ou tribunaux auxquels ils sont attachés, et lorsqu'ils ont des observations à faire à cet égard, le premier président de la Cour ou le président du tribunal est tenu, sur leur demande, de convoquer une assemblée générale de la compagnie (*Id.* art. 79).

7. Le ministère public doit être appelé à toutes les délibérations qui regardent l'ordre et le service intérieur de la Cour ou du tribunal, et il a droit de faire inscrire sur les registres de la compagnie les réquisitions qu'il juge à propos de faire sur cette matière (*Id.* art. 89).

8. Toutes les chambres de chaque Cour impériale se réunissent en la chambre du conseil le premier mercredi d'après la rentrée pour entendre la mercuriale prononcée par le procureur général ou par un avocat général en son nom. Dans ce discours, qui a pour objet la manière dont la justice aura été rendue dans l'étendue du ressort pendant la précédente année, le procureur général signale les abus qui auraient pu se glisser dans l'administration en cette partie. Il fait les réquisitions qu'il juge convenable, d'après les dispositions des lois. La Cour est tenue de délibérer sur ces réquisitions ; et le procureur général envoie au ministre de la justice copie de son discours et des arrêts qui ont pu intervenir (L. 20 avr. 1810, art. 8). — V. *États et envois périodiques*.

9. Il convient en outre que le procureur général adresse un extrait de la mercuriale aux tribunaux du ressort, chacun en ce qui le concerne, afin qu'ils connaissent exactement leur situation : Faure, *Rép. des parq.*, n. 775, § 4 ; Massabiau, *Man. du min. publ.*, t. 3, n. 4226.

10. L'inventaire qui doit être fait, par le greffier de chaque juridiction, du mobilier fourni à celle-ci par l'État, le département ou la commune, est dressé sous la surveillance du premier président et du procureur général, ou du président et du procureur impérial (L. 26 juill. 1829, art. 8 ; Ord. 3 févr. 1830 ; Décr. 20 juill. 1853, art. 1 et 3). — Il est procédé à la vérification de ce mobilier, savoir : en ce qui concerne celui provenant de l'État, par un ou plusieurs délégués du préfet, en présence du procureur général ou de son délégué et d'un ou de plusieurs magistrats désignés à cet effet par le premier président ; et en ce qui concerne le mobilier provenant du département, par un délégué du préfet et un ou plusieurs membres du Conseil général, en présence du procureur général ou du procureur impérial et d'un magistrat délégué par le premier président ou par le président du tribunal. — La.vérification est faite avec le gardien responsable du mobilier (concierge ou greffier), en présence du greffier rédacteur de l'inventaire (Décr. 20 juill. 1853, art. 6).

11. A la fin de chaque année et à chaque mutation de gardien responsable, il est procédé à un récolement dans les formes qui viennent d'être indiquées (même décret, art. 8). — V. encore, relativement à l'inventaire, à la vérification et au récolement du mobilier des Cours et tribunaux, les circulaires des 5 avr. et 24 nov. 1830 et 30 juill. 1853 (Gillet, n. 2197, 2236, 3474).

ADMINISTRATION DES PARQUETS. — 1. Un local particulier destiné aux travaux du ministère public, l'emploi d'un nombre suffisant de registres, et le mode de classement des papiers, contribuent puissamment à la bonne tenue des parquets, ainsi que le disait fort justement, dans une circulaire du 17 avril 1837, un éminent magistrat, M. Legagneur, alors procureur général près la Cour de Grenoble, aujourd'hui président à la Cour de cassation.

2. Dans chaque Cour et dans chaque tribunal (s'il y a encore aujourd'hui des exceptions, elles sont rares), le ministère public est en possession d'un local particulier ou *parquet* affecté à ses travaux. Pour les réparations qui devraient y être faites, comme pour le mobilier qui doit le garnir, le chef du parquet s'adresse au préfet.

3. Dans la somme allouée à chaque Cour et à chaque tribunal pour ses menues dépenses et pour les frais de parquet, le ministre de la justice fait ordinairement, sur la demande de la compagnie, une distinction entre les menues dépenses de la Cour ou du tribunal, et les frais du parquet; la part afférente à ces frais est alors du quart au cinquième (Ord. 27 janv. 1815); Circ. 30 oct. 1827. — La demande des Cours et tribunaux tendant à établir cette distinction est arrêtée dans une délibération prise en assemblée générale, à la Chambre du conseil, et transmise au procureur général, qui l'adresse avec son avis au ministre, après en avoir conféré avec le premier président : Circ. 31 janv. 1815; Décis. 18 mars 1826; — Massabiau, t. 1er, n. 232. — Dans le cas où la distinction dont il s'agit a été faite, le parquet n'a à sa charge que les registres, papiers, plumes et autres fournitures de bureau, ainsi que les frais de reliure de l'exemplaire du *Bulletin des lois* destiné à son service, et les frais d'impression des instructions qu'il peut avoir à adresser aux officiers de l'état civil et autres fonctionnaires placés sous sa surveillance ; les dépenses communes, telles que celles concernant le salaire des concierges ou garçons de salle, le chauffage, le luminaire, sont supportées par la Cour ou le tribunal : Circ. 30 oct. 1827.

4. Pour l'acquit des menues dépenses de chaque trimestre écoulé, le préfet délivre tous les trois mois un mandat qu'il adresse au président de la Cour ou du tribunal, ou au chef du parquet (Ord. 27 janv. 1815, art. 4) : Circ. 7 mai 1816.

5. Le chef du parquet assiste, même lorsqu'il a été fait une répartition de la somme allouée pour les menues dépenses entre la Cour ou le tribunal et le parquet, au compte que doit rendre de cette somme le magistrat à qui en a été confiée l'administration : Massabiau, n. 234.

6. Lorsque la somme affectée aux menues dépenses de la Cour ou du tribunal et aux frais de parquet, est reconnue insuffisante, la Cour ou le tribunal doit prendre, de concert avec le ministère public, une délibération qui indique d'une manière précise la somme indispensable, et qui est adressée, avec les pièces justificatives, au ministre de la justice par l'intermédiaire du procureur général. Si la réclamation lui paraît fondée, le ministre, après l'avoir approuvée ou modifiée, la transmet au préfet, qui lui-même la soumet au conseil général : Décis. 5 mai 1827, 25 août 1837 et 13 août 1853 ; — Massabiau, n. 235 et 236.

7. Certaines sommes sont encore allouées, comme frais de parquet, aux procureurs généraux près les Cours impériales les plus importantes pour des appointements de secrétaires et commis expéditionnaires (Décr. 30 janv. 1811, art. 26).

8. La réception au parquet de chaque exemplaire du *Bulletin des lois* et du *Bulletin des arrêts de la Cour de cassation*, est constatée sur un registre spécial (Arr. 5 vend. an v). Simples dépositaires de ces recueils, les magistrats du ministère public, loin de pouvoir les garder pour leur usage personnel, sont tenus de veiller à leur conservation au parquet, et d'en remettre la collection intacte à leurs successeurs (L. pluv. an iii, art. 14 ; Arr. 10 frim. an iv, art. 1er ; Arr. 16 vent. an v) : Circ. 23 mess. an viii et 16 nov. 1813 ; — Massabiau, n. 238 et s. et 246.

9. Les chefs de parquet doivent aussi inscrire sur un registre particulier, à la date de leur réception, toutes les circulaires, lettres et dépêches officielles qui leur sont adressées à raison de leurs fonctions (Arr. 5 vend. an v, art. 1er). — Ces registres n'étant pas toujours régulièrement tenus, et les recherches n'y étant pas faciles, nous avons jugé utile d'annexer à notre *Journal du Ministère public* un *Résumé chronologique des circulaires, instructions et décisions du ministère de la justice*, où chaque document est spécifié, d'abord par sa date, et ensuite par une indication sommaire, mais complète de son objet.

10. Chaque parquet de Cour impériale et de tribunal de première instance doit tenir encore un grand nombre d'autres registres qu'il serait trop long d'énumérer ici et dont on trouvera la nomenclature dans le *Manuel du ministère public* de M. Massabiau, t. 1er, n. 253 et 254, et dans les *Notes pratiques sur l'administration des parquets* de M. Desplagnes, p. 11.

11. Tout ce qui fait partie du mobilier, des fournitures de bureau, des archives, des collections et registres du parquet, et qui n'a pas été acquis des deniers personnels du procureur général ou du procureur impérial, doit être exactement remis par ce magistrat à son successeur (Décis. 26 nov. et 24 déc. 1814).

12. Pour ce qui concerne le classement des affaires dans les parquets, nous devons encore nous borner à renvoyer aux *Notes pratiques* de M. Desplagnes, n. 13, où des indications minutieuses sont données à cet égard.

13. Les autres matières très-diverses qu'embrasse l'administration des parquets seront examinées sous les mots particuliers qui les désignent.

ADMINISTRATION PUBLIQUE. — V. *Acquiescement*, n. 7; *Action publique*, n. 7; *Appel correctionnel; Casier judiciaire; Frais.*

ADOPTION. — 1. Lorsque l'expédition de l'acte de consentement de la personne qui se propose d'adopter et de celle qui veut être adoptée, a été remise au procureur impérial près le tribunal du domicile de l'adoptant, pour être soumise à l'homologation de ce tribunal, en conformité de l'art. 354, C. Nap., c'est au ministère public qu'il appartient de recueillir les renseignements qui doivent mettre le tribunal à même de vérifier, selon le vœu de l'art. 355, 1° si les conditions de la loi sont remplies; 2° si la personne qui se propose d'adopter jouit d'une bonne réputation. — V. Massabiau, *Man. du minist. publ.*, t. 1, n. 564.

2. Le ministère public donne ensuite ses conclusions devant le

7

tribunal, réuni en la Chambre du conseil, qui, sans aucune autre procédure, et sans énoncer de motifs, prononce *s'il y a lieu* ou *s'il n'y a pas lieu* à l'adoption (C. Nap., 355, 356). — Il est d'usage que, sur le vu de l'expédition de l'acte de consentement, le président du tribunal rende une ordonnance de *soit communiqué au ministère public,* au bas de laquelle l'officier du parquet inscrit son adhésion ou son opposition à l'adoption, en ces termes ou en d'autres équivalents : *nous n'empêchons,* ou *nous ne sommes pas d'avis de l'adoption.*

3. Devant la Cour impériale, à laquelle le jugement doit être soumis, dans le mois, à la requête de la partie la plus diligente, la même forme d'instruction est observée (C. Nap., 357). — En appel, pas plus qu'en première instance, il n'y a lieu à la présentation d'une requête par un avoué ; c'est le ministère public seul qui saisit les juges. Le jugement d'homologation, transmis par le procureur impérial au procureur général, est déféré directement à la Cour par ce dernier magistrat, sans aucune intervention des parties : Massabiau, n. 566.

4. Le ministère public doit encore veiller à ce que l'arrêt par lequel la Cour aura admis l'adoption soit, dans les trois mois, inscrit, à la réquisition de l'une ou de l'autre des parties, sur les registres de l'état civil du lieu du domicile de l'adoptant, conformément à la prescription de l'art. 359, C. Nap. : Massabiau, n. 567.

ADULTÈRE.

SOMMAIRE ALPHABÉTIQUE.

1. L'adultère, considéré par la loi comme un délit portant moins atteinte à l'intérêt public qu'à l'intérêt privé, ne peut être poursuivi que sur la plainte ou dénonciation de l'époux outragé (C. pén., 336 et 339).

2. La plainte ou dénonciation doit être spéciale et directe, et ne pourrait, par exemple, s'induire d'une action en séparation de corps pour cause d'adultère : Cass., 16 juin 1842 (S.-V.42.1. 747). — Rien ne s'oppose à ce qu'elle émane d'un fondé de pouvoir, si d'ailleurs le pouvoir est spécial et s'applique à des faits accomplis : Cass., 23 nov. 1855 (S.-V.56.1.183). Le mandat que le mari aurait donné d'avance, en vue de l'adultère que sa femme commettrait avant son retour, serait nul, et ne pourrait devenir la base d'une poursuite : Bedel, *Adultère*, n. 10; Vatimesnil, *Encycl. du dr.*, v° *Adultère*, n. 11; F. Hélie, *Instr. crim.*, t. 2, n. 759.

3. L'action en répression du délit d'adultère de la femme, une fois mise en mouvement par la plainte du mari, s'exerce librement sans le concours de ce dernier : Pau, 30 janv. 1835 (S.-V. 36.2.54); — Mangin, *Act. publ.*, n. 140; F. Hélie, n. 763. Seulement, le mari peut arrêter le cours de cette action par un désistement ou par une réconciliation avec sa femme : ce droit découle de celui que la loi lui reconnaît formellement d'arrêter l'effet de la condamnation pour adultère prononcée contre sa femme, en consentant à reprendre celle-ci (C. pén., 337) : Cass., 7 août 1823 (S.-V. chr.); 17 août 1827 (S.-V. *Id.*) et 31 août 1855 (S.-V.55.1.753); — Carnot, sur l'art. 1, C. instr. crim.; Bourguignon, sur l'art. 4, même Code; Merlin, *Quest.*, v° *Adult.*, § 4; Legraverend, *Legisl. crim.*, t. 1, p. 45; Le Sellyer, *Dr. crim.*, n. 2179; F. Hélie, n. 760 et s.; Massabiau, *Man. du min. publ.*, t. 3, n. 2643.

4. Comme ce n'est point pour armer le mari d'un droit de vengeance, mais pour favoriser au contraire ses pensées de pardon, que la loi lui reconnaît ici une initiative exceptionnelle, il s'ensuit que lorsqu'il laisse l'action publique suivre son cours, le magistrat qui en est le dépositaire reste seul juge de la façon dont elle doit être exercée. De là, cette double conséquence, que le ministère public n'a pas besoin du concours du mari pour attaquer par la voie de l'appel ou du recours en cassation le jugement ou arrêt intervenu sur la plainte en adultère (Caen, 13 janv. 1842, S.-V.42.2.176; Paris, 13 mars 1847, S.-V.47.2.178; Cass., 31 août 1855, S.-V.55.1.753; — F. Hélie, n. 765), et que quand le ministère public ne juge pas à propos d'exercer l'une ou l'autre de ces voies de recours, le mari ne peut lui-même, par son propre appel ou par son propre pourvoi, déférer l'action répressive à la juridiction supérieure.

5. Sur ce dernier point, il est vrai, une doctrine contraire est enseignée par Merlin, *Quest.*, v⁰ *Adultère*, § 6, et a été consacrée par divers arrêts, soit de la Cour de cassation, soit de Cours impériales : Paris, 17 janv. 1823 (S.-V.7.2.159); Cass., 3 sept. 1831, 19 oct. 1837 et 3 mai 1850 (S.-V.37.1.560 et 1029; 50.1. 556); Angers, 9 déc. 1844 (S.-V.45.2.185); Douai, 11 mars 1867 (J.M.p.11.81).—V. aussi Berriat-Saint-Prix, *Proc. des trib. crim.*, 2ᵉ part., n. 1134.

6. Et il a été jugé spécialement que l'appel par le mari du jugement correctionnel qui, en condamnant sa femme pour délit d'adultère, a refusé de lui allouer des dommages-intérêts, suffit pour permettre au ministère public de requérir devant la Cour une aggravation de la peine prononcée contre la femme par ce jugement : Douai, 11 mars 1867, précité.

7. Mais les raisons sur lesquelles s'appuie une telle doctrine sont dépourvues de force. La plus spécieuse est celle que l'on tire de l'art. 308, C. Nap., qui, dans le cas de séparation de corps prononcée pour cause d'adultère de la part de la femme, permet au ministère public de requérir l'application d'une peine contre celle-ci, même devant les juges du second degré et sur l'appel du mari seul (V. *Séparation de corps*). Mais les hypothèses sont essentiellement différentes. Dans la poursuite du délit d'adultère devant la juridiction correctionnelle, le ministère public agit comme partie principale; il lui appartient de frapper d'appel la décision des premiers juges, et, s'il ne le fait pas, il ne peut, devant la Cour, puiser dans l'appel du mari l'exercice d'un droit auquel il a renoncé. Dans l'instance en séparation de corps, au contraire, le ministère public n'est que partie jointe; il

ne lui appartient point, si la séparation de corps n'est pas prononcée par le tribunal, d'interjeter appel du jugement, afin de
pouvoir requérir devant la Cour les peines de l'adultère contre la
femme; le mari seul peut faire réformer la décision des premiers
juges, et il est tout naturel que sur cet appel le ministère public
fasse une réquisition qui s'y trouve subordonnée. — V. dans le
sens de notre opinion, Paris, 8 juin 1837 (S.-V.37.2.293);
— Mangin, *Act. publ.*, t. 1, n. 140; Le Sellyer, *Dr. crim.*, t. 2,
n. 505; Hélie et Chauveau, *Théor. Cod. pén.*, t. 4, n. 1451; Hélie,
Instr. crim., n. 764 et 3042, *in fine;* Dalloz, *Répert.*, v° *Adultère*,
n. 35.

8. Décidé particulièrement que l'arrêt de non-lieu rendu par
la chambre d'accusation sur une poursuite en adultère ne peut
être l'objet d'un pourvoi en cassation de la part du mari, lorsqu'il a acquis l'autorité de la chose jugée à l'égard du ministère
public : — Cass., 26 juill. 1828 (D.P.28.1.350) et 14 juill. 1859
(J.M.p.2.238); — Conf., F. Hélie, n. 766.

9. La plainte en adultère portée par le mari contre sa femme,
suffit pour autoriser le ministère public à poursuivre le complice
de celle-ci, de même que la dénonciation du complice met en
mouvement l'action répressive à l'égard de la femme. La poursuite est nécessairement indivisible, et il n'y aurait d'ailleurs
aucun intérêt à la scinder, car le procès dirigé contre le complice
seul ne flétrirait pas moins la femme que si elle était en cause :
Cass., 28 juin 1839 (S.-V.39.1.701); — Merlin, *loc. cit.*, § 5,
n. 2; Carnot, sur l'art. 338, C. pén., n. 1; Mangin, n. 139;
Legraverend, t. 1, p. 45; Rauter, *Dr. crim.*, n. 473; F. Hélie,
n. 768.

10. La réconciliation qui a pour effet, comme le désistement,
d'éteindre l'action en répression du délit d'adultère (V. ci-dessus,
n. 3), peut résulter de circonstances très-variées.—Ainsi, on doit
voir la preuve de cette réconciliation dans les relations intimes
que le mari aurait eues avec sa femme depuis la faute de celle-
ci : Toulouse, 6 déc. 1838 (D.P.39.2.145); — Dalloz, *Rép.*, v°
Adult., n. 81.

11. Jugé aussi que la réconciliation résulte suffisamment de
cette circonstance que le mari est allé chercher sa femme chez
son complice, avec lequel elle vivait depuis quelques mois, et l'a
ramenée au domicile conjugal, où elle est restée plusieurs mois
également : Paris, 28 déc. 1866 (J.M.p.10.147).

12. Mais décidé que la circonstance qu'avant comme depuis le jugement qui la condamne pour adultère, la femme n'a pas cessé de demeurer avec son mari dans le même appartement, d'être à la tête du ménage et de la maison de commerce exploitée par eux, n'a pas le caractère d'une réconciliation ayant pour effet d'éteindre l'action publique : Paris, 23 juin 1866 (J.M.p.9.295). — V. aussi dans le même sens, Bordeaux, 9 fruct. an XII; Cass., 26 flor. an XII et 4 août 1808 (Dall., *Rép.*, vⁱˢ *Adultère*, n. 82, et *Séparation de corps*, n. 463).

13. Il est incontestable que le désistement du mari ou la réconciliation des époux a pour effet d'arrêter les poursuites en adultère, même vis-à-vis du complice, lorsque ce pardon est intervenu avant toute condamnation définitive de la femme. — V. notamment Toulouse, 6 déc. 1838 (D.P.39.2.145) et 11 avr. 1861 (J.M.p.4.175); Cass., 9 fév. et 28 juin 1839 (S.-V.39.1.213 et 701); Rouen, 21 sept. 1839 (D.P.40.2.51); Paris, 29 avr. 1841 et 1ᵉʳ déc. 1842 (D.P.43.4.18); Bastia, 15 déc. 1843 (Dall., *Rép.*, vᵒ *Adult.*, n. 45); Grenoble, 17 janv. 1850 (S.-V.50.2.225); Metz, 24 mars 1858 (J.M.p.2.3); Poitiers, 23 fév. 1860 (J.M.p.3.268); Pau, 1ᵉʳ oct. 1860 (*Ibid.*); Nîmes, 9 juill. 1868 (J.M.p.12.52); — Merlin, *loc. cit.*, § 5; Bourguignon, sur l'art. 338, C. pén.; Legraverend, t. 1, p. 46; Mangin, n. 137; Le Sellyer, n. 2181; Hélie et Chauveau, t. 4, n. 1456; Hélie, n. 769.

14. Mais le désistement du mari ou la réconciliation des époux produisent-ils un effet différent lorsque la femme a été condamnée par une décision devenue irrévocable? Il faut distinguer si la condamnation est définitive à l'égard du complice lui-même, ou si celui-ci se trouve encore dans le délai de l'appel. Dans le premier cas, le pardon accordé par le mari à sa femme, en vertu d'un droit exceptionnel que l'intérêt de la famille lui a fait conférer par la loi (C. pén., 337), ne saurait s'étendre au complice, car la paix du foyer domestique n'est plus intéressée à ce que l'action publique n'atteigne point ce dernier. De nouveaux débats, une nouvelle constatation de l'adultère ne sont pas à craindre, puisque la procédure est close et la culpabilité du complice souverainement proclamée. Il ne reste plus, pour le complice, qu'à subir une peine dont il n'appartient point au mari de lui faire la remise. — Telle est la doctrine qui résulte d'un arrêt de la Cour de cassation du 17 janv. 1829 (S.-V. chr.), et qu'enseignent les auteurs : Chauveau et Hélie et Dalloz, *loc. cit.*

15. Dans l'hypothèse, au contraire, où la condamnation n'a

acquis l'autorité de la chose jugée qu'à l'égard de la femme, et
où le complice est encore dans le délai de l'appel, plusieurs jurisconsultes soutiennent et un arrêt a jugé que le pardon accordé
par le mari à sa femme profite au complice, parce qu'on ne peut
supposer que le législateur ait voulu autoriser une seconde constatation du délit, c'est-à-dire le renouvellement d'un fâcheux
scandale, alors que l'acquiescement de la femme a pu être déterminé par l'espoir d'une réconciliation, et que la certitude judiciaire de l'adultère est encore incomplète : Hélie et Chauveau,
n. 1457; Le Sellyer, n. 2182; Dalloz, n. 47; Hélie, n. 770; —
Angers, 26 mai 1851 (S.-V.51.2.709) (1). — Mais cette doctrine, qui peut séduire au premier abord par une apparence de
sagesse, ne résiste pas à l'examen quand on descend au fond des
choses. Lorsqu'on voit le mari attendre que la flétrissure de sa
femme soit devenue irrévocable pour lui pardonner, peut-on dire
que la poursuite qui se continuerait contre le complice exposerait
la paix domestique à une atteinte regrettable ? La honte de la
femme, l'affront du mari, le déshonneur de la famille n'ont-ils
pas déjà été publiés, et cette nouvelle poursuite peut-elle ajouter
quelque chose à la notoriété qu'ils ont acquise ? Du reste, le ministère public ne peut être plus soucieux des intérêts moraux de
la famille que le chef de la famille lui-même. Le mari pouvait
amnistier sa femme et le complice de celle-ci par un désistement
antérieur à toute condamnation ; il a préféré les livrer aux sévé-
rités de la justice, et limiter sa générosité au droit de grâce que
la loi lui confère vis-à-vis de sa femme seule. Quelle raison pourrait-il y avoir, dès lors, de désarmer le ministère public à l'égard
du complice, auquel nul pardon ne saurait plus être accordé par
le mari ? le complice n'a plus d'autre droit que de faire appel de
la condamnation qui l'a frappé, et le ministère public conserve
toute latitude pour poursuivre, devant une juridiction supérieure,
la confirmation de cette condamnation. — V. en ce sens, Cass.,
17 janv. 1829 (S.-V. chr.) et 29 avr. 1854 (S.-V.54.1.342); Agen,
21 juin 1854 (D.p.55.2.85); — Mangin, t. 1, n. 138; Massabiau,
t. 3, n. 2650.

(1) On cite aussi en ce sens un arrêt de la Cour de cassation, du 9 fév.
1839 (S.-V.39.1.213); mais c'est par erreur, car dans l'espèce de cet
arrêt, le complice se prévalait, non du pardon accordé par le mari à la
femme depuis que la condamnation était devenue définitive contre celle-
ci, mais, ce qui est bien différent, de la réconciliation qui avait eu lieu
entre les époux même avant la plainte.

16. Il a été jugé que la réconciliation opérée entre les époux après le désistement par la femme de l'appel qu'elle avait interjeté du jugement qui l'a condamnée pour adultère, éteint la poursuite à l'égard du complice lui-même, condamné en même temps et également appelant, si cette réconciliation est intervenue avant qu'il ait été donné acte à la femme de son désistement, et avant, par conséquent, que la condamnation soit devenue définitive vis-à-vis d'elle : Cass., 8 août 1867 (J.M.p.11.36). — Le jugement ne peut, en effet, dans ce cas, être considéré comme passé en force de chose jugée à l'égard de la femme ; car le désistement d'un appel correctionnel n'est irrévocable que lorsque le juge supérieur l'a reconnu régulier et en a donné acte ; jusque-là, il peut être rétracté par le prévenu. V. *Appel correctionnel.*

17. La Cour de cassation a décidé que le mari qui s'est désisté d'une plainte en adultère, conserve le droit d'exercer contre l'individu dénoncé comme le complice de sa femme, une action civile, à raison même des faits révélés dans cette plainte, mais en tant qu'ils seraient de nature à lui causer préjudice sous un rapport autre que celui de l'adultère ; et que, spécialement, lorsque, à la suite du désistement du mari, le ministère public a substitué aux poursuites pour adultère primitivement dirigées contre la femme et l'individu dénoncé comme le complice de celle-ci, des poursuites pour les mêmes faits envisagés comme constituant le délit d'outrage public à la pudeur, le mari peut encore former contre cet individu une action en dommages-intérêts à raison de l'atteinte portée à son honneur et à l'intérêt de sa famille par ce dernier délit : Cass., 26 août 1857 (J.M.p. 1.12).

18. Cette décision semble impliquer que le désistement de la plainte en adultère enlève au mari le droit de former contre l'individu désigné comme le complice de sa femme une action civile se rattachant à ce délit, et ne lui laisse que la faculté de l'actionner à raison du préjudice que peuvent lui causer les faits dénoncés, envisagés à un point de vue autre que celui de l'adultère. Mais cette solution nous paraît contraire aux principes qui gouvernent l'exercice de l'action civile. Il est certain, en thèse générale, que la partie lésée qui a saisi la juridiction criminelle par une plainte peut, avant la décision, se désister de cette plainte pour porter son action devant la juridiction civile (V. *Action civile*, n. 17); cette règle recevrait-elle exception en matière d'adultère ? Nous ne saurions le croire. Si le désistement doit faire considérer l'adultère comme n'ayant jamais existé, c'est uniquement dans les rapports de la plainte avec l'action publique.

19. Objectera-t-on que, dans ce système, le but de la loi sera manqué, puisque le débat civil engagé par le mari avec le prétendu complice de l'adultère de sa femme, ne sera pas la source d'un moindre scandale ni d'une moins profonde désunion entre les époux, que le procès criminel ? Il suffira de répondre que le vœu du législateur a été de favoriser, autant que possible, toutes les tentatives que le mari jugerait à propos de faire, soit pour éviter un éclat scandaleux, soit pour rétablir la paix dans le ménage, et d'empêcher que l'exercice de l'action publique ne vienne entraver ces salutaires efforts; mais qu'il n'a point fait une loi au mari de les tenter ; que, le laissant libre de provoquer la condamnation pénale de sa femme et du complice de celle-ci, il a dû, à plus forte raison, lui reconnaître le droit de substituer aux poursuites criminelles, dirigées d'abord contre l'un et l'autre, une action civile contre le complice seul, et de restreindre ainsi l'effet de son désistement à l'impunité du délit.

20. Il est bien moins contestable encore qu'après s'être désisté de sa plainte en adultère, le mari peut, ainsi que le juge l'arrêt précité de la Cour de cassation, exercer contre l'individu dénoncé comme le complice de sa femme une action civile fondée sur les faits mêmes qu'il a articulés dans cette plainte, mais en les envisageant sous un rapport autre que celui de l'adultère, en y voyant, par exemple, un outrage public à la pudeur, et qu'il a ce droit, notamment, lorsque le ministère public a lui-même poursuivi, à raison de ce dernier délit, la femme et celui avec lequel elle a accompli les faits révélés par le mari.

21. D'après diverses décisions, au cas où le désistement intervient sur l'appel de la femme et de son complice, ceux-ci n'en doivent pas moins être condamnés solidairement aux frais : Montpellier, 25 mai 1835 (Dall., *Rép.*, v° *Adult.*, n. 49) ; Pau, 1er oct. 1860 (J.M.p. 3.268) ; Nîmes, 9 juill. 1868 (*Id.* 12.52). Il est incontestable que le désistement de la plainte en adultère de la part du mari ne peut avoir pour effet de laisser les frais de la poursuite à la charge du Trésor. Mais s'ensuit-il que la femme et son complice doivent y être condamnés solidairement, et le mari lui-même ne doit-il pas plutôt en être déclaré passible, en vertu du principe que le désistement emporte soumission de payer les frais (C. proc. civ., 403) ? Cette dernière opinion, professée par MM. Dalloz, vº *Frais et dépens*, n. 981, nous semble la plus juridique.

22. De même que le désistement et la réconciliation, le décès de la femme avant que le jugement soit devenu définitif éteint l'action en répression de l'adultère vis-à-vis du complice : Cass., 8 mars 1850 (S.-V.50.1.365); — F. Hélie, n. 771.

25. Le décès du mari a-t-il aussi pour effet de désarmer le ministère public? La Cour de cassation a consacré l'affirmative par arrêts des 27 sept. 1839 (S.-V.40.1.83) et 29 août 1840 (S.-V.40. 1.979). V. aussi Cass., 17 juin 1813 (S.-V.4.1.372).—Et la même doctrine est enseignée par la plupart des auteurs. V. Carnot, sur l'art. 336, n. 3; Le Sellyer, t. 5, n. 2488; Berriat-Saint-Prix, 2ᵉ part., t. 1, n. 293; de Molènes, *des Fonct. du proc. du roi*, t. 1, p. 145; Massabiau, t. 3, n. 2651; Dalloz, *Rép.*, vº *Adultère*, n. 53.

24. Mais la Cour suprême a, depuis, abandonné cette interprétation, que repoussent aussi quelques jurisconsultes. Si la faculté de désistement, corrélative du droit de plainte, se trouve ici paralysée, il y a lieu, dit-on, dans ce second système, de présumer que le mari n'en eût point fait usage, puisqu'il est mort en persistant dans sa plainte. L'obstacle qui s'élevait devant la répression ayant disparu, il ne reste plus qu'un délit que la société ne doit pas laisser impuni. La femme, il est vrai, perd la chance d'une réconciliation qui eût fait évanouir la poursuite; mais il en serait de même si le décès du mari avait suivi la condamnation au lieu de la précéder; et pourtant on ne saurait soutenir que cet événement devrait avoir pour effet d'affranchir la femme de la peine prononcée contre elle, et d'ouvrir à son profit la grâce que son mari aurait pu lui accorder, s'il eût vécu. *Sic*, Cass., 25 août 1848 (S.-V.48.1.731) et 6 juin 1863 (J.M.p.6. 109); — Mangin, t. 1, n. 141; Hélie et Chauveau, t. 4, n. 1458; Hélie, n. 778.

25. Ces raisons ne nous paraissent point concluantes. Puisque l'action publique n'a ici pour base que la volonté du mari, sur quoi s'appuierait-elle lorsque cette volonté manque? sur une simple présomption; mais cette présomption, que rien n'autorise (car on doit supposer, au contraire, dans l'intérêt des mœurs, que le mari se serait désisté d'une plainte par lui reconnue mal fondée), cette présomption, disons-nous, ne saurait, en tout cas, remplacer la volonté formelle qu'exige l'esprit sainement entendu de la loi. — Vainement oppose-t-on que la situation de la femme serait la même si le mari était décédé après la condamnation de la femme. Il y a, au contraire, une différence manifeste entre le droit du mari d'arrêter la poursuite et son droit de faire grâce après la condamnation. L'existence même de la poursuite est subordonnée au premier de ces droits; tandis que l'existence de la condamnation n'est nullement subordonnée au second. La poursuite ne peut s'exercer sans le concours du mari; la condamnation, au contraire, une fois prononcée avec ce concours, peut s'exécuter sans sa participation; et, s'il lui appartenait encore de faire grâce, l'impossibilité pour lui d'user de ce droit ne saurait détruire le fait accompli. — V., au surplus, nos observations, J.M.p. 6.4 et 111.

26. La plainte du mari peut encore être repoussée par d'autres fins de non-recevoir. — Ainsi, l'interdiction du mari s'oppose, si elle est prononcée avant la plainte, à ce que la poursuite soit commencée, et, si elle est prononcée depuis, à ce que la poursuite engagée par le ministère public soit continuée. Il serait irrationnel, en effet, que l'action pût être exercée, quand la faculté de désistement qui en est le corrélatif cesse, par l'état d'interdiction du mari, de pouvoir être exercée elle-même. Sic, F. Hélie, n. 777. — Contrà, Vatimesnil, loc. cit., n. 10.

27. D'un autre côté, il résulte des art. 336 et 339, C. pén., que le mari est non recevable à dénoncer l'adultère de sa femme, lorsqu'il a été convaincu, sur la plainte de celle-ci, d'avoir entretenu une concubine dans la maison conjugale.

28. Mais après un jugement de séparation de corps, la femme ne peut opposer à la plainte en adultère portée contre elle par son mari la fin de non-recevoir résultant de l'entretien d'une concubine par celui-ci dans son domicile, ce domicile n'ayant plus alors le caractère de maison conjugale : Cass., 27 avr. 1838 (S.-V. 38.1.358); Grenoble, 18 nov. 1838 (S.-V.39.2.160); Paris, 4 déc. 1857 (S.-V.58.2.121); Bordeaux, 22 mai 1861 (J.M.p.4.241); — F. Hélie, Théor. Cod. pén., n. 1468, et Instr. crim., n. 773; Dalloz, vº Adult., n. 64.

29. En effet, la maison conjugale dans laquelle il faut qu'ait été entretenue la concubine du mari pour que l'adultère de ce dernier soit punissable et le rende non recevable à porter plainte contre sa femme pour cette même cause d'adultère, ne doit s'entendre que de celle où la femme peut être contrainte d'habiter et où elle a elle-même le droit de venir résider (V. notamment Cass.,

28 nov. 1859, S.-V.60.1.254) : or, la séparation de corps fait
précisément cesser, pour les époux, la communauté d'habitation.
Il est sans doute regrettable que le mari puisse impunément,
après la séparation de corps, donner à ses enfants et à la société
le scandaleux spectacle du concubinage dans son domicile, et
que cette déplorable faculté rende la réconciliation des époux
impossible ; mais ces considérations ne sauraient avoir la puissance de modifier les conditions auxquelles l'art. 336, C. pén., a
subordonné la répression de l'adultère du mari. — V. toutefois
en sens contraire, Mangin, t. 1, n° 143, et Le Sellyer, t. 2,
p. 201.

30. Quant à la femme, au contraire, la séparation de corps et
la cessation de la présomption légale de paternité qui en résulte,
ne la font point échapper à la plainte en adultère du mari : Bordeaux, 22 mai 1861, ci-dessus.

31. Remarquons que le jugement qui prononce la séparation
de corps n'enlève au domicile du mari le caractère de maison
conjugale, et ne prive la femme du droit d'opposer à la poursuite
en adultère l'exception tirée de l'entretien d'une concubine dans
ce domicile, qu'autant qu'il a acquis l'autorité de la chose jugée :
Amiens, 28 mai 1862 (J.M.p.5.142).

32. La seule autorisation donnée à la femme par le président
du tribunal de quitter le domicile du mari pendant l'instance en
séparation de corps, ne suffit pas pour faire perdre à ce domicile
le caractère de maison conjugale, et n'empêche pas que le mari
qui y entretient une concubine ne soit non recevable à dénoncer
l'adultère de sa femme : Rennes, 21 janv. 1851 (S.-V.51.2.448) ;
Cass., 12 déc. 1857 (S.-V.58.1.176) ; Bordeaux, 21 avril 1858
(S.-V.58.2.487) ; — Demolombe, t. 4, n. 376 ; F. Hélie, *loc. cit.*
V. encore, sur ce qu'il faut entendre par domicile conjugal,
infrà, n. 68.

33. De ce qu'aux termes des art. 336 et 339, C. pén., combinés, le mari n'est déchu du droit de dénoncer l'adultère de sa
femme, qu'autant qu'il a été *convaincu, sur la plainte* de celle-ci,
d'avoir entretenu une concubine dans le domicile conjugal, tous
les auteurs s'accordent à conclure en s'appuyant, du reste, sur
un passage du discours de l'orateur du Conseil d'État au Corps
législatif, que le fait d'entretien d'une concubine doit avoir donné
lieu à une *condamnation* contre le mari pour constituer une fin de
non-recevoir en faveur de la femme. V. Merlin, *Quest. de dr.*,
v° *Adultère*, § 8 (qui cite en ce sens un arrêt de la Cour de cas-

sation du 23 nov. 1821); Mangin, t. 1, n. 134; Chauveau et Hélie, t. 4, n. 1471; Dalloz, *loc. cit.*, n. 73; F. Hélie, n. 775; Berriat-Saint-Prix, t. 2, n. 883.

34. Mais est-il nécessaire que le mari ait été condamné correctionnellement par application de l'art. 339, C. pén., ou suffit-il que la séparation de corps ait été prononcée contre lui au profit de la femme à raison du fait prévu par cet article? Cette dernière interprétation, que consacre virtuellement un arrêt de la Cour de Montpellier du 17 juill. 1860 (J.M.p.3.215), nous semble parfaitement admissible. Ce n'est pas, en effet, à la circonstance d'une punition infligée au mari, mais uniquement à celle de la constatation judiciaire de l'outrage fait par celui-ci à sa femme, que le législateur a entendu attribuer l'effet d'élever une fin de non-recevoir contre l'action du mari. V. encore, Arg. Cass., 7 nov. 1849 (S.-V.49.1.574).

35. La condamnation prononcée contre le mari pour entretien d'une concubine dans le domicile conjugal élève une fin de non-recevoir contre sa plainte en adultère, alors même que cette condamnation émane d'un tribunal étranger. — Vainement objecterait-on que les jugements des tribunaux étrangers ne sont pas exécutoires en France et n'y ont pas l'autorité de la chose jugée : Paris, 12 fév. 1863 (J.M.p.6.62). — V. *Étranger.*

36. L'exception tirée de l'entretien par le mari d'une concubine dans le domicile conjugal peut d'ailleurs être invoquée par la femme, bien qu'aucune condamnation n'ait encore été prononcée pour ce fait contre le mari. Cette exception étant préjudicielle à la plainte de ce dernier, il doit être sursis à statuer sur cette plainte jusqu'à ce que l'exception ait été vidée : Mangin, n. 134; F. Hélie, n. 775.

37. D'un autre côté, l'exception dont il s'agit est opposable à la plainte du mari, bien que l'adultère de la femme ait été commis plusieurs années après le fait d'entretien par le mari d'une concubine dans la maison conjugale, si d'ailleurs il n'y a pas eu dans l'intervalle réconciliation entre les époux : Montpellier, 17 juill. 1860 (J.M.p.3.215).

38. Des auteurs enseignent, au contraire, que le mari rentre, pour l'avenir, dans le droit de dénoncer l'adultère de sa femme, dès qu'il a renvoyé sa concubine du domicile conjugal : Dalloz, *Rép.*, v° *Adult.*, n. 75. Nous ne partageons point cette opinion; mais nous pensons avec ces auteurs, *ibid.*, que la fin de non-recevoir établie par l'art. 336 cesse du moins de pouvoir être opposée au mari, lorsque l'action résultant contre lui du fait d'entretien d'une concubine est éteinte par la prescription. Comment la prescription de cette action ne s'opposerait-elle pas, de même que la réconciliation, à ce que la femme puise une fin de non-recevoir contre la dénonciation du mari dans un fait dont il ne lui est plus désormais permis de se plaindre ?

39. D'après la majorité des auteurs (Bourguignon, art. 336, n. 1; Legraverend, t. 1, p. 45; Mangin, t. 1, n. 135; Hélie et Chauveau, t. 4, n. 1479; Le Sellyer, t. 2, n. 498; Dalloz, n. 94; de Vatimesnil, n. 26; Hélie, t. 2, n. 779), la connivence du mari à l'adultère de sa femme n'autorise pas, comme dans l'ancien droit, le ministère public à poursuivre d'office cette dernière. — Mais cette connivence ne rend pas non plus le mari non recevable dans sa plainte en adultère, parce qu'il résulte des travaux préparatoires du Code pénal que le législateur, pour éviter les scandales, a voulu n'autoriser dans aucun cas la preuve du consentement donné par le mari à la débauche de sa femme. Si donc, en pareil cas, le ministère public n'a pas qualité pour poursuivre d'office, il peut le faire sur la plainte du mari. V. en ce sens Caen, 29 nov. 1855 (S.-V.56.2.345); Douai, 30 avr. 1861 (J.M.p.4.175); — Hélie et Chauveau, *loc. cit.*; Le Sellyer, n. 503; Dalloz, *loc. cit.* — *Contrà*, Merlin, *Rép.*, v° *Adultère*, n. 8 *bis*; Mangin, *ut suprà*; Bedel, *de l'Adultère*, n. 20; de Vatimesnil, *loc. cit.*, et un autre arrêt de la Cour de Caen du 1er fév. 1855 (S.-V.56.2.345.).

40. Le tribunal correctionnel, saisi d'une poursuite en adultère dirigée contre une femme mariée, ne peut surseoir à y statuer jusqu'à la décision à intervenir sur une question soulevée devant la juridiction civile relativement à l'état d'un enfant attribué à cette femme : ici, ne s'applique pas l'art. 327, C. Nap., lequel ne dispose qu'au sujet du crime de suppression d'état: Metz, 14 août 1819 (S.-V.6.2.131); Paris, 13 mars 1826 (S.-V.8.2.208); Cass., 3 juill. 1862 (J.M.p.5.310).

41. Mais la Cour de cassation a décidé que l'exception de nullité du mariage opposée par la femme prévenue d'adultère, constitue une question préjudicielle qui oblige le tribunal correctionnel saisi de la prévention à surseoir jusqu'au jugement définitif de cette question par la juridiction civile, encore bien que ce ne serait pas d'une nullité absolue, mais seulement d'une nullité relative du mariage qu'il serait excipé par la femme; et qu'il en est ainsi particulièrement dans le cas où la demande en nullité du mariage a été portée devant le tribunal civil antérieurement à la poursuite en adultère : Cass., 13 avr. 1867 (J.M.p.10.285).

42. La question est neuve en jurisprudence ; mais plusieurs auteurs l'ont examinée, et le plus grand nombre enseignent, en thèse générale, que l'exception de nullité de mariage soulevée par la femme poursuivie correctionnellement pour adultère, doit être jugée par le tribunal civil préalablement à la décision sur la poursuite correctionnelle. *Sic,* Hélie et Chauveau, n. 1466 ; Bedel, n. 17 ; Morin, *Rép.,* v° *Adultère,* n. 9 et 21 ; Vatimesnil, n. 6 ; Hoffmann, *Quest. préjud.,* t. 2, n. 495. — Au contraire, M. Haus, *Dr. crim.,* n. 511, *in fine,* estime, d'une façon absolue, que cette exception ne peut être appréciée que par le tribunal correctionnel, comme constituant un élément essentiel du délit. — Enfin, MM. Dalloz v° *Adultère,* n. 92, et *Quest. préjud.,* n. 75, proposent une distinction qui est en contradiction avec la solution consacrée par l'arrêt de la Cour de cassation mentionné ci-dessus, mais qui nous semble très-exacte. — Si la nullité du mariage dont excipe la femme poursuivie pour adultère est une nullité radicale anéantissant l'union conjugale dans le passé comme pour l'avenir, la juridiction correctionnelle est évidemment dans l'impossibilité de statuer sur la poursuite avant le jugement de l'exception, car si cette exception est accueillie, le délit aura manqué de son élément essentiel, l'existence d'un mariage. — Si, au contraire, la nullité proposée par la femme est purement relative, si elle est du nombre de celles qui laissent subsister les effets civils du mariage jusqu'à l'époque de l'annulation, l'élément que nous venons de signaler ne cesse point de se rencontrer dans le délit ; l'exception n'est pas préjudicielle, puisque le jugement qui l'accueillerait n'aurait point pour effet d'enlever au fait poursuivi son caractère délictueux ; elle ne peut donc être un obstacle à ce que le juge correctionnel statue sur la poursuite. — V. aussi nos observations sur l'arrêt précité de la Cour de cassation.

43. Au cas où, d'une part, un mari a formé devant le tribunal civil une action en séparation de corps contre sa femme pour cause d'adultère, et où, d'autre part, le complice de celle-ci a été, sur la plainte du mari, poursuivi par le ministère public devant le tribunal correctionnel, ce dernier tribunal doit surseoir à statuer jusqu'à ce que le premier ait définitivement prononcé sur l'action en séparation de corps : Douai, 11 juin 1860 (J.M. p.3.186).

44. Cette décision suppose qu'il y a solidarité entre la poursuite du délit d'adultère de la femme devant la juridiction correctionnelle et l'action en séparation de corps intentée par le mari contre sa femme devant le tribunal civil pour le même fait d'adultère, en ce sens que l'une de ces juridictions ne peut réprimer le délit dont il s'agit, tant que l'action à laquelle il a donné lieu devant l'autre, est susceptible soit de s'éteindre par l'effet d'un désistement ou d'une réconciliation, soit d'être déclarée mal fondée. La Cour de Douai applique du reste avec raison cette solidarité au cas où la poursuite devant la juridiction correctionnelle est dirigée, non contre la femme, mais contre son complice, puisqu'il est de règle constante, comme on l'a vu *suprà*, n. 13, que le désistement ou la réconciliation qui affranchirait l'adultère de la femme de toute répression, mettrait aussi obstacle à la condamnation de son complice. A plus forte raison, l'individu poursuivi comme complice ne pourrait-il être puni, s'il avait été jugé à l'égard de la femme qu'il n'y a pas eu adultère.

45. Lorsque, au cours de l'information dirigée contre une femme mariée, inculpée du délit d'adultère, le tribunal civil, en prononçant la séparation de corps contre cette femme pour la même cause d'adultère, lui applique la peine de l'emprisonnement sur la réquisition du ministère public, conformément à l'art. 308, C. Nap. (V. *Séparation de corps*), la poursuite criminelle n'est pas pour cela éteinte, et le mandat de dépôt en vertu duquel la femme se trouve détenue n'en conserve pas moins toute sa force, tant que le jugement du tribunal civil n'a pas acquis l'autorité de la chose jugée; — En conséquence, la femme qui a interjeté appel de ce jugement ne saurait obtenir du juge d'instruction sa mise en liberté : Caen, 24 sept. 1859 (J.M.p.3.107).

46. L'adultère de la femme peut être établi par tous les genres de preuve, comme les autres délits : Cass., 13 mai 1813 (S.-V. 4.2.349); — Hélie et Chauveau, n. 1484. Il peut donc être prouvé par témoins. Et l'aveu que ni la honte ni la crainte de l'emprisonnement n'auront empêché la femme de faire devant la justice, pourra aussi s'élever contre elle comme un témoignage décisif de sa culpabilité. V. Paris, 26 août 1830 (D.p.33.2.126); — Dalloz, v° *Adultère*, n. 99 et s.

47. Mais la preuve de la complicité de l'adultère ne peut résulter que du flagrant délit ou de lettres ou autres pièces écrites par le prévenu (C. pén., 338).

48. Quelques arrêts ont décidé que le flagrant délit d'adultère n'est légalement prouvé à l'égard du complice qu'autant qu'il est constaté que les délinquants ont été surpris *in ipsâ turpitudine, in rebus venereis* (Angers, 8 mai 1820, S.-V.6.2.257; V. aussi Cass., 6 mai 1853, S.-V.53.1.305, et 27 avr. 1866, J.M.p.10.147), ou tout au moins dans des circonstances rendant le délit flagrant à tous les yeux (Pau, 22 nov. 1844, S.-V.45.2.285); et que, par exemple, cette preuve ne résulterait pas de ce que le prévenu de complicité d'adultère aurait passé plusieurs nuits dans la chambre d'une femme mariée, et y aurait été surpris enfermé avec elle (arrêt de Pau précité), ni même de ce qu'il aurait couché dans le même lit que cette femme (Cass., 23 août 1834, S.-V.34.1.835). — Mais cette interprétation empreinte d'un scepticisme exagéré ne saurait être admise sans assurer en quelque sorte l'impunité du complice d'un délit toujours entouré d'ombre et de mystère. C'est avec beaucoup plus d'exactitude que d'autres arrêts ont jugé qu'il suffit, pour la preuve du flagrant délit d'adultère, que les faits, sans rendre le délit éclatant, ne laissent pas cependant un doute raisonnable sur sa perpétration; qu'ainsi, cette preuve résulte de ce que l'on a entendu le bruit des baisers du prévenu et d'une femme mariée renfermés ensemble dans une salle de bains (Bourges, 27 août 1840, Dalloz, *Répert.*, v° *Adult.*, n. 112), ou de ce que les délinquants ont été surpris, dans une chambre où ils s'étaient renfermés, la femme assise sur le lit, sans casaque, et son complice le pantalon déboutonné (Agen, 9 nov. 1853, S.-V.54.2.27), ou encore de ce que, à une heure avancée de la nuit, le mari, rentrant inopinément dans la maison conjugale, après avoir inutilement sonné deux fois, y a trouvé sa femme allant et venant dans un costume inusité, le prévenu de complicité caché dans les lieux d'aisances, la chemise de celui-ci sur le lit de la chambre d'étranger, et ce lit dérangé et encore chaud Liége, 1er avr. 1860, J.M.p.4.175).

49. Jugé encore, dans le sens de cette doctrine plus large, que le flagrant délit d'adultère, qui autorise la poursuite du complice, est suffisamment prouvé lorsqu'il résulte des circonstances révélées par l'instruction et des documents produits que les délinquants ont été entendus dans la consommation de l'adultère, ou qu'ils ont refusé d'ouvrir l'appartement dans lequel ils s'étaient renfermés seuls le soir sans lumière, sans qu'il soit nécessaire qu'ils aient été vus dans l'accomplissement même du fait délictueux : Agen, 25 juill. 1866 (J.M.p.9.295).

50. La preuve du flagrant délit résulterait aussi d'une manière incontestable, de la déposition d'un témoin déclarant avoir surpris, dans le domicile conjugal, une femme mariée assise, les vêtements relevés jusqu'à la ceinture, sur les genoux d'un homme ayant le pantalon déboutonné et dans une attitude qui ne pouvait laisser de doute sur l'acte de débauche qui s'accomplissait en ce moment : Cass., 8 juill. 1864 (J.M.p.10.147).

51. Dans tous les cas, la constatation des faits caractéristiques du flagrant délit d'adultère est souveraine de la part des juges et échappe au contrôle de la Cour de cassation : Cass., 8 juill. 1864 et 27 avr. 1866, précités.

52. Le flagrant délit d'adultère peut d'ailleurs être prouvé, à l'égard du complice, non-seulement par des procès-verbaux qui le constatent au moment même, mais encore par tous témoignages de nature à en établir l'existence aux yeux du juge : Cass., 6 mai 1853 (S.-V.53.1.305) et 27 avr. 1866 (J.M.p.10.147).

53. De ce que l'art. 338, § 2, C. pén., n'admet d'autres preuves de la complicité du délit d'adultère, en dehors du flagrant délit, que celles résultant de lettres ou autres pièces écrites par le prévenu, il ne s'ensuit point que le juge d'instruction ne puisse saisir contre celui-ci tous autres papiers utiles à la manifestation de la vérité, et propres, par exemple, à éclairer la justice sur l'immoralité et le degré de perversité du prévenu, notamment la correspondance trouvée chez lui et émanant de tierces personnes : Bruxelles, 12 mars 1858 (J.M.p.1.241).

54. Jugé aussi que dans le cas où la preuve de la complicité du délit d'adultère résulte d'une pièce écrite émanée du prévenu, les juges peuvent, pour éclairer surabondamment cette preuve, tenir compte de déclarations et témoignages recueillis à l'audience : Cass., 8 juin 1853 (D.p.55.1.318).

55. En principe, le flagrant délit d'adultère tombe sans doute, comme tout autre, sous l'application de la loi du 20 mai 1863, qui, dans le but d'abréger la durée de la détention préventive, a organisé une procédure spéciale pour l'instruction des flagrants délits devant les tribunaux correctionnels. Toutefois, cette procédure sommaire se concilie difficilement avec le caractère particulier du délit d'adultère et les règles exceptionnelles que la loi a dû établir relativement à sa répression. Nous pensons donc, ainsi que nous l'avons dit dans notre *Code de la détention préventive*, 4ᵉ part., n. 4 (V. aussi *ibid.*, n. 29), qu'il convient de préserver presque toujours des atteintes de la loi du 20 mai 1863 un délit en quelque sorte privé, dont la répression peut jeter trop de désunion et de trouble dans la famille pour qu'elle soit prononcée avec une rapidité qui ne laisserait pas au mari le temps de retirer la plainte qu'un premier sentiment de douleur et d'indignation lui a fait déposer, mais que son cœur ne tardera peut-être pas à démentir. — V. conf., Derome, *Etude sur la loi relative à l'instr. des flagr. dél.*, p. 19. — V. aussi le mot *Flagrant délit*.

56. A part ces graves considérations, l'applicabilité de la loi du 20 mai 1863 en matière d'adultère ne souffrirait aucune difficulté, même au cas où le délit ne serait pas actuel, mais viendrait de se commettre ; car, d'une part, il suffit pour cette applicabilité que le flagrant délit soit tel qu'il ne puisse y avoir de doute sur la culpabilité du prévenu (V. notre ouvrage précité, *ibid.*, n. 2) ; et, d'autre part, en matière d'adultère comme en toute autre, il y a flagrant délit par cela seul que les délinquants ont été surpris au moment où ils venaient de commettre le fait délictueux (V. *suprà*, n. 48 et s.).

57 Décidé en ce sens que la loi du 20 mai 1863, sur l'instruction des flagrants délits devant les tribunaux correctionnels, est applicable en matière d'adultère.... Et cela, encore bien qu'il n'y ait pas eu constatation instantanée du flagrant délit, la loi du 20 mai 1863 entendant par flagrant délit, non-seulement celui qui se commet actuellement, mais encore celui qui vient de se commettre : Trib. corr. d'Oran, 19 janv. 1866 (J.M.p.9.176).

58. La preuve de la culpabilité du prévenu de complicité d'adultère peut résulter de l'aveu de celui-ci dans un interrogatoire; on objecterait vainement que ce n'est pas là une preuve écrite dans le sens de l'art. 338, C. pén. : Paris, 13 mars 1847(S.-V.47.2.179) et 23 juin 1866 (J.M.p.9.295) ; Cass., 13 déc. 1851 (S.-V.52.1.379) ; Amiens, 13 nov. 1858 (J.M.p.1.325); Bruxelles,12 août 1859(*Id.*3. 246); Alger, 27 avr. 1866 (*Id.*9.176) ; Lyon,24 mai 1869(*Id.*12.299). —En effet, le législateur, en restreignant aux pièces écrites par le prévenu les adminicules propres à établir la complicité du délit d'adultère, n'a eu d'autre but que d'écarter les présomptions plus ou moins incertaines que l'on pourrait être tenté de puiser dans les circonstances révélées par l'instruction. Or, quel écrit sera mieux de nature à préciser le fait que l'aveu signé par le prévenu? Il importe peu, évidemment, que cet aveu manque de spontanéité; pour avoir été provoqué, il n'en a pas une portée moins grande. — V. toutefois, Paris, 18 mars 1829 (S.-V.chr.);

Hélie et Chauveau, n. 1485; Valimesnil, n. 45; Dalloz, n. 115.

59. Jugé même qu'il importe peu que l'aveu, renouvelé à l'audience, ait été plus tard rétracté par le prévenu, parce que, l'aveu n'étant pas indivisible en matière criminelle, les juges ne sont pas obligés de tenir compte des déclarations nouvelles que fait le prévenu pour atténuer ou effacer ses premières déclarations : Lyon, 24 mai 1869, précité.

60. Il ne faudrait pas cependant aller jusqu'à dire que les juges ne doivent jamais tenir compte de la rétractation ultérieure de l'aveu du prévenu de complicité d'adultère. D'un côté, l'aveu qu'a fait un prévenu peut être rétracté par lui, dans le cas particulièrement où il n'a été que le résultat de l'intimidation. Et, d'autre part, cet aveu devient indivisible, lorsqu'il n'existe aucune autre preuve, et que toutes les parties en sont également probables. V. *Preuve des délits.* — Mais ces exceptions au principe de l'irrévocabilité de l'aveu ne peuvent recevoir leur application dans le cas où le prévenu, en renouvelant à l'audience l'aveu qu'il avait fait dans son interrogatoire au cours de l'instruction, en a suffisamment affirmé la sincérité, et a par là même enlevé à l'avance tout caractère de probabilité à la déclaration contraire par lui faite ultérieurement.

61. Ce que nous venons de dire de l'aveu renfermé dans un interrogatoire signé par le prévenu, peut-on le dire avec la même exactitude de l'aveu constaté seulement par le juge d'instruction, dans un interrogatoire que le prévenu n'a point signé? L'arrêt de la Cour d'Amiens du 13 nov. 1858 mentionné plus haut a consacré l'affirmative, et cette solution nous paraît irréprochable. Sans doute, un aveu non signé par le prévenu ne rentre pas littéralement dans les termes de l'art. 338, C. pén.; mais d'un côté, un écrit auquel le juge d'instruction et le greffier ont imprimé, par leur propre seing, le caractère de l'authenticité, offre un tel degré de certitude qu'on doit l'assimiler à l'écrit qui émanerait du prévenu lui-même; et, d'un autre côté, il est permis de dire que l'hypothèse de l'aveu du prévenu de complicité échappe aux prévisions de l'art. 338, C. pén. Dans cet article, en effet, le législateur s'est préoccupé d'une résistance opposée à l'action par le prévenu de complicité du délit d'adultère, et il a voulu qu'on ne pût triompher de cette résistance qu'en y opposant, à défaut de flagrant délit, que des preuves tirées de pièces écrites par ce prévenu. Mais lorsque celui-ci avoue sa culpabilité, on rentre dans le droit commun, suivant lequel l'aveu est la première des preuves. Il suffit que cet aveu soit certain, pour que les juges puissent en faire la base de leur décision.

62. Toutefois, il ne faut rien exagérer. L'aveu, non signé, du prévenu de complicité du délit d'adultère, pourra certainement faire preuve contre lui, si le procès-verbal de son interrogatoire constate qu'il a déclaré ne savoir signer. Mais si, au lieu d'une telle déclaration, le procès-verbal mentionnait un refus de signer, l'aveu qu'il renfermerait ne nous paraîtrait point mériter assez de créance pour valoir comme preuve à l'appui de la prévention. Ce refus de signer pourrait, en effet, être interprété comme une rétractation de l'aveu précédemment fait ; il ferait tout au moins planer le doute sur la sincérité de cet aveu ; et c'en serait assez pour qu'il ne fût pas permis de s'en prévaloir contre un prévenu qui ne peut être jugé que sur des preuves présentant un certain degré de certitude.

63. Le mari plaignant en adultère peut, lorsqu'il n'est ni dénonciateur salarié, ni constitué partie civile, être entendu comme témoin dans l'instance correctionnelle engagée contre le complice de sa femme, ainsi que peut l'être tout plaignant en général (V. *Témoin*), sauf à avoir tel égard que de raison à sa déposition : à ce cas ne s'applique point la maxime *Nullus testis idoneus in re suâ intelligitur* : Cass., 12 déc. 1868 (J.M.p.12.238).

64. La règle de droit criminel qui s'oppose à ce que le mari soit entendu comme témoin contre sa femme (C. instr. crim., 156, 189 et 322), ne saurait d'ailleurs être invoquée, dans une poursuite correctionnelle pour adultère, par le complice de la femme, sous prétexte de l'indivisibilité existant entre eux, lorsque cette poursuite ne s'exerce pas contre l'un et l'autre cumulativement, mais que le complice est poursuivi seul, après condamnation de la femme, par la juridiction civile, sur une instance en séparation de corps : en pareil cas, la procédure n'est nullement indivisible : même arrêt.

65. D'après une décision ministérielle du 21 mai 1811 (Addenet, *Codes annotés des circul.*, p. 151, sur l'art. 337, C. pén.), bien que l'adultère de la femme ne puisse être dénoncé que par le mari, et que celui-ci reste le maître d'arrêter les effets de la condamnation, ce n'est point à lui à consigner les aliments pendant la durée de la détention de la femme : la peine prononcée doit être considérée comme d'ordre public.

66. La loi pénale n'atteint pas l'adultère du mari, si ce n'est cependant lorsque ce dernier a été, sur la plainte de la femme convaincu d'avoir entretenu une concubine dans la maison conjugale (C. pén., 339). C'est précisément parce qu'un tel fait est punissable, qu'il élève, comme on l'a vu, une fin de non-recevoir contre la plainte en adultère que le mari voudrait lui-même porter contre sa femme.

67. Les termes mêmes de l'art. 339, C. pén., indiquent qu'à l'égard du mari, comme à l'égard de la femme, le ministère public est privé du droit de poursuite directe : les raisons de décider sont d'ailleurs les mêmes. V. *suprà*, n. 1.

68. Nous avons rappelé déjà ci-dessus, n. 29, que le caractère de maison conjugale appartient à toute résidence du mari où la femme peut être contrainte d'habiter et où elle a elle-même le droit de venir habiter. Or, doit-on considérer comme une semblable résidence le logement que le mari a loué, en dehors de l'habitation commune, sous un nom supposé et à l'insu de sa femme et du public ? La négative, qu'un arrêt de la Cour de cassation du 7 juin 1861 (J.M.p.4.238) a admise, au moins comme appréciation de fait souveraine, nous semble, quant à nous, fort contestable. Les précautions prises par le mari pour laisser ignorer à sa femme comme au public le logement dans lequel il a installé une concubine, n'empêchent point qu'à partir du moment où la femme, déjouant ces coupables précautions, aura découvert un tel logement, elle n'ait le droit d'y venir habiter avec son mari. Il n'en est pas de ce cas comme de celui où le mari n'a entretenu une concubine que dans des résidences passagères et momentanées. V. pour ce dernier cas, Cass., 11 nov. 1858 (S.-V.59.1.192). — Ajoutons, avec MM. Dalloz (*Rec. périod.*, 60.1.254, à la note), qu'il est regrettable que la Cour de cassation considère comme échappant à son contrôle les décisions par lesquelles les juges du fond tranchent une question de qualification légale du lieu où l'adultère aurait été commis, question vraiment de droit et non de fait.

69. Le désistement, par la femme, de la plainte en adultère qu'elle a portée contre son mari, n'a pas pour effet d'arrêter l'exercice de l'action publique : Paris, 12 mars 1858 (J.M.p.1.118); — F. Hélie, n. 780. — Si le mari peut, au contraire, interrompre la poursuite par son désistement, c'est que la loi l'a investi d'un droit plus grave encore, du droit de faire grâce à la femme déclarée coupable et condamnée, et qu'on ne comprendrait pas que l'action publique pût survivre à la plainte pour aboutir à une condamnation dont il dépend du mari de paralyser l'effet. Mais ce droit de grâce n'a pas été accordé à la femme : comment en revendiquerait-elle les conséquences ? Elle se fonderait vainement sur ce que la loi voit d'un œil favorable la réconciliation des époux ; ce n'est pas là un motif suffisant pour la faire participer à une prérogative que la loi a attribuée au mari seul. — V. toutefois en sens contraire, Paris, 11 avr. 1850 (S.-V.50.1.227) ; — Carnot, sur l'art. 339, C. pén., n. 1 ; Dalloz. *Répert.*, v° *Adultère*, n. 71.

70. La réconciliation survenue entre les époux depuis la plainte de la femme, a, au contraire, pour effet de mettre obstacle à la poursuite. La réconciliation manifeste d'une manière plus énergique que le désistement, la volonté de l'époux outragé d'oublier les torts de l'autre époux et de rétablir l'harmonie que ces torts avaient un instant troublée. La disposition de l'art. 272, C. Nap., portant que l'action en divorce s'éteint par la réconciliation des époux, prouve du reste que cette réconciliation est dans le vœu de la loi : Mangin, n. 144 ; Le Sellyer, n. 501 ; Hélie et Chauveau, n. 1482 ; Hélie, n. 782 ; Dalloz, n. 78.

71. La femme ne cesse pas d'avoir le droit de porter plainte contre son mari qui a entretenu une concubine dans la maison conjugale, quoiqu'elle ait été elle-même mise en prévention ou reconnue coupable d'adultère. — En conséquence, le mari n'est point fondé, en pareil cas, à demander qu'il soit sursis aux poursuites dirigées contre lui par sa femme, jusqu'à ce qu'il ait été statué sur la plainte en adultère formée par lui contre cette dernière : Rennes, 21 janv. 1851 (S.-V.51.2.448) ; Cass., 28 fév. 1850 (S.-V.50.1.219) et 23 mars 1865 (J.M.p.8.145) ; — Merlin, *Quest.*, v° *Adultère*, § 9 ; Mangin, n. 144 ; Hélie et Chauveau, n. 1483 ; Le Sellyer, n. 501 ; Dalloz, n. 76 ; Berriat Saint-Prix, *Procéd. des trib. crim.*, 2e part., t. 2, n. 883 ; Hélie, n. 783 ; Vallette sur Proudhon, *État des pers.*, t. 1, p. 533. — V. aussi arg. Cass., 9 mai 1821 (S.-V.6.1.431).

72. Toutefois, l'opinion contraire est professée par divers jurisconsultes : Carnot, *Comment. Cod. pén.*, sur l'art. 349, n. 8 ; Bedel, *de l'Adult.*, n. 21 ; Duranton, t. 2, n. 574 ; Chardon, *Puiss. marit.*, n. 49 ; Vatimesnil, *Encycl.*, v° *Adultère*, n. 27 ; Allemand, *du Mariage*, t. 2, n. 1361. V. aussi Massol, *Sépar. de corps*, p. 86. Elle se fonde sur l'inconséquence qu'il y aurait à ne pas considérer l'adultère de la femme comme un obstacle à l'action en répression de l'adultère du mari, lorsqu'il est incontestable que ce délit est infiniment plus grave de la part de celle-là que de la part de ce dernier. Et à l'argument tiré du silence de la loi, elle oppose que ce n'est pas ce silence, mais une disposition formelle qu'il faudrait pour établir une règle aussi contraire à l'équité et à la morale que celle qui permettrait à la femme coupable d'adultère de dénoncer l'adultère de son mari. — Néanmoins, la première interprétation nous paraît seule exacte. Le motif puisé dans le silence de la loi lui donne, à nos yeux, une force irrésistible, parce qu'il est impossible de supposer que si le législateur n'eût pas voulu affranchir la femme de la fin de non-recevoir édictée par lui contre le mari dans l'art. 336, C. pén., il eût omis de prononcer cette fin de non-recevoir à son égard dans l'art. 339. La plus grande gravité du délit eût été précisément une raison pour ne point commettre cette omission. Mais le législateur s'est placé à un point de vue particulier. Priver la femme infidèle du droit de faire réprimer l'adultère de son mari, c'eût été la mettre dans l'impossibilité de faire respecter la demeure conjugale tandis que le mari n'a pas assurément besoin d'être armé d'un tel droit pour pouvoir expulser de chez lui le complice de sa femme.

73. La concubine que le mari a entretenue dans le domicile conjugal est passible des peines de la complicité du délit d'adultère pour lequel le mari est poursuivi sur la plainte de sa femme : Cass., 16 nov. 1855 (S.-V.56.1.184) et 28 fév. 1858 (J.M.p.11. 231) ; Angers, 4 fév. 1856 (S.-V.56.2.240) ; Limoges, 1er déc. 1859 (J.M.p.3.43) ; trib. corr. de Marseille, 29 déc. 1864 (*Id.*9.176) ; Paris, 2 mars 1866 (*Id.*10.147) ; Rouen, 1er fév. 1867 (*Ibid.*) ; — Bedel, *Adult.*, n. 56 ; Dalloz, n. 26.

74. On objecte, dans le système contraire, que l'art. 339, C. pén., qui réprime l'adultère du mari, ne reproduit pas, à l'égard de la concubine de celui-ci, les dispositions que l'art. 338 édicte contre le complice de la femme adultère. V. Carnot, sur l'art. 339, n. 10 ; Rauter, t. 2, n. 473 ; de Vatimesnil, n. 41 ; F. Hélie, n. 781 ; — Paris, 6 avr. 1842 (S.-V.42.2.216) ; Bruxelles, 10 mai 1860 (J.M.p.3.218). Mais l'art. 338 ne crée point la complicité de l'amant de la femme : cette complicité résulte des dispositions générales des art. 59 et 60, et il se borne à la soumettre à une pénalité et à un mode de preuve particuliers que réclame la nature même du fait. De là il suit que le silence de l'art. 339 sur la complicité de la concubine du mari n'a d'autre effet que de laisser purement et simplement sous l'empire du droit commun cette complicité, qui n'est ni d'un caractère aussi grave, ni d'une démonstration aussi difficile que celle de l'amant de la femme.

75. La jurisprudence décide que la concubine que le mari a entretenue dans le domicile conjugal est passible des peines de la complicité du délit d'adultère, encore bien que cette concubine soit elle-même mariée, et que son mari n'ait pas, de son côté, porté plainte à raison du fait dont il s'agit, et se soit même opposé à la poursuite : Limoges, 1er déc. 1859 (J.M.p.3.43); Amiens, 26 mars 1863 (D.P.63.5.16); Cass., 28 fév. 1868 (J.M.p. 11.231). — En effet, l'espèce de *veto* accordé au conjoint de l'époux adultère dans la supposition que le délit ne lèse que ce conjoint, doit cesser de lui appartenir, lorsque son intérêt se trouve en présence de l'intérêt non moins sacré du conjoint de la personne de complicité avec laquelle le délit a été commis. Dans ce conflit d'intérêts également respectables, toute cause de faveur s'évanouit, et, le droit commun reprenant son empire, le ministère public peut poursuivre librement la personne mariée avec laquelle une autre personne aussi mariée a commis le délit d'adultère que lui a dénoncé le conjoint de celle-ci, comme il peut poursuivre sans obstacle le complice de tout autre délit. — V. *Action publique*, n. 61, 70, 80, 103.

AGE (DISPENSE D'). — V. *Magistrat, Mariage*.

AGENT DE CHANGE. — Le ministère public doit poursuivre d'office, même sans procès-verbaux ni dénonciation préalable des syndics et des adjoints des agents de change, des maires et des officiers de police, contre ceux qui s'immiscent sans autorisation dans les fonctions d'agents de change. A défaut de procès-verbaux, les juges doivent apprécier les déclarations des témoins et les aveux des prévenus (L. 28 vent. an ix, art. 8; L. 29 germ. an ix, art. 4; Av. Cons. d'Ét. 17 mai 1809) : Circ. 14 juill. 1809 (Gillet, n. 656). — V. aussi Massabiau, *Man. du min. publ.*, t. 3, n. 2663, 2664.

AGENT DIPLOMATIQUE. — V. *Action publique*, n. 40; *Compétence criminelle*.

ALIÉNÉS. — 1. Le procureur impérial est chargé, comme le préfet, le président du tribunal, le juge de paix et le maire de la commune, de visiter les établissements publics ou privés con-

sacrés aux aliénés, à l'effet de recevoir les réclamations des personnes qui y sont placées et de prendre à leur égard tous les renseignements propres à faire connaître leur position. Le procureur impérial doit visiter, à des jours déterminés, une fois au moins par trimestre, les établissements privés, et une fois au moins par semestre les établissements publics (L. 30 juin 1838, art. 4). — Les magistrats ont été invités à la stricte observation de ces presciptions par deux circulaires ministérielles des 28 mai 1844 (Gillet, n. 2901) et 21 sept. 1860 (Rés. chr., p. 22).

2. Pour assurer l'utilité des visites dont il s'agit, le préfet doit, dans les trois jours de la réception du bulletin d'entrée, notifier administrativement les noms, profession et domicile, tant de la personne placée dans un établissement privé ou public que de celle qui a demandé le placement, et les causes du placement : 1° au procureur impérial de l'arrondissement du domicile de la personne placée; 2° au procureur impérial de l'arrondissement de la situation de l'établissement (L. 30 juin 1838, art. 10). Dans le même objet, ces magistrats doivent être avisés des ordres d'entrée et de sortie donnés par le préfet, conformément aux art. 18 et s. de la loi de 1838 (*Id.*, art. 22). Ces diverses communications sont faites soit sous forme de lettre, soit à l'aide de bulletins dont nous avons donné le modèle. J.M.p.8.248. V. aussi Lebon, *Notions pratiques concernant l'administr. des parq.*, p. 89 et 90.

3. Après avoir terminé chaque visite, le procureur impérial doit, comme les autres personnes chargées de visiter les établissements d'aliénés, apposer son visa et sa signature et consigner, s'il y a lieu, ses observations sur le registre tenu dans chacun de ces établissements et où doivent : 1° être inscrits les noms, profession, âge et domicile des personnes placées, la mention du jugement d'interdiction, s'il y en a un, et le nom du tuteur; la date du placement, les noms, profession et demeure de la personne, parente ou non parente, qui l'aura demandé; — 2° être transcrits le certificat du médecin joint à la demande d'admission, et ceux que le médecin de l'établissement est chargé d'adresser à l'autorité; — 3° être consignés, au moins tous les mois, les changements survenus dans l'état mental de chaque malade; — 4° être constatés les sorties et les décès (L. 30 juin 1838, art. 12).

4. Il importe que le procureur impérial vérifie avec soin ce registre, et s'assure que les prescriptions ci-dessus y ont été observées. Il doit surtout veiller à ce que les mentions prescrites s'y trouvent exactement portées, à ce que les certificats du médecin y soient transcrits en entier, et à ce que l'annotation mensuelle du mé-decin sur l'état de chaque malade y soit régulièrement consignée ; à ce sujet, il est bon de se rappeler la sanction édictée par l'art. 41 de la loi de 1838 : Circ. proc. gén. de Paris, 30 nov. 1849 (Addenet, p. 243).—V. *infrà*, n. 13.

5. La visite doit être constatée par un procès-verbal indiquant que l'établissement est distribué suivant les règles prescrites par la loi; qu'il est exclusivement destiné au traitement des maladies mentales, ou du moins que la section affectée à ce service est en-tièrement distincte des autres; que les sexes y sont séparés, et que les mesures d'ordre et de convenances y sont régulièrement observées. Le procureur impérial doit faire connaître sa qualité aux personnes placées dans l'établissement, provoquer, par ses interpellations, les réclamations qu'elles pourraient avoir à faire, et vérifier immédiatement ce que ces réclamations auraient de fondé : Même circulaire.

6. Le procureur impérial adresse au procureur général un du-plicata des procès-verbaux de visite, en ayant soin de les faire parvenir au parquet de la Cour immédiatement après chaque vi-site effectuée dans les délais déterminés par l'art. 4 de la loi de 1838 : *Id.*

7. Lorsque, pour effectuer les visites, les magistrats sont obli-gés de se transporter à plus de cinq kilomètres de leur résidence, ils ont droit aux indemnités déterminées par l'art. 88 du décret du 18 juin 1811, suivant les distinctions établies par cet article rela-tivement aux distances (Ord. 2 mai 1844, art. 1er). — Pour ob-tenir le paiement de ces indemnités, ils présentent un mémoire dans la forme du modèle n° 21 annexé à l'instruction générale du 30 sept. 1826 : Circ. 26 juin 1844 (Gillet, n. 2907). — Dans le cas où les faits constatés par la visite donnent lieu à des pour-suites judiciaires, le montant des indemnités avancées par l'ad-ministration de l'enregistrement est compris dans la liquidation des dépens, et recouvré contre qui de droit, conformément aux règles tracées par le chap. 2 du tit. 3 du décret du 18 juin 1811 (Ord. 2 mai 1844, art. 3).

8. Aussitôt que les médecins de l'établissement ont déclaré, sur le registre dont il a été parlé plus haut (n. 3), que la guérison d'un malade mineur ou interdit a été obtenue, avis en est donné tant aux personnes auxquelles il doit être remis, qu'au procureur impérial, tenu de veiller à sa sortie (L. 30 juin 1838, art. 13). —

Le tuteur du mineur ou de l'interdit peut, du reste, requérir la sortie de celui-ci, avant même que les médecins aient déclaré sa guérison (*Id.*, art. 14).

9. Dans aucun cas, les aliénés dirigés par l'administration sur un établissement public ou privé ne peuvent être ni conduits avec les condamnés ou prévenus, ni déposés dans une prison (art. 24).

10. Le procureur impérial peut, d'office, à toute époque, se pourvoir devant le tribunal du lieu de la situation d'un établissement d'aliénés pour faire ordonner la sortie d'une personne qui s'y trouve placée ou retenue.—La décision est rendue sur simple requête, en chambre du conseil et sans délai; elle n'est point motivée. — Les divers actes auxquels la demande peut donner lieu sont visés pour timbre et enregistrés en débet (art. 29).

11. Aux termes de l'art. 29 précité, dans le cas d'interdiction, la demande ne peut être formée *que par le tuteur de l'interdit*. S'ensuit-il qu'en pareil cas, le ministère public n'ait plus qualité pour requérir d'office l'élargissement? L'affirmative a été admise par un jugement du tribunal de Rouen du 21 juin 1865 (J.M.p.8. 171); mais l'opinion contraire est enseignée par les auteurs, et avec pleine raison. Comment comprendre que le procureur impérial, chargé par la loi de surveiller l'action administrative, investi du droit de faire ordonner par le tribunal la sortie immédiate de l'aliéné, sans l'avis du préfet, et malgré sa décision contraire, serait tenu de s'arrêter en présence du mauvais vouloir du tuteur? C'est surtout en cas d'interdiction que l'action du ministère public devient utile pour empêcher la prolongation d'une détention arbitraire, le tuteur, chargé de l'administration de la fortune et des biens de l'aliéné, pouvant avoir un intérêt personnel à le maintenir dans une maison où ses dépenses sont limitées au paiement de la pension annuelle, et vouloir conserver ainsi la libre disposition du surplus de ses revenus. La restriction contenue dans l'art. 29 doit donc être regardée comme s'appliquant à tout particulier autre que le tuteur, mais non au procureur impérial. V. en ce sens, Dalloz, *Répert.*, v° *Aliénés*, n. 236; Durieu et Roche, *Répert. de l'administr. et de la comptabil. des établiss. de bienfais.*, n. 121; Demolombe, t. 8, n. 876; Addenet, p. 244; Buchère, Observ. sur le jugement précité du trib. de Rouen.

12. Les peines de l'art. 120, C. pén., sont applicables aux chefs, directeurs ou préposés responsables qui retiendraient une personne placée dans un établissement d'aliénés, alors que sa sortie a été ordonnée par le préfet, aux termes des art. 16, 20 et 23, ou par le tribunal, aux termes de l'art. 29, ou lorsque cette personne se trouve dans les cas énoncés aux art. 13 et 14 (art. 30).

13. D'un autre côté, les contraventions aux dispositions des art. 5, 8, 11, 12, du § 2 de l'art. 13, des art. 15, 17, 20, 21 et du dernier paragraphe de l'art. 29, et aux règlements rendus en vertu de l'art. 6, qui seraient commises par les chefs, directeurs ou préposés responsables des établissements publics ou privés d'aliénés et par les médecins employés dans ces établissements, sont punies d'un emprisonnement de cinq jours à un an, et d'une amende de 50 fr. à 3,000 fr., ou de l'une ou de l'autre de ces peines (art. 41).

14. Le procureur impérial peut d'office, concurremment avec les parents, l'époux ou l'épouse et la commission administrative de l'établissement, demander au tribunal civil du domicile, la nomination, en conformité de l'art. 497, C. Nap., d'un administrateur provisoire aux biens de toute personne non interdite placée dans un établissement public ou privé d'aliénés. Cette nomination n'a lieu qu'après délibération du conseil de famille et sur les conclusions du ministère public, par jugement non sujet à appel. — A défaut d'une telle nomination, les fonctions d'administrateur provisoire sont remplies par la commission administrative ou de surveillance de l'établissement (art. 31 et 32).

15. Le procureur impérial doit s'assurer avec soin si, dans les établissements privés surtout, les malades non interdits n'ont pas besoin d'un administrateur provisoire ou de quelque autre protection légale, et insister, s'il y a lieu, auprès des commissions administratives pour l'observation des dispositions protectrices qu'édicte l'art. 31 de la loi du 30 juin 1838 : Circ. proc. gén. Paris, 30 nov. 1849.

16. Lorsqu'un administrateur provisoire a été nommé, le procureur impérial peut, comme cet administrateur lui-même, demander au tribunal de désigner un mandataire spécial à l'effet de représenter en justice l'individu non interdit placé ou retenu dans un établissement d'aliénés, qui se serait trouvé engagé dans une contestation judiciaire au moment du placement, ou contre lequel une action aurait été dirigée depuis, et même, en cas d'urgence, à l'effet d'intenter, au nom du même individu, une action mobilière ou immobilière. L'administrateur provisoire peut, dans les deux cas, être désigné pour mandataire spécial (art. 33).

17. Quand un notaire vient à être atteint d'aliénation mentale, le procureur impérial doit d'office, si la famille ne le fait elle-même, présenter une requête au président du tribunal pour faire désigner provisoirement un autre notaire auquel sera donnée la mission de signer les actes et de garder les minutes, en conformité de l'art. 61 de la loi du 25 vent. an XI. Les scellés doivent être apposés par le juge de paix sur les minutes et les répertoires, si cette mesure est reconnue nécessaire. — Lorsque le notaire a été placé dans un établissement d'aliénés, et qu'on veut vendre sa charge sans recourir préalablement à la formalité de l'interdiction, il importe d'abord que le conseil de famille, réuni sous la présidence du juge de paix, prenne une délibération constatant la nécessité de nommer un administrateur provisoire, désignant cet administrateur et l'autorisant à céder l'office moyennant un prix déterminé. Cette délibération est ensuite soumise à l'homologation du tribunal, dont la décision est rendue en la chambre du conseil, sur les conclusions du ministère public. L'administrateur provisoire nommé par le jugement d'homologation traite, après cela, avec un cessionnaire qui a à justifier de son aptitude en la forme ordinaire. L'extension ainsi donnée au pouvoir de l'administrateur provisoire est ordinairement sanctionnée par la chancellerie. — Il convient qu'en pareil cas un curateur soit nommé à l'aliéné, conformément à l'art. 38 de la loi de 1838 (V. ci-après, n. 19). — On doit procéder de même ou d'une manière analogue, lorsque c'est tout autre officier ministériel qui est frappé d'aliénation mentale : Lett. proc. gén. Paris, 9 et 13 juin 1855 (Addenct, p. 244, 245).

18. Sur la demande du procureur impérial ou sur celle des parties intéressées, le jugement qui nomme l'administrateur provisoire peut en même temps constituer sur ses biens une hypothèque générale ou spéciale, jusqu'à concurrence d'une somme déterminée. — Le procureur impérial est tenu de faire inscrire dans le délai de quinzaine cette hypothèque, qui ne prend date que du jour de l'inscription (*ld.*, art. 34). — Si le procureur impérial négligeait de faire faire l'inscription, les parents et amis de l'aliéné auraient qualité pour la requérir (C. Nap., 2139).

19. Le tribunal peut encore, tant sur la provocation d'office du procureur impérial, que sur la demande de l'intéressé, de l'un de ses parents, de son conjoint ou d'un ami, nommer, en chambre du conseil, par jugement non susceptible d'appel, en outre de l'administrateur provisoire, un curateur à la personne de tout individu non interdit placé dans un établissement d'alié-

nés, lequel serait chargé de veiller : 1° à ce que les revenus de
cet individu soient employés à adoucir son sort, et à accélérer sa
guérison ; 2° à ce que le libre exercice de ses droits lui soit rendu
aussitôt que sa situation le permettra. — Ce curateur ne peut
être choisi parmi les héritiers présomptifs de la personne à laquelle il est nommé (L. 30 juin 1838, art. 38).

20. Le ministère public doit être entendu dans toutes les
affaires qui intéressent les personnes placées dans les établissements d'aliénés, lors même qu'elles ne seraient pas interdites
(*Id.*, 41).

21. Dans l'accomplissement des devoirs qui lui sont imposés
en cette matière, le ministère public doit se préoccuper surtout,
comme le dit fort justement M. Massabiau, t. Ier, n. 576, « du
respect dû à la liberté individuelle, car, sous prétexte d'aliénation
mentale, la jalousie, la haine, la vengeance ou d'autres mau-
vaises passions pourraient, en surprenant la religion de l'autorité
administrative, porter atteinte à la liberté des citoyens ». Il
existe malheureusement plus d'un exemple de ce déplorable
abus.

ALLIANCE (DISPENSES D'). — V. *Magistrat, Ma-riage.*

AMBASSADEUR. — V. *Action publique*, n. 41 et s. ; *Compétence criminelle.*

AMENDE. — **1**. Les amendes encourues soit par les offi-
ciers publics ou ministériels, soit par les simples particuliers,
pour des contraventions purement civiles, disciplinaires ou fis-
cales, sont prononcées sur les réquisitions du ministère public,
tantôt à la suite d'une action directement intentée par lui, tantôt
incidemment à une contestation déjà engagée par les parties
privées.

2. C'est ainsi que le ministère public requiert : — l'amende de
10 francs, prononcée par l'art. 56, C. proc. civ., contre la partie
qui, sur citation en conciliation, n'a pas comparu au bureau de
paix ; — l'amende édictée par l'art. 1030 du même Code contre les
officiers ministériels pour omission ou contravention dans les
exploits ou actes de procédure dont la loi ne prononce pas la
nullité ; — celle encourue par les personnes publiques qui ont
refusé de viser l'original d'une signification dont elles avaient

mission de recevoir copie (C. proc., 1039) ; — les amendes prononcées contre la partie qui a faussement dénié sa signature (*id.*, 213), contre le demandeur en faux incident qui s'est désisté ou a vu sa demande rejetée (*id.*, 246, 247), contre la partie qui a succombé sur sa demande en renvoi devant un autre tribunal (*id.*, 374), contre celle dont la récusation de juge a été déclarée non admissible ou non recevable (*id.*, 390), contre l'appelant qui a perdu son procès (*id.*, 471), contre la partie qui a succombé dans sa tierce opposition ou dans sa requête civile (*id.*, 474, 479) ; — l'amende dont l'art. 2 du décret du 29 août 1813 frappe les officiers ministériels qui ont signifié des actes illisibles ; — celle édictée par les art. 1 et 2 du décret du 19 juill. 1810 contre les individus convaincus de se livrer à la postulation illicite et contre leurs complices ; — celle à laquelle l'art. 68, C. comm., soumet le notaire qui n'a pas déposé aux greffes du tribunal civil et du tribunal de commerce, à la chambre des notaires et à la chambre des avoués de l'arrondissement, un contrat de mariage entre commerçants.

3. Enfin, les amendes pour contraventions aux lois sur le notariat doivent aussi, à la différence des amendes prononcées en matière d'enregistrement, dont le recouvrement se fait par voie de contrainte, être requises devant le tribunal civil par le ministère public (L. 25 vent. an XI, art. 53) ; et la régie n'aurait même pas qualité pour en demander l'application en son nom, poursuites et diligences du procureur impérial : Circ. min. just. 15 mars 1808 ; Cass., 10 déc. 1822, S.-V.7.1.172 ; Instr. rég. 5 juin 1837, n. 284. Au ministère public seul appartient également le droit d'attaquer par la voie de l'appel ou du recours en cassation les décisions concernant les contraventions dont il s'agit : Circ. min. just., 25 avr. 1808 ; Instr. rég. précitée, *ibid.*

4. En ce qui concerne les amendes en matière criminelle, V. *Exécution des jugements et arrêts.*

AMNISTIE. — **1**. L'amnistie est un acte du souverain qui, à la différence de la grâce, emporte l'abolition des crimes et des délits auxquels il s'applique, et non point seulement la remise de la peine qui aurait été prononcée. Elle s'oppose dès lors forcément à ce que des poursuites soient entamées ou continuées à raison de faits rentrant dans ses prévisions et antérieurs au décret qui l'accorde. Ces faits, suivant les expressions de la Cour suprême, « sont, au regard des Cours et tribunaux, sauf le droit

des tiers en réparation des dommages par action civile, comme
s'ils n'avaient jamais été commis. » V. Cass., 11 juin 1825
(S.-V.8.1.135); 16 et 19 juill. 1839 (S.-V.39.1.634 et 984); Douai,
1er mai 1860 (J.M.p.3.195); Circ. direct. gén. des forêts, 20 juin
1837 (Addenet, *Cod. annot. des circ.*, p. 3);—Merlin, *Quest.*, v° *Amnistie*, § 5; Carnot, *Comment. Cod. pén.* sur l'art. 1, n. 12, et
Instr. crim., t. 3, p. 615; Mangin, *Act. publ.*, t. 2, n. 448; de
Peyronnet, *Pensées d'un prisonnier*, t. 1, p. 139 et 140; Le Sellyer,
Dr. crim., t. 5, n. 2157; Rauter, *Id.*, t. 2, n. 868; Hélie et Chauveau, *Théor. Cod. pén.*, t. 1, p. 416; F. Hélie, *Instr. crim.*, t. 2,
n. 1090; Trébutien, *Cours élément. de dr. crim.*, t. 1, p. 335;
Berriat-Saint-Prix, *Proc. des trib. crim.*, t. 1, n. 431; Dalloz,
Rép., v° *Amnistie*, n°s 117 et suiv.; Massabiau, t. 2, n°s 1275 et
1281. Mais l'amnistie ne s'applique pas aux faits postérieurs à sa
date. L'avenir ne peut être l'objet d'un oubli ou d'une abolition.
Sic, Cass., 20 avr. 1832 (S.-V.33.1.652); 2 déc. 1837 (S.-V.
39.1.316); 17 août 1838 (S.-V.*ibid.*); 16 juill. 1839, cité plus haut;
— Le Sellyer, n. 2168; Berriat-Saint-Prix, n. 432, et Dalloz,
n. 76 et 128. *Junge* Lett. minist., 12 avr. 1839 (Gillet, *Anal.
des circ.*, n. 2627).

2. Si, par inadvertance ou par oubli de l'amnistie, il était rendu
un jugement prononçant une peine pour un fait amnistié, ce jugement
ne pourrait recevoir aucune exécution quant à la peine prononcée,
et ne conserverait d'effet que pour les condamnations accessoires
de dépens, restitutions ou dommages-intérêts : Circ. dir. gén. des
for., 20 juin 1837 (Addenet, p. 3; Massabiau, t. 2, n. 1280).

3. L'amnistie, s'appliquant aux faits et non aux personnes,
profite aux complices aussi bien qu'aux auteurs principaux des
crimes et délits pour lesquels elle est accordée : Cass., 10 août
1815 (S.-V.5.1.89) et 10 oct. 1822 (S.-V.7.1.145); — Merlin, *Quest.*,
v° *Amnistie*, § 4; Mangin, n. 451; Le Sellyer, t. 5, n. 2158;
F. Hélie, n. 1091.

4. Lorsqu'elle a eu lieu en faveur de toutes personnes *détenues
ou non détenues* à raison de certains crimes ou délits, elle s'applique même aux condamnés par contumace (C. d'ass. de la
Vendée, 3 juin 1846, S.-V.46.2.335). Mais il en est autrement
lorsqu'elle n'est accordée qu'aux individus *détenus* : Circ. 9 mai
1837 (Gillet, n. 2550).

5. Les décrets d'amnistie, quelque favorable qu'en soit l'interprétation, ne peuvent être étendus à des faits d'une autre nature
que ceux qui y sont spécifiés : Cass., 6 flor. an VII (S.-V.1.1.194),

16 vend. an viii (S.-V.1.1.253), 10 sept. 1830 (S.-V.31.1.187) et 11 juill. 1856 (S.-V.56.1.628); Caen, 25 nov. 1869 (J.M. p.13.42); — Mangin, *Act. publ.*, t. 2, n. 450; Massabiau, t. 2, n. 1276 et suiv.; Duverger, *Man. des jug. d'instr.*, t. 1, n. 66.

6. L'amnistie du crime ou délit principal s'étend aux faits accessoires qui en ont procuré ou facilité la perpétration (Cass., 6 janv. et 26 juill. 1809, S.-V.3.1.5 et 219), à moins que ces faits accessoires ne constituent des crimes ou délits distincts : Cass., 19 juill. 1810 (S.-V.3.1.215), 10 mai 1811 (S.-V.3.1.347), 29 fév. et 6 mars 1812 (S.-V.4.1.46); — F. Hélie, *loc. cit.*

7. Lorsque l'intervention du procureur impérial est nécessaire pour lever des difficultés relatives à l'étendue et aux effets d'une amnistie, il doit demander des instructions au procureur général qui aura lui-même à demander une décision au ministre de la justice : Circ. 16 janv. 1816 (Gillet, n. 1012; Massabiau, n. 1286). Il y a lieu de procéder ainsi, spécialement, dans le cas où il y a doute sur le point de savoir si l'amnistie qui couvre incontestablement certains des faits à raison desquels a été prononcée une condamnation, s'applique à d'autres faits qui ont aussi servi de base à cette condamnation : Circ. 9 mai 1837 (Gillet, n. 2550; Massabiau, *loc. cit.*)

8. Dans le cas où le décret d'amnistie réserve la surveillance de la haute police à l'égard des condamnés à des peines afflictives et infamantes auxquels il s'applique, l'amnistie ne peut avoir pour effet de réintégrer dans la qualité de membre de la Légion d'honneur celui à qui une semblable condamnation l'avait fait perdre : Cass., 16 août 1845 (S.-V.46.1.91).

V. *Action publique*, n. 91, 104.

ANIMAUX. — 1.

ANIMAUX. — 1. Nous mentionnerons seulement ici quelques décisions intéressantes de la jurisprudence sur les délits commis contre les animaux ou par leur moyen.

2. Les pigeons de colombier, et particulièrement les pigeons voyageurs ou messagers, sont au nombre des animaux domestiques dont l'art. 454, C. pén., punit la destruction : trib. d'Hazebrouck, 30 déc. 1858 (J.M.p.2.17).

3. Un arrêt de la Cour de cassation du 17 août 1822 (S.-V.7. 1.126) a jugé aussi que l'on doit considérer comme tels les oiseaux de basse-cour; mais il n'a pas compris, et nous ne croyons pas que l'on doive comprendre parmi ces oiseaux les pigeons, qui n'ont pas, comme les coqs et les poules, par exemple, l'habitude de rester dans la basse-cour. Néanmoins, les pigeons doivent, selon nous, être rangés au nombre des animaux domestiques en ce qu'ils se familiarisent avec l'homme et vivent dans son habitation, et tel est aussi le sentiment de MM. Hélie et Chauveau, *Théor. Cod. pén.*, t. 6, n. 2389, et Dalloz, *Rép.*, v° *Dommage-Destruction*, n. 292. — Ces auteurs ne parlent, à la vérité, que du pigeon ordinaire de volière; mais le jugement ci-dessus du tribunal d'Hazebrouck fait très-bien remarquer que le pigeon voyageur ou messager possède à un degré plus haut encore les qualités de l'animal domestique.

4. Le fait de détruire les abeilles dans les ruches d'un propriétaire tombe-t-il sous l'application de l'art. 454, C. pén., qui punit quiconque aura, sans nécessité, tué un animal domestique, dans un lieu dont celui à qui cet animal appartient est propriétaire, locataire, etc., ou sous l'application de l'art. 479, n° 1, même Code, relatif au dommage causé volontairement aux propriétés mobilières d'autrui? Il ne nous paraît pas douteux que la dernière de ces dispositions est la seule applicable au fait que nous venons d'indiquer. — La qualification d'*animaux domestiques* ne peut, sous aucun rapport, convenir aux abeilles. Quand elles ont été renfermées dans des ruches, elles deviennent bien la propriété de l'homme, mais passent-elles pour cela à l'état d'animaux domestiques? Evidemment non, car elles ne constituent pas même pour leur possesseur une propriété irrévocable. Que l'essaim quitte la ruche et aille se fixer sur un autre héritage, il deviendra la propriété du premier occupant (L. 28 sept.-6 octobre 1791, tit. 2, sect. 3, art. 5; Fournel, *du Voisinage*, p. 132; Dalloz, *Répert.*, v° *Droit rural*, n. 121 et s.). Du reste, dans l'art. 454, C. pén., l'expression *animal domestique* n'est pas prise dans son sens le plus large, comme le montre le rapprochement de cet article avec les deux précédents, qui punissent la destruction des bestiaux. Ici, cette expression désigne, selon la jurisprudence et les auteurs, les animaux qui se familiarisent avec l'homme, et vivent autour de lui dans son habitation. V. le n° précédent. Or, tel n'est point certainement le caractère des abeilles. Conf. trib. d'Aubusson, 30 mai 1860 (S.-V.61.2.9). — Mais puisqu'elles sont une propriété pour celui qui les a en sa possession, le fait de les détruire dans les ruches où ce dernier les a renfermées, est atteint, sans aucun doute, par la disposition de l'art. 479, n. 1, C. pén., punissant ceux qui causent volontairement du dommage aux propriétés mobilières d'autrui. On ne saurait comprendre, en présence de cette disposition, que des auteurs aient écrit que « comme la destruction des abeilles n'est pas prévue par le Code pénal, il en résulte que le propriétaire n'aura qu'une action civile en dommages-intérêts basée sur l'art. 1382, C. Nap. » (Dall., *loc. cit.*, n. 127). Il y a là une inadvertance manifeste.

5. La Cour de Grenoble a jugé cependant, en 1840 (J.M.p.3. 151), que la destruction des abeilles constitue le délit puni par l'art. 454, C. pén., et elle s'est fondée, pour les ranger parmi les animaux domestiques, sur ce qu'elles travaillent pour le propriétaire qui leur donne des soins; mais ce n'est point là, à nos yeux, une circonstance caractéristique de la domesticité des animaux.

6. Nous ne saurions dès lors qu'approuver un arrêt de la Cour de Nîmes du 20 déc. 1860 (J.M.p.4.57) qui a décidé que les vers à soie ne peuvent être considérés comme des animaux domestiques, cette qualification n'appartenant qu'aux animaux qui se familiarisent avec l'homme; et que, par suite, le fait de détruire des vers à soie chez le propriétaire qui les élève, ne tombe pas sous l'application de l'art. 454, C. pén., mais simplement sous celle de l'art. 479, § 1er, même Code, relatif au dommage causé volontairement aux propriétés mobilières d'autrui.

7. A la vérité, la Cour de cassation a jugé en sens contraire que les animaux domestiques, dans le sens de l'art. 454, C. pén., doivent s'entendre des êtres animés qui vivent, s'élèvent, sont nourris, se reproduisent sous le toit de l'homme et par ses soins; que tels sont, par exemple, les vers à soie; et qu'en conséquence, le fait de détruire des vers à soie chez le propriétaire qui les élève, tombe sous l'application de l'article précité : Arrêt du 14 mars 1861 (J.M.p.4.183). — Mais nous ne pouvons approuver la définition que donne cet arrêt des animaux domestiques dont s'occupe l'art. 454, C. pén. — Que, dans une acception générale, on puisse considérer comme animaux domestiques tous ceux qui vivent, s'élèvent et se reproduisent sous le toit de l'homme et par ses soins, nous l'accorderons, si l'on veut; mais cette acception ne saurait être celle que le législateur a eue en vue dans l'art. 454. Ce qui le démontre péremptoirement, à notre sens, c'est le rapprochement de cet article avec les art. 452 et 453. La définition que nous venons de rappeler embrasserait incontestablement les chevaux ou autres bêtes de voiture, de monture ou de charge, les bestiaux à cornes, les porcs, les poissons des viviers ou réservoirs. Cependant, c'est après avoir consacré les dispositions des art. 452 et 453, C. pén., au fait de destruction de ces divers animaux, qui n'y sont nullement qualifiés d'animaux domestiques, que le législateur réprime, dans l'art. 454, le fait de tuer, sans nécessité, un animal domestique dans un lieu dont celui à qui cet animal appartient est propriétaire, locataire, colon ou fermier. Ne ressort-il pas clairement de là que la qualification d'animal domestique, dans cet art. 454, s'applique à des animaux autres que ceux qui sont énumérés dans l'art. 452 et dont s'occupe également l'art. 453 ? N'en résulte-t-il pas avec évidence que cette qualification doit être prise dans un sens restreint, et que le législateur a entendu l'appliquer uniquement aux animaux qui, comme les chiens, chats, pigeons de volière, oiseaux de basse-cour et animaux apprivoisés, non-seulement vivent dans l'habitation de l'homme, mais se familiarisent avec lui ?

8. Il a été décidé que le fait de mutiler volontairement un chien de chasse d'autrui trouvé accidentellement dans les champs, ne tombe sous l'application d'aucune disposition pénale, ce cas ne rentrant dans les prévisions ni de l'art. 30 de la loi du 28 sept. 1791, ni des art. 452, 454 et 479, C. pén., ni de la loi du 2 juill. 1850 : Montpellier, 14 mars 1859 (J.M.p.2.210).

9. Cette solution est conforme à l'opinion de MM. Hélie et Chauveau, t. 6, n. 2391; mais elle nous paraît complétement inadmissible. Sans doute, on ne peut appliquer au fait de mutilation du chien de chasse d'autrui dans les champs, ni l'art. 30 de la loi du 28 sept. 1791, qui a été abrogé par les dispositions du Code pénal relatives à la conservation des animaux (conf., Dalloz, v° *Dommages-destruction*, n. 289), et qui d'ailleurs ne s'occupait que des *bestiaux* et *chiens de garde;* — ni les art. 452, 454 et 479, §§ 2, 3 et 4, C. pén., qui prévoient des hypothèses différentes de celle dont nous nous occupons; — ni la loi du 2 juill. 1850, qui suppose un fait accompli *publiquement*. Mais oublie-t-on que le § 1er de l'art. 479, C. pén., punit ceux qui auront volontairement causé du dommage aux propriétés mobilières d'autrui ? Évidemment, les animaux domestiques, propriété mobilière de l'homme, rentrent dans les prévisions de cette disposition générale, et la mort donnée ou les blessures faites à ces animaux constituent certainement un dommage de la nature de celui qu'elle punit. C'est, du reste, ce que la Cour de cassation a décidé à plusieurs reprises, au sujet même des chiens appartenant à autrui. V. Cass., 17 août 1822 (S.-V.7.1.126); 4 nov. 1848

(S.-V.49.1.464) et 18 août 1853 (S.-V.53.1.799). — Conf., Dalloz, v^{is} *Dommages-destruction*, n. 294, et *Contravention*, n. 430.

10. Le fait d'avoir vendu un animal infecté d'une maladie contagieuse (par exemple, un cheval atteint de la morve), tombe sous l'application de l'art. 459, C. pén., qui ordonne de tenir enfermés les animaux soupçonnés d'être infectés d'une maladie de ce genre : Cass., 17 juin 1847 (D.P.47.1.252) et 12 mai 1855 (S.-V.56.1. 361); — F. Hélie, *Théor. Cod. pén.*, t. 6, n. 2416. Il n'y a point lieu, dès lors, de recourir pour la répression de ce fait à l'arrêt du Conseil du 16 juill. 1784. — *Contrà*, Metz, 28 août 1865 (J.M. p.10.253).

11. Terminons en rappelant une circulaire du 13 déc. 1859 (Rés. chr., p. 15) qui recommande à l'autorité judiciaire de prêter à l'autorité administrative un concours plus énergique que par le passé pour l'application de la loi du 2 juill. 1850, relative aux mauvais traitements exercés sur les animaux domestiques.

APPEL CIVIL. — **1.** Dans l'ancien droit, le ministère public pouvait interjeter appel en toute affaire civile, soit qu'il eût été en première instance partie principale ou seulement partie jointe. V. Debacq, *de l'Action du minist. publ. en mat. civ.*, p. 37 et suiv.

2. Sous la législation actuelle, ce droit ne lui appartient pas d'une manière aussi absolue. Il faut distinguer entre les matières où le ministère public est autorisé à agir comme partie principale, et celles dans lesquelles il ne peut figurer au procès que comme partie jointe. Dans celles-ci, il ne lui est jamais permis d'interjeter appel. Dans les premières, au contraire, il jouit de cette faculté, même, d'après l'opinion la plus générale, lorsqu'il s'est borné à conclure en première instance, et encore bien que ses conclusions aient été conformes à la décision des premiers juges. V. *Actes de l'état civil*, n. 88 et 89 ; *Action directe ou d'office*, n. 15 et 16.

3. Du reste, dans toutes les circonstances où le droit d'interjeter appel appartient au ministère public, il peut exercer ce droit, nonobstant tout acquiescement ou toute exécution dont le jugement de première instance aurait été l'objet de sa part, car il n'a pu dépendre de lui de compromettre par une renonciation expresse ou tacite une faculté qui lui est accordée dans l'intérêt de la société. V. *Action directe ou d'office*, n. 17 et 18.

4. Lorsque le ministère public a procédé comme partie principale en première instance, le jugement doit lui être signifié, et le délai de l'appel court contre lui à partir du jour de cette signification. — Mais quand le ministère public n'a été que partie jointe, et que, par conséquent, le jugement n'a pas dû lui être signifié, le délai de l'appel court-il encore contre lui ? La négative a été admise par un arrêt de la Cour de Pau du 28 janv. 1809 (S.-V.3.2.14) ; mais cette solution ne semble pas acceptable. L'intérêt social lui-même s'oppose à ce qu'un jugement ne devienne jamais définitif vis-à-vis du ministère public, et à ce que le particulier, en faveur duquel il a été rendu reste indéfiniment sous le coup d'un appel de la part des magistrats du parquet. Il faut donc décider qu'en pareil cas le délai de l'appel court contre le ministère public à partir du jour de la prononciation du jugement. — V. en ce sens, Debacq, p. 146. — Compar. *Actes de l'état civil*, n. 86.

5. Le ministère public doit faire signifier son acte d'appel à la partie adverse, suivant les règles ordinaires. Cet acte, fait à la requête du procureur impérial, contient élection de domicile au parquet du procureur général. Les pièces sont transmises à ce dernier magistrat, qui est obligé de suivre sur l'appel devant la Cour, en conservant seulement la faculté de conclure en tel sens qu'il juge convenable : Ortolan et Ledeau, t. 1, p. 314 ; Massabiau, t. 1, n. 505 et 509.

6. Lorsqu'un jugement rendu dans une cause communicable au ministère public est annulé sur l'appel pour défaut soit de communication de l'affaire au magistrat du parquet, soit de mention de l'audition de ce magistrat, la Cour n'est point tenue de renvoyer l'affaire devant les premiers juges, mais peut évoquer le fond, si d'ailleurs la matière est disposée à recevoir une décision définitive : Rennes, 17 avr. 1812, S.-V.chr.) ; Riom, 24 avr. 1846 (S.-V.47.2.142) ; Bruxelles, 23 nov. 1857 (J.M.p.1.226). — V. nos observations sur ce dernier arrêt.

APPEL COMME D'ABUS. — V. *Culte.*

APPEL CORRECTIONNEL.

SOMMAIRE ALPHABÉTIQUE.

§ 1er. — Quels jugements peuvent être frappés d'appel.

1. Tout jugement correctionnel, en général, peut être attaqué par la voie de l'appel (C. instr. crim., 199). Cependant, bien qu'ici le législateur n'ait pas expressément reproduit la distinction établie par l'art. 451, C. proc. civ., entre les jugements interlocutoires et les jugements préparatoires, il est à peu près universellement admis que ces derniers jugements ne peuvent être frappés d'appel avant les jugements définitifs. Cette interprétation se fonde, d'une part, sur l'absence de dérogation, dans l'art. 199, C. instr. crim., au principe de droit commun écrit dans l'art. 451, C. proc., et, d'autre part, sur l'analogie que présente l'art. 416, C. instr. crim., qui n'autorise le recours en cassation contre les arrêts ou jugements préparatoires qu'après les jugements ou arrêts définitifs. — *Sic*, Cass., 22 janv. 1825 (S.-V.chr.), 11 août 1826 (S.-V.chr.), 5 avr. 1845 (S.-V.47.1.752) et 13 nov. 1858 (J.M.p.2.14); Colmar, 10 juill. 1850 (D.p.52.2.196); Bordeaux, 6 août 1858 (J.M.p.2.14); — Carnot, *Comment. C. instr. crim.*, t. 1, p. 564; Merlin, *Rép.*, v° *Appel*, sect. 2, § 3, n. 3; Bourguignon, *Jurispr. des Cod. crim.*, t. 1, p. 442; F. Hélie, *Instr. crim.*, t. 6, n. 2988; Dalloz, *Répert.*, v° *App. en mat. crim.*, n. 131; Berriat Saint-Prix, *Procéd. des trib. crim.*, 2e part., t. 2, n. 1053; Massabiau, *Man. du minst. publ.*, t. 2, n. 2173. — *Contrà*, Legraverend, *Législ. crim.*, t. 2, p. 398; — Circ. min. just. 21 oct. 1812 (Gillet, n. 811).

2. Décidé, dans le même sens, qu'en matière correctionnelle, l'appel d'un jugement préparatoire est valablement interjeté en même temps que celui du jugement définitif : Nancy, 19 janv. 1864 (J.M.p.7.20).

3. D'un autre côté, les jugements qui se bornent à ordonner une remise de cause ont une importance encore moindre que les jugements préparatoires; aussi ne peuvent-ils en aucune façon être attaqués par la voie de l'appel : Cass., 3 juill. 1841 (Bull., n. 203); — Berriat Saint-Prix, n. 1049.

4. Quant aux jugements ayant un caractère définitif, ils sont susceptibles d'appel, sans qu'il y ait lieu de distinguer entre ceux qui prononcent sur le fond de la prévention, ceux qui statuent sur des fins de non-recevoir, des exceptions ou des demandes incidentes, et ceux qui ordonnent, pour l'instruction de la cause, une mesure préjugeant le fond, et qu'on nomme interlocutoires : — F. Hélie, n. 2989 et s.; Berriat Saint-Prix, n. 1052 et s. — V. aussi, quant à cette dernière espèce du jugement, Liége, 15 mai 1863 (J.M.p.6.257).

5. Toutefois, à la règle d'après laquelle tous les jugements définitifs sont sujets à appel, une exception est apportée par l'art. 192, C. instr. crim., qui dispose que si le fait n'est qu'une contravention de police, et si la partie publique ou la partie civile n'a pas demandé le renvoi, le tribunal doit appliquer la peine et statuer, s'il y a lieu, sur les dommages-intérêts, par un jugement qui, dans ce cas, sera en dernier ressort.

6. Mais il ne suffit pas que le tribunal correctionnel saisi d'un fait présenté comme constituant un délit, décide que ce fait a le caractère d'une simple contravention et ne prononce contre le prévenu qu'une peine de police, pour que son jugement échappe à l'appel; ce jugement peut être déféré à la Cour impériale à l'effet de faire vérifier si le fait a été bien ou mal qualifié par les premiers juges, et l'appel ne doit être déclaré non recevable que si la qualification est reconnue exacte : Cass., 23 mess. an XII (S.-V.1.1.1000); 31 août 1815 (S.-V.5.1.98); 6 mars 1818 (S.-V. 5.1.447); 4 août 1826 (S.-V.8.1.405); 2 oct. 1828 (S.-V.9.1.175) et 16 mai 1829 (S.-V.9.1.293); Toulouse, 31 mars 1819 (S.-V. 6.2.53); Dijon, 17 fév. 1847 (S.-V.47.2.406); Nîmes, 20 déc. 1860 (J.M.p.4.57); Colmar, 24 déc. 1862 (*Id.* 6.65); — Merlin, *Rép.*, v° *Cassation*, § 3, n. 1 ; Carnot, *Instr. crim.*, sur l'art. 192, n. 3 ; Bourguignon, *Jurisp. des C. crim.*, sur le même article; Legraverend, *Législ. crim.*, t. 2, p. 493, note 2; Le Sellyer, *Dr. crim.*, t. 3, n. 940 ; Dalloz, *Rép.*, v° *Appel en mat. crim.*, n. 82 ; Berriat Saint-Prix, t. 2, n. 974 et 1040 ; F. Hélie, t. 6, n. 2993. — *Contrà*, Orléans, 26 août 1846 (S.-V.47.2.109).

7. Au reste, de ce que l'appel est recevable au point de vue de la qualification du fait, il ne s'ensuit pas que les juges du second degré aient, dans tous les cas, le droit de statuer sur le fond de la poursuite. Ce droit leur appartient incontestablement lorsqu'ils décident que le fait a été mal à propos qualifié de contravention par les premiers juges; mais s'ils reconnaissent, au contraire, que le fait a bien réellement le caractère de contravention que le jugement de première instance lui a attribué, ils doivent, en présence de ce jugement, qui se trouve alors être en dernier ressort, s'abstenir de statuer eux-mêmes au fond, et rejeter l'appel, non à cause du bien-jugé de la décision du tribunal correctionnel, mais uniquement parce que cette décision, vérification faite de la nature de l'acte sur lequel elle a statué, n'est pas susceptible d'une telle voie de recours.

8. C'est ainsi qu'il a été décidé que l'appel du jugement rendu par un tribunal correctionnel sur un fait poursuivi comme délit est recevable de la part du prévenu, bien que le tribunal ait attribué à ce fait le caractère de contravention; mais que si les juges du second degré, après un nouvel examen de la prévention, reconnaissent l'exactitude de la qualification donnée au fait par les premiers juges, ils déclarent à bon droit le jugement en dernier ressort : Cass., 29 déc. 1865 (J.M.p.10.37).

9. Un autre arrêt a déclaré sujet à appel de la part du prévenu le jugement par lequel le tribunal correctionnel a puni comme contravention un fait qui lui avait été déféré comme délit et qui en présentait en effet le caractère, sans que rien pendant l'instruction ni à l'audience soit venu modifier cette situation : Aix, 27 juill. 1866 (J.M.p.10.180). — Mais cette solution ne doit être admise que sous la restriction que le prévenu appelant contestera la qualification donnée par le tribunal correctionnel au fait poursuivi.

10. De même, s'il a été jugé, au contraire, que l'appel est non recevable, lorsque le fait poursuivi comme délit, ayant pris aux débats le caractère d'une simple contravention, a été réprimé comme tel par le tribunal correctionnel (Caen, 25 juin 1863 et

Paris, 19 janv. 1867, J.M.p.10.37), une telle décision ne peut être considérée comme conforme aux principes qu'en tant qu'elle suppose que le caractère de contravention attribué au fait par les juges correctionnels n'est pas mis en question.

11. Lorsque le tribunal correctionnel, après avoir reconnu que le fait poursuivi comme délit constitue une simple contravention de police, s'abstient de statuer sur cette contravention, son jugement est sujet à appel, parce qu'il l'a rendu comme tribunal correctionnel et non comme juge de police : Cass., 1er juill. 1853 (S.-V.54.1.22) ; Caen, 8 janv. 1849 (D.p.51.2.117) ;—F. Hélie, n. 2993.

12. De même, dans le cas où le tribunal correctionnel, saisi de la connaissance d'un délit et d'une contravention, statue sur le délit, mais omet de prononcer sur la contravention, son jugement doit être considéré comme susceptible d'appel quant à ce dernier chef aussi bien qu'à l'égard du premier. Cependant, le contraire a été jugé par un arrêt de la Cour de Metz du 23 août 1862 (J.M.p.6.185).

13. Le jugement correctionnel qui déclare que le fait ne constitue ni délit ni contravention, peut aussi être attaqué par la voie de l'appel, car on ne saurait encore, dans ce cas, dire que le tribunal correctionnel a statué comme juge de police : Cass., 14 mai 1824 (S.-V.7.1.463) ; — F. Hélie, *loc. cit.*

14. Il a été décidé que le jugement par lequel le tribunal correctionnel, saisi de deux faits constituant l'un un délit et l'autre une contravention, condamne le prévenu pour la contravention seulement, à défaut de demande de renvoi en simple police de la part d'aucune des parties, est non susceptible d'appel : Caen, 30 nov. 1864 (J.M.p.10.37). — Mais cela n'est exact qu'autant qu'il est sous-entendu que le caractère de contravention attribué au fait réprimé n'est pas contesté par le prévenu. — V. *suprà*, n. 10.

15. La même observation s'applique à une autre décision d'après laquelle si, en pareil cas, le prévenu est condamné tant pour le délit que pour la contravention, le jugement est en dernier ressort quant à cette dernière condamnation : Metz, 23 juill. 1862 (J.M.p.6.185) et 13 déc. 1862 (*Id.* 10.37).

16. Il importerait peu d'ailleurs qu'il y eût connexité entre le délit et la contravention : Cass., 17 janv. 1868 (J.M.p.12.82). — *Contrà*, Metz, 28 mai 1862 (*Id.* 5.241).

17. On a prétendu qu'une seconde exception au principe général de l'appel en matière correctionnelle devait être admise à l'égard des jugements rendus contre les témoins défaillants, parce que, d'une part, l'art. 157, C. instr. crim., rendu par l'art. 189 applicable aux jugements correctionnels, se réfère, quant à la condamnation des témoins défaillants, à l'art. 80 du même Code, qui veut que, dans un cas analogue, la décision du juge d'instruction soit en dernier ressort, et, d'un autre côté, parce que la faculté de l'appel serait incompatible avec la nécessité d'une répression immédiate de la désobéissance des témoins, nécessité démontrée par la nature du manquement et par le caractère coercitif des mesures prescrites contre les témoins non comparants : Nancy, 16 nov. 1842 (S.-V.43.2.228) ; — Berriat-Saint-Prix, n. 1054. — Mais ces considérations ne sauraient suffire pour justifier une dérogation à la règle générale qui serait trop importante pour que le législateur ne l'eût pas formellement édictée, s'il avait entendu la consacrer. — V. en ce sens, Metz. 20 août 1821 (S.-V.6.2.466) ; — F. Hélie, n. 2994.

18. Faisons remarquer que, dans les jugements qui ont un caractère définitif, c'est contre le dispositif seul, et non contre les motifs, que peut être dirigé l'appel. Les motifs, en effet, sont des raisonnements destinés à expliquer et à justifier la décision, mais ne décident rien par eux-mêmes. Si pourtant, ils étaient de nature à constituer un véritable délit, la partie lésée serait incontestablement recevable à se pourvoir, mais seulement par la voie de la plainte ou de la prise à partie : Nancy, 15 juin 1857 (S.-V. 58.2.86) ; — F. Hélie, n. 2992 ; Berriat-Saint-Prix, n. 1046. — Contrà, Cass., 24 janv. 1835 (Bull. n. 32) ; — Dalloz, *Répert.*, v° *App. en mat. crim.*, n. 156.

§ 2. — *Quelles personnes peuvent appeler.*

19. La loi a pris soin d'indiquer elle-même les personnes auxquelles appartient la faculté d'appeler ; ce sont : 1° les parties prévenues ou civilement responsables ; 2° la partie civile, quant à ses intérêts civils seulement ; 3° l'administration forestière ; 4° le procureur impérial près le tribunal de première instance ; 5° le procureur général près la Cour impériale (C. instr. crim., 102). — Il reste à examiner brièvement l'étendue du droit de chacune de ces personnes.

20. A la différence du Code du 3 brum. an IV (art. 193), le

Code d'instruction criminelle de 1808 accorde le droit d'appel aux prévenus d'une manière générale et non pas seulement dans le cas où ils ont été *condamnés*. Ils peuvent exercer ce droit à l'égard de tous les jugements correctionnels qui leur font grief, même à l'égard du jugement de relaxe, s'il a refusé de leur allouer les dommages-intérêts qu'ils auraient réclamés contre la partie civile : Boitard, *Leçons sur le Cod. d'instr. crim.*, n. 721, 9e édit. ; Le Sellyer, *Dr. crim.*, t. 1, p. 641 ; F. Hélie, n. 2995 ; Berriat Saint-Prix, n. 1061.

21. L'acquiescement donné au jugement par le prévenu n'élève pas une fin de non-recevoir contre l'appel de ce dernier ; l'intérêt général lui-même s'oppose à ce que le prévenu puisse abdiquer un droit qui est une garantie de justice : Cass., 10 juin 1836 (S.-V.36.1.848) ; Montpellier, 2 mai 1859 (S.-V.60.2.138) ; — Boitard, p. 347 ; Le Sellyer, n. 426 ; F. Hélie, n. 2996 ; Berriat-Saint-Prix, n. 1055. — *Contrà*, Carnot, t. 2, p. 105 ; Ortolan et Ledeau, t. 2, p. 141. — V. *Acquiescement*, n. 9.

22. Le prévenu est non recevable à former un appel incident sur l'appel principal du ministère public. Du reste, il est sans intérêt à former un appel incident, l'appel principal du ministère public ayant pour effet de remettre complétement l'action publique en question, et, par conséquent, d'autoriser le prévenu à faire valoir devant les juges du second degré même les moyens repoussés par ceux de première instance : Metz, 13 janv. 1859 (J.M.p.2.172) ; Bordeaux, 9 avr. 1869 (*Id*.13.92). — V. *infrà*, n. 70, 71.

23. Le jugement de condamnation rendu après le décès du prévenu est nul, même quant aux réparations civiles ; mais cette nullité ne s'opérant pas de plein droit, les héritiers du prévenu sont recevables à se pourvoir par la voie de l'appel pour la faire prononcer : Grenoble, 12 fév. 1863 (J.M.p.6.115).

24. Les parties civilement responsables peuvent interjeter appel, dans le cas même où elles ont été condamnées sans avoir été citées. Cette condamnation implique que le jugement les a considérées comme étant parties en cause. On ne pourrait d'ailleurs les renvoyer à se pourvoir par tierce opposition, cette voie de recours n'étant pas admise dans la procédure criminelle (V. *Tierce opposition*) : F. Hélie, n. 2996 ; Berriat-Saint-Prix, n. 1062 ; Dalloz, n. 163. — *Contrà*, Carnot, t. 2, p. 98.

25. L'intérêt des parties responsables étant purement civil, l'acquiescement qu'elles donnent au jugement les rend non recevables à en interjeter appel : Berriat Saint-Prix, n. 1056 ; F. Hélie, n. 2996.

26. Il faut en dire autant de la partie civile. La transaction qu'elle aurait faite avec le condamné serait un acquiescement implicite qui lui fermerait toute voie de recours contre le jugement : Berriat Saint-Prix, *loc. cit. ;* F. Hélie, n. 2997.

27. Le défaut d'appel d'un jugement correctionnel de la part du ministère public, n'empêche pas que la partie civile ne puisse elle-même appeler de ce jugement quant à ses intérêts privés, et que les juges saisis de cet appel n'aient le droit et l'obligation de statuer sur l'existence du délit, sans pouvoir toutefois prononcer aucune peine contre le prévenu : Cass., 1er mai 1818 (S.-V.5.1. 473) ; 29 juill. 1819 (*Id.*6.1.108) ; 13 avr. 1820 (*Id.*6.1.217) ; 26 fév. 1825 (*Id.*8.1.61) ; 14 avr. 1860 (J.M.p.3.287) ; Metz, 2 janv. 1826 (S.-V.8.2.171) ; Nîmes, 19 janv. 1860 (S.-V.60.2.139) ; — Merlin, *Quest.*, vᵒ *Appel*, § 2, n. 5 ; Boitard, n. 821 ; Berriat Saint-Prix, n. 1063 ; F. Hélie, n. 2997 ; Trébutien, *Cours de dr. crim.*, t. 2, p. 510 ; Dalloz, vⁱˢ *App. en mat. crim.*, n. 168 et s., et *Instr. crim.*, n. 998 et s. — Ce n'est là qu'une exacte application des principes de l'indépendance de l'action civile et de l'action publique. — V. *Action civile*, n. 3.

28. La partie civile conserve le droit d'interjeter appel, malgré l'acquiescement tacite du ministère public, aussi bien à l'égard d'un jugement interlocutoire par lequel le tribunal correctionnel préjuge le fond, qu'à l'égard du jugement statuant directement sur le fond de la prévention : Liége, 15 mai 1863 (J.M.p. 6.257).

29. Le plaignant qui ne s'est pas porté partie civile en première instance ne saurait être admis à soumettre sa demande aux juges d'appel ; il ne peut dépendre de lui de priver le prévenu du bénéfice des deux degrés de juridiction relativement à l'action civile. — V. *infrà*, n. 205.

50. L'administration forestière exerce le droit d'appel d'une manière indéfinie, c'est-à-dire quant aux dispositions relatives à la pénalité aussi bien qu'à l'égard de celles concernant les intérêts civils (C. instr. crim., 202 ; C. for., 183 et 184) : Cass., 31 janv. 1817 (Bull., n. 7) et 5 nov. 1829 (*Id.*, n. 247) ; — F. Hélie, n. 2998 ; Berriat Saint-Prix, n. 1064. — Cela tient à ce que cette administration concourt dans une certaine mesure à l'exercice de l'action publique. V. *Action publique*, n. 5 et 7.

51. L'administration des contributions indirectes et celle des douanes ont, en ce qui concerne l'appel, le même droit que l'administration forestière (Décr. 5 germ. an XII, art. 19; Décr. 1er germ. an XIII, art. 32; Décr. 15 août 1793, art. 3 et 5). — V. encore *Action publique*, *ibid*.

52. Les autres administrations publiques n'exercent le droit d'appel que dans la même mesure que les parties civiles.

53. Celles même des administrations qui concourent à l'exercice de l'action publique, ne peuvent, lorsqu'elles n'ont pas figuré en première instance, être considérées comme y ayant été représentées par le ministère public, puisque leur action s'applique tout à la fois à la répression et aux réparations civiles, tandis que celle du ministère public est restreinte à la répression seule. Ces administrations ne peuvent donc, en pareil cas, attaquer le jugement par la voie de l'appel : Cass., 7 fév. 1809 (J.P.chr.); — F. Hélie, *loc. cit.* — V. toutefois Cass., 5 oct. 1832 (S.-V.32.1.737); — Mangin, *Act. publ.*, n. 44 et 45.

54. Les administrations publiques, quelles qu'elles soient, se rendent non recevables à interjeter appel en acquiesçant au jugement. Sous ce rapport, elles sont entièrement assimilées aux parties civiles : Berriat Saint-Prix, n. 1057; F. Hélie, *loc. cit.* — V. *Acquiescement*, n. 7.

55. Quant au ministère public, il a le droit d'interjeter appel de tous les jugements correctionnels, sauf à l'égard des dispositions qui ne statuent que sur des intérêts civils. Il peut appeler même dans l'intérêt du prévenu, c'est-à-dire *à maximâ* ou *ad mitiorem* : Berriat Saint-Prix, n. 1141. — V. *infrà*, n. 151 et s.

56. Son droit d'appel étant indépendant de celui du prévenu, il peut l'exercer, encore bien que celui-ci se serait désisté d'un appel antérieurement formé : Cass., 13 fév. 1840 (Bull. n. 52); — F. Hélie, n. 2999; Berriat Saint-Prix, n. 1067. — V. *infrà*, n. 112.

57. Le ministère public peut appeler des jugements correctionnels rendus sur la citation directe de la partie civile : Nancy, 14 juin 1823 (J.P.chr.); — F. Hélie et Berriat Saint-Prix, *loc. cit.*; Dalloz, *Rép.*, v° *Appel en mat. crim.*, n. 193.

58. Jugé spécialement en ce sens que le ministère public, quoique simplement partie jointe dans une instance correctionnelle introduite par la partie civile, a le droit d'interjeter appel du jugement relativement à toutes dispositions faisant obstacle à l'action dont le tribunal correctionnel a été saisi, telles que celle qui déclare cette action non recevable à raison de la chose jugée : — Cass., 3 janv. 1863 (J.M.p.8.21).

39. Le ministère public conserve d'ailleurs le droit d'interjeter appel d'un jugement rendu sur la citation directe de la partie civile, encore que l'appel que celle-ci avait elle-même précédemment formé aurait été déclaré non recevable : Cass., 3 fév. 1844 (Bull. n. 31) ; — F. Hélie et Berriat Saint-Prix, *loc. cit.*

40. En matière forestière et en matière de douanes, le ministère public peut interjeter appel, malgré le silence de l'administration (C. for., 184) : Cass., 21 nov. 1828 (S.-V.9.1.188) et 27 janv. 1837 (S.-V.38.1.922) ; — F. Hélie et Berriat Saint-Prix, *ut suprà.*

41. Dans les matières où l'action publique ne peut être exercée sans une plainte de la partie lésée, le ministère public a le droit d'interjeter appel sans le concours du plaignant, parce qu'une fois mise en mouvement, l'action publique doit librement suivre son cours jusqu'à ce qu'elle soit épuisée : Cass., 31 juill. 1830 (S.-V.9.1.566) et 5 juin 1845 (S.-V.45.1.780) ; — F. Hélie et Berriat Saint-Prix, *ibid.* — *Action publique*, n. 67; *Adultère*, n. 4.

42. Le droit d'appel du procureur impérial étant distinct et indépendant de celui du procureur général (Cass., 2 fév. 1827, S.-V.8.1.516), il s'ensuit que le procureur impérial n'a pas besoin, pour interjeter appel, d'attendre les instructions du chef du parquet de la Cour (F. Hélie, n. 3000), bien que, dans les affaires qui présentent des difficultés sérieuses, il soit convenable que le procureur impérial en réfère au procureur général (Berriat Saint-Prix, n. 1081).

43. Mais en résulte-t-il également que le procureur général puisse relever appel d'un jugement dont le procureur impérial aurait déjà lui-même appelé, et dans le cas particulièrement où celui-ci aurait restreint son appel à certains chefs du jugement ? L'affirmative, enseignée par M. Hélie, *loc. cit.*, nous semble inadmissible, car l'effet de l'appel du procureur impérial est, malgré ses restrictions, de saisir la juridiction supérieure de tous les chefs de prévention qui avaient été déférés aux premiers juges, le ministère public ne pouvant limiter à son gré l'exercice qu'il fait de l'action publique. Conf., Trébutien, t. 2, p. 509 et 510.

44. Jugé en ce sens, que l'appel régulièrement interjeté par le procureur impérial rend inutile tout appel du procureur général, eût-il pour objet de faire statuer la Cour sur un chef de prévention non examiné par les premiers juges, par suite de l'abandon qu'en avait fait le ministère public : Rennes, 13 juin 1866 (J.M

10

p.10.178); — Un arrêt de la Cour de cassation du 15 janv. 1807 (S.-V.2.1.333) qu'invoque M. F. Hélie, *ut suprà*, ne résout point la question.

44 *bis*. Décidé toutefois que l'appel *à maximâ* dont le procureur impérial a frappé un jugement correctionnel ne fait pas obstacle à l'appel *à minimâ* du procureur général : Pau, 12 janv. 1870 (J.M.p.13.113).

45. Le ministère public, n'ayant pas le droit de compromettre une action dont l'exercice lui est confié dans l'intérêt de la société, peut interjeter appel, alors même que le jugement de première instance aurait été rendu conformément à ses conclusions : Cass., 20 nov. 1811 (S.-V.3.1.425) ; 19 avr. 1816 (Dalloz, n. 194) ; — Mangin, t. 1, n. 32 ; Legraverend, t. 1, p. 355 ; Le Sellyer, n. 425 ; F. Hélie, n. 3000 ; Berriat Saint-Prix, n. 1058), ou malgré l'acquiescement exprès ou tacite dont le jugement aurait été l'objet de se part : Cass., 16 juin 1809 (3.1.74) ; 10 juin 1836 (S.-V.36.1.848) ; 20 sept. 1838 (Dalloz, *Rép.*, v° *Acquiesc.*, n. 880) ; Bruxelles, 25 nov. 1836 (Dall., *ibid*, n. 879) ; Gand, 7 avr. 1858 (J.M.p.2.177) ; — Merlin, *Rép.*, v° *Acquiesc.*, § 10 ; Legraverend, Mangin, *loc. cit.* ; Dalloz, v^is *Acquiesc.*, n. 877, et *Appel en mat. crim.*, n. 195 ; Berriat Saint-Prix, *loc. cit.* ; Massabiau, t. 2, n. 2185 ; F. Hélie, *loc. cit.* — *Contrà*, Carnot, sur l'art. 202, C. instr. crim. ; Ortolan et Ledeau, *Min. publ.*, t. 1, p. 26 et 86, qui paraissent s'être trop inspirés des principes de notre ancien droit (V. en effet Jousse, *Tr. de la just. crim.*, t. 2, p. 729 et 733).

46. Décidé, par application du même principe, que le ministère public conserve le droit d'interjeter appel *à minimâ*, dans les deux mois de la prononciation du jugement correctionnel, encore bien que, lors d'un premier arrêt rendu par défaut, et contre lequel le prévenu a ensuite formé opposition, il aurait conclu à la confirmation pure et simple : Rouen, 27 déc. 1856 (J.M. p.1.90).

47. A plus forte raison, l'acquiescement du procureur impérial ou l'exécution du jugement qu'il aurait ordonnée ou consentie, ne saurait paralyser entre les mains du procureur général, le droit d'appel dont ce magistrat est investi personnellement. V. notamment, Cass., 17 juin 1819 (S.-V.6.1.83) ; 16 janv. 1824 (*id.* 7.1.376) ; 2 fév. 1827 (*id.* 8.1.516) ; 31 janv. 1861 (J.M. p.4.100) ; Nîmes 22 juill. 1841 (D.P.41.2.246) ; Pau, 9 nov. 1867 (J.M.p.11.102), ainsi que les auteurs cités au n. précédent. — V. aussi *infrà*, n. 209.

48. Jugé spécialement que l'ordonnance du juge d'instruction qui, à la suite d'un jugement d'incompétence du tribunal correctionnel, renvoie, sur la réquisition du procureur impérial, l'inculpé devant la chambre d'accusation, sur le motif que le fait incriminé constitue un crime et non un délit, et qui doit, dès lors, être considérée comme l'exécution, poursuivie par le procureur impérial, du jugement dont il s'agit, ne saurait entraver le droit du procureur général d'interjeter appel de ce même jugement dans le délai légal : Cass., 31 janv. 1861, précité.

49. ...Et que le paiement qu'a fait le prévenu de l'amende à laquelle il a été condamné, ne met point non plus obstacle à l'exercice, par le procureur général, du droit d'appel dont il est personnellement investi : Pau, 9 nov. 1857, aussi précité.

50. Il résulte de l'arrêt de la Cour de Rouen du 27 déc. 1856 cité *suprà*, n. 46, que le ministère public serait déchu de son droit d'appel, s'il y avait expressément renoncé. — Mais cette décision viole ouvertement le principe d'après lequel l'action publique est entre les mains des magistrats du parquet un dépôt inviolable. Il n'est pas plus permis au ministère public de renoncer expressément à l'exercice des droits qui lui sont attribués dans l'intérêt de cette action que de l'aliéner indirectement.

51. Le droit d'appel peut être exercé par les substituts des procureurs impériaux ou des procureurs généraux, comme par les chefs de parquets eux-mêmes : Cass., 29 mars 1822 (S.-V.7.1. 46); 14 mai 1825 (S.-V.8.1.124); 19 fév. et 3 sept. 1822 (S.-V.9. 1.236 et 368); — Mangin, *Act. publ.*, t. 1, p. 88; de Molènes, *Fonct. des proc. du roi*, t. 1, p. 356; Le Sellyer, t. 2, n. 430; F. Hélie, n. 3000; Berriat Saint-Prix, n. 1081. — Néanmoins, ce n'est qu'avec l'assentiment de leurs supérieurs hiérarchiques que les substituts peuvent interjeter appel en leur nom. — Mêmes auteurs.

52. M. Berriat Saint-Prix, *loc. cit.*, enseigne avec raison que l'appel serait régulièrement déclaré par un substitut dans le cas où le siége du ministère public a été occupé dans l'affaire par un juge suppléant.

53. Mais un juge suppléant a-t-il qualité pour interjeter appel d'un jugement rendu dans une affaire où il remplissait les fonctions du ministère public? L'affirmative a été consacrée par un arrêt de la Cour de Colmar du 29 mai 1856 (J.M.p. 6.225).

54. Nous ne douterions pas de l'exactitude de cette solution dans le cas où ce serait en vertu de l'art. 3 de la loi du 10 déc.

1830, et pour un service permanent, qu'un juge suppléant aurait été appelé à remplir les fonctions du ministère public. Mais nous sommes d'un avis différent dans le cas où ce n'est qu'accidentellement, et par application des art. 20, 21 et 23 du décret du 18 août 1810, que le ministère public est remplacé par un juge suppléant. Dans cette dernière hypothèse, les pouvoirs du juge suppléant comme officier du ministère public expirent, selon nous, dès que le remplacement n'est plus nécessaire, et ces pouvoirs sont dès ce moment ressaisis par les membres du parquet, qui ne peuvent légitimement les abandonner à un autre magistrat lorsque les besoins du service ne l'exigent plus. — Vainement la Cour de Colmar paraît-elle subordonner la faculté d'appel, pour le juge suppléant, à l'agrément du procureur impérial; car si le juge suppléant devait être assimilé à un substitut du procureur impérial dans les affaires où il est appelé à faire des réquisitions, il n'en faudrait pas moins lui reconnaître, comme au substitut, le droit d'interjeter appel de son chef et en son nom seul.—Ajoutons que si la doctrine que nous combattons devait être admise, il faudrait, par identité de raisons, en étendre le bénéfice aux avocats qui, à défaut de juges, peuvent être appelés eux-mêmes à remplacer les membres du parquet. Or, cela est-il compatible avec notre organisation judiciaire?

§ 3. — *Délais de l'appel.*

55. Aux termes de l'art. 203, C. instr. crim., la déclaration de l'appel doit, à peine de déchéance, être faite dix jours au plus tard après celui où le jugement a été prononcé, lorsqu'il est contradictoire, — et, si le jugement a été rendu par défaut, dix jours au plus tard après la signification qui en aura été faite à la partie condamnée ou à son domicile, outre un jour par trois myriamètres.

56. Les expressions *dix jours au plus tard*, employées par cet article, ne permettent pas de douter que la règle *Dies termini non computantur in termino* est inapplicable ici, et que le onzième jour est exclu du délai fixé par la loi. Telle est d'ailleurs l'interprétation admise par la jurisprudence comme par les auteurs : Cass., 27 juin et 28 juill. 1817 (S.-V.5.1.351) et 3 oct. 1833 (Dalloz, *Rép.*, v° *Appel en mat. corr.*, n. 202); Bruxelles, 7 oct. 1826 (*Ibid.*); Colmar, 30 août 1862 (J.M.p. 5.292);—Bourguignon, sur l'art. 203, n. 1; F. Hélie, n. 3001; Trébutien, t. 2, p. 504;

Berriat Saint-Prix, n. 1071; Massabiau, n. 2187; Dalloz, *loc. cit.*

57. Mais cette règle doit-elle être observée même dans le cas où le dixième jour est un jour férié? L'affirmative, qui est également constante, se fonde, soit sur les termes rigoureux de l'art. 203, C. instr. crim., précité; soit sur l'art. 2 de la loi du 17 therm. an VI prescrivant aux autorités constituées de vaquer les jours fériés, *sauf* les cas de nécessité et *l'expédition des affaires criminelles*, disposition qui n'a pas été abrogée par les lois postérieures (Cass., 8 mars 1832, S.-V.32.1.356); soit enfin sur l'art. 353, C. instr. crim., qui déclare que l'examen et les débats une fois entamés devront être continués *sans interruption*, et qui, bien que disposant spécialement en vue des affaires soumises au jury, doit être étendu, par identité de raison, à toutes les affaires criminelles, et conséquemment aux affaires correctionnelles. V. Cass., 27 août 1807 (S.-V.2.1.429); 28 août 1812 (S.-V.4.1.181) et 8 mars 1832, précité; Douai, 27 fév. 1835 (S.-V.35.2.137); Angers, 26 fév. 1849 (S.-V.49.2.415); Colmar, 38 août 1862, précité, ainsi que les auteurs mentionnés au n° précédent, auxquels il faut ajouter le président Barris, note 117e; Le Sellyer, n. 585; Berriat Saint-Prix, 1re part., n. 150; Duverger, *Man. des jug. d'instr.*, t. 1, n. 135, et Dalloz, vo *Jour férié*, nos 32 et s. — V. aussi de Leiris, J.M.p. 6.22.

58. S'ensuit-il que le prévenu, dont la déclaration d'appel doit être faite au greffe (V. *infrà*, n. 83), puisse contraindre le greffier à y recevoir cette déclaration un jour férié, malgré la disposition de l'art. 90 du décret du 30 mars 1808, d'après laquelle les greffes sont fermés les dimanches et fêtes? La négative paraît certaine, car la disposition de l'art. 203, C. instr. crim., n'est point assez formelle pour constituer une dérogation à celle du décret de 1808 qui vient d'être rappelée. Cependant il faut une sanction au droit du prévenu. Cette sanction consiste, suivant un jurisconsulte (de Leiris, *loc. cit.*), dans l'obligation pour le greffier de recevoir la déclaration d'appel soit au greffe, s'il consent à l'ouvrir, soit en dehors du greffe, et dans la responsabilité à laquelle le soumettrait son refus de remplir cette obligation alternative.

59. Jugé qu'il y a déchéance de l'appel d'un jugement correctionnel déclaré au greffier, par un condamné détenu, plus de dix jours après celui où a été prononcé le jugement, alors que le condamné ne prouve pas que la volonté qu'il aurait formellement énoncée d'appeler en temps utile, n'a pu être réalisée, soit parce que le directeur de la maison d'arrêt aurait négligé de prévenir le greffier, soit parce que ce dernier lui-même aurait négligé de se rendre à sa réquisition, et qu'il est, au contraire, démontré que le retard ne peut être imputé qu'au condamné lui-même : Bourges, 16 avr. 1863 (J.M.p.6.114).

60. Les motifs de cet arrêt paraissent impliquer qu'il n'y aurait pas déchéance de l'appel déclaré au greffier plus de dix jours après celui de la prononciation du jugement, s'il était prouvé que le condamné a manifesté la volonté d'appeler en temps utile, et que ce n'est que par une négligence qui ne lui est pas imputable que cette volonté n'a pu recevoir sa réalisation. — La Cour de cassation a jugé toutefois, par arrêt du 22 janv. 1813 (S.-V.4.1.265), qu'un certificat du greffier attestant que le condamné a déclaré son appel avant l'expiration des dix jours, ne peut remplacer la déclaration d'appel, lorsqu'il porte une date postérieure à l'expiration de ces dix jours, parce que le greffier n'a plus alors caractère pour constater la régularité de la déclaration.—Conf., Merlin, *Quest.*, vº *Appel*, § 10, art. 3, n. 12 ; Legraverend, t. 2, p. 403 ; Dalloz, vº *Appel en mat. crim.*, n. 207 ; Berriat Saint-Prix, n. 1072.

61. Le principe rappelé ci-dessus, n. 56, que le onzième jour est exclu du délai de l'appel, est applicable aux jugements par défaut comme aux jugements contradictoires. — En conséquence, est tardif et non recevable l'appel d'un jugement correctionnel par défaut interjeté le onzième jour après la signification de ce jugement au dernier domicile du prévenu : Colmar, 2 juin 1863 (J.M.p.6.150).

62. Décidé aussi que le délai de l'appel d'un jugement correctionnel condamnant par défaut un religieux en fuite, court du jour de la signification faite à ce dernier au couvent dans lequel il résidait avant sa disparition, alors que son domicile d'origine avait été par lui depuis longtemps abandonné, et que ce condamné arguërait en vain de l'impossibilité où les ordres de ses supérieurs l'auraient mis de rester dans le couvent : Aix, 5 sept. 1862 (J.M.p.6.176).

63. Jugé toutefois que l'appel d'un jugement correctionnel par défaut peut être déclaré recevable, bien qu'interjeté plus de dix jours après la signification du jugement, si cette signification a été faite dans un lieu où le prévenu, sans domicile fixe, n'avait pas reparu depuis longtemps : Cass., 30 janv. 1834 (S.-V.34.1.715). — Conf., Berriat Saint-Prix, n. 1073.

64. En ce qui concerne les jugements par défaut, le délai de l'appel court simultanément avec celui de l'opposition (C. instr.

crim., 187) : Cass., 19 avr. et 31 mai 1833 (S.-V.33.1.71 et 712);
23 sept. 1841 (Bull., n. 287). — Par suite, lorsque le défaillant
interjette appel avant que le délai de l'opposition soit expiré, il
est réputé avoir renoncé à cette dernière voie de recours. Il en est
de même, à plus forte raison, quand il relève appel avant la
signification du jugement, comme il en a incontestablement le
droit : Cass., 6 mai 1826 (Bull. n. 94) et 23 sept. 1841 précité;
— F. Hélie, n. 3002; Berriat Saint-Prix, n. 1073; Trébutien, t. 2,
p. 505.

65. Le délai de l'appel d'un jugement correctionnel par défaut
court à partir du jour de la signification de ce jugement, encore
bien que le prévenu ait formé à ce même jugement une opposition
qui a été rejetée comme irrégulière ou tardive : il ne suffirait pas,
en ce cas, que l'appel fût interjeté le jour même du débouté de
l'opposition, si ce débouté n'a été prononcé que plus de dix jours
après la signification du jugement par défaut : Douai, 25 avr.
1860 (J.M.p.3.235).

66. A l'égard de la partie qui a obtenu le jugement par défaut, le délai de l'appel court, non plus seulement du jour de la
signification du jugement, mais de celui de sa prononciation,
parce que vis-à-vis d'elle le jugement est réputé contradictoire.
Et il en est ainsi notamment lorsque cette partie est le ministère
public : Cass., 10 oct. 1834 (S.-V.35.1.153), 25 juill. 1839 (S.-V.
39.1.967) et 19 mars 1868 (J.M.p.12.168); Besançon, 18 janv. 1865
(*Id.* 8.148); — F. Hélie, n. 3003; Berriat Saint-Prix, n. 1073;
Dalloz, n. 222.

67. Il peut dès lors arriver que l'appel de la partie qui a obtenu le jugement par défaut, soit interjeté avant que le délai de
l'opposition soit expiré à l'égard du défaillant. Cependant celui-
ci ne peut être privé de son droit d'opposition. On décide en conséquence que les juges d'appel, en pareil cas, doivent surseoir à
statuer jusqu'après l'expiration du délai d'opposition. Si une
opposition est formée dans ce délai, le jugement par défaut tombe,
et l'appel est réputé non avenu : Cass., 30 août 1821 (S.-V.6.1.
497); 10 oct. 1834, 25 juill. 1839 et 19 mars 1868, précités; —
Berriat Saint-Prix, *loc. cit.;* F. Hélie, n. 3004.

68. La signification du jugement par défaut faite par l'une
seulement des parties (ministère public et partie civile) qui ont
obtenu ce jugement, fait courir le délai de l'appel, même au profit
de l'autre partie : Cass., 11 mai 1843 (S.-V.43.1.460); — Berriat
Saint-Prix, *ibid.;* F. Hélie, n. 3007.

69. La déchéance résultant de l'expiration du délai de dix jours ne peut être couverte ni par des réserves d'interjeter appel qui auraient été faites pendant le délai, car l'intention annoncée de remplir une formalité ne peut suppléer à l'accomplissement même de cette formalité (F. Hélie, n. 3008. — *Contrà*, Cass., 2 août 1821 (S.-V.6.1.482), ni par une déclaration d'appel faite incidemment à l'appel interjeté par une autre partie dans le délai légal, l'art. 203, C. instr. crim., n'ayant point reproduit la disposition du § 3 de l'art. 453, C. proc. civ. Sur ce dernier point, la jurisprudence est aujourd'hui constante, et l'opinion de la majorité des auteurs est conforme.

70. Jugé, en effet, qu'il ne peut être formé d'appel incident, après le délai de l'appel principal, en matière correctionnelle, ni par le ministère public, ni par le prévenu, ni par la partie civile : Cass., 18 mars 1809 (S.-V.9.1.271); 24 juill. 1818 (J.P.chr.); 12 mai 1855 (D.p.55.1.443); Metz, 30 avr. 1821, et Rennes, 13 sept. 1833 (J.P.chr.); Riom, 14 avr. 1836 (S.-V.36.2.495); Poitiers, 6 janv. 1838 (J.P.chr.); Toulouse, 10 nov. 1848 (S.-V.49.2.619); Nancy, 13 mars 1854 (journ. *le Droit* du 24 du même mois); Besançon, 12 mars 1856 (S.-V.56.2.309); Metz, 13 janv. 1859 (J.M.p. 2.173); Pau, 28 nov. 1861 (*Id*.5.234); Gand, 4 nov. 1862 (*Id*.6. 184); Rennes, 17 mars 1869 (*Id*.12.88); Bordeaux, 9 avr. 1869 (*Id*.13.92). — Conf., Carnot, sur l'art. 203, n. 4; Bourguignon, *eod.*, n. 3; Le Sellyer, n. 418; Desclozeaux, *Encyclop. du dr.*, v° *Appel en mat. crim.*, n. 128 et suiv.; Rodière, *Élém. de proc. crim.*, p. 373; Berriat Saint-Prix, n. 1080; Trébutien, t. 2, p. 511; F. Hélie, n. 3009; Massabiau, n. 2192. — *Contrà*, Nancy, 14 juin 1833 (D.p.34.2.222); — Merlin, *Quest.*, v° *Appel incident*, § 11; Rauter, t. 2, p. 422; Talandier, *de l'Appel*, n. 424; Dalloz, v° *Appel incident*, n. 178.

71. Au surplus, il faut remarquer, en ce qui concerne particulièrement le prévenu, qu'il est sans intérêt à former appel incident sur l'appel principal du ministère public; car il est de règle certaine que cet appel principal, qui est émis au nom de la société, et dans un seul but, la manifestation de la vérité, remet en question la prévention tout entière, de telle sorte que le prévenu, sans avoir besoin de se rendre lui-même appelant, jouit, quant à ses moyens de défense, devant la juridiction supérieure, de la même latitude que devant les juges de première instance.

72. L'art. 205, C. instr. crim., apporte en faveur du procureur général une exception à la règle d'après laquelle l'appel doit être formé dans les dix jours de la prononciation du jugement, lorsque ce jugement est contradictoire. Aux termes de cet article, le procureur général doit notifier son recours, soit au prévenu, soit à la personne civilement responsable du délit, dans les deux mois à compter de la prononciation du jugement, ou, si le jugement lui a été légalement signifié par l'une des parties, dans le mois du jour de cette signification ; sinon, il sera déchu.

73. Le délai de deux mois accordé au procureur général pour interjeter appel des jugements correctionnels, se compte de quantième à quantième : Cass., 12 sept. 1811 (D.p.12.1.271) et 12 avr. 1817 (S.-V.5.1.308) ; Riom, 15 janv. 1862 (J.M.p.5.129) ; — Mangin, t. 2, p. 255 ; F. Hélie, n. 3011 ; Berriat Saint-Prix, n. 1078 ; Dalloz, n. 230. — *Contrà*, Carnot, sur l'art. 205, n. 2 ; Legraverend, t. 1, p. 88. — V. d'ailleurs *Prescription criminelle*.

74. Dans ce délai, le jour où le jugement a été rendu n'est pas compris : Bordeaux, 24 mars 1831 (D.p.31.2.156) ; Riom, 15 janv. 1862, précité ; — Dalloz, n. 232. Mais il en est autrement du jour *ad quem* : Cass., 12 avr. 1817, précité ; — Dalloz, n. 231.

75. Le droit du procureur général se trouverait éteint, malgré la non-expiration du délai de deux mois, si, avant qu'il eût notifié son recours, la juridiction supérieure avait statué sur l'appel formé par le prévenu, car cette juridiction ne peut connaître deux fois d'une même poursuite engagée entre les mêmes parties : Cass., 29 mai 1847 (S.-V.47.1.701) ; — F. Hélie, n. 3012.

76. L'appel du procureur général peut être valablement déclaré jusqu'au moment du prononcé de la décision de la Cour, si d'ailleurs le délai légal n'est pas alors expiré : Cass., 14 juill. 1815 (S.-V.5.1.75) ; Paris, 13 fév. 1857 (S.-V.57.2.188) ; — F. Hélie, n. 3013.

77. Jugé de même que le droit du procureur général d'interjeter appel *à minimâ* des jugements correctionnels dans les deux mois à partir de leur prononciation, est absolu ; que ce magistrat n'en peut être privé que par la prononciation de l'arrêt rendu sur l'appel du prévenu, et qu'ainsi ce droit lui appartient, même malgré la mise en délibéré de la cause avant l'expiration du délai de deux mois, avec renvoi à un autre jour pour la prononciation de l'arrêt : Cass., 22 mai 1857 (J.M.p.1.90).

78. Jugé encore que l'appel d'un jugement correctionnel est valablement interjeté par le procureur général à la seconde audience consacrée au jugement de l'appel de la partie civile, alors que c'est à cette seconde audience qu'ont eu lieu entièrement l'instruction et les débats de la cause; et que la décision rendue à cette même audience sur la prévention ne porte point atteinte au droit de défense du prévenu, si, d'ailleurs, ce dernier, présent ou dûment représenté aux débats, n'a réclamé aucun délai pour se défendre contre l'appel du ministère public : Cass., 4 avr. 1861 (J.M.p.4.202).

79. La signification du jugement, nécessaire pour réduire à un mois le délai de l'appel du procureur général, doit être faite par un officier ministériel dans la forme voulue pour les significations ordinaires d'actes de procédure. Un arrêt interlocutoire rendu contradictoirement entre le procureur général et le prévenu depuis le jugement ne saurait, bien qu'impliquant que ce jugement était connu du procureur général, équivaloir à la signification dont il s'agit : Riom, 15 janv. 1862 (J.M.p.5.129).

80. Le procureur général qui n'a pas appelé d'un jugement correctionnel dans le délai de deux mois, ne peut échapper à la déchéance prononcée contre lui par la loi en formant un appel incident sur l'appel émis dans le délai légal par la partie condamnée : Cass., 27 déc. 1811 (S.-V.3.1.436); — le président Barris, note 58e; F. Hélie, n. 3012; Berriat Saint-Prix, n. 1080. — La raison de décider est ici la même que relativement à l'appel incident que voudraient former le prévenu, la partie civile ou le ministère public après l'expiration du délai ordinaire de dix jours. V. *suprà*, n. 69 et suiv.

81. Par exception encore à la règle établie dans l'art. 203, C. instr. crim., l'appel doit être formé : 1° en matière de contributions indirectes, dans la huitaine de la signification du jugement (Décr. 1er germ. an XIII, art. 32); — 2° en matière de récusation, dans les cinq jours du jugement (Arg. C. proc. civ., 392).

82. La déchéance de l'appel est d'ordre public, car il ne peut dépendre d'une partie d'attribuer au juge d'appel, par son fait ou son silence, une juridiction qu'il a perdue de plein droit dès l'instant où le jugement de première instance a acquis l'autorité de le chose jugée. Cette déchéance doit donc être prononcée en tout état de cause et même d'office : Cass., 12 avr. 1817 (S.-V.5.1. 308) et 12 mai 1855 (S.-V.56.1.361); Rennes, 17 mars 1869 (J.M. p.12.88); — F. Hélie, n. 3007; Berriat Saint-Prix, n. 1079.

§ 4. — *Formes de l'appel.*

83. Il résulte de l'art. 203, C. instr. crim., que l'appel doit être fait par déclaration au greffe du tribunal qui a rendu le jugement. — Cette déclaration n'est soumise à aucune forme particulière.

84. Il n'est pas indispensable qu'elle soit consignée sur un registre, et elle pourrait l'être sans irrégularité sur une simple feuille volante : Cass., 28 nov. 1806 (S.-V.1.2.313);—F. Hélie, n. 3016; Berriat Saint-Prix, n. 1090. — On a même vu ci-dessus, n. 58, que, d'après un jurisconsulte, la déclaration peut être valablement reçue hors du greffe les jours fériés.

85. La déclaration d'appel doit être visée pour timbre et enregistrée en débet, lorsqu'il n'y a pas de partie civile poursuivante, obligée en cette qualité de faire l'avance des frais, et même lorsqu'il y a partie civile, si l'appelant est emprisonné : Circ. min. just. 12 avr. 1861 (Rés. chr., p. 32).

86. L'erreur matérielle (sur la date, par exemple) commise dans la déclaration d'appel n'est pas une cause de nullité, si elle se rectifie par les autres énonciations de cet acte : Cass., 21 déc. 1809 (Dalloz, n. 207); Poitiers, 31 mai 1855 (S.-V.56.2.358); Colmar, 6 mars 1866 (J.M.p.10.178).

87. De même, l'insuffisance de la désignation de l'appelant n'est pas une cause de nullité de la déclaration d'appel, si son identité avec la partie condamnée par le jugement ne peut être contestée, et si cette identité est démontrée notamment par le rapprochement des énonciations de ce jugement avec celles de l'acte d'appel : Cass., 15 fév. 1849 (S.-V.49.1.605); — F. Hélie et Berriat Saint-Prix, *loc. cit.*

88. La déclaration d'appel n'a pas besoin d'être notifiée à la partie contre laquelle l'appel est formé. Cette formalité n'est prescrite que pour l'appel du procureur général : Cass., 21 janv. 1814 (S.-V.4.1.518), 10 mai 1816 (S.-V.5.1.189), 11 nov. 1824 (S.-V.9.1.560) et 1er juin 1838 (S.-V.38.1.1007); — F. Hélie, n. 3016; Berriat Saint-Prix, n. 1091.

89. Jugé, spécialement, que s'il est d'une bonne administration de la justice que l'appel du procureur impérial soit notifié au prévenu, cette notification néanmoins n'est pas obligatoire, à la différence de celle de l'appel du procureur général; que seulement, le prévenu qui n'a connaissance de l'appel du procureur impérial que par la procédure d'audience, est en droit de demander la remise de l'affaire à un autre jour pour préparer sa défense; mais que, s'il n'use pas de ce droit, il ne peut arguer ultérieurement de l'irrégularité commise : Cass., 10 juill. 1868 (J.M. p.12.167).

90. Si la déclaration d'appel n'est assujettie à aucune forme spéciale, elle ne peut du moins être remplacée par aucun autre acte. — Ainsi, l'appel ne peut être valablement interjeté, soit par exploit notifié à la partie intimée (Cass., 9 juin 1809, J.P.chr.; 22 mai 1835, S.-V.35.1.763; 29 nov. 1844, inédit; Paris, 1er juin 1855, S.-V.55.2.583; Bordeaux, 31 oct. 1859, J.M.p.3.94; Aix, 22 mai 1862, *Id.*5.284; Grenoble, 29 janv. 1863, *Id.*6.151; — Carnot, sur l'art. 203, C. instr. crim.; F. Hélie, n. 3016; Trébutien, t. 2, p. 505; Berriat Saint-Prix, n. 1092; Dalloz, n. 260; Massabiau, n. 2193), soit, à plus forte raison, par de simples conclusions prises à l'audience sur l'appel d'une autre partie : Rennes, 17 mars 1869 (J.M.p.12.88).

91. L'appel interjeté par exploit serait nul, encore bien qu'il aurait été renouvelé par déclaration au greffe, si cette déclaration n'avait eu lieu qu'après l'expiration du délai de dix jours : Aix, 22 mai 1862, précité.

92. Mais l'adhésion qu'une partie déclarerait faire à l'appel valablement interjeté par une autre partie, pourrait être considérée comme équivalant à une déclaration d'appel : Cass., 23 niv. an xi (Bull., n. 69); — F. Hélie, *loc. cit.*. — Et il en serait de même du dépôt au greffe, dans le délai légal, d'une requête contenant les moyens d'appel : Cass., 19 juin 1806 (S.-V.2.1.257); — F. Hélie, *ibid.*; Berriat Saint-Prix, n. 1092.

93. L'appelant (prévenu, partie civilement responsable, partie civile) n'est pas tenu de produire une expédition de sa déclaration d'appel; ce soin regarde le ministère public, chargé de transmettre les pièces au greffe de la Cour : Cass., 11 janv. 1817 (S.-V.5.1.271); — F. Hélie, *loc. cit.*

94. La déclaration d'appel peut être complétée par la remise, dans le même délai de dix jours, soit au greffe du tribunal qui a rendu le jugement, soit à celui de la Cour impériale, d'une requête contenant les moyens d'appel et signée de l'appelant ou d'un avoué, ou de tout autre fondé de pouvoir spécial, dont la procuration devra être annexée à cette requête (C. instr. crim., 204).

95. Il faut remarquer que c'est là une formalité purement facultative : Cass., 29 juin 1815 (S.-V.5.1.71). — Cependant, comme l'articulation des moyens de l'appel importe à la défense et à une bonne justice, on doit reconnaître à l'intimé le droit de demander qu'il soit sursis au jugement de l'appel jusqu'à la production de la requête de l'appelant : F. Hélie, n. 3017; Dalloz, n. 270.

96. En principe, c'est l'appelant lui-même qui doit faire la déclaration d'appel et signer la requête (C. instr. crim., 203 et 204). — Lorsque l'appel émane du ministère public, il peut être fait indifféremment par le procureur impérial ou par son substitut, soit que le magistrat qui forme le recours ait tenu ou non l'audience à laquelle le jugement a été rendu : F. Hélie, n. 3018.

97. L'irrégularité de l'appel du procureur impérial est indifférente, si le procureur général, dont le droit, comme on l'a vu ci-dessus, n. 47, est indépendant de celui de son substitut, a lui-même formé un appel régulier : Colmar, 6 mars 1866 (J.M.p.10.178).

98. Quant à l'appel du prévenu, de la partie civilement responsable ou de la partie civile, ceux-ci peuvent, au lieu de le former eux-mêmes, le faire faire par un fondé de pouvoir spécial : ce que l'art. 204, C. instr. crim., dit de la requête, s'applique, par identité de raison, à la déclaration d'appel elle-même.

99. Toutefois, un mandat spécial n'est pas nécessaire lorsque l'appel est relevé par un avoué, encore bien qu'il n'aurait pas occupé dans l'instance correctionnelle pour la partie au nom de laquelle l'appel est formé : Cass., 23 janv. 1813 (S.-V.4.1.265), 18 mai et 17 août 1821 (S.-V.6.1.437 et 490); Paris, 16 déc. 1842 (S.-V.43.1.460); Rouen, 7 juin 1849 (S.-V.50.2.449); — Merlin, *Quest.*, vº *Appel*, § 10, art. 3, n. 5; le président Barris, note 158ᵉ; Legraverend, t. 2, p. 400; F. Hélie, n. 3018; Berriat Saint-Prix, n. 1083.

100. Mais, au contraire, l'appel d'un jugement correctionnel ne peut être formé par l'avocat du prévenu au nom de ce dernier sans un pouvoir spécial : Cass., 15 mai 1812 (S.-V.4.1.109) et 8 oct. 1829 (S.-V.9.1.375); Riom, 3 fév. 1830 (D.P.32.2.195); Alger, 10 mai 1854 (S.-V.54.2.486); Colmar, 2 févr. 1864 (J.M. p.7.189); — F. Hélie, *loc. cit.*; Berriat Saint-Prix, n. 1084; Dalloz, n. 252.

101. Bien qu'en général le mandat d'appeler ne puisse être verbal, ni surtout résulter de simples présomptions (Cass., 16 mars 1815, J.P. chr.; 19 fév. 1836, S.-V.36.1.672), on admet qu'un père ou une mère peut appeler pour ses enfants mineurs ou même majeurs, mais dans l'impossibilité absolue d'interjeter eux-mêmes appel (Cass., 2 juin 1821, S.-V.6.1.445; Metz, 31 janv. 1820, S.-V.6.2.198); qu'un époux peut également appeler au nom de son épouse (Cass., 19 vent. an ix, S.-V.1.1.435), et même que le procureur impérial peut interjeter appel au nom et dans l'intérêt de tout prévenu illettré que l'éloignement de son domicile ou son état de détention empêcherait de faire une déclaration d'appel en temps utile : Berriat Saint-Prix, n. 1085; F. Hélie, n. 3018.

102. L'appel d'un des condamnés solidaires ne profite point à celui qui n'a pas appelé ou qui ne l'a fait que tardivement : Cass., 16 mars 1815 (S.-V.5.1.28) et 8 oct. 1829 (S.-V.9.1.375); Metz, 27 août 1821 (S.-V.6.2.472) ; Colmar, 30 août 1862 (J.M.p.5.292); —F. Hélie, *loc. cit.*; Trébutien, t. 2, p. 504; Massabiau, n. 2190; Dalloz, n. 209.

103. L'appel est interjeté, en matière forestière, par les agents de l'administration, c'est-à-dire par les conservateurs, inspecteurs, sous-inspecteurs et gardes généraux (C. for., 187; Ord. 1er août 1827, art. 11); — en matière de douanes, par le directeur général, ou, au nom de ce fonctionnaire, par un receveur municipal, un premier commis à la recette d'un bureau, un commis de direction ou tout autre agent local (V. F. Hélie, n. 3018, et les arrêts cités par lui); — en matière de contributions indirectes, par le directeur du département ou, en son nom, par un préposé auquel il donne pouvoir à cet effet (Décr. 1er germ. an xiii, art. 19). V. le même auteur, *ibid.*

104. La déclaration de l'appel au greffe est remplacée, pour le procureur général, par la notification de son recours, soit au prévenu, soit à la personne civilement responsable du délit (C. instr. crim., 205).

105. Il a été jugé que l'appel d'un jugement par défaut de la part du procureur général est valablement notifié au parquet de la Cour, par application de l'art. 69, § 8, C. proc. civ., lorsque le prévenu est fugitif, encore bien qu'avant sa disparition il eût en France une résidence connue : Rennes, 8 fév. 1865 (J.M.p.8. 57). — Mais il semble plus exact de décider qu'en pareil cas la notification de l'appel doit être faite à la dernière résidence connue du prévenu intimé. V. comme arg. Cass., 19 janv. 1837 (D.P.37.1.502). V. aussi *suprà*, n. 61 et s.

106. La loi ne prescrivant aucune forme pour la notification de l'appel, on en a conclu que la déclaration d'appel faite par le procureur général à l'audience, en présence du prévenu, remplit suffisamment le vœu de la loi : Cass., 22 août 1846 (S.-V.46.1. 764), 27 juill. 1854 (D.P.54.1.341); Bourges, 26 janv. 1849 (S.-V. 49.2.432) et autres arrêts cités par Dalloz, n. 288. V. aussi Riom, 15 janv. 1862 (J.M.p.5.129); — F. Hélie, n. 3020.

107. Mais du moins faut-il une déclaration formelle; l'exercice du recours ne peut être implicite et résulter, par exemple, des réquisitions du ministère public, tendant, soit à une déclaration d'incompétence, soit à l'application de la peine refusée par les premiers juges, à une audience de la Cour où le prévenu comparaît sur l'appel de la partie civile : Cass., 22 juill. 1830 (S.-V. 9.1.564); 27 nov. 1858 (J.M.p.2.71); — F. Hélie, *ibid*.

108. Il y a notification suffisante de l'appel du procureur général dans la signification de cet appel faite au prévenu, dans le délai de la loi, en même temps que la notification à fin de comparaître pour y être statué : Cass., 20 fév. 1812 (S.-V.4.1.31); Colmar, 3 fév. 1863 (J.M.p.6.144); — F. Hélie, *loc. cit.*

109. Mais une simple assignation donnée au prévenu, sans énonciation de l'appel, ne saurait être considérée comme une notification de cet appel : Cass., 23 nov. 1849 (Bull., n. 319); — F. Hélie, *ibid.*

110. Lorsque le procureur impérial interjette appel, après le délai de dix jours, sur l'ordre du procureur général, il agit au nom de ce magistrat et doit dès lors employer la voie de la notification prescrite par l'art. 205 : F. Hélie, n. 3020. — V. aussi arg. Cass., 7 déc. 1833 (J.P.chr.) et 18 fév. 1854 (Bull., n. 44).

111. En matière de contributions indirectes, l'appel est soumis aussi à un mode particulier; il doit être interjeté par un acte notifié et contenant assignation à trois jours (Décr. 1er germ. an XIII, art. 32) : une déclaration au greffe ne suffirait point (Cass., 29 juin 1810, J. P. chr.). Mais cette règle est inapplicable à l'appel des jugements statuant sur les contraventions en matière de garantie des objets d'or et d'argent (Cass., 9 juin 1810, J.P. chr.) ou de contraventions en matière d'octroi : Cass., 27 sept. 1828 (*Ibid.*). V. aussi F. Hélie, n. 3021.

112. A la différence du ministère public, qui n'ayant pas la libre disposition de l'action déposée entre ses mains, ne saurait être admis à se désister de l'appel qu'il a formé (V. Cass., 2 mars 1827, S.-V.8.1.539; 3 janv. 1834, S.-V.34.1.264; 6 déc. 1834, D.p.35.1.157; 9 juill. 1840, S.-V.41.1.560); Douai, 24 avr.

1835 (D.p.35.2.118); Alger, 3 mars 1870 (J.M.p.13.84); — Merlin, *Quest.*, v⁰ *Minist. publ.*, § 5, n. 4; Mangin, *Act. publ.*, t. 1, n. 32; Rauter, n. 719 et 742; F. Hélie, t. 2, n. 578; Dalloz, vⁱˢ *App. en mat. crim.*, n. 303, et *Désist.*, n. 237, le prévenu, la partie civilement responsable, la partie civile et les administrations publiques peuvent valablement consentir un désistement d'appel.

113. La loi ne soumet le désistement de l'appel d'un jugement correctionnel à aucune forme particulière, et il résulte d'un arrêt de la Cour de cassation du 4 juin 1824 (S.-V.7.1.473), qu'il suffit que ce désistement soit manifesté par un fait personnel de l'appelant qui ne permette pas de mettre en doute sa volonté de renoncer à son appel. V. conf., Dalloz, *Répert.*, v⁰ *Appel en mat. crim.*, n. 304; Berriat Saint-Prix, n. 1094.

114. C'est donc à tort qu'il a été jugé que le désistement de l'appel d'un jugement correctionnel par le prévenu n'est point valable, s'il est donné, non par acte authentique, mais dans une forme extrajudiciaire; par exemple, dans une lettre missive qu'il a adressée au procureur général: Metz, 20 nov. 1861 (J.M.p. 5.243).

115. Décidé au contraire avec raison que le désistement de l'appel d'un jugement correctionnel par la partie civile est valablement donné par une lettre missive transmise au procureur général par le procureur impérial de l'arrondissement dans lequel cette partie est domiciliée: Metz, 5 juin 1863 (J.M.p.6.172). V. aussi M. Berriat Saint-Prix, *loc. cit.*

116. En quelque forme qu'il soit consenti, le désistement ne dessaisit les juges d'appel qu'autant qu'ils l'ont reconnu régulier et en ont donné acte. Jusque-là, il peut être rétracté, et cette rétractation rend naturellement son effet à l'appel: Cass., 28 fév. 1849 (S.-V.49.1.480); Nancy 23 juin 1852 (S.-V.52.2.368); Metz, 24 déc. 1857, 24 nov. 1858 et 9 déc. 1860 (*Jurisprud.* de cette Cour, t. 13, p. 101, et t. 14, p. 160); Rennes, 15 juin 1864 (J.M. p.7.201); — Berriat Saint-Prix, *loc. cit.*

117. Il a été très-bien décidé que le juge d'appel doit, avant de donner acte au prévenu de son désistement, examiner si cet acte est bien l'expression sincère de sa libre volonté: Poitiers, 15 fév. 1855 (S.-V.55.2.377).

§ 5. — *Effets de l'appel.* — *Compétence des juges d'appel.*

118. La seule possibilité de l'appel met obstacle à l'exécution du jugement pendant le délai de dix jours imparti pour appeler, et lorsqu'un appel est intervenu, le sursis se prolonge pendant toute la durée de l'instance d'appel (C. instr. crim., 203).

119. Ce sursis s'applique aux dispositions du jugement relatives à l'action civile aussi bien qu'à celles concernant l'action publique. Toutefois, à l'égard des premières, il cesse, s'il n'y a pas d'appel, à l'expiration du délai de dix jours fixé par l'art. 203, tandis que, pour les secondes, il se prolonge pendant le délai plus considérable donné au procureur général pour exercer son recours : Cass., 15 déc. 1814 (J.P. chr.) et 17 juin 1819 (*id.*); — F. Hélie, n. 3023.

120. Il faut remarquer que, dans le cas où le prévenu est en état de détention préalable, l'exécution du jugement de condamnation à [une peine corporelle qui vient à être rendu contre lui, et dont il n'interjette pas appel, n'est pas suspendue par l'appel du ministère public, la durée de la peine, dans ce cas, comptant du jour même du jugement (C. pén., 24).

121. Dans le cas d'acquittement, le prévenu en état de détention préalable est mis immédiatement en liberté, malgré l'appel dont le jugement serait frappé par le ministère public ou par la partie civile (C. instr. crim., 206).

122. Le sursis à l'exécution a lieu pour tous jugements définitifs, soit qu'ils statuent sur le fond de la prévention, soit qu'ils ne prononcent que sur une exception ou un incident : Cass., 12 mars 1829 (Bull., n. 62); 23 oct. 1840 (*Id.*, n. 313); 19 janv. 1854 (*Id.*, n. 12); — F. Hélie, n. 3025; Berriat Saint-Prix, n. 1095. — Mais, dans ce dernier cas, le sursis n'existe que s'il y a appel; le délai pour appeler n'est plus, par lui seul, suspensif de l'exécution : Cass., 22 janv. 1825 (Bull., n. 15); Berriat Saint-Prix, n. 1097.

123. La règle du sursis souffre d'ailleurs quelques exceptions. — Ainsi, elle ne s'applique ni aux jugements préparatoires, lesquels, comme on sait, ne peuvent être frappés d'appel qu'en même temps que le jugement sur le fond (Cass., 11 fév. 1841, Bull., n. 42; 13 mars 1845, *Id.*, n. 102), ni au jugement accordant une provision à la partie civile qui a obtenu un jugement par défaut contre le prévenu (C. instr. crim., 188) : Berriat Saint-Prix, n. 1098.

124. Cette règle n'est pas non plus applicable aux condamnations à des peines de police que le tribunal correctionnel prononce dans le cas d'irrévérence, injures ou voies de fait commises à son audience ; l'exécution, en pareil cas, peut être immédiate (C. instr. crim., 12 et 505).

125. L'appel défère, en général, à la juridiction supérieure tous les faits dont les premiers juges avaient été saisis, mais ces faits-là seulement (Av. Cons. d'Et., 12 nov. 1806) : F. Hélie, n. 3027 et 3034 ; Berriat Saint-Prix, n. 1123.

126. Par suite, si, lorsqu'un procès-verbal constate deux délits à la charge d'un prévenu, le tribunal correctionnel n'a été saisi, soit par la citation de la partie civile, soit par ses conclusions à l'audience, que d'un seul de ces délits, la Cour ne peut, sur l'appel de la partie civile, connaître du second délit, encore bien qu'en première instance la partie civile ait subsidiairement offert la preuve de tous les faits énoncés au procès-verbal : Bourges, 23 mai 1861 (J.M.p.4.141). V. aussi Cass., 5 déc. 1828 (S.-V. 9.1.197) ; — Dalloz, v^is *App. en mat. crim.*, n. 333, et *Demande nouvelle*, n. 279.

127. La Cour de cassation a jugé, il est vrai, par un arrêt du 7 mars 1835 (J. P. chr.), que dans le cas où le tribunal correctionnel n'a statué que sur l'un des délits constatés par un procès-verbal, les juges d'appel ne peuvent se dispenser de réparer l'omission, sous le prétexte que les autres délits n'auraient pas fait l'objet des poursuites exercées devant les premiers juges ; mais cet arrêt suppose que la citation s'est référée au procès-verbal transcrit en tête de cette citation, hypothèse dans laquelle il est manifeste que les premiers juges avaient réellement été saisis de tous les faits énoncés au procès-verbal.

128. Lorsque l'appel est restreint à certains chefs du jugement, c'est de ces chefs seuls que les juges du second degré peuvent connaître. Les dispositions non attaquées passent en force de chose jugée (Av. Cons. d'Et. de 1806 précité) : — F. Hélie, n. 3034, — Berriat Saint-Prix, *loc. cit.*, et arrêts cités par ces auteurs.

129. Toutes les exceptions, tous les moyens opposables à l'action et que les parties mêmes n'auraient pas fait valoir en première instance, peuvent être proposés devant les juges d'appel.

V. F. Hélie, n. 3032, et les nombreuses décisions qu'il mentionne.

150. Jugé spécialement que la fin de non-recevoir prise du défaut de qualité du ministère public (spécialement pour poursuivre les contraventions en matière de garantie des objets d'or et d'argent) peut, comme toute exception d'ordre public, nonobstant le défaut d'appel par le prévenu d'un jugement préparatoire qui l'a rejetée, être proposée par lui et accueillie par la Cour sur l'appel du jugement ultérieurement rendu sur le fond : Nancy, 19 janv. 1864 (J.M.p.7.20).

151.... Que les juges correctionnels du second degré, saisis par l'appel du ministère public, ont caractère pour statuer sur toutes les exceptions se rattachant à l'action principale, sans qu'il soit nécessaire que le prévenu se rende lui-même incidemment appelant : Grenoble, 16 nov. 1860 (J.M.p.4.60). — V. du reste, en ce qui concerne l'appel incident, *suprà*, n. 22, 69 et s.

152. Cependant la règle qui vient d'être indiquée reçoit exception à l'égard des irrégularités de la citation introductive de la poursuite ; ces irrégularités ne peuvent être relevées pour la première fois en appel (arg. C. proc. civ., 173) : Cass., 7 mai 1835 (Bull., n. 168); 12 avr. 1839 (*id.*, n. 132); 12 août 1852 (*id.*, n. 271); — F. Hélie, *loc. cit.*

153. Dans le cas où, après un premier jugement correctionnel rejetant une exception d'incompétence du prévenu tirée du caractère criminel du fait poursuivi, et qui n'a été frappé d'appel ni par le prévenu ni par le ministère public, un second jugement est intervenu sur le fond de la prévention, sans nouvelle protestation de la part du prévenu, et a prononcé une condamnation contre ce dernier, les juges du second degré ne peuvent, sur l'appel qu'il vient à former contre ce deuxième jugement, sans remettre en question celui rendu sur la compétence, passé dès lors en force de chose jugée, être saisis, par des conclusions prises par lui à l'audience, du déclinatoire qu'il avait précédemment proposé ; ils sont, à une telle phase du procès, sans qualité pour discuter leur compétence, et sans pouvoir pour réformer le jugement qui a définitivement attribué le fait poursuivi à la juridiction correctionnelle : Cass., 23 juill. 1868 (J.M.p.11.209).—Si, en effet, le prévenu condamné par un jugement correctionnel est recevable à opposer pour la première fois devant les juges du second degré, même en l'absence d'appel de la part du ministère public, une exception d'incompétence tirée du caractère criminel du fait poursuivi (V. *infrà*, n. 141), il ne saurait lui appartenir d'élever une semblable exception sur l'appel qu'il a interjeté du jugement seul qui a statué sur le fond de la prévention, et après avoir laissé acquérir l'autorité de la chose jugée à celui qui avait préalablement rejeté le déclinatoire présenté déjà par lui devant les premiers juges.

154. Il a été jugé que toutes les questions qui se rattachent à la recevabilité d'un appel correctionnel, et, par exemple, celle de savoir si le jugement qui a été l'objet de cet appel est préparatoire ou interlocutoire, rentrent exclusivement dans la compétence des juges du second degré : Pau, 9 janv. 1858 (J.M.p.2.88). — Mais nous ne saurions admettre cette solution. L'appel ne dessaisit le tribunal correctionnel de qui émane le jugement contre lequel il est dirigé, qu'autant que ce jugement n'est pas simplement préparatoire ou d'instruction ; le tribunal doit donc avoir le droit d'apprécier le caractère de ce jugement, afin de reconnaître s'il y a lieu ou non de surseoir à la décision du fond, comme l'exige l'art. 203, C. instr. crim. V. en ce sens, Cass., 22 janv. 1825 (S.-V.8.1.22) ; — Dalloz, n. 295.

155. Lorsque le délit est constitué par une succession de faits, comme l'habitude d'usure, l'adultère, il appartient au juge d'appel d'apprécier même les faits qui se sont produits depuis le jugement, s'ils se rattachent d'ailleurs à l'incrimination sur laquelle ce jugement a statué : Cass., 26 fév. 1825 (J.P. chr.) ; 24 mai 1851 (Bull. n. 192) ; — F. Hélie, n. 3027.

156. D'un autre côté, les juges d'appel ne sont pas plus liés par la qualification donnée aux faits par les premiers juges, que ceux-ci ne le sont par la qualification contenue dans l'ordonnance ou l'arrêt de renvoi ou dans la citation. Ils peuvent qualifier autrement ces faits, pourvu qu'ils n'en retiennent pas de nouveaux. V. notamment Cass., 10 et 16 août 1855 (Bull., n. 286 et 292) : 13 déc. 1855 (S.-V.56.1.554) ; 12 déc. 1856 (Bull., n. 394) ; 16 août 1862 (J.M.p.6.23) ; — Boitard, p. 344 ; F. Hélie, n. 3028 ; Berriat Saint-Prix, n. 1164.

157. La Cour de cassation est allée jusqu'à décider, par un arrêt du 29 juin 1855 (S.-V.55.1.547), que les juges d'appel peuvent modifier la qualification du fait admise en première instance, même en relevant une circonstance aggravante dont les premiers juges n'avaient pas été saisis. Mais l'exactitude de cette solution nous paraît très-contestable. V. aussi F. Hélie, n. 3029.

158. Au surplus, l'effet dévolutif de l'appel est différent selon qu'il émane du prévenu seul, de la partie civilement responsable, de la partie civile, d'une administration publique ou du ministère public.

159. Sur l'appel du prévenu seul, les juges supérieurs ne peuvent réformer le jugement que dans l'intérêt de ce prévenu, et jamais à son préjudice. Ils ne sauraient prononcer contre lui ni une aggravation de la peine appliquée par les premiers juges, ni une condamnation à des dommages-intérêts non alloués en première instance, alors que, par leur silence, le ministère public et la partie civile indiquent qu'ils ont reçu une satisfaction suffisante. Ce principe, qui découle de l'avis du Conseil d'État du 12 nov. 1806 déjà rappelé, est constant en jurisprudence. V. les nombreuses solutions retracées par MM. F. Hélie, n. 3035, et Berriat Saint-Prix, n. 1126.

140. Au cas d'appel par le prévenu seul d'un jugement correctionnel qui le condamne comme coupable d'un délit, la Cour ne peut déclarer la juridiction correctionnelle incompétente sur le motif que, à raison d'une circonstance aggravante relevée par elle, le fait poursuivi constituerait un crime : la position du prévenu, en pareil cas, ne peut être aggravée par une déclaration d'incompétence qui l'exposerait à l'application d'une peine plus forte. La jurisprudence est bien constante sur ce point. V. notamment, Cass., 13 janv. 1854 (D.p.54.5.35) ; 13 oct. 1859 (D.p. 59.1.477) ; 26 juin 1862 (J.M.p.5.285) ; 26 mars et 26 mai 1864 (*Id.*, 7.182 et 245) ; 28 août 1868 (*Id.*, 13.99) ; 12 déc. 1868 (*Id.*, 13.36) ; — F. Hélie, n. 3036 ; Dalloz, n. 355 et s. ; Berriat Saint-Prix, n. 1128.

141. Toutefois, une telle déclaration d'incompétence cesserait de pouvoir être considérée comme une aggravation de la position du prévenu, si, ce dernier y avait conclu formellement : Cass., 27 déc. 1839 (Bull., n. 393) ; 22 oct. 1840 (*Id.*, n. 310) ; 23 déc. 1841 (*Id.*, n. 368) ; 8 fév. 1844 (*Id.*, n. 39). — F. Hélie, *loc. cit.* ; Berriat Saint-Prix, n. 1129.

142. Lorsque la Cour saisie de l'appel d'un jugement correctionnel rendu sur le renvoi prononcé par une ordonnance du juge d'instruction, se déclare incompétente, à raison de ce que le fait poursuivi comme délit a pris depuis le jugement le caractère d'un crime, elle ne peut renvoyer le prévenu devant un autre juge d'instruction ; il y a lieu, en pareil cas, à règlement de juges par la Cour de cassation : Montpellier, 14 fév. 1859 (J.M.p.2.159). — V. dans le même sens, Cass., 20 mars 1856 (D.p.56.5.390), et diverses autres décisions citées par MM. Dalloz, v^{is} *Instr. crim.*, n. 990 et s., et *Régl. de jug.*, n. 175.

143. Les juges d'appel ne peuvent, sur l'appel du prévenu seul, user de leur droit de modifier la qualification du fait poursuivi (V. *suprà*, n. 136), qu'à la condition de ne pas aggraver par là la position du prévenu : Cass., 10 août 1855 (Bull., n. 286). Ils n'auraient donc pas le droit d'arriver, par cette modification, soit à changer la compétence, soit à écarter une exception de prescription opposée par le prévenu : Cass., 30 janv. 1847 (S.-V. 48.1.747); 20 juill. 1848 (J. du dr. crim., 20.313); — F. Hélie, n. 3037; Dalloz, n. 360.

144. L'appel par le prévenu du jugement de débouté de l'opposition qu'il avait formée à un jugement par défaut rendu contre lui, saisit la juridiction supérieure de la contestation tout entière, c'est-à-dire du fond même du litige, quoique le débat n'ait porté devant les premiers juges que sur la forme de l'opposition (Cass., 14 déc. 1838, D.P.39.1.145; Dijon, 22 mars 1854, S.-V.24.2.525); Aix, 10 nov. 1864 (J.M.p.8.323); en sorte que la partie condamnée peut échapper à l'effet de la déchéance de l'appel du jugement par défaut, lorsque plus de dix jours se sont écoulés entre la signification de ce jugement et le débouté de l'opposition qu'elle y a formée, en frappant d'appel le jugement même qui prononce ce débouté d'opposition.

145. L'appel de la partie civile seule ne permet à la juridiction supérieure de statuer que sur les intérêts civils de cette partie, sans l'autoriser à prononcer en aucune façon sur l'action publique, relativement à laquelle le silence du ministère public et du prévenu a fait acquérir au jugement l'autorité de la chose jugée (Av. Cons. d'Ét., 12 nov. 1806). — Il en est d'ailleurs ainsi, même dans les cas où l'exercice de l'action publique est subordonné à une plainte préalable de la partie lésée. — V. sur ces points incontestables, F. Hélie, n. 3039, 3040 ; Berriat Saint-Prix, n. 1132.

146. Jugé spécialement, par application de cette règle, que l'appel d'un jugement correctionnel par la partie civile seule n'autorise point le prévenu à demander devant la Cour à être déchargé de la peine prononcée contre lui : Agen, 27 nov. 1867 (J.M.p.11.83).

147 ....Qu'au cas d'appel par le ministère public d'un jugement correctionnel sur le seul chef à raison duquel le prévenu avait été poursuivi par lui devant le tribunal correctionnel, l'appel de la partie civile sur un autre chef n'autorise la Cour à prononcer aucune peine contre le prévenu relativement à ce second chef; qu'il n'y a lieu de statuer sur cet appel de la partie civile qu'au point de vue de ses intérêts civils seulement : Besançon, 17 janv. 1863 (J.M.p.6.148).

148. Décidé aussi que les juges correctionnels du second degré auxquels est déféré, par l'appel de la partie civile et du prévenu seulement, un jugement ne condamnant ce dernier que pour un seul des deux délits qui lui étaient imputés, ne peuvent, après avoir, par un changement de qualification du fait qui a donné lieu à cette condamnation, converti en amende la peine d'emprisonnement prononcée, maintenir néanmoins cette dernière peine en l'appliquant au fait sur lequel il y avait eu acquittement, et dont ils ont, au contraire, admis la criminalité sur les conclusions de la partie civile; que l'appel de celle-ci, pas plus que celui du prévenu, ne peut, en l'absence de recours de la part du ministère public, autoriser la prononciation d'une peine contre ce prévenu : Cass., 7 juin 1867 (J.M.p.11.40).

149. Il a été jugé, par exception à la règle d'après laquelle l'effet de l'appel de la partie civile est restreint aux intérêts civils de celle-ci, que l'appel par le mari seul du jugement rendu sur sa plainte en adultère, autorise le juge d'appel à prononcer une peine contre la femme et son complice acquittés en première instance ou à aggraver la peine appliquée par les premiers juges : Cass., 3 sept. 1831 (D.p. 33.1.315); 19 oct. 1837 (S.-V.37.1.560); 5 août 1841 (Bull., n. 232); 3 mai 1850 (S.-V. 50.1.556); Angers, 9 déc. 1844 (S.-V.45.1.185); Douai, 12 mars 1867 (J.M.p. 11.84); — Merlin, *Quest.*, v° *Adultère*, § 6; Berriat Saint-Prix, n. 1134. — Mais c'est là une doctrine, selon nous, inadmissible. V. *Adultère*, n. 7.

150. Les administrations qui concourent à l'exercice de l'action publique (celles des eaux et forêts, des contributions indirectes et des douanes) défèrent, par leur appel, à la juridiction supérieure même les parties du jugement relatives à la répression du délit, pourvu, en ce qui concerne ces deux dernières administrations, que la peine applicable ne soit pas celle de l'emprisonnement (C. instr. crim., 202; C. for., 183). — V. F. Hélie, n. 3042; Berriat Saint-Prix, n. 1136 et 1137.

151. L'appel du ministère public saisit les juges du second degré de l'appréciation complète et absolue de l'action publique; il profite au prévenu lui-même et autorise les juges du second

degré soit à diminuer la peine qui lui a été appliquée par les premiers juges, soit à prononcer son acquittement : Cass., 6 sept.
1811 (S.-V.3.1.404); 22 janv. et 27 fév. 1813 (S.-V.4.1. 265 et
293); 12 nov. 1835 (S.-V.36.1.228); Paris, 9 nov. 1829 (S.-V.9.2.
344); — Merlin, *Quest. de dr.*, v° *Appel*, § 5; Bourguignon, sur
l'art. 202, C.! instr. crim., n. 8; Legraverend, t. 2, p. 398;
Carnot, sur l'art. 202; Boitard, p. 335; Le Sellyer, t. 2, n. 436;
Berriat Saint-Prix, n. 1139; Trébutien,, t. 2, p. 509; Dalloz,
n. 373; F. Hélie, n. 3043.

152. Ce principe est-il applicable même à l'appel interjeté
à minimâ par le ministère public? La négative a été consacrée par
quelques décisions (Cass., 9 et 19 prair. an VIII, S.-V.1.1.323 et
327; 22 oct. 1812, S.-V.4.1.204; Metz, 22 janv. 1821, S.-V.6.2.
353, et 3 juin 1822, S.-V.7.2.81), et est enseignée par plusieurs
auteurs : Merlin, Bourguignon, Legraverend, Carnot, Boitard,
Le Sellyer, *loc. cit.* — On argumente en faveur de cette opinion de l'autorité de la chose jugée qui doit s'attacher à une
condamnation contre laquelle le prévenu n'a pas trouvé à propos de
se pourvoir, et de la séparation qui doit exister entre le pouvoir
de poursuivre et le pouvoir de juger, séparation qui serait méconnue si les juges du second degré, bien que saisis uniquement,
par l'appel *à minimâ* du ministère public, de la question de savoir
s'il y a lieu d'aggraver la peine prononcée par les premiers juges,
pouvaient apprécier de nouveau la culpabilité du prévenu, et
acquitter celui-ci dans le cas où il ne leur paraîtrait pas coupable.

153. Mais la doctrine contraire a justement prévalu, et il est
généralement admis que l'appel *à minimâ* du ministère public
autorise les juges correctionnels du second degré à apprécier tous
les moyens et exceptions qui peuvent soit atténuer la culpabilité
du prévenu, soit justifier son acquittement. V. Cass., 4 mars 1825
(S.-V.8.1.65) et 10 mai 1843 (S.-V.43.1.668); Metz, 6 juin 1821
(S.-V.6.2.427); Poitiers, 12 mai 1855 (S.-V.56.2.362); Colmar,
27 août 1855 (S.-V.56.2.357); Chambéry, 5 oct. 1861 (J.M.p. 5.
40); Bordeaux, 24 juin 1868 (*id.*12.264); — Chauveau et Hélie,
Jour. du dr. crim., année 1834, p. 227; F. Hélie, *Rev. de législ.*,
t. 10, p. 204, et *Instr. crim.*, n. 3043; Descloseaux, *Encycl. du
dr.*, v° *App. en mat. cr.*, n. 95; Berriat Saint-Prix, *loc. cit.*,
n. 1140; Trébutien, *ut suprà;* Dalloz, *loc. cit.*, n. 382. — Cette
doctrine se justifie par une considération d'équité toute puissante.
Les juges d'appel ne peuvent évidemment reconnaître s'il y a lieu
à l'aggravation de peine requise par le ministère public, sans

vérifier la vérité, la moralité et la qualification légale des faits imputés au prévenu. Or, comment admettre que si le résultat de cet examen est favorable à celui-ci, les juges, tout en le proclamant, soient obligés de laisser subsister une condamnation qu'ils estiment injuste ?

154. Remarquons toutefois que l'appel *à minimâ* du ministère public n'autorise les juges à statuer sur la prévention tout entière qu'autant que cet appel n'a pas été restreint à certains chefs seulement de la prévention. V. en ce sens, Cass., 21 déc. 1809 (Dall., *loc. cit.*, n. 378); 13 déc. 1811 (J.P.chr.) et 10 mai 1843 précité, dans ses motifs; — F. Hélie, *Instr. crim.*, *loc. cit.* Il en serait cependant autrement si le chef frappé d'appel était lié avec le chef laissé en dehors de l'appel : Cass., 17 août 1821 (J.P.chr.); — F. Hélie, *ibid.* — V. encore sur l'effet dévolutif de l'appel *à minimâ*, Orléans, 1er mars 1853 (D.P.55.2.343), et Poitiers, 31 mai 1855 (S.-V.56.2.358).

155. Il résulte d'un arrêt de la Cour de Caen du 17 août 1868 (J.M.p. 12.103) qu'il n'appartient aux Cours impériales, en matière correctionnelle, sur l'appel du ministère public, de donner aux faits poursuivis une qualification autre que celle qui leur a été attribuée soit par l'ordonnance de renvoi, soit par les premiers juges, que sous la double condition que la nature et le caractère du délit ne soient pas modifiés, et que la peine reste la même. — Mais nous ne pouvons souscrire à une telle doctrine.

156. Du principe incontestable que l'appel du ministère public saisit les juges du second degré de l'appréciation entière et absolue de la prévention, il suit nécessairement que cet appel les autorise, non point sans doute à substituer un nouveau délit à celui qui avait été déféré aux premiers juges, mais à changer, si elle leur paraît inexacte, la qualification donnée soit par la citation ou l'ordonnance de renvoi, soit par le jugement frappé d'appel, au fait poursuivi, alors même que la qualification nouvelle entraînerait une modification du caractère du délit et une élévation de la peine appliquée au prévenu. V. notamment sur ce point, F. Hélie, n. 3028, et Berriat Saint-Prix, n. 1164, ainsi que les arrêts cités par eux.

157. L'appel du ministère public est sans effet à l'égard des intérêts civils, auxquels il est complétement étranger, excepté toutefois en matière forestière et de douanes. V. F. Helie, n. 3043; Berriat Saint-Prix, n. 1143.

158. Lorsque, sur le double appel du ministère public et du prévenu, la Cour impériale confirme, par un arrêt rendu par défaut à l'égard de celui-ci, un jugement correctionnel qui a annulé, conformément aux conclusions du prévenu, le procès-verbal servant de base aux poursuites, mais a admis le ministère public à faire la preuve testimoniale supplétive par lui offerte, l'opposition à cet arrêt formée par le prévenu ne défère à la Cour que le chef du jugement relatif à cette preuve, sans remettre en question le chef relatif à la nullité du procès-verbal, lequel est définitivement jugé et ne peut être débattu de nouveau par le ministère public : Cass., 9 mars 1867 (J.M.p. 11.38).

159. Dans le cas où les juges d'appel annulent le jugement de première instance pour cause d'incompétence de la juridiction correctionnelle, ils renvoient les parties à se pourvoir devant qui de droit (C. instr. crim., 214). Mais quand l'annulation est prononcée pour violation ou omission non réparée de formes prescrites par la loi à peine de nullité, les juges d'appel statuent eux-mêmes sur le fond (*Id.*,215). C'est ce qui constitue la mesure de l'évocation.

160. Quoique l'art. 215 n'impose aux juges d'appel l'obligation d'évoquer que dans le cas de violation ou d'omission non réparée de formes prescrites par la loi à peine de nullité, la jurisprudence, dans un but de simplification de la procédure, a étendu la nécessité de cette mesure à toutes les hypothèses où la décision de première instance est annulée pour un simple maljugé sur un incident, sur une exception ou par avant faire droit. Peut-être cette extension, qui n'est pas toujours favorable à la défense, n'a-t-elle pas une base fort légale (V. F. Hélie, n. 3049); mais elle a été consacrée d'une manière trop constante pour qu'il soit permis désormais d'en discuter le mérite. V. notamment, Cass., 27 août 1815 (J.P.chr.); 4 juill. 1822 (S.-V.7.1.106); 25 mars 1831 (D.p.31.1.116); 22 fév. 1845 (D.p.45.4.102); 19 mai 1853 (D.p.53.5.147); 1er juin 1861 (J.M.p.4.193); 12 déc. 1863 (*Id.*7.49); Bordeaux, 6 nov. 1863 (*Id.*7.195) et 24 déc. 1868 (*Id.* 12.205).

161. Jugé, spécialement, qu'il y a lieu à évocation, lorsque la Cour impériale, saisie de l'appel d'un jugement correctionnel, infirme ce jugement à raison de ce qu'il a déclaré non recevable l'opposition formée par le prévenu à un jugement antérieur rendu par défaut contre lui, et qu'elle déclare, au contraire, régulière et recevable cette même opposition : Cass., 1er juin 1861, précité.

162. ...Que les juges d'appel qui annulent la décision par laquelle le tribunal correctionnel s'est déclaré irrégulièrement saisi d'une poursuite, sont tenus d'évoquer le fond : Bordeaux, 8 juill. 1868 (J.M.p.12.95).

163. ... Qu'il en est de même, lorsqu'ils infirment un jugement correctionnel par le motif que les premiers juges se sont mal à propros déclarés incompétents : Cass., 14 mai 1813 (S.-V. 4.1.352); 21 sept. 1821 (S.-V.6.1.500); 8 déc. 1827 (S.-V.8.1. 719); 5 juill. 1828 (S.-V.9.1.125); 18 nov. 1836 (S.-V.38.1.186); — Dalloz, v° *Degr. de juridict.*, n. 674; F. Hélie, n. 3049.

164. Décidé aussi que, sur l'appel interjeté par le ministère public d'un jugement qui a déclaré l'action de la partie civile non recevable à raison de la chose jugée, la Cour, en infirmant ce jugement, même pour une cause autre qu'un vice de forme, est tenue d'évoquer le fond, par suite du refus fait par les premiers juges de statuer sur la poursuite : Cass., 3 janv. 1863 (J.M.p. 8.21).

165. ... Que la Cour saisie de l'appel d'un jugement correctionnel ayant statué sur un délit commis à l'audience, doit, en annulant ce jugement, à raison d'une fausse application de l'art. 181, C. instr. crim., évoquer le fond, comme les juges d'appel, en matière correctionnelle, y sont tenus toutes les fois que l'annulation de la décision des premiers juges est prononcée pour une cause autre que l'incompétence : Amiens, 19 août 1864 (J.M. p.7.165).

166. La Cour saisie par le prévenu de l'appel d'un jugement correctionnel qui n'a statué que sur un seul des chefs compris dans la prévention, ne peut prononcer elle-même, par voie d'évocation, sur les autres chefs, mais doit renvoyer le prévenu devant le tribunal pour y être fait droit : Cass., 14 sept. 1830 (J.P.chr.) et 31 déc. 1863 (S.-V.64.1.195); Aix, 29 avr. 1869 (J.M.p.12. 193);—F. Hélie, n. 3050. — En effet, la Cour ne pourrait évoquer le fond pour statuer sur les chefs que le tribunal a omis de juger, qu'en infirmant le jugement à raison de cette omission, et elle ne pourrait prononcer cette infirmation sans violer le principe d'après lequel il n'est pas permis d'aggraver la position du prévenu sur son seul appel.

167. D'après un arrêt de la Cour de cassation du 28 mai 1851 (Bull., n. 195), les juges d'appel peuvent évoquer le fond sur le seul appel formé par la partie civile contre un jugement incident.

168. Et il a été jugé aussi que le procureur général qui n'a pas interjeté appel d'un jugement correctionnel dans le délai de deux mois prescrit par l'art. 205, conserve néanmoins, au cas où ce jugement vient à être annulé sur l'appel de la partie civile ou du prévenu, le droit de requérir devant la Cour l'application de la loi pénale contre ce dernier, si le jugement dont il s'agit a statué, non sur le fond, mais seulement sur un incident de procédure ou sur une question préjudicielle, le défaut d'appel de la part du procureur général, en semblable hypothèse, n'ayant pas eu pour effet d'éteindre l'action publique, sur laquelle l'évocation du fond permet à la Cour de prononcer : Metz, 11 janv. 1860 (J.M.p.4.15).

169. Mais cette doctrine nous paraît contestable. Est-il juridique d'admettre que l'appel de la partie civile, qui n'est autorisé que relativement aux intérêts civils de celle-ci, puisse donner lieu à l'évocation du fond, qui aggrave la position du prévenu en le privant du premier degré de juridiction, et qui réagit ainsi sur l'action publique elle-même ? Ne serait-il pas plus légal et plus équitable de décider que, dans l'hypothèse dont il s'agit, la Cour, en annulant le jugement incident frappé d'appel, ne doit pas évoquer le fond, mais renvoyer les parties en première instance, où le ministère public pourra alors faire régulièrement ses réquisitions ? V. en ce sens, F. Hélie, n. 3051. — Mais V. toutefois, Berriat Saint-Prix, n. 1133.

170. Au cas où, sur l'appel interjeté par la partie civile seule d'un jugement correctionnel prononçant un sursis jusqu'après la décision d'une question préjudicielle par la juridiction civile, la Cour d'appel, en infirmant ce jugement, évoque le fond, le ministère public conserve le droit de requérir l'application de la peine, nonobstant son défaut d'appel, le jugement dont il s'agit ayant laissé intact le fond de la cause : Cass., 28 fév. 1862 (J.M.p.6. 252).

171. Au cas où les juges d'appel annulent un jugement correctionnel pour violation d'une formalité substantielle, par exemple, à raison de ce que le ministère public n'a pas été entendu en ses conclusions, ils peuvent évoquer le fond, conformément à l'art. 215, C. instr. crim., alors même qu'ils n'arriveraient, comme les premiers juges, qu'à une simple déclaration d'incompétence, si la question de compétence était le fond même de la contestation : Cass., 22 déc. 1860 (J.M.p.4.148). — Cette hypothèse ne doit pas être assimilée à celle où les juges d'appel infirment un jugement correctionnel pour cause d'incompétence. Ici, les juges d'appel ne déclarent pas l'incompétence par un effet direct de l'infirmation, mais par suite de l'examen du fond du débat, en sorte qu'après cette déclaration il ne leur reste plus rien à juger, et qu'ils ne sont pas, dès lors, appelés à statuer sur la prévention elle-même, ce qu'a seulement voulu empêcher l'art. 215, au cas où les juges d'appel proclament l'incompétence des premiers juges.

172. L'évocation, de la part des juges correctionnels du second degré, n'est pas purement facultative ; elle doit nécessairement avoir lieu dans les cas prévus par la loi ou dans ceux que la jurisprudence leur a assimilés. V. notamment Cass., 19 mai 1853 (Bull., n. 175) ; — F. Hélie, n. 3052 ; Berriat Saint-Prix, n. 1194 ; Dalloz, v° *Degr. de juridict.*, n. 671 et s.

173. Décidé, par suite, que le droit d'évocation dont sont investis les juges d'appel, en matière correctionnelle, n'est subordonné ni à une réquisition du ministère public, ni à la demande des parties : Cass., 1er juin 1861 (J.M.p.4.193).

174. L'art. 473, C. proc. civ., d'après lequel, lorsqu'il y a lieu à évocation en matière civile, les juges doivent statuer sur le fond par le jugement même qui l'évoque, n'est point applicable en matière correctionnelle : Cass., 17 déc. 1847 (J. du dr. crim., p. 36) ; 22 déc. 1860 (J.M.p.4.148). Les juges correctionnels du second degré peuvent donc, après avoir prononcé l'infirmation qui nécessite l'évocation, renvoyer à une audience ultérieure pour statuer sur le fond de la poursuite : Cass., 5 juill. 1828 (J.P.chr.) ; — F. Hélie, n. 3052 ; Berriat Saint-Prix, n. 1194.

§ 6. — *Instruction et jugement de l'appel.*

175. La requête de l'appelant, si elle a été déposée au greffe du tribunal de première instance, et les autres pièces doivent, quelle que soit la partie qui a formé l'appel, être envoyées par le procureur impérial au greffe de la Cour dans les vingt-quatre heures après la déclaration ou la remise de la notification d'appel. — Si le prévenu contre lequel a été rendu le jugement est en état d'arrestation, il doit être, dans le même délai et par ordre du procureur impérial, transféré dans la maison d'arrêt du lieu où siége la Cour impériale (C. instr. crim., 207).

176. D'après une circulaire ministérielle du 10 juill. 1827 (Gillet, n. 2012), le délai de vingt-quatre heures fixé par l'art. 207 pour l'envoi des pièces et le transférement du condamné détenu, ne doit *jamais être dépassé sous aucun prétexte.* — M. Berriat Saint-

Prix, n. 1103, enseigne au contraire que ce délai, tout à fait insuffisant, n'est que comminatoire, et que la seule conséquence à tirer de l'art. 207, c'est que les diligences prescrites doivent avoir lieu sans le moindre retard, surtout en cas de détention préventive d'une partie. — V. aussi Cass., 15 mai 1869 (J.M.p. 13.110); Circ. proc. gén. Paris, 11 août 1856 (Addenet, p. 89).

177. Le dossier est mis en état par le greffier, qui y joint un inventaire dressé sans frais (C. instr. crim., 423; Décr. 18 juin 1811, art. 60). — Ce dossier comprend, en trois séries distinctes : 1° les pièces de l'information proprement dite; 2° les pièces de formalités; 3° les pièces confidentielles de toute nature. Les pièces de chaque série doivent être rangées par ordre de date. — C'est aux deux premières séries seulement que s'applique l'inventaire. V. Circ. min. just. 16 fév. 1825 (Gillet, n. 1817); — Berriat Saint-Prix, n. 1103; Desplagnes, *Notes pratiq. sur l'admin. des parquets*, p. 35.

178. La procédure et les pièces sont envoyées en minute, à l'exception de la déclaration d'appel et du jugement frappé d'appel, qui doivent être expédiés par copies (Décr. 18 juin 1811, art. 59; Instr. génér. 30 sept. 1826, n. 51).

179. D'après un arrêt de la Cour de Bruxelles du 16 fév. 1867 (J.M.p.10.74), au cas d'appel par la partie civile seule d'un jugement correctionnel qui acquite le prévenu, le ministère public n'est pas tenu de joindre aux pièces qu'il doit envoyer au greffe de la Cour, soit une expédition, soit la minute de ce jugement : c'est à la partie civile elle-même qu'incombe le devoir d'en produire l'expédition. — Mais cette décision, contraire à une pratique constante, du moins en France, ne saurait se justifier en droit. L'art. 207, en chargeant le ministère public de l'envoi des pièces, ne fait aucune distinction : il dispose en vue de l'intérêt général de l'administration de la justice. La partie civile aurait pu apporter de la négligence dans un tel envoi, et laisser ainsi en suspens durant un intervalle plus ou moins long la solution de l'affaire, en privant d'ailleurs le procureur général du moyen d'examiner en temps opportun s'il y avait lieu d'user de son droit d'appel à l'égard du prévenu. Le ministère public près le tribunal correctionnel présentait au contraire toute garantie d'exactitude; il était donc naturel que le soin de transmettre le dossier à la Cour lui fût confié dans tous les cas. Or, il est inadmissible que, lorsque l'appel émane de la partie civile, il soit affranchi de l'obligation d'envoyer la pièce la plus essentielle du dossier, le jugement même contre lequel est dirigé le recours. — Aussi tous les auteurs s'accordent-ils à ranger l'expédition de ce jugement parmi les pièces que le procureur impérial doit transmettre au procureur général dans notre hypothèse. V. notamment F. Hélie, n. 3053 ; Berriat Saint-Prix, n. 1101 et 1102 ; Massabiau, n. 2199 et 2200 ; Desplagnes, p. 35 et 36.

180. Les pièces doivent être visées pour timbre et enregistrées en débet, lorsque l'appel a été formé par le ministère public ou par le prévenu ; mais la rédaction sur timbre et l'enregistrement au comptant sont exigés quand l'appel émane de la partie civile.

181. Toutefois, même lorsqu'il y a partie civile en cause, l'expédition du jugement peut être visée pour timbre et enregistrée en débet, sur la réquisition qui en est faite par le procureur impérial, dans le cas où les fonds consignés par la partie civile sont épuisés : Circ. min. just. 14 nov. 1861 (Rés. chr., p. 39).

182. Lorsque les pièces à conviction ont été reconnues par les parties intéressées devant les premiers juges, elles ne doivent pas être envoyées à la Cour, à moins qu'elles ne soient demandées par le procureur général : Circ. proc. gén. Paris, 11 août 1856 (Addenet, p. 89).

183. Le transférement du condamné détenu qui a interjeté appel, doit avoir lieu malgré le désistement qu'il ferait ensuite de cet appel, parce que le désistement n'a d'effet qu'autant qu'il en a été donné acte par les juges d'appel, dont la décision ne peut être rendue hors la présence du condamné : Circ. proc. gén. Paris, 15 juin 1859 (Addenet, p. 89, note). — V. *suprà*, n. 116.

184. Malgré le silence de la loi, il est admis que c'est au procureur général qu'incombe l'obligation de faire citer devant la Cour toutes les parties, soit appelantes, soit intimées. Cette obligation, qui est comme un corollaire de la disposition de l'art. 207, dérive en outre naturellement des attributions du ministère public, au nombre desquelles est le devoir d'assurer l'exécution de l'art. 209, qui limite à un mois la durée de l'instance d'appel. V. Cass., 23 août 1811 (S.-V.3.1.398) ; 7 déc. 1844 (S.-V.45.1. 351) ; — F. Hélie, n. 3054 ; Berriat Saint-Prix, n. 1118.

185. Le ministère public a le droit et le devoir de faire citer les parties devant la Cour, même dans le cas où l'appel a été interjeté par la partie civile seule : Cass., 4 mars 1842 (S.-V.42.1. 614) et 2 janv. 1869 (J.M.p.13.12) ; — F. Hélie, n. 3054 ; Massabiau, n. 2201 ; Berriat Saint-Prix, n. 1119.

186. Que si le ministère public négligeait de faire donner les assignations, les parties pourraient incontestablement citer elles-mêmes : Arg. Cass., 29 mai 1818 (J.P. chr.), 2 févr. 1844 (Bull., n. 29) et 7 déc. 1844, précité.

187. La citation est donnée pour le jour qui a dû être préalablement désigné par le président de la chambre correctionnelle de la Cour impériale (Berriat Saint-Prix, n. 1119 et 1120). Un délai de trois jours francs, outre le délai des distances, doit être observé, aux termes des art. 184 et 211, C. instr. crim.

188. Le prévenu cité devant la Cour impériale pour voir statuer sur l'appel du ministère public, n'a droit qu'au délai de trois jours, à partir de la citation, prescrit par l'art. 184, encore bien qu'il aurait depuis interjeté lui-même appel; cet appel n'a point pour effet d'annuler la citation à lui signifiée, et d'en nécessiter une seconde donnant lieu à un nouveau délai. — La Cour est donc fondée à lui refuser toute remise, lorsque, d'ailleurs, il ne propose aucune exception : Cass., 16 avr. 1863 (J.M.p. 7.62).

189. Si le prévenu a été acquitté, et que l'appel n'ait été interjeté que par la partie civile, il convient en général de laisser à celle-ci le soin de poursuivre, sauf à faire rayer l'affaire du rôle, lorsqu'elle paraîtra abandonnée. — Quand l'appel a été interjeté par une administration publique, c'est aussi à elle à le faire juger; si elle tarde, le ministère public doit la presser de prendre une détermination : Circ. min. just. 10 juill. 1827 (Gillet, n. 2012).

190. Il n'est point nécessaire, pour statuer sur l'appel formé par le ministère public, d'attendre l'expiration du délai accordé au prévenu pour interjeter lui-même appel de ce jugement; et cela, surtout lorsque l'appel du ministère public porte sur le chef d'un jugement qui a refusé d'ordonner l'exécution provisoire relativement à la suppression d'un journal (L. 11 mai 1868, art. 13) : Lyon, 24 fév. 1869 (J.M.p.12.199).

191. L'appel doit être jugé dans le mois, sur un rapport fait par un des membres de la Cour (C. instr. crim., 209).

192. Du reste, ce délai d'un mois pour le jugement de l'appel n'est pas prescrit à peine de déchéance : Cass., 9 mai 1812, 19 sept. 1818, 12 fév. 1819 et 28 fév. 1823 (Dall., n. 310; S.-V.6. 1.27); Metz, 15 avr. 1820 (S.-V.6.2.246); Chambéry, 21 août 1862 (J.M.p.6.18); — Trébutien, t. 2, p. 513; Dalloz, *ut suprà;* Massabiau, t. 2, n. 2202.

193. Si, après le rapport fait à une première audience, il survient des actes d'instruction ou autres qui peuvent changer la physionomie du procès, un second rapport est nécessaire pour porter à la connaissance de la Cour les nouveaux errements qui se sont produits : Cass., 17 juill. 1806 (S.-V.2.1.267) et 22 mai 1856 (D.p.56.1.374); — F. Hélie, n. 3057; Berriat-Saint-Prix, n. 1153. — Mais une simple audition de témoins ordonnée après le rapport ne saurait être considérée comme donnant aux débats une physionomie nouvelle qui rende nécessaire un rapport nouveau : Cass., 9 août 1851 (S.-V.52.1.281). Et il en doit être ainsi, alors même que, pour compléter la liste des témoins à entendre, le ministère public aurait procédé à des informations et recueilli des renseignements, qui n'ont pas évidemment le caractère d'actes d'instruction : Cass., 9 août 1861 (J.M.p.4.281).

194. Au surplus, pour ce qui touche le rapport, V. F. Hélie, n. 3057 et s.; Berriat Saint-Prix, n. 1153 et s.

195. A la suite du rapport, et avant la délibération, le prévenu, soit acquitté, soit condamné, les personnes civilement responsables, la partie civile et le ministère public sont entendus dans la forme prescrite par l'art. 190, C. instr. crim., 210.

196. Bien que la loi ne prescrive qu'implicitement en appel l'interrogatoire du prévenu, c'est là une formalité substantielle et inhérente au droit de la défense qui ne saurait être omise sans entraîner la nullité de l'arrêt (F. Hélie, n. 3060; Berriat Saint-Prix, n. 1156,1159); à moins qu'il ne fût établi que cette omission n'a pas nui à la défense : F. Hélie, *ibid.* V. aussi Cass., 9 juill. 1836 (Bull., n. 226); 7 janv. 1837 (*Id.*, n. 8); 11 sept. 1840 (S.-V.41.1.345); 23 juin 1842 (D.p.42.1.314).

197. Il résulte de la combinaison des art. 190 et 210 qu'après l'exposition de l'affaire devant la Cour, les témoins pour et contre doivent être entendus, s'il y a lieu.

198. Toutefois, c'est un principe constant que les juges d'appel ne sont point tenus d'ordonner l'audition des témoins que le prévenu ou le ministère public demande à produire devant eux, mais qu'ils sont investis à cet égard d'une faculté dont l'intérêt de la découverte de la vérité est l'unique limite. V. notamment, Cass., 13 nov. 1856 (D.p.56.5.448); 4 fév. 1858 (D.p.58.5.121); 16 déc. 1859 (D.p.59.5.228); — F. Hélie, n. 3061 et 3062; Dalloz, v^is *Appel en mat. crim.*, n. 322, et *Instr. crim.*, n. 1015.

199. Jugé spécialement que la Cour d'appel devant laquelle un prévenu condamné par les premiers juges pour faute commise à l'audience, demande à faire entendre des témoins dans le but de constater les faits qui se sont passés à l'audience du tribunal de première instance, peut, alors que ces faits sont relatés, soit dans le jugement frappé d'appel, soit dans les notes d'audience, refuser d'ordonner l'audition de ces témoins, comme rendue inutile par les constatations judiciaires dont il s'agit : Cass, 7 avr. 1860 (J.M.p.3.143).

200. ...Que, de même, l'audition de nouveaux témoins devant les juges d'appel peut être refusée par le motif que les dépositions des témoins entendus en première instance ont été recueillies d'une manière suffisante pour que les juges d'appel puissent y trouver les éléments de leur conviction, et que le supplément d'instruction demandé serait inutile et frustratoire : Cass., 3 déc. 1863 (J.M. p. 7.128); 27 avr. 1866 (*Id.* 10.147).

201. ...Que l'audition devant le juge d'appel de témoins nouveaux ou de ceux déjà entendus en première instance ne doit être autorisée qu'autant que l'insuffisance de l'instruction écrite est reconnue ou déclarée; — et qu'en tout cas l'audition d'un témoin produit par le prévenu ne peut être autorisée par les juges d'appel pour l'audience même où commencent les débats, alors que le ministère public demande que, si une nouvelle instruction orale est ordonnée, elle s'applique à tous les éléments appréciés par les premiers juges; qu'il y a lieu, en semblable circonstance, de passer outre aux débats, sauf à ordonner ultérieurement une nouvelle instruction orale, s'ils en révèlent la nécessité : Amiens, 27 nov. 1863 (J.M.p.7.6).

202. Mais l'audition de témoins offerte en appel par le prévenu ne peut être refusée par la Cour lorsque les premiers juges, ayant statué par défaut, n'ont procédé à aucune instruction : Cass., 24 juill. 1863 (J.M.p.7.271). Et il en est ainsi particulièrement lorsque ce genre de preuve est offert à défaut ou en cas de nullité du procès-verbal : Cass., 3 fév. 1820 (S.-V.6.1.181); 16 déc. 1825 (S.-V.8.1.242); 14 oct. 1826 (S.-V.8.1.438); — F. Hélie, n. 3062, p. 843.

203. La Cour peut même ordonner d'office, dans l'intérêt de la manifestation de la vérité, l'audition, soit des témoins déjà entendus en première instance, soit de nouveaux témoins (Cass., 30 nov. 1832, J.P.chr.; 27 mars 1856, Bull., n. 130), de même qu'elle peut prescrire une instruction écrite supplémentaire, si l'information déjà faite lui paraît insuffisante : Cass., 19 mars 1825 (J.P.chr.); — F. Hélie, p. 842 et 843.

204. Le juge d'appel qui autorise une partie à produire de nouveaux témoins, peut en même temps ordonner, pour ne pas être induit en erreur par un débat incomplet, que les témoins déjà entendus en première instance seront à la fois appelés devant lui : Cass., 31 janv. 1835 (Bull. crim., n. 46); — F. Hélie, *loc. cit.*, p. 844.

205. Le plaignant qui ne s'est pas porté partie civile en première instance n'est pas recevable à intervenir en cette qualité dans l'instance d'appel; il ne saurait dépendre de lui de priver le prévenu du bénéfice du premier degré de juridiction relativement aux intérêts civils qui se rattachent au délit : Cass., 24 mai 1833 (S.-V.33.1.791); 17 juill. 1841 (S.-V.41.1.779); 8 août 1845 (Bull., n. 256); 10 fév. 1853 (S.-V.53.1.585); Paris, 8 avr. 1833 (S.-V.33.1.791) et 22 nov. 1834 (S.-V.35.2.333); Rouen, 10 av. 1845 (S.-V.46.2.652); Bordeaux, 2 avr. 1868 (J.M.p.12. 276); — F. Hélie, n. 3063; Trébutien, t. 2, p. 234; Berriat Saint-Prix, n. 1170.

206. Sur la forme des arrêts rendus en appel et sur leurs motifs, V. F. Hélie, n. 3064 et s.; Berriat Saint-Prix, n. 1173 et s.

207. Les procureurs impériaux doivent être informés sans délai des résultats des appels et de l'exécution des arrêts et des jugements, lorsqu'ils n'en sont pas eux-mêmes chargés : Circ. min. just. 10 juill. 1827 (Gillet, n. 2012).

208. Lorsque, sur l'appel, un jugement portant condamnation à l'emprisonnement a été confirmé ou que la peine a été simplement réduite, le condamné doit être reconduit dans la prison établie près le tribunal qui a rendu ce jugement : Circ. 20 août 1832 (Addenet, p. 89).

209. Quand le ministère public et le condamné en état d'arrestation ont manifesté l'intention de ne pas appeler du jugement de condamnation, il convient, pour ne pas prolonger inutilement la détention de ce condamné, surtout s'il n'a encouru qu'une peine d'emprisonnement d'une durée moindre que le délai de l'appel, de lever un extrait du jugement et de faire faire, sans attendre l'expiration de ce délai, le nouvel écrou, à partir duquel la peine commence à courir. Il est d'ailleurs bien entendu que cette exécution prématurée ne peut nuire au droit d'appel réservé au procureur général : Circ. min. just. 18 mai 1831 (Gillet, n. 2266). — V. *suprà*, n. 47.

APPEL DE SIMPLE POLICE. — 1. Nous dirons très-peu de mots de cette voie de recours, qui, on le sait, n'est pas ouverte au ministère public.

2. Il est en effet constant que le droit d'interjeter appel des jugements de simple police n'appartient qu'à la partie condamnée, et ne peut être exercé ni par la partie civile ni par le ministère public, qui n'ont contre ces jugements que la voie du recours en cassation. V. notamment Cass., 20 nov. 1846 (S.-V.47.1.384) et 10 fév. 1848 (S.-V.48.1.576); — Carnot, *Instr. crim.*, t. 1, p. 496; Bourguignon, *Man. de jurispr.*, sur l'art. 172, n. 1; Le Sellyer, *Dr. crim.*, t. 5, n. 919; Boitard, *Leç. sur le Cod. d'instr. crim.*, p. 275; F. Hélie, t. 4, n. 2736; Berriat Saint-Prix, *Proc. des trib. crim.*, 1re part., n. 531.

3. Le ministère public ne peut même former un appel incident sur l'appel du prévenu : Cass., 24 juill. 1818 (S.-V.5.1.510).

4. Il est vrai que, d'un côté, la Cour de cassation a jugé, par arrêt du 7 nov. 1812 (S.-V.4.1.218), que l'officier du ministère public près le tribunal de police a le droit d'interjeter appel des jugements émanés de ce tribunal dans l'intérêt de la répression, et que ce droit est seulement interdit au ministère public près le tribunal correctionnel auquel ressortit le tribunal de police et au procureur général, — tandis que, d'autre part, une décision ministérielle du 3 déc. 1822 (Gillet, n. 1617) porte que les jugements de simple police peuvent être frappés d'appel par le ministère public près le tribunal qui doit connaître de l'appel. — Mais ces décisions ne doivent pas être suivies.

5. D'après l'opinion générale, l'appel d'un jugement du tribunal de simple police peut être interjeté, au gré des parties, ou par déclaration au greffe, comme en matière correctionnelle, ou par exploit notifié au ministère public et contenant citation devant le tribunal correctionnel : Cass., 1er juill. 1826 (S.-V.8.378); 6 août 1829 (S.-V.9.1.346); 3 août et 7 déc. 1833 (S.-V.34.1.48); 28 juin 1845 (S.-V.45.1.759); 22 nov. 1867 (J.M.p. 11.148); — F. Hélie, n. 2741; Berriat Saint-Prix, n. 541; Trébutien, *Cours de dr. crim.*, t. 2, p. 533.

6. Jugé cependant, mais à tort, que l'appel d'un jugement du tribunal de simple police doit, à peine de nullité, être interjeté par déclaration au greffe de ce tribunal, et qu'il ne peut l'être par exploit signifié au parquet du procureur impérial : Douai, 16 août 1869 (J.M.p. 12.282). — V. dans le même sens, Chassan, *Délits et contrav. de la parole, de l'écriture et de la presse*, t. 2, n. 2140, 2141.

7. Lorsque l'appel est formé par acte au greffe, il n'a pas besoin d'être notifié au ministère public, qui ne peut être censé l'ignorer dans ce cas : Cass., 28 juin 1845, précité; — F. Hélie, *loc. cit.*

8. Mais quand il est interjeté par exploit, cet acte doit être notifié tant au ministère public qu'à la partie civile, s'il y en a en cause. — A l'égard de la partie civile, il suffit que la notification soit faite au domicile par elle élu aux termes des art. 63 et 183, C. instr. crim. — En ce qui concerne le ministère public, la notification peut être faite soit à l'officier qui en remplit les fonctions près le tribunal de police, soit au procureur impérial près le tribunal correctionnel qui doit connaître de l'appel : Cass., 27 août 1825 (S.-V.8.1.187); 2 déc. 1826 (Bull., n. 243); 19 sept. 1834 (S.-V.35.1.669); — F. Hélie, Berriat Saint-Prix, *ut suprà.*

9. L'officier du ministère public près le tribunal de simple police doit veiller à ce que le dossier de l'affaire soit promptement mis en état par le greffier, pour être transmis au procureur impérial de l'arrondissement.

10. L'appel des jugements de simple police est porté, aux termes de l'art. 174, C. instr. crim., devant le tribunal correctionnel de l'arrondissement : ce tribunal en est saisi soit par la citation de l'appelant, soit, à défaut de cette citation, par celle que le procureur impérial fait lui-même donner aux parties intéressées, sur le vu du dossier que lui a transmis l'officier du ministère public près le tribunal de police. V. Berriat Saint-Prix, 2e part., t. 2, n. 1026.

11. Le tribunal correctionnel ne peut réformer le jugement que dans l'intérêt de l'appelant, jamais à son préjudice. La jurisprudence a appliqué ici, comme en matière correctionnelle (V. *Appel correctionnel*, n. 139), la règle posée par l'avis du Conseil d'État du 12 nov. 1806, que le sort du prévenu ne peut être aggravé sur son seul appel : F. Hélie, 2742, et Berriat Saint-Prix, n. 1036, ainsi que les arrêts cités par ces auteurs.

12. Le tribunal correctionnel est d'ailleurs compétent pour statuer sur tous les moyens du fond comme sur toutes les exceptions que proposent les parties : Cass., 24 déc. 1824 (J.P.chr.); — F. Hélie, *loc. cit.*

13. L'évocation, au cas d'annulation pour vice de forme (C. instr. crim., 215), n'a pas lieu en cette matière : Cass., 22 mars 1821 (S.-V.6.1.403); — Berriat Saint-Prix, n. 1035.

14. Bien que, d'après l'art. 174, l'appel des jugements de simp' police doive être jugé dans la même forme que les appels de justices de paix (C. proc. civ., 404, 405, 407, 413), la procédure relative à ces appels ne peut être ici observée, à raison de son incompatibilité avec la procédure criminelle. — Du reste, il y a une véritable contradiction entre l'art. 174 précité et l'art. 176, qui déclare communes aux jugements rendus, sur l'appel, par les tribunaux correctionnels, les dispositions relatives à l'instruction devant les tribunaux de police (C. instr. crim., 153 et s.).

15. Ce renvoi de l'art. 176 est lui-même évidemment incomplet, et il semble juridique d'admettre, avec M. Berriat Saint-Prix, n. 1031, que l'instruction des appels de simple police doit suivre une marche analogue à celle qui est observée pour les appels correctionnels.

16. Aux termes de l'art. 175, lorsque, sur l'appel, le procureur impérial ou l'une des parties le requiert, les témoins peuvent être entendus de nouveau, et il peut même en être entendu d'autres.

17. Ici, comme au cas d'appel correctionnel (V. ce mot, n. 198), l'audition, devant les juges d'appel, des témoins déjà entendus par le premier juge ou de témoins nouveaux, est purement facultative : Cass., 24 sept. 1831 (Bull., n. 235); 26 déc. 1845 (Bull., n. 372); 12 nov. 1863 (J.M.p. 7.271); — Berriat Saint-Prix; n. 1037; Dalloz, *Rép.*, v° *Témoin*, n. 396 et s.

ARME PROHIBÉE. — **1.** Un révolver destiné à se placer dans la poche, et qui peut s'y cacher sans difficulté, offre les caractères d'une arme prohibée, dont le port est puni par l'art. 314, C. pén. : Paris, 9 fév. 1865 (J.M.p.8.179); Colmar, 16 oct. 1866 (*Id.* 10.187). Tel est, par exemple, un révolver à six coups de vingt centimètres de longueur (Paris, 9 fév. 1865, précité). Mais on ne saurait, au contraire, reconnaître ce caractère à un révolver de trente-quatre centimètres (Colmar, 16 oct. 1866, ci-dessus).

2. La simple détention à domicile d'un pistolet de poche n'est pas punissable : Rennes, 11 avr. 1866 (J.M.p.10.106); — Hélie et Chauveau, *Théor. C. pén.*, t. 4, n. 1244. — Et il en est de même du fait, par un voyageur, d'avoir des pistolets de poche dans sa malle : Douai, 11 mars 1861 (S.-V.61.2.361).

3. Aucune condamnation ne peut être prononcée contre l'individu qui a été l'objet d'une arrestation et d'une perquisition illégales, à raison d'un port d'arme prohibée dont elles ont amené la constatation, et qui n'était révélé par aucune circonstance extérieure. — Mais l'arme prohibée saisie en pareil cas n'en doit pas moins être confisquée, conformément au § 3 de l'art. 314, C. pén., sa restitution ne pouvant avoir lieu sans que celui qui la recevrait fût constitué en état de délit : Bourges, 12 mars 1869 (J.M. p.12.99). — En ce qui concerne la confiscation, V. comme analogie, *Chasse*, n. 111.

ARMÉE. — V. *Action publique*, n. 35.

ARRESTATION ILLÉGALE. — **1.** Le crime d'arrestation illégale puni par l'art. 341, C. pén., se distingue du crime d'attentat à la liberté que prévoit l'art. 114 du même Code ; tandis que ce dernier crime suppose une atteinte arbitrairement portée à la liberté d'autrui par un fonctionnaire, agent ou préposé du Gouvernement, le premier consiste dans l'arrestation d'une personne quelconque opérée par un particulier hors des cas où la loi permet aux simples citoyens de saisir des prévenus. **V.** *Attentat à la liberté*, n. 2.

2. Il faut remarquer toutefois que l'art. 341 serait applicable aux fonctionnaires eux-mêmes, si l'arrestation illégale avait été commise par eux en dehors de leurs fonctions, parce qu'alors ils n'auraient agi que comme particuliers : Hélie et Chauveau, *Théor. C. pén.*, t. 4, n. 1524.

3. On sait du reste qu'aux termes de l'art. 343, C. pén., l'arrestation illégale cesse de constituer un crime pour devenir un simple délit, lorsque le coupable, non encore poursuivi, a rendu la liberté à la personne arrêtée, avant le dixième jour accompli depuis celui de l'arrestation.

ARRÊT DE RENVOI. — V. *Acte d'accusation*, *Chambre d'accusation*.

ASSISTANCE JUDICIAIRE.

SOMMAIRE ALPHABÉTIQUE.

1. L'assistance judiciaire consiste dans l'exemption provisoire accordée au plaideur indigent du paiement soit des droits dus au Trésor, soit des droits, émoluments et honoraires dus aux greffiers, officiers ministériels et avocats, à l'occasion du procès par lui soutenu, ainsi que de toute consignation d'amende, sous la condition d'effectuer ce paiement dès qu'il lui sera survenu des ressources suffisantes.

2. Les art. 2 à 6 de la loi du 22 janv. 1851 règlent l'organisation du bureau qui, près de la plupart des juridictions, est appelé à prononcer l'admission à l'assistance.

3. Les officiers du ministère public ont droit de prendre part à la délibération des Cours et des tribunaux pour le choix des membres qui doivent composer le bureau d'assistance judiciaire : Cass., 29 juill. 1851 (S.-V.51.1.536) et 27 mars 1854 (S.-V. 54.1.533). — Mais le même droit n'appartient pas aux juges suppléants : Trib. de Rambouillet, 28 déc. 1853 (S.-V.54.1.533).

4. Le procureur général doit veiller, en novembre de chaque année, au renouvellement des membres des bureaux d'assistance judiciaire, et ne pas perdre de vue que la loi autorise la réélection des membres sortants (L. 22 janv. 1851, art. 7) : Circ. 24 oct. 1851 (Gillet, n. 3366).

5. Les Cours et tribunaux doivent pourvoir aux frais modiques des bureaux d'assistance judiciaire avec les fonds affectés aux menues dépenses ; on ne saurait les laisser à la charge des greffiers. Si les Cours et tribunaux ne pouvaient y subvenir, il y aurait lieu de s'entendre avec le préfet pour qu'une allocation spéciale soit portée à cet effet au budget : Décis. min. 1er juin 1851 (Gillet, n. 3341) et 13 fév. 1854 (Brière-Valigny, *Cod. de l'assist. judic.*, p. 276).

6. Le bénéfice de la loi du 22 janv. 1851 peut être réclamé seulement par les personnes privées indigentes, et non par les personnes morales, comme une commune ou une société : Décis. min. just. 15 fév. 1861 (Brière-Valigny, p. 361).

7. La faculté, pour les individus indigents, de s'adresser au ministère public à l'effet d'obtenir, par son entremise et sans frais, des rectifications ou réparations d'omissions sur les registres de l'état civil (L. 25 mars 1817, art. 75), n'est point exclusive de celle de demander, dans le même objet, le bénéfice de l'assistance judiciaire : Bur. d'assist. judic. près la Cour imp. de Paris, 8 août 1854 (Brière-Valigny, p. 285) et 25 mai 1869 (J.M. p. 12.158).

8. Toute personne qui réclame l'assistance judiciaire adresse sa demande sur papier libre au procureur impérial du tribunal de son domicile, qui en fait la remise au bureau établi près de ce tribunal (L. 22 janv. 1851, art. 8).

9. Ici, la loi a-t-elle entendu parler uniquement du domicile légal, ou désigner même la simple résidence ? Et spécialement, l'indigent qui a une action à intenter pendant sa résidence dans un lieu autre que celui de son domicile réel, peut-il présenter sa demande en assistance judiciaire au procureur impérial du tribunal de cette résidence, ou est-il tenu de l'adresser au chef du parquet du tribunal de son domicile ? Nous sommes porté à croire que l'expression *domicile,* dans la disposition que nous venons de rappeler, doit être entendue en un sens large, et qu'elle embrasse la résidence de fait aussi bien que le domicile de droit.

10. Quelle est, en effet, la pensée qui a dicté la disposition de l'art. 8 ? Le bureau compétent pour statuer sur la demande en assistance, étant le bureau établi près du tribunal qui doit connaître du procès, c'est-à-dire, le plus souvent, du tribunal du domicile du défendeur, l'indigent demandeur domicilié à une grande distance de celui-ci, aurait eu à subir des difficultés de nature à le décourager, s'il avait été obligé d'adresser sa demande en assistance au procureur impérial du tribunal compétent. Souvent il aurait reculé devant les embarras et les frais d'une correspondance avec le parquet de ce tribunal. D'un autre côté, le bureau auquel ce parquet aurait transmis la demande n'aurait pu renseigner facilement le demandeur en assistance, la plupart du temps illettré, sur les justifications à fournir, sur les pièces à produire. Ces motifs ont déterminé le législateur à investir le bureau établi près du tribunal du domicile du réclamant de la mission de procéder à l'instruction préliminaire de la demande, et de préparer tous les éléments de la décision que doit rendre ultérieurement le bureau compétent ; et voilà pourquoi le réclamant doit adresser sa demande au procureur impérial du tribunal de son domicile. Or, s'il ne fallait entendre par ce mot que le domicile réel, le but que le législateur s'est proposé ne serait atteint qu'à demi, car il peut arriver qu'au moment où un indigent a une action à intenter, il se trouve dans un lieu autre que celui de son domicile (par exemple, dans une grande ville où il est venu chercher du travail) ; et s'il ne peut présenter sa demande en assistance judiciaire au procureur impérial du tribunal de sa résidence, tous les inconvénients que nous signalions plus haut se produiront. — Nous savons qu'on peut objecter qu'au nombre des raisons qui ont fait édicter l'art. 8 de la loi de 1851, figure la difficulté qu'éprouverait le bureau compétent pour recueillir des renseignements utiles sur la réalité de l'indigence alléguée par le réclamant, difficulté qui ne serait pas moindre pour le bureau de la résidence de ce dernier. Mais nous croyons que ce n'est là qu'une considération accessoire, et qui ne saurait prévaloir sur celle que nous indiquions tout à l'heure, le bureau de la résidence du réclamant étant, pour obtenir les renseignements qui lui manquent, dans une condition bien plus favorable que le réclamant, pour remplir les démarches que nécessite sa demande.

11. Lorsque le tribunal du domicile (ou de la résidence) n'est pas compétent pour statuer sur le litige, le bureau transmet, par l'intermédiaire du procureur impérial, la demande, le résultat de ses informations et les pièces au bureau établi près la juridiction compétente (L. 22 janv. 1851, art. 8).

12. Le demandeur en assistance judiciaire doit fournir : 1° un extrait du rôle de ses contributions ou un certificat du percepteur de son domicile constatant qu'il n'est pas imposé ; — 2° une déclaration attestant qu'il est, à raison de son indigence, dans l'impossibilité d'exercer ses droits en justice et contenant l'énumération détaillée de ses moyens d'existence, quels qu'ils soient. — Le réclamant affirme la sincérité de sa déclaration devant le maire de la commune de son domicile, lequel lui en donne acte au bas de la déclaration (L. 22 janv. 1851, art. 10).

13. La déclaration prescrite par la disposition qui vient d'être mentionnée doit, lorsque l'impétrant est détenu, être adressée par lui dans une lettre au maire, qui donne acte de cette déclaration au pied de la lettre, qu'il renvoie ensuite au détenu : Décis. proc. gén.. Paris, 1er oct 1861 (Brière-Valigny, p. 363).

14. Dans un article inséré J.M.p.8.80, M. Perrusset paraît être d'avis que devant les justices de paix les affaires d'assistance judiciaire doivent être assimilées à celles qui requièrent célérité, de telle sorte qu'en conformité de l'art. 17 de la loi du 25 mai 1838, modifié par l'art. 2 de la loi du 2 mai 1855, l'huissier ne serait pas tenu, avant d'agir à la requête de l'assisté, d'exiger la preuve qu'un avertissement a été envoyé à la partie adverse. L'avertissement lui semble rendu inutile par la comparution des parties devant le bureau d'assistance judiciaire et par l'essai de conciliation qu'a dû déjà faire ce bureau.

15. Lorsque l'assisté émet un appel principal ou forme un pourvoi en cassation, il a besoin d'être admis à l'assistance par une nouvelle décision. Pour y parvenir, il adresse sa demande, savoir : — S'il s'agit d'un appel à porter devant le tribunal civil, au procureur impérial près ce tribunal; — s'il s'agit d'un appel à porter devant la Cour impériale, au procureur général près cette Cour; — s'il s'agit d'un pourvoi en cassation, au procureur général près la Cour de cassation. — Le magistrat auquel la demande est adressée en fait la remise au bureau établi près de la juridiction à laquelle il est attaché (L. 22 janv. 1851, art. 9). M. Massabiau, *Man. du Minist. publ.*, t. 1er, n. 587, fait très-justement remarquer qu'en disant, dans ce dernier §, *au bureau compétent*, la loi s'exprime d'une manière inexacte, le magistrat n'étant pas juge de la compétence du bureau et ne pouvant saisir que celui de sa juridiction, sauf le renvoi par celui-ci au bureau compétent, conformément à l'art. 8.

16. Le procureur impérial doit veiller à ce qu'une copie du jugement de première instance, délivrée à sa demande par le greffier sur papier libre, soit jointe à chacun des dossiers qu'il a à transmettre au procureur général à l'appui d'une demande d'assistance près la Cour : Circ. proc. gén. Rouen, 25 juin 1855 (Brière-Valigny, p. 294).

17. Il doit aussi examiner avec soin les dossiers des assistés qui auront interjeté appel et ne les transmettre au procureur général qu'après les avoir fait compléter, notamment en ce qui concerne la justification de l'indigence : Circ. proc. gén. Paris, 8 mars 1852 (Brière-Valigny, p. 238).

18. Par une circulaire du 30 déc. 1853 (Gillet, n. 3497), le procureur général à la Cour de cassation avait prescrit que les demandes en assistance judiciaire arrivassent à son parquet quinze jours au moins avant l'expiration du délai du pourvoi. — Mais le nombre des demandes s'étant considérablement accru depuis la loi du 2 juin 1862, qui a réduit ce délai à deux mois, une nouvelle circulaire du 14 avr. 1864 (Rés. chr., p. 66) a exigé que les plaideurs fassent parvenir leurs pièces au parquet de la Cour de cassation trois semaines avant l'expiration du délai ainsi réduit. Les magistrats des parquets ont été invités à informer les plaideurs de cette décision.

19. Dans les trois jours de l'admission à l'assistance judiciaire, le président du bureau envoie, par l'intermédiaire du procureur impérial, au président de la Cour ou du tribunal, ou au juge de paix, un extrait de la décision avec les pièces de l'affaire (L. 22 janv. 1851, art. 13).

20. Les magistrats des parquets sont autorisés à prêter leur couvert et leur contre-seing pour la transmission des pièces et renseignements relatifs aux affaires d'assistance judiciaire; mais ils ne peuvent être chargés de notifier aux parties les décisions du bureau; ils doivent se borner à les faire parvenir à leur destination : Décis. min. des fin. juin 1851 (Brière-Valigny, p. 226); Décis. min. just. 9 août 1851 et 13 fév. 1854; Circ. 6 mai 1852 (Gillet, n. 3355 et 3408; Brière-Valigny, p. 276).

21. Les avoués qui, dans les affaires d'assistance judiciaire, mettent, par négligence ou par toute autre cause, le greffier dans l'impossibilité, soit de liquider les dépens dans les jugements rendus en matière sommaire, soit de transmettre l'exécutoire au receveur d'enregistrement dans le délai prescrit en matière ordinaire, doivent être poursuivis disciplinairement : Circ. 15 déc. 1857 (Gillet, n. 3748).

22. Les décisions du bureau ne sont susceptibles d'aucun recours. — Néanmoins, le procureur général, après avoir pris communication de la décision d'un bureau établi près d'un tribunal civil et des pièces à l'appui, peut, sans retard de l'instruction ni du jugement, déférer cette décision au bureau établi près la Cour impériale pour être réformée, s'il y a lieu (L. 22 janv. 1851, art. 12).

23. Le procureur général à la Cour de cassation et le procureur général près la Cour impériale peuvent aussi se faire envoyer les décisions des bureaux d'assistance qui ont été rendues dans une affaire sur laquelle le bureau d'assistance établi près de l'une ou de l'autre de ces Cours est appelé à statuer, si ce dernier bureau en fait la demande (*Ibid.*).

24. Hors les deux cas qui viennent d'être indiqués, les décisions du bureau ne peuvent être communiquées qu'au procureur impérial, à la personne qui a demandé l'assistance et à ses conseils; le tout sans déplacement. — Elles ne peuvent être produites ni discutées en justice, si ce n'est devant la police correctionnelle, dans le cas prévu par l'art. 26 de la loi (*Ibid.*). — V. *infrà*, n. 32.

25. Le ministère public est entendu dans toutes les affaires dans lesquelles l'une des parties a été admise au bénéfice de l'assistance (*Id.*, art. 15).

26. Mais les devoirs du ministère public dans les affaires d'assistance judiciaire ne se bornent pas à donner des conclusions à l'audience; il doit exercer une surveillance de tous les instants sur les affaires de ceux à qui leur pauvreté et leur ignorance ne permettent pas de diriger eux-mêmes leurs intérêts, stimuler le zèle des officiers ministériels délégués qui seraient trop portés à subir comme une charge ce qui est avant tout un devoir de charité et de confiance, et veiller enfin à ce que des lenteurs accumulées ne viennent pas compromettre le sort de ces affaires en les laissant vieillir sur les rôles. Il importe que les classes pauvres ne puissent pas supposer que leurs intérêts sont méconnus ou délaissés : Circ. proc. gén. Paris, 27 juin 1855 (Brière-Valigny, p. 295).

27. La loi du 22 janvier 1851 ne donnant pas les moyens d'obtenir gratuitement les insertions à faire dans les journaux pour la régularité de certaines procédures, telles que celles relatives aux séparations de biens, aux séparations de corps, aux interdictions, il y a lieu de s'entendre avec les préfets pour que ceux-ci invitent les gérants des journaux désignés par eux pour les annonces judiciaires, à se contenter, pour ces insertions, du recouvrement des frais suivant le mode indiqué par l'art. 18 de la loi. Dans le cas où ce mode serait accepté par les journaux, on ne devrait leur demander que les insertions vraiment indispensables : Circ. proc. gén. Rennes, 8 juin 1852 (Brière-Valigny, p. 239).

28. La partie qui, avec l'assistance judiciaire, a obtenu un ju-

gement par défaut, ne peut s'adresser au parquet pour que des
ordres soient donnés à l'huissier commis à l'effet de signifier ce
jugement; elle doit faire parvenir directement, ou par l'intermédiaire d'un mandataire, les instructions à cet huissier : Décis.
proc. gén. Paris, 16 avr. 1858 (Brière Valigny, p. 323).

29. Le bénéfice de l'assistance judiciaire cesse dès que l'assisté
a entre les mains un jugement ou arrêt ayant acquis l'autorité de
la chose jugée : Décis. min. just. 3 nov. 1859 (Brière Valigny,
p. 348).

30. Décidé de même que l'assistance judiciaire ne peut être
accordée que jusques et y compris le jugement, mais non pour
son exécution : Lett. proc. gén. Paris, 28 août 1852 (Brière Valigny, p. 244); Décis. bur. d'assist. Paris, 30 nov. 1852 (*Id.*,
p. 248).

31. Devant toutes les juridictions, le bénéfice de l'assistance
peut être retiré en tout état de cause, soit avant, soit même après
le jugement : 1º s'il survient à l'assisté des ressources reconnues
suffisantes ; 2º s'il a surpris la décision du bureau par une déclaration frauduleuse. — Le retrait peut être demandé, soit par le
ministère public, soit par la partie adverse. — Il peut aussi être
prononcé d'office par le bureau. — Dans tous les cas, il doit être
motivé (art. 22). — L'assistance judiciaire ne peut être retirée
qu'après que l'assisté a été entendu ou mis en demeure de s'expliquer (art. 23).

32. Si le retrait de l'assistance a pour cause une déclaration
frauduleuse de l'assisté relativement à son indigence, celui-ci
peut, sur l'avis du bureau, être traduit devant le tribunal correctionnel et condamné, indépendamment du paiement des droits et
frais de toute nature dont il avait été dispensé, à une amende
égale au montant total de ces droits et frais, sans que cette
amende puisse être au-dessous de 100 fr., et à un emprisonnement de huit jours au moins et de six mois au plus. — L'art.
463, C. pén., est applicable (art. 26).

33. Il est pourvu à la défense des accusés devant les Cours
d'assises, conformément aux dispositions de l'art. 294, C. instr.
crim. (art. 28). — Les présidents des tribunaux correctionnels
désignent un défenseur d'office aux prévenus poursuivis à la requête du ministère public ou détenus préventivement, lorsqu'ils
en font la demande, et que leur indigence est constatée soit par
les pièces désignées dans l'art. 10, soit par tous autres documents (art. 29). — Les présidents des Cours d'assises et les pré-

sidents des tribunaux correctionnels peuvent, même avant le jour fixé pour l'audience, ordonner l'assignation des témoins qui leur sont indiqués par l'accusé ou le prévenu indigent, dans le cas où la déclaration de ces témoins est jugée utile pour la découverte de la vérité. — Toutes productions et vérifications de pièces peuvent également être ordonnées d'office. — Les mesures ainsi prescrites sont exécutées à la requête du ministère public (art. 30).

54. Le président de la Cour d'assises à qui l'accusé a demandé, en vertu de l'art. 30 de la loi du 22 janv. 1851, de faire citer des témoins à décharge, n'est pas tenu de motiver par une ordonnance son refus de faire droit à cette demande : Cass., 23 mars 1855 (Bull., n. 107). — La solution doit être la même à l'égard du refus semblable que ferait le président du tribunal correctionnel.

55. Le bénéfice de l'assistance judiciaire ne peut être invoqué, devant les tribunaux de répression, par la partie civile : les art. 159 et 160 du décret du 18 juin 1811 contiennent d'ailleurs des règles pour le cas où cette partie est indigente. Ce n'est que dans le cas où elle agit devant la juridiction civile, que la personne lésée par un crime ou un délit peut obtenir l'assistance judiciaire : Décis. min. just. 18 juill. 1856 (Brière Valigny, p. 305).

ATTENTAT A LA LIBERTÉ. — 1. C'est le crime qui consiste dans le fait, par un fonctionnaire public, par un agent ou un préposé du Gouvernement, d'avoir ordonné ou accompli quelque acte arbitraire ou attentatoire soit à la liberté individuelle, soit aux droits civiques d'un ou de plusieurs citoyens, soit à la Constitution (C. pén., 114). — Nous avons déjà signalé au mot *Arrestation illégale*, n. 1, la différence qui existe entre ce crime et celui puni par l'art. 341, C. pén.

2. Deux arrêts de la Cour de cassation des 5 nov. 1812 (S.-V. 4.1.215) et 25 mai 1832 (S.-V.32.1.512) ont jugé cependant que l'art. 341, spécial quant au fait d'arrestation ou séquestration arbitraire, mais général en ce qui concerne ceux qui s'en rendraient coupables, s'applique aux agents de la force publique aussi bien qu'aux particuliers. Et ces arrêts sont approuvés par MM. Dalloz, *Répert.*, v° *Lib. individ.*, n. 63 et 78. Mais MM. Hélie et Chauveau, *Théor. Cod. pén.*, t. 4, n. 1523, en repoussent, au contraire, la doctrine. Ces derniers auteurs rappellent que l'orateur du Gouvernement, en expliquant l'art. 341, proclamait que cet article concernait exclusivement les attentats à la liberté commis par les particuliers; et ils ajoutent, avec pleine raison, selon nous, que, dans l'économie générale du Code, le législateur a séparé, pour leur appliquer des peines différentes, les mêmes crimes, lorsqu'ils sont commis par des fonctionnaires ou par des particuliers; que c'est par suite de ce système qu'il a prévu, dans l'art. 114, les actes attentatoires à la liberté individuelle d'un ou de plusieurs citoyens, lorsqu'ils sont commis par un fonctionnaire public, un agent ou un préposé du Gouvernement; que cette incrimination comprend nécessairement les faits d'arrestation, de détention ou de séquestration illégale, puisque ces faits sont de véritables attentats à la liberté individuelle, et qu'on ne comprendrait pas que le juge pût, à son gré, appliquer successivement au même acte l'une ou l'autre de ces dispositions distinctes.

3. La jurisprudence s'est fixée en ce dernier sens. — Ainsi, il résulte de plusieurs décisions assez récentes, dont l'une émane de la Cour de cassation elle-même, que les arrestations arbitraires ou séquestrations de personnes commises par des fonctionnaires, agents ou préposés du Gouvernement, dans l'exercice de leurs fonctions, et par abus de l'autorité à eux déléguée, tombent exclusivement sous l'application de l'art. 114, C. pén., et non sous celle des art. 341 et suiv. du même Code, et sont par suite de la compétence de la Cour d'assises, et non de celle de la juridiction correctionnelle, les dispositions des art. 341 et suiv. précités ne s'appliquant qu'aux arrestations et séquestrations de personnes commises, sans ordre des autorités constituées et hors le cas où la loi ordonne de saisir un prévenu, par tout individu agissant de son autorité privée et pour la satisfaction de ses passions personnelles : Paris, 30 janv. 1862 (J.M.p.5.29); C. cass. de Belg., 17 mars 1862 (*id.*, 5.99); Cass., 4 déc. 1862 (*id.* 5.313). — V. encore Cass., 12 oct. 1816 (Dall., *loc. cit.*, n. 25) et 26 mai 1827 (D.p.27.1.413).

4. L'arrestation d'une personne, opérée par un officier de police judiciaire ou un dépositaire quelconque de la force publique, sans qu'aucun flagrant délit soit constaté à la charge de cette personne, et sur le seul soupçon qu'elle se dispose à commettre un délit, constitue évidemment un attentat à la liberté. V. Rouen, 17 avr. 1859 (J.M.p.2.175), et Bourges, 12 mars 1869 (*Id.* 12. 99);—F. Hélie, *Instr. crim.*, t. 3, n. 1515.—La circonstance que la personne arrêtée n'aurait opposé aucune résistance, n'effacerait point d'ailleurs l'illégalité de l'arrestation, surtout si cette personne avait refusé de signer le procès-verbal dressé à cette occasion, et s'était évadée des mains des agents chargés de la conduire devant le procureur impérial : Bourges, 12 mars 1869, précité. — V. *Flagrant délit.*

5. Un officier de police judiciaire peut-il valablement, en vertu d'un mandat du juge d'instruction, arrêter un inculpé dans son domicile pendant la nuit? Cette question fort grave a été résolue affirmativement par un arrêt de la Cour de Paris du 29 avril 1870 (J.M.p.13.129). V. aussi Morin, *Journ. du dr. crim.*, n° 9013. — Mais nous avons, sous l'Art. 1308 du *Journal du Ministère public* (13.67 et s.), soutenu l'opinion contraire, en nous appuyant sur le principe de l'inviolabilité du domicile proclamé par les constitutions et par la loi, et auquel nul texte constitutionnel ou législatif n'a dérogé pour l'hypothèse que nous venons d'indiquer.

6. Il a été jugé que les sergents de ville, à Paris, ont la qualité de fonctionnaires publics, agents ou préposés du Gouvernement, dans le sens de l'art. 114, Cod. pén., répressif des attentats à la liberté, cet article s'appliquant à tous les individus chargés d'un service public : Paris, 30 janv. 1862 (J.M.p.5.29).

7. Décidé également que l'arrestation illégale opérée par un inspecteur de police auquel a été donnée la mission de veiller à la tranquillité publique et d'arrêter les perturbateurs, constitue le crime puni par l'art. 114, C. pén., et non le délit prévu par les art. 341 et 343 du même Code, cet inspecteur de police devant être considéré comme un préposé du gouvernement dans le sens de l'art. 114 précité; et qu'en conséquence, un tel fait n'est pas de la compétence de la juridiction correctionnelle : Orléans, 5 août 1868 (J.M.p.11.222).

8. MM. Carnot, *Comment. Cod. pén.*, sur l'art 114, n. 2, 4 et 5, et Dalloz, *Rép.*, v° *Liberté individuelle*, n. 24, enseignent aussi que l'art. 114 s'applique à tous les employés ayant serment en justice, aux percepteurs des contributions, aux huissiers, etc. Et la Cour de cassation a déclaré elle-même cet article applicable aux huissiers (arrêt du 16 juillet 1812, S.-V.4.1.151) et aux geôliers (arrêt du 12 oct. 1816, Dall., *loc. cit.*, n. 25).

ATTENTAT A LA SURETÉ DE L'ÉTAT. — V.

Action publique, n. 45, 56.

ATTROUPEMENT. — 1.

D'après un arrêt récent, le fait, par un individu faisant partie d'un attroupement non armé, de ne l'avoir pas abandonné après deux sommations de l'autorité, ne tombe sous l'application de l'art. 5 de la loi du 7 juin 1848, qu'autant que la sommation a été précédée d'un roulement de tambour, encore bien que le prévenu reconnaîtrait avoir entendu ces sommations, ... alors d'ailleurs qu'il n'est pas démontré que l'autorité ait été dans l'impossibilité de se munir d'un tambour : Pau, 28 juill. 1869 (J.M.p.12.267).

2. On a contesté cette doctrine en soutenant que le roulement de tambour a pour but unique de faire entendre l'injonction d'une plus grande distance, et que, dès qu'un individu prévenu de résistance aux sommations de l'autorité avoue avoir entendu ces sommations, il doit être condamné, bien qu'elles n'aient pas été précédées d'un roulement, et que même l'autorité ne fût pas munie d'un tambour.

3. Mais cet argument est défectueux à un double point de vue. — Se mêler à une foule inoffensive qui stationne dans la rue, surtout quand on est attiré par un motif de curiosité légitime, n'a rien en soi qui blesse l'ordre public ou les bonnes mœurs. Différer d'obéir à l'injonction de l'officier public, ne présente pas davantage ce caractère; il a fallu un texte formel pour ériger ces deux circonstances en infraction punissable; donc, le délit n'existe que sous les conditions expressément exigées, et sans qu'il soit permis d'en supprimer aucune; or, le roulement est une de ces conditions. Est-ce d'ailleurs sans motifs, et par une imitation irréfléchie de la législation antérieure (1789-1831), que l'Assemblée nationale de 1848 l'a ainsi réglé? Le moindre examen suffit pour comprendre l'esprit de cette disposition. Entre les exhortations tentées pour déterminer l'attroupement à se dissiper, et l'emploi rigoureux de la force, il faut une transition non équivoque. Il importe que chacun soit informé, de manière à exclure toute incertitude, du caractère nouveau que vont prendre les avertissements, et du danger que ferait courir une plus longue résistance. Le roulement de tambour marquera ce changement. Non-seulement il sera *entendu à une plus grande distance*, mais il caractérisera les injonctions dont il sera suivi, et ne laissera à personne la possibilité d'ignorer que la désobéissance, même passive, va devenir un délit. Le roulement a une telle importance que seul, et avant que la parole l'accompagne, il marque l'un des degrés du délit successif qui s'aggrave de moment en moment à mesure que la résistance continue. L'art. 5 de la loi du 7 juin 1848 porte en effet : Quiconque n'aura pas abandonné l'attroupement *après le second roulement de tambour et avant la seconde sommation*, sera puni d'un emprisonnement de 15 jours à 6 mois. Le roulement est donc une sorte de *formalité substantielle* sans laquelle il n'y a pas de sommation valable, ni par suite de délit d'attroupement. Telle est l'interprétation unanime consacrée par la jurisprudence et par les commentateurs. V. Grenoble, 17 avr. 1832 (S.-V.32. 2.453); Cass., 3 mai 1834 (S.-V.34.1.574); — Morin, *Répert. du dr. crim.*, v° *Attroupement;* Mouton, *Lois pénales de la France*, t. 2, p. 361. — V. aussi les observations accompagnant l'arrêt de la Cour de Pau mentionné ci-dessus, n. 1.

AUTORISATION DE FEMME MARIÉE. — 1. D'après les art. 861 et 862, C. pr., la femme à laquelle son mari refuse l'autorisation de poursuivre ses droits doit, sur une ordonnance du président, assigner le mari *devant la chambre du conseil,* pour qu'il y déduise les causes de son refus, et, le mari entendu, ou à défaut par lui de se présenter, il est rendu, sur les conclusions du ministère public, un jugement qui statue sur la demande de la femme. Les termes dans lesquels ces dispositions sont conçues semblent révéler l'intention, de la part du législateur, de renfermer dans l'enceinte de la chambre du conseil tous les actes dont la demande de la femme entraîne l'accomplissement. Et de là la plupart des auteurs ont conclu que la publicité de l'audience doit être refusée, non-seulement aux débats que la demande d'autorisation peut soulever, et aux conclusions du ministère public, qui ont pour objet de résumer et d'éclairer ces débats, mais même à la prononciation du jugement (V. Merlin, *Rép.*, v° *Autorisat. marit.*, sect. 8, n° 2 *bis;* Carré et Chauveau, *Lois de la procéd.*, n. 2923: Ortolan et Ledeau, *Ministère public*, t. 1, p. 188 et 189; Demolombe, t. 4, n. 256; Bioche, *Dict. de procéd.*, v° *Femme mariée*, n. 170; Dalloz, *Rép.*, v° *Mariage*, n. 894), et quelques arrêts se sont prononcés en ce sens (Riom, 29 janv. 1829, S.-V.chr.; Bordeaux, 27 fév. 1834, S.-V.34.2.283). Mais ce système absolu a été combattu par MM. Berriat Saint-Prix, *Cours de proc. civ.*, t. 2, p. 666, note 12; Marcadé, sur l'art. 219, C. Nap., n. 2; Debelleyme, *Ordonn. sur requêtes*, t. 1, p. 217; Massabiau, *Man. du minist. publ.*, t. 1, n. 1009; Berlin, *Chambr. du cons.*, n. 58 et 59, qui pensent avec raison que les art. 861 et 862, C. pr., n'ont point dérogé à la règle générale de publicité des jugements (L. 20 avril 1810, art. 7), et dont la doctrine est conforme à une jurisprudence considérable. V. Nîmes, 9 janv. 1828 (S.-V.9.2.4); Orléans, 19 mai 1849 (S.-V.49.2.715); Poitiers,

18 avril 1850 (S.-V.50.2.455); Cass., 5 juin 1850 (S.-V.50.1.617), 10 fév. 1851 (S.-V.51.1.203) et 1er mars 1858 (J.M.p.1.101); Riom, 20 août 1851 (D.P.54.5.58).

2. Quant à la question de savoir si les conclusions du ministère public doivent aussi être données à l'audience, elle est plus délicate, et elle a engendré une controverse plus grave. On dit pour l'affirmative : L'art. 112, C. proc. civ., pose le principe que, dans les causes sujettes à communication, le ministère public doit être entendu dans ses conclusions *à l'audience*. Ce principe général ne doit évidemment cesser de recevoir son application que dans les cas où la loi y a dérogé. Or, aucun texte n'y fait exception relativement à la demande en autorisation de la femme mariée. V. Berriat Saint-Prix, Marcadé et Debelleyme, *loc cit.*, ainsi que les arrêts de Nîmes, 9 janv. 1828, et de la Cour de cass., 10 fév. 1851, précités. *Adde* Cass., 21 janv. 1846 (S.-V.46.1. 263). Compar. aussi Massabiau, *loc. cit.* — Mais on ne saurait raisonner ici comme on le fait à l'égard du point de savoir si la règle de publicité des jugements s'applique à la décision rendue sur la demande en autorisation de la femme, parce que, dans l'hypothèse qui nous occupe actuellement, et à la différence de ce qui se produit dans la première, la dérogation au principe général découle, sinon d'un texte, du moins de l'esprit de la loi. La prononciation du jugement en audience publique ne présente pas assurément les inconvénients que le législateur a voulu prévenir en déférant à la chambre du conseil des débats dont la qualité des parties et la nature de la contestation doivent éloigner la publicité. Mais la précaution de la loi ne serait-elle pas, au contraire, complétement illusoire, si les conclusions du ministère public, qui reproduiront nécessairement (à moins qu'on ne les suppose dépourvues d'objet) la discussion que l'on aura voulu tenir secrète, étaient données en audience publique?—V. à l'appui de cette opinion, Cass., 1er mars 1858, cité plus haut; — Bertin, *loc. cit.*, n. 43, 44, 66 et 855. — Compar. aussi Riom, 29 janv. 1829, également précité; — Carré et Chauveau, Demolombe, Dalloz, *ut suprà*.

AVOCAT.

SOMMAIRE ALPHABÉTIQUE.

1. — 1° *Inscription au tableau.* Il est constant que les décisions statuant sur les difficultés relatives à la privation pour un avocat de l'inscription au tableau, ne peuvent être l'objet d'un appel de la part du procureur général, parce qu'elles ne touchent qu'à un intérêt purement privé : Grenoble, 17 juill. 1823 (S.-V.7.2. 243); Amiens, 28 janv. 1824 (*Id.*7.2.309); Rennes, 31 janv. 1826 (Dalloz, *Rép.*, v° *Av.*, n. 399); Cass., 23 juin 1828 (S.-V.9. 1.15); 3 fév. 1829 (D.p.29.1.132); 6 avr. 1840 (S.-V.40.1.319); 3 juill. 1861 (J.M.p.4.172); 3 juill. 1865 (*Id.*8.169); Orléans, 4 mars 1837 (S.-V.37.2.234); — Carré, *Lois de l'organisation et de la compét.*, t. 1, n. 173; Dalloz, *loc. cit.*, n. 137 et 455; de Vatimesnil, *Encycl. du dr.*, v° *Avoc.*, n. 35 et 98. — *Contrà*, Bastia, 17 nov. 1855 (S.-V.56.2.7), 15 mars et 12 juill. 1856 (D.p.57.2.16).

2. Décidé aussi que le ministère public, ne figurant jamais que comme partie jointe dans les instances engagées sur des difficultés relatives à la privation, pour un avocat, de l'inscription au tableau, est non recevable à se pourvoir en cassation contre l'arrêt qui statue sur une telle difficulté : Cass., 22 janv. 1850 (S.-V.50.1.97); 3 juill. 1861 (J.M.p.4.173).

3. Mais il est au contraire admis aujourd'hui, par dérogation à l'ancienne maxime : « Les avocats sont maîtres de leur tableau », que le droit d'appel appartient soit à l'avocat précédemment inscrit auquel est refusée la réinscription sur le même tableau ou l'admission au tableau du barreau d'une autre Cour, soit au stagiaire éliminé de la liste du stage ou non admis au tableau, soit enfin au licencié en droit que le conseil de discipline de l'ordre a refusé d'admettre au stage : Cass., 16 déc. 1862 (S.-V.63.1.19); 15 fév. 1864 (S.-V.64.1.113); 29 juill. 1867 (S.-V.67.1.281); 8 janv. 1868 (S.-V.68.1.5); Dijon, 2 fév. 1866 (S.-V.66.2.116); Douai, 25 juill. 1866 (S.-V.67.2.117); Nancy, 22 janv. 1870 (J.M.p.13.61).

4. Toutefois, d'après un arrêt de la Cour de Montpellier du 14 fév. 1865 (S.-V.65.2.57), la décision qui détermine le rang d'un avocat sur le tableau et qui ordonne, par exemple, que le nom d'un avocat précédemment condamné à la suspension temporaire sera inscrit le dernier sur le tableau, ne peut être, de la part de cet avocat, attaquée par la voie de l'appel, mais seulement par celle du recours en cassation, en cas de violation ou fausse application de la loi, d'excès de pouvoir ou d'incompétence.

5. Jugé que, dans le cas où la décision portant refus d'inscription ou de réinscription d'un avocat au tableau, est fondée sur l'état d'interdiction de l'avocat, le droit d'appel peut être exercé par celui-ci sans le concours de son tuteur, de même que pourrait l'être l'action en mainlevée de l'interdiction : Nancy, 22 janv. 1870 (J.M.p.13.61).

6. D'après le même arrêt, un avocat frappé d'interdiction ne peut être inscrit au tableau de l'ordre. Cette solution est parfaitement justifiée par les motifs de l'arrêt, auxquels il nous suffit de renvoyer.

7. — 2° *Élection du bâtonnier et du conseil de discipline*. L'ordre des avocats ne peut être convoqué que par le bâtonnier pour l'élection du conseil de discipline de l'ordre et du bâtonnier lui-même : Cass., 7 juin 1847 (S.-V.47.1.606). — En cas de négligence de la part du bâtonnier en exercice, il appartient au procureur général de l'inviter à exécuter la loi. V. *infrà*, n. 12 et s.

8. Il doit y avoir, à peine de nullité, un délai moral suffisant entre les lettres de convocation et le jour où l'élection doit avoir lieu ; le bâtonnier n'est pas investi à cet égard d'un pouvoir discrétionnaire : Grenoble, 10 déc. 1835 (S.-V.36.2.12); Agen, 20 fév. 1838 (S.-V.38.2.379).

9. L'élection serait nulle, spécialement, si la convocation avait

été faite pour le lendemain : Grenoble, 10 déc. 1835, précité. — Elle serait également nulle, si elle avait eu lieu pendant le temps des vacations, et si d'ailleurs plusieurs avocats avaient manqué à la réunion : Agen, 20 fév. 1838, ci-dessus; Décis. min. just. 31 janv. 1852 (Gillet, n. 3384).

10. Par dérogation à l'art. 3 de l'ordonnance du 27 août 1830, d'après lequel le bâtonnier de l'ordre devait être élu par l'assemblée générale des avocats inscrits, l'art. 2 du décret du 22 mars 1852 avait prescrit que cette élection fût faite par le conseil de discipline, et que le choix ne pût porter que sur un des membres du conseil. — Mais un décret du 10 mars 1870 a abrogé cette disposition, et ordonné de nouveau que le bâtonnier soit élu par l'assemblée générale de l'ordre, composée de tous les avocats inscrits au tableau.

11. Le secrétaire de l'ordre des avocats ne peut être choisi hors du conseil de discipline. En conséquence, lorsque c'est un avocat ne faisant point partie de ce conseil qui a été élu secrétaire, il y a lieu de régulariser cette élection, en procédant de la même manière que pour l'élection du bâtonnier et du conseil de discipline : Dissertation insérée J.M.p.10.21. V. *infrà*, n. 15.

12. En vertu des art. 79 du décret du 30 mars 1808 et 46 du décret du 20 avr. 1810, qui chargent le ministère public de veiller à l'exécution des lois et règlements, le procureur général a qualité pour veiller à la régularité de l'élection soit du conseil de discipline, soit du bâtonnier.

13. Par suite, il a été décidé que ce magistrat a le droit de saisir, par action directe, la Cour impériale du conflit élevé entre un tribunal de première instance et l'ordre des avocats près ce tribunal relativement à la formation du tableau de l'ordre et à l'élection du bâtonnier et du conseil de discipline : Orléans, 4 mars 1837 (S.-V.37.2.234).

14. Par application de la même règle, il doit être donné communication au procureur général du procès-verbal constatant les opérations électorales, et si cette communication n'a pas lieu spontanément, le procureur général a le droit de l'exiger: Mollot, *Profess. d'avoc.*, p. 268; Dalloz, n. 394.

15. Il résulte encore du principe rappelé plus haut que le procureur général a le droit de demander, dans un intérêt d'ordre public, la nullité des élections du bâtonnier et du conseil de discipline de l'ordre des avocats : Bourges, 13 mars 1834 (S.-V.34. 2.668); Grenoble, 10 déc. 1835 (S.-V.36.2.12); Orléans, 4 mars

1837 (S.-V.37.2.234); Agen, 17 mai 1837 (S.-V.37.2.314); Cass., 8 fév. 1854 (S.-V.54.1.261); — Dalloz, n. 395.

16. Il n'y a d'ailleurs aucun délai fatal pour l'exercice de cette action du procureur général : Cass., 7 juin 1847 (S.-V.47.1.606). — La demande est recevable, bien que formée après l'installation du conseil et après même qu'il a exercé ses fonctions, alors qu'il y avait eu protestation dès avant l'élection attaquée : Grenoble, 10 déc. 1835, ci-dessus.

17. La décision de la Cour sur une telle demande doit être prononcée en la chambre du conseil et non en audience publique : Bourges, 12 mars 1834 (S.-V.34.2.668).

18. Le procureur général n'est pas obligé d'appeler devant la Cour les membres du conseil dont il attaque l'élection : Bourges, 12 mars 1834 (S.-V.34.2.668); Agen, 17 mai 1837 (S.-V.37.2. 314). — Mais ceux-ci sont recevables à former opposition à la décision de la Cour par laquelle leur élection a été annulée sans qu'ils y aient été appelés : Même arrêt de Bourges.

19. Il a été jugé que le procureur général est recevable à demander à la Cour impériale près laquelle il exerce ses fonctions la nullité du jugement par lequel un tribunal de première instance, méconnaissant les règles relatives à l'ordre des juridictions, a statué, comme conseil de discipline de l'ordre des avocats, sur une demande d'admission au tableau, alors que cet ordre est composé d'un nombre de membres suffisant pour constituer un conseil de discipline; et que le recours du procureur général contre une telle décision n'est soumis à aucun délai : Alger, 15 fév. 1864 (J.M.p.7.81). V. aussi les motifs d'un arrêt de cassation du 3 juill. 1865 rendu sur le pourvoi formé contre celui d'Alger (*Id*.8.169).

20. Mais ces solutions nous semblent très-contestables. — Il est de principe qu'en matière civile, le ministère public ne peut agir d'office que dans les cas spécifiés par la loi. V. *Action directe ou d'office*, n. 5 et s. Or, quelle est la disposition légale qui confère au procureur général le droit de demander à la Cour impériale près laquelle il exerce ses fonctions, la nullité des décisions des tribunaux de première instance du ressort qui méconnaissent les règles relatives à l'ordre des juridictions, et notamment de celle par laquelle un tribunal de première instance statue comme conseil de l'ordre des avocats, malgré la possibilité de constituer ce conseil ? L'arrêt de la Cour d'Alger mentionné ci-dessus fait découler ce droit soit de la disposition de l'art. 79 du décret du 30 mars 1808, soit de celle du § 2 de l'art. 46 précité de la loi du 20 avr. 1810. — Mais, en ce qui concerne d'abord cette dernière disposition, nous renvoyons au mot *Action directe où d'office, ubi suprà*, où nous avons essayé d'établir que le § 2 de l'art. 46 précité doit être combiné avec le premier paragraphe du même article, qui restreint aux cas spécifiés par la loi le droit d'action directe du ministère public, en sorte que, même dans les circonstances où l'ordre public est intéressé, le ministère public ne peut agir d'office qu'autant que ce pouvoir lui est attribué d'une manière spéciale par quelque acte législatif. — Quant à l'art. 77 du décret du 30 mars 1808, en disposant que le procureur général près chaque Cour impériale et le procureur impérial près chaque tribunal de première instance doivent veiller à ce que les lois et règlements y soient exécutés, et que, lorsqu'ils auront des observations à faire à cet égard, le premier président de la Cour et le président du tribunal seront tenus, sur leur demande, de convoquer une assemblée générale, il n'a en vue évidemment que l'administration intérieure des Cours et tribunaux, et l'on ne pourrait d'ailleurs y puiser pour le ministère public un droit plus ample que celui qui lui a été conféré postérieurement par la loi du 20 avril 1810.

21. Vainement, pour défendre la doctrine de l'arrêt de la Cour d'Alger, invoquerait-on la jurisprudence qui consacre le droit du procureur général de demander l'annulation des élections faites par l'ordre des avocats. Cette jurisprudence, que peut justifier la nature particulière du point en litige, lequel, se rattachant à l'administration des Cours et tribunaux, rentre dans les prévisions spéciales de l'art. 79 du décret de 1808, ne repose sur aucuns motifs qui autorisent à formuler la théorie générale que la Cour d'Alger a cru devoir admettre. — V. *suprà*, n. 15.

22. D'après une décision ministérielle du 11 mai 1838 (Gillet, n. 2592), si, en principe, les tribunaux doivent demeurer étrangers à la nomination du conseil de discipline et du bâtonnier, le tribunal de première instance devient conseil de discipline et reprend les attributions qui lui appartenaient aux termes de l'ordonnance du 20 nov. 1822, quand les avocats ne s'accordent pas ou ne veulent pas se réunir pour exercer leurs droits. — V. aussi dans le même sens une autre décision du 12 fév. 1840 (*Id.*, n. 2662).

23. Il résulte de l'art. 2 de l'ordonnance du 27 août 1830 que, lorsque le nombre des avocats inscrits au tableau est inférieur ou

même égal à cinq, un conseil de discipline ne peut être élu par
la réunion de ces avocats, puisqu'il ne peut pas y avoir de conseil de discipline de moins de cinq membres. En pareil cas, le
tribunal de première instance exerce les fonctions de conseil de
discipline, conformément à l'art. 10 de l'ord. du 20 nov. 1822 :
Cass., 18 juin 1834 (S.-V.34.1.455); 8 fév. 1854 (S.-V.54.1.261);
Bastia, 15 mars et 12 juill. 1856 (S.-V.56.2.425); — Dalloz,
n. 378.

24. Mais les tribunaux de première instance ne peuvent remplir les fonctions de conseil de discipline de l'ordre des avocats
qu'autant que le nombre des avocats inscrits est tellement réduit qu'il soit impossible de constituer un conseil de discipline.
Et tel n'est pas le cas où, l'ordre des avocats étant composé de six
membres, quatre seulement se trouveraient présents au moment
où une décision du conseil est provoquée; il y a lieu, en pareille
circonstance, d'attendre que l'absence ou l'empêchement momen-
tané des autres membres de l'ordre ait cessé : Alger, 15 fév. 1864
(J.M.p.7.81).

25. Aux termes du même arrêt, la démission d'un membre du
conseil de l'ordre des avocats est sans effet (notamment en ce qui
concerne la régularité de la composition du conseil), tant que ce
membre n'a pas été remplacé : Alger, 15 fév. 1864 (J.M.p.7.81).

26. Les officiers du ministère public ne peuvent participer
comme juges aux décisions des tribunaux exerçant les fonctions
de conseil de discipline de l'ordre des avocats : Dijon, 20 juill.
1859 (J.M.p.2.265). — V. *Ministère public.*

27. — 3° *Droits et devoirs des avocats.* Ce n'est pas par voie de
sommation, mais par une invitation du président ou du greffier,
au nom du président, qu'un avocat doit être chargé d'office de la
défense d'un accusé (C. instr. crim., 294, 295) : Décis. min. just.
5 fév. 1812 (Gillet, n. 762).

28. Bien qu'en principe le ministère de l'avocat soit libre,
celui qui a été nommé d'office pour la défense d'un accusé ne peut
refuser son ministère sans faire approuver ses motifs d'excuse ou
d'empêchement par la Cour d'assises, qui prononce, en cas
de résistance, l'une des peines déterminées par l'art. 18 de l'ord.
de 1822 (avertissement, réprimande, interdiction temporaire, radiation du tableau) (Ord. 20 nov. 1822, art. 42).

29. Jugé, d'un autre côté, que lorsqu'un avocat, après s'être
chargé de la défense d'un accusé, ne se présente pas devant la
Cour d'assises pour plaider, quoique les pièces lui aient été re-

mises, la Cour peut le renvoyer devant le conseil de discipline
pour qu'il ait à s'expliquer sur ce fait et qu'il soit ultérieurement
statué : C. d'ass. de la Seine, 13 juill. 1835 (Dalloz, n. 232). —
V. aussi Décis. min. just. 2 juill. 1828 (Gillet, n. 2087).

30. Le défenseur a le droit de se faire communiquer la procédure au greffe de la Cour, d'en extraire des notes et même d'en
prendre copie; il peut se faire remplacer pour ce dernier objet par
un secrétaire attaché à son cabinet et porteur d'une invitation par
lui adressée au greffier de laisser prendre copie des pièces de la
procédure : Décis. min. de la justice, 27 déc. 1820 (Gillet,
n. 1430).

31. Les avocats peuvent être appelés, soit à compléter le nombre des juges d'un tribunal, soit à suppléer les officiers du ministère public en cas d'absence ou d'empêchement des magistrats,
tant en matière criminelle qu'en matière civile (Décr. 22 vent.
an xii, art. 30; Décr. 14 déc. 1810, art. 35; C. proc. civ., 118 et
468). — V. Décis. min. just. 25 nov. 1806 (Gillet, n. 554); —
Dalloz, n. 272 et s.

32. — 4° *Discipline.* Les fautes qui rendent les avocats passibles
de peines disciplinaires ne sont pas indiquées d'une manière précise par les décrets et ordonnances réglementant l'exercice de la
profession d'avocat et la discipline du barreau. On trouve seulement dans le décret du 20 nov. 1822 une disposition (celle de
l'art. 14) portant que les conseils de discipline sont chargés de
maintenir les sentiments de fidélité à la monarchie et aux institutions constitutionnelles, et les principes de modération, de
désintéressement et de probité sur lesquels repose l'honneur de
l'ordre des avocats; qu'ils surveillent les mœurs et la conduite
des avocats stagiaires. »

33. Les décisions des tribunaux ont dû suppléer à ce défaut de
précision. Nous nous bornerons à signaler parmi ces décisions
celles qui sont à la fois les plus doctrinales et les plus récentes.

34. Jugé que l'avocat qui, s'étant, contrairement au règlement
d'une Cour, absenté sans en donner avis au président, ne se
trouve pas à l'appel d'une cause portée au rôle pour un jour indiqué, et dans laquelle il devait plaider, commet une faute disciplinaire, à raison de laquelle il est passible de l'une des peines
édictées par l'art. 18 de l'ordonnance du 20 nov. 1822, et non pas
seulement de condamnations pécuniaires envers la partie, selon
l'art. 8 du décret du 2 juill. 1812 : Bastia, 15 juill. 1857 (J.M.
p.1.27). — Cette solution nous semble incontestable. V. dans le

même sens, C. d'ass. de la Seine, 13 juill. 1835 (Dalloz, n. **232**, **488**); Cass., 2 août 1843 (S.-V.44.1.4).

35. ...Que l'empressement avec lequel un avocat a fourni au ministère public les explications que lui demandait celui-ci à la suite d'une plainte portée contre lui au sujet d'une réclamation d'honoraires, ne saurait rendre cet avocat passible d'une peine disciplinaire (par exemple, de celle de l'avertissement) : Bordeaux, 10 avr. 1861 (J.M.p.4.259).

36. ...Qu'un avocat ne se rend pas non plus passible de peines disciplinaires en réclamant des honoraires à ses clients par les voies judiciaires, pourvu qu'il ne fasse pas du droit qui lui appartient à cet égard un abus contraire à la dignité de sa profession : même arrêt. — Cette décision, qui découle du principe aujourd'hui bien certain que les avocats ont une action pour obtenir le paiement de leurs honoraires, est conforme à l'opinion de MM. Mollot, p. 76, et Morin, *Discipline*, t. 1, p. 117. — V. aussi Orléans, 28 janv. 1853 (D.p.53.2.149); Cass., 4 janv. 1853 (S.-V. 53.1.113) : — *Contrà*, Dalloz, n. 256.

37. ...Qu'un avocat défendant devant la juridiction criminelle un accusé ou un prévenu ne peut, sans encourir une peine de discipline, censurer dans sa plaidoirie, soit les actions, soit les paroles, soit surtout les intentions du magistrat qui remplit à l'audience les fonctions du ministère public ; — Que, spécialement, l'avocat qui, en répondant au réquisitoire du ministère public dans une affaire correctionnelle, s'est exprimé ainsi : «Le ministère public a fait appel aux passions les plus irritantes, et cela est mauvais, je le regrette », est passible d'une peine disciplinaire, alors surtout qu'invité par le président du tribunal à retirer ces expressions, il a déclaré y persister, et qu'il a pu être justement condamné par le tribunal, séance tenante, à demeurer interdit de l'exercice de sa profession pendant trois mois : Paris, 17 fév. 1860 (J.M. p.3.35).

38. Décidé aussi que les juges ne violent pas le droit de libre défense en décidant que, si ce droit permet à l'avocat de prendre à partie les arguments de l'organe du ministère public, il ne va pas jusqu'à l'autoriser à prendre à partie la personne même de ce magistrat et à censurer ses actes : Cass., 7 avr. 1860 (J.M. p.3.143). — V. encore dans le même sens, Cass., 29 juill. 1819 (Dalloz, vᵒ *Défense*, n. 117); 25 janv. 1834 (S.-V.34.1.84).

39. Jugé, d'autre part, que les paroles offensantes d'un avocat à l'audience ne perdent pas le caractère de faute de discipline, par cela seul qu'elles ne seraient pas parvenues à l'oreille des juges ; qu'il suffit qu'elles aient été prononcées d'une manière assez haute pour être entendues d'une partie du public : Cass., 24 déc. 1836 (S.-V.37.1.11).

40. La jurisprudence a décidé, d'une manière absolue, que les avocats sont soumis à la juridiction disciplinaire pour les actes de citoyens ou pour ceux de la vie privée, aussi bien que pour les actes qui se rattachent à l'exercice de leur profession : Caen, 8 janv. 1830 (S.-V.31.2.77); Cass., 27 nov. 1838 (S.-V.38.1.965); 8 mars 1847 (S.-V.47.1.427). Mais les jurisconsultes restreignent, au contraire, généralement l'exercice du pouvoir disciplinaire aux faits de charge, c'est-à-dire à ceux qui sont relatifs à la profession, et n'admettent le conseil de discipline à se saisir des actes étrangers au ministère de l'avocat que dans le cas où ils auraient attiré sur leur auteur une condamnation flétrissante. V. Daviel, *Observ. sur l'ordonn. du 20 nov.* 1822, p. 26; Falconnet, *Barreau français*, t. 2, p. 518; Carré, *Lois de l'organ. et de la compét.*, art. 200, n. 178; Phil. Dupin, *Encyclop. du dr.*, v° *Avocat*, n. 83, et *Lettres sur la profess. d'avoc.*, t. 1, p. 579; Dalloz aîné, *Rép.*, v° *Avocat*, n. 407.

41. En admettant que les actes de la vie privée de l'avocat puissent être atteints par l'exercice du pouvoir disciplinaire, ne faut-il pas du moins, comme l'enseignent d'autres auteurs (Mollot, *Règles sur la profess. d'avoc.*, p. 28; Morin, *Discipl. des Cours et trib.*, t. 2, n. 660), limiter cet exercice aux faits que l'avocat a accomplis ostensiblement et qui tirent de la publicité même qu'il leur a volontairement donnée, le caractère déshonorant à raison duquel ils lui sont imputés à faute par le conseil de l'ordre ? Suffit-il, pour que des faits de la vie privée puissent donner lieu à des poursuites disciplinaires contre un avocat, que ces faits, accomplis dans le secret, aient été accidentellement divulgués dans la suite par des tiers, et aient ainsi reçu une publicité plus ou moins étendue, à laquelle il n'a pris aucune part ?

42. Il a été jugé, dans le sens de cette dernière interprétation qu'un avocat est soumis à la juridiction disciplinaire, même pour les actes secrets de sa vie privée, lorsqu'ils ont été connus, non par suite d'investigations spontanées, mais par l'effet de la publicité qu'ils ont reçue dans des procédures poursuivies contre des tiers, bien qu'il ait été lui-même étranger à ces procédures : Rennes, 24 nov. 1860 (J.M.p.4.3). — Mais c'est là une doctrine fort contestable. V. les observations jointes à la décision ci-dessus.

43. Un arrêt a déclaré, à bon droit, illégale et nulle la délibération du conseil de l'ordre des avocats près une Cour impériale décidant que les avocats s'abstiendront de plaider devant la Cour lorsque le siége du ministère public sera occupé par tel membre du parquet, tant que ce magistrat n'aura pas donné satisfaction au barreau à raison d'une injure qu'il aurait faite à un avocat : Chambéry, 14 mai 1864 (J.M.p.7.231).

44. Et il a été jugé même que la délibération par laquelle des avocats, membres du conseil de leur ordre, après avoir critiqué un acte de police d'audience du président de la Cour d'assises, décident que, jusqu'à satisfaction suffisante, aucun des membres du conseil ne paraîtra comme défenseur aux assises, constitue une faute disciplinaire, à raison de laquelle ces avocats peuvent être punis de l'interdiction temporaire : Cass., 12 mai 1858 (J.M. p.1.129). V. aussi Cass., 22 juill. 1834 (S.-V.34.1.457); 15 déc. 1847 (S.-V.48.1.118); — Dalloz, n. 412 et 413.

45. Au surplus, l'appréciation des faits d'audience qui peuvent motiver contre un avocat une condamnation disciplinaire, appartient exclusivement aux juges de la cause et échappe à la censure de la Cour de cassation : Cass., 25 janv. 1834 (S.-V.34.1.84); 19 août 1844 (S.-V.45.1.62); 7 avr. 1860 (J.M.p.3.143). — Toutefois, les arrêts, en matière disciplinaire, sont soumis au contrôle de la Cour suprême, lorsqu'ils ne se bornent pas à apprécier la gravité des faits qu'ils constatent, mais se fondent uniquement sur des raisons de droit : même arrêt du 19 août 1844.

46. D'après divers arrêts, l'art. 103 du décret du 30 mars 1808, qui attribue aux Cours et tribunaux la connaissance des fautes de discipline *commises* ou *découvertes* à leur audience, s'applique aux avocats aussi bien qu'aux officiers ministériels; en sorte qu'une Cour peut, *de plano*, être saisie par le ministère public ou se saisir d'office d'une faute de cette nature imputée à un avocat, sans qu'il soit nécessaire que le conseil de discipline ait prononcé en premier ressort : Cass., 28 avr. 1820 (D.p.20.1.353); 8 janv. 1838 (D.p.38.1.8); Limoges, 3 fév. 1847 (J.p.47.1.335); Bastia, 15 juill. 1857 (J.M.p.1.27).

47. Mais une telle doctrine nous a paru trop absolue. — Nous avons essayé de démontrer dans nos observations sur l'arrêt de la Cour de Bastia mentionné ci-dessus que l'art. 103 du décret de 1808 n'est point applicable aux avocats, et que c'est soit dans le droit commun (C. proc. civ., 90 et 1036; C. instr. crim., 504 et

505), soit dans des textes spéciaux et formels (Décr. 14 déc. 1810, art. 39 ; L. 17 mai 1819, art. 23 ; ord. 20 nov. 1822, art. 16 et 43), que les Cours et tribunaux puisent le droit de réprimer *de plano* les fautes disciplinaires *commises* à leur audience par les avocats.

48. L'arrêt de la Cour de Bastia mentionné ci-dessus, décide en outre que la Cour peut être saisie et statuer à l'audience même où la faute a été commise ou découverte, encore bien que l'avocat ne serait pas présent, et sans qu'il soit nécessaire qu'une citation lui soit donnée par le ministère public;... sauf à l'avocat le droit de former opposition à la condamnation disciplinaire qui serait prononcée contre lui. Cette solution n'est pas moins contestable que la précédente. Aucun texte n'exigeant que la faute disciplinaire soit réprimée à l'audience même où elle a été commise, il est conforme à tous les principes que, dans le cas où l'avocat inculpé n'est pas présent, les juges, après avoir constaté la faute, renvoient la décision à une audience ultérieure pour laquelle cet avocat sera cité devant eux. V. Metz, 20 mai 1820; Cass., 7 août 1822 ; 25 nov. 1823 ; 30 août 1824 (S.-V. chr.); 2 août 1843 (S.-V.44.1.4); 21 mai 1844 (D.p.44.1.231); — Dalloz, v^{is} *Avocat*, n° 500 ; *Avoué*, n° 293 ; *Défense*, n°s 187, 188 ; *Discipline judiciaire*, n°s 82, 83 et 272 ; *Notaire*, n° 839.

49. Il a été décidé, au contraire, avec raison que l'action disciplinaire dirigée par le ministère public contre des avocats, pris, non pas individuellement, mais comme composant le conseil de discipline au nom duquel ils ont agi, peut être portée directement devant la Cour impériale, sans qu'il en résulte une violation de la règle des deux degrés de juridiction : Paris, 13 avr. 1835 ; Agen, 4 mai 1835 (Dalloz, n. 292 et 461); Nancy, 4 mai 1835 (S.-V.36.2.437); Cass., 5 avr. 1841 (S.-V.41.1.290); 15 déc. 1847 (S.-V.48.1.118); 12 mai 1858 (J.M.p.1.129); Rouen, 24 mars 1847 (D.p.47.2.218).

50. En principe, les poursuites disciplinaires dirigées contre les avocats (pour fautes non commises à l'audience, bien entendu) ne peuvent être portées directement devant la Cour impériale (ord. 20 nov. 1822, art. 15) ; mais cette règle reçoit nécessairement exception, lorsque l'infraction est imputée à l'ordre même des avocats pris collectivement, comme quand elle consiste dans une délibération de cet ordre renfermant une offense envers la magistrature, parce que le conseil de discipline ne saurait être juge dans sa propre cause, et que le tribunal civil ne peut remplir les fonctions de ce conseil . V. *suprà*, n. 24.

51. L'arrêt de la Cour de cassation du 12 mai 1858 mentionné ci-dessus, n. 49, décide que des avocats, qu'un acte de leur profession soumet directement à la compétence disciplinaire de la Cour impériale, peuvent, lorsqu'ils sont en même temps magistrats, être poursuivis disciplinairement pour cet acte devant cette Cour, par une même action, tant à raison de leur qualité de magistrats qu'à raison de leur qualité d'avocats. Mais l'exactitude de cette solution est douteuse, selon nous. On peut, ce semble, soutenir qu'en principe la poursuite, dans le cas qui vient d'être indiqué, doit être divisée, car les magistrats appartenant aux juridictions inférieures ne sont pas de plein droit justiciables de la Cour impériale en matière disciplinaire, et cette Cour ne peut réprimer les fautes par eux commises, qu'autant que les tribunaux de première instance, auxquels la connaissance en est attribuée, négligent de les réprimer eux-mêmes (L. 20 avr. 1810, art. 50, 52 et 54).

52. En ce qui touche la nature des peines disciplinaires applicables aux avocats, nous nous bornerons à rappeler que la disposition de l'art. 23 de la loi du 17 mai 1819, qui limite à six mois la durée de la suspension que les juges peuvent prononcer contre les avocats ou officiers ministériels pour fautes commises dans la défense de leurs clients, ne s'applique qu'aux faits diffamatoires concernant les parties en cause, et qu'à l'égard des manquements dont les avocats se rendent coupables à l'audience envers les autorités établies, et spécialement envers la magistrature, la suspension peut être portée jusqu'à un an, aux termes de l'art. 18 de l'ordonn. du 20 nov. 1822 : Cass., 25 janv. 1834 (S.-V.34. 1.84); — Chassan, *Délits de la parole et de la presse*, t. 1, p. 87;

53. ...Que lorsqu'un avocat est poursuivi disciplinairement pour fautes ou manquements commis à l'audience dans la défense de son client, les nouvelles fautes dont il se rend coupable dans sa propre défense peuvent être cumulées avec les premières pour motiver une aggravation de la peine disciplinaire qui doit lui être appliquée : même arrêt;

54. ...Que si l'infraction commise à l'audience par un avocat constitue un délit, il peut être condamné cumulativement aux peines édictées par la loi pour ce délit, et en outre à une peine disciplinaire, la maxime *Non bis in idem* n'étant pas applicable en pareil cas : Grenoble, 26 déc. 1828 (S.V.29.2.212) ;—Chassan, p. 90.

55. Toute décision du conseil de discipline emportant interdiction temporaire ou radiation doit être transmise dans les trois jours au procureur général, chargé d'en assurer et d'en surveiller l'exécution (Ord. 20 nov. 1822, art. 21.) — Quant aux décisions emportant avertissement ou réprimande, la transmission n'en est pas prescrite ; mais le procureur général peut, quand il le juge nécessaire, requérir qu'il lui en soit délivré une expédition (*Id.*, art. 22). — Le procureur général a aussi le droit de demander expédition de toute décision par laquelle le conseil de discipline aurait acquitté l'avocat inculpé (*Id.*, art. 23).

56. Il n'est pas douteux que l'exercice du droit de discipline n'est point exclusif de poursuites devant les tribunaux, de la part du ministère public ou des parties lésées, dans le cas où les actes imputés à l'avocat ont le caractère de délits ou de crimes (ord. 20 nov. 1822, art. 17), pas plus que l'exercice de l'action publique ou de l'action civile à raison de ces actes ne mettrait obstacle aux poursuites disciplinaires : Cass., 27 nov. 1838 (S.-V. 38.1.965) ; Limoges, 4 juin 1844 (S.-V.44.2.377) ;—Dalloz, n. 446.

57. Le procureur général a le droit d'interjeter appel de toute décision du conseil de discipline de l'ordre des avocats statuant sur une mesure disciplinaire à l'égard d'un avocat inscrit au tableau ou simplement stagiaire : Limoges, 18 juin 1842 (S.-V.43. 1.377) ; Orléans, 28 janv. 1853 (D.P.53.2.149) ; Bordeaux, 10 avr. 1861 (J.M.p.4.259), ainsi que les motifs de la plupart des arrêts mentionnés *suprà*, n. 22 ; — Dalloz, n. 456.

58. Décidé qu'il en est ainsi même dans le cas où l'avocat condamné n'a pas lui-même le droit d'appel contre la décision du conseil de discipline ; et qu'en pareil cas, l'appel du procureur général profite, s'il y a lieu, à l'avocat, quelque restrictives que soient d'ailleurs les réquisitions du ministère public ; en sorte que, sur cet appel, la Cour peut relaxer l'avocat de la poursuite, bien que le ministère public se borne à requérir l'infirmation d'un des motifs de la décision portant condamnation contre l'avocat : Bordeaux, 10 avr. 1861, précité.

59. L'appel soit du procureur général, soit de l'avocat condamné, doit, à peine de déchéance, être formé dans les dix jours de la communication qui leur aura été donnée par le bâtonnier de la décision du conseil de discipline (Ord. 20 nov. 1822, art. 26). — La communication de la décision est le point de départ du délai, alors même qu'elle aurait été faite, non par le bâtonnier,

14

mais par le procureur impérial : Cass., 23 juin 189?
115); — Dalloz, n. 464.

60. Aucune forme particulière n'est prescrite p
peut être valablement formé par lettre adressée au bâ.
procureur général : Rouen, 13 janv. 1840 (S.-V.40.2.258),
29 fév. 1844 (S.-V.44.2.663); Orléans, 19 avr. 1845 (D.p.47.2.

61. L'appel doit être porté devant la Cour du ressort où l'avocat exerce sa profession, et cette Cour doit statuer en assemblée
générale et dans la chambre du conseil, ainsi qu'il est prescrit
par l'art. 52 de la loi du 20 avr. 1810 pour les mesures de discipline qui sont prises à l'égard des membres des Cours et tribunaux (Ord. 20 nov. 1822, art. 24 et 27).

62. La juridiction compétente pour connaître d'un appel se
déterminant d'après la nature, non de l'affaire ou de la condamnation, mais de la juridiction qui a statué en premier ressort,
l'appel d'un jugement du tribunal correctionnel qui a prononcé
contre un avocat la peine de la suspension pour une faute disciplinaire commise à l'audience, ne doit pas être porté devant la
Cour, chambres assemblées, mais devant la chambre correctionnelle de la Cour. Les art. 24 et 27 de l'ordonnance du 29 nov.
1822, qui attribuent aux assemblées générales de la Cour la connaissance de l'appel des décisions disciplinaires rendues contre
les avocats, ne s'appliquent qu'aux décisions prises à huis clos
par les conseils de discipline : Cass., 10 fév. 1860 (J.M.p.3.29).
— V. en ce sens, nos observations sur l'arrêt ici mentionné.

AVOUÉ. — 1. Il faut être nécessairement âgé de vingt-cinq
ans pour être avoué, et nulle dispense d'âge ne peut être accordée; il ne doit donc être transmis aucune demande de dispense : Décis. min. just. 14 mars 1825 (Gillet, n. 1827); 12 nov.
1830 (*Id.*, n. 2230).

2. Les magistrats du parquet doivent surveiller constamment
la conduite des avoués (L. 20 avr. 1810, art. 45 et 47); seconder
de tout leur pouvoir les préposés de l'enregistrement dans les
vérifications qu'ils croient devoir faire dans l'intérêt du trésor;
exiger de temps en temps, soit à l'improviste, soit au moment du
jugement, le dépôt des dossiers pour la liquidation des dépens.
Ils doivent veiller surtout avec une scrupuleuse attention à ce
qu'il ne soit alloué aux avoués que le papier timbré dont l'emploi
aura été justifié, et que les droits d'expédition qui leur sont réellement dus : Circ. min. just. 21 nov. 1838 (Addenel, p. 27, note 104).

3. Les récépissés que les avoués se délivrent les uns aux autres, en exécution des art. 106 et 189, C. proc., pour constater les communications de pièces, doivent être rédigés sur papier timbré, puisqu'ils émanent d'officiers ministériels, et qu'il est nécessaire de les produire en justice pour justifier de l'accomplissement d'une formalité légale (L. 13 brum. an VII, art. 12). A ce double titre, les magistrats ne peuvent évidemment faire difficulté d'admettre en taxe le prix du papier timbré employé à la rédaction de ces actes. Le ministère public doit mettre les avoués en demeure de renoncer à l'usage contraire, et veiller, à l'avenir, à l'exécution des dispositions de la loi du 13 brum. an VII : Circ. min. just. 5 mai 1866 (Rés. chr., p. 88).

4. La copie des *conclusions motivées et signées d'eux* que les avoués, avant d'être admis à requérir défaut ou à plaider, sont tenus de remettre au greffier, après les avoir signifiées trois jours au moins avant l'audience (Décr. 30 mars 1808, art. 33, 70 à 73), n'est pas assujettie au timbre et peut être transcrite sur papier libre, sans aucune formalité : Circ. min. just. 4 oct. 1825 (Gillet, n. 1872).

5. L'obligation pour les avoués de mentionner le nombre des rôles au bas des originaux et des copies de leurs requêtes et écritures, n'est pas restreinte aux seules instructions par écrit; c'est une obligation générale, dont l'inexécution soumettrait l'avoué, non seulement au rejet de la taxe, des requêtes et écritures dont le nombre de rôles n'aurait pas été indiqué, mais encore à une action disciplinaire provoquée par les préposés de l'enregistrement : Décis. min. just. 4 juill. 1843 (Gillet, n. 2838).

6. Si les avoués résistent à la prescription qui leur est faite par le décret du 30 mars 1808 (art. 19, 55) d'inscrire les causes sur le rôle général au plus tard la veille de l'échéance de l'assignation, il faut user contre eux des mesures de discipline : Circ. min. just. 8 déc. 1819 (Gillet, n. 1339).

7. Les honoraires des avoués en matière correctionnelle doivent être taxés comme en matière sommaire (C. instr. crim., 185 ; Décr. 18 juin 1811, art. 3, n. 4) : Circ. min. just. 10 avril 1813 (Gillet, n. 852); Décis. 18 oct. 1825 (*Id.*, n. 1877). — Ces honoraires comprennent les droits d'obtention du jugement et les frais de voyage réclamés par la partie : Décis. min. just. 21 mai 1822 (*Id.*, n. 1559).

8. Les registres de comptes des avoués sont obligatoires et

doivent être sur papier timbré. Le ministère public doit s'opposer
aux demandes que les avoués appuieraient sur un registre non
revêtu de la formalité du timbre (Décr. 16 fév. 1807, art. 151;
L. 13 brum. an vii, art. 12) : Circ. min. just. 13 déc. 1821 (Gillet, n. 1519); Décis. 13 déc. 1833 (*Id.*, n. 2401); 2 mars 1840
(*Id.*, n. 2665). — La communication de ces registres ne peut être
exigée par le ministère public en dehors d'une instance en paiement de frais : Aix, 2 juin 1843 (S.-V.43.2.275).

9. L'organisation et les attributions de la chambre des avoués
sont déterminées par l'arrêté du 13 frim. an ix. — Cet arrêté
précise aussi le pouvoir disciplinaire de la chambre (art. 8 et
suiv.). Quant à la juridiction disciplinaire des Cours et tribunaux à l'égard des avoués, elle est établie par les art. 102 et 103
du décret du 30 mars 1808. D'après ce dernier article, les décisions doivent être rendues en assemblée générale à la chambre
du conseil, l'inculpé entendu; elles ne sont sujettes ni à l'appel
ni au recours en cassation, sauf le cas de suspension prononcée
par jugement. Le procureur général les transmet au ministre de
la justice avec ses observations pour qu'il puisse être statué par
le ministre sur les réclamations, ou que la destitution soit prononcée, s'il y a lieu. L'art. 104 charge le procureur impérial
de rendre lui-même compte de ces mesures disciplinaires au procureur général, afin que ce dernier transmette ce compte rendu
au ministre de la justice avec ses observations.

10. De ce qui précède, il suit nécessairement que le ministère
public a le droit d'exiger de la chambre des avoués la communication du registre de ses décisions disciplinaires : Morin, *Discipl.
des Cours et trib.*, t. 1, p. 195; Desplagnes, *Notes prat. sur l'administr. des parquets*, p. 137.

11. Quand les fautes disciplinaires sont commises ou découvertes à l'audience, la répression en est prononcée, non plus par
la Cour ou le tribunal en assemblée générale, mais par la chambre même à l'audience de laquelle la faute a été commise ou découverte (Décr. 30 mars 1808, art. 103). — Les décisions rendues
en ce cas sont de véritables jugements qui n'ont pas besoin d'être
soumis au ministre de la justice.

12. L'arrêté du 13 frim. an ix, combiné avec l'ord. du 12 août
1832 et le décret du 17 juill. 1806, fixe les règles suivant lesquelles les chambres de discipline des avoués sont renouvelées et
leurs dignitaires désignés. Les procureurs impériaux doivent tenir la main à l'exécution périodique des prescriptions précitées,

et, si besoin est, avertir les avoués en retard de la nécessité de
s'y conformer. Ils doivent, de plus, faire connaître au commencement de chaque année judiciaire si ce devoir a été accompli :
Circ. min. just. 20 déc. 1863 (Rés. chr., p. 64).

13. Les tribunaux civils ne pouvant connaître d'une matière
spéciale qu'autant qu'une disposition législative leur attribue expressément compétence à cet égard, il ne saurait leur appartenir,
en l'absence d'un texte qui les y autorise, de statuer sur les questions relatives à l'organisation intérieure de la chambre des avoués
et particulièrement sur la validité ou la nullité des élections ayant
pour objet la composition de cette chambre ; de telles questions
sont exclusivement du ressort du pouvoir administratif judiciaire
supérieur. — Ici, sont inapplicables les dispositions des art. 102
et s. du décret du 30 mars 1808 : Trib. de Pau, 15 déc.1865 (J.M.p.
8.317). — En effet, c'est le Gouvernement qui nomme les officiers
ministériels, qui les habilite à élire leurs dignitaires et qui, par
cette voie, transmet à ces derniers l'autorité dont ils sont investis.
Si la délégation de cette autorité est défectueuse, c'est au Gouvernement seul à la rectifier. Il y a dans ce cas plus qu'un litige sur
des actes de juridiction ; l'institution même est en question ; l'autorité de qui elle émane peut seule la replacer sur sa véritable base.

14. Le décret du 19 juill. 1810 édicte des pénalités contre les
auteurs du délit de postulation et contre les avoués convaincus
de complicité de ce délit (Art. 1 et 2).

15. Aux termes de l'art. 4 de ce décret, lorsque la chambre
des avoués, informée de l'existence du délit et désirant le constater, veut se faire autoriser à opérer les perquisitions nécessaires
dans les domiciles indiqués, elle doit à cet effet présenter requête, soit au premier président de la Cour, soit au président du
tribunal, selon que la postulation a été exercée en appel ou en
première instance. L'autorisation ne peut être accordée que sur
les conclusions du ministère public et après que la gravité des
faits et des circonstances allégués aura été examinée.

16. Les délits de postulation peuvent aussi être poursuivis
d'office et les perquisitions être demandées par les procureurs
généraux ou par les procureurs impériaux (art. 5).

17. Les perquisitions ordonnées ne peuvent, dans tous les cas,
être faites qu'en présence d'un juge de paix ou d'un commissaire
de police, lequel saisit les dossiers et autres pièces qui lui auront
été indiqués comme devant prouver l'existence du délit. Les pièces de chaque dossier, ainsi que les pièces détachées, sont nom

brées, cotées et paraphées par le juge de paix ou commissaire de police, qui, du tout, dresse procès-verbal (art. 6).

18. Sur le procès-verbal ainsi dressé, parties ouïes ou dûment appelées, le ministère public entendu, la Cour ou le tribunal qui a autorisé la perquisition prononce tant sur l'application des peines et des dommages-intérêts des parties que sur les dommages-intérêts résultant des poursuites et saisies qui seraient mal fondées. — Les jugements rendus par les juges de première instance sont susceptibles d'appel (art. 7).

19. Les frais auxquels donnent lieu les poursuites qui sont intentées d'office, en vertu du décret du 19 juill. 1810, pour fait de postulation illicite, doivent être acquittés conformément aux art. 121 et 122 du décret du 18 juin 1811 : Décis. min. just. 26 sept. 1825 (Gillet, n. 1870).

20. Le ministère public doit poursuivre, par toutes voies de droit, toute association entre avoué et avocat ou toute autre personne pour l'exploitation en commun d'un office d'avoué : Décis. min. just. 2 mars 1840 (Gillet, n. 2665).

21. Ce n'est jamais qu'à défaut d'avocat qu'un avoué peut être appelé à compléter un tribunal (Décr. 30 mars 1808, art. 49); un avoué ne doit pas passer avant un avocat, encore qu'il soit plus ancien que celui-ci : Décis. min. just. 24 août 1825 (Gillet, n. 1860). — V. *Frais.*

BAGNE. — V. *Emprisonnement, États et envois périodiques. Exécution des jugements et arrêts.*

BANQUEROUTE FRAUDULEUSE, BANQUEROUTE SIMPLE. — 1. Le créancier porteur de jugements prononçant une condamnation solidaire contre deux débiteurs dont un seul vient ultérieurement à être déclaré en faillite, ne commet ni le crime de banqueroute frauduleuse ni aucun autre crime ou un délit, lorsque, après avoir, depuis cette faillite, reçu du débiteur non failli un à-compte sur sa créance, il présente et affirme dans la faillite de l'autre débiteur le montant intégral de cette même créance, sans déduire ni mentionner l'à-compte touché par lui. — V. sur ce point. notre dissertation, J.M.p.42.135.

2. En matière de banqueroute frauduleuse comme en toute autre matière criminelle, l'action publique ne peut être exercée que par le ministère public; la poursuite ne saurait être intentée ni par les créanciers du failli, ni par le juge-commissaire, ni par le syndic : Cass., 3 juill. 1841 (D.P.44.1.429); — Dalloz, *Rép.,* v°

Faillite et banqueroute, n. 1476. — V. aussi Cass., 13 nov. 1823 (S.-V.7.1.356).

3. L'action du ministère public n'est d'ailleurs subordonnée à aucune plainte; elle est exercée d'office : Dalloz, *loc. cit.*, n. 1470. — V. aussi Cass., 22 juill. 1819 (S.-V.6.1.104).

4. La poursuite correctionnelle en banqueroute simple peut, au contraire, être exercée par le syndic, au nom des créanciers, ou par un créancier individuellement, aussi bien que par le ministère public.

5. Les mots de l'art. 586, C. comm. : *pourra être déclaré banqueroutier simple*, ne signifient pas que, dans les cas énumérés par cet article, la poursuite du ministère public soit facultative, mais seulement que les juges ont un pouvoir discrétionnaire pour prononcer la condamnation. Le ministère public doit poursuivre le failli toutes les fois que l'intérêt général l'exige, et lors même que les poursuites feraient manquer des arrangements auxquels les créanciers étaient disposés : Circ. min. just. 8 juin 1838 (Massabiau, n. 2676; Gillet, n. 2597).

6. L'homologation du concordat et la déclaration d'excusabilité du failli, prononcées par le tribunal de commerce, ne peuvent être un obstacle à l'exercice de l'action publique pour banqueroute simple ou pour banqueroute frauduleuse : Cass., 9 mars 1811 (S.-V.3.1.304) et 19 fév. 1813 (S.-V.4.1.290). — V. aussi Circ. min. just. 8 juin 1838 (Gillet, n. 2597).

7. Un arrêt de la Cour d'Aix du 10 mai 1865 (J.M.p.8.117) a jugé qu'un créancier d'un failli poursuivi correctionnellement pour banqueroute simple est recevable à se porter partie civile dans cette poursuite et à décliner la compétence du tribunal correctionnel, sur le motif que les faits poursuivis seraient constitutifs du crime de banqueroute frauduleuse.

8. Nous croyons cette décision irréprochable, bien que la solution contraire ait été consacrée par l'arrêt de la Cour de cassation du 3 juill. 1841 mentionné ci-dessus, n. 2, et soit enseignée par M. Saint-Nexent, *Trait. des faill. et banq.*, t. 3, n. 508. — On objecte que les créanciers du failli poursuivi correctionnellement pour banqueroute simple sont sans intérêt à soutenir, devant le tribunal saisi de cette poursuite, que, les faits imputés au failli ayant le caractère de banqueroute frauduleuse, celui-ci est justiciable de la Cour d'assises, puisque, dans tous les cas, c'est devant la juridiction civile seule qu'ils sont recevables à demander contre lui des dommages-intérêts. On ajoute que le droit conféré aux créanciers par l'art. 584, C. comm., de poursuivre directement le failli devant le tribunal correctionnel pour banqueroute simple, n'implique pas le droit de décliner la compétence de ce tribunal lorsqu'il a été déjà légalement saisi, et que de la faculté qui leur est reconnue par l'art. 592 du même Code de se constituer parties civiles dans la poursuite de banqueroute frauduleuse, ne découle pas pour eux celle de saisir la juridiction criminelle de cette poursuite. Enfin, l'on dit que l'intérêt des créanciers à faire condamner le failli comme banqueroutier frauduleux afin de le priver du bénéfice du concordat (C. comm., 510), est trop éventuel pour les autoriser à réclamer dès à présent des dommages-intérêts.

9. Mais on doit répondre que les créanciers du failli ayant incontestablement le droit d'intervenir comme parties civiles dans la poursuite correctionnelle pour banqueroute simple, puisqu'ils peuvent même exercer cette poursuite directement (C. comm., 584 et 590), ce droit doit nécessairement emporter celui de contester la compétence du tribunal correctionnel saisi par le ministère public ou par le juge d'instruction, à raison du caractère frauduleux de la banqueroute; que si les créanciers ne peuvent porter que devant la juridiction civile la demande en dommages-intérêts qu'ils croiraient devoir former contre le failli reconnu banqueroutier, cette particularité, bien loin d'exclure leur droit à décliner la compétence du tribunal correctionnel, le rend plus manifeste encore, puisqu'il en résulte que le principal intérêt qu'un créancier puisse avoir à se porter partie civile dans une poursuite pour banqueroute simple, est précisément de faire décider que le failli doit être condamné comme banqueroutier frauduleux et privé conséquemment du bénéfice du concordat; intérêt qui s'accroît encore de celui de faire rentrer dans la masse tous les objets dépendant de l'actif du failli que l'instruction de l'inculpation de banqueroute frauduleuse démontrerait avoir été détournés par ce dernier; que, du reste, ce déclinatoire n'a rien de commun avec l'exercice de la poursuite pour banqueroute frauduleuse, et que de la non-recevabilité des créanciers à prendre l'initiative de cette poursuite, il n'y a rien à conclure contre leur prétention de décliner la compétence de la juridiction correctionnelle saisie de faits mal à propos qualifiés, suivant eux, de délit de banqueroute simple, et qu'ils considèrent comme constitutifs du crime de banqueroute frauduleuse.

10. Les frais de poursuite en banqueroute frauduleuse sont toujours supportés par le Trésor, quelle que soit l'issue de la poursuite : Circ. min. just. 8 mai 1838, § 10 (Gillet, n. 2597; Massabiau, n. 2690). — Il en est de même des frais de la poursuite en banqueroute simple, quand cette poursuite a été intentée par le ministère public. Mais si elle a été exercée par le syndic, au nom des créanciers, ou par un créancier individuellement, les frais ne sont à la charge du Trésor qu'en cas de condamnation; ils sont, quand il y a acquittement, supportés par la masse ou par le créancier poursuivant (C. comm., 587, 588, 590).

— V. *Action publique*, n. 62; *Compétence criminelle*, n. 69, 142, 144, 149; *Questions préjudicielles*.

BOISSONS (DÉBIT DE). — **1**. Pour constituer le délit débit illicite de boissons puni par le décret du 29 déc. 1851, il n'est pas nécessaire qu'il y ait habitude de la part du délinquant; il suffit de faits accidentels et même d'un fait unique de débit de boissons à consommer sur place, sans autorisation préalable : Cass., 4 nov. 1852, 4 mars et 17 nov. 1853, 12 fév. et 29 août 1857, 3 déc. 1864 (S.-V.53.1.394 et 670; 54.1.220; 57.1.613; 65.1.563); Caen, 20 janv. 1869 (J.M.p. 13.90); Bordeaux, 10 mars 1869 (*Ibid.*).

2. C'est bien à tort qu'un arrêt de la Cour de Rennes du 11 avr. 1866 (J.M.p.10.184) a décidé le contraire. Si le décret du 29 déc. 1851 punit seulement *l'ouverture* non autorisée d'un débit de boissons à consommer sur place, un fait isolé de débit manifeste suffisamment cette ouverture. L'habitude du débit et la fréquentation des buveurs témoignent de la persistance de l'établissement, mais ne sauraient être exigées pour constituer son ouverture, qui est indépendante de toute continuité dans le débit. En punissant le fait seul d'ouverture d'un cabaret clandestin, la loi a suffisamment manifesté son intention de ne point faire dépendre le débit d'une habitude trop souvent insaisissable. Assurément, cette disposition, qui pouvait être une mesure très-sage à l'époque où elle a été édictée, est aujourd'hui d'une rigueur excessive, puisqu'un fait unique de débit sans autorisation entraîne inévitablement une amende qui ne peut être inférieure à vingt-cinq francs et un emprisonnement dont le minimum est de six jours; mais tant qu'elle n'a pas été rapportée, les tribunaux ne peuvent se soustraire à l'obligation de l'appliquer dans toute sa sévérité. *Dura lex, sed lex.*

3. L'individu qui, après avoir obtenu l'autorisation d'ouvrir un débit de boissons, déclare à la régie des contributions indirectes qu'il cesse de vendre du vin, et restreint son débit aux autres boissons qu'il détaillait en vertu de cette autorisation, peut ultérieurement vendre du vin sans une autorisation nouvelle, et sans encourir dès lors, à défaut de cette autorisation, les peines prononcées par l'art. 3 du décret du 29 déc. 1851. En effet, le débitant qui fait une déclaration de cesser ne perd point par là le bénéfice de l'autorisation que lui a accordée l'autorité administrative. S'il ne peut plus débiter, ce n'est pas parce que l'administration lui en a refusé le droit, c'est parce que sa déclaration le lie envers la régie, de telle sorte que la continuation du débit qu'il a déclaré vouloir cesser le rend bien passible des peines prononcées par les art. 67 et 95 de la loi du 28 avr. 1816, s'il ne s'est pas pourvu d'une nouvelle licence, mais non de celles de l'art. 3 du décret du 29 déc. 1851, lequel ne punit que le fait d'ouvrir un débit de boissons sans autorisation préalable.

4. Les tribunaux ordinaires sont incompétents pour connaître d'une infraction au décret du 29 déc. 1851, sur les débits de boissons, par un marin au service de l'État : ici ne s'applique point l'art. 372, C. just. marit., d'après lequel les infractions commises par des marins ou militaires aux lois sur les contributions indirectes ne sont pas soumises à la juridiction des tribunaux maritimes : Rennes, 25 mai 1864 (J.M.p. 7.201).

BREVET D'INVENTION. — 1. Dans une instance en nullité ou en déchéance d'un brevet d'invention, le ministère public peut se rendre partie intervenante et prendre des réquisitions pour faire prononcer la nullité ou la déchéance absolue du brevet (L. 5 juill. 1844, art. 37).

2. Le ministère public peut même se pourvoir par action principale pour faire prononcer la nullité dans les cas prévus aux nos 2, 4 et 5 de l'art. 30 de la loi du 5 juill. 1844 (même art.), c'est-à-dire si la découverte, invention ou application n'est pas susceptible d'être brevetée; — si la découverte, invention ou application est reconnue contraire à l'ordre ou à la sûreté publique, aux bonnes mœurs ou aux lois de l'État, sans préjudice des peines qui pourraient être encourues pour la fabrication ou le débit d'objets prohibés; — si le titre sous lequel le brevet a été demandé indique frauduleusement un objet autre que le véritable objet de l'invention.

3. Toutefois le ministère public ne doit user de son droit de demander la nullité ou la déchéance absolue des brevets d'invention, que dans les cas où les intérêts de la société sont sérieusement engagés : Circ. min. just. 8 avr. 1847 (Gillet, n. 3056).

4. Le ministère public ne peut former cette demande que devant les tribunaux civils, soit par voie d'action principale, soit dans une instance en déchéance introduite par des tiers; il ne lui appartient pas de demander cette déchéance devant la juridiction correctionnelle, dans une poursuite en contrefaçon intentée par le breveté : Amiens, 28 déc. 1850 (S.-V.51.2.107); Douai, 5 août 1851 (S.-V.52.2.516); — Renouard, *Brev. d'inv.*, n. 201 : Blanc, *Code des invent.*, p. 341.

5. L'appel par le demandeur en contrefaçon du jugement qui a, sur la réquisition du ministère public, prononcé la nullité absolue de son brevet d'invention, est recevable quant à ce chef, encore bien qu'il serait formé après les deux mois de la signification de ce jugement faite par le défendeur, alors que le ministère public ne lui a pas fait, de son côté, une semblable signification : Cass., 20 avr. 1868 (J.M.p. 12.175). — Compar. Nouguier, *Brev. d'inv.*, n. 628 ; Dalloz, *Id.*, n. 389.

6. Dans le cas où le ministère public, étant intervenu dans un procès en contrefaçon, a fait prononcer la nullité du brevet invoqué par le demandeur, en même temps que la prétention de celui-ci a été rejetée, l'appel du demandeur contre le défendeur seul remet-il le débat en question, même vis-à-vis du ministère public? L'affirmative a été consacrée par un arrêt de la Cour de Rouen du 28 mars 1866 (J.M.p. 10.200), que la Cour de cassation a maintenu le 20 avr. 1868 (*Id.*12.175), sans se prononcer toutefois sur l'effet de l'appel du demandeur en contrefaçon vis-à-vis du ministère public.

7. Pour nous, la solution admise par la Cour de Rouen nous semble fort contestable. Nous ne voyons point quelle indivisibilité lie l'intervention du ministère public, qui a pour objet de faire prononcer, dans un intérêt général, envers et contre tous, la nullité du brevet d'invention, servant de base à une demande en contrefaçon, et cette demande, formée dans un intérêt purement privé. V. au surplus nos observations sur l'arrêt précité de la Cour de Rouen.

8. La nullité ou déchéance prononcée sur la demande du ministère public profite à tous les intéressés, quoiqu'ils n'aient pas été parties au procès. Mais le breveté ne peut, à l'inverse, lorsque la demande ou l'intervention du ministère public a été rejetée, opposer la décision, comme une fin de non-recevoir, à de nouvelles actions en nullité ou en déchéance qui seraient dirigées contre lui par les tiers intéressés. V. sur ce point, Debacq, *de l'Action du minist. publ. en mat. civ.*, p. 268 et s.

9. Dans les cas rappelés par l'art. 37 de la loi du 5 juill. 1844, et qui ont été mentionnés plus haut, n. 2, tous les ayants droit au brevet dont les titres auront été enregistrés au ministère de l'agriculture et du commerce, conformément à l'art. 21 de la même loi, doivent être mis en cause (art. 38).

10. Si des renseignements sont nécessaires pour mettre en cause tous les ayants droit au brevet, les procureurs généraux doivent s'adresser directement au garde des sceaux, en indiquant avec exactitude les noms du breveté, l'objet du brevet, la date du dépôt effectué à la préfecture et celle de la délivrance : Circ. min. just. 8 avr. 1847 (Gillet, n. 3056).

11. Lorsque la déchéance ou la nullité absolue d'un brevet a été prononcée par jugement ou arrêt ayant acquis force de chose jugée, il doit en être donné avis au ministre de l'agriculture et du commerce, et la nullité ou la déchéance est publiée dans la forme déterminée par l'art. 14 pour la proclamation des brevets (art. 39).

12. C'est par l'intermédiaire du ministre de la justice qu'il doit être donné avis au ministre de l'agriculture et du commerce des jugements ou arrêts ayant acquis force de chose jugée qui ont prononcé la nullité ou la déchéance absolue d'un brevet. A cet effet, il est transmis au garde des sceaux une expédition sur papier libre de ces jugements ou arrêts. Chaque expédition porte en marge la mention que le jugement ou l'arrêt a acquis force de chose jugée. On ne doit faire cette mention qu'après avoir acquis la certitude que les délais de l'appel et du pourvoi en cassation sont expirés, ou que ces recours ont été épuisés. — Le coût de l'expédition est payé sur les frais généraux de justice : Circ. min. just. 8 avr. 1847 (Gillet, n. 3056 ; Addenet, p. 254); 20 janv. 1864 (Rés. chr., p. 64).

13. La poursuite correctionnelle en contrefaçon ne peut être exercée par le ministère public que sur la plainte de la partie lésée (L. 5 juill. 1844, art. 45).

14. Mais cette plainte une fois portée, le désistement du plaignant ne peut avoir pour effet d'éteindre l'action publique : Paris, 20 janv. 1852 (S.-V.52.2.191); Cass., 2 juill. 1853 (S.-V.54.1. 153). — V. *Action publique*, n. 66.

15. L'usage que fait un commerçant, dans l'intérêt de son industrie, d'un appareil contrefait, constitue le délit de contrefaçon prévu par l'art. 40 de la loi du 5 juill. 1844. En conséquence, ce commerçant est passible tant de l'amende prononcée par l'article précité que de la confiscation prescrite par l'art. 49 de la même loi, sans qu'il soit admis à exciper de sa bonne foi, qui peut seulement être prise en considération pour atténuer la peine : Metz, 11 fév. 1869 (J.M.p. 12.78). — V. aussi, Cass., 24 mars 1848 (S.-V.48.1.579), 12 juill., 1851 (S.-V.52.1.145) et 27 fév. 1858 (S.-V.58.1.485) ; — Renouard, n. 18 et s.; Nouguier, n. 743 et s.; Blanc, *Contrefaç.*, p. 618; Rendu et Delorme, *Dr. industr.*, n. 507.

16. Mais il n'en est ainsi qu'à l'égard du commerçant qui est entré en possession de l'appareil avant l'expiration du brevet, et non à l'égard du cessionnaire qui ne l'aurait acquis qu'à une date postérieure. Dans ce dernier cas, le délit n'existant point, la confiscation prescrite au profit du breveté, même lorsqu'il y a acquittement, ne peut être prononcée : l'art. 49 de la loi du 5 juill. 1844 n'est applicable qu'aux contrefacteurs, recéleurs, introducteurs ou débitants (L. 5 juill. 1844, art. 40, 41, 47 et 49) : Metz, 12 mai 1869 (J.M.p.12.145).—V. les observations jointes à cet arrêt.

17. Il est, dans tous les cas, certain que *l'usage commercial* peut seul constituer la contrefaçon, et que la possession de bonne foi d'un objet contrefait, par un simple particulier qui n'en userait que pour ses *besoins personnels,* ne saurait constituer ce délit. V. Cass., 3 déc. 1841 (S.-V.44.1.794), 28 juin 1844 (S.-V.44.1.795), 24 mars 1848 (S.-V.48.1.579), 12 juill. 1851 (S.-V.52.1.145) et 27 fév. 1858 (S.-V.58.1.485);—Dalloz, *Répert.*, v° *Brevet d'inv.*, n. 309. — V. toutefois, Blanc, *Contrefacon*, p. 618.

CAISSE DE RETRAITE POUR LA VIEIL-LESSE. — L'art. 11 de la loi du 18 juin 1850, relative à l'organisation de la caisse de retraite pour la vieillesse, disposant que les certificats, actes de notoriété et autres pièces qui ont exclusivement pour objet l'exécution de cette loi, doivent être délivrés gratuitement et sont dispensés des droits de timbre et d'enregistrement, les juges de paix ne peuvent se refuser à légaliser de telles pièces délivrées en cette forme : Circ. min. just. 14 nov. 1861 (Rés. chr., p. 40).

CAISSE DES CONSIGNATIONS. — Le procureur impérial doit veiller à ce que les officiers qui ont procédé à des ventes mobilières déposent exactement à la caisse des consignations, dans les cas et délais voulus par la loi (C. proc. civ., 657), les sommes provenant de ces ventes, et informer le procureur général des infractions à ce devoir : Circ. proc. gén. Paris, 24 mai 1848 et 5 juin 1857 (Addenet, p. 30, note 657, et p. 221, note 10.)

CASIERS JUDICIAIRES.

SOMMAIRE ALPHABÉTIQUE.

1. Pour tout ce qui concerne l'origine des casiers judiciaires, l'appréciation des avantages qu'offre cette institution, des imperfections qu'elle présente encore et des améliorations dont elle est susceptible, nous ne pouvons mieux faire que de renvoyer à l'ouvrage récemment publié par M. Omer Despatys, substitut du procureur impérial à Reims, sous le titre de *Traité théorique et pratique des casiers judiciaires*. — V. aussi un article de M. Ferd. Jacques, J.M.p.1.199.

2. Quant à l'organisation et au mode de fonctionnement des casiers, ils sont réglementés par un grand nombre de circulaires émanées de la chancellerie que nous avons recueillies, soit dans le tome 1ᵉʳ du *Journal du Ministère public*, soit dans le *Résumé chronologique des circulaires* annexé à ce journal, et dont nous ne pouvons donner ici qu'une brève analyse.

5. Au greffe de chaque tribunal civil est établi un casier destiné aux renseignements judiciaires. Ce casier, placé dans un lieu non accessible au public et autant que possible dans celui où sont conservés les actes de l'état civil, est destiné à recevoir par ordre alphabétique des bulletins constatant, à l'égard de tout individu né dans l'arrondissement, les condamnations correctionnelles, criminelles, militaires ou disciplinaires rendues contre lui, la déclaration de sa faillite, s'il est négociant, et la réhabilitation qu'il aurait obtenue, soit comme condamné, soit comme failli. Ces bulletins, dressés par le greffier du siége où ont été rendues les décisions qu'ils mentionnent, doivent être envoyés, par quinzaine, au parquet du procureur général : Circ. 6 nov. 1850, § 3 (J.M.p.1.64). — Ils sont désignés sous le nom de *bulletins* nº 1.

4. Pour faciliter la surveillance du procureur général sur les décisions des tribunaux de première instance, il convient d'accompagner les bulletins d'un état récapitulatif avec des indications sommaires propres à fixer l'attention et à éclairer l'examen : Circ. 23 mai 1853, § 15.

5. Le procureur général, après avoir visé les bulletins nº 1 qui lui ont été transmis, les renvoie au parquet de l'arrondissement du lieu de la naissance de l'individu que concerne chaque bulletin : le procureur impérial le remet au greffier de son siége, qui le classe au casier, si les indications relatives au lieu ou à l'époque de la naissance sont reconnues exactes, ou si le lieu de la naissance, n'étant pas légalement constaté, est du moins constant en fait : Circ. 6 nov. 1850, § 4.

6. Les §§ 10 et 11 de la circulaire du 1er juill. 1856 indiquent le caractère de la révision dont les bulletins n° 1 doivent être l'objet au parquet de la Cour et lui assignent un délai de quinze jours au plus.

7. La forme de ces bulletins est déterminée par le § 3 de la circulaire du 6 nov. 1850 et le § 4 de celle du 23 mai 1853 (J.M. p.1.122). Un modèle est joint à la circulaire du 1er juill. 1856 (J.M.p.1.236).

8. Les premiers éléments du bulletin n° 1 doivent être réunis par le ministère public, avec le concours du juge d'instruction et des divers auxiliaires de la police judiciaire : Circ. 1er juill. 1856, § 1. — La nécessité et les moyens de bien établir l'individualité des inculpés sont signalés par la même circulaire (§§ 1 et 2).

9. Les seules condamnations disciplinaires prononcées contre les officiers ministériels qui doivent être constatées par des bulletins, sont celles qui sont soumises à l'approbation du garde des sceaux, conformément au décret du 30 mars 1808 : Circ. 23 mai 1853, § 14. — Quant aux mesures disciplinaires concernant les militaires et les marins, celles-là seulement doivent être constatées qui ont un caractère judiciaire ou entraînent des incapacités, et non celles qui sont de simples mesures administratives : Circ. 8 déc. 1868, § 11 (Rés. chr., p. 119).

10. Le bulletin n° 1 doit être rédigé dès que la condamnation est devenue définitive : Circ. 1er juill. 1856, § 8; Circ. 10 déc. 1860; Circ. 8 déc. 1868, § 13.

11. Pour constater les condamnations prononcées par défaut, il faut attendre que les délais d'opposition et d'appel soient écoulés, encore bien que, d'après l'art. 187, C. instr. crim., modifié par la loi du 27 juin 1866, le droit d'opposition puisse être exercé jusqu'à l'expiration du délai de la prescription de la peine : Circ. 8 déc. 1868, § 13 (Rés. chr., p. 120). — V. toutefois en sens contraire, J.M.p.10.81.

12. Dans tous les cas, il est essentiel, lorsque l'opposition à un jugement correctionnel par défaut est admise et jugée dans les cinq années qui suivent la première décision, de prévenir le parquet du lieu de naissance du prévenu ou la chancellerie, s'il y a acquittement, que le bulletin classé au casier doit être détruit, et, s'il y a condamnation, que le nouveau bulletin doit prendre au casier la place de celui qui avait été précédemment dressé : Circ. 8 déc. 1868, § 13; 29 nov. 1869, § 9.

13. Lorsque le bulletin d'une condamnation contradictoire vient se placer dans le casier à côté du bulletin constatant une précédente condamnation par contumace ou par défaut non purgée, il en doit être aussi donné immédiatement avis au ministère public près la Cour ou le tribunal qui a prononcé la première condamnation : Circ. 30 déc. 1850, § 9, et Circ. 23 mai 1853, § 13.

14. Le § 14 de la circulaire du 1er juill. 1856 fait connaître les précautions à prendre et les formalités à observer par le greffier lorsque la peine a été prononcée pour rupture de ban ou que la condamnation est par contumace ou par défaut. — V. aussi Circ. 10 déc. 1859, § 11 (Rés. chr., p. 25); Circ. 8 déc. 1868, § 16 (*Id.*, p. 121.)

15. Les décisions concernant les jeunes délinquants envoyés dans des maisons de correction doivent être constatées par des bulletins : Circ. 30 déc. 1850, § 5; Circ. 10 déc. 1859, § 12; Circ. 8 déc. 1868, § 17.

16. Toutes les applications de l'art. 66, C. pén., doivent être constatées dans les casiers judiciaires, que l'enfant ait été remis à ses parents ou qu'il ait été envoyé dans une maison de correction. Il convient de donner aux bulletins n° 1 de cette catégorie une couleur différente de celle des autres bulletins (la couleur rouge) : Circ. 8 déc. 1868, § 17.

17. Il ne doit pas être dressé de bulletins n° 1 pour les condamnations à l'amende prononcées à la requête des administrations publiques : Circ. 30 déc. 1850, § 4. — Mais il doit, au contraire, être fait des bulletins pour les condamnations à l'emprisonnement prononcées à la requête de ces mêmes administrations (*Ibid.*).

18. Les poursuites en matière de pêche fluviale étant aujourd'hui exercées à la diligence du ministère public, la dispense de dresser des bulletins n° 1 pour les condamnations à l'amende prononcées à la requête des administrations publiques ne leur est plus applicable : Circ. 8 déc. 1868, § 11 (Rés. chr., p. 120).

19. La découverte faite dans le cours d'une procédure que les individus poursuivis ont été condamnés précédemment sous de faux noms, doit être relevée sur le bulletin rédigé à l'occasion d'une nouvelle condamnation, et il doit, de plus, en être donné avis au ministère public près du tribunal qui a prononcé la condamnation pseudonyme : Circ. 23 mai 1853, § 11.

20. Les condamnations que l'on découvre avoir été subies à l'étranger par l'inculpé doivent être relevées sur le bulletin n° 1 qui sera rédigé à l'occasion d'une condamnation prononcée en France : Circ. 1er juill. 1856, § 9.

21. On doit désigner sur le bulletin n° 1, au moyen du mot *récidiviste*, les condamnés qui ont subi des condamnations antérieures : Circ. 30 août 1855 (§ 4, n. 4). La même circulaire (*Ibid.*) et celle du 1er juill. 1856 (§ 14) indiquent les précautions à prendre à l'égard des bulletins relatifs à ces condamnations.

22. Pour les individus qui ont subi des condamnations à l'étranger, comme pour ceux précédemment condamnés par les tribunaux français, le mot *récidiviste* doit être inscrit en tête du bulletin à droite : Circ. 1er juill. 1856, § 9.

23. Le mot *récidiviste* ne doit pas être imprimé, mais écrit à la main sur les bulletins n° 1 : Circ. 29 nov. 1868, § 7 (Rés. chr., p. 126).

24. Il convient que les bulletins n° 1 constatant des condamnations prononcées par les chambres des appels de police correctionnelle indiquent le nom du tribunal de première instance et la date du jugement : Circ. 8 déc. 1868, § 14.

25. Les bulletins doivent être rédigés pour les condamnations prononcées contre les femmes aussi bien que pour celles subies par les hommes : Circ. 30 déc. 1850, § 10.

26. Les bulletins des femmes mariées ou veuves doivent être classés d'après leur nom de fille, mais avec renvoi au nom du mari : Circ. 1er juill. 1856, § 16.

27. Il doit aussi être fait des bulletins de renvoi pour les individus condamnés sous plusieurs noms : § 17.

28. Le § 15 de la circulaire précitée du 1er juill. 1856 prescrit le classement des bulletins dans chaque casier suivant l'ordre alphabétique.

29. Tous les bulletins relatifs au même individu sont placés ensemble au casier dans une chemise portant le nom du condamné : Circ. 30 déc. 1850, § 7; Circ. 1er juill. 1856, § 15.

30. Aucun bulletin ne doit être placé dans le casier avant qu'il n'ait été vérifié s'il existe dans les registres de l'état civil un acte de naissance applicable au condamné, et il doit être fait mention sur les bulletins de cette vérification : Circ. 6 nov. 1850, § 4 ; Circ. 23 mai 1853, § 10 ; Circ. 8 déc. 1868, § 15.

51. En cas de recherches infructueuses, il mentionne *qu'il n'a pas été trouvé d'acte de naissance applicable au condamné*, et transmet le bulletin au procureur général, qui le vise et l'adresse ensuite au ministre de la justice pour être classé dans le casier central, dont il sera parlé plus loin : Circ. 6 nov. 1850, § 5 ; 1er juill. 1856, § 13 ; 8 déc. 1868, § 15 (Rés. chr., p. 120). — V. *infrà*, n. 59.

52. Le § 6 de la circulaire du 23 mai 1853 prescrit de donner les plus grands soins à la découverte du lieu de naissance et de l'âge des inculpés, et précise la marche à suivre.

53. Le mode de constatation du lieu de la naissance des individus traduits par citation directe devant les tribunaux correctionnels est déterminé par le § 6 de la circulaire du 30 déc. 1850 (J.M.p.1.95).

54. Si le lieu de la naissance ne peut être découvert, mais que le lieu du domicile soit connu, le bulletin doit être classé au greffe de l'arrondissement de ce domicile, avec mention de cette circonstance : Circ. 6 nov. 1850, § 6.

55. On doit relever dans les actes de l'état civil, non-seulement la date de la naissance des condamnés, mais encore les noms et prénoms de leurs père et mère : Circ. 23 mai 1853, § 10 ; 30 août 1855, § 4, n. 3 ; 1er juill. 1856, § 13.

56. Dans les recherches à faire aux casiers et sur les registres de l'état civil, il ne faut pas trop s'arrêter aux prénoms indiqués par les inculpés : Circ. 1er juill. 1856, § 6.

57. Constatation doit être faite sur le registre des actes de l'état civil de l'existence, dans le casier judiciaire, des bulletins relatifs aux individus qu'ils s'agit de classer : Circ. 30 déc. 1850, § 8.

58. Toutes les fois que les magistrats découvrent que des condamnations antérieures prononcées contre certains individus n'ont pas été constatées au casier judiciaire par un motif quelconque, ils doivent en donner avis au garde des sceaux ou en informer le procureur impérial du tribunal qui a prononcé ces condamnations, afin qu'il fasse réparer l'omission : Circ. 23 mai 1853, § 12. —V. aussi *infrà*, n° 65.

59. Il est nécessaire de supprimer les bulletins qui ont été dressés à l'égard d'individus plus tard décédés. Une vérification spéciale des registres de l'état civil doit être faite en conséquence pour s'assurer que les actes de décès mentionnent le lieu de naissance de la personne décédée : Circ. 30 déc. 1850, § 11.

40. Il doit être procédé dans tous les tribunaux à une révision des casiers, à l'effet de retirer les bulletins relatifs aux individus nés avant 1790. Cette révision devra être renouvelée tous les dix ans, et, pour la rendre plus simple, il convient d'indiquer dès aujourd'hui, en tête des nouveaux bulletins n° 1 et d'une façon apparente, l'année de la naissance des condamnés : Circ. 8 déc. 1868, § 20.

41. Des bulletins de décès de tous les condamnés qui meurent pendant qu'ils subissent leur peine sont transmis, à l'expiration de chaque trimestre, par les ministres de la marine et de l'intérieur au ministre de la justice, qui les fait parvenir périodiquement aux casiers du lieu d'origine de ces condamnés, pour faciliter l'élimination des bulletins n. 1 qui les concernent : Circ. 1er juill. 1856, § 26.

42. Il doit être établi dans tous les greffes des répertoires des bulletins contenus dans les casiers : Circ. 1er juill. 1856, § 25.

43. Les casiers judiciaires doivent être de la part du ministère public l'objet d'une vérification mensuelle constatée par des procès-verbaux dont le mode de rédaction est indiqué par les circulaires des 1er juill. 1851, 23 mai 1853, § 18, 30 août 1855, § 4, n. 6, 1er juill. 1856, § 22, et 20 mai 1862. — Un modèle de procès-verbal est joint à la circulaire du 1er juill. 1856. — V. aussi *États et envois périodiques*.

44. Le classement des bulletins des casiers judiciaires dans les greffes remplace l'envoi au ministère de la justice des registres prescrits par les art. 600 et 601, C. instr. crim., ainsi que l'envoi par quinzaine au parquet du procureur général des extraits des jugements de condamnation correctionnelle, exigé par l'art. 198, même Code : Circ. 6 nov. 1850, § 10.— Néanmoins, le procureur général conserve le droit de se faire délivrer ces extraits, lorsqu'il le juge nécessaire. — Quant aux extraits des jugements d'acquittement, l'envoi n'en est pas supprimé : Circ. 30 déc. 1850, § 2.

45. D'un autre côté, la suppression de l'envoi au ministre de la justice du registre prescrit par l'art. 600, C. instr. crim., n'empêche point que ce registre ne doive continuer à être tenu et adressé tous les trois mois au ministre de l'intérieur, conformément à l'art. 601, même Code : Circ. 30 déc. 1850, § 3.

46. Le salaire des greffiers pour la rédaction des bulletins n° 1 est déterminé par les circulaires des 6 nov. 1850, § 9, et 30 déc. 1850, § 1.

46 *bis.* Au lieu de transmettre au ministère de la justice, par l'intermédiaire de celui de la marine, leurs mémoires à fin de paiement des bulletins n° 1 par eux délivrés pour être classés aux casiers judiciaires, les greffiers des tribunaux maritimes doivent les remettre directement au procureur impérial de l'arrondissement, lequel est autorisé à requérir ce paiement, en exigeant que les mémoires soient accompagnés de récépissés constatant la remise des bulletins à qui de droit : Circ. 4 fév. 1859 (Rés. chr., p. 2).

47. Chaque année, les greffiers des tribunaux correctionnels dressent un mémoire des bulletins par eux délivrés pour le service de la justice maritime, et les procureurs impériaux, après avoir certifié cette délivrance, transmettent le mémoire au préfet de l'arrondissement maritime : Circ. 8 août 1867 (Rés. chr., p. 101).

48. Le § 9 de la circulaire du 6 nov. 1850 détermine la nature des renseignements que les greffiers doivent donner sur les demandes qui leur en sont faites, soit par les magistrats du parquet, soit par les administrations publiques, soit par les particuliers, au moyen de la délivrance de bulletins dits *bulletins n° 2.*

49. Pour la communication aux particuliers des renseignements contenus aux casiers judiciaires, la publicité est la règle : cette communication doit être accordée toutes les fois que le ministère public reconnaît que la demande qui en est faite s'appuie sur des motifs sérieux et légitimes : Circ. 30 déc. 1850, § 12 (J.M.p.1. 95); 4 juin 1851 (J.M.p.1.123).

50. Les bulletins n° 2 demandés soit par le ministère public, soit par les administrations publiques, soit par les particuliers, doivent être délivrés dans le plus bref délai; les demandes des parquets notamment ne doivent pas rester plus de quarante-huit heures sans réponse : Circ. 4 juin 1851 et 1er juill. 1856, § 18.

51. Il convient que la lettre de demande des bulletins n° 2 énonce toujours la nature de l'infraction imputée à l'individu poursuivi, et que cette mention soit reproduite sur les bordereaux des greffiers : Circ. 29 nov. 1869, § 11.

52. Les bulletins n° 2 délivrés aux administrations publiques doivent être sur papier libre. Ceux délivrés aux particuliers seront sur papier timbré : Circ. 4 juin 1851.

53. Le § 2 de la circulaire du 23 mai 1853 précise l'objet des bulletins n° 2.

54. Ces bulletins doivent donner le relevé des condamnations antérieures dans l'ordre chronologique : Circ. 30 août 1855, § 4, n. 5. — Il est nécessaire d'indiquer si, parmi les condamnations antérieures à relever, il en est qui aient été prononcées sous de faux noms ou prénoms : Circ. 1er juill. 1856, § 19.

54 *bis*. Les condamnations prononcées contre les jeunes délinquants (V. *suprà*, n. 15 et 16) ne doivent être relevées sur les bulletins n. 2 qu'autant que l'extrait est réclamé par le ministère public. On ne doit au contraire, *dans aucun* cas, les porter sur les bulletins demandés par les administrations publiques ou les particuliers : Circ. 8 déc. 1868, § 17.

55. Le coût des bulletins n° 2 est déterminé par les circulaires des 6 nov. 1850, § 9, 4 juin 1851, 23 mai 1853, § 1, et 12 déc. 1860 (Rés. chr., p. 27).

56. Le coût n'est pas augmenté en raison du nombre des condamnations antérieures subies par les condamnés auxquels ils s'appliquent : Circ. 23 mai 1853, § 3.

57. La forme de ces bulletins est indiquée par les circulaires des 6 nov. 1850, § 3, 1er juillet 1851, 23 mai 1853, § 4, et 20 mai 1862 (Rés. chr., p. 43). — Un modèle est joint à la circulaire du 1er juill. 1856.

58. Les bulletins n°s 1 et 2 doivent toujours être datés et signés : Circ. 30 août 1855, § 4, 2°; Circ. 1er juill. 1856, § 21.

59. Il est établi à la chancellerie un casier judiciaire central, où sont réunis les bulletins concernant : 1° les condamnés d'origine étrangère; 2° les condamnés d'origine inconnue. — Ces bulletins doivent être adressés tous les quinze jours au ministre de la justice par les procureurs généraux, après la révision faite dans leurs parquets, conformément à la circulaire du 6 nov. 1850, § 3 : Circ. 30 août 1855, § 1 (J.M.p.1.209). — Le § 12 de la circulaire du 1er juill. 1856 indique le mode de classement à observer pour les bulletins ainsi transmis au casier central.

60. Les bulletins n° 1 des condamnations prononcées contre des individus dont l'origine n'a pu être constatée doivent toujours être transmis au casier central, et non au casier de l'arrondissement dans lequel les condamnés ont prétendu être nés : Circ. 10 déc. 1859, § 10 (Rés. chr., p. 253); Circ. 1er déc. 1861 (*Ibid.*, p. 41).

61. Les bulletins constatant des condamnations prononcées contre des individus originaires des colonies françaises ou de l'Algérie doivent être transmis en double exemplaire au ministre de la justice : Circ. 23 mai 1853, § 9 ; Circ. 29 nov. 1869, § 8 (Rés. chr., p. 127).

62. Le casier central délivre directement aux procureurs impériaux, sur leur demande, des extraits (bulletin n° 2), pour être annexés aux procédures relatives, soit à des individus nés dans des pays étrangers ou dans les colonies françaises, soit à des individus dont le lieu de naissance est inconnu : *Id.*, § 2.

63. Les administrations publiques et les particuliers peuvent aussi obtenir de pareils extraits, par l'entremise des procureurs impériaux : *Id.*, § 3.

64. Toutes les fois qu'à une demande de bulletin n° 2 adressée au casier du lieu présumé d'origine, il est répondu qu'il n'existe pas d'acte de naissance applicable sur les registres de l'état civil, ni de bulletin de condamnation au casier, et que de nouvelles recherches au sujet de l'acte de naissance sont demeurées infructueuses, il faut s'adresser au casier central : Circ. 10 déc. 1859, § 9 (Rés. chr., p. 26).

65. Lorsque, dans la série des condamnations antérieures portées aux bulletins n° 2, il se trouve des lacunes inexpliquées, il peut être demandé des extraits du casier central : Circ. 1er juill. 1856, § 20.

66. Pour les inculpés d'origine étrangère ou dont l'origine est restée inconnue, le bulletin n° 2 doit être demandé à ce même casier : Circ. 1er juill. 1856, § 3.

67. La circulaire du 30 août 1855 détermine le salaire du greffier relativement à cette dernière espèce de bulletins (§ 3), ainsi que le mode de leur rédaction : (§ 4).

68. Le coût des bulletins n° 2 délivrés par le casier central est recouvrable de la même manière que celui des extraits émanant des greffiers : Circ. 8 déc. 1868, § 19.

69. La demande d'un bulletin n° 2, soit aux casiers d'arrondissement, soit au casier central, doit toujours être accompagnée de toutes les indications propres à faciliter les recherches : Circ., 1er juill. 1856, § 5. — Ce paragraphe précise les indications à fournir.

70. Le bulletin n° 2 doit être joint à toute procédure criminelle, et même à toute procédure correctionnelle, soit qu'il y ait eu information préalable, soit que l'affaire ait été portée à l'audience par citation directe, sauf toutefois en matière forestière :

Circ. 23 mai 1853, § 5; Circ. 1ᵉʳ juill. 1856, § 4; Circ. 10 déc. 1859, § 9 (Rés. chr., p. 25).

71. Pour les affaires portées devant le tribunal correctionnel par citation directe, on doit, autant que possible, demander le bulletin nᵒ 2 avant le jour de l'audience; pour celles introduites en vertu de la loi du 20 mai 1863, sur les flagrants délits, la voie télégraphique peut être employée, si le prévenu ne doit pas être jugé le jour même. Et dans le cas où l'extrait du casier judiciaire n'a pu être obtenu avant l'audience, le ministère public doit, à moins qu'il n'ait la conviction de l'absence de tout antécédent, réclamer l'extrait, même après la condamnation: Circ. 8 déc. 1868, § 18.

72. Il est deux classes de prévenus à l'égard desquels il importe, même en cas de flagrant délit, de demander toujours le bulletin nᵒ 2; ce sont les étrangers et les individus dont l'origine n'a pas été légalement constatée sur les registres de l'état civil: Circ. 29 nov. 1869, § 10.

73. Les procureurs impériaux doivent faire délivrer gratuitement aux présidents des tribunaux de commerce les bulletins nᵒ 2 des faillis: ces bulletins sont compris par les greffiers dans leurs mémoires avec ceux qui sont demandés pour les procédures criminelles: Circ. 1ᵉʳ déc. 1861 (Rés. chr., p. 41).

74. L'envoi des bulletins dont il s'agit doit être fait aux présidents des tribunaux de commerce, non point en franchise avec le contre-seing du procureur impérial, mais par la poste et à leurs frais: Circ. 19 juin 1862 (Rés. chr., p. 47).

75. L'institution si manifestement utile des casiers judiciaires n'a encore reçu ni la consécration législative, ni, d'une manière expresse, celle de la jurisprudence. — Cependant nous devons mentionner un arrêt de la Cour de cassation du 4 fév. 1860 (J.M. p.3.89) qui a jugé que la preuve de l'état de récidive d'un prévenu résulte suffisamment d'un extrait du casier judiciaire mentionnant l'existence d'une condamnation antérieure, alors d'ailleurs que cette mention est confirmée par l'aveu du prévenu.

CASSATION. — **1.** Le moyen d'incompétence tiré de ce qu'un fait déféré à la juridiction correctionnelle aurait le caractère de crime, peut être proposé pour la première fois devant la Cour de cassation: Cass., 14 fév. 1868 (J.M.p.11.242).—Ce n'est là qu'une application du principe bien constant qu'en matière criminelle, toutes les exceptions d'incompétence sont absolues et ne peuvent être couvertes par le silence ou l'acquiescement des parties. — V. *Compétence criminelle.*

2. Jugé cependant en sens contraire, mais à tort, que le prévenu qui n'a pas proposé devant les juges d'appel l'exception d'incompétence de la juridiction correctionnelle, ne peut la soulever utilement pour la première fois devant la Cour de cassation : Cass., 12 déc. 1868 (J.M.p.13.36).

3. La cassation prononcée sur le pourvoi du prévenu seul laissant un caractère irrévocable aux dispositions de l'arrêt qui sont favorables à ce dernier, et notamment à celle par laquelle l'arrêt a rejeté l'appel *à minimâ* formé par le ministère public envers la décision des premiers juges, la Cour de renvoi ne saurait, en pareil cas, aggraver la peine prononcée contre le prévenu. Il n'en serait autrement que si la cassation avait été prononcée sur le pourvoi du ministère public lui-même : Cass., 13 oct. 1859 (J.M. p.3.95).

4. De même, la cassation d'un arrêt prononcée sur le pourvoi de la partie civile et relativement à ses intérêts privés seulement, n'entraîne pas la cassation de cet arrêt quant au chef portant acquittement du prévenu et contre lequel le ministère public ne s'est pas pourvu lui-même. — En conséquence, le ministère public est non recevable à requérir contre le prévenu l'application d'une peine devant la Cour de renvoi : Cass., 2 mai 1851 (S.-V. 51.1.367); Lyon, 24 janv. 1865 (J.M.p.8.42).

5. L'arrêt de la chambre civile d'une Cour impériale qui, à raison d'un crime commis à l'audience entraînant la peine des travaux forcés à perpétuité, prononce cette peine contre un sexagénaire, au lieu de celle de la réclusion, contrairement à l'art. 5 de la loi du 30 mai 1854, doit être cassé pour le tout, et non point seulement quant à l'application de la peine, cet arrêt ayant statué tout à la fois et d'une manière indivisible sur le fait et sur le droit : Cass., 15 juill. 1860 (J.M.p.3.181).—Cela ne saurait faire difficulté. Si, aux termes de l'art. 434, C. instr. crim., la cassation d'un arrêt de Cour d'assises, motivée sur ce que cet arrêt a prononcé une peine autre que celle de la loi, ne porte aucune atteinte à la déclaration du jury, de telle sorte que la Cour de renvoi n'est saisie que de la question relative à l'application de la peine, l'annulation d'un jugement correctionnel, au contraire, en anéantit toutes les dispositions, parce que ce jugement statue d'une manière indivisible sur le fait matériel et sur la pénalité (V. Dalloz, *Rép.*, vᵒ *Cassation*, n. 2079 et s., 2194 et s.); et il en est évidemment de même de l'arrêt d'une Cour impériale qui réprime un crime commis à l'audience.

6. En cas de cassation d'un jugement du tribunal de police à raison de ce qu'il a statué sur un délit d'audience (celui d'outrage) à une audience autre que celle où il a été commis, la cause doit être renvoyée devant un tribunal correctionnel : Cass., 17 août 1860 (J.M.p.4.127). — Du moment, en effet, où l'outrage n'a pas été réprimé séance tenante, la compétence ordinaire a dû reprendre son empire, et puisqu'il s'agit d'un délit correctionnel, c'est à la juridiction correctionnelle seule qu'il appartient désormais d'en connaître. — V. *Délit d'audience*.

7. Mais lorsque la répression a été immédiate, l'affaire nous paraît devoir être renvoyée devant une juridiction de même ordre que celle de qui émane la décision cassée, alors même que cette juridiction serait une juridiction civile. V. *ibid*. — Toutefois, c'est là un point controversé.

8. Et il a été jugé, notamment, en sens contraire, que la cassation de l'arrêt de la chambre civile d'une Cour impériale réprimant un crime commis à l'audience, donne lieu au renvoi de la cause devant la chambre d'accusation : Cass., 15 juill. 1860 (J. M.p.3.181).

CASSATION (POURVOI EN).

SOMMAIRE ALPHABÉTIQUE.

1. — 1° *Pourvoi contre les arrêts de la chambre d'accusation.* Les arrêts de renvoi rendus par la chambre des mises en accusation peuvent être l'objet d'un pourvoi en cassation, soit de la part de l'accusé, soit de la part du procureur général, pour les causes suivantes : 1° à raison de l'incompétence; 2° si le fait n'est pas qualifié crime par la loi ; 3° si le ministère public n'a pas été entendu; 4° si l'arrêt n'a pas été rendu par le nombre de juges voulu par la loi (C. instr. crim., 296, 298, 299). — Du reste, cette énumération n'est point limitative. V. F. Hélie, *Instr. crim.,* t. 5, n. 2262, 2273 et s.

2. Lorsque le chef-lieu de la Cour d'assises n'est pas celui de la Cour impériale, le procureur impérial de ce chef-lieu peut-il, comme le procureur général, se pourvoir contre l'arrêt de renvoi aux assises ? La négative paraît certaine, quoiqu'elle ait été contestée. V. Cass., 25 mai 1832 (J.P.chr.); — Mangin, *Act, publ.,* t. 2, p. 218; F. Hélie, n. 2293. — *Contrà,* Cass., 10 juill. 1812 et 25 août 1831 (J.P.chr.); — Carnot, t. 2, p. 423 ; Bourguignon, t. 2, p. 10 ; Legraverend, t. 2, p. 150.

3. Quant aux arrêts autres que ceux portant renvoi devant la Cour d'assises, ils peuvent aussi, en général, être attaqués par la voie du recours en cassation, lorsqu'ils ont un caractère définitif (C. instr. crim., 373).

4. En ce qui concerne spécialement les arrêts de la chambre d'accusation prononçant un renvoi en police correctionnelle, la jurisprudence décide qu'ils ne sont susceptibles de recours en cassation qu'autant qu'ils statuent sur une exception d'incompétence proposée, ou qu'ils préjugent, par quelques dispositions définitives, certaines questions du procès. V. Cass., 3 sept. 1857 (S.-V.58.1.91) et 31 déc. 1858 (S.-V.59.1.279), ainsi que les autres décisions mentionnées dans la *Table gén.* de Devilleneuve et Gilbert, v° *Chamb. d'accus.,* n. 122 et 124, et dans le *Rép.* de Dalloz, v° *Cassation,* n. 168.

5. Les arrêts de la chambre d'accusation ne peuvent être attaqués par le recours en cassation qu'autant qu'ils sont susceptibles d'acquérir l'autorité de la chose jugée, à l'exception toutefois de ceux qui statuent sur la compétence ou sur la qualification des faits : F. Hélie, n. 2285, et arrêts cités par cet auteur.

6. Le recours en cassation contre les arrêts préparatoires et d'instruction rendus par la chambre d'accusation n'est ouvert, sauf le cas d'incompétence, qu'après l'arrêt définitif (C. instr. crim., 416).

7. Il est de règle générale que toute qualification fausse ou inexacte des faits incriminés donne ouverture à cassation contre l'arrêt de la chambre d'accusation qui l'a admise. Toutefois, cette règle reçoit exception, soit dans le cas où l'erreur de la qualification n'ôte pas au fait le caractère de crime, soit lorsque l'erreur, quelle qu'elle soit, est couverte par une déclaration qui écarte en fait toute intention criminelle. — V. encore sur ces points, F. Hélie, n. 2264 et s.

8. Il semble que le droit du prévenu d'attaquer par le recours en cassation les arrêts de la chambre d'accusation pour fausse qualification des faits, doit exister aussi bien à l'égard des arrêts qui renvoient devant le tribunal correctionnel ou devant le tribunal de police, qu'à l'égard de ceux qui renvoient devant les assises. Et telle est l'opinion générale.—V. Toutefois en sens contraire, F. Hélie, n. 2290 ;—Cass., 14 juin 1851 (Bull. crim., n. 223).

9. La Cour de cassation a consacré ce droit en faveur du ministère public. V. notamment Cass., 23 fév. 1849 (Bull. crim., n. 44) ; 8 mars 1851 (*Id.*, n. 94). Mais cette jurisprudence est combattue par M. F. Hélie, n. 2291.

10. En principe, les chambres d'accusation apprécient souverainement, quant à leur existence, les faits sur lesquels elles sont appelées à prononcer, mais leurs décisions sont susceptibles de pourvoi en cassation, en ce qu'elles n'auraient pas tiré des faits par elles reconnus leurs conséquences légales : Cass., 11 juin 1841 (S.-V.42.1.182); 11 oct. 1860 (J.M.p.4.17); — F. Hélie, n. 2264 et s.

11. Jugé spécialement, par application du principe énoncé au numéro précédent, que l'arrêt d'une chambre d'accusation qui déclare n'y avoir lieu à suivre contre un inculpé, par le motif que celui-ci n'a pas agi avec intention frauduleuse, fait une appréciation souveraine et qui échappe au contrôle de la Cour de cassation : Cass., 26 déc. 1867 (J.M.p.11.196).

12. L'arrêt qui accueille l'opposition formée par le ministère public ou par la partie civile peut être l'objet d'un pourvoi en cassation de la part du prévenu, quant aux dispositions susceptibles d'acquérir force de chose jugée : F. Hélie, n. 2288, et arrêts par lui cités.

13. La partie civile est non recevable à se pourvoir en cassation contre un arrêt de la chambre d'accusation déclarant n'y avoir lieu à suivre ou rejetant son opposition à une ordonnance de non-lieu du juge d'instruction, et contre lequel le ministère public ne s'est pas lui-même pourvu : Cass., 30 sept. 1841 (S.-V.42.1.320); 11 mars 1843 (D.p.43.4.63); 17 août 1849 (D.p.49.1.224); 14 juill. et 8 sept. 1859 (J.M.p.2.238 et 301); — F. Hélie, n. 2295, 2296; Dalloz, v° *App. en mat. crim.*, n. 52.

14. On argumenterait vainement contre cette solution de la disposition de l'art. 135, C. instr. crim., qui attribue à la partie civile le droit de former opposition isolément à l'ordonnance de non-lieu rendue par le juge d'instruction. Si cette opposition a pour effet de conserver l'action publique, malgré le silence du ministère public et la déchéance qu'il a encourue, c'est là une exception exorbitante, qui ne saurait être étendue par analogie.

15. L'accusé peut se pourvoir en cassation contre l'arrêt de la chambre d'accusation qui le renvoie devant les assises, soit dans les cinq jours de son interrogatoire et de l'avertissement à lui donné par le président des assises, pour les causes spéciales de nullité énumérées en l'art. 299, C. instr. crim., soit dans les trois jours de la signification de l'arrêt, pour toutes autres causes de nullité, conformément à l'art. 373 : Cass., 18 fév. 1831 (S.-V.31.1.109); 7 sept. 1832 (S.-V.32.1.577); 28 déc. 1854 (S.-V. 55.1.65); 12 sep. 1856 (S.-V.56.1.918); 4 fév. 1864 et 4 fév. 1865 (J.M.p.8.40);—Bourguignon, *Jurispr. des Cod. crim.*, sur les art. 296 et 299; Legraverend, *Législ. crim.* t. 2, p. 5 et s.; F. Hélie, n. 2302, 2303; Trébutien, t. 2 p. 324, 326 et 327, et Dalloz, *Rép.*, v^{is} *Cassation*, n° 167 et s., et *Instr. crim.* n. 1324. V. aussi Nouguier, *Cour d'assises*, t. 1, n°s 431 et s.

16. Il est constant en jurisprudence que dans tous les cas où il n'existe pas d'exception à la règle établie par l'art. 373, suivant laquelle le délai du pourvoi en cassation en matière criminelle est de trois jours francs, c'est à cette règle qu'il faut se reporter. V. notamment Cass., 1er mars 1816 (S.-V.5.1.161), et autres arrêts cités par F. Hélie, t. 5, n° 2303.

17. Par application de ce principe, la jurisprudence décide que le délai du pourvoi du procureur général contre les arrêts de non-lieu de la chambre d'accusation est de trois jours, et non point seulement de vingt-quatre heures : 6 mars 1817 (S.-V.5.1. 293); 13 mars 1850 (S.-V.50.1.694); — F. Hélie, n° 2304.

18. Il n'est pas nécessaire, à peine de nullité, que la déclaration du pourvoi contre un arrêt de la chambre d'accusation énonce les moyens de cassation, ni qu'il soit donné connaissance de ces moyens par une signification ultérieure (C. instr. crim., 422) : Cass., 11 oct. 1860 (J.M.p.4.17); — F. Hélie, n. 2309.

20. Il a été également jugé par un arrêt de la Cour de cassation du 21 juill. 1832 (S.-V.33.1.639) que la déclaration du pourvoi du procureur général contre un arrêt de mise en accusation n'a pas besoin d'énoncer l'objet de la demande en nullité; mais cette décision exige du moins, contrairement à celle mentionnée au numéro précédent, qu'un acte ultérieur fasse connaître les moyens du pourvoi. — V. encore Cass., 4 juillet. 1820 (S.-V.6.2. 268).

21. L'accusé est-il tenu, pour rendre recevable son pourvoi en cassation contre l'arrêt de renvoi aux assises, de se mettre en état ou d'obtenir sa mise en liberté provisoire, conformément à l'art. 421, C. instr. crim. ? L'affirmative résulte de divers arrêts : Cass., 10 sept. 1830 (J. P.chr.), 23 mai 1846 (Bull. n. 129); 23 avr. 1868 (J. M.p.11.133), 19 mai 1869 (*Id.* 12.141).

22. Mais nous ne saurions admettre cette interprétation. C'est uniquement aux *condamnés* à une peine emportant privation de la liberté que l'art. 421 impose l'obligation de se mettre en état ou de faire ordonner leur mise en liberté provisoire pour rendre recevable leur pourvoi en cassation. Quant aux *accusés* renvoyés devant la Cour d'assises, ils sont bien également tenus de se constituer prisonniers pour être admissibles à se pourvoir en cassation contre l'arrêt de renvoi; mais cette condition découle uniquement des art. 465 et s., C. instr. crim., qui, à la différence de l'art. 421, exigent la représentation de l'accusé d'une manière absolue et sans admettre comme équivalent la mise en liberté provisoire. — Compar. Cass., 23 avr. 1846 (Bull. n. 100); — F. Hélie, n. 2311.

23. — 2° *Pourvoi contre les arrêts des Cours impériales et des Cours d'assises et contre les jugements des tribunaux correctionnels et de police.* Il résulte de la combinaison des art. 407 et 416, C. instr. crim., que le recours en cassation est ouvert contre tous les arrêts et jugements en dernier ressort rendus en matière criminelle, correctionnelle et de simple police, qui ont un caractère définitif.

—Cette voie de recours est en outre établie par des textes spéciaux. V. les art. 117, 216, 373, 408 et 413, C. instr. crim.

24. Le pourvoi de la partie publique ne peut être formé que par les membres du ministère public attachés à la juridiction qui a rendu le jugement ou l'arrêt attaqué : F. Hélie, n. 3904, et arrêts cités par cet auteur.

25. Jugé, spécialement, qu'un pourvoi en cassation ne peut être valablement formé par le maire concurremment avec le commissaire de police contre un jugement rendu sur une poursuite de simple police intentée par celui-ci et à laquelle il s'était associé, le maire n'exerçant l'action publique qu'à défaut et en remplacement du commissaire de police : Cass., 23 janv. 1864 (J. M. p.7.186). — V. *Ministère public*.

26. Ici, comme pour l'appel (V. *Appel correctionnel*, n. 45), le droit du ministère public subsiste, malgré la conformité du jugement ou arrêt à ses réquisitions, ou l'acquiescement, soit exprès, soit tacite, dont la décision aurait été l'objet de sa part. Et il en est ainsi en matière civile comme en matière criminelle. V. Debacq, *Act. du minist. publ. en mat. civ.*, p. 135.

27. Le ministère public ne peut se pourvoir contre les ordonnances d'acquittement rendues par la Cour d'assises, si ce n'est dans l'intérêt de la loi et sans préjudice à l'accusé acquitté (C. instr. crim., 409). — C'est aussi dans l'intérêt de la loi seulement que le ministère public peut se pourvoir contre les arrêts d'absolution, à moins que l'absolution n'ait été prononcée sur le fondement de la non-existence d'une loi pénale qui pourtant existait (C. instr. crim., 410). — V. *infrà*, n. 48.

28. Le ministère public a qualité pour se pourvoir en cassation contre l'arrêt qui, sur l'appel du prévenu seul d'un jugement correctionnel par lequel il a été condamné comme coupable d'un délit, déclare la juridiction correctionnelle incompétente à raison d'une circonstance aggravante donnant au fait le caractère de crime : Cass., 26 juin 1862 (J. M.p. 5.285); 26 mars 1864 (*Id.* 7.182).

29. Il a aussi qualité pour se pourvoir en cassation contre l'arrêt rendu par la Cour d'assises sur l'action de la partie civile, après acquittement de l'accusé, à raison du refus ou de l'omission par cet arrêt de condamner aux frais la partie qui a succombé : C. cass. de Belgique, 4 juin 1861 (J.M.p.4.247);—Dalloz, *Répert.*, v° *Frais et dépens*, n. 986.

30. Jugé également que si l'arrêt qui a omis de condamner aux frais avancés par l'État l'accusé succombant dans la poursuite, ne peut être attaqué de ce chef par celui-ci, il doit du moins être cassé sur le pourvoi formé par le ministère public dans l'intérêt de la loi : Cass., 17 sept. 1846 (D.P.46.4.319, n. 10).

31. Le ministère public, dans les cas prévus par l'art. 409, C. instr. crim. (acquittement de l'accusé) et la partie civile, dans les cas prévus par l'art. 412 (acquittement et absolution, avec condamnation de cette partie à des réparations civiles supérieures à celles demandées par l'accusé), n'ont que vingt-quatre heures pour se pourvoir en cassation (C. instr. crim., 374).

32. Il a été jugé que, dans les matières correctionnelles ou de simple police, le délai du pourvoi en cassation contre le jugement ou arrêt qui acquitte le prévenu, n'est aussi, tant pour la partie civile que pour le ministère public, que de vingt-quatre heures, et non de trois jours : C. cass. de Belgique, 19 mars 1860 (J.M.p. 4.244).

33. Cette décision de la Cour de cassation de Belgique est contraire tant à la jurisprudence de notre Cour suprême qu'à la doctrine des auteurs, suivant lesquelles la disposition de l'art. 373, C. instr. crim., renferme, relativement au délai du pourvoi en cassation, une règle générale qui doit être appliquée dans les matières correctionnelles et de simple police, sans distinction entre le cas de condamnation du prévenu et le cas d'acquittement. V. les arrêts mentionnés dans la *Table générale* de Devilleneuve et Gilbert, v° *Cassation*, n. 468, 473 et s., et dans le *Répertoire* de Dalloz, *eod. verb.*, n. 565 et s. *Junge* Cass., 16 nov. 1848 (D.P.48.5.39); 8 mars 1851 (D.P.51.5.69); 12 août 1852 (S.-V. 53.1.80); 18 nov. 1854 (S.-V.55.1.69); 27 mars 1857 (S.-V.57. 1.559); 11 fév. 1858 (S.-V.58.1.481); — Carnot, *Instr. crim.*, sur l'art. 177; Legraverend, *Législ. crim.*, t. 1, ch. 5, § 4; Dalloz, *ut suprà*, et n. 540; F. Hélie, t. 8, n. 3912.—Toutefois, la distinction qu'établit ici la Cour de cassation belge nous semble parfaitement rationnelle. Dans le silence du Code d'instruction criminelle sur le délai du pourvoi en cassation dans les matières correctionnelles et de simple police, il faut incontestablement recourir aux dispositions de ce Code déterminant le délai du pourvoi contre les arrêts des Cours d'assises. Or, ces dispositions sont, comme on l'a vu, d'une part, l'art. 373, qui fixe ce délai à trois jours pour toutes les parties, lorsqu'il y a eu condamnation (les termes de cet article ne permettent pas de douter qu'il s'applique exclusivement à une telle hypothèse), et, d'autre part, l'art. 374, qui le réduit à un jour tant pour le ministère public (agissant dans l'intérêt de la loi), que pour la partie civile, au cas d'acquittement. Eh bien! n'est-il pas essentiellement logique d'appliquer cette double règle au pourvoi contre les jugements et arrêts correctionnels ou de simple police, au lieu de soumettre ce pourvoi, dans tous les cas indistinctement, à la seule règle de l'art. 373 ? V. au surplus, nos observations sur l'arrêt de la Cour de cassation de Belgique ci-dessus.

34. Le délai du pourvoi en cassation contre un arrêt de condamnation court, pour le condamné, du jour de la prononciation de l'arrêt, et non de celui de sa signification (Cass., 14 sept. 1844, S.-V.45.1.317 ; 15 mars 1845, D.P.45.4.63 ; 20 avr. 1855, S.-V.55.1.552 ; 27 mars 1857, S.-V.57.1.559 ; 11 févr. 1858, S.-V.58.1.481) ; et cela encore bien que cette prononciation n'ait pas eu lieu à l'audience même où il a été procédé aux débats, mais à une audience ultérieure à laquelle l'affaire a été renvoyée, après mise en délibéré, si l'indication de cette dernière audience a été faite en présence du condamné, même détenu, et l'a mis ainsi en demeure de s'y faire conduire ou représenter : Cass., 27 mars 1857, précité ; 15 fév. 1866 (J.M.p. 9.62).

35. Les jugements par défaut en matière répressive ne peuvent être l'objet d'un pourvoi en cassation de la part du ministère public qu'après l'expiration du délai d'opposition, sans que le prévenu ait usé de ce droit de recours : Cass., 28 juill. 1864 (J.M.p.9.323). — V. aussi les arrêts mentionnés dans le *Répert.* de Dalloz, v° *Cassation*, n. 192 et 193, et dans la *Tabl. génér.* de Devilleneuve et Gilbert, *eod. v°*, n. 163 et s.

36. Il cesse toutefois d'en être ainsi, lorsqu'il s'agit d'un jugement par défaut qui relaxe le prévenu des poursuites dirigées contre lui, et qui, dès lors, n'est pas sujet à opposition de sa part.

37. Et il a été jugé en conséquence que le ministère public est recevable à se pourvoir en cassation contre le jugement correctionnel par défaut qui relaxe le prévenu des poursuites dirigées contre lui, à dater de la prononciation même de ce jugement, et non point seulement à partir de l'expiration du délai d'opposition : Cass., 26 déc. 1839 (S.-V.42.1.974, note) ; 7 avr. 1865 (J.M.p.8.122. — Conf., F. Hélie, t. 8, n. 3913 ; Berriat Saint-Prix, 1re partie, n. 552 ; — *Contrà*, Dalloz, n. 194.

38. Le délai du pourvoi en cassation du ministère public contre les jugements ou arrêts de condamnation rendus par défaut, a invariablement pour point de départ l'expiration des cinq jours, à partir de la notification du jugement ou arrêt, impartis au prévenu pour y former opposition : la faculté accordée au prévenu de former son opposition même après ces cinq jours et jusqu'à l'expiration de la peine, quand, la signification du jugement ou arrêt ne lui ayant pas été faite en parlant à sa personne, il n'a pas d'ailleurs eu autrement connaissance de la condamnation, est sans influence sur le droit de recours du ministère public : Cass., 29 févr. 1868 (J.M.p.11.278).

58 *bis*. Le délai de dix jours indiqué par l'art. 422, C. instr. crim., pour le dépôt au greffe de la requête contenant les moyens de cassation, n'est pas prescrit à peine du nullité : Cass., 11 oct. 1860 (J.M.p.4.17).

59. Pour rendre recevable leur pourvoi en cassation, les individus *condamnés*, même en matière correctionnelle ou de police, à une peine emportant privation de la liberté, sont obligés, aux termes de l'art. 421, C. instr. crim., de se mettre en état, c'est-à-dire de se constituer prisonniers, — ou de faire ordonner leur mise en liberté provisoire.

40. Il a été jugé, et cela ne saurait faire doute, que l'art. 421 n'a pas été abrogé par la loi du 4 avril 1855, relative à la mainlevée du mandat de dépôt, non plus que par la loi du 14 juill. 1865, sur la mise en liberté provisoire ; et que, dès lors, le condamné qui, avant le jugement, avait obtenu du juge d'instruction, sur les conclusions conformes du procureur impérial, la mainlevée du mandat de dépôt décerné contre lui, n'est pas dispensé, pour rendre son pourvoi recevable, d'obtenir en outre sa mise en liberté provisoire : Cass., 16 nov. 1866 (J.M.p.10.202).

41. Les prescriptions de cet article ne s'appliquent point aux *prévenus* qui se pourvoient soit contre les ordonnances ou arrêts de renvoi, soit contre les jugements ou arrêts qui leur font grief, avant qu'il ait été statué sur le fond : Cass., 18 mars 1813 (S.-V. 4.1.306) ; — F. Hélie, t. 5, n. 2311 *in fine*, et t. 8, n. 3940.

42. La Cour de cassation a décidé que, depuis la loi du 14 juill. 1865, il suffit, pour rendre admissible à se pourvoir en cassation l'individu condamné à une peine emportant privation de la liberté qui ne se trouve pas en état, que ce condamné obtienne sa mise en liberté provisoire *sans caution* : Cass., 27 juill. 1867 (J.M.p.11.29). — Et une opinion conforme est enseignée par M. F. Hélie, t. 4, n. 2002, et t. 8, n. 3942.

43. Quant à nous, cette doctrine ne nous paraît pas admissible. De ce que l'art. 421, qui, pour la recevabilité du pourvoi en cassation de l'individu condamné à une peine emportant privation de la liberté, exige, à défaut de mise en état, la mise en liberté provisoire *sous caution*, se réfère aux dispositions du même Code qui déterminent les conditions de cette mise en liberté, s'ensuit-il nécessairement que les modifications dont ces dispositions ont été l'objet en 1865 réagissent sur l'art. 421, maintenu sans aucun changement ? Cette induction, qu'admet ici la Cour suprême, ne nous semble pas fondée. Il est bien vrai qu'avant la loi du 14 juill. 1865, l'art. 421 se trouvait en concordance parfaite avec le principe qui gouvernait alors la mise en liberté provisoire des inculpés, et d'après lequel cette mise en liberté ne pouvait être accordée que moyennant caution (ancien art. 114). Mais rien ne prouve que les auteurs de la loi de 1865 aient entendu conserver le même accord entre cet article et les principes nouveaux qu'ils ont édictés en matière d'élargissement provisoire avant le jugement. L'arrêt du 27 juill. 1867 mentionné ci-dessus argumente de ce que l'art. 116 ne restreint sous aucun rapport, en ce qui concerne la mise en liberté demandée dans le cas de l'art. 421, la faculté alternative qui appartient aux juges de subordonner l'élargissement provisoire à la condition d'un cautionnement ou de l'en affranchir. Mais cette restriction existe dans l'art. 421 lui-même, et elle n'aurait pu être effacée que par une disposition expresse que la loi nouvelle ne contient pas. Bien loin de là, le maintien de l'art. 421 en présence du nouvel art. 113 démontre invinciblement que l'économie du premier est tout à fait étrangère à celle du second. V. au surplus, nos observations sur l'arrêt précité.

44. L'individu condamné à une peine emportant privation de la liberté qui se trouvait en état lorsqu'il s'est pourvu en cassation contre le jugement ou arrêt prononçant la condamnation, est déchu de pourvoi, s'il vient à s'évader : Cass., 23 fév. 1854 (Bull., n. 50); 7 mars 1867 (J.M.p.11.29); — F. Hélie, n. 3940.

45. Lorsqu'un pourvoi en cassation a été formé dans un intervalle lucide, par un condamné en état de démence, ou que le condamné a été frappé d'aliénation mentale postérieurement à ce recours, la Cour de cassation doit surseoir à statuer jusqu'à ce qu'il soit fait apport à son greffe, à la diligence du procureur général, de documents conformes aux dispositions de la loi du

30 juin 1838 sur les aliénés, et constatant un changement dans l'état mental du demandeur : Cass., 25 janv. 1839 (S.-V.39.1. 806); 6 juin 1839 (D.p.39.1.404); 23 déc. 1859 (J.M.p.3.146); — Dalloz, *Rép.*, v^is *Aliéné*, n. 263, et *Cassation*, n. 291.

46. En matière criminelle, la partie qui n'est pas intervenue dans l'instance engagée sur le pourvoi en cassation du ministère public, malgré la notification qui lui en a été faite, n'est pas recevable à former opposition à l'arrêt rendu sur ce pourvoi par la Cour de cassation : Cass., 20 juin 1835, 4 juin 1836 (S.-V.36. 1.922); 21 juin 1844 (S.-V.44.1.827); 26 sept. 1867 (J.M.p.11. 119); — F. Hélie, t. 8, n. 3975 ; Trébutien, t. 2, p. 562.

47. Mais l'opposition serait, au contraire, recevable de la part des parties contre lesquelles a été dirigé le pourvoi du ministère public, si ce pourvoi ne leur avait pas été notifié : mêmes autorités et Cass., 23 sept. 1836 (S.-V.37.1.464).

48. — 3° *Pourvoi dans l'intérêt de la loi.* On a vu *suprà*, n. 27, que le ministère public ne peut exercer le recours en cassation que dans le seul intérêt de la loi, soit contre les ordonnances d'acquittement, soit contre les arrêts d'absolution qui ne sont pas fondés sur la fausse supposition de la non-existence d'une loi pénale.

49. L'art. 442, C. instr. crim., ouvre aussi au procureur général près la Cour de cassation le droit de déférer à cette Cour, dans l'intérêt de la loi seulement, les arrêts ou jugements en dernier ressort émanant des Cours impériales, Cours d'assises, tribunaux correctionnels ou tribunaux de police, qui, bien que sujets à cassation, n'ont été l'objet d'aucun recours de la part des parties dans les délais prescrits.

50. Le droit de former un pourvoi en cassation dans l'intérêt de la loi n'appartient, en matière de simple police ou de police correctionnelle, qu'au procureur général près la Cour de cassation. — En conséquence, est non recevable le pourvoi formé dans cet intérêt seulement par un procureur impérial contre un jugement du tribunal correctionnel : Cass., 6 fév. 1858 (J.M. p.1.222).

51. Le pourvoi en cassation dans l'intérêt de la loi est une voie de recours tellement exceptionnelle, qu'évidemment elle ne saurait, moins encore que toute autre, s'affranchir des conditions auxquelles le législateur l'a soumise. Or, l'art. 442, pour lui conserver toute son importance et toute son efficacité, n'en a confié l'exercice qu'au procureur général près la Cour de cassation. Tous les autres membres du ministère public, depuis le maire ou le commissaire de police jusqu'au procureur général près la Cour impériale, sont donc sans qualité pour former un tel pourvoi. V. entre autres décisions, Cass., 27 mars 1817 (J.P. chr.); 23 sept. 1826 (*Id.*); 2 janv. 1834 (S.-V.34.1.188); 27 juin 1845 (S.-V.45.1.770); 12 juill. 1849 (J.P.50.2.138); 8 oct. 1852 (D.p.52.5.76).

52. Jugé même que le pourvoi en cassation formé par un membre du ministère public autre que le procureur général près la Cour de cassation (notamment par un commissaire de police), est non recevable, encore bien qu'il ait été formé dans les délais voulus par les art. 177 et 373, C. instr., crim., et que dans la requête jointe au pourvoi le ministère public ait demandé le renvoi de la cause et de l'inculpé devant une autre juridiction : Cass., 3 fév. 1859 (J.M.p.2.50); 14 fév. 1863 (*Id.*, 6.151). — V. aussi Cass., 21 mai 1829 (Bull., n. 108); 29 déc. 1853 (*Id.*, n. 604).

53. Il peut paraître rigoureux, au premier abord, de déclarer non recevable, parce qu'il est vicieusement formulé *dans l'intérêt de la loi*, un pourvoi que les circonstances d'observation du délai légal et de conclusion à fin de renvoi devant une autre juridiction, prouvent avoir été, dans la réalité, formé par le ministère public en vue de l'intérêt de la vindicte publique. Mais, en réfléchissant davantage, on ne peut qu'approuver une rigueur qui a pour objet de faire respecter le droit exclusif dont l'art. 442, C. instr. crim., a investi le procureur général près la Cour de cassation, en proscrivant tout ce qui peut ressembler à une usurpation de ce droit.

54. La Cour de cassation a, il est vrai, déclaré recevable, par arrêt du 19 av. 1832 (S.-V.32.1.332), un pourvoi vicieusement formulé *par un prévenu* dans l'intérêt de la loi ; mais on conçoit qu'elle se soit relâchée de la rigueur dont nous parlions tout à l'heure, dans un cas où l'erreur était manifeste et toute idée d'empiétement sur le droit du procureur général près la Cour de cassation, véritablement impossible.

55. En matière civile, le ministère public tient de l'art. 88 de la loi du 27 vent. an VIII le droit de se pourvoir aussi en cassation dans l'intérêt de la loi contre les décisions en dernier ressort qui contiennent des violations de la loi ou des excès de pouvoir. — C'est encore au procureur général près la Cour de cassation que ce droit est exclusivement dévolu.

56. Le procureur général près la Cour de cassation peut

exercer ce droit même lorsque les parties intéressées se sont elles-mêmes pourvues dans les délais, si d'ailleurs, sur leur pourvoi, la décision n'a pas été cassée. — V. Debacq, p. 387.

57. — 4° *Pourvoi sur l'ordre du ministre de la justice.* L'art. 441, C. instr. crim., proclame le droit du ministre de la justice de donner au procureur général près la Cour de cassation l'ordre formel de dénoncer à la chambre criminelle les actes judiciaires, arrêts ou jugements contraires à la loi.

58. La cassation d'un jugement ou arrêt prononcée en vertu de l'art. 441, sur la dénonciation du procureur général à la Cour de cassation, d'après l'ordre du ministre de la justice, n'a pas lieu seulement dans l'intérêt de la loi, mais profite à tous les intérêts lésés, et son effet ne s'arrête que devant un intérêt privé juridiquement reconnu et en opposition avec elle. — Spéciale-ment, la cassation d'un arrêt par lequel une Cour, saisie de l'appel d'un jugement correctionnel statuant sur une même pour-suite dirigée contre plusieurs prévenus à raison du même fait, s'est reconnue compétente pour connaître de ce fait à l'égard de quelques-uns des prévenus, alors que, par un arrêt postérieur, elle s'est déclarée incompétente à l'égard d'un autre, a pour effet de dessaisir la juridiction correctionnelle relativement à tous les prévenus : C. cass. de Belgique, 24 mai 1864 (J.M.p.7.115).

59. On s'accorde aujourd'hui à reconnaître, dans le sens de cette décision, que la cassation prononcée par la chambre criminelle dans le cas de l'art. 441, n'a pas lieu seulement dans l'intérêt de la loi, comme celle qui est prononcée en vertu de l'art. 442 ; qu'elle profite au prévenu ou à l'accusé qui avait été condamné par le jugement ou arrêt annulé, parce que l'intérêt public, qui en est la base, se trouve alors d'accord avec celui du prévenu ou de l'accusé ; mais qu'elle ne peut nuire à ce dernier, qui ne saurait être incessamment (nul délai n'étant imposé au recours du procureur général) sous la menace d'une annulation contre laquelle il ne lui est pas permis de se défendre ; qu'au surplus, la cassation ne peut être considérée comme por-tant préjudice au prévenu ou à l'accusé, lorsqu'elle n'a pour objet qu'un jugement ou arrêt d'incompétence ou quelque acte judi-ciaire d'où résulte soit un conflit, soit une suspension du cours de la justice ; et enfin que la cassation ne peut, dans aucun cas, modifier la position de la partie civile, complétement indépen-dante de l'intérêt public. V. notamment Cass., 25 mars 1836 (S.-V.36.1.393) ; 22 mars et 19 avr. 1839 (S.-V.39.1.325 et

40.1.470); 3 janv. 1846 (S.-V.46.1.183); 8 août 1850 (S.-V.50.1. 623); 20 juin 1851 (S.-V.51.1.542);— Dupin, réquisitoire, lors de l'arrêt précité du 19 avr. 1839; F. Hélie, t. 2. n. 1029 et s.; Trébutien, t. 2, p. 550 et 551; Dalloz, *Rép.*, v° *Cassation*, n. 1058 et s.

60. Le ministre de la justice peut aussi, en matière civile, charger le procureur général près la Cour de cassation de dénoncer à la chambre des requêtes les actes judiciaires contenant excès de pouvoirs de la part des juges, ou les délits par eux commis relativement à leurs fonctions (L. 27 vent. an VIII, art. 80).

— V. *Action directe ou d'office*, n. 16.

CÉRÉMONIES PUBLIQUES. — V. *Préséance*.

CHAMBRE D'ACCUSATION.

SOMMAIRE ALPHABÉTIQUE.

1. Dans chaque Cour impériale il existe une chambre, composée de cinq membres au moins, qui a pour triple attribution de pro-

noncer la mise en accusation des prévenus et leur renvoi devant
la Cour d'assises, de connaître en second degré des préventions
sur lesquelles ont statué les juges d'instruction, et enfin d'évoquer, soit d'office, lorsqu'elles se trouvent déjà saisies, soit sur les
réquisitions du ministère public, l'instruction des affaires qui sont
poursuivies devant les juges inférieurs (C. instr. crim., 133, 134,
228, 231, 235, 250, 539) : c'est la chambre d'accusation.

2. Nous ne pouvons exposer ici, même en les résumant, toutes
les règles qui concernent l'organisation, les attributions, la procédure et l'autorité des arrêts de la chambre d'accusation. Nous
nous attacherons particulièrement à examiner ceux des principes
de la matière qui offrent le plus d'intérêt pratique.

3. Dans les cinq jours de la réception des pièces qui lui auront
été transmises par le procureur impérial en exécution de l'art. 133
ou de l'art. 135, C. instr. crim., le procureur général est tenu de
mettre l'affaire en état, et dans les cinq jours suivants, il doit faire
son rapport et prendre ses réquisitions devant la chambre d'accusation, qui aura été, sur sa demande, convoquée par son président
(C. instr. crim., 217 et 218).

4. Pour ce rapport et ces réquisitions, le procureur général peut
se faire remplacer par un autre membre du parquet (Décr. 6
juill. 1810, art 45).

5. Jugé qu'en cas de dissentiment entre le procureur général
et l'un de ses substituts sur les réquisitions à prendre devant la
chambre d'accusation, l'inobservation des dispositions des art. 48
et 49 du décret du 6 juill. 1810 ne peut créer un motif de nullité
en faveur du prévenu, parce que ces dispositions ne règlent qu'un
point de discipline intérieure : Cass., 28 janv. 1864 (J.M.p.7.
197). — V. *Ministère public.*

6. D'après l'art. 3 du décret du 6 juill. 1810, le procureur
général a le droit de demander que la chambre des appels correctionnels se réunisse à la chambre d'accusation pour entendre son
rapport et statuer sur ses réquisitions. Le procureur général peut
et doit même, par mesure de convenance, adresser son invitation
dans cet objet au premier président, par qui la réunion des deux
chambres sera ordonnée : Cass., 9 déc. 1847 (S.-V.48.1.73).
— Legraverend, *Législ. crim.*, 1, p. 429 ; Mangin, *Instr. écr.* t. 2,
p. 116 ; F. Hélie, *Instr. crim.*, t. 5, n° 2129.

7. Le procureur général n'est pas obligé d'attendre l'expiration
du délai de dix jours à partir de la réception des pièces, pour présenter son rapport : Cass., 13 mars 1841 (Bull., n. 64) ; 13 août

1863 (J.M.p.7.142); — F. Hélie, n. 2183. — *Contrà*, Carnot, *Instr. crim.*, t. 2, p. 276.

8. Et dans le cas où le rapport a été présenté avant l'expiration de ce terme, le prévenu n'a pas droit, pour la production autorisée par l'art. 217, C. instr. crim., d'un mémoire devant la chambre d'accusation, à un délai plus long que celui dont a usé e procureur général : Cass., 5 fév. 1829 (D.p.29.1.139); 13 août 1868, précité; — F. Hélie, n. 2184.

9. D'un autre côté, il ne résulterait aucune nullité de ce que le rapport du procureur général n'aurait été présenté qu'après l'expiration des dix jours, ce délai étant purement comminatoire. V. Locré, t, 25, p. 430; F. Hélie, n. 2185.

10. Le prévenu, ou son conseil, n'a pas le droit d'exiger communication de la procédure avant la mise en accusation; cette communication n'est due qu'après l'interrogatoire de l'accusé par le président des assises : Cass., 19 mai 1827 (D.p.27.1.244); 10 déc. 1847 (S.-V.48.1.73); 16 janv. 1852 (S.-V.52.1.468); 5 juill. 1855 (S.-V.55.1.854); 13 août 1863 (J.M.p.7.142); Aix, 21 juill. 1832 (S.-V.32.2.460); — Mangin, t. 2, n. 70; F. Hélie, n. 2190; Trébutien, t. 2, p. 315 ; Duverger, *Man. des juges d'instr.*, t. 1, n. 137; Dalloz, *Rép.*, v° *Instr. crim.*, n. 1041. — Jusqu'à la mise en accusation, en effet, l'instruction n'est point close, puisque la chambre d'accusation peut la compléter, si elle le juge nécessaire, et, par conséquent, la procédure doit rester écrite, conformément à la règle fondamentale de l'instruction écrite en matière criminelle. Le débat ne peut encore devenir contradictoire, et si la loi reconnaît néanmoins au prévenu la faculté de produire un mémoire devant la chambre d'accusation, il ne peut y faire valoir que les moyens de défense tirés de sa conduite et de sa position, sans être admis à discuter les actes de l'instruction, au développement desquels cette discussion pourrait nuire. — L'arrêt précité de la Cour de cassation du 5 juill. 1855 décide, par suite, que la chambre d'accusation commet un excès de pouvoir en ordonnant la communication de la procédure au prévenu, sur la demande de celui-ci, avant de prononcer sur la mise en accusation. — V. toutefois en sens contraire, Carnot, t. 2, p, 440; Legraverend, t. 1, p. 248; Bourguignon, *Jurispr. des Cod. crim.*, t. 1, p. 183.

11. Mais si cette communication ne peut être exigée par le prévenu, faut-il aller jusqu'à dire qu'elle ne peut dans aucun cas lui être accordée? La jurisprudence et les auteurs s'unissent pour proclamer la négative, et pour décider que la communication de la procédure doit être faite au prévenu toutes les fois qu'elle peut avoir lieu sans inconvénient : Poitiers, 30 janv. 1832 (S.-V.32.2. 403; Cass., 31 août 1833 (J.P. chr.); Toulouse, 2 août 1847 (S.-V.47.2.481); — Mangin, F. Hélie, Trébutien, Duverger et Dalloz, *loc. cit.*

12. La communication doit-elle nécessairement émaner du procureur général? L'arrêt susmentionné de la Cour de Poitiers du 30 janv. 1832 décide que, lorsque le procureur général juge à propos de la refuser, il n'appartient pas à la chambre d'accusation de l'ordonner. On pourrait conclure de là que la chambre d'accusation a le droit d'ordonner la communication lorsque le procureur général ne l'a pas refusée; mais M. F. Hélie, n. 2191, va plus loin, et enseigne que le droit de la chambre d'accusation à cet égard ne saurait être arrêté par le refus du procureur général. « Il suffit pour résoudre cette difficulté, dit l'éminent magistrat, de remarquer que le droit du ministère public et le droit de la chambre d'accusation ne dérivant pas de la même source, sont independants l'un de l'autre. Le ministère public puisse le sien dans l'exercice de l'action publique qui lui appartient; s'il juge que la communication serait dangereuse à la marche de cette action, il peut la refuser. C'est ainsi que s'il pense un supplément d'information inutile, il peut prendre des réquisitions pour qu'il n'ait pas lieu. Mais de même que ces réquisitions ne lient pas la chambre, qui peut ordonner dans tous les cas une information supplémentaire, de même, après que le ministère public a refusé la communication dans l'intérêt de l'action qu'il exerce, elle peut l'ordonner dans l'intérêt de la justice. Le droit de sa juridiction est de ne statuer que lorsqu'elle a épuisé tous les moyens d'instruction que la loi a mis à sa disposition, et parmi ces moyens, il faut placer les mémoires explicatifs des parties. »

13. M. Hélie, *ibid.*, estime que le procureur impérial pourrait lui-même communiquer la procédure au prévenu avant de la transmettre au procureur général, et il se fonde sur ce que le délai de la loi serait insuffisant, s'il fallait nécessairement que les pièces, après avoir été transmises au procureur général, revinssent au lieu de l'instruction où se trouvent les parties. Les art. 133 et 135, C. instr. crim., portent, il est vrai, que ces pièces doivent être envoyées *sans délai*; mais ces mots doivent être entendus en ce sens qu'aucun retard ne doit suspendre l'envoi de la procédure, et l'on ne peut regarder comme un retard le laps de temps indispensable pour une communication rapide qui met le prévenu à même de préparer son mémoire assez promptement pour le faire parvenir en temps utile à la chambre d'accusation.

14. Il n'est point prescrit au ministère public d'avertir le prévenu du jour de la transmission des pièces et de leur dépôt au greffe de la Cour.—S'il convient que cet avertissement soit donné au prévenu pour lui permettre d'adresser son mémoire à la chambre d'accusation, l'omission d'un tel préalable ne pourait être une cause de nullité : Cass., 17 mars 1853 (Bull., n. 90); 13 août 1863, précité; — F. Hélie, n. 2192. Mais cet auteur fait remarquer, avec raison, que la loi révèle à cet égard une véritable lacune, puisque le prévenu, qui est détenu, ne pouvant connaître le moment de la transmission des pièces, la faculté de produire un mémoire, que lui accorde l'art. 217, n'est plus qu'une faculté dérisoire. Aussi n'hésite-t-il pas à dire que ce n'en est pas moins un devoir pour le ministère public du lieu de l'instruction d'avertir les parties de la transmission des pièces, devoir qui, à défaut de sanction édictée par la loi, doit en trouver une dans la conscience du magistrat.

15. La chambre d'accusation ne statue que sur une instruction écrite. Le greffier, aux termes de l'art. 222, C. instr. crim., donne aux juges, en présence du procureur général, lecture de toutes les pièces du procès, lesquelles sont ensuite laissées sur le bureau, ainsi que les mémoires que la partie civile et le prévenu auront fournis.

16. La délibération a lieu à huis clos (C. instr. crim., 225); et l'arrêt doit être prononcé immédiatement après le rapport du procureur général, ou, en cas d'impossibilité, au plus tard dans les trois jours (*Id.*, 219).

17. Avant de statuer au fond, la chambre d'accusation peut, si elle le juge nécessaire, et sans avoir à attendre la demande des parties ou les réquisitions du ministère public, ordonner une information supplémentaire, pour laquelle elle a la faculté de commettre soit un juge de première instance, soit un de ses membres (C. instr. crim., 228, 235, 236).

18. Le conseiller délégué pour procéder à une information supplémentaire est investi des mêmes pouvoirs et soumis aux mêmes règles que le juge d'instruction. (C. instr. crim., 237, 240). V. F. Hélie, n. 2197, 2198.

19. Après avoir achevé le supplément d'instruction, le conseiller instructeur en fait la remise au procureur général, qui, dans les cinq jours de cette remise, présente un nouveau rapport à la chambre d'accusation (C. instr. crim., 238).

20. Le conseiller instructeur peut comme le juge d'instruction (C. instr. crim., 127), prendre part à la décision qui intervient à la suite de l'information à laquelle il a procédé (Cass., 2 nov. 1821, J. P. chr.), et la jurisprudence est allée même jusqu'à considérer comme indispensable cette participation du conseiller instructeur à l'arrêt de la chambre d'accusation : Cass., 20 et 21 févr. 1824 (*Ibid.*)

21. Mais le conseiller qui, par l'effet du roulement annuel, a cessé de faire partie de cette chambre avant la délibération sur l'affaire par lui instruite, doit-il être appelé à prendre part à cette délibération ? On a induit l'affirmative du rapprochement de l'art. 6 du décret du 30 mars 1808, disposant que le conseiller nommé rapporteur dans une chambre dont il est ensuite sorti par le roulement, doit revenir dans cette chambre pour y faire son rapport; de l'art. 127, C. instr. crim. (ancien), déclarant le juge d'instruction membre nécessaire de la chambre du conseil à laquelle il rendait compte des affaires par lui instruites; de l'art. 236 du même Code exigeant que l'information supplémentaire qui vient à être ordonnée par la chambre d'accusation soit confiée à l'un de ses membres, et enfin de l'art. 240 prescrivant en pareil cas l'observation des autres dispositions du Code d'instruction criminelle non contraires aux art. 235 à 239 : Cass., 20 et 21 févr. 1824, précités; 18 mai 1839 (S.-V.39.1.624);—Legraverend, t. 1, p. 442; Mangin, t. 2, n. 66; F. Hélie, n. 2199; Dalloz, *Répert.* v° *Instr. crim.*, n. 1162.

22. Déjà, avant la loi du 17 juill. 1856, modificative de diverses dispositions du Code d'instruction criminelle, c'était là une induction forcée, puisque, à la différence du juge d'instruction, tel que l'avait institué le législateur de 1808, le conseiller instructeur n'est pas appelé à faire un rapport devant les juges qui doivent statuer sur son information supplémentaire. Aussi, cette interprétation, à laquelle l'utilité du concours du conseiller instructeur donnait seule une base insuffisante, n'était pas restée sans contradicteur. V. en effet Bourguignon, t. 1, p. 512.

23. Mais ce qui était au moins hasardé sous l'empire du Code de 1808, nous paraît être surtout devenu inadmissible depuis la loi du 17 juill. 1856 modificative de diverses dispositions de ce

Code. En supprimant la chambre du conseil, cette loi a fait disparaître la raison spécieuse de décider que l'on croyait auparavant pouvoir puiser dans l'art. 127. Du droit dont le juge d'instruction est investi de statuer lui-même sur l'information à laquelle il a procédé, peut-on conclure à la nécessité de la participation du conseiller instructeur à l'arrêt que doit rendre la chambre d'accusation? Quelle corrélation existe-t-il entre ce pouvoir du juge d'instruction et ce concours du conseiller instructeur? Quant à la considération tirée de l'utilité de la présence du conseiller délégué à la délibération de la chambre d'accusation, et de la garantie d'exactitude qu'elle présente, elle ne saurait évidemment suffire à elle seule pour justifier la doctrine que nous combattons.

24. Néanmoins, la Cour de cassation a persisté, après la loi de 1856, dans cette doctrine, à l'appui de laquelle elle a invoqué des arguments et des considérations qui ne nous ont point convaincu. V. Cass., 8 avr. 1869 (J.M.p.12.129), et nos observations.

25. M. F. Hélie, qui a publié en 1867 une nouvelle édition de son savant *Traité de l'instruction criminelle*, y persiste lui-même (*loc. cit.*) dans l'opinion qu'il avait émise avant la loi précitée. Mais nous sommes porté à croire que l'éminent criminaliste ne s'est pas préoccupé de l'influence que la modification subie par l'art. 127, C. instr. crim., devait exercer sur la question. Et ce qui nous paraît autoriser cette supposition c'est qu'il reproduit sans aucun changement sa discussion primitive, où l'article 127 est invoqué comme exigeant que le juge d'instruction prenne part à la délibération de *la chambre du conseil*.

26. Quelle que soit l'ordonnance du juge d'instruction, la chambre d'accusation est tenue, sur les réquisitions du procureur général, de statuer, à l'égard de chacun des prévenus renvoyés devant elle, sur tous les chefs de crimes, de délits ou de contraventions résultant de la procédure (C. instr. crim., 231). L'exposé des motifs de la loi du 17 juill. 1856 explique ainsi la portée de cette disposition: « Tout crime, tout délit, toute contravention résultant de la procédure, qu'ils aient été ou non retenus dans l'ordonnance du juge, et même lorsqu'ils sont protégés par une ordonnance de non-lieu qui n'a pas été frappée d'opposition, doivent être, sur les réquisitions du procureur général, l'objet d'une délibération de la Cour et d'un acte de sa juridiction. Ce ne sera pas seulement un droit, ce sera un devoir pour la Cour, de purger la procédure tout entière, qui est indivisible. Il ne faut pas que le crime ou le délit se dressent devant elle, comme pour la braver dans son impuissance. » — V. aussi Circ. minis. just. 23 juill. 1856, § 5 (Gillet, n. 3667).

27. Jugé en conséquence que dans le cas où le juge d'instruction, tout en renvoyant un inculpé devant la chambre des mises en accusation à raison de faits présentant le caractère de crimes, a aussi prononcé son renvoi en police correctionnelle à raison d'autres faits compris dans la même procédure et considérés comme simples délits, le ministère public ne peut faire citer cet inculpé devant le tribunal correctionnel tant que la chambre d'accusation n'a pas statué sur toute la procédure, qui est indivisible : Paris, 13 oct. 1858 (J.M.p.2.62).— Il ne saurait, en effet, dépendre du ministère public de paralyser, par la précipitation de la poursuite, le contrôle dont la loi a investi la chambre d'accusation.

28. Décidé même que le ministère public ne peut, avant l'arrêt de cette chambre, traduire en police correctionnelle un inculpé que le juge d'instruction a renvoyé uniquement devant cette juridiction, si les faits qui ont motivé ce renvoi ont été compris dans la même procédure que d'autres faits à raison desquels un autre inculpé a été renvoyé, par la même ordonnance, devant la chambre d'accusation, et se lient à ces derniers faits ou à des délits pour lesquels ce second inculpé a été lui-même renvoyé devant le tribunal correctionnel : Même arrêt. — V. aussi Cass., 5 déc. 1823 (Dall., v° *Instr. crim.*, n. 1103).

29. Jugé encore, à bon droit, que, dans le cas où la chambre d'accusation saisie par l'ordonnance du juge d'instruction de plusieurs inculpations distinctes, n'a statué que sur quelques-unes, il n'appartient pas au ministère public de déférer les autres à la juridiction qui serait compétente pour en connaître, d'après la qualification que leur a donnée l'ordonnance du juge d'instruction, le droit de contrôle de la chambre d'accusation sur tous les chefs de la procédure s'opposant à cette poursuite : Montpellier, 8 avr. 1859 (J.M.p.2.144).

30. ... Qu'au cas où un individu est inculpé tout à la fois de faits présentant le caractère de crimes et de faits constitutifs de simples délits, le juge d'instruction ne peut ordonner son renvoi devant le tribunal correctionnel à raison des délits, et le ministère public saisir ce tribunal en vertu de l'ordonnance du juge d'instruction, avant que l'information soit terminée relativement aux faits qui présentent le caractère de crimes, cette information pouvant avoir pour résultat de donner lieu au renvoi de

l'inculpé devant la chambre d'accusation, à laquelle il appartient
d'apprécier souverainement tous les chefs de la procédure dirigée
contre les individus renvoyés devant elle : Besançon, 9 juin 1862
(J.M.p.5.139).

51. Il résulte cependant d'un arrêt de la Cour de cassation du
23 avr. 1859 (J.M.p.2.145), que lorsque la chambre d'accusation
a omis de relever l'un des faits délictueux résultant d'une procédure soumise à son examen, aucune fin de non-recevoir ne peut
être opposée à l'exercice ultérieur de l'action du ministère
public à raison de ce chef omis. — Mais cette interprétation ne
nous paraît point admissible en présence des termes impératifs
du nouvel art. 231. Sans doute, la loi nouvelle a eu principalement en vue, dans la modification qu'elle a apportée à cet article,
d'empêcher l'impunité des inculpés qui se trouveraient à tort protégés par une ordonnance de non-lieu ; mais elle s'est proposé
aussi de donner un contre-poids à l'augmentation de pouvoirs
qu'elle a accordée au juge d'instruction. L'ordonnance de ce magistrat, lorsqu'elle renvoie des inculpés devant la chambre d'accusation, n'est jamais définitive. C'est à la chambre d'accusation
à prononcer le dernier mot de l'instruction préjudiciaire.
Jusque-là, le ministère public est nécessairement désarmé. Ce
n'est pas à lui qu'il appartient de réparer l'omission commise par
la chambre d'accusation. Rien, au contraire, selon nous, ne s'oppose à ce que la chambre d'accusation la répare elle-même par
un nouvel arrêt, provoqué par les réquisitions du procureur
général ; car, s'il est vrai que cette chambre épuise sa juridiction
par le renvoi de l'inculpé devant les juges compétents, en ce sens
qu'elle ne peut réparer les erreurs, vices ou omissions contenus
dans son arrêt (Cass., 3 mars 1853, S.-V.53.1.240), cette solution ne saurait s'appliquer au cas où l'omission porte sur un chef
de la procédure. Que si l'on devait l'étendre jusque-là, il faudrait simplement conclure que le ministère public aurait alors la
ressource de la demande en nullité de l'arrêt devant la Cour de
cassation, conformément à l'art. 408, C. instr. crim.

52. Nous ne saurions non plus approuver un arrêt de la Cour
de Chambéry du 22 fév. 1868 (J.M.p.12.171) qui a jugé que la
chambre d'accusation saisie d'une procédure criminelle portant
à la fois sur un crime et sur un délit, mais qui a été close, quant
au délit, par une ordonnance de non-lieu, n'a pas à statuer sur
ce dernier chef, lorsque le procureur général, loin de se pourvoir
en opposition contre l'ordonnance de non-lieu, requiert une

déclaration conforme, et alors d'ailleurs que la chambre d'accusation ne trouve pas dans la procédure des charges qui puissent
motiver l'exercice des pouvoirs que lui confère l'art. 235,
C. instr. crim. La circonstance que les réquisitions du procureur
général tendent au résultat même qu'a consacré l'ordonnance
du juge d'instruction, est ici indifférente ; car la chambre d'accusation, que ces réquisitions ne lient en aucune manière, pourra
fort bien envisager autrement que ne l'a fait le juge d'instruction
et que le procureur général ne le fait à son tour, le chef qui a
donné lieu à cette ordonnance. Le contrôle de la chambre d'accusation doit être complet et absolu, sans qu'elle ait pour cela
besoin d'exercer le droit d'évocation que lui confère l'art. 235,
C. instr. crim. V. *infrà*, n. 38.

33. C'est aussi à tort, selon nous, qu'un arrêt de la Cour de
Paris, du 30 déc. 1856 (S.-V.57.2.327), a jugé que le procureur
général ne peut requérir devant la chambre d'accusation, et que
cette chambre ne peut prononcer le renvoi de l'inculpé en police
correctionnelle à raison d'un délit compris dans la procédure
criminelle dont elle est saisie, lorsque ce renvoi a été déjà ordonné par le juge d'instruction.

34. Dans tous les cas, l'obligation pour la chambre d'accusation
de statuer sur tous les chefs de la procédure qui lui est soumise,
ne peut s'entendre que de l'hypothèse où l'instruction consta-
terait l'existence simultanée de faits distincts, et non de celle
où l'instruction n'a pour objet et ne peut avoir pour résultat que la
constatation d'un fait unique, susceptible seulement de qualifications diverses. Ainsi, par exemple, lorsque la chambre d'accusation a renvoyé une inculpée devant la Cour d'assises comme
accusée d'infanticide, le ministère public ne peut être déclaré non
recevable à la poursuivre ultérieurement devant le tribunal
correctionnel pour délit d'homicide par imprudence, sous le
prétexte que la chambre d'accusation n'a pas relevé le délit à la
charge de l'inculpée : Cass., 23 avr. 1859 précité. — V. aussi
Cass., 23 janv. 1845 (D.P.51.5.322). La chambre d'accusation, en
effet, est bien appelée à statuer sur tous les chefs distincts d'inculpation que renferme la procédure portée devant elle, mais
non à relever toutes les qualifications diverses dont un fait unique
est susceptible. Quand elle a apprécié la qualification que le juge
d'instruction a donnée à ce fait, elle a rempli complétement sa
mission. Si, après cela, ce fait, envisagé à un autre point de vue,
peut prendre un caractère différent de celui qu'elle lui a attribué,

le ministère public devra avoir toute latitude pour s'emparer de ce fait et le poursuivre directement.

35. D'un autre côté, le droit de la chambre d'accusation de statuer sur tous les faits ressortant de la procédure qui lui est soumise, n'existe qu'à l'égard des individus renvoyés devant elle : Cass., 7 juill. 1859 (J.M.p.2.242). — Mais s'ensuit-il que lorsqu'un prévenu a été renvoyé par le juge d'instruction devant le tribunal correctionnel, comme complice d'un délit imputé à un autre prévenu qui a été en outre renvoyé devant la chambre d'accusation à raison d'un crime, cette chambre ne puisse, en appréciant cette dernière prévention, statuer également à l'égard du premier prévenu? L'affirmative a été consacrée par l'arrêt mentionné ci-dessus, d'après lequel la décision du juge d'instruction, en ce qui concerne le premier prévenu, ne peut être réformée que sur l'opposition du ministère public, ou en vertu du droit d'évocation.

36. Mais cette solution nous semble fort contestable. S'il est vrai qu'en général ce n'est qu'à l'égard des prévenus renvoyés devant elle, que la chambre d'accusation a le droit et le devoir de statuer sur tous les chefs de la procédure, cette règle ne doit-elle pas recevoir exception dans le cas où la procédure comprend, indépendamment des faits imputés aux prévenus renvoyés devant la chambre d'accusation, d'autres faits connexes à raison desquels un autre prévenu a été, par la même ordonnance, renvoyé devant le tribunal correctionnel? Le principe de l'indivisibilité des procédures, auquel la loi de 1856 a voulu donner une nouvelle consécration, ne commande-t-il pas cette exception, qu'il avait fait admettre déjà sous l'empire de l'ancien art. 231, C. instr. crim. (V. Cass., 5 déc. 1823, Dall. *Rép.*, v° *Instr. crim.*, n. 1103 ; le président Barris, note 302)? Eh bien, dans l'espèce de l'arrêt de la Cour de cassation du 7 juill. 1859 mentionné ci-dessus, quel était l'état de la procédure? Elle s'appliquait à deux prévenus, poursuivis, l'un comme auteur, l'autre comme complice d'un délit, et le premier, en outre, pour un crime. L'ordonnance du juge d'instruction avait renvoyé celui-ci devant la chambre d'accusation, et l'autre en police correctionnelle. La chambre d'accusation avait incontestablement le droit, ou plutôt le devoir, en ce qui concernait le prévenu renvoyé devant elle, de statuer sur l'imputation de délit en même temps que sur l'inculpation de crime. Mais comment, lorsqu'à côté de l'imputation de délit se trouvait dans la procédure l'imputation de complicité de ce même délit dirigée contre l'autre prévenu, n'aurait-elle pas eu aussi le droit et le devoir de statuer à l'égard de ce dernier? Il y a ici plus qu'une simple connexité, qui eût été suffisante pour justifier, pour nécessiter même l'extension d'attribution dont il s'agit, il y a une véritable indivisibilité. Compar. F. Hélie, n. 2164.

37. Nous venons de nous occuper du cas où la chambre d'accusation est saisie par l'ordonnance de transmission du juge instructeur, conformément aux art. 133, 217 et s., C. instr. crim. — Cette chambre est encore investie du droit de statuer, comme second degré de juridiction, sur l'opposition formée aux ordonnances du juge d'instruction dans les cas déterminés par les art. 135 et 539 du même Code. Cette attribution ne donne lieu à aucune difficulté sérieuse.

38. De plus, l'art. 235 reconnaît aux chambres d'accusation, dans toutes les affaires, tant qu'elles n'auront pas décidé s'il y a lieu de prononcer la mise en accusation, soit qu'il y ait ou non une instruction commencée par les premiers juges, le pouvoir d'ordonner d'office des poursuites, de se faire apporter les pièces, d'informer ou faire informer, et de statuer ensuite ce qu'il appartient. C'est là ce qui constitue leur droit d'évocation.

39. L'art. 250 complète cette attribution par la disposition suivante: « Lorsque dans la notice des causes de police correctionnelle ou de simple police, le procureur général trouvera qu'elles présentent des caractères plus graves, il pourra ordonner l'apport des pièces dans la quinzaine seulement de la réception de la notice, pour ensuite être par lui fait, dans un autre délai de quinzaine du jour de la réception des pièces, telle réquisition qu'il estimera convenable, et par la Cour être ordonné dans le délai de trois jours ce qu'il appartiendra. »

40. Enfin, lorsque les chambres assemblées de la Cour impériale enjoignent au procureur général, en vertu de l'art. 11 de la loi du 20 avr. 1810, de poursuivre les crimes ou délits qui leur sont dénoncés, elles peuvent ordonner, — et telle est la marche habituellement suivie, — que l'instruction sera faite devant la chambre d'accusation : Carnot, t. 2, p. 256 ; Bourguignon, t. 1, p. 509 ; Legraverend, t. 1, p. 467 ; F. Hélie, n. 2169.

41. En ce qui concerne les attributions de la chambre d'accusation pour le règlement de la compétence, nous renvoyons au savant ouvrage de M. F. Hélie, n. 2170 et s.

42. Lorsque, après un arrêt de la chambre d'accusation décidant qu'il n'y a pas lieu à renvoi devant la Cour d'assises, il survient de nouvelles charges contre l'inculpé, l'officier de police judiciaire ou le juge d'instruction doit adresser sans délai copie des pièces et charges au procureur général; et, sur la réquisition de ce magistrat, le président de la chambre d'accusation indique le juge devant lequel il sera, à la poursuite du ministère public, procédé à une nouvelle instruction (C. instr. crim, 246, 248).

43. En pareil cas, le juge d'instruction ne peut procéder directement à une seconde information; à la chambre d'accusation seule il appartient de connaître de la nouvelle plainte et d'ordonner une seconde poursuite: Paris, 30 nov. 1838 (D.P.39.2.163); Cass., 18 mai 1839 (S.-V.39.1.624); 22 juill. 1859 (J.M.p. 2.266); — F. Hélie n. 2083; Dalloz, *Rép.* v°, *Instr. crim.*, n. 1172. — Cette solution ne saurait faire difficulté; et nous croyons qu'on l'a étendue à bon droit au cas où le fait incriminé constitue un simple délit : Cass., 11 août 1842 (S.-V.43.1,272); — Dalloz, n. 1173; F. Hélie, *loc. cit.* Il suffit que la chambre d'accusation ait été saisie de la connaissance des charges primitives, de quelque nature qu'elles fussent, pour qu'il lui appartienne désormais de connaître de tous les faits se rattachant à la procédure. Il y a entre les charges nouvelles et les charges anciennes une indivisibilité qui suffit pour justifier la compétence de la chambre d'accusation, surtout sous l'empire de la loi du 17 juill. 1856, qui a donné une consécration plus absolue à la plénitude de juridiction de cette chambre.

44. L'arrêt de la Cour de cassation du 22 juill. 1859 ci-dessus a appliqué spécialement cette compétence absolue au cas où les deux plaintes successives ont été portées contre un inculpé non désigné, par le motif que la chambre d'accusation est, en vertu de sa plénitude de juridiction, exclusivement investie du pouvoir d'apprécier les charges nouvelles, non-seulement quand elles ont pour objet de fortifier l'inculpation dirigée contre un prévenu déjà traduit devant elle, mais encore quand elles tendent seulement à constater l'existence du crime qui lui a été précédemment dénoncé.

45. Dans le cas où les pièces relatives à des délits connexes se trouvent produites en même temps devant elle, la chambre d'accusation doit statuer sur ces délits par un seul et même arrêt (C. instr. crim., 226). Toutefois, ce n'est pas là une obligation absolue et dont l'inaccomplissement soit une cause de nullité.

V. *Instruction criminelle.*

46. Lorsqu'un même fait constitue tout à la fois un crime (celui d'attentat à la pudeur, par exemple) et un délit (celui d'outrage public à la pudeur), la chambre d'accusation doit-elle renvoyer l'inculpé devant la Cour d'assises à raison du crime, et simultanément ou subsidiairement, devant la juridiction correctionnelle à raison du délit? — Ou bien doit-elle le renvoyer pour le tout devant la Cour d'assises, pour cause de connexité du délit avec le crime ? — Ou encore doit-elle se borner à statuer quant au crime, sans rien prononcer quant au délit, sauf au président de la Cour d'assises à faire du délit l'objet d'une question subsidiaire, ou au ministère public, si cette question n'a pas été posée au jury, à diriger ultérieurement des poursuites correctionnelles relativement à ce délit, dans le cas d'acquittement pour le crime? Voici comment ces questions nous paraissent devoir être résolues. Il est d'abord certain que la chambre d'accusation ne peut, à raison d'un même fait, renvoyer simultanément l'inculpé devant la Cour d'assises pour crime, et devant la juridiction correctionnelle pour délit. La seconde juridiction ne peut être saisie qu'après acquittement devant la première, le crime absorbant le délit. — Il est incontestable aussi, à nos yeux, que si la chambre d'accusation peut, dans ce cas, renvoyer l'inculpé d'abord devant la Cour d'assises pour le crime et subsidiairement devant le tribunal correctionnel pour le délit, elle n'y est nullement tenue, et qu'elle satisfait à toutes ses obligations en se bornant au renvoi devant la Cour d'assises sous l'accusation du crime, sans avoir d'ailleurs à joindre le délit au crime pour cause de connexité. Ce sera au président de la Cour d'assises à poser, s'il le juge à propos, comme résultant des débats, la question subsidiaire de délit (V. Cass., 14 oct. 1826, S.-V.8.1.437); et si cette question n'a pas été posée au jury, le ministère public conservera, en cas d'acquittement, le droit de diriger ultérieurement des poursuites correctionnelles à raison du délit; la jurisprudence est constante sur ce dernier point. V. *Chose jugée.*

47. La Cour de cassation décide très-exactement que le même fait peut donner lieu à une double accusation sous deux qualifications différentes, lorsque, se rapportant à deux personnes, il est constitutif de deux crimes distincts, selon qu'on le rattache à l'une ou à l'autre, et que, spécialement, l'accusation d'avortement, basée sur des faits envisagés dans leur rapport avec l'existence de l'enfant dont une femme était enceinte, peut concourir avec l'accusation de coups et blessures volontaires, fondée sur les mêmes faits considérés comme se rapportant à la femme enceinte elle-même : Cass., 3 sept. 1840 (S.-V.40.1.986); 2 juill. 1863 (J.M.p.7.11).

48. D'après un arrêt de la Cour de Bruxelles du 30 juill. 1862 (J.M.p.5.211), l'arrêt de la chambre d'accusation qui renvoie un inculpé devant la Cour d'assises, sous un nom que cet inculpé s'est faussement attribué et qui appartient à une autre personne, n'a pas pour effet de saisir la Cour d'assises du fait incriminé, en tant qu'il aurait été commis par cet inculpé, de telle sorte que si le véritable nom de celui-ci vient à être révélé pendant les débats devant la Cour d'assises, il doit être procédé à une nouvelle information contre lui sous ce nom; et que le juge d'instruction requis d'y procéder se déclarerait à tort incompétent, sous le prétexte que la Cour d'assises se trouverait déja saisie du fait incriminé.

49. Dans tous les cas où le prévenu est renvoyé devant la Cour d'assises, le procureur général est tenu de rédiger un *acte d'accusation* (C. instr. crim., 241.) V. ce mot. — L'arrêt de renvoi et l'acte d'accusation sont signifiés à l'accusé (*Id.* 242).

50. C'est au ministère public qu'il appartient d'assurer l'exécution de l'arrêt de renvoi rendu par la chambre d'accusation (C. instr. crim., 272). — Les art. 243, 245, 291 et 292 déterminent les actes constitutifs de cette exécution.

51. Il est constant que les arrêts de renvoi devant la Cour d'assises sont attributifs de juridiction, tandis que les arrêts de renvoi en simple police ou en police correctionnelle en sont simplement indicatifs. V. à cet égard F. Hélie, n. 2315 et s.

CHASSE.

SOMMAIRE ALPHABÉTIQUE.

§ 1er. — *Exercice du droit de chasse.*

1.—ART. 1er DE LA LOI DU 3 MAI 1844.—Bien qu'un fait de chasse ne puisse être excusé par l'intention de celui auquel on l'impute, il ne constitue néanmoins un délit qu'autant qu'il a été volontairement et librement exécuté. — Par suite, il n'y a pas délit de chasse de la part de celui qui, en prenant part à une battue régulièrement autorisée pour la destruction des animaux malfaisants et nuisibles, a tiré sur un chevreuil, si les circonstances donnent au juge de répression la certitude qu'il n'avait ni connu ni pu connaître l'animal sur lequel il faisait feu, et qu'il croyait tirer sur un loup : Cass., 16 nov. 1866 (J.M.p.10.304).

2. Il faut, en effet, en matière de délit de chasse comme en beaucoup d'autres matières, distinguer entre l'*intention* et la *volonté*. Lorsqu'un fait constitutif de la chasse, c'est-à-dire de la poursuite du gibier, a été exécuté volontairement, on peut bien, si on ne le considère que comme une contravention, le déclarer punissable, alors même que celui qui en est l'auteur aurait agi sans intention d'enfreindre la loi. Et c'est en effet dans ce sens que la jurisprudence s'est prononcée. V. Cass., 12 avr. 1845, 16 juin 1848, 6 mars et 17 juill. 1857, 9 déc. 1859, 21 juill. 1865 (S.-V.45.1.470; 48.1. 636; 57.1.709 et 710; 60.1.189; 66.1.135); Bourges, 27 fév. 1845 (S.-V.45.2.240); Angers, 1er avr. 1851 et 19 janv. 1862 (S.-V.52.2.16; 62.2.400); Limoges, 8 déc. 1849 (D.P.54.2.179). — Conf., Gillon et de Villepin, *Nouv. Cod. des chass.*, p. 211 et 212; Championnière, *Man. de la chasse*, p. 144; Dalloz, *Répert.*, v^is *Chasse*, n° 353, et *Volonté*, n° 107; Blanche, *Étud. prat. sur le Code pén.*, t. 2, p. 143; Giraudeau et Lelièvre, *la Chasse*, n. 622. — *Contrà*, de Neyremand, *Quest. sur la chasse*, p. 22 et s. V. aussi Rogron, *Cod. de la chasse*, p. 167 et s. Mais le fait ne saurait être punissable, lorsque son auteur n'a pas eu la volonté de l'exécuter comme fait de chasse, lorsque ce n'est pas la destruction du gibier que ce fait avait pour objet, et qu'une erreur involontaire a seule produit un tel résultat. C'est aussi ce qu'a décidé l'arrêt précité de la Cour de cassation du 9 déc. 1859, et ce qu'enseignent MM. Championnière, Gillon et de Villepin, *loc. cit.* V. cependant en sens contraire, Metz, 19 mars 1862 (D.P. 67.1.87, à la note 3).

3. D'après un jugement du tribunal correctionnel d'Épinal du 3 oct. 1862 (J.M.p.5.295), celui qui tue d'un coup de canne ou de bâton un lièvre venant à passer près de lui, se rend coupable du délit de chasse. Seulement, il y a lieu de lui tenir compte, dans l'application de la peine, du défaut d'intention préméditée de se livrer à la chasse, ainsi que de la tentation à laquelle il pouvait difficilement résister.

4. Quelque rigoureuse qu'elle soit, cette décision nous semble juridique. Si la destruction du gibier ne peut constituer un fait de chasse qu'autant qu'elle a été accompagnée de l'intention de chasser, la préméditation est-elle une condition nécessaire du fait de chasse, ou bien la volonté instantanée n'est-elle pas suffisante ? Pour nous, nous pensons que, dans le silence de la loi, il ne saurait être permis de faire ici une distinction, et que la volonté de détruire le gibier, jointe aux efforts tentés pour arriver à cette fin, remplit les conditions du fait de chasse, avec quelque rapidité qu'elle se soit manifestée. Or, ce n'est point évidemment sans intention de détruire le gibier et de se l'approprier, et conséquemment de faire acte de chasseur, que l'on tue à coups de bâton un lièvre inopinément aperçu, et qu'on l'emporte chez soi. Mais il est certain que les circonstances particulières dans lesquelles se produit ce fait de chasse anormal, si elles ne déterminent pas le ministère public à s'abstenir de toute poursuite, doivent, comme l'a décidé le jugement cité plus haut du tribunal correctionnel d'Épinal, être prises en considération par le juge dans l'application de la peine. — V. en ce sens, Dalloz, n. 26 et 277. V. aussi Petit, *Dr. de chass.*, t. 1, p. 1, et Gillon et Villepin, p. 212. — *Contrà*, Bordeaux, 20 mars 1844 (S.-V.45.2. 528).

5. Il a été jugé que le fait d'avoir été trouvé tenant un fusil en joue dans la direction d'un arbre, n'est point suffisant pour constituer une action de chasse, alors qu'il est établi que l'auteur de ce fait se trouvait dans un chemin conduisant à un champ de son père ravagé par les volailles : Bourges, 11 déc. 1862 (J.M. p.6.8). — On a dit, pour justifier cette décision : La loi du 3 mai 1844 défend bien de chasser en dehors des conditions qu'elle détermine, mais elle ne donne pas la définition du mot *chasser* et n'indique pas les éléments constitutifs d'un *fait de chasse*. Ce sont donc les tribunaux qui doivent apprécier si les faits qu'on leur dénonce ont ou non le caractère de fait de chasse (Gillon et Villpin, n. 238 ; Dalloz, *Répert.*, v° *Chasse*, n.17 ; Cival, *Loi sur la police de la chasse*, p.2, n.5 ; Berriat Saint-Prix, *Législ. de la chasse et de la louveterie*, p. 117). Or, dans l'espèce, pouvait-on dire que le fait imputé au prévenu constituait la recherche et la poursuite du gibier ? — S'il a été jugé (Cass., 24 sept. 1847, D.p.47.4.70, 71) que le fait de *tirer*, de *faire feu* sur de petits oiseaux constitue un *fait de chasse* ; s'il a été admis aussi (Cass., 6 mars 1857, S.-V.57.1.710 ; Petit, t. 1, p.1) que c'est *chasser* que de *tirer* sur une pièce de gibier, même dans l'intérieur d'une ville, ou de *tirer* sur une pièce de gibier qui se présente sans qu'on eût pu le prévoir, peut-on dire qu'il en est de même du fait d'avoir simplement *mis en joue* un oiseau, ou une pièce de gibier quelconque ?

Ne faudrait-il pas, pour qu'on pût appliquer la même doctrine, que l'acte eût été complété, que le fait se fût entièrement accompli? Peut-on incriminer, enfin, comme fait de chasse, l'acte préparatoire, l'acte qui est simplement de nature à faire présumer qu'il pourra y avoir un fait de chasse illicite?

6. Nous croyons aussi que la Cour de Bourges a bien jugé dans les circonstances particulières de la cause. Mais il ne faudrait peut-être pas poser en principe absolu que le fait de tenir son fusil en joue dans la direction d'un arbre ne constitue pas un acte de chasse, s'il n'y a pas eu de coup *tiré* sur une pièce de gibier. Ce que la loi punit, en effet, c'est la *poursuite* du gibier, et cette poursuite peut exister même sans qu'on soit armé (V. Gillon et Villepin, suppl., p. 1 ; Dalloz, n. 18 et 31). A plus forte raison, ce semble, on ne saurait douter qu'il y a poursuite de gibier de la part de celui qui est surpris dans une attitude indiquant manifestement qu'il se dispose à tirer sur le gibier. Et la Cour de cassation a jugé, en effet, qu'il y a action de chasse, soit dans le fait d'avoir été trouvé sur un terrain propre à la chasse, armé et dans l'attitude d'un chasseur (arrêt du 13 nov. 1818, D.P.1.514), soit dans le fait d'avoir été trouvé sur le bornage d'une forêt, portant un fusil armé et regardant de tous côtés autour de soi (arrêt du 22 janv. 1829, D.P.29.1.117). V. conf., Gillon et Villepin, n. 238 ; Perrève, *des Délits et des peines de chasse*, p. 259, n. 5 ; Dalloz, n. 23 et 24 ; Giraudeau et Lelièvre, *Chasse*, n. 62.

7. La Cour de Paris a jugé, par arrêt du 22 mai 1860 (J.M.p. 3.160), que le fait de s'emparer, sur le terrain d'autrui, de pièces de gibier trouvées mortes et prises au collet, ne constitue ni un délit de chasse, ni aucun autre délit, le principe suivant lequel les choses mobilières, considérées comme épaves, appartiennent au premier occupant, étant applicable au gibier.

8. Mais une telle doctrine ne saurait être acceptée sans restriction. Il est bien hors de doute que, la poursuite du gibier constituant essentiellement le fait de chasse, ce fait ne saurait exister de la part de celui qui se borne à prendre, sur le terrain d'autrui, des pièces de gibier mortes dans les collets qu'un autre avait tendus pour les capturer. Et il est admis aussi dans le même sens que le fait de l'individu qui, ayant tiré une pièce de gibier sur son terrain, va la ramasser sur le terrain d'autrui où elle est tombée, ne constitue pas un délit de chasse. V. *infrà*, n. 35.

9. Seulement, on doit se demander si l'appréhension de pièces de gibier trouvées mortes sur le terrain d'autrui n'est, comme le juge l'arrêt précité, que l'exercice du droit du premier occupant, auquel sont soumises les épaves ou choses sans maître, ou si elle ne peut pas constituer un vol. En principe, il est vrai, le gibier est *res nullius*, d'où il suit qu'il ne peut être réclamé par le propriétaire du terrain sur lequel il a été tué, alors même que le fait de chasse aurait eu lieu malgré la défense de celui-ci. V. Toullier, t. 4, n. 7; Duranton, t. 4, n. 283; Proudhon, *du Domaine de propriété*, t. 1, n. 385; Petit, t. 1, p. 13; Rogron, p. 24; Dalloz, n. 172. — Toutefois, V. Cass., 23 juin 1843 (S.-V.43.1.845), et Chardon, *loc. cit.*, p. 17 et s.

10. Mais, en principe aussi, le gibier est la propriété du chasseur qui l'a tué, et il n'est pas nécessaire pour que celui-ci soit censé s'en être emparé, qu'il ait mis la main dessus; il suffit que, de quelque façon que ce soit, l'animal soit tombé sous sa puissance, de manière à ne pouvoir s'échapper; de telle sorte que, si un individu a tendu des piéges ou collets dans un lieu où il avait le droit de les tendre, et que du gibier s'y prenne, ce gibier devient à l'instant même sa propriété (Pothier, *du Dr. de prop.*, n. 25; Rogron, p. 24 et 25; Dalloz, n.175). Il n'en est autrement que s'il a tendu les piéges ou collets dans un lieu où il n'avait pas le droit de le faire (mêmes auteurs, et Lavallée et Bertrand, *Vade-mecum du chasseur*, p. 47). Dans ce dernier cas, par exception, le gibier restera la propriété du premier occupant, et il en sera de même dans la première hypothèse, si le gibier pris aux piéges ou collets est abandonné par celui qui avait tendu ces engins; mais cet abandon ne saurait être facilement présumé. En règle générale donc, le gibier dont il s'agit doit être réputé la propriété de celui qui a tendu les piéges ou collets, et non plus *res nullius*. Par conséquent, un tiers ne saurait s'en emparer et le retenir, sans se rendre coupable du délit de vol, qui résulte, comme on sait, du fait d'appréhender, dans le dessein de se l'approprier, une chose trouvée et appartenant à autrui. V. encore en ce sens, Rogron, *loc. cit.*, p. 24.

11. Les règles générales sur la complicité sont applicables aux délits de chasse: Cass., 6 déc. 1839 (S.-V.40.1.77) et 19 nov. 1864 (J.M.p.8.15); Rouen, 26 avr. 1849 (D.P.50.2.69); Amiens, 13 janv. 1853 (S.-V.53.2.232); Paris, 8 fév. 1862 (D.P.63.2. 17); Lyon, 28 mars 1865 (J.M.p.8.120). — Parmi les auteurs, MM. Petit, t. 3, p. 261, et Rogron, p. 186, repoussent l'application de ces règles aux délits de chasse; mais la doctrine qu'a sanctionnée la jurisprudence est professée par MM. Duvergier,

Collect. des lois, 1844, p. 136; Gillon et de, Villepin, p. 244; Camuzat-Busseroles, *Code de la police de la chasse* p. 177; Perrève, p. 347; Chardon, ch. 14; Berriat-Saint-Prix, p. 237; Dalloz, p. 357; de Neyremand, p. 140; Giraudeau et Lelièvre, n. 113.

12. Spécialement, se rend complice du délit de transport de gibier en temps prohibé, celui qui aide le délinquant à charger le gibier sur ses épaules, en se chargeant lui-même du fusil : Cass., 19 nov. 1864, précité.

13. De même, se rend complice du délit de chasse sans permis et en temps prohibé celui qui, accompagnant le chasseur, est porteur d'un sac et s'occupe à battre des genêts et à chercher sur la neige la piste d'un lièvre : Lyon, 28 mars 1865, aussi précité.

14. Ainsi encore, celui qui avec un bâton frappe des broussailles pour déloger un lièvre sur lequel des chasseurs non munis d'un permis de chasse, en compagnie desquels il se trouve, viennent de tirer, se rend coauteur ou complice du délit de chasse commis par ces derniers : Rennes, 11 avr. 1866 (J.M.p.10.255).

15. Suivant deux arrêts, l'un de la Cour de cassation, en date du 20 janv. 1866 (J.M.p.3.91), et l'autre de la Cour d'Angers, en date du 5 mars suivant (*Id*.3.92), l'art. 1er de la loi du 3 mai 1844, d'après lequel nul ne peut chasser, si la chasse n'est pas ouverte, s'applique à tout mode de chasse et à toute nature de gibier, et il atteint spécialement la chasse des oiseaux de mer en bateau ou sur la grève.

16. Les motifs sur lesquels se fondent ces deux arrêts pour repousser une interprétation que nous avions considérée comme exacte dans la note accompagnant la décision de la Cour de Rennes (J.M.p. 2.303) ici annulée par la Cour de cassation, laissent encore un doute fort sérieux dans notre esprit. La disposition de l'art. 1er de la loi du 3 mai 1844 est assurément très-générale; mais est-il permis d'aller jusqu'à dire qu'elle s'applique à toute nature de gibier et même aux oiseaux de mer, lorsqu'on voit le législateur assigner pour unique but à cette loi l'intérêt de l'agriculture et la nécessité d'empêcher le braconnage (exposé des motifs et rapport); lorsqu'on remarque, d'autre part, que les art. 22 et 23, qui énumèrent les agents chargés de constater les délits de chasse, ne comprennent point ceux qui auraient été naturellement désignés, si les prescriptions de la loi s'étaient étendues à la chasse des oiseaux de mer, et que le n° 2 de l'art. 9, qui charge les préfets de déterminer le temps pendant lequel il sera permis de chasser le gibier d'eau, ne parle que de la chasse dans les marais, sur les étangs, fleuves et rivières? Il est bien vrai que ce dernier article ne s'occupe, comme le dit la Cour d'Angers, que de certaines exceptions à la règle générale de prohibition; mais on se demande pourquoi le gibier de mer ne serait pas compris dans ces exceptions aussi bien que celui des fleuves et des rivières, s'il rentrait, comme ce dernier, dans les prévisions de la loi sur la chasse. On peut se demander aussi pourquoi l'art. 1er de cette loi serait réputé s'appliquer à la chasse des oiseaux de mer, lorsque, dans l'ancien droit, cette chasse échappait à toute réglementation. V. dans le sens de notre opinion, Giraudeau et Lelièvre, n. 91.

17. Le droit de chasse sur un fonds affermé n'appartient pas au fermier, mais au propriétaire, à défaut de stipulation contraire dans le bail : Trib. corr. de Saint Amand, 6 nov. 1863 (J.M.p.6. 263) et 1er juin 1869 (*Id.*13.44); Riom, 21 déc. 1864 (*Id.*8. 157); Aix, 8 nov. 1865 (*Id.*9.120); Cass., 1er avr. 1866 (*Id.*9. 233). — La jurisprudence et la doctrine peuvent être considérées aujourd'hui comme établies en ce sens. Elles ont été déterminées par cette considération décisive, que le droit de *jouir*, conféré au fermier par son bail, n'étant autre chose que le droit de percevoir tous les fruits et de profiter de tous les produits utiles du fonds affermé, ne saurait s'étendre à la chasse, parce que ce n'est là évidemment ni un fruit, ni un produit utile, mais un simple agrément, une simple réserve voluptuaire, dont le propriétaire ne saurait être présumé avoir voulu se dépouiller. Pour que le droit de chasse appartînt au fermier, indépendamment de toute stipulation dans le bail, il faudrait, ou que ce bail eût pour objet un fonds dans lequel la chasse aurait été mise en revenu ordinaire, parce que le gibier y serait d'une abondance exceptionnelle, ou que l'agrément même du fonds affermé fût compris dans le bail. — En dehors de ces hypothèses, qui se présenteront bien rarement, le droit de chasse demeure réservé au propriétaire, qui peut, dès lors, le transmettre à des tiers, sans que le fermier ait, de son côté, d'autre droit, vis-à-vis de ceux-ci, que de réclamer des dommages-intérêts en cas de torts faits par eux à ses récoltes. — V. indépendamment des décisions mentionnées ci-dessus, les autorités citées dans le *Répert.* de Dalloz, v° *Chasse* n, 29 et s., dans la *Table. génér.* de Devilleneuve et Gilbert, *eod. v°*, n. 8 et s., et dans le *Répert. génér. du Journ. du pal.*, ainsi que dans son supplém., *ibid.*, n. 1259 et s. — V. aussi Giraudeau et Lelièvre, n. 32, d'après lesquels la difficulté doit être simplement ramenée à une question d'appréciation de faits.

18. L'obligation, pour celui qui a été trouvé chassant, de justifier d'un permis de chasse, n'est pas subordonnée à une mise en demeure. Un tribunal ne peut donc déclarer l'action du ministère public non recevable sur le motif qu'une mise en demeure de produire son permis de chasse n'aurait pas été préalablement adressée au prévenu : Circ. min. just. 26 mars 1825 (Gill., n. 1831).

19. Celui auquel a été concédée gratuitement la faculté de chasser sur une propriété, ne peut, sans l'assentiment du propriétaire ou locataire, consentir au profit d'un tiers une cession ou transmission quelconque de cette faculté exclusivement personnelle. Le tiers auquel elle aurait été cédée ne saurait dès lors, dans le cas où il aurait été surpris chassant sur la propriété dont il s'agit, sans la permission du propriétaire ou locataire, échapper à une condamnation en excipant de cette cession : Paris 12 déc. 1867 (J.M.p.11.60).

20. Les auteurs enseignent, dans le sens de cette décision, qu'à la différence de la cession à titre onéreux ou du bail du droit de chasse, qui fait du cessionnaire ou du preneur *l'ayant droit* du propriétaire, selon les prévisions de l'art. 1er de la loi du 3 mai 1844, et l'autorise dès lors à transmettre lui-même le droit de chasse à des tiers, la permission gratuite est essentiellement personnelle et incessible. *Sic*, Gillon et de Villepin, n. 25 et 26 ; Dalloz, n. 48 ; Rogron, p. 36 ; Giraudeau et Lelièvre, n. 11 et 17. V. aussi M. Perrève, p. 292.

21. Celui auquel une concession du droit de chasse a été indûment transmise ne peut d'ailleurs arguer de sa bonne foi pour échapper aux poursuites dirigées contre lui à raison d'un fait de chasse sans permission du propriétaire ; c'était à lui à vérifier l'étendue des droits de son cédant et la régularité de son propre titre : Cass., 16 juin et 14 juill. 1848, 18 août 1849 (S.-V.48.1. 636 ; 49.1.780) ; — de Neyremand, p. 124.

22. Il a été parfaitement jugé que celui qui a chassé sur un terrain dont la chasse a été affermée à un tiers par un bail enregistré, ne peut échapper à la condamnation, sous le prétexte qu'une permission lui aurait été précédemment accordée par le propriétaire, si cette permission n'a pas une date certaine antérieure au bail dont il s'agit, et si elle n'a pas été connue du fermier de la chasse : Cass., 21 juill. 1865 (J.M.p.9.238).

23. La Cour de Colmar a décidé cependant, le 29 déc. 1821

(Dalloz, n. 167), que celui qui a chassé sur le terrain d'autrui, avec la permission écrite du propriétaire, ne peut être condamné pour délit de chasse, bien que le droit exclusif de chasse sur ce terrain ait été précédemment concédé à un tiers par le même propriétaire, si le prévenu a agi de bonne foi et dans l'ignorance de cette concession. — Mais il faut remarquer que, dans l'espèce de cet arrêt, l'acte de concession du droit de chasse n'avait acquis date certaine que postérieurement à la permission dont excipaient les prévenus. — En tout cas, cette permission serait incontestablement sans effet, si celui à qui elle aurait été accordée avait su que le propriétaire avait précédemment cédé ou loué le droit exclusif de chasse à un tiers. C'est ce que fait observer avec raison M. Rogron, p. 23.

24. La tolérance immémoriale de l'autorité locale ne suffit pas pour conférer légalement aux habitants d'une commune le droit de chasse sur les propriétés de celle-ci : Cass., 5 avr. 1866 (J.M. p.9.233).

25. On ne saurait considérer comme chassant sans permission du propriétaire, les chasseurs qui, sur la convocation du maire, concourent à une battue aux animaux nuisibles organisée par ce fonctionnaire agissant en vertu d'une délégation du préfet pour l'exécution d'un arrêté légalement pris par ce dernier, encore bien que le maire ne se serait point exactement conformé pour la convocation dont il s'agit aux règles tracées par l'arrêté du Directoire du 19 pluv. an v : Cass., 17 mai 1866 (J.M.p.9.304).— V. *infrà*, n. 167.

26.—Art. 2.—Les éléments constitutifs de la clôture dont une propriété attenante à une habitation doit être entourée pour que la chasse puisse y avoir lieu en tout temps sans permis, aux termes de l'art. 2 de la loi du 3 mai 1844, n'ayant pas été précisés par le législateur, leur appréciation est abandonnée à la sagesse des tribunaux. C'est ce qui résulte clairement de la discussion de la loi du 3 mai 1844 (*Moniteur* du 11 février de la même année, p. 278 et s.). Et comme les caractères de la clôture varient suivant les localités, c'est une simple question de fait que les juges ont ici à résoudre en s'inspirant particulièrement des usages du pays : Gillon, *ibid.*, p. 291.

27. Jugé que la clôture dont une propriété attenant à une habitation doit être entourée pour qu'il soit permis au propriétaire ou possesseur d'y chasser en tout temps sans permis, ne saurait s'entendre que d'une clôture qui ne peut être franchie par les moyens ordinaires, mais seulement en ayant recours à des efforts extraordinaires et à une ascension difficile et plus ou moins dangereuse ; et que, spécialement, une propriété environnée de tous côtés de murailles qui soutiennent le terrain surélevé au milieu duquel elle se trouve, doit être considérée comme entourée de la clôture dont il s'agit, encore bien que ces murailles s'arrêtent à fleur de terre, et que la clôture soit en contre-bas au lieu d'être en contre-haut : Trib. corr. d'Orange, 8 sept. 1866 (J.M.p. 9.275). — V. dans le sens du principe posé par cette décision, Gillon et Villepin, p. 67 ; Perrève, p. 7 et 193 ; Petit, t. 1, p. 362 ; Dalloz, n. 97 ; de Neyremand, p. 137 ; Giraudeau et Lelièvre, n. 225 ; — Circ. min. just. 7 mai 1844.

28. Suivant d'autres décisions, doit être réputé *terrain clos,* dans lequel il est permis de chasser en tout temps, un héritage attenant à une habitation et entouré d'une haie vive d'un mètre de hauteur n'offrant aucune brèche, alors surtout que ce mode de clôture est en usage dans la contrée. — Peu importe qu'au pied de la haie existent des trous assez grands pour permettre au gibier et aux chiens de pénétrer dans l'héritage, la clôture exigée par la loi ayant uniquement pour objet de garantir la propriété contre l'entrée de l'homme : Trib. de Rouen, 19 fév. 1867 (J.M.p. 10.313).

29. Mais ne doivent pas, au contraire, être considérés comme terrains clos, un jardin entouré de roseaux, les uns plantés dans le sens vertical, les autres placés horizontalement et reliés aux premiers par des ficelles ou des fils de fer, alors que cette clôture peut, en certains endroits, être facilement franchie, soit en enjambant les roseaux, soit en les écartant avec la main, sans effort et sans détérioration ;... ni un héritage entouré de murs dans l'un desquels existe une brèche mettant cet héritage en communication avec la propriété voisine, également clôturée, encore bien que le voisin aurait autorisé le propriétaire de l'héritage dont il s'agit à chasser chez lui : Nîmes, 28 mars 1867 (*Ibid.*).

30. Ces solutions reposent sur une interprétation parfaitement rationnelle de l'art. 2 de la loi du 3 mai 1844, et sont d'ailleurs conformes à la jurisprudence et à la doctrine. V. Rennes, 11 nov. 1833 (S.-V.35.2.26) ; Bourges, 2 nov. 1844 (Dall., n. 94) ; Limoges, 5 fév. 1848 (S.-V.48.2.152) ; Rouen, 24 nov. 1859 (aff. Camus) ; — Camusat-Busserolles, p. 49 ; Gillon et de Villepin, n. 52 ; Petit, t. 1, n. 158 et 163 ; Rogron, p. 44 ; Perrève, p. 7 et 193 ; Dalloz, *loc. cit.*, et n. 100.

31. Une ile ne saurait être considérée comme un terrain *clos*, sur lequel il soit permis de chasser en tout temps : Cass., 12 fév. 1830 (S.-V.9.1.451) ; Rennes, 17 août 1863 (S.-V.63.2.233) ; — Berriat Saint-Prix, p. 20 ; Petit, t. 1, n. 162 ; Rogron, sur l'art. 2, p. 43. — *Contrà*, Gillon et de Villepin, n. 55. V. *infrà*. n. 76.

32. Il résulte d'un jugement du tribunal correctionnel de Carpentras du 27 déc. 1866 (J.M.p.10.313) que l'*habitation* à laquelle il est nécessaire qu'un terrain clos soit attenant pour qu'il puisse y être chassé en tout temps, doit s'entendre, non d'une construction quelconque pouvant servir à l'habitation (comme un simple pavillon d'agrément, une cabane construite pour servir d'affût au chasseur, etc.), mais d'une construction, sinon constamment habitée, du moins destinée à l'être, à certaines époques plus ou moins rapprochées, par la famille du propriétaire ou du possesseur.

33. Cette solution serait exacte, sans la restriction qu'elle paraît contenir. Il est incontestable, selon nous, que l'habitation dont parle l'art. 2 de la loi du 3 mai 1844 doit s'entendre d'un bâtiment affecté à la résidence soit permanente, soit temporaire d'une ou plusieurs personnes, et que, par exemple, une cabane pouvant seulement servir d'affût ou d'abri au chasseur ne rentrerait point dans les prévisions de la loi. C'est ce que la Cour de cassation a en effet décidé par divers arrêts (7 mars 1823, 13 avr. 1833, 3 mai 1845 et 29 avr. 1858 ; S.-V.7.1.207 ; 33.1.718 ; 45.1.471 ; D.P.33.1.206 ; 45.1.303 ; Bull., 1858, n. 140), et ce qu'enseignent MM. Gillon et de Villepin, n. 41 et s. ; Rogron, p. 41 et 42 ; Perrève, p. 195 et 196 ; Dalloz, n. 88, 90 et 91. Mais il n'est nullement nécessaire que cette habitation soit occupée par le propriétaire ou possesseur, ou par sa famille, comme semble l'exiger le jugement ci-dessus du tribunal de Carpentras, et il n'importe qu'elle le soit par toute autre personne, notamment par le garde du propriétaire. V. en ce sens, Gillon et de Villepin, n. 44 ; Dalloz, n. 90. Mais V. toutefois Rennes, 17 août 1863 (S.-V.63.2.233) ; — Giraudeau et le Lelièvre, n. 218.

34. La chasse, dans un enclos attenant à une habitation, est permise même en temps de neige : Nîmes, 5 mars 1868 (J.M.p. 11.189).

35. Le chasseur qui tire une pièce de gibier dans une propriété close et la blesse mortellement, ne commet pas de délit en la ramassant dans une propriété voisine où elle est allée mourir : Amiens, 17 janv. 1842 (S.-V.42.2.104); Limoges, 5 fév. 1848 (S.-V.48.2.152); Paris, 2 déc. 1854 (S.V.-54.2.681); Trib.

de Rouen, 19 fév. 1867 (J.M.p.10.313); —Chardon, p. 16; Nico-
lin, p. 22; Berriat Saint-Prix, p. 19, 134 et 137; Dalloz, n. 171
et 239; Giraudeau et Lelièvre, n. 260.

36. Mais il y aurait délit à aller ramasser au dehors une pièce
de gibier que le coup de fusil tiré de l'enclos n'aurait pas blessée
mortellement : Paris, 11 juill. 1866 (J.M.p.10.296); — Giraudeau
et Lelièvre, *loc. cit.* — V. *infrà*, n. 81.

37. Sur la question de savoir si le propriétaire d'un enclos
peut y chasser en temps prohibé et à l'aide d'engins prohibés, V.
infrà, n. 84 et s.

38. —ART. 3. — Le prévenu de délit de chasse qui excipe de la
non-publication, dans le délai légal, de l'arrêté préfectoral déterminant l'époque de la clôture de la chasse, n'est pas tenu de
prouver que la publication de cet arrêté n'a pas eu lieu; c'est au
ministère public à établir qu'elle a été faite : Pau, 19 avr. 1866
(J.M.p.9.236). — Cette décision est' conforme à la doctrine qui
nous paraît devoir être admise en matière de *règlements de police*.
V. ce mot. V. aussi conf. à notre opinion, Giraudeau et Lelièvre,
n. 291. — *Contrà*, Gillon et de Villepin, n. 79.

39. —ART. 4.—L'interdiction portée par l'art. 4 de la loi du 3
mai 1844 de mettre en vente, d'acheter, de transporter et de col-
porter du gibier pendant le temps où la chasse n'est pas permise,
est absolue, et s'applique à toute espèce de gibier, quelle que
soit son origine, même aux animaux malfaisants ou nuisibles
détruits par les propriétaires, possesseurs ou fermiers, selon le
droit que leur en donnent les art. 2 et 9, § 3, de la même loi : Circ.
min. int. 27 janv. 1858 (J.M.p.1.113); arrêts mentionnés dans
cette circulaire. — Cependant quelques auteurs (Championnière,
p. 34; Berriat Saint-Prix, p. 40; Giraudeau et Lelièvre. n. 312)
restreignent la prohibition au gibier dont la chair est bonne à
manger.

40. L'interdiction dont il s'agit atteint même le gibier tué par
le propriétaire dans ses terres closes, en vertu du droit qui
lui est réservé par l'art. 2 de la loi du 3 mai 1844 (V. Gillon
et de Villepin, n. 95; Dalloz, n. 212; Rogron, p. 65 et 69), et à
celui qui, ayant été tué dans un département où la chasse se
trouve encore ouverte, est transporté dans un autre département
où elle est interdite : Paris, 22 nov. 1844 (S.-V.45.2.104); Solut.
minist. int. (S.-V.46.2.342); et tous les auteurs.

41. Mais cette interdiction ne saurait s'étendre aux bêtes fauves que les propriétaires détruisent au moment où elles ravagent

leurs terres, parce que cette destruction n'est point un fait de chasse, et qu'elle a lieu en vertu d'un droit absolu. V. *infra.* n. 61. Par la même raison, les préfets ne peuvent eux-mêmes interdire, en quelque temps que ce soit, la vente et le colportage de ces animaux tués dans de telles circonstances, et le propriétaire qui contrevient à un arrêté préfectoral portant une semblable défense, ne se rend coupable d'aucun délit. — Ainsi jugé par les arrêts suivants : Riom, 19 mai 1858 (J.M.p.1.275) ; Cass., 22 juill. 1858 (*Ibid.*).

42. D'après une décision concertée entre le ministre de l'intérieur, le ministre des finances et le garde des sceaux, les grouses (espèce de gibier qui vit en Ecosse et n'est point acclimatée en France) peuvent être importés et vendus en tous temps sur le territoire de l'empire. Les procureurs impériaux doivent donc prendre les mesures convenables pour assurer la libre circulation de ce volatile dans leur arrondissement : Circ. min. just. 30 nov. 1860 (Rés. chr., p. 25).

43. La même autorisation d'importation et de circulation libre a été étendue au coq des bois ou grand coq de bruyère, à la gelinotte noire ou coq de bruyère à queue fourchue et à la gelinotte blanche ou logapède des saules : Circ. min. intér. 22 fév. 1868 ; Circ. min. just. 5 mars 1868 (Rés. chr., p. 103).

44. Le délit prévu par l'art. 4 de la loi du 3 mai 1844 existe, alors même que le gibier aurait été tué avant la clôture de la chasse : Aix, 29 mai 1867 (J.M.p.11.9).

45. La mise en vente ou le colportage du gibier pendant l'interdiction momentanée de la chasse ne constitue pas un délit : il n'en est pas de ce cas comme de celui de colportage du gibier pendant le temps compris entre l'arrêté de clôture et celui de l'ouverture de la chasse : Trib. de Corbeil, 27 déc. 1844 (*Gaz. des trib.* du 17 janvier. 1845) ; trib. de Melun, 16 janv. 1845 (*Le Droit* des 20 et 21) ; Cass., 22 mars et 18 avr. 1845 (S.-V.45.1.286, 470 et 471) ; trib. corr. de St-Amand, 17 déc. 1867 (J.M.p.11.9) ; Bourges, 13 fév. 1868 (*Id.*11.58). — Cette interprétation est parfaitement exacte, selon nous. Il est vrai que l'art. 4 de la loi du 3 mai 1844 défend d'une manière générale la mise en vente, la vente, etc., du gibier *pendant le temps où la chasse n'est pas permise* ; mais, d'un côté, on ne peut douter que cet article se réfère à l'art. 3, prescrivant aux préfets de déterminer l'époque de l'ouverture et celle de la clôture de la chasse ; et, d'un autre côté, le sens des expressions de l'art. 4 ressort encore avec évidence, si l'on se reporte à la disposition qui en renferme la sanction pénale, c'est-à-dire au § 4 de l'art. 12, qui, en punissant la mise en vente, la vente, etc., du gibier, *dans le temps où la chasse est prohibée*, n'a pu vouloir attacher à ces mots une autre signification qu'à ceux de *temps prohibé* du § 1er, lesquels désignent uniquement, ainsi que le démontre d'une manière certaine le rapprochement de ce paragraphe avec le § 3 déjà rappelé de l'art. 11, l'intervalle compris entre les arrêtés de clôture et ceux d'ouverture de la chasse. — V. au surplus, nos observations sur le jugement précité du tribunal de St-Amand. V. aussi conf. Circ. min. just. 21 janv. 1845 (Gillet, n. 2941); — Rogron, art. 4, p. 73 et s.; Dalloz, n. 221; Giraudeau et Lelièvre, n. 311.

46. De même, l'achat de gibier capturé pendant le temps de neige où la chasse est momentanément interdite par un arrêté préfectoral, n'a pas le caractère de complicité du délit de chasse commis par ceux qui ont capturé ce gibier : Bourges, 13 fév. 1868, cité au numéro précédent. — Cela semble encore certain. Si celui qui sciemment achète du gibier tué en délit, se rend complice du délinquant (Amiens, 13 janv. 1853, S.-V.53.2.232; Paris, 8 fév. 1852, S.-V.65.2.344, en note), il cesse toutefois d'en être ainsi lorsqu'il s'agit d'actes dont la loi elle-même a fait résulter un genre particulier de complicité, soumis à des conditions spéciales, qui sont nécessairement exclusives des principes du droit commun. C'est ce qui a manifestement lieu pour le colportage du gibier en temps prohibé. Dès l'instant que la loi du 3 mai 1844 ne punit ce colportage que pendant le temps compris entre l'arrêté de clôture et celui d'ouverture de la chasse, il ne peut être permis de le considérer encore comme punissable, par application des règles générales sur la complicité, pendant le temps de neige où la chasse se trouve momentanément interdite par un arrêté préfectoral. C'est un principe justement proclamé par la Cour suprême, que les cas de complicité déterminés par une loi spéciale sont limitatifs, et ne peuvent être étendus en vertu des dispositions générales des art. 59 et 60, C. pén. : Cass., 26 juill. 1850 (S.-V.51.1.77).

47. Mais si la complicité particulière que constitue le colportage du gibier ne peut être étendue au delà des limites tracées par la loi de 1844, elle comporte du moins, dans ces mêmes limites, l'application des dispositions précitées, en ce sens, par exemple, que celui qui prête aide ou assistance à l'auteur du colportage se rend son complice. V. *suprà*, n. 11 et s.

48. — Art. 5. — Toute personne qui veut obtenir un permis de chasse doit consigner préalablement à la caisse du percepteur le droit de 15 fr. revenant à l'Etat et celui de 10 fr. revenant à la commune. Aucune demande de permis ne doit être admise, si elle n'est accompagnée de la quittance du percepteur. Les permis accordés sont adressés aux maires des communes où résident les impétrants : Circ. min. int. et min. just. 30 juill. 1849 (Gillet, n. 3212).

49. Les demandes de permis de chasse peuvent être rédigées sur papier non timbré : Décis. min. fin. 31 janv. 1846 (Gillet, n. 2997). — *Contrà*, Cir. min. int. 20 mai 1844.

50. Pour se livrer régulièrement à l'exercice de la chasse, il ne suffit pas d'avoir demandé un permis, ni même d'avoir été avisé qu'on l'a obtenu; il faut l'avoir retiré des mains du percepteur, en acquittant les droits fixés par la loi : Circ. min. intér. 22 nov. 1844 (Gillet, n. 2931). — V. *infrà*, n. 75.

51. D'après l'opinion la plus générale, le jour de la délivrance d'un permis de chasse n'est pas compris dans le délai d'une année fixé pour la durée de ce permis : Cass., 22 mars 1850 (D.p. 58.5.60); Orléans, 14 oct. 1851 (D.p.51.5.74); Aix, 16 juill. 1856 (S.-V.56.2.70); Pau, 15 déc. 1859 (S.-V.60.1.195); Nîmes, 30 janv. 1862 (J.-M.p.6.59) et 1er déc. 1864 (*Id*.8.182); Gand, 21 oct. 1862, (*Id*.6.59); trib. d'Aix, 15 sept. 1863 (*Id*.7.232); — Berriat Saint-Prix, p. 49 ; Dalloz, n. 127; Giraudeau et Lelièvre, n. 430.

52. Mais dans nos observations sur les arrêts des Cours de Nîmes et de Gand précités, nous nous sommes rangé à l'interprétation contraire, qui avait été consacrée par quelques décisions avant la loi du 3 mai 1844 (V. Cass., 17 mai 1828, S.-V.9.1.99; Douai, 14 déc. 1837; Grenoble, 11 nov. 1841, D.p.42.2.139), et qui, depuis cette loi, a été enseignée par divers auteurs : Duvergier, sur l'art. 5; Gillon et Villepin, n. 131; Championnière, p. 45; Petit, t. 1, n. 331; Perrève, p. 29 ; Rogron, p. 89.

53. Il est de jurisprudence que le caractère personnel du permis de chasse n'empêche point que celui qui se livre à un mode de chasse exigeant le concours de plusieurs personnes, puisse se faire aider par des auxiliaires, salariés ou non, sans que ceux-ci soient eux-mêmes tenus d'être munis d'un permis de chasse. Ces auxiliaires, qui chassent pour autrui et non pour leur propre compte, sont censés ne faire qu'une seule et même personne avec le chasseur qui les emploie : Nancy, 7 nov. et 11 déc. 1844 (S.-V. 45.2.103); Dijon, 24 déc. 1844 (D.p.45.2.40); Cass., 8 mars 1845

(S.-V.45.1.316) et 29 nov. 1845 (S.-V.46.1.143); Paris, 26 avril 1845 (S.-V.45.2.359; Agen, 3 fév. 1847 (S.-V.47.2.284). — Mais il est clair qu'on ne peut assimiler à un simple auxiliaire, dispensé à ce titre d'un permis de chasse, celui qui, au lieu de se borner à prêter aide ou assistance à un autre chasseur, dirige lui-même les moyens de chasse; et il est certain aussi qu'il importe peu que la chasse ait été accomplie avec ou sans arme, le permis de chasse étant exigé dans l'un et l'autre cas : Nancy, 25 nov. 1844 (S.-V.45.2.104); Toulouse, 8 janv. 1846 (S.-V.47.2.135); Rouen, 10 déc. 1846 (J.P.49.1.1). V. aussi, conf. sur tout ce qui précède, Dalloz, nos 123 et suiv.; Giraudeau et Lelièvre, n. 409 et s.

54. Jugé en ce sens que le principe que le permis de chasse est personnel ne cesse d'être applicable qu'à l'égard des auxiliaires dont certains modes de chasse rendent le concours indispensable, et qu'on ne saurait considérer comme simple auxiliaire celui qui, même sans arme, dirige des chiens lancés à la poursuite d'un lièvre, pendant qu'un autre chasseur se tient à l'affût : Pau, 6 mai 1858 (J.M.p.2.154).

55.—Art. 6.—Le permis de chasse ne peut être refusé, à raison des condamnations mentionnées aux nos 2 à 6 de l'art. 6 de la loi du 3 mai 1844, qu'autant que ces condamnations sont *définitives*, c'est-à-dire qu'autant qu'elles ne peuvent plus être l'objet d'aucune voie de recours : Gillon et Villepin, n. 142; Petit, t. 1, p. 456; Dalloz, n. 139; Giraudeau et Lelièvre, n. 443.

56. La réhabilitation et la grâce ont pour effet de relever le condamné du refus de permis de chasse : Gillon et Villepin, n. 169; Rogron, p. 100; Giraudeau et Lelièvre, n. 444 et 445.

57.—Art. 7 et 8.— La défense de délivrer le permis de chasse aux gardes désignés par l'art. 7 de la loi du 3 mai 1844, ne saurait être étendue aux gardes particuliers (Giraudeau et Lelièvre, n. 485, 486), — ni aux gardes-pêche des communes : Gillon et Villepin, n. 158; Petit, t. 1, p. 461; Giraudeau et Lelièvre, n. 486. — V. *infrà*, n. 118.

58. — Si le permis de chasse avait été accordé, par erreur, à l'une des personnes auxquelles la loi défend de le délivrer, cette personne ne pourrait être condamnée en cas de fait de chasse, qu'autant que le retrait du permis lui aurait été notifié. — V. Cass.,28 janv. 1858 (S.-V.58.1.485); — Petit, t. 1, p. 466; Berriat Saint-Prix, p. 75; Rogron, p. 101; Dalloz, n. 161; Giraudeau et Lelièvre, n. 472 . — *Contrà*, Rouen, 2 nov. 1844 (S.-V.45.2.104);

Angers, 19 fév. 1862 (S.V.62.2.400); — Gillon et Villepin, n. 170; Championnière, p. 90; Camusat-Busserolles, p. 83.

59. Celui qui, après avoir obtenu la délivrance d'un permis de chasse, viendrait à être, dans le cours de l'année, frappé soit d'interdiction, soit de l'une des condamnations énoncées en l'art. 8 de la loi du 3 mai 1844, cesserait d'avoir le droit de se prévaloir de ce permis, à partir du jour où le retrait lui en aurait été notifié. — V. *infrà*, n. 118.

60. —Art. 9.— Le droit de détruire *en tout temps* les animaux malfaisants ou nuisibles dont les espèces sont déterminées par arrêté du préfet à l'égard du propriétaire, possesseur ou fermier, conformément à l'art. 9 de la loi du 3 mai 1844, appartient au fermier ou adjudicataire du droit de chasse, lequel doit être assimilé au propriétaire ou fermier, alors du moins qu'une clause de son cahier des charges le soumet à la responsabilité des dommages causés par les animaux dont il s'agit, soit à la forêt soumise au droit de chasse, soit aux propriétés riveraines : Colmar, 30 août 1862 (J.M.p.5.292). — V. aussi Camusat-Busserolles, p. 97; Rogron, p. 116; Villequez, p. 80. — *Contrà*, de Neyremand, p. 12; Giraudeau et Lelièvre, n. 561 ; — Circ. min. int. 22 juill. 1851, § 7.

61. Le droit des propriétaires de détruire, même avec armes à feu, les bêtes fauves, au moment où elles causent des dommages à leurs propriétés, est absolu, et l'exercice n'en peut être réglementé par les préfets : Riom, 19 mai 1858 (J.M.p.1.275); Cass., 22 juill. 1858 (*Ibid.*).

62. La distinction que ces deux arrêts établissent entre la faculté dont jouissent les propriétaires de chasser sur leurs terres, même en temps prohibé, les animaux déclarés malfaisants par l'autorité préfectorale, et leur droit de détruire les bêtes fauves qui portent dommage à leurs propriétés, cette distinction importante découle du texte même de l'art. 9 de la loi du 3 mai 1844. En effet, si cet article confère aux préfets le pouvoir de déterminer les espèces d'animaux malfaisants que les propriétaires ont en tout temps le droit de détruire sur leurs terres, et les conditions de l'exercice de ce droit, il se hâte de déclarer qu'une telle attribution ne préjudicie point au droit appartenant aux propriétaires de repousser ou de détruire, même avec des armes à feu, les bêtes fauves qui porteraient dommage à leurs propriétés. — Ainsi, ce dernier droit échappe au pouvoir de réglementation des préfets. C'est un droit naturel et incontestable, comme le disait, lors de la discussion de la loi du 3 mai 1844, le rapporteur de la commission de la Chambre des députés.

63. Mais ce droit est incontestablement subordonné à la condition qu'un dommage aura été causé par les animaux ; le texte de l'art. 9 de la loi du 3 mai 1844 est très-explicite sur ce point (V. au surplus les explications données, lors de la discussion de la loi, par M. Franck-Carré, rapporteur de la commission de la Chambre des députés, *Moniteur*, p. 718, ainsi qu'un arrêt de la Cour de cassation du 29 avr. 1858, D.P.58.1.289), et nous ne saurions admettre, avec plusieurs auteurs (Championnière, p. 71 ; Rogron, p. 118 ; Villequez, p. 173 ; Dalloz, n. 198 ; Giraudeau et Lelièvre, n. 590), que la seule présence d'une bête fauve sur une propriété autorise l'exercice de ce droit.

64. Du reste, le droit dont il s'agit ne peut être exercé qu'au moment même où le dommage est commis ; il ne suffirait pas, par exemple, que la bête fauve, poursuivie à un moment où elle ne causait pas de dommage, en eût commis la veille : Cass., 13 avr. 1865 (J.M.p.8.211).

65. Le droit de destruction existe-t-il en principe, et en dehors des prévisions des arrêtés préfectoraux que prescrit le § 3, n. 3, de l'art. 9 précité, même à l'égard des animaux nuisibles et malfaisants autres que les bêtes fauves ? L'affirmative a été consacrée très-expressément par un arrêt de la Cour d'Agen du 21 juill. 1852 (S.-V.52.2.442) et par deux arrêts de la Cour de Rouen, l'un du 7 août 1862 (D.P.64.2.152), l'autre du 15 fév. 1845 (S.-V. 45.2.236), et elle est enseignée par MM. Petit, t. 1er, p. 391 ; Lavallée, p. 18 ; Rogron, p. 114 ; Dalloz, n. 197 ; Giraudeau et Lelièvre, n. 567. Cette interprétation ne nous semble point fondée. Le § 3 de l'art. 9 de la loi du 3 mai 1844 serait, en effet, sans portée, si la faculté qu'il consacre exceptionnellement à l'égard des bêtes fauves était étendue à tous les autres animaux malfaisants ou nuisibles, et si, pour ces derniers animaux, le droit de destruction et le mode de son exercice n'étaient pas renfermés dans les limites déterminées par les arrêtés préfectoraux pris en vertu de cette même disposition.—Compar. Rouen, 18 fév. 1864 (S.-V.64.2.62).

66. Le temps de neige pendant lequel il appartient aux préfets d'interdire la chasse, doit, d'après un arrêt de la Cour de Douai du 6 mai 1853 (S.-V.53.2.47), s'entendre du temps pendant lequel la terre est généralement couverte de neige dans les localités où s'exerce la chasse, sans qu'il y ait lieu de distinguer, relativement aux divers points de cette localité, entre ceux où la neige fond ou peut fondre immédiatement après être tombée, et ceux où elle ne fond et ne disparaît qu'après un temps plus ou moins long.

67. Jugé aussi qu'un délit de chasse ne laisse pas d'avoir été commis en temps de neige, bien que le champ où a été surpris le chasseur se trouvât, au moment de la perpétration du délit, dégarni de neige sur certains points, par suite d'une fonte survenue peu d'instants auparavant : Agen, 9 mars 1870 (J.M.p. 13.123).

68. Il appartient d'ailleurs aux tribunaux de reconnaître et déclarer, d'après les circonstances, si le temps pendant lequel a eu lieu un fait de chasse était ou non un temps de neige : Douai, 6 mai 1853, précité. — V. Aussi Giraudeau et Lelièvre, n. 605, qui ajoutent avec raison que l'arrêté préfectoral portant interdiction de la chasse en temps prohibé peut dire que l'interdiction ne s'appliquera qu'au temps où la neige permettrait de suivre la trace du gibier.

69. — ART. 10. — Aux termes des art. 10 et 19 de la loi du 3 mai 1844 et des art. 1 et 2 de l'ordonnance du 5 mai 1845, une gratification de 8, 15 ou 25 fr. pour chaque amende prononcée est accordée aux gendarmes et gardes qui constatent des infractions à la loi sur la police de la chasse. — Voici comment doit procéder le garde qui veut toucher cette gratification. Il se fait délivrer par le greffier du tribunal, auquel il est dû pour salaire 25 cent., un extrait sur papier libre du jugement de condamnation. Il présente cet extrait au procureur impérial, qui le vise, puis il le transmet par l'intermédiaire du receveur de l'enregistrement de sa localité au directeur du département, et le directeur délivre sur la caisse du receveur un mandat au nom du garde. Quant aux gendarmes, ils transmettent, en les accompagnant d'un mémoire, les extraits de jugements au trésorier de leur compagnie qui fait les démarches nécessaires. — V. le modèle du mémoire, J.M.p.8.28.

§ 2. — *Des peines.*

70. — ART. 11. — Le défaut d'exhibition par un chasseur de son permis de chasse aux gendarmes qui le lui réclament ne constitue pas un délit, si, en fait, ce permis lui avait été précédemment délivré : Montpellier, 12 oct. 1846 (S.-V.47.2.546); Cass., 3 mars

1854 (S.-V.54.1.399) et 15 déc. 1855 (S.-V.56.1.469); Lyon, 21 janv. 1868 ((J.M.p.11.120). — Et il en est ainsi, alors même qu'un arrêté préfectoral interdirait de chasser sans être porteur d'un permis : Cass., 15 déc. 1855 (S.-V.55.1.469); Lyon, 21 janv. 1868, précité. — En effet, la loi n'assimilant pas le défaut de représentation du permis de chasse à l'absence de permis, un arrêté préfectoral ne saurait établir lui-même cette assimilation.

71. Il est du reste évident que c'est au prévenu qui n'a pas exhibé son permis à prouver qu'il en avait obtenu un, et non au ministère public à prouver le contraire : Cass., 5 mai 1836 ; Nîmes, 26 nov. 1840 (J.P.41.1.19); Giraudeau et Lelièvre, n. 127.

72. Quant au point de savoir si les frais des poursuites dirigées contre le chasseur, dans l'hypothèse dont il s'agit, doivent être mis à sa charge, du moins pour la portion faite avant l'exhibition du permis, elle a été diversement résolue ; mais la négative ne nous semble pas douteuse, parce que, s'il est vrai que c'est par l'effet de la négligence du chasseur à justifier de l'obtention du permis, que ces frais ont été faits, une semblable considération ne saurait prévaloir contre la règle, établie par la loi elle-même (C. instr. crim., 162, 194 et 368), d'après laquelle la partie qui succombe est seule passible de la condamnation aux frais; or, il résulte de ce que nous avons dit au numéro précédent que le chasseur ne peut succomber dans la poursuite dirigée contre lui à raison du défaut d'exhibition de son permis de chasse au moment du procès-verbal. Voy. en ce sens, Bordeaux, 17 janv. 1839 (J.P.45.2.671); Grenoble, 11 nov. 1841 (J.P.42. 1.274); Cass., 6 mars 1846 (S.-V.46.1.509); Montpellier, 12 oct. 1846 (S.-V.47.2.546); — Gillon et de Villepin, p. 225, n. 263; Rogron, p. 146; Championnière, p. 88; Camusat-Busserolles, p. 35; Dalloz, n. 129; Giraudeau et Lelièvre, n. 131. — *Contrà*, Metz, 28 octobre 1820 (S.-V.6.2.322); Caen, 8 mai 1845 (D.P.45. 4.73); Orléans, 10 mars 1846 (D.P.46.2.71); — Berriat Saint-Prix, p. 128; Lavallée et Bertrand, p. 37; Perrève, p. 31. — V. aussi de Neyremand, p. 122.

73. Un arrêt de la Cour de Nancy du 17 nov. 1868 (J.M.p.12. 255) a jugé que l'individu poursuivi pour délit de chasse sans permis, ne peut être relaxé par le motif qu'un permis de chasse lui avait été délivré le jour même où il a chassé, s'il est établi que la délivrance de ce permis n'a eu lieu qu'à une heure postérieure à celle où a été accompli le fait de chasse. Cette solution, conforme à l'opinion de divers auteurs (Berriat Saint-Prix, p. 127 ;

Perrève, p. 30 ; Giraudeau et Lelièvre, n. 128), est parfaitement juridique. On ne saurait admettre qu'un permis de chasse qui, dans le fait, n'a été délivré qu'à la fin de la journée, puisse couvrir les actes de chasse accomplis le matin. Toutefois, il serait désirable que, pour prévenir toute difficulté, les permis de chasse portassent la mention de l'heure de leur délivrance. — V. au surplus, nos observations à la suite de l'arrêt de Nancy précité.

74. D'après un jugement du tribunal correctionnel d'Issoudun du 13 nov. 1861 (J.M.p.5.50), le chasseur qui, au moment du fait de chasse, avait obtenu un permis de l'autorité compétente, mais qui n'en avait pas encore reçu la délivrance, ne peut être poursuivi ni pour délit de chasse sans permis, ni pour contravention à la disposition d'un arrêté préfectoral aux termes de laquelle la délivrance du permis de chasse n'est pas suppléée par la quittance du percepteur, cette disposition ne pouvant créer une contravention non prévue par la loi.

75. C'est là une décision manifestement erronée. La délivrance du permis confère seule le droit de chasse. Jusqu'à la délivrance, en effet, des motifs de refus peuvent se révéler à l'autorité compétente, qui, mieux éclairée alors, a incontestablement le droit et le devoir de refuser. Aussi, la circonstance que le permis aurait été accordé par le préfet serait elle-même insuffisante, s'il n'y avait pas eu délivrance réelle du permis. V. Toulouse, 5 mars 1846 (S.-V.46.2.632). V. aussi Circ. min. int. 10 déc. 1844 mentionnée *suprà*, n. 50. — Quant à l'arrêté préfectoral qui dispose que la délivrance du permis de chasse ne peut être suppléée par la quittance du percepteur, il n'ajoute rien à la loi, et est dès lors obligatoire comme elle. V. en ce sens, de Neyremand, p. 123.

76. Le fait de chasse sur une île située dans une rivière navigable, sans la permission des propriétaires de cette île, constitue le délit puni par l'art. 11, n. 2, de la loi du 3 mai 1844, bien que, par l'effet d'une inondation momentanée, l'île soit en tout ou en partie recouverte par les eaux de la rivière, cette circonstance ne lui enlevant pas le caractère de propriété privée : Rennes 25 avr. 1865 (J. M. p. 10.250). Il est certain que l'inondation, même totale et prolongée, ne fait pas cesser le droit de propriété du terrain sur lequel elle se produit, et qu'elle ne doit pas être confondue dans ses effets avec les relais et les changements de lit. V. notamment Demolombe, *de la Distinction des biens*, t. 2, n. 174 et 175. — L'île située dans une rivière navigable et appartenant à des particuliers ne cesse donc pas d'être une propriété privée, malgré la submersion dont elle a été l'objet par suite d'une inondation.

77. Le fait seul d'être trouvé en attitude de chasse sur le terrain d'autrui, sans le consentement du propriétaire, constitue le délit prévu par l'art. 11 de la loi du 3 mai 1844, encore bien que ce terrain soit un champ de peu d'étendue que l'auteur du fait devait traverser pour arriver à d'autres terrains où il avait le droit de chasser : Colmar 30 janv. 1866 (J.-M.p.10.67). V. conf., de Neyremand, p. 63 et 68.

78. Mais celui qui est trouvé en attitude de chasse sur le terrain d'autrui commet-il encore le délit prévu par l'art. 11, lorsqu'il allègue et que son attitude même établit qu'il n'entendait chasser que sur son propre terrain? L'affirmative a été consacrée par un arrêt de la Cour de Paris du 26 janv. 1866 (J.M.p.10.67). V. aussi Perrève, p. 262, n. 12. — L'opinion contraire professée par MM. de Neyremand, p. 69, Giraudeau et Lelièvre, n. 159 et 160, nous paraît préférable.

79. A plus forte raison repoussons-nous la décision d'un autre arrêt de la Cour de Paris du 3 fév. 1866 (J.M.p., *ut suprà*), d'après laquelle le fait d'être trouvé en attitude de chasse sur le terrain d'autrui tombe sous l'application du n. 2 de l'art. 11, alors même que les juges reconnaissent que l'auteur du fait n'avait pas l'intention de tirer le gibier parcourant ce même terrain.

80. La défense de chasser en temps prohibé s'applique à la chasse des oiseaux de mer en bateau ou sur la grève : Cass., 20 janv. 1860 (J.M.p.3.91); Angers, 5 mars 1860 (*Id.*3.92). — V. *suprà*, n. 15.

81. Jugé qu'il y a délit de chasse tombant sous l'application de l'art. 12, § 1, de la loi du 3 mai 1844, de la part de celui qui, après avoir, de l'intérieur d'un enclos, tiré un coup de fusil sur une pièce de gibier, en temps prohibé, se met à sa recherche et s'en empare au dehors : Rouen, 20 oct. 1825 (S.-V.8.2.144); Paris, 11 juill. 1866 (J.-M.p.10.296). — Mais cette solution n'est exacte qu'en tant qu'elle suppose que le gibier n'a pas été blessé mortellement par le coup de fusil tiré sur l'enclos. V. *suprà*, n. 36.

82. Suivant un arrêt de la Cour de Besançon du 12 janv. 1866 (J.-M.p.10.296), les engins prohibés par l'art. 12 de la loi du 3 mai 1844 sont uniquement ceux qui, par eux-mêmes, procurent ou la capture ou la mort du gibier; et dès lors, le miroir, qui n'a pour objet que d'attirer le gibier, ne rentre pas dans cette catégorie. V. aussi Giraudeau et Lelièvre, n. 688. — Il serait peut-être plus exacte de dire que les engins prohibés sont ceux qui ne servent ni à la chasse à tir ni à la chasse à courre. V. dans ce dernier sens, Le Boucher, p. 157. L'une et l'autre proposition, du reste, conduisent à exclure le miroir des engins prohibés. V. conf., Grenoble, 2 janv. 1845 (S.-V.45.2.97); — Berriat Saint-Prix, p. 155; Dalloz, n. 182; de Neyremand, p. 48; Le Boucher, *ut suprà*; Giraudeau et Lelièvre, n. 695.

83. L'arrêt précité de la Cour de Besançon décide, d'ailleurs, à bon droit que l'usage du miroir ne peut être interdit par un arrêté préfectoral. V. toutefois, Rogron, p. 172.

84. D'après plusieurs décisions récentes, dans les propriétés closes dont parle l'art. 2 de la loi du 3 mai 1844, la chasse ne peut avoir lieu à l'aide des engins prohibés proprement dits, dont la détention est punie par l'art. 12, § 3, de la même loi; mais elle peut avoir lieu, au contraire, à l'aide des engins (*chanterelles, appeaux* et *appelants*) dont la détention n'est point défendue, et dont le § 6 du même art. 12 n'interdit que l'emploi : Cass. 16 juin 1866 (J.-M.p.10.296); 7 mars et 1er mai 1868 (J.-M.p.11. 235); Paris 11 juill. 1866 (J.-M.p.10.296); trib. de Reims, 29 sept. 1866 (*Ibid.*); Montpellier, 28 janv. 1867 (*Ibid.*); trib. d'Orange, 31 janv. 1868 (J.-M.p.11.52), infirmé par l'arrêt de Nîmes mentionné au numéro suivant.

85. Il semble incontestable que les engins dont le § 3 de l'art. 12 de la loi du 3 mai 1844 interdit la détention, sans distinction aucune entre les propriétés closes et les propriétés ouvertes, ne peuvent être employés pour la chasse dans les propriétés de la première espèce, alors que la loi frappe de la même peine l'usage et la détention de ces engins. Aussi cette interprétation a-t-elle été consacrée par la jurisprudence. V. Cass., 26 avr. 1845 (S.-V. 45.1.386; Limoges, 5 mars 1857 (S.-V.57.2.282; Trib. corr. de Lyon, 16 déc. 1858 (D.p.50.5.60). Le plus grand nombre des auteurs expriment aussi une opinion conforme. V. Gillon et de Villepin, p. 72; Dalloz, n. 103; Villequez, p. 108; de Neyremand, p.46; Giraudeau et Lelièvre, n. 699. Et nous regardons comme non moins certain que la chasse dans les enclos peut avoir lieu, au contraire, à l'aide des engins dont la loi ne prohibe, pour la chasse ordinaire, que l'emploi et non la détention. V. nos observations sur l'arrêt d'Aix mentionné au numéro suivant.

86. Cependant il y a des autorités en sens opposé. Ainsi il a été jugé, d'une manière absolue, que la chasse ne peut avoir lieu dans un enclos attenant à une habitation à l'aide d'aucun des engins dont l'emploi est prohibé par la loi pour la chasse dans les propriétés ordinaires : Aix, 4 nov. 1857 (J.-M.p.11.52) ; Trib. de Vesoul, 30 mars 1867 (*Id*.234). — V. aussi Metz, 5 mars 1845 (S.-V.45.2.101 et 237) ; Trib. corr. d'Orange, 8 sept. 1866 (J.-M.p. 9.275) ; Nîmes, 5 mars 1868 (J.-M.p., 11.189) ; Berriat Saint-Prix, p. 18 et 151 ; Championnière, p. 124.

87. L'arrêt précité de la Cour d'Aix décide spécialement que la chasse ne peut avoir lieu dans un tel enclos à l'aide de gluaux ou de chanterelles.

88. La question de savoir si les chanterelles, appeaux et appelants sont au nombre des engins dont la détention est interdite, et dont par suite l'usage est prohibé, même dans les propriétés closes, est controversée. Dans le sens de la négative, que consacrent quelques-unes des décisions mentionnées ci-dessus, n. 86, V. en outre, Paris, 3 avr. 1851 (*Annal. forest.*, t. 5, p. 295), et Amiens, 27 mai 1853 (D.p.59.2.146) ; — Giraudeau et Lelièvre, n. 691. — Mais V. pour l'affirmative, Limoges, 21 janv. 1858 ; Orléans, 9 mai 1869 (J.-M.p.2.156 et 244) ; — Gillon et de Villepin, p. 269 ; Rogron, p. 188 ; Le Boucher, J.M.p.2.156 ; Desjardins, *Rev. crit. de Jurispr.*, t. 19, p. 352.

89. Il est sans difficulté que la chasse ne peut avoir lieu dans un enclos attenant à une habitation à l'aide des engins (tels que les gluaux ou les filets) dont la loi prohibe tout à la fois la détention et l'usage, alors même que l'emploi de ces engins aurait été temporairement autorisé par un arrêté préfectoral, si le fait de chasse est accompli hors du délai fixé par cet arrêté : Nîmes, 5 mars 1868 (J.-M.p.11.189) ; Cass. 7 mars 1868 et 1er mai 1868 (*Id*. 11.235). — V. notre observ. 2 sur le jugement du tribunal d'Orange du 31 janv. 1868 (J.-M.p.11.52), qu'a infirmé l'arrêt ci-dessus de la Cour de Nîmes.

90. La constatation de la détention et de l'usage d'engins prohibés dans une propriété close peut être valablement faite de l'extérieur, sans recours à aucun moyen indiscret pour plonger les regards dans l'enclos : Limoges, 5 mars 1857 (D.p.57.2.124) ; Lyon, 16 déc. 1858 (D.p.59.5.60) ; Montpellier, 28 janv. 1867 (J.M.p.10.296) ; Aix, 4 nov. 1867 (J.M.p.11.52) ; Trib. d'Orange, 31 janv. 1868 (*Ibid*.). V. toutefois Trib. de Lyon, 28 nov. 1859 (*Ann. forest.*, t. 8, p. 185).

91. Que faut-il entendre par le temps de *nuit* pendant lequel l'art. 12, no 2, défend de chasser ? Les travaux préparatoires de la loi du 3 mai 1844 nous apprennent que, si le législateur n'a pas défini le temps de *jour*, il s'est servi de ce mot (art. 9) dans sa signification la plus usuelle et la plus large (V. le rapport présenté à la Chambre des députés par M. Lenoble, séance du 7 juin 1843); d'où l'on doit conclure, ce nous semble, que la *nuit*, dans le sens de cette loi, est seulement le temps pendant lequel règne une véritable obscurité. — Conf., Massabiau, *Man. du min. publ.*, t. 3, n. 2714; Giraudeau et Lelièvre, n. 522. — Du reste, le point de savoir si le fait a été accompli de jour ou de nuit est discrétionnairement apprécié par les tribunaux, d'après les circonstances. V. le rapport précité, ainsi que celui de M. Franck-Carré à la Chambre des pairs, séance du 16 mai 1843 ; Rogron, p. 103 ; Berriat Saint-Prix, p. 87 ; Dalloz, n. 177, 178 ; Giraudeau et Lelièvre, *loc. cit.* — V. aussi notre dissertation à la suite de l'arrêt de la Cour de Lyon du 24 janv. 1861 mentionné ci-après, n. 93.

92. Jugé en ce sens qu'en matière de chasse, la nuit n'est pas nécessairement réputée commencer après le coucher du soleil ; mais que les tribunaux doivent,, pour déterminer le moment où commence la nuit, prendre en considération les circonstances particulières de chaque cause : Amiens, 6 nov. 1863 (J.M.p.6. 277) ; Douai, 19 fév. 1866 (J.M.p.9.245) ; — qu'ainsi, le fait de chasse à l'affût accompli le 1er septembre à sept heures et demie du soir, doit être réputé avoir eu lieu la nuit (arrêt d'Amiens) ; tandis qu'on doit considérer comme n'ayant pas eu lieu la nuit le fait de chasse accompli le 15 décembre à cinq heures et quelques minutes du soir, lorsqu'il est établi qu'à ce moment les ouvriers travaillaient encore dans les champs, et que les gendarmes par lesquels a été constaté le délit ont pu lire le permis de chasse que leur a représenté le prévenu (arrêt de Douai). — V. aussi un précédent arrêt de la Cour de Douai du 9 nov. 1847 (S.-V.48. 2.719).

93. Jugé également que la nuit, dans le langage du droit criminel, et spécialement en matière de chasse, est réputée commencer au moment où finit le crépuscule astronomique ou crépuscule vrai (et non le crépuscule civil ou conventionnel), et qu'en conséquence, n'est point coupable du délit prévu par l'art. 12 de la loi du 3 mai 1844, celui qui a été trouvé chassant avant la fin du crépuscule astronomique du soir : Lyon, 24 janv. 1861 (J.M.p.4. 29).

94. A plus forte raison, le fait de chasse accompli lorsque le soleil est au moment de se coucher (par exemple, le 30 août à six heures trois quarts du soir), ne peut-il être réputé avoir eu lieu de nuit : Colmar, 20 janv. 1857 (J.M.p.1.252).

95. Toutefois, d'après d'autres autorités, la nuit, en cette matière, devrait s'entendre, comme dans les autres matières pénales en général, de l'intervalle compris entre le coucher et le lever du soleil : Dijon, 11 nov. 1846 (D.P.47.4.69) ; — Gillon et Villepin, p. 167.

96. La détention d'engins de chasse prohibés n'ayant pas le caractère de flagrant délit, la perquisition de tels engins au domicile de détenteurs présumés ne peut être faite que par le juge d'instruction ou par un officier de police judiciaire pourvu de la délégation de ce magistrat. En conséquence, est nulle une semblable perquisition faite soit par le ministère public, soit par des officiers de police judiciaire non délégués, ou par des gendarmes sans l'assistance du juge de paix qui avait été commis par le juge d'instruction : Rouen, 1er fév. 1845 (S.-V.45.2.106) et..... 1868 (J.M.p.13.93) ; Amiens, 17 avril 1858 (J.M.p.6.223) ; — Circ. min. just. 7 mai 1844 (Gillet, n. 2898) ; Camusat-Busserolles, p. 137 ; Chardon, p. 193 ; Gillon et Villepin, n. 314 ; Petit, t. 1er, p. 521 ; Giraudeau et Lelièvre, n. 714.

97. Un arrêt de la Cour de Bourges du 20 nov. 1862 (J.M. p. 5. 297) a jugé en sens contraire que l'existence, sur une propriété close, d'un grand nombre de collets tendus, à l'un desquels s'est prise une pièce de gibier, constitue une présomption flagrante de délit suffisante pour autoriser les officiers de police judiciaire à procéder d'office à des perquisitions chez divers habitants de la commune, à l'effet de s'assurer s'ils ne détiennent pas des engins semblables. Mais cette décision est évidemment erronée. Une perquisition de ce genre ne pourrait être valablement faite que dans le cas où les agents suivraient dans sa demeure un individu trouvé au dehors porteur d'un engin prohibé. Car c'est là la seule hypothèse où il y ait flagrant délit de détention de semblables engins.

98. La Cour de Rouen a très-bien jugé, par arrêt du 17 avr. 1859 (J.M.p.2.174), qu'il y a abus de pouvoir de la part d'un garde-forestier qui, même dans une forêt, se permet d'arrêter et de fouiller un individu sur le seul soupçon qu'il est porteur d'engins de chasse prohibés, et sans que le port de tels engins soit révélé par aucune circonstance extérieure. D'où la conséquence que le procès-verbal constatant la saisie d'engins prohibés à la suite d'une telle fouille, ne pourrait servir de base légale à une condamnation. Et une opinion conforme est professée par MM. Rogron, p. 177, Giraudeau et Lelièvre, n. 726.

99. M. Berriat Saint-Prix est d'un avis contraire. « Si les agents, dit cet auteur, p. 151, n'étaient pas autorisés à fouiller les chasseurs, hors ces immenses filets nommés panneaux, pantières, etc., qu'il est impossible de dérober aux regards, la plupart des engins défendus seraient transportés impunément par les braconniers au milieu des gardes et des agents. D'un autre côté, le mot *trouvés* (dans l'art. 12 de la loi de 1844) implique nécessairement l'idée de la recherche. Si, comme la loi de 1790, la loi du 3 mai a très-sagement défendu de désarmer les chasseurs, les motifs sur lesquels cette défense se fonde ne sont plus les mêmes à propos des filets ou engins de chasse. Le chasseur armé peut se défendre, et une collision sanglante résulter de sa résistance. Le braconnier porteur d'un filet pourra se défendre; mais les suites de cette lutte sont bien loin de présenter les mêmes dangers. » — Mais à cela la réponse est facile. On ne peut méconnaître que le fait d'arrêter un chasseur, pour le fouiller, constitue une atteinte à la liberté individuelle, qui ne pourrait être légitimée que par une disposition formelle de la loi. Or, l'art. 12 de la loi sur la chasse est loin de renfermer une telle disposition. Les mots *trouvés munis* supposent la rencontre d'individus trouvés porteurs d'objets apparents, bien plutôt qu'ils n'impliquent le droit de fouiller des individus chez lesquels aucun indice extérieur ne révèle le port d'engins prohibés. Si l'exercice du droit de fouiller les chasseurs est moins susceptible d'entraîner une collision sanglante que le fait de les désarmer, il serait du moins la source d'altercations fâcheuses entre les chasseurs et les gardes. C'est par cette considération très-grave que la Chambre des pairs supprima, dans le projet de la loi sur la chasse, une disposition de l'art. 4 permettant la confiscation du gibier, confiscation qui ne pouvait être prononcée qu'autant qu'on aurait permis de fouiller les délinquants.

100. L'obligation imposée aux juges par l'art. 12, § 8, de la loi du 3 mai 1844 de porter toujours au maximum les peines prononcées pour délits de chasse tant par ce même article que par l'art. 11, lorsque ces délits auront été commis par des gardes champêtres ou forestiers, n'enlève point son caractère facultatif à la peine d'emprisonnement qu'édicte l'art. 12; cette obligation doit seulement être entendue en ce sens qu'en pareil cas les juges sont tenus de porter l'emprisonnement au maximum, comme l'amende, lorsqu'ils le prononcent cumulativement avec cette dernière peine : Paris, 9 juill. 1844; Nancy, 28 nov. 1867 (J.M.p. 11.293); — Dufour, p. 27; Petit, t. 2, p, 109; Berriat Saint-Prix, p. 157; Giraudeau et Lelièvre, n. 747. — *Contrà*, Montpellier, 1er juill. 1844 (S.-V.44.2.381); — Gillon et Villepin, n. 336; Dalloz, n. 298.

101. La disposition précitée du § 8 de l'art. 12 ne s'applique point aux gardes particuliers : Montpellier, 4 avr. 1842; Paris, 12 sept, 1844; Metz, 4 déc. 1854 (dans ses motifs) (S.-V.55.2. 187); Cass., 17 août 1860 (S.-V.61.1.299); Rouen, 2 mai 1866 (J.M.p.11.293); Nancy, 18 nov. 1869 (J.M.p.13.3); — Gillon et Villepin, n. 337; Rogron, p. 193; Dalloz, n. 296; Giraudeau et Lelièvre, n. 740 et s.

102. Et il a été jugé également que l'art.198, C. pén., qui veut aussi que le maximum de la peine soit prononcé contre les fonctionnaires ou officiers publics qui ont commis eux-mêmes les délits qu'ils étaient chargés de surveiller ou de réprimer, n'est pas non plus applicable aux gardes particuliers coupables de délit de chasse : Bordeaux, 30 avr. 1860 (D.P.60.2.133); Cass., 17 août 1860 (S.-V. 61.1.299); Rouen, 2 mai 1866 (J.M.p.11.293); Nancy, 18 nov. 1869 (J.M.p.13.3); — Dufour, p. 27; Petit, t. 1, p. 108; Giraudeau et Lelièvre, n. 745.

103. Mais nous ne pouvons souscrire à une telle doctrine. Puisqu'on décide que les gardes particuliers sont en dehors des prévisions de l'art. 12 de la loi du 3 mai 1844, ils restent donc dans le droit commun, et doivent dès lors être atteints par la disposition générale de l'art. 198, C. pén., qui soumet à l'application du maximum de la peine tous fonctionnaires ou officiers publics ayant commis les délits qu'ils étaient chargés de surveiller ou de réprimer. — Pour décider le contraire, il faudrait aller jusqu'à dire que l'art. 12 de la loi du 3 mai 1844 a entendu, en ce qui concerne les délits de chasse, déroger à l'art. 198, C. pén., pour tous les fonctionnaires autres que ceux à l'égard desquels il reproduit la disposition de cet article. Mais rien n'autorise à admettre une semblable dérogation, qui ne peut se supposer dans le silence de la loi, et que d'ailleurs nul motif raisonnable ne justifierait. — V. conf. à notre opinion, Metz, 4 déc. 1854, précité; Chardon, p. 220; Perrève, p. 260; Lavallée et Bertrand, p. 112; Dalloz, n. 299. — V. aussi nos observations sur l'arrêt de Nancy mentionné au numéro précédent.

104. — Art. 13. — La pénalité établie par l'art. 13 de la loi du 3 mai 1844 est encourue, dès qu'il a été chassé dans une *propriété close*, suivant le sens qui doit être donné à cette expression dans le cas prévu par l'art. 2 (V. *suprà*, n. 26 et s.). — Conf., Giraudeau et Lelièvre, n. 752. — Mais V., toutefois, Camusat-Busserolles, p. 142 et 148; Gillon et Villepin, n. 342 ; Dalloz, n. 301.

105. L'art. 66, C. pén., aux termes duquel le prévenu âgé de moins de seize ans doit être acquitté, lorsqu'il est décidé qu'il a agi sans discernement, et l'art. 69 du même Code relatif à la pénalité établie contre le mineur de seize ans convaincu de délit, sont applicables aux délits de chasse : Cass., 20 mars 1841 (S.-V. 41.1.463); 3 janv. 1845 (S.-V.45.1.467); 18 juin 1846 (S.-V.46. 1.655): 3 fév. 1849 (S.-V.49.1.665); Orléans, 19 oct. 1864 (D.p.65.2.28); Trib. de Carpentras, 27 déc. 1866 (J.M.p.10.313); — Gillon et Villepin, n. 248 et s.; Berriat Saint-Prix, p. 242 ; de Neyremand, p. 93: Giraudeau et Lelièvre, n. 625. — Quelques arrêts plus anciens avaient jugé le contraire.

106. — Art. 14 et 15. — L'état de récidive, en matière de chasse, ne résulte d'une condamnation déjà prononcée contre le délinquant dans les douze mois qui ont précédé le délit actuellement poursuivi, qu'autant que cette condamnation est antérieure à la perpétration du nouveau délit; il ne suffit pas qu'elle ait précédé le jugement de ce délit : Douai, 9 fév. 1864 (J.M.p.11.149). Les termes de l'art. 15 de la loi du 3 mai 1844 rendent cette interprétation évidente. V. d'ailleurs Petit, n. 724 (2ᵉ édit.); Gillon et Villepin, n. 355 ; Dalloz, n. 314.

107. Les douze mois ne courent que du jour où le jugement prononçant la condamnation est devenu définitif par l'expiration des délais dans lesquels il pouvait être attaqué par les voies de l'opposition, de l'appel ou du recours en cassation. V. Giraudeau et Lelièvre, n. 766 et s., ainsi que les autorités citées par eux.

108. La preuve de la récidive est sans doute à la charge du ministère public, et l'aveu du prévenu ne suffirait pas à lui seul pour établir l'existence d'une première condamnation: Cass., 11 sept. 1828 (S.-V.chr.); — Rogron, p. 208; Giraudeau et Lelièvre, n. 764. — Mais la production d'un extrait du casier judiciaire serait suffisante, surtout, si elle était accompagnée de l'aveu du prévenu. V. *Casier judiciaire*, n. 75; *Récidive*.

109. — Art. 16. — La confiscation des armes de chasse doit être prononcée aussi bien lorsque le délit a été commis pendant le temps où la chasse est momentanément interdite par un arrêté préfectoral, comme en temps de neige, par exemple, que lorsque le délit a été commis en temps d'interdiction générale de la chasse, c'est-à-dire après la clôture : Cass., 3 juill. 1845 (S.-V. 45.1.773); 3 janv. 1846 (S.-V.46.1.261) et 4 mai 1848 (S.-V.48. 1.638); Orléans, 27 janv. 1845 (S.-V.48.2.235, *od notam*); Caen, 30 janv. et 27 fév. 1845 (*Ibid.*), Besançon, 22 fév. 1848 (S.-V.48. 2.235); Paris, 24 janv. 1868 (J.M.p.11.142); Dalloz, n. 322; Rogron, p. 212; Petit, t. 2, p. 159; Perrève, p. 184; de Neyremand, p. 31; Giraudeau et Lelièvre, n. 785. — Ces deux derniers auteurs indiquent toutefois quelques autorités en sens contraire.

110. La confiscation ne s'applique qu'aux instruments de chasse à l'aide desquels le chasseur est mis en possession du gibier, et non à ceux qui ne sont que des moyens secondaires servant à appeler le gibier et à le faire tomber dans le piége par lequel il est capturé, comme les furets, appeaux, appelants et chanterelles : Poitiers, 20 mars 1865 (S.-V.66.2.84); Cass., 7 mars 1868 (J.M.p.11.235); — Petit, t. 2, p. 183; Rogron, p. 209; Dalloz, n. 310; de Neyremand, p. 49; Giraudeau et Lelièvre, n. 775.

111. Les engins prohibés illégalement saisis (par exemple, à la suite d'une perquisition domiciliaire faite par des officiers de police judiciaire) n'en doivent pas moins être confisqués, leur restitution ne pouvant avoir lieu sans que celui qui les recevrait fût constitué en état de délit : Amiens, 17 avr. 1858 (J.M.p.6.223).

112. Le délai fixé par le jugement de condamnation pour la consignation de l'arme est purement comminatoire, et le greffier du tribunal doit en recevoir le dépôt, alors même que des poursuites seraient dirigées par l'administration de l'enregistrement pour obtenir le paiement de la valeur de cette arme : Décis. min. just. 14 fév. 1855 (Gillet, n. 3558).

113. Mais le condamné pour délit de chasse qui a payé la somme de cinquante francs pour tenir lieu de la confiscation de l'arme, ne peut réclamer la restitution de cette somme en déposant postérieurement un fusil au greffe (Décis. min. just. 25 oct. 1845, Gill., n. 2978).

114. Les parquets doivent veiller à ce que des armes hors de service ne soient pas substituées à celles dont les délinquants ont fait usage, et tenir la main à ce que les agents rédacteurs des procès-verbaux constatant des délits de chasse désignent aussi exactement que possible les armes et autres instruments des délits, pour qu'on puisse déjouer la fraude au jour du dépôt au greffe : Circ. min. just. 3 oct. 1835 (Gillet, n. 2482); 7 mai 1844 (Gillet, n. 2898; Addenet, p. 249 et s.); 16 nov. 1858 (Rés. chr., p. 1).

115. Les armes ne doivent pas séjourner trop longtemps dans les greffes. — Les parquets doivent faire dresser fréquemment par les greffiers l'inventaire des armes déposées et le transmettre à l'administration des domaines : Circ. 6 mai 1852 (Gillet, n. 3407; Addenet, p. 252); 16 nov. 1858 (Rés. chr., p. 1).

116. Il n'appartient pas à l'autorité judiciaire d'ordonner la destruction des armes saisies; elles doivent être remises dans l'état où elles se trouvent aux agents de l'administration des domaines, sauf à eux à en disposer suivant les instructions qui leur sont données : Décis. min. just. 24 déc. 1812 (Gillet, n. 824).

117. — Art. 17. — La prohibition du cumul des peines ne s'étend pas aux dispositions pénales accessoires, telles que la confiscation, lesquelles constituent moins des peines proprement dites que des mesures de police préventive : Poitiers, 20 mai 1843 (S.-V.43.2.526); Cass., 6 et 13 mars 1856 (S.-V. 56.1.625); — Gillon et Villepin, n. 369; Championnière, p. 135; Chardon, p. 295; Berriat Saint-Prix, p. 187; Rogron, p. 217; Dalloz, n. 342; Giraudeau et Lelièvre, n. 795.

118. — Art. 18. — La privation du droit d'obtenir un permis de chasse, prononcée accessoirement à une condamnation pour délit de chasse, en vertu de l'art. 18 de la loi du 3 mai 1844, a pour effet d'empêcher de faire usage d'un permis obtenu antérieurement à cette condamnation : Nancy, 29 fév. 1864 (J.M. p.7.63); — Duvergier, p. 122; Camusat-Busserolles, p. 83; Chardon, p. 80; Sorel, *Journ. des chasseurs*, 1867, p. 351; de Neyremand, p. 124, n. 2. — *Contrà*, Trib. de Nogent-sur-Seine, 2 nov. 1866 (J.M.p.10.302); — Championnière, p. 89; Giraudeau et Lelièvre, n. 800. — Rapproch. ce qui est dit *suprà*, n. 58.

119. — Art. 19. — V. ce qui a été dit ci-dessus n. 69 et s.

120. — Art. 20. — Lorsqu'un fait de chasse est poursuivi conjointement avec un autre délit emportant une peine plus forte, les juges, qui ne doivent appliquer que cette peine (art. 17), peuvent-ils, en usant à son égard du bénéfice de l'art. 463, C. pén., la modérer avec toute la latitude que leur donne cet article, et la faire descendre même au-dessous du minimum de la peine applicable au délit de chasse? La négative est admise avec raison par la majorité des auteurs : Berriat Saint-Prix, p. 198; Chardon, p. 311;

Cival, n. 209 ; Rogron, p. 222 ; Dalloz, n. 351 ; Giraudeau et Lelièvre, n. 805. — L'opinion contraire, soutenue par M. Petit, t. 2,
p. 221, rendrait la disposition de l'art. 20 complétement illusoire
dans notre hypothèse.

§ 3. — *De la poursuite et du jugement.*

121.—Art. 21 à 24.—En matière de chasse, les procès-verbaux
des gardes champêtres faisant foi jusqu'à preuve contraire, le juge
ne peut se dispenser de tenir pour avérés les faits qui y sont relatés, lorsque le délinquant ne les infirme pas par une preuve testimoniale ou écrite : les simples explications ou allégations de celui-
ci ne sauraient être admises comme preuve contraire : Colmar,
22 mai 1866 (J.M.p.9.278).—Ce n'est là qu'une application très-
juridique à notre matière d'un principe de droit commun bien constant. V. F. Hélie, *Instr. crim.*, t. 3, n.1461. — Déjà, sous l'empire
de la loi de 1790, la Cour de cassation s'était prononcée dans le
même sens par un arrêt du 26 janvier 1826 (S.-V.8.1.267).

122.—Art. 25.—Le chasseur qui, amené devant le maire ou
devant le juge de paix dans l'un des cas prévus par la 2ᵉ partie
de l'art. 25, refuserait de faire connaître son nom, devrait être
conduit devant le procureur impérial, qui le ferait désarmer. Il
n'appartient pas au garde ou au gendarme d'opérer de sa propre autorité, ce désarmement, à moins, bien entendu, que le délinquant ne cherchât à user de son arme contre lui : Chardon,
p. 394 ; Rogron, p. 254 ; Championnière, p. 150 : Giraudeau et
Lelièvre n. 874. — V. toutefois Berriat Saint-Prix, p. 223.

123. — Art. 26. — La plainte exigée par l'art. 26 de la loi
du 3 mai 1844 pour rendre recevable la poursuite du ministère
public à raison d'un délit de chasse sur le terrain d'autrui sans
le consentement du propriétaire, n'est soumise à aucune forme
particulière ; elle peut être faite sur papier libre, en forme de
lettre ou autrement : Bruxelles, 20 janv. 1831 (Dall., n. 423). Mais
il faut qu'elle soit signée, ou que l'impossibilité de signer soit
constatée par le fonctionnaire qui reçoit la plainte. — V. Giraudeau et Lelièvre, n. 881.

124. La simple remise du procès-verbal du délit que la partie
lésée ferait au ministère public, sans invitation écrite d'exercer
des poursuites, ne saurait équivaloir à une plainte : Dalloz, n.

423; Giraudeau et Lelièvre, n. 882. — *Contrà*, Besançon, 9 janv. 1844 (D.p.45.4.77).

125. A plus forte raison la remise du procès-verbal au parquet ne pourrait produire l'effet d'une plainte, si, au lieu d'être opérée par le propriétaire, elle était faite par le garde particulier de celui-ci, sans qu'aucun mandat lui eût été donné dans cet objet. V. Sorel, *Journal des chass.*, 1857, p. 425. — Cependant le contraire a été jugé : Riom, 28 janv. 1857 (J.M.p.9.241). Mais V. aussi Bruxelles, 16 janv. 1836 (Dall.,424).

126. Une plainte verbale qui n'aurait été régularisée qu'après la citation donnée par le ministère public, ne suffirait pas pour rendre la poursuite recevable : Colmar, 26 nov. 1835 ; — de Neyremand, p. 76.

127. La Cour de cassation a décidé, par arrêt du 3 mars 1854 (S.-V.54.1.399), que le procès-verbal de délit de chasse qu'un garde forestier, qui est en même temps garde particulier du propriétaire du terrain sur lequel a été commis ce délit, a rédigé en sa première qualité et dans la pensée erronée que le terrain était soumis au régime forestier, ne peut être regardé comme valant plainte de la part du propriétaire. — En eût-il été encore ainsi dans le cas où le procès-verbal aurait été dressé par le garde en sa qualité de garde particulier ? L'arrêt ne le dit pas ; mais l'affirmative est incontestable à nos yeux. — V. d'ailleurs à cet égard le passage d'une lettre du ministre de la justice à un procureur général, en date du 18 oct. 1844, rapporté par MM. Gillon et Villepin, *Nouv. Code des chasses*, 2e suppl., n. 429.

128. — La disposition de l'art. 26 de la loi du 3 mai 1844, d'après laquelle la chasse dans les terres *non encore dépouillées de leurs fruits*, peut être l'objet d'une poursuite exercée d'office par le ministère public, sans plainte préalable de la partie intéressée, doit s'entendre de toutes les terres que le propriétaire a mises en état de produire des fruits devant être récoltés à une époque plus ou moins prochaine, si, au moment où le fait de de chasse s'accomplit, le passage des chasseurs peut causer un dommage à ces terres. Ce dernier point est, du reste, abandonné à l'appréciation souveraine des juges de répression, qui doivent prendre en considération la fertilité du sol, les conditions du climat, les variations des saisons et les usages des pays. — Spécialement, il a pu être décidé, d'après ces divers éléments de fait, qu'au mois de janvier, des champs humides et ensemencés de céréales doivent être considérés comme non dépouillés de leurs fruits, dans le sens de la disposition précitée : Chambéry, 10 mars 1864 (J.M.p.7.124); Cass., 10 juin 1864 (*Id.*7.284). — V. aussi Cass., 16 nov. 1837 (S.-V.38.1.365); 31 janv. 1840 (S.-V.45.2. 107, *ad not.*); — Gillon et Villepin, n. 283 ; Berriat Saint-Prix, p. 136; Dalloz, n. 251. — V. toutefois de Neyremand, p. 73.

129. Jugé que le droit du ministère public de poursuivre d'office les délits de chasse commis sur des terrains non dépouillés de leurs fruits, ne s'étend point au fait d'avoir chassé, le 25 octobre, dans des pièces ensemencées de navette et dans des champs de trèfle, lesquels ne peuvent être considérés comme des terres chargés de fruits, toujours dans le sens de la même disposition. — Colmar, 29 janvier 1861 (J.M.p.4.290).

130. L'action d'office accordée au ministère public par l'art. 26 de la loi du 3 mai 1844 à raison des faits de chasse commis sur des terres non encore dépouillées de leurs récoltes, ne peut être utilement exercée et aboutir à une condamnation, qu'autant que le prévenu ne justifie pas du consentement du propriétaire; celui-ci a, du reste, pour la preuve de ce consentement, toute latitude, tant à l'égard du mode que relativement au délai : la jurisprudence et les auteurs reconnaissent avec raison que cette preuve peut être faite, soit par écrit, soit oralement, à l'audience où comparaît le prévenu, et qu'il n'est nullement nécessaire de justifier du consentement du propriétaire au moment même de la constatation du fait de chasse. V. Cass., 3 mars 1854 (S.-V.54.1.399), et les indications jointes à cette décision par l'arrêtiste. C'est pour cela qu'une circulaire du ministre de la justice du 9 mai 1844 (Gillet, n. 2898; Addenet, p. 253; Massabiau, t. 3, n. 2728) recommande aux officiers du ministère public de n'user *qu'avec une extrême réserve* de la faculté que leur confère l'art. 26 précité.

131. Mais si, de l'aveu du prévenu, le consentement du propriétaire n'existait pas au moment du fait de chasse, l'action d'office du ministère public, qui s'est trouvée dès lors ouverte, n'a pu être paralysée par l'obtention et la production ultérieures de ce consentement : Amiens, 12 nov. 1844 (Dall., n. 413); Cass., 2 janv. 1862 (J.M.p.5.85).—V. nos observations sur ce dernier arrêt. *Junge*, de Neyremand, p. 75.

132. Il est constant que l'administration forestière a qualité pour poursuivre les délits de chasse commis dans les bois soumis au régime forestier : Cass., 9 janv. 1846 (S.-V.46.1.258); 21 août 1852 (S.-V.53.1.785); 3 avr. 1862 (J.M.p.5.193); Paris, 2 av. 1846 (S.-V.46.2.166);—Meaume, *Comm. C. for.*, n. 1119; Perrève, p.

246 ; Chardon, p. 430 ; Petit, n. 460 ; Rogron, p. 283 ; Gillon et
Villepin, n. 438 ; Berriat Saint-Prix, p. 231 ; Dalloz, n. 429 ; de
Neyremand, p. 82 ; Giraudeau et Lelièvre, n. 896.—Et elle est investie de ce droit, alors même que la chasse dans les bois dont
il s'agit est affermée : Rouen, 19 déc. 1861 (J.M.p.6.44). — V.
infrà, n. 146.

133. Ce droit de l'administration forestière n'est point d'ailleurs subordonné à la plainte préalable du maire de la commune à laquelle appartiennent les bois, ni à celle du fermier de
la chasse : Cass., 23 mai 1835 (S.-V.35.1.857) ; 8 mai 1841 (S.-
V.44.1.681, *ad not.*) ; 22 fév. et 16 août 1844 (S.-V.44.1.480 ;
45.1.16) ; Rouen, 16 janv. 1868 (J.M.p.12.266) ; — Berriat Saint-
Prix, p. 231 ; Dufour, p. 46 ; Giraudeau et Lelièvre, n. 897. —
Contrà, Championnière, p. 165 ; Chardon, p. 429 ; Petit, t. 2,
p. 52 ; de Neyremand, p. 82.

134. Le droit de transiger avant le jugement définitif, attribué à l'administration forestière par l'art. 159, C. for., modifié
par la loi du 18 juin 1859, s'applique aux délits de chasse dans
les bois soumis au régime forestier aussi bien qu'aux autres délits
forestiers. — La transaction intervenue entre cette administration
et le prévenu d'un semblable délit a donc pour effet d'éteindre l'action du ministère public à raison de ce délit : Cons. d'Et., 26 nov.
1860 (J.M.p.10.3) ; Cass., 2 août 1867 (*Id*.10.247) et 24 déc. 1868
(*Id*.12.125) ; Caen, 7 avr. 1869 (*Ibid*.) ; — *Rev. des eaux et for*.,
1867, p. 213 et 225 ; Giraudeau et Lelièvre, n. 900 ; Pont, *Petits
contrats*, t. 2, n. 587. Nous avons développé cette doctrine dans
une dissertation accompagnant les décisions en sens contraire ci-
après : Metz, 4 juill. 1866 ; Trib. de Châtillon-sur-Seine, 5 juill.
1860 (J.M.p.10.3).

135. Il suffit, ce semble, pour la justifier, de dire que, du moment où il est de principe que l'administration forestière a qualité pour poursuivre la répression des faits de chasse accomplis
dans les bois soumis au régime forestier (V. *suprà*, n. 132), le
droit de transaction dont elle est investie, d'une manière générale, à l'égard des délits et contraventions commis dans ces
bois, s'étend nécessairement aux délits de chasse eux-mêmes, qui
n'auraient pu y échapper qu'au moyen d'une exception formelle,
qu'on ne trouve nulle part.

136. Le fermier du droit de chasse étant, quant à l'exercice
de ce droit, substitué au bailleur, doit jouir, comme celui-ci, de
l'action civile naissant des délits de chasse commis à son préju-

dice : Cass., 21 janv. 1837 (S.-V.37.1.150). Et ce qui est exact à l'égard du fermier du droit de chasse dans une propriété particulière, l'est également à l'égard de celui à qui ce droit a été affermé dans une forêt de l'État ; il ne saurait y avoir aucun motif de distinguer : même arrêt.

157. Jugé en ce sens que le fermier du droit de chasse dans une forêt de l'État a le droit de poursuivre devant le tribunal correctionnel la réparation civile des délits de chasse commis dans cette forêt, et qu'il n'a pas seulement la faculté d'intervenir dans les poursuites exercées par l'administration forestière ou le ministère public : Angers, 19 juill. 1869 (J.M.p.12.289).

158. Et il a été décidé même que l'adjudicataire ou fermier du droit de chasse dans une forêt de l'État a qualité pour poursuivre correctionnellement les délits de chasse commis dans cette forêt, encore qu'il soit stipulé dans le cahier des charges que la surveillance et la conservation de la chasse restent spécialement confiées aux agents et gardes forestiers de l'administration forestière, et que les délits de chasse seront poursuivis correctionnellement par celle-ci, sauf le droit d'intervention réservé à la partie lésée : Bourges, 15 mars 1861 (J.M.p.6.46).

159. Le fermier ou cessionnaire du droit de chasse cesse-t-il d'être recevable à poursuivre un fait de chasse accompli sans la permission du propriétaire, s'il ne justifie pas d'un bail ayant acquis date certaine avant la perpétration du délit, et ne produit, par exemple, qu'un acte sous seing privé d'amodiation irrégulièrement enregistré, en ce que le receveur de l'enregistrement a omis de transcrire sur son registre les signatures apposées au bas de cet acte et qui font seules connaître les noms des parties, dont le corps de l'acte ne contient pas l'indication ? Ou bien le prévenu, qui ne justifie lui-même d'aucune permission du propriétaire antérieure à la perpétration du délit, peut-il seulement être admis à prouver que la signature du plaignant n'a été apposée sur l'acte de bail dont il s'agit que postérieurement à cette perpétration et pour le besoin de la poursuite ?

140. Toute la difficulté se résume dans la question de savoir si l'art. 1328, C. Nap., aux termes duquel les actes sous seing privé n'ont de date contre les tiers que du jour où ils ont été enregistrés, etc., peut être opposé à la poursuite du ministère public ou de la partie civile par l'individu prévenu d'avoir commis un délit de chasse au préjudice de celui qui se dit fermier du droit de chasse du terrain où a été perpétré le délit. Or, la négative ne nous paraît pas douteuse. On sait, en effet, que les *tiers* dont parle l'art. 1328, C. Nap., sont uniquement les ayants cause à titre particulier ou les créanciers des parties contractantes (V. notamment Serrigny, *Revue de dr. fr. et étr.*, t. 3, p. 532; Marcadé, sur l'art. 1328; Massé et Vergé sur Zachariæ, t. 3, § 590, p. 510, note 43; Larombière, *Obligations*, t. 4, nᵒˢ 2 et suiv., 17 et suiv.). Évidemment, ni l'une ni l'autre de ces qualités ni aucun titre équivalent ou analogue n'appartiennent au délinquant poursuivi pour avoir violé un droit résultant d'un acte qui n'a pas date certaine. Il n'existe entre les parties qui ont stipulé à cet acte et lui d'autres rapports que ceux qu'a fait naître son délit. C'est donc dans ce délit même qu'il puiserait le droit d'écarter l'acte dont la poursuite se prévaut contre lui! Est-il besoin de dire que cela ne saurait un instant s'admettre?

141. Toutefois, nous supposons que le prévenu du délit de chasse n'est pas pourvu d'une autorisation du propriétaire ayant elle-même acquis date certaine antérieure à ce délit; car, s'il possédait une semblable autorisation, il serait, quant à ce, un ayant cause à titre particulier du propriétaire, et conséquemment un tiers, dans le sens de l'art. 1328, vis-à-vis du fermier du droit de chasse, dont le bail sous seing privé ne serait pas régulièrement enregistré. On devrait, du reste, regarder comme un enregistrement irrégulier celui qui ne comprendrait pas les signatures des parties, alors que les noms de celles-ci ne figureraient point dans le corps de l'acte. Qu'importe, en effet, que les stipulations d'un acte aient date certaine, si cette date ne s'applique point à la mention des noms des parties, sans laquelle l'acte ne saurait avoir la moindre valeur, et si cette mention a pu, dès lors, n'être faite qu'après coup?

142. Mais, lorsque le délinquant ne justifie d'aucune autorisation du propriétaire, il suffit que le bail qui lui est opposé ne soit pas contesté entre celui-ci et le fermier, et que son existence paraisse établie aux juges, qui peuvent à cet égard former leur conviction d'après les divers documents de la cause, pour que la poursuite doive être accueillie. Tout au plus le prévenu pourrait-il être admis à prouver que la date assignée au bail n'est pas sincère, et que l'acte qui le constate n'a été rédigé ou n'a reçu la signature du fermier que depuis la perpétration du délit.

143. Divers arrêts ont jugé, conformément à notre opinion, que la poursuite d'un fait de chasse sur le terrain d'autrui sans permission ne laisse pas d'être recevable, de la part du fermier du

droit de chasse, bien que ce dernier ne justifie pas d'un bail
ayant acquis date certaine antérieurement à la constatation du
délit, et qu'il suffit que cette antériorité soit prouvée par les circonstances de la cause : Metz, 1er mars 1854 (S.-V.56.2.31) et 12
fév. 1857 (D.p.57.2.128); Cass., 13 déc. 1855 (S.-V.56.1.185);
Amiens, 6 déc. 1862 (J.M.p.6.119); Paris, 26 avr. 1865 (J.M.p.9.
239).

144. Mais la doctrine contraire a été admise, tant par un arrêt
de la Cour de Gand du 17 janv. 1860 (J.M.p.3.278), que par un
arrêt de la Cour d'Amiens du 2 mai 1863 (*Id.* 6.309) et un arrêt
de la Cour de cassation elle-même du 16 juill. 1869 (*Id.* 13.86).
Cette espèce de revirement de jurisprudence est pour nous inex-
plicable. V. nos observ. sur l'arrêt de la Cour de cassation du 16
juill. 1859.

145. Celui à qui le droit de chasse a été affermé par un autre
que le propriétaire, est non recevable à exercer le droit de plainte
à raison d'un fait de chasse sans permission sur le terrain faisant
l'objet du bail, si ce bail n'a pas été ratifié par le propriétaire :
Amiens, 2 mai 1863 (J.M.p.6.309).

146. Il est incontestable que le propriétaire qui a affermé le
droit de chasse sur son terrain, conserve néanmoins la faculté
de porter plainte à raison des faits de chasse qui y ont été exercés
par des tiers sans son consentement : Douai, 20 mars 1861 (J.M.
p.4.266). Ce propriétaire, en effet, n'a pas moins un intérêt évident à empêcher que des tiers, profitant de la négligence du
fermier ou même agissant avec le consentement de celui-ci, ne
se livrent chez lui à des actes de chasse qui pourraient y causer
la destruction du gibier. Il y a, d'ailleurs, ici même raison de décider qu'à l'égard de l'administration forestière, au cas où la
chasse dans les bois est affermée. V. *suprà*, n. 132.

147. De ce que le droit de chasse sur un fonds affermé n'appartient pas au fermier, mais au propriétaire, à défaut de stipulation contraire dans le bail, ainsi qu'on l'a vu ci-dessus, n. 17,
il s'ensuit que le fermier n'est pas recevable à poursuivre pour
délit de chasse sur le terrain d'autrui, un tiers auquel le propriétaire a donné la permission de chasser sur le fonds affermé, et
qu'il peut seulement demander devant la juridiction civile la réparation du dommage qui lui aurait été causé : Trib. de Saint-
Amand, 6 nov. 1863 (J.M.p.6.263) et 1er juin 1869 (*Id.*13.44);
Riom, 21 déc. 1864 (*Id.*8.157); Aix, 8 nov. 1865 (*Id.*9.120);
Cass., 1er avr. 1866 (*Id.*9.233).

148. Il en est ainsi, même dans le cas où le fait de chasse a été exercé sur des terres non dépouillées de leurs fruits, si son auteur était muni d'une permission du propriétaire : Trib. corr. de Saint-Amand, 1er juin 1869, précité.

149. Mais le fait de chasse peut être poursuivi par le fermier lui-même, lorsqu'il a été commis, sans le consentement du propriétaire, sur des terres non dépouillées de leurs fruits, comme il peut l'être, en pareil cas, d'office et sans plainte préalable du propriétaire, par le ministère public : Cass., 1er avr. 1866 (J.M. p.9.233).

150. L'action civile formée devant le tribunal correctionnel à raison d'un délit de chasse commis sur le terrain d'autrui en temps et avec engins prohibés, ne cesse pas d'être recevable, bien que, avant le jugement de cette action, le prévenu ait été condamné, à la requête du ministère public, pour le même fait de chasse en temps et avec engins prohibés, sans intervention de la partie civile, cette condamnation laissant subsister la poursuite quant au délit de chasse sur le terrain d'autrui : Cass., 2 avr. 1864 (J.M.p.7.234); Douai, 31 mai 1864 (Id.8.207).

151. La contestation élevée par un individu poursuivi pour avoir chassé sans la permission de l'adjudicataire du droit de chasse, sur la validité du bail dont se prévaut ce dernier, ne constitue pas une question préjudicielle de propriété donnant lieu au renvoi à fins civiles : Amiens, 13 déc. 1862 (J.M.p.6.42). — Il est en effet constant que les exceptions opposées par un prévenu aux poursuites dirigées contre lui, n'ont le caractère de questions préjudicielles donnant lieu au renvoi à fins civiles, qu'autant qu'elles portent sur des droits de propriété immobilière. V. *Questions préjudicielles*.

152. Jugé de même à l'égard de l'exception consistant, de la part d'un individu prévenu d'un délit de chasse, à prétendre que la démission qu'il a donnée de la qualité de fermier de la chasse qui lui avait été conférée, n'est point valable : Rouen, 19 déc. 1861 (J.M.p.6.44).

153. Décidé aussi, et par application du même principe, que les juges correctionnels saisis d'un délit de chasse sont compétents pour connaître de l'exception tirée par le prévenu du défaut de qualité de la partie poursuivante, résultant de ce que celle-ci ne jouirait pas du droit de chasse : Cass., 5 avr. (et non mars) 1866 (J.M.p.9.233). — V. d'ailleurs conf., Giraudeau et Lelièvre, n. 808.

154. Lorsque le prévenu d'un délit de chasse dans un bois soumis au régime forestier oppose à la poursuite du ministère

public une transaction intervenue entre l'administration forestière et lui, le tribunal correctionnel n'est pas tenu de surseoir à
statuer jusqu'à ce que cet acte ait été apprécié par l'autorité administrative ; ce n'est pas là une exception préjudicielle à raison
de laquelle le conflit puisse être élevé : Cass., 7 avr. 1866 (J.M.
p.10.3); Metz, 4 juill. 1866 (*Ibid.*); Cons. d'Ét., 7 déc. 1866 (*Id.*
10.116).

155. Il a été décidé que l'individu condamné par un jugement
passé en force de chose jugée, sur une poursuite pour délit de
chasse en temps prohibé, ne peut ultérieurement être poursuivi
de nouveau pour ce même délit, encore bien que la condamnation prononcée contre lui aurait été fondée sur une infraction de
chasse autre que celle dont les juges avaient été saisis, par
exemple, sur un fait de chasse sans permis : Colmar, 15 janv.
1861 (J.M.p.4.188). — Cette solution se justifie par ce motif, que
les juges saisis de la première poursuite y avaient en réalité
statué, bien qu'ils eussent substitué au fait relevé par le ministère public un autre fait, et à la peine requise par lui une autre
peine, ce qui suffisait pour rendre applicable la maxime *Non bis
in idem*.

156. Au cas de délits de chasse commis dans les bois de
l'État, des communes, ou des établissements publics, les frais
de poursuite sont à la charge de l'administration des forêts ; les
communes et les établissements publics doivent les supporter,
lorsque les délits ont été commis sur leurs propriétés autres que
leurs bois ; et ils ne doivent être payés sur les fonds généraux des
frais de justice, même quand il s'agit des bois et autres propriétés des particuliers, que s'il n'y a pas de partie civile : Décis.
min. just. 31 juill. 1818 (Gillet, n. 1238).

157.—Art. 27.—La disposition de l'art. 27 de la loi du 3 mai
1844 portant que ceux qui auront commis conjointement les délits de chasse seront condamnés solidairement aux amendes,
dommages-intérêts et frais, s'applique-t-elle même au cas où plusieurs personnes ont chassé ensemble sans permis ? L'affirmative
a été consacrée par un arrêt de la Cour d'Orléans du 24 mars
1851 (S.-V.52.2.241); mais l'opinion contraire, que la Cour de
Paris a admise le 24 oct. 1844 (S.-V.*ibid., ad not.*), est aussi enseignée par les auteurs : Gillon et Villepin, p. 340; Berriat Saint-
Prix, p. 237; Camusat-Busserolles, p. 175; Championnière,
p. 167; Lavallée et Bertrand, p. 27; Petit, t. 2, p. 286; Dalloz,
n. 152; Giraudeau et Lelièvre, n. 941. — C'est à cette opinion

que nous croyons aussi devoir nous ranger. Le défaut de permis étant essentiellement personnel à chaque chasseur, ne saurait être le principe d'un délit qu'on puisse considérer comme ayant été commis conjointement par les divers chasseurs qui ont chassé ensemble sans permis.

158.—Art. 28.—Le maître n'est pas civilement responsable du délit de chasse de son domestique, lorsque ce délit n'a été commis ni par son ordre ou à son invitation, ni même incidemment à une fonction dont il l'aurait chargé. — Et la preuve que le délit a été commis en dehors de tout service imposé au domestique peut résulter notamment de ce qu'il a eu lieu un dimanche : Grenoble, 24 nov. 1864 (J.M.p.8.45). — Cela semble incontestable. V. Gillon et Villepin, n. 461; Giraudeau et Lelièvre, n. 963.

159. La plupart des auteurs enseignent que le maître n'est civilement responsable du délit de chasse de son domestique que s'il a été commis par celui-ci *dans l'exercice de ses fonctions.* V. notamment Toullier, t. 11, n. 289; Petit, t. 3, p. 276 et 278; Berriat Saint-Prix, p. 241 et 242; Sourdat, *Responsabilité,* t. 2, n. 923. — Mais faut-il aller plus loin, et étendre cette responsabilité au délit de chasse commis par le domestique incidemment à une fonction dont son maître l'avait chargé ? L'affirmative, que paraît implicitement admettre l'arrêt cité au n° précédent, est professée aussi par MM. Gillon et Villepin, p. 347, et Dalloz, n. 461, d'après lesquels le maître est responsable du délit de son garçon de ferme qui, ayant emporté un fusil en se rendant à la charrue, en fait usage, sans permis ou en temps prohibé, pour tuer un lièvre qu'il aperçoit pendant qu'il laboure.

160. Pour nous, nous ne saurions accepter cette doctrine. Il nous paraît certain que l'art. 1384, C. Nap., auquel se réfère l'art. 28 de la loi du 3 mai 1844, en subordonnant la responsabilité du maître à la condition que le fait de son domestique aura eu lieu *dans les fonctions* auxquelles il l'a employé, n'a pas eu en vue un fait incident à ces fonctions, quoique étranger à leur exercice, mais, bien au contraire, un fait se rattachant aux fonctions du domestique. C'est ce qu'a très-bien compris M. Sourdat, *loc. cit.,* qui restreint l'application des art. 28 de la loi de 1844 et 1384, C. Nap., aux faits des gardes-chasse, piqueurs et autres dont l'emploi spécial est de chasser, comme aussi des autres domestiques qui seraient chargés accidentellement de chasser pour le compte de leur maître, et aux délits que les domestiques auraient commis par l'ordre exprès de ce dernier. « La responsabilité cessera, au contraire, dit très-justement cet auteur, toutes les fois que le domestique aura chassé pour son compte particulier, *et sans y être appelé par la nature de son emploi.* »

161.—Art. 29.—Les principes généraux sur la prescription sont applicables en matière de chasse. — Ainsi, en cette matière comme en toute autre, la prescription est interrompue par tous actes d'instruction et de poursuite, c'est-à-dire par tous ceux ayant pour objet, soit de rechercher les preuves de la culpabilité du prévenu, soit de s'assurer de sa personne, tels notamment que les mandats d'amener et d'arrêt décernés contre lui et les procès-verbaux de recherches infructueuses dressés par la gendarmerie à la suite de ces mandats : Paris, 2 janv. 1868 (J.M.p.1.239). V. conf., sur le principe, Cass., 11 nov. 1825 (S.-V.8.1.211) et 26 juin 1841 (D.p.41.1.416);—Mangin, *Act. publ.*, t. 2, n. 347; Gillon et Villepin, n. 471; Rogron, p. 311 et suiv.; Dalloz, n. 475; de Neyremand, p. 130, n. 4. — V. aussi *Prescription criminelle.*

162. Jugé spécialement, par application du même principe, que la prescription d'un délit de chasse constaté par un procès-verbal de garde champêtre, court du jour de la clôture du procès-verbal, et non de celui de son ouverture, les recherches faites dans l'intervalle de ces deux époques par le garde champêtre ayant le caractère d'actes d'instruction et de poursuite suffisants pour interrompre la prescription : Lyon, 10 avr. 1866 (J.M.p.9.243).

163. Mais la Cour de cassation a décidé très-exactement, le 7 avril 1837 (S.-V.38.1.904), que la prescription d'un délit de chasse constaté par un procès-verbal, sans indication du prévenu, n'est pas interrompue par un procès-verbal ultérieur dans lequel le garde constate quel est le délinquant, qu'il n'avait pu reconnaître au moment du délit, un tel procès-verbal, quoique dénoncé au prévenu, ne pouvant être assimilé à un acte de poursuite ou d'instruction. — V. aussi Dalloz, n. 477; Giraudeau et Lelièvre, n. 978.

164. L'administration forestière ne pouvant exercer l'action publique à l'égard des délits de chasse que lorsqu'ils ont été commis sur le sol forestier, la prescription de l'action du ministère public, relativement à un semblable délit commis sur une propriété particulière, ne saurait être interrompue par une citation donnée au prévenu par cette administration seule : Orléans, 10 juin 1861 (J.M.p.4.305). — Ce n'est là qu'une application rationnelle du principe bien certain que les actes d'instruction ou de poursuite n'interrompent la prescription, en matière criminelle, qu'autant qu'ils émanent d'agents ayant qualité pour faire de tels actes. V. *Prescription criminelle*.

164 *bis*. Il a été jugé que la prescription d'un délit de chasse n'est pas non plus interrompue par la citation devant le tribunal correctionnel donnée au délinquant à la requête du ministère public près ce tribunal, alors qu'à raison de sa qualité d'officier de police judiciaire, ce délinquant ne pourrait être poursuivi que devant la Cour d'appel et à la requête seulement du procureur général : Bruxelles, 7 nov. 1864 (J.M.p.8.16). V. aussi Cass., 11 mars 1819 (S.-V.6.1.43). — Compar. encore *Forêts*, n. 18 et s. ; *Prescription criminelle*.

165. L'interruption de la prescription, opérée à l'égard de l'un des coprévenus d'un délit de chasse, profite à ses coauteurs ou complices : Trib. corr. de Saint-Amand, 11 nov. 1862 (J.M.p. 5.277);—Gillon et Villepin, n. 474 et 475; Perrève, n. 125; Dalloz, n. 480; Giraudeau et Lelièvre n. 979. — Autre application très-juridique d'un principe incontestable de droit commun.

165 *bis*. Le calcul des mois, pour la prescription en matière de chasse, doit se faire d'un quantième à l'autre, sans avoir égard au plus ou moins grand nombre de jours dont les mois se composent : Metz, 23 août 1864 (J.M.p.7.175). — C'est là encore une application toute simple d'une règle généralement admise en matière criminelle comme en matière civile. V. *Prescription criminelle*. — Mais dans le délai de trois mois requis pour la prescription des délits de chasse, se trouve compris le jour du délit : même arrêt. V. encore *Prescription criminelle*.

166.—Louveterie.—En matière de louveterie, il n'est pas nécessaire que l'arrêté préfectoral ordonnant des battues détermine le délai dans lequel elles devront être exécutées : cet arrêté conserve sa force tant qu'il n'a pas été rapporté; et c'est à tort conséquemment que si, par exemple, il a été pris au mois d'août, on le considérerait comme périmé au mois de décembre (Arr. 19 pluv. an v, art. 3; Règl. 20 août 1814, § 12) : Bourges, 24 mars 1870 (J.M. p.13.107).

167. La défense de chasser sur le terrain d'autrui sans le consentement du propriétaire, édictée par l'art. 11 de la loi du 3 mai 1844, n'est point applicable aux officiers de louveterie : même arrêt. V. *suprà*, n. 25.

168. Les officiers de louveterie ont le droit de poursuivre les animaux nuisibles sur les terres et bois des particuliers comme

sur les bois de l'État : Bourges, 30 mai 1829 (D.p.40.2.47); Cass.,
3 janv. 1840 (S.-V.42.1.657) et 21 janv. 1864 (S.-V.64.1.299);
Orléans, 11 mai 1840 (D.p.41.2.29), et tous les auteurs, sauf Perrève, p. 443.

169. Jugé aussi qu'un officier de louveterie a le droit, pourvu
qu'il ne sorte pas de la circonscription territoriale qui lui est assignée par son acte de nomination, de poursuivre un animal nui-
sible sur un terrain situé en dehors des communes dénommées
en l'arrêté préfectoral, surtout quand cet animal est blessé : les
termes de l'arrêté ne peuvent être entendus dans un sens restric-
tif que relativement aux lieux où devaient s'organiser les battues
(Arr. 19 pluv. an v, art. 4; Règl. 20 août 1814, § 12; Décr. 25
mars 1852, art. 5-17°) : Bourges, 24 mars 1870, cité plus haut.
n. 166.

V. *Prescription criminelle.*

CHEMINS DE FER. — **1.** En cas de poursuite pour contravention à la police des chemins de fer, les procureurs impériaux doivent s'adresser, non au ministre des travaux publics,
mais à l'ingénieur en chef du contrôle de chaque chemin de fer,
pour en obtenir la communication des ordres de service des compagnies ou des décisions réglementaires concernant l'exploitation des voies ferrées. Les procureurs impériaux ne doivent
recourir à l'administration supérieure qu'en cas de refus ou de
difficultés, et par l'intermédiaire du garde des sceaux : Circ.
min. just., 29 sept. 1857 (Gillet, n. 3735).

2. Dans les informations judiciaires suivies contre des agents
de chemins de fer, les magistrats peuvent s'éclairer sur les questions d'exécution ou d'inexécution des ordres de service des compagnies, en consultant en cours d'instruction ou en entendant à
l'audience l'ingénieur en chef du contrôle. Ils peuvent réclamer
la production par la compagnie de ces ordres de service : Décis.
20 juin 1854 (Gillet, n. 3524).

5. Les juges d'instruction ne doivent citer les ingénieurs en
chef du contrôle des chemins de fer, dans les affaires relatives
aux simples contraventions aux règlements de l'exploitation et de
la police de ces chemins, qu'en cas de nécessité absolue et
lorsque les renseignements écrits qu'ils ont fournis sont insuffi-
sants au point de vue judiciaire (L. 27 fév. 1850, art. 4, § 3) : Circ.
min. just. 19 avr. 1857 (Gillet, n. 3706).

4. Les *commissaires spéciaux* de police pour la surveillance des chemins de fer, établis dans certaines gares, sont investis de toutes les attributions des officiers de police judiciaire auxiliaires. Comme ils sont peu nombreux, et que leur surveillance s'étend à toute la ligne à laquelle ils sont attachés, il convient de ne provoquer leur déplacement que dans le cas de la plus absolue nécessité: Circ. min. just. 29 mars 1858 (Gillet, n. 3763).

5, C'est aux *commissaires de surveillance administrative*, et non aux commissaires spéciaux de police, que les procureurs impériaux doivent adresser leurs demandes de renseignements concernant l'exploitation des chemins de fer: Circ. min. just. 7 nov. 1857 (Gillet n. 3742).

6. Les chefs de parquet doivent donner des ordres pour que les commissaires de surveillance administrative des chemins de fer puissent prendre copie, sans frais, des jugements rendus sur leurs procès-verbaux, toutes les fois que ces fonctionnaires en recevront l'ordre de leurs ingénieurs en chef: Circ. min. just. 15 fév. 1862 (Rés. chr., p. 42).

7. Les procureurs impériaux et leurs substituts doivent toujours être admis dans l'enceinte des chemins de fer, en leur qualité d'officiers de police judiciaire: Circ. min. de l'agric., du commerce et des trav. publ. 18 août 1853 (Gillet, n. 3477); Circ. min. just. 15 sept. 1853 (*Id.*, n. 3483).

8. Celui qui voyage en chemin de fer sans billet ou porteur d'un billet délivré pour un trajet plus court, ne peut, s'il fait connaître son identité, être mis en état d'arrestation préalable, à moins que le fait ne présente tous les caractères légaux de l'escroquerie, ce qui arrivera rarement: Décis. min. trav. publ. et min. just. 25 juill. 1854 (Gillet, n. 3528).

9. Il a été jugé qu'il n'y a pas contravention punissable de la part du voyageur qui monte dans un train de chemin de fer lorsque ce train est déjà en marche, l'art. 63 de l'ord. du 15 nov. 1846, qui punit le fait de sortir des voitures avant l'arrêt complet du train, ne s'appliquant point à ce cas: Cass., 31 mars 1864 (S.-V.64.1.340); Pau, 14 janv. 1869 (J.M.p.12.75).

10. Jugé aussi que la disposition du même article défendant de se placer dans une voiture d'une autre classe que celle qui est indiqué par le billet, est inapplicable, soit au voyageur qui entre dans un compartiment d'une classe inférieure à celle à laquelle son billet lui donne droit, soit, à plus forte raison, au voyageur muni d'un billet de 1re classe, qui, ayant quitté sa voiture pendant un arrêt du train et ne pouvant y remonter parce que le train est déjà en marche, se place dans le fourgon du chef de train jusqu'à la station suivante : Pau, 14 janv. 1869, précité. — La considération tirée de la force majeure peut seule, suivant nous, justifier en pareil cas l'acquittement du prévenu. V. les observ. accompagnant l'arrêt.

11. Les infractions prévues par l'art. 21 de la loi du 15 juill. 1845, sur la police des chemins de fer, bien que punies d'une amende supérieure à 15 fr., ont le caractère de contraventions et non de délits, et, par suite, ne comportent pas l'application des règles de la complicité. Telle est, spécialement, l'infraction à la défense d'entrer dans les voitures des chemins de fer sans avoir pris un billet régulier : Angers 14 fév. 1870 (J.M.p.13.64) — *Contrà*, Toulouse, 24 juill. 1862 (S.-V.63.2.8). — V. aussi les indications accompagnant l'arrêt d'Angers.

12. Cette infraction, se constituant par un acte personnel unique et indivisible dans son exécution, n'admet pas non plus de coauteur : même arrêt de la Cour d'Angers.

CHOSE JUGÉE.

SOMMAIRE ALPHABÉTIQUE.

1. Nous ne pouvons retracer ici ni tous les caractères généraux ni tous les éléments constitutifs de la chose jugée en matière criminelle. Nous devrons donc nous borner à examiner quelques-uns des principes qui régissent cette exception, et à étudier ses effets dans les hypothèses qui se présentent le plus fréquemment.

2. L'exception de chose jugée, qui, en matière criminelle, est formulée dans la maxime *Non bis in idem*, se trouve formellement consacrée par deux textes : l'art. 246, C. instr. crim., portant que « le prévenu à l'égard duquel la Cour impériale aura décidé qu'il n'y a pas lieu au renvoi à la Cour d'assises, ne pourra plus y être traduit à raison du même fait, à moins qu'il ne survienne de nouvelles charges », et l'art. 360 du même Code, aux termes duquel « toute personne acquittée légalement ne peut plus être reprise ni accusée à raison du même fait ». — Bien que le législateur n'ait pas reproduit ces dispositions à l'égard des autres décisions en matière criminelle, correctionnelle ou de police qui interviennent en faveur de l'accusé ou prévenu, il est certain que de telles décisions ont elles-mêmes l'autorité de la chose jugée, et donnent lieu à l'application de la règle *Non bis in idem*.

3. L'ordonnance par laquelle le juge d'instruction, saisi d'un fait qualifié crime par le ministère public, renvoie l'inculpé devant le tribunal correctionnel, à raison de ce même fait, sous la prévention d'un simple délit, en déclarant n'y avoir lieu à suivre sur le crime, ne peut être considérée, quant à ce dernier chef, comme une ordonnance de non-lieu qui, en l'absence de réformation sur opposition, doive faire cesser toute poursuite, alors que le chef dont il s'agit n'est point distinct de celui faisant l'objet du renvoi en police correctionnelle, mais que l'un et l'autre constituent un seul et même fait; la restriction ainsi contenue dans cette ordonnance, relativement à la qualification du fait incriminé, ne constitue qu'une formule inopérante et ne mettant aucun obstacle au droit du tribunal correctionnel d'apprécier librement ce fait sous tous ses aspects, et, par suite, de se déclarer incompétent, s'il lui reconnaît le caractère de crime : Cass., 14 mars 1868 (J.M.p. 12.14).

4. Il est certain qu'en pareil cas il ne saurait appartenir au juge d'instruction d'ajouter à la disposition par laquelle il attribue au fait incriminé le caractère de délit et renvoie en police correctionnelle l'individu qui en est inculpé, une autre disposition prononçant un non-lieu à suivre sur ce même fait, en tant qu'envisagé comme crime, et d'enlever au tribunal correctionnel, par cette déclaration de non-lieu, la liberté de substituer la qualification de crime à celle de délit que le fait a reçue dans l'ordonnance. Lui reconnaître un semblable droit, ce serait violer ouvertement le principe bien constant que les ordonnances de renvoi en police correctionnelle ne sont qu'indicatives et non pas attributives de juridiction. Aucune disposition de renvoi ne peut faire obstacle au droit du tribunal correctionnel d'apprécier lui-même à nouveau le fait qui lui est déféré, et de décider s'il constitue un délit, comme l'a estimé le juge d'instruction, ou s'il a le caractère de crime et échappe, dès lors, à sa compétence.

5. Il a été décidé que le jugement par lequel le tribunal correctionnel, saisi par la partie civile de la connaissance d'un délit imputé à deux prévenus, renvoie ces deux derniers de la plainte vis-à-vis d'elle, et retient la cause contre l'un d'eux seulement pour être statué sur les réquisitions du ministère public, n'a pas l'autorité de la chose jugée relativement à l'action publique contre l'autre prévenu, et, par suite, ne met pas obstacle à ce que celui-ci soit ultérieurement poursuivi par le ministère public à raison du même fait, et, par exemple, comme coauteur de ce fait : Caen, 29 août 1866 (J.M.p.10.293).

6. Cette décision méconnaît, selon nous, des principes incontestables. — Le tribunal correctionnel ne peut statuer sur l'action civile sans statuer en même temps sur l'action publique, puisqu'il n'a compétence pour connaître de celle-là qu'à la condition d'être saisi également de celle-ci. V. *Action civile*, n. 4. Lors donc que ce tribunal renvoie un prévenu de la plainte de la partie civile, sans prononcer aucune peine contre lui, il l'acquitte nécessairement de la prévention, même vis-à-vis du ministère public, et conséquemment l'action publique ne peut plus désormais être exercée contre ce prévenu à raison du même fait. C'est ce qu'a parfaitement décidé un arrêt de la Cour de cassation du 3 mai 1860 (S.-V.61.1.923).

7. Il importe peu, du reste, que le ministère public n'ait pas fait de réquisitions à l'égard de ce prévenu. Par cela même qu'il n'a pas conclu à sa condamnation, il a adhéré à son acquittement: et, d'ailleurs, le défaut de réquisitions de la part du ministère public ne peut avoir pour effet de modifier les principes de juridiction. Ou ces réquisitions ne sont pas indispensables, ainsi que la Cour de cassation l'a admis par arrêts des 29 fév. 1828 (S.-V.9. 1.45) et 23 fév. 1839 (D.P.39.1.393), pour que le tribunal correctionnel prononce sur l'action publique, dont il est saisi par l'exercice même de l'action civile, et alors leur omission ne saurait évidemment empêcher que la décision intervenue n'ait l'autorité de la chose jugée vis-à-vis du ministère public, comme à l'égard de la partie civile; ou elles sont, au contraire, essentielles, et, dans ce cas, leur absence entraîne la nullité du jugement. Mais, d'aucune façon il ne peut se faire que, lorsque le jugement rendu sur la plainte de la partie civile est devenu définitif, le ministère public ait encore le droit de poursuivre le prévenu à raison du même fait.

8. L'individu acquitté de l'accusation d'un crime pour lequel il était poursuivi comme auteur principal, ne peut être ultérieurement poursuivi comme complice de ce même crime par l'un des moyens déterminés en l'art. 60, C. pén. : Colmar, 29 janvier 1868 (J.M.p.11.166). — Ce point ne semble pas contestable.

9. La Cour de cassation a jugé, à la vérité, par arrêt du 5 fév. 1829 (Dalloz, *Répert.*, v° *Chose jugée*, n° 487), que l'individu acquitté d'une accusation de vol peut être de nouveau mis en accusation pour recélé des objets volés, encore bien que cette nouvelle poursuite comprenne, outre des faits de recélé postérieurs à l'acquittement, d'autres faits de même nature commis antérieurement et connexes au fait de la première accusation; mais cette décision se justifie par le caractère particulier du recélé, qui, comme le dit l'arrêt précité, et à la différence de la complicité ordinaire, est distinct du crime auquel il se rapporte et dont il suppose la préexistence.

10. C'est un principe certain que l'identité des parties n'est pas, en matière criminelle, un élément nécessaire de l'exception de chose jugée. « Quoiqu'une chose passée entre certaines personnes, disait Jousse, *Just. crim.*, t. 3, p. 21, ne puisse, en général, profiter à d'autres, cela n'a lieu, néanmoins, que dans le cas où les droits de ces personnes différentes sont distincts et séparés, mais non quand ces droits tirent leur origine d'un seul et même fait, et que les défenses que les accusés peuvent y opposer sont les mêmes ». V. conf. Mangin, *Act. publ.*, n. 400, p. 338 et 340; F. Hélie, *Instr. crim.*, t. 2, n. 997; Bonnier, *des Preuves*, n. 714; Dalloz, *Rép.*, v^is *Chose jugée*, n°s 500 et suiv., et *Complicité*, n°s 49 et suiv. ; Trébutien, *Cours élém. de dr. cr.*, t. 2, p. 650 et 651, qui, toutefois, n'admet que comme exception, et non comme principe, la proposition que nous venons d'exprimer. V. également les arrêts cités par ces divers auteurs.

11. Il est aussi de principe que l'acquittement prononcé en faveur de l'un des auteurs ou complices d'un crime ou délit, n'empêche pas que des poursuites ne puissent être dirigées, pour le même fait, contre les autres auteurs ou complices, parce qu'il est incertain si cet acquittement a été fondé sur l'inexistence du crime ou délit imputé à l'inculpé, ou sur l'absence d'intention de la part de ce dernier, sur une exception à lui personnelle, sur l'insuffisance des preuves, etc. Mais, quand la décision rendue à l'égard de l'un des auteurs ou complices porte sur une circonstance matérielle dont la constatation est indépendante de toute considération personnelle à tel ou tel des inculpés, cette décision doit être réputée, d'une manière absolue, l'expression de la vérité, et avoir, dès lors, l'autorité de la chose jugée, même vis-à-vis des inculpés qui n'y ont pas été parties, lorsque, d'ailleurs, le fait principal auquel se rattache la circonstance dont il s'agit est constant vis-à-vis de tous. — V. une application de cette règle *infrà*, n. 30.

12. L'ordonnance du juge d'instruction qui, dans une poursuite pour crime et pour délit, a déclaré qu'il n'y avait lieu à suivre relativement au crime, et a saisi la juridiction correctionnelle du délit, sans préciser les faits et sans en dénier aucun, laisse au tribunal correctionnel la connaissance de tous les faits de l'information, et ne met pas obstacle à ce qu'il retienne comme délit celui qui avait été poursuivi comme crime : Cass., 5 janv. 1866 (J.M.p.11.162). — Cette solution, contre laquelle il n'y a rien, selon nous, à objecter, n'en consacre pas moins une sorte d'anomalie, et fait sentir la nécessité de ne point omettre dans les ordonnances tant de non-lieu que de renvoi en police correctionnelle, la spécification des faits auxquels s'appliquent ces ordonnances.

13. L'exception de chose jugée en matière criminelle étant d'ordre public, doit être admise, même d'office, par le juge : Cass., 12 juill. 1806 (Bull., n. 113; S.-V.1.265); Colmar, 29 janv. 1868 (J.M.p.11.166); — Merlin, *Répert.*, v° *Chose jugée*, n. 2; Mangin, n. 372; F. Hélie, t. 2, n. 986; Dalloz, *Répert.*, v⁰ˢ *Cassation*, n. 1524, et *Chose jugée*, n. 520; Trébutien, t. 2, p. 652; Berriat-Saint-Prix, *Procéd. des trib. crim.*, 2ᵉ part., t. 1, n. 407.

14. Doit-on admettre que l'art. 360, C. instr. crim., en disposant que toute personne acquittée légalement ne pourra plus être reprise ni accusée à raison *du même fait*, a entendu seulement proscrire une *accusation* identique, a voulu parler uniquement du *fait qualifié* une première fois, et ne met pas, dès lors, obstacle à ce que le fait sur lequel un accusé a été acquitté par le jury, soit incriminé de nouveau sous un rapport différent? La jurisprudence de la Cour de cassation est bien établie dans le sens de l'affirmative, et la plupart des auteurs ont embrassé aussi cette opinion (Merlin, *Répert.*, v° *Non bis in idem*, n. 5 *bis ;* Legraverend, *Législ. crim.*, t. 1, p. 446; Mangin, *Act. publ.*, t. 2, p. 860; Bourguignon, *Jurispr. des Cod. crim.*, t. 2, p. 181; Le Sellyer, *Dr. crim.*, t. 2, n. 2421 et s.; Dalloz, *Rép.*, v° *Chose jugée*, n. 467).— Cependant la doctrine contraire n'est pas sans partisans (V. Riom, 2 janv. 1829, D.p.29.2.85; Colmar, 5 janv. 1831, D.p.31.2.39; Bruxelles, 23 déc. 1831, Dalloz, *Rép.*, *loc. cit.*, n. 475; Grenoble, 31 juill. 1833, S.-V.34.2.33; Poitiers, 28 mars 1840, D.p.41.2.50; —Carnot, *Instr. crim.*, t. 2, sur l'art. 360; Morin, *Journ. du dr. crim.*, t. 10, p. 142, et surtout F. Hélie, *Instr. crim.*, t. 2, n. 1012 et s.), et l'on est porté à la regarder comme plus exacte, lorsque, d'un côté, l'on voit que dans diverses dispositions du Code d'instruction criminelle (art. 246 et 360), les expressions *même fait* et *nouveau fait* s'appliquent nécessairement au fait matériel considéré d'une manière générale, et non au fait qualifié, et que, d'autre part, l'on réfléchit, soit à l'impossibilité de reconnaître sous quel rapport le jury a envisagé le fait incriminé en prononçant l'acquittement, soit à l'inconvénient de poursuivre un inculpé de juridiction en juridiction, à raison d'un fait unique présenté tantôt comme un crime, tantôt comme un délit, tantôt comme une contravention, alors qu'il serait si facile de soumettre au jury lui-même toutes les questions alternatives que la nature du fait pourrait comporter.

15. Mais s'il faut s'incliner devant l'autorité d'une jurisprudence constante, au moins convient-il de ne pas exagérer la portée de cette jurisprudence, qui, poussée trop loin, marcherait à une révoltante iniquité. Que le fait sur lequel a porté l'acquittement puisse devenir l'objet d'une nouvelle poursuite, lorsqu'on le présente sous un point de vue différent, c'est-à-dire dégagé de quelques-unes des circonstances qui avaient servi à le caractériser lors de la première décision, ou accompagné de circonstances qui n'avaient pas d'abord été relevées, cela, en définitive, n'a rien d'injuste. Mais ce qui n'est pas admissible, c'est qu'après l'acquittement, le fait qui avait servi de base à l'accusation soit déféré au tribunal correctionnel, sous une qualification différente, à la vérité, mais avec les mêmes éléments. Peut-il être permis de demander à ce tribunal la répression du fait tel précisément qu'il a été soumis au jury, sans porter une atteinte manifeste à l'autorité de la chose jugée, sans enlever à l'accusé le bénéfice d'un verdict irrévocable ? Si ce n'est pas là reproduire la même accusation, puisqu'on envisage comme délit ce qui avait été d'abord considéré comme crime, n'est-ce pas du moins requérir l'application d'une peine à ce que le jury a déclaré non punissable, en se fondant peut-être sur ce que l'existence du fait n'était pas établie ?

16. La Cour de cassation n'est point allée jusque-là. Un grand nombre de ses décisions le démontrent, et elle a particulièrement précisé, par des arrêts assez récents, les limites dans lesquelles doit être renfermé le principe qu'a consacré la jurisprudence.

17. Ainsi, elle a jugé que si l'accusé acquitté peut encore être ultérieurement poursuivi devant la juridiction criminelle à raison du fait qui avait donné lieu à l'accusation, lorsque les éléments de la qualification nouvelle diffèrent des circonstances constitutives de la première incrimination, il en est autrement dans le cas où les éléments des deux qualifications restent les mêmes dans leurs particularités et dans leur ensemble : Cass., 29 août 1863 (J.M.p.6.262).

18. ... Que le bénéfice de l'acquittement prononcé au profit d'un accusé ne peut être étendu au delà du fait même produit dans l'acte d'accusation et de la qualification qu'il y avait reçue : Cass., 30 juin 1864 (J.M.p.7.285).

19. ... Que l'individu acquitté de l'accusation d'un crime peut encore être poursuivi ultérieurement, à raison du même fait, devant le tribunal correctionnel, sous la prévention d'un délit, si cette prévention, bien que reproduisant quelques circonstances de l'accusation primitive, y ajoute des éléments nouveaux qui caractérisent le délit : Cass., 5 fév. 1863 (J.M.p.6.279).

20. ... Que si un accusé acquitté ne peut être poursuivi de nouveau à raison du même fait, soit lorsque les mêmes éléments se réunissent dans les deux incriminations dont un fait est successivement l'objet, soit lorsque les diverses circonstances de ce fait ont entre elles une véritable indivisibilité, il cesse d'en être ainsi quand les deux incriminations reposent sur des éléments distincts, quoique ayant pris naissance dans les mêmes circonstances : Cass., 28 août 1863 (J.M.p.7.125).

21. ... Que l'acquittement d'une accusation criminelle ne met pas obstacle à ce que celui qui en a été l'objet soit encore poursuivi ultérieurement devant le tribunal correctionnel à raison du même fait, si la seconde inculpation repose sur des éléments différents, au moins en quelques points, de ceux qui ont servi de base à la première : Cass., 4 août 1865 (J.M.p.11.168); 28 fév. 1868 (*Id*. 11.248).

22. Les décisions des Cours impériales confirment cette doctrine. — Jugé, notamment, d'une part, que le principe d'après lequel l'individu acquitté ne peut plus être repris à raison du même fait, ne cesse d'être applicable que lorsque le fait matériel est susceptible d'être divisé sous le rapport de l'incrimination légale, qu'il renferme des éléments nouveaux sur lesquels le jury n'a pas été appelé à se prononcer, et que ces éléments sont euxmêmes constitutifs d'un délit distinct : Amiens, 28 avr. 1866 (J.M.p.11.90).

23. Et, d'autre part, que lorsqu'un fait peut être envisagé comme crime ou comme délit l'acquittement de l'accusation de crime dont il a été l'objet, ne met pas obstacle à ce que ce même fait soit encore poursuivi ultérieurement comme délit devant la juridiction correctionnelle, surtout s'il s'agit d'un fait complexe et naturellement divisible présentant, dans une de ses circonstances, le caractère de crime, et, dans une autre, le caractère de délit, et si cette distinction de crime et de délit résulte de décisions judiciaires non attaquées; que la règle *Non bis in idem* n'est applicable que lorsque le crime ou le délit sur lequel il a été précédemment statué, et celui qui est actuellement poursuivi, sont identiques par leurs éléments et par leur qualification légale, ou lorsqu'ils sont tellement indivisibles qu'on ne peut concevoir l'un sans l'autre : Nîmes, 5 déc. 1861 (J.M.p.5.237).

24. Voici maintenant diverses applications de ces principes.

25. L'individu acquitté d'une accusation d'empoisonnement par l'administration d'une certaine substance, ne peut être ultérieurement poursuivi devant le tribunal correctionnel sous la prévention d'avoir occasionné une maladie par l'administration volontaire de cette substance, quand ce fait est absolument le même, sans variation dans l'essence, dans la composition et dans les quantités de la substance, ainsi que dans le mode d'administration : Cass., 23 fév. 1853 (S.-V.54.1.507); Amiens, 28 avr. 1866 (J.M.p.11.90). — *Contrà*, Bordeaux, 15 juill. 1863 (J.M.p. 6.278).

26. L'individu acquitté de l'accusation de crime d'attentat à la pudeur *avec violence* peut, sans qu'il y ait violation de la règle *Non bis in idem*, être poursuivi ultérieurement devant la juridiction correctionnelle, à raison même du fait envisagé comme délit d'outrage public à la pudeur : Cass., 3 sept. 1858 (J.M.p.2.125).

27. De même, l'acquittement de l'accusation du crime d'attentat à la pudeur *sans violence*, ne met point obstacle à une poursuite ultérieure, à raison du même fait, devant le tribunal correctionnel, pour délit d'outrage public à la pudeur : Cass., 23 juill. 1863 (J.M.p.8.75); 28 août 1863 (*Id.* 7.125); 19 déc. 1867 (*Id.* 11.168); 28 mai 1868 (*Id.* 12.42); Colmar, 15 sept. 1863 (*Id.* 6.260). — *Contrà*, Dijon, 20 sept. 1858 (*Id.* 2.101); .... ou pour délit de coups et blessures : Montpellier, 8 déc. 1862 (J.M.p.6.117).

28. De même encore, l'accusé du crime d'attentat à la pudeur sur la personne d'enfants de moins de treize ans, acquitté par la Cour d'assises, peut être plus tard poursuivi correctionnellement, à raison du même fait, pour attentat aux mœurs par excitation habituelle de mineurs à la débauche et à la corruption, et pour outrage public à la pudeur : Cass., 5 fév. 1863; Paris, 30 sept. 1863 (J.M.p.6.279).

29. Jugé aussi que les individus acquittés par la Cour d'assises de la double accusation de complicité de viol, et d'attentat à la pudeur tenté ou consommé avec violence, peuvent être encore ultérieurement poursuivis, à raison des mêmes faits, devant le tribunal correctionnel, pour délits d'outrage public à la pudeur et de violences et voies de fait... Et cela encore bien que la Cour d'assises aurait refusé de poser au jury une question subsidiaire touchant ces délits : Trib. de Brignolles, 15 juin 1866 (J.M.p.10.50).

30. Mais la déclaration du jury rendue à l'égard d'un complice, et portant que l'attentat à la pudeur, objet de l'accusation, a été commis *sans violence*, met obstacle à ce que des poursuites soient ultérieurement dirigées contre l'auteur principal, pour attentat à la pudeur commis *avec violence ;* cette déclaration a l'autorité de la chose jugée vis-à-vis de l'auteur principal quant à la circonstance de violence : Bruxelles, 23 juill. 1860 (J.M.p.4.89). — Ce n'est là qu'une application du principe énoncé *suprà*, n. 11.

31. Celui qui a été renvoyé, d'une part, en police correctionnelle, par une ordonnance du juge d'instruction, pour coups et blessures envers une femme, et, d'autre part, devant la Cour d'assises, par la chambre d'accusation, à raison du même fait

envisagé comme viol, peut, après avoir été acquitté de cette accusa
tion de viol, être poursuivi encore devant le tribunal correctionnel
pour le délit de coups et blessures : Nimes, 5 déc. 1861 (J.M.p.
5.237).

52. Pareillement, l'individu acquitté de l'accusation d'attentat
à la pudeur avec violence sur une personne, peut encore néanmoins être poursuivi correctionnellement, à raison des mêmes
faits, pour coups et blessures sur la même personne : Cass.,
4 août 1865 (J.M.p.11.168).

53. Une poursuite correctionnelle pour homicide involontaire
peut être intentée à raison d'un fait qui avait été précédemment
l'objet d'une accusation, suivie d'acquittement, soit du crime de
meurtre : Colmar, 10 mai 1859 (J.M.p.6.231) ; Rouen, 29 nov.
1866 (*Id.* 10.97);... Soit du crime d'infanticide : Cass., 30 janv.
1840 (S.-V.40.1.252) ; 5 fév. 1841 (S.-V.42.1.258); 24 nov. 1841
(S.-V.42.1.93) ; 6 mars 1845 (S.-V.45.1.619); 3 août 1855 (S.-V.
56.1.82) ; Paris, 11 janv. 1842 (S.-V.43.2.88) ; Grenoble, 13 déc.
1854 (S.-V.54.2.768); Metz, 30 juin 1864 (J.M.p.8.101); Trib. de
Lille, 20 déc. 1865 (*Id.* 11.168) ; Montpellier, 23 avr. 1866
(*Ibid.*) ; Chambéry, 26 mars 1868 (J.M.p.12.71).

54. Et il en est ainsi, alors même que, sur la demande d'une
question subsidiaire d'homicide par imprudence, il y aurait
eu refus par la Cour d'assises, motivé sur ce que ce délit ne résultait d'aucun des éléments de l'instruction et des débats : Cass.,
3 août 1855, précité.

55. Mais, en pareil cas, les juges correctionnels saisis de la
prévention d'homicide involontaire ne peuvent pas moins déclarer
que les faits qui leur sont déférés ont le caractère d'homicide
volontaire, et sont dès lors exclusifs de la nouvelle qualification
sous laquelle ils sont poursuivis : ce n'est pas là violer la disposition de l'art. 360, C. instr. crim. : Metz, 30 juin 1864 ; Montpellier, 23 avr. 1866 ; Rouen, 29 nov. 1866, et Chambéry, 26 mars
1868, précités.

56. Un arrêt de la Cour de Limoges du 24 sept. 1863 (J.M.p.
6.279) a jugé, contrairement aux solutions indiquées ci-dessus,
n. 33, que l'accusée d'infanticide acquittée sur la déclaration
négative du jury, ne peut être ultérieurement poursuivie correctionnellement sous la prévention d'homicide par imprudence,
alors qu'il ne s'est produit dans l'instruction de la cause aucun
fait nouveau de nature à modifier l'incrimination antérieure. Mais

l'erreur de cette décision est évidente. La seconde poursuite ne saurait être déclarée non recevable par le motif que les éléments particuliers qu'elle relève n'existeraient pas en réalité : les juges ne sauraient donner pour base à la fin de non-recevoir par laquelle ils écarteraient la nouvelle prévention, cette appréciation du fond même de la poursuite. Du moment où la nouvelle prévention se produit avec une qualification impliquant des éléments autres que ceux de l'incrimination primitive, ils doivent la considérer comme recevable, sauf à examiner si, en fait, elle est bien fondée.

57. L'accusée d'infanticide, acquittée par la Cour d'assises, peut encore être poursuivie correctionnellement sous la prévention d'exposition ou d'abandon d'enfant : Cass., 20 avr. 1850 (S.-V.50.1.702).

58. D'après un arrêt de la Cour de Pau du 2 août 1867 (J.M. p.11.85), la personne acquittée de l'accusation du crime de suppression d'enfant peut être ultérieurement poursuivie devant le tribunal correctionnel pour homicide par imprudence sur la personne du même enfant, encore bien que le jury auquel a été soumise l'accusation de suppression ait résolu négativement la question qui lui avait été posée comme résultant des débats, de savoir si l'enfant avait vécu ; la déclaration du jury sur ce point devant être réputée nulle et non avenue, comme inutile et entachée d'excès de pouvoir... ; surtout lorsque c'est en vertu d'un double renvoi prononcé simultanément par la chambre d'accusation que les deux poursuites devant la Cour d'assises et devant le tribunal correctionnel ont été successivement exercées.

59. Nous ne saurions approuver cette décision. La réponse faite par le jury à la question qui lui avait été posée comme résultant des débats constituait, quelque surabondante, quelque inopportune même qu'elle fût, une décision parfaitement légale et à laquelle, dès lors, l'autorité de la chose jugée était nécessairement attachée. — Il n'est pas juste de dire, ainsi que le fait l'arrêt de la Cour de Pau, que la déclaration dont il s'agit serait le résultat d'une sorte d'empiétement apportant la confusion et le trouble dans l'ordre des juridictions. Le jury, en répondant à la question qui lui est posée, ne se préoccupe nullement de l'effet que pourra produire cette réponse relativement à la poursuite d'un délit dont il n'est pas saisi ; il fait sa déclaration uniquement en vue de l'accusation qui lui est soumise, et si plus tard elle est opposée comme fin de non-recevoir à une action correctionnelle formée en vertu d'un arrêt de renvoi antérieur à son verdict, on ne saurait évidemment lui faire un grief de l'obstacle, imprévu pour lui, qu'elle apporte à l'exécution de cet arrêt. — Au reste, fût-elle entachée d'incompétence et d'excès de pouvoir, la déclaration du jury n'en aurait pas moins l'autorité de la chose jugée, tant qu'elle n'aurait pas été l'objet d'un recours légal. V. notamment Cass., 3 mai 1860 (S.-V.61.1.924).

40. L'individu acquitté d'une accusation d'assassinat ou de tentative d'assassinat peut encore être poursuivi correctionnellement, à raison du même fait, pour délit de coups et blessures : Cass., 4 août 1865 (J.M.p.11.168) ; Bourges, 29 avr. 1869 (J.M.p. 12.156).

41. Décidé cependant qu'il n'en saurait être ainsi, lorsqu'il n'est pas établi en fait que l'intention de faire de simples blessures ait coexisté avec celle de donner la mort, ou s'y soit substituée à un moment quelconque : Cass., 29 août 1863 (J.M.p.6.262).

42. L'acquittement de l'accusation de faux et d'usage de pièces fausses, ne met pas obstacle à ce que les mêmes faits soient ultérieurement poursuivis devant le tribunal correctionnel comme constitutifs d'abus de confiance que les faux auraient servi à dissimuler : Cass., 30 juin 1864 (J.M.p.7.285) et 28 fév. 1868 (*Id.* 11.248) ; Bordeaux, 22 mai 1867 (*Id.*10.214).

43. Une première condamnation pour rupture du ban de surveillance de la haute police ne fait pas obstacle à ce que celui qui en a été l'objet soit ultérieurement poursuivi encore pour délit de la même nature, si, depuis cette condamnation, il a persisté à se tenir éloigné de la résidence qui lui a été assignée : il n'y a pas, en pareil cas, violation de la maxime *Non bis in idem*, la rupture du ban de surveillance étant un délit qui se renouvelle chaque fois que l'individu soumis à cette surveillance est trouvé hors de sa résidence obligée : Rennes, 11 nov. 1868 (J.M.p.11.275) ; Cass., 19 déc. 1868 (J.M.p.12.154).

44. L'exactitude de cette solution nous paraît certaine. — Il est en effet incontestable, d'une part, que la rupture du ban de surveillance est, non pas un délit commis, une seule fois pour toutes, par l'abandon de la résidence obligée, mais un délit qui, comme le dit la Cour de Rennes, se renouvelle incessamment, tant que dure cet abandon de la résidence obligée, tant que persiste la désobéissance aux prescriptions de la loi ayant pour objet d'assurer l'exécution de la mise en surveillance (V. *Surveillance* *de la haute police.*); — et, d'autre part, que chacun des actes successifs par lesquels se reproduit une infraction de cette nature peut être l'objet d'une poursuite et d'une condamnation distinctes, sans qu'il y ait violation de la maxime *Non bis in idem*, qui suppose une réitération de poursuites pour un seul et même fait. C'est ainsi que la jurisprudence et les auteurs considèrent chaque nouvelle infraction à des règlements administratifs édictant certaines défenses ou refusant certaines autorisations (par exemple, celle d'un établissement insalubre), comme constituant un fait nouveau, de telle sorte que la répression de l'une de ces infractions n'est nullement exclusive de la poursuite et de la répression de chacune des infractions ultérieures. V. notamment Cass., 28 janv. 1832 (S.-V.32.1.397) et 29 nov. 1838 (D.p.38.1.488); — Mangin, *Act. publ.*, t. 2, n. 403; F. Hélie, t. 2, n. 1009 (2ᵉ édit.); Trébutien, t. 2, p. 641, note 31-5°; Dalloz, *Rép.*, v° *Chose jugée*, n. 459 et s. V. aussi les nombreuses décisions citées par ces auteurs, et dont il convient de rapprocher deux autres arrêts de la Cour de cassation des 27 mai 1854 (S.-V.54.1.817) et 14 avril 1855 (S.-V.55.1.313).

45. L'individu soumis à la surveillance de la haute police qui, après une première condamnation pour rupture de ban, exécutée ou non, persiste à se tenir éloigné du lieu qui lui a été assigné pour résidence, enfreint sans doute par là le même ban dont la rupture a déjà donné lieu à un jugement contre lui, mais l'infraction actuelle ne peut se confondre avec cette première rupture; elle en constitue évidemment une nouvelle, qui appelle à son tour une répression. S'il n'en était ainsi, celui contre qui une condamnation pour rupture de ban aurait été prononcée, pourrait donc, après l'avoir subie, se jouer impunément de l'obligation que la mise en surveillance lui impose de résider en un lieu déterminé ! Il lui serait donc toujours loisible de se soustraire à cette surveillance, qui, dans certains cas, doit être perpétuelle, et dont la durée, lorsqu'elle n'est que temporaire, peut être portée jusqu'à dix années, en courant le seul risque d'une condamnation à un emprisonnement qui ne peut excéder cinq ans ! Ne suffit-il pas d'indiquer ce résultat pour justifier la solution que consacrent les arrêts ci-dessus de la Cour de Rennes et de la Cour de cassation ?

46. Nous ne saurions, au contraire, adhérer à une décision du tribunal correctionnel d'Orange du 26 sept. 1868 (J.M.p.11. 271), d'après laquelle l'individu condamné pour vagabondage ne pourrait ultérieurement et ensuite de la connaissance acquise par

le ministère public de sa mise sous la surveillance de la haute police
par une condamnation précédente et de l'abandon fait par lui du
lieu de sa résidence obligée, être poursuivi en outre pour rupture
de ban, parce que la condamnation pour vagabondage et la poursuite pour rupture de ban reposeraient sur un seul et même fait.

47. L'erreur de cette décision consiste à assimiler le domicile
que quitte celui qui se rend coupable de rupture de ban, avec le
domicile dont l'absence est un des éléments du vagabondage. La
résidence assignée aux individus placés sous la surveillance de la
haute police ne constitue le *domicile certain* exigé par l'art. 270, C.
pén., relatif au délit de vagabondage, qu'autant qu'elle est de fait
l'habitation de ces individus. Quand elle est abandonnée, elle
peut bien avoir encore le caractère de domicile légal, mais non celui
de domicile réel, et il n'est pas douteux que c'est uniquement la
réalité et non la fiction du domicile qu'a en vue l'art. 270. L'individu en état de rupture de ban peut donc être aussi en état de
vagabondage, comme le reconnaissent généralement les arrêts et
les auteurs. Mais si ces deux délits peuvent coexister, si l'un n'est
pas exclusif de l'autre, quelle règle s'opposerait à ce qu'ils soient
simultanément ou successivement poursuivis et réprimés ? La
maxime *Non bis in idem* ne saurait être invoquée ici, puisqu'elle
suppose deux poursuites à raison du *même fait*, tandis qu'il s'agit,
dans notre hypothèse, de deux faits essentiellement distincts,
dont l'un consiste dans le seul abandon d'une résidence obligée,
indépendamment des conditions de domicile certain, de moyens
de subsistance et d'exercice habituel d'un métier ou d'une profession, que pourrait remplir le prévenu, et dont l'autre résulte, au
contraire, de l'absence de ces trois conditions. V., au surplus,
nos observations critiques sur le jugement précité du tribunal
correctionnel d'Orange.

48. L'individu condamné par le tribunal de simple police
pour bruit ou tapage injurieux, ne peut être encore ultérieurement poursuivi devant le tribunal correctionnel pour délit de
diffamation et de coups, à raison de la même scène qui a servi de
base à la première inculpation : Trib. de Marseille, 22 janv. 1863
(J.M.p.6.288). — *Contrà* Trib. de Marseille, 1er janv. 1866 (J.M.
p.11.164). — Cette dernière décision objecte contre la solution ci-dessus, qu'une « même scène *peut* se composer de plusieurs faits qui, bien que rapprochés et successifs, ne sont pas
moins différents. » Cela sans doute est possible ; mais ce n'est pas
une simple possibilité, c'est la réalité même des choses qui doit

servir de base à une condamnation. Assurément, s'il était établi que la scène qui a donné lieu aux deux poursuites successives devant le tribunal de simple police et devant le tribunal correctionnel, a été composée de deux parties distinctes, d'une querelle d'abord et de voies de fait ensuite, et que c'est uniquement à raison de la première partie de cette scène qu'une poursuite pour tapage injurieux a été exercée, — nous n'hésiterions pas à admettre que la seconde partie, complétement distincte de l'autre, quoique connexe avec elle, pourrait, de son côté, donner lieu à une poursuite correctionnelle pour délit de coups et blessures, par exemple. Mais lorsque cette division, plus facile à imaginer qu'à se produire, n'a pas été constatée ; lorsque, comme il arrive presque toujours en pareil cas (et rien dans le jugement du 1er, janv. 1866 n'indique que les choses se fussent passées autrement), c'est toute la scène prise dans son ensemble qui a servi de base à la poursuite en simple police, il est manifeste, à nos yeux, qu'une poursuite correctionnelle ne peut être exercée à raison de la même scène, sans une flagrante violation des art. 360 et 365, C. instr. crim.

49. Il n'est pas moins incontestable que l'individu acquitté par le tribunal correctionnel de la prévention du délit de diffamation verbale, ne peut, à raison des mêmes faits, être ultérieurement poursuivi devant le tribunal de simple police pour contravention de tapage injurieux : Trib. corr. de Grenoble, 18 mars 1869 (J.M.p.12.235). — Cette solution découle naturellement du texte même de l'art. 192, C. instr. crim., qui, en disposant que si le fait poursuivi n'est qu'une contravention de police, le tribunal correctionnel doit appliquer la peine, impose à ce tribunal l'obligation d'envisager le fait sous tous ses aspects, de telle sorte que la décision par laquelle il acquitte le prévenu purge la prévention tout entière, et ne permet pas au ministère public d'intenter, à raison de ce fait, une nouvelle poursuite, même en la fondant sur des éléments distincts ; bien différente en cela du verdict du jury, dont la portée est restreinte à l'objet précis de l'accusation. V. les nombreux arrêts que nous avons mentionnés sous le mot *Chose jugée.* — L'acquittement par le tribunal correctionnel d'une poursuite pour délit, ne cesserait de faire obstacle à une nouvelle poursuite pour contravention, que si le renvoi en simple police avait été demandé par la partie publique ou par la partie civile, suivant le droit que leur en réserve l'art. 192.

50. Enfin, l'individu condamné par le tribunal de simple police pour rixe et violences légères, ne peut évidemment être encore actionné ultérieurement devant le tribunal correctionnel pour coups et blessures volontaires, à raison des mêmes faits. — Peu importe, d'ailleurs, que cette dernière action, intentée par un individu qui a pris part à la rixe dont il s'agit, fût antérieure à celle dirigée contre l'un et l'autre par le ministère public devant le tribunal de police : Bordeaux, 3 mai 1867 (J.M.p.11.66).

51. Il résulte d'un arrêt de la Cour de Paris du 12 juin 1860 (J.M.p.3.153), que la condamnation pour homicide ou blessures par imprudence prononcée par un tribunal correctionnel contre un individu dont le chien atteint de rage, et qu'il a laissé échapper, a mordu diverses personnes dans plusieurs arrondissements différents, ne met pas obstacle à ce que cet individu soit encore poursuivi sous la même inculpation devant un autre tribunal voisin, à raison des morsures faites par ce chien dans l'arrondissement où siége le second tribunal.

52. Cette solution nous paraît inadmissible. Les blessures ou homicides causés par le fait indiqué ci-dessus ne forment dans leur ensemble, quelque nombreux qu'ils soient, qu'un élément d'un même délit, et non des éléments séparés de plusieurs délits distincts, puisqu'ils ne résultent tous que d'un fait unique d'imprudence, auquel ils se rattachent d'une manière indivisible. Si donc une condamnation vient à être prononcée, pour quelques-uns seulement des homicides ou blessures dont il s'agit, contre la personne à laquelle ils sont imputables, celle-ci ne pourra être ultérieurement l'objet de nouvelles poursuites et d'une nouvelle condamnation à raison des autres blessures ou homicides qui, bien que causés par le même fait d'imprudence, n'avaient pas été tout d'abord signalés à la justice. Ce qui est manifeste pour le cas ordinaire où les homicides ou blessures résultant d'un même acte d'imprudence ont été causés dans le même lieu, ne saurait cesser de l'être lorsque les conséquences fâcheuses de l'accident se sont étendues dans deux arrondissements limitrophes. La circonstance que le chien atteint de rage que son maître a imprudemment laissé divaguer, a franchi la limite de l'arrondissement où habite celui-ci, et a mordu certaines personnes dans un arrondissement voisin, comme il l'avait fait dans le premier, ne peut avoir pour effet de doubler le délit, et de permettre à la justice de frapper l'auteur de l'imprudence de deux condamnations prononcées dans chacun des deux arrondissements. Que les blessures ou homicides se soient produits dans un seul arrondissement ou dans plusieurs, leur caractère ne saurait différer, du moment où c'est toujours d'un seul et même acte d'imprudence qu'ils résultent. V. au surplus notre dissertation à la suite de l'arrêt précité de la Cour de Paris.

53. Nous venons de parler des effets de l'exception de chose jugée sur l'action publique. — C'est un principe aujourd'hui bien constant, que le jugement criminel qui déclare un individu coupable du crime ou délit à lui imputé, a aussi l'autorité de la chose jugée au civil, relativement à l'action en dommages-intérêts formée contre cet individu par la partie lésée. Cette déclaration de culpabilité prononcée sur la réquisition du ministère public, agissant dans l'intérêt général de la société, constitue une vérité judiciaire irréfragable, même vis-à-vis de la partie lésée qui n'a pas été partie au jugement criminel. L'autorité de ce jugement ne serait contestable qu'à l'égard des tiers qui n'auraient pas eu le droit de figurer dans l'instance criminelle. V. sur ce point les observations dont nous avons accompagné un arrêt de la Cour de cassation du 14 fév. 1860 dans le *Recueil général des lois et des arrêts*, vol. de 1860, 1re part., p. 193.

54. Et ce qui est constant pour la déclaration de culpabilité ne saurait l'être moins pour la déclaration de responsabilité civile qui sert de base à la condamnation aux frais. Ce sont là deux dispositions du jugement qui, procédant de la même cause et prononcées l'une et l'autre dans un intérêt public, s'enchaînent indissolublement et présentent à un degré égal le caractère de la chose jugée. Comment soutiendrait-on d'une manière sérieuse que la première de ces dispositions ressort seule de l'exercice de l'action publique, et que la seconde résulte de l'exercice d'une action purement civile ? N'est-il pas manifeste que le ministère public n'a requis celle-ci que comme accessoire de celle-là, et que, pas plus pour l'une que pour l'autre, il n'eût pu porter ses réquisitions devant la juridiction civile ?

55. Jugé en ce sens que la condamnation aux frais de la procédure prononcée par un jugement correctionnel, sur la réquisition du ministère public, contre une personne déclarée civilement responsable d'un délit, étant, comme la déclaration de culpabilité elle-même, le résultat de l'exercice de l'action publique, a l'autorité de la chose jugée au civil relativement à l'action en dommage-intérêts intentée contre la même personne par la partie lésée, et forme obstacle à ce que le fait sur lequel elle repose soit, sur cette action, remis en question devant la juridiction civile : Rennes, 12 déc. 1861 (J.M.p.4.297).

— V. *Étranger.*

COALITION. — **1.** Nous nous contenterons de mentionner ici une décision intéressante rendue par la Cour de cassation sur une difficulté d'interprétation qu'avait paru présenter le texte de l'art. 414, C. pén., modifié par la loi du 25 mai 1864.

2. D'après cette décision, les *menaces* à l'aide desquelles est commis le délit d'atteinte à la liberté du travail ou de l'industrie puni par le nouvel art. 414, doivent s'entendre, non point de menaces de voies de fait, comme dans le cas des art. 305 et s.. C. pén., mais de toutes menaces en général, sans qu'il soit d'ailleurs nécessaire qu'elles soient accompagnées de voies de fait ou d'interdiction de travail. Et, par suite, on doit considérer comme rentrant dans les termes de l'art. 414 les menaces d'interdiction de travail proférées par quelques-uns des ouvriers d'une fabrique contre ceux qui refuseraient de concourir à une entente créée en vue de faire renvoyer de la fabrique un autre ouvrier : Cass., 5 avr. 1867 (J.M.p.10.132).

3. Rien, en effet, ni dans le texte du nouvel art. 414, ni dans l'exposé des motifs de la loi du 25 mai 1864 et dans le rapport qui a précédé cette loi, n'autorise à croire que le législateur ait entendu que les menaces donnant à la coalition un caractère délictueux, soient autres que des menaces simples. Dès lors, non-seulement il n'est donc pas nécessaire, pour que le délit existe. que les menaces soient de la nature de celles que prévoient les art. 305 et s., C. pén. ; mais il faut dire que si elles présentaient cette gravité, ce n'est plus seulement la pénalité de l'art. 414, mais celle des art. 305 et s. eux-mêmes, qui devrait être appliquée.—Conf., Emile Ollivier, *Comment. de la loi du 25 mai* 1864, p. 13 et s. — A plus forte raison , n'est-il point exigé que les menaces soient accompagnées de voies de fait ou d'interdiction de travail. Ainsi que le dit très-justement l'arrêt ci-dessus de la Cour de cassation, les menaces sont à elles seules constitutives du délit, comme les voies de fait le sont elles-mêmes isolément, et l'interdiction de travail est caractéristique d'une autre infraction réprimée par l'art. 416.

CODE PÉNAL. — Le Code pénal de 1810 a subi, comme on sait, des modifications considérables. Les plus importantes qui y aient été introduites dans ces derniers temps sont celles que renferme la loi du 13 mai 1863 et qui comprennent un grand nombre de dispositions de ce Code. Une explication sommaire de la loi du 13 mai 1863 a été donnée dans une circulaire du ministre de la justice du 30 du même mois (Rés. chr., p. 54). V. aussi notre *Code pénal modifié*.

COMMANDANTS SUPÉRIEURS DE L'ARMÉE.
— Aux termes de l'art. 11 d'une instruction ministérielle du 6 fév. 1858, approuvée par l'Empereur, et relative à l'exécution du décret du 27 janvier précédent, qui a institué cinq grands commandements militaires : « Les préfets et les *chefs de parquet* « doivent adresser aux maréchaux commandants supérieurs des « rapports sur la situation politique des départements qui font « partie de leur circonscription et porter à leur connaissance « les événements qui intéressent la sécurité publique. » — Il a été reconnu, d'un commun accord, entre le ministre de la guerre et le garde des sceaux, que l'expression de *chefs de parquet* dont se sert l'art. 11 doit être considérée comme s'appliquant d'une manière exclusive aux procureurs généraux. Cette interprétation, qui s'induit du texte même de l'article, répond au double but d'assurer à l'institution nouvelle le loyal et nécessaire concours de la magistrature et de réserver à chaque ordre de fonctions son autorité hiérarchique, sa liberté d'action, sa discipline et sa responsabilité. Les procureurs généraux doivent, en tout temps, porter sans retard à la connaissance du commandant supérieur les événements qui intéresseraient la sécurité publique. — Quant aux rapports sur la situation politique de leur ressort, ils doivent, en temps ordinaire, être adressés au commandant supérieur, tous les trois mois, c'est-à-dire dans les cinq premiers jours des mois de janvier, d'avril, de juillet et d'octobre. Ils coïncideront ainsi avec les rapports *trimestriels* que, d'après l'art. 12, les commandants supérieurs sont tenus d'envoyer au ministre de la guerre. Ils peuvent se terminer par le tableau des condamnations politiques prononcées dans le cours du trimestre. Enfin, ils doivent être, dans les limites que les procureurs généraux apprécieront, l'extrait ou la substance du rapport politique que ces magistrats sont tenus de faire parvenir aux mêmes époques au garde des sceaux. En cas de troubles ou d'événements extraordinaires réclamant des mesures exceptionnelles, les rapports des procureurs généraux au commandant

supérieur peuvent être envoyés à des intervalles plus rapprochés ; mais le garde des sceaux doit être informé, dans tous les cas, des communications qui auront été faites. — Le sentiment de l'intérêt public et de la dignité du gouvernement, l'urgence des conjonctures, l'esprit de prévoyance, de sagesse et d'abnégation personnelle qui doit inspirer les représentants de l'autorité, seront, pour la mesure de ces communications, les guides les meilleurs et les plus sûrs : Circ. min. just. 20 avril 1858 (J.M.p.1.180).

COMMISSAIRE DE POLICE. — 1. Une instruction du ministre de l'intérieur du 21 juill. 1858 (J.M.p.1.318) précise les obligations des commissaires de police comme officiers de police judiciaire auxiliaires du procureur impérial, et comme officiers du ministère public près les tribunaux de simple police.

2. Les commissaires de police ont qualité, de même que les autres officiers de police judiciaire auxiliaires du ministère public, pour recevoir des plaintes portant sur des faits accomplis hors de leur circonscription, ou formées contre des individus étrangers à leur ressort, sauf à eux à les transmettre aux magistrats compétents : Cass., 4 nov. 1853 (S.-V.-54.1.154); Pau, 5 août 1859 (J.M.p.2.261);—Massabiau, *Man. du min. publ.*, t. 2, n. 1640. V. *Fonctionnaires administratifs.*

3. Les commissaires de police n'ont pas à intervenir dans les actes d'information judiciaire. Ils ne doivent, hors le cas de flagrant délit, agir que par délégation du juge, et ne peuvent se livrer à aucun acte d'instruction : Circ. min. int. 4 oct. 1853 (Gillet, n. 3484).

4. L'art. 3 du décret du 28 mars 1852, en autorisant les commissaires de police à requérir, *au besoin*, les gardes forestiers de leur canton, n'a pas voulu faire de ces gardes les auxiliaires permanents des commissaires de police. Ce droit de réquisition directe ne peut avoir d'application raisonnable et justifiée que lorsque le maintien de l'ordre, la tranquillité publique, la sécurité des personnes, en un mot, des circonstances exceptionnelles réclament le concours immédiat des préposés forestiers, et nullement lorsqu'il s'agit de la répression des délits et des contraventions de police ordinaire : Circ. min. int. 4 oct. 1853 (Gillet, n. 3484).

— V. *Fonctionnaires administratifs.*

COMMISSAIRE-PRISEUR. — 1. Aux termes des art. 1 et 2 du décret du 24 mars 1809, les commissaires-priseurs qui réclament le remboursement de leur cautionnement, doivent produire, indépendamment des pièces exigées d'eux comme des autres officiers publics par la loi du 25 nivôse an XIII et le décret du 18 septembre 1806, un certificat de *quitus* du produit des ventes dont ils ont été chargés. Ce certificat leur est délivré par leur chambre, et est visé par le président du tribunal ou par le procureur impérial. Mais quand les commissaires-priseurs ne dépendent d'aucune chambre de discipline, le certificat dont il s'agit doit leur être donné, aux termes de l'article 1er de l'ordonnance du 9 janv. 1818, par le procureur impérial de leur ressort, sur le vu des quittances du produit des ventes ou du récépissé de la consignation des fonds restés en leurs mains. Le certificat énonce que le commissaire-priseur ne dépend d'aucune chambre de discipline, et il est visé par le président du tribunal. Nous en avons donné le modèle, J.M.p.11.287.

2. Une ordonnance du 22 août 1821, art. 1er, prévoyant le cas où les justifications exigées par le décret du 24 mars 1809 ne pourraient être fournies, permet de remplacer le véritable certificat de *quitus*, délivré par le procureur impérial au commissaire-priseur ne dépendant d'aucune chambre, par une pièce équivalente. Lorsqu'en effet des commissaires-priseurs ont cessé leurs fonctions, et que les titulaires, leurs héritiers ou ayants cause, sont dans l'impossibilité de représenter toutes les pièces comptables nécessaires pour obtenir le certificat de *quitus*, le procureur impérial constate cette impossibilité et en déduit les motifs dans un avis donné sur la demande des titulaires, de leurs ayants cause ou de leurs créanciers. Ce certificat, attestant en outre que le commissaire-priseur a donné, à la cessation de ses fonctions, la publicité voulue par la loi du 25 nivôse an XIII et l'art. 2 de l'ordonnance de 1821, tient lieu, dit l'art. 3 de cette ordonnance, du certificat de *quitus*.

3. Le ministère public doit veiller à ce que les commissaires-priseurs envoient régulièrement à l'avenir, et dès leur publication, au directeur général des archives de l'Empire un exemplaire de tous les catalogues annonçant des ventes de livres, manuscrits, autographes, qui devront avoir lieu par leur ministère, afin que ce fonctionnaire puisse revendiquer en temps utile la possession des documents qu'il reconnaîtrait provenir des archives de l'Empire : Circ. min. just. 22 fév. 1859 (Rés. chr., p. 3).

4. Pareil envoi doit être fait à l'administrateur général de la Bibliothèque impériale, afin qu'il puisse également faire en temps utile les revendications qu'il jugerait nécessaires dans l'intérêt de cet établissement : Circ. min. just. 6 juin 1860 (Rés. chr., p. 19). Toutefois, les catalogues doivent être adressés directement au ministre d'État qui les transmet à l'administrateur général : Circ. min. just. 14 fév. 1861 (Rés. chr., p. 30).

COMMISSION ROGATOIRE. — 1. En ce qui concerne le droit de délégation du *juge d'instruction*, nous renvoyons à ce mot. Nous ne parlerons ici que de la forme et de l'exécution des commissions rogatoires.

2. Il n'est pas nécessaire que les commissions rogatoires soient précédées des conclusions du ministère public : Dalloz, *Rép.*, v° *Instr. crim.*, n. 859; Duverger, *Man. des jug. d'instr.*, t. 2, n. 376; F. Hélie, *Instr. crim.*, t. 4, n. 1910. — V. *infrà*, n. 6.

3. Aucune irrégularité ne saurait résulter de ce que le magistrat ou l'officier délégué ne serait pas personnellement dénommé dans la commission rogatoire : Cass., 25 janv. 1849 (S.-V.49.1. 203).

4. Les commissions rogatoires doivent, comme toutes les pièces de la procédure, être transmises en minute, avec les notes dont parle l'art. 83, C. instr. crim. : Décis. min. just. 5 mars 1825 (Gillet, n. 1823); — F. Hélie, n. 1910; Duverger, t. 2, n. 379. Le juge d'instruction peut en faire directement l'envoi; mais s'il préfère recourir à l'intermédiaire du procureur impérial, ce dernier ne peut se refuser à en opérer la transmission : Décis. min. just. 6 janv. 1825 (Gillet, n. 1802); — F. Hélie, Duverger, *loc. cit.* — Une circulaire du procureur général de Paris du 2 mars 1855 (Addenet, p. 70) va jusqu'à considérer le ministère public comme ayant seul qualité pour cette transmission; mais cette opinion isolée ne saurait être suivie. Elle est d'ailleurs contraire à une pratique constante.

5. Les commissions rogatoires qui doivent être exécutées à l'étranger sont transmises au garde des sceaux; on doit y employer une formule d'invitation ou de prière et s'abstenir de toutes formes de style impératives. Les magistrats ne doivent, dans aucun cas, correspondre avec les autorités judiciaires à l'étranger pour la transmission ou l'exécution de ces commissions rogatoires : Décis. min. just. 9 juin et 19 juill. 1826 (Gillet, n. 1938 et 1941); Circ. min. just. 5 avr. 1841 (*Id.*, n. 2724). V. aussi circ. min. just. 31 déc. 1827 (*Id.*, n. 2053) et 12 mai 1855 (*Id.*, n. 3578).

6. Le juge d'instruction qui reçoit une commission rogatoire directement, sans l'intermédiaire du parquet, n'est pas tenu de la communiquer au procureur impérial pour que celui-ci en requière l'exécution. C'est ce qu'établit M. Duverger, n. 385. — *Contrà*, M. Massabiau, t. 2, n. 1857, qui invoque une circulaire du procureur général de Rennes du 25 juin 1841. — V. *suprà*, n. 2.

7. Le magistrat qui reçoit directement de l'étranger une commission rogatoire, doit l'envoyer immédiatement au ministre de la justice pour qu'il examine s'il y a lieu d'y faire droit. Cette commission est exécutée par le juge d'instruction sur le réquisitoire du ministère public. Quand le magistrat instructeur a accompli sa mission, il rend une ordonnance de *soit transmis au parquet*, et toutes les pièces sont envoyées par le ministère public au ministère de la justice : Circ. min. just. 5 avr. 1841 (Gillet, n. 2724).

8. Le juge chargé de l'exécution d'une commission rogatoire n'est pas tenu de constater, dans les actes d'information auxquels il procède, qu'il agit en vertu de cette commission : Cass., 25 janv. 1849 (S.-V.49.1.203).

9. Après que la commission rogatoire a été exécutée, le juge délégué la renvoie, avec les actes qui ont été faits, au juge commettant. Il est joint à ces pièces un inventaire signé par le greffier et un état des frais ; le paquet doit être clos et cacheté (C. instr. crim., 85). — Ce renvoi peut aussi être fait directement et sans l'intermédiaire du parquet : F. Hélie, n. 1916 ; Duverger, n. 391. — Si la commission rogatoire avait été exécutée par un juge de paix que le juge d'instruction commis aurait subdélégué, le renvoi peut être fait soit au juge commettant (c'est la marche indiquée par la loi elle-même : C. instr. crim., 85), soit au juge de qui émane la subdélégation. V. Carnot, *Instr. crim.*, t. 1, p. 370 ; F. Hélie, n. 1916 ; Duverger, n. 391.

10. Les commissions rogatoires adressées, en matière civile, par des tribunaux français à des tribunaux ou à des consuls étrangers, doivent être transmises à la chancellerie, pour être envoyées ensuite, s'il y a lieu, à l'autorité compétente par le ministre des affaires étrangères, afin que le garde des sceaux et son collègue des affaires étrangères puissent apprécier, au point de vue du droit international, s'il convient ou non d'y donner suite : Instr. partic. min. just. 24 juin 1859 (Rés.chr.p.9). — V. aussi circ. min. just. 19 juin 1866 (*Id.*, p. 90).

COMMUNE. — 1. Les procès des communes sont particulièrement recommandés par la loi à la sollicitude du ministère public, et l'une des conditions les plus essentielles pour qu'ils puissent être régulièrement instruits, est l'autorisation préalable du conseil de préfecture. Dans quel cas cette autorisation peut-elle être omise ? Cette question, que nous ne pouvons traiter ici, a été, dans notre journal, l'objet d'une dissertation à laquelle nous renvoyons le lecteur. Voy. J.M.p.9.211.

2. On sait qu'aux termes de l'art. 83, C. proc. civ. - 1°, les causes qui concernent les communes doivent être communiquées au ministère public.

COMMUNICATION AU MINISTÈRE PUBLIC.—

1. L'art. 83, C. proc. civ., détermine les causes qui doivent être communiquées au ministère public. — Mais cette énumération n'est pas complète, et des dispositions particulières de nos lois exigent l'audition du ministère public dans d'autres affaires. — V. C. proc. civ., 202 (vérification d'écriture), 251 (faux incident), 359 (désaveu d'officier ministériel), 668 (distribution par contribution), 762, 764, 767, 778 (ordre), 879 (séparation de corps), 900 (cession de biens), 987 (succession bénéficiaire) ; L. 22 frim. an VII, art. 65 (enregistrement) ; L. 5 vent. an XII, art. 88 (contributions indirectes).

2. La cause intéressant une femme mariée, autorisée de son mari, n'est pas sujette à communication au ministère public, lorsqu'elle est relative à ses biens paraphernaux : Chambéry, 19 janv. 1869 (J.M.p. 12.158) ; — Périer, *du Minist. publ. à l'aud. civ.*, n. 33.

3. Un arrêt de la Cour de Douai du 19 mars 1861 (J.M.p.4. 154) a jugé que la communication au ministère public et les conclusions de celui-ci ne sont point obligatoires dans une cause où est invoqué le défaut de préliminaire de conciliation, sur le motif que ce préliminaire n'est pas une formalité d'ordre public. — Ce motif est conforme à la jurisprudence la plus générale. — Néanmoins, la Cour de cassation, tout en décidant que le défaut de préliminaire de conciliation peut être couvert par la défense au fond, a reconnu au ministère public le droit de réquérir, et aux juges celui de déclarer, même d'office, *in limine litis*, qu'une demande non soumise au préliminaire de conciliation ne sera point reçue, tant que ce préliminaire n'aura pas été observé : Cass., 21 déc. 1825 (Dalloz, *Répert.*, v° *Conciliation*, n° 65) et 30 mai

1842 (S.-V.42.1.495). Le ministère public, en faisant cette réquisition, dit l'arrêt de 1825, n'agit pas par voie d'action, mais en vertu du droit qu'il a de surveiller l'exécution des lois.

4. Le défaut d'audition du ministère public dans une cause communicable, ou de mention de cette audition, entraîne la nullité du jugement. Ce point est tellement certain que nous nous bornerons à rappeler ici les autorités les plus récentes qui l'ont consacré ou reconnu. V. Riom, 24 août 1846 (S.-V. 47.2.142); Bruxelles, 23 nov. 1857 (J.M.p.1.226); — Bioche, *Dict. de procéd.*, v° *Ministère public*, n. 234; Ortolan et Ledeau, *Min. publ.*, t. 1, p. 294; Massabiau, t. 1, p. 234, n. 452; Dalloz, v^{is} *Ministère public*, n°s 122, 124, et *Jugement*, n. 276; Périer, n. 50.

5. Le défaut de communication au ministère public, dans les causes qui y sont sujettes, ne donne ouverture qu'à requête civile, et non à recours en cassation : Cass., 21 mai 1860 (S.-V.60.1.960); 17 juin 1863 (J.M.p.6.147), et autres arrêts nombreux mentionnés dans la *Table générale* de Devilleneuve et Gilbert, v° *Ministère public*, n. 114 et suiv., et dans le *Répert.* de Dalloz, *eod.* v°, n. 118, et v° *Requête civile*, n. 126. Il n'en est autrement que dans le cas où les juges dont la décision est attaquée et devant lesquels le moyen a été proposé, ont refusé de l'accueillir : Cass., 30 janv. 1839 (S.-V.39.1.393).

6. Quelques auteurs enseignent toutefois, en invoquant les termes restrictifs de la disposition citée plus haut, que le défaut de communication au ministère public ne constitue pas une ouverture à requête civile, lorsque la communication est prescrite. non dans l'intérêt de l'une des parties, mais dans un intérêt d'ordre public, comme dans les questions de compétence, d'inscription de faux, etc. : Lepage, p. 629; Delaporte, t. 2, p. 50; Morin, *Journ. des av.*, t. 53, p. 542; Rodière, *Proc. civ.*, t. 2, p. 379; Chauveau sur Carré, *Lois de la proc.*, quest. 1741. V. aussi M. Merville, *Rev. de dr. franç. et étrang.*, 1846, p. 791. — Mais l'opinion contraire est professée par Carré, *loc. cit.*, quest. 1758; Ortolan et Ledeau, *Le minist. publ. en France*, t. 1, 293; Boitard, *Leç. de proc.*, t. 2, p. 737; Dalloz, v° *Req. civ.*, n. 130; Bioche, *Dict. de proc.*, v^{is} *Minist. publ.*, n. 247, et *Req. civ.*, n. 92; et elle découle de trois arrêts de la Cour de cassation des 9 fév. 1836 (S.-V. 36. 1.88); 22 nov. 1837 (S.-V.38.1.524) et 11 janv. 1843 (S.-V.43.1. 671). C'est celle qui nous semble la plus exacte. V. nos observations sur l'arrêt de la Cour de cassation du 17 juin 1863 mentionné au numéro précédent.

COMPÉTENCE CRIMINELLE.

SOMMAIRE ALPHABÉTIQUE.

§ 1er. — *Compétence* ratione materiæ.

1. La loi a attribué la connaissance de certaines matières déterminées, c'est-à-dire de certaines espèces d'infractions, à chacune des juridictions criminelles qu'elle a établies; c'est là ce qui constitue la compétence *ratione materiæ*. Nous aurons à rappeler les principes les plus importants de cette compétence en nous occupant de chaque juridiction en particulier. V. *infrà*, §§ 1 et suiv.

§ 2. — *Compétence* ratione personæ.

2. La compétence à raison de la qualité des personnes, *ratione personæ*, n'est autre chose qu'une exception aux règles générales de la compétence, puisqu'elle consiste à enlever certaines personnes à la juridiction de droit commun, pour les soumettre à une juridiction particulière. — Nous nous occuperons successivement des principales catégories de personnes auxquelles s'applique cette compétence d'exception.

ART. 1er. *Justiciables de la Haute Cour de justice.*

3. Aux termes de l'art. 1er d'un sénatus-consulte du 4 juin 1858, la Haute Cour de justice connaît des crimes et des délits commis par

des princes de la famille impériale et de la famille de l'Empereur,
par des ministres, par des grands officiers de la couronne, par des
grands-croix de la Légion d'honneur, par des ambassadeurs, par
des sénateurs, par des conseillers d'État; à moins que ces personnes ne soient poursuivies pour faits relatifs au service militaire,
cas dans lequel elles demeurent justiciables des tribunaux militaires, conformément aux Codes de justice militaire pour les
armées de terre et de mer. V. *infrà*, n. 28 et suiv. — V. aussi
Haute Cour de justice.

Art. 2. *Justiciables de la Cour impériale (chambre civile).*

4. Les art. 479 et 483, C. instr. crim., soumettent à la juridiction
de la Cour impériale (chambre civile) certains magistrats et fonctionnaires à raison des délits par eux commis soit dans l'exercice
de leurs fonctions, soit en dehors de cet exercice.

5. Il ne suffit pas que les délits commis par un maire ou un
adjoint aient été perpétrés sur le territoire de sa commune, pour
qu'ils doivent être considérés comme ayant été commis dans
l'exercice de ses fonctions d'officier de police judiciaire, et comme
le rendant, dès lors, justiciable de la Cour impériale; cette compétence exceptionnelle n'existe à son égard qu'autant que le
délit a été commis dans l'exercice réel du pouvoir de la police judiciaire : Rouen, 18 mars 1858 (J.M.p. 2.51); Limoges, 25 févr.
1862 (*Id.* 5.65); Cass., 8 mai 1862 (*Ibid.*); Metz, 8 déc. 1862
(*Id.* 6.7); Grenoble, 4 déc. 1867 (*Id.* 11.113).

6. Cette solution, que l'on peut aujourd'hui regarder comme
constante en jurisprudence, malgré quelques décisions opposées,
nous semble irréprochable. S'il n'est pas vrai de dire, avec un
arrêt de la Cour de cassation du 24 fév. 1831 (Dalloz, *Rép.*,
v° *Mise en jug. des fonct. publ.*, n. 303), que les maires ne
sont dans l'exercice de leurs fonctions d'officiers de police judiciaire que lorsque, revêtus de leurs insignes, ils dressent des procès-verbaux constatant des délits ou des contraventions, il n'est
pas exact non plus de prétendre, comme l'ont fait quelques arrêts
de Cours impériales (Nancy, 20 avr. 1857, J.M.p.1.49; Metz, 24
déc. 1868, *Id.* 12.207), que les délits commis par un maire doivent être réputés commis dans l'exercice de ses fonctions, par
cela seul que, dans le lieu et au moment où il les a perpétrés, il
avait qualité pour rechercher et constater lui-même de semblables délits. Tout ce qui résulte de cette circonstance, c'est que ce
fonctionnaire est passible de l'aggravation de peine édictée par
l'art. 198, C. pén., lequel s'applique même aux fonctionnaires

qui n'ont pas agi dans l'exercice de leurs fonctions. Mais pour que des délits puissent être considérés comme ayant été commis dans cet exercice, il faut au moins qu'ils se rattachent à un acte positif des fonctions.

7. Les arrêts de cassation de Limoges, Metz et Grenoble mentionnés ci-dessus ont appliqué cette doctrine au cas de délits de chasse commis par un maire ou un adjoint sur le territoire communal. — L'arrêt également précité de la Cour de Rouen a statué dans une autre hypothèse ; il a jugé que l'adjoint qui a adressé des reproches à un particulier au sujet d'un fait de ce dernier pouvant constituer une contravention de police, sans que les circonstances indiquent qu'il eût l'intention de constater ce fait par un procès-verbal, ne peut être réputé avoir agi dans l'exercice de ses fonctions d'officier de police judiciaire ; et qu'en conséquence, si les reproches dont il s'agit ont le caractère d'un délit, de celui de diffamation, par exemple, il ne peut être poursuivi, à raison de ce délit, devant la première chambre de la Cour impériale, mais demeure justiciable du tribunal correctionnel.

8. La Cour de cassation a décidé aussi que l'outrage adressé par un maire à des agents de la force publique dans l'exercice de leurs fonctions, alors qu'il assistait à la vérification faite par le juge de paix des circonstances d'un délit de chasse dont il était inculpé, ne saurait être considéré comme ayant été commis par ce maire dans l'exercice de ses fonctions d'officier de police judiciaire, et ne le rend pas, dès lors, justiciable de la Cour impériale, nul ne pouvant être officier de police judiciaire dans sa propre cause : Cass., 14 juill. 1865 (J.M.p.8.228).

9. Mais la jurisprudence considère, au contraire, les délits des gardes champêtres et forestiers et des gardes particuliers comme des délits commis dans l'exercice de leurs fonctions d'officiers de police judiciaire, lorsqu'ils ont eu lieu sur le territoire confié à leur surveillance, et qu'ils sont d'ailleurs du nombre de ceux que ces gardes ont pour mission de rechercher. V. Cass., 5 mars 1846 (S.-V.46.1.510); 2 mars 1854 (S.-V.54.1.278); 8 mai 1862 (J.M.p. 5.248); Orléans, 19 avr. 1852 (D.p.53.2.112); Liége, 11 juillet 1860 (J.M.p.4.256) et 27 mai 1863 (*Id.* 6.226); Limoges, 25 fév. 1862 (*Id.* 5.65); Pau, 24 nov. 1862 (*Id.* 6.228); Gand, 5 juillet 1864 (*Id.* 7.244); C. Cass. belg., 7 oct. 1864 (*Id.* 7.267); Bruxelles, 7 nov. 1864 (*Id.* 8.16). — *Contrà*, Gand, 23 avr. et 13 août 1861 (J.M.p.4.256 ; 5.44) ; — Del Marmol, *Rev. prat. de dr. franç.*, t. 12, p. 563.

10. C'est ainsi qu'il a été jugé que le délit de chasse commis par un garde champêtre ou forestier, par un garde particulier ou garde-chasse, doit être réputé commis dans l'exercice de ses fonctions d'officier de police judiciaire, et le rend, par suite, justiciable de la Cour impériale, par cela seul qu'il a été perpétré sur le territoire confié à la surveillance de ce garde : Liége, 11 juillet 1860 et 27 mai 1863; Limoges, 25 fév. 1862; Cass., 8 mai 1862; Gand, 5 juill. 1864; C. Cass. belg., 7 oct. 1864; Bruxelles, 7 nov. 1864, précités.

11. ..... Et que cette compétence est applicable au délit de chasse commis par un garde champêtre, encore que ce garde fût plus spécialement chargé de l'entretien et de la surveillance des chemins vicinaux de la commune, et qu'au moment du délit il ne fût pas revêtu des insignes de ses fonctions : Liége, 27 mai 1863, déjà mentionné.

12. Décidé également que le délit de chasse commis par un commissaire de police dans le canton confié à sa surveillance, pendant qu'il se rendait dans une commune de ce canton pour y remplir une mission relative à ses fonctions, est de la compétence de la Cour impériale, et non de celle du tribunal correctionnel : Aix, 8 janv. 1862 (J.M.p.5.46).

13. Jugé encore qu'un garde champêtre est justiciable de la Cour impériale à raison du fait d'enlèvement d'arbres par lui commis dans les bois de la commune, soumis à sa surveillance comme toutes les autres propriétés communales : Pau, 24 nov. 1862 (J.M.p.6.228).

14. Au reste, la compétence exceptionnelle qu'établit l'art. 483. C. instr. crim., ne s'applique aux délits commis par les gardes champêtres ou forestiers, qu'autant qu'il est bien constant que ces gardes exerçaient leurs fonctions d'officiers de police judiciaire au moment où ils s'en sont rendus coupables : Cass., 14 déc. 1843 (S.-V.44.1.68).

15. Jugé spécialement que les gardes champêtres, étant sans qualité pour rechercher et constater les délits commis dans les bois de l'État, ne peuvent, lorsqu'un tel délit leur est imputé, être considérés comme l'ayant commis dans l'exercice de leurs fonctions, et ne sont pas dès lors justiciables de la Cour impériale : Cass., 13 janv. 1849 (S.-V.49.1.452).

16. ...Que si les délits de chasse commis par un garde particulier sur le territoire soumis à sa surveillance doivent être réputés commis dans l'exercice de ses fonctions d'officier de police judiciaire, et le rendent par suite justiciable de la Cour impériale, et non du tribunal correctionnel, il en est autrement des délits de cette nature qu'il commet sur un terrain non confié à sa garde, alors même que, de fait, il y exercerait sa surveillance : Paris, 29 mai 1869 (J.M.p.12.259).

17. ...Que les gardes champêtres ne sont justiciables des Cours impériales, à raison des délits commis par eux, qu'autant que ces délits sont du nombre de ceux qu'ils ont mission de rechercher en leur qualité d'officiers de police judiciaire ; et que tel n'est point le délit de diffamation commis par un garde champêtre à l'occasion de faits étrangers à la police rurale ou forestière : Trib. corr. de Marseille, 14 avr. 1864 (J.M.p.7.190).

18. ... Que les gardes champêtres n'ont la qualité d'officiers de police judiciaire, et ne sont, dès lors, justiciables des Cours d'appel à raison des délits qu'ils commettent dans l'exercice de leurs fonctions, que lorsqu'ils procèdent à la recherche des délits et contraventions portant atteinte aux propriétés rurales, et non lorsqu'ils constatent des contraventions de voirie urbaine, telles, par exemple, qu'un fait d'embarras de la voie publique dans un bourg ou village : Grenoble, 28 avr. 1860 (J.M.p.3.230). — L'exactitude de cette dernière solution est manifeste en présence du principe bien constant que les gardes champêtres sont sans qualité pour constater les contraventions étrangères à la police rurale. V. sur ce point, Cass., 13 fév. 1819 (S.-V.6. 1.28); 7 mai 1840 (S.-V.41.1.176); 2 déc. 1848 (S.-V.49.1.452); 12 avr. 1850 (S.-V.50.1.768); 13 mai 1852 (D.P.53.5.243); 1er avr. 1854 (S.-V.55.1.314); 21 juin 1855 (*Id.* 863), et 17 fév. 1859 (S.-V.59.1.877); — Mangin, *Procès-verb.*, n. 92; Berriat Saint-Prix, *Proc. des trib. crim.*, t. 1, n. 224; Trébutien, *Cours élément. de dr. cr.*, t. 2, p. 176; Longchamps, *Police rurale*, p. 403; F. Hélie, *Instr. crim.*, t. 3, n. 1195; Dalloz, *Répert.*, v° *Garde champêtre*, n. 22 et suiv., et *Proc.-verb.*, n. 250.

19. Les commissaires et sous-commissaires préposés à la surveillance des chemins de fer ayant reçu de l'art. 3 du décret du 27 fév. 1850 les pouvoirs d'officiers de police judiciaire pour la constatation des crimes, délits et contraventions commis dans l'enceinte des chemins de fer et de leurs dépendances, sont à ce titre justiciables de la Cour impériale à raison des délits par eux commis dans l'exercice de leurs fonctions : F. Hélie, t. 6, n. 2801.

20. En est-il de même des simples agents de surveillance assermentés des compagnies de chemins de fer? La négative a été

22

con sacrée par un arrêt de la Cour de Rennes du 18 août 1864 (J. M. p. 7.269).—Mais la Cour de Metz, par arrêt du 4 juin 1855 (S.-V. 55.2.694), a admis l'opinion contraire, qui nous semble plus juridique.

21. Dans tous les cas, ne sauraient être réputés commis dans l'exercice des fonctions d'officier de police judiciaire, les délits perpétrés par un agent de surveillance d'un chemin de fer, investi en même temps de la qualité d'employé spécial de la compagnie, dans l'accomplissement d'un acte se référant à cette dernière qualité : Rennes, 18 août 1864, ci-dessus.

22. Les préposés des douanes n'ont pas la qualité d'officiers de police judiciaire ; en conséquence, ils ne sauraient être compétemment cités à la requête du procureur général devant la première chambre de la Cour impériale à raison des délits par eux commis dans l'exercice de leurs fonctions : Metz, 29 avr. 1863 (J.M.p.6.112).

25. L'art. 483, C. instr. crim., qui investit la Cour impériale, à l'exclusion du tribunal correctionnel, de la connaissance des *délits emportant une peine correctionnelle* que commettent les magistrats ou officiers de police judiciaire dans l'exercice de leurs fonctions, est-il également applicable aux contraventions que la loi a exceptionnellement attribuées à la juridiction correctionnelle, telles que les contraventions forestières poursuivies à la requête de l'administration des forêts? Nous avons soutenu la négative dans une dissertation insérée J.M.p.4.269, et qui peut se résumer comme il suit :

24. Il semble d'abord incontestable que la disposition de l'art. 483, textuellement limitée aux *délits emportant une peine correctionnelle*, ne saurait être étendue aux simples contraventions de police telles que les a caractérisées le Code pénal. C'est ce que la Cour de cassation a proclamé, par arrêt du 27 sept. 1851 (D.P. 51.5.111), à l'égard de l'art. 479, C. instr. crim., conçu, en ce qui touche la nature de l'infraction, en termes identiques à ceux de l'art. 483. V. aussi dans ce sens, F. Hélie, t. 6, n. 2803, et Berriat Saint-Prix, *op. cit.*, 1re part., n. 76, et 2e part., n. 239. — Mais en serait-il autrement pour les contraventions que des lois spéciales ont attribuées à la juridiction correctionnelle, telles, par exemple, que les contraventions forestières poursuivies à la requête de l'administration des forêts ? Pour être prononcées par le tribunal correctionnel, au lieu de l'être par le juge de police, les peines attachées aux contraventions dont il s'agit n'en sont pas moins des peines de simple police ; ces contraventions n'ont pas pour cela plus de gravité, et, bien que jugées par la juridiction instituée pour connaître des délits, elles n'en conservent pas moins leur nature propre de simples contraventions. Il n'en est point des infractions de ce genre comme des contraventions que des lois spéciales punissent de peines correctionnelles et qui, ainsi que l'établit parfaitement M. Trébutien, t. 1, p. 75 et s., et t. 2, p. 478 et 479, constituent, malgré leur qualification, de véritables délits. Que les art. 479 et 483 s'étendent à ces contraventions-là, lorsque la connaissance en est dévolue aux tribunaux correctionnels, nous l'admettons volontiers ; mais on ne saurait, sans une confusion manifeste, placer sur le même rang des contraventions proprement dites, dont l'importance ne s'accroît nullement à raison du degré de la juridiction appelée à les juger. — V. conf., F. Hélie, *loc. cit.;* Le Sellyer, *Dr. crim.*, n. 1660.

25. Cependant la solution contraire a été admise par un arrêt de la Cour de cassation du 9 avr. 1842 (S.-V.42.1.801), et est enseignée par M. Berriat Saint-Prix, 2e part., t. 1, n. 237-4°. V. aussi la note de Dalloz sur l'arrêt précité, D.P.42.1.251.

26. Les commissaires de police ne puisent point dans leur qualité d'officiers du ministère public près les tribunaux de simple police, le droit de ne pouvoir être traduits que devant la Cour impériale, par application de l'art. 479, C. instr. crim., à raison des délits par eux commis hors de leurs fonctions ; ils sont à cet égard justiciables du tribunal correctionnel : Paris, 15 janv. 1828 (Dall., *Rép.*, v° *Mise en jugem.*, n. 266); Agen, 22 août 1866 (J.M.p.10.42); Bordeaux, 27 nov. 1867 (*Id.* 11.220); — Dalloz, *loc. cit.*; F. Hélie, t. 6, n. 2804. Le rapprochement des termes employés par l'art. 479, C. instr. crim., et de ceux dont se sert l'art. 483 du même Code, ne nous semble pas permettre le doute sur l'exactitude de cette solution.

27. Les dispositions de l'art. 479, C. instr. crim., ont été étendues : 1° aux grands officiers de la Légion d'honneur, aux généraux commandant une division ou un département, aux archevêques et évêques, aux présidents de consistoire, aux membres de la Cour de cassation, de la Cour des comptes et des Cours impériales (L. 20 avr. 1810, art. 10 et 63 ; Décr. 18 août 1810, art. 28 ; C. instr. crim., 481) ; 2° d'une manière purement facultative, aux membres et élèves de l'université (Décr. 15 nov. 1811, art. 160). V. *infrà*, n. 65.

Art. 3. *Justiciables des tribunaux militaires.*

28. Aux termes de l'art. 55, C. just. milit., tout individu appartenant à l'armée en vertu, soit de la loi de recrutement, soit d'un brevet ou d'une commission, est justiciable des conseils de guerre permanents dans les divisions territoriales en état de paix, selon des distinctions qu'établissent les articles suivants.—Dans l'énumération qu'il renferme, l'art. 56 comprend... 2° les militaires, les jeunes soldats, les remplaçants, les engagés volontaires et les individus assimilés aux militaires placés dans les hôpitaux civils et militaires, ou voyageant sous la conduite de la force publique, ou détenus dans les établissements, prisons et pénitenciers militaires;... 4° les jeunes soldats laissés dans leurs foyers, et les militaires envoyés en congé illimité, lorsqu'ils sont réunis pour les revues ou exercices prévus par la loi sur le recrutement de l'armée.— L'art. 57 ajoute à cette énumération, mais seulement pour les crimes et délits prévus par le titre II du livre IV, les militaires de tout grade, les membres de l'intendance militaire et tous individus assimilés aux militaires : 1° lorsque, sans être employés, ils reçoivent un traitement et restent à la disposition du Gouvernement ; 2° lorsqu'ils sont en congé ou en permission.

29. L'art. 58 dispose que les jeunes soldats, les engagés volontaires et les remplaçants ne sont, depuis l'instant où ils ont reçu leur ordre de route jusqu'à celui de leur réunion en détachement ou de leur arrivée au corps, justiciables des conseils de guerre permanents dans les divisions territoriales en état de paix, que pour les faits d'insoumission, sauf les cas prévus par les n. 2 et 4 de l'art. 56.

30. Suivant l'art. 59, les officiers de la gendarmerie, les sous-officiers et les gendarmes ne sont pas justiciables des conseils de guerre pour les crimes et délits commis dans l'exercice de leurs fonctions relatives à la police judiciaire et à la constatation des contraventions en matière administrative.

31. D'après l'art. 60, lorsqu'un justiciable des conseils de guerre est poursuivi en même temps pour un crime ou un délit de la compétence des conseils de guerre et pour un autre crime ou délit de la compétence des tribunaux ordinaires, il est traduit d'abord devant le tribunal auquel appartient la connaissance du fait emportant la peine la plus grave, et renvoyé ensuite, s'il y a lieu, pour l'autre fait, devant le tribunal compétent. Si les deux crimes ou délits emportent la même peine, le prévenu est d'abord jugé pour le fait de la compétence des tribunaux militaires.

52. Les art. 62 et s. déterminent la compétence des conseils de guerre aux armées et dans les divisions territoriales en état de guerre ; l'art. 70, la compétence de ces conseils dans les communes, les départements et les places de guerre en état de siége ; l'art. 75, celle des prévôtés.

53. L'art. 76 porte que quand la poursuite d'un crime, d'un délit ou d'une contravention, comprend des individus non justiciables des tribunaux militaires et des militaires ou autres individus justiciables de ces tribunaux, tous les prévenus indistinctement doivent être traduits devant les tribunaux ordinaires, sauf les cas exceptés par l'article suivant ou par toute autre disposition expresse de la loi. Selon l'art. 77, tous les prévenus indistinctement doivent être traduits devant les tribunaux militaires : — 1° Lorsqu'ils sont tous militaires ou assimilés aux militaires, alors même qu'un ou plusieurs d'entre eux ne seraient pas justiciables de ces tribunaux en raison de leur position au moment du crime ou du délit ; — 2° S'il s'agit de crimes ou de délits commis par des justiciables des conseils de guerre et par des étrangers ; — 3° S'il s'agit de crimes ou délits commis aux armées en pays étranger ; — 4° S'il s'agit de crimes ou délits commis à l'armée sur le territoire français en présence de l'ennemi.

54. L'art. 271 laisse à la répression de l'autorité militaire les contraventions de police commises par les militaires, dont néanmoins cette autorité peut toujours, suivant la gravité des faits, déférer le jugement au conseil de guerre. — Si, dans ce cas, il y a une partie plaignante, l'action en dommages-intérêts, aux termes de l'art. 72, est portée devant la juridiction civile.

55. Enfin, il résulte de l'art. 273 que les infractions commises par des militaires aux lois sur la chasse, la pêche, les douanes, les contributions indirectes, les octrois, les forêts et la grande voirie, ne sont pas soumises à la juridiction des conseils de guerre.

56. Un décret du 15 mars 1860 (J.M.p.3.103) a déterminé la compétence en matière de crimes et délits commis en territoire militaire dans l'Algérie par les Européens ou les israélites.

57. V. encore l'indication et le commentaire de diverses lois spéciales sur la compétence des tribunaux militaires, dans le *Traité d'instr. crim.* de M. F. Hélie, t. 5, n. 2412 et s.

58. Une circulaire du ministre de la justice du 10 août 1858 (J.M.p.1.292), relative à la mise à exécution du Code de justice militaire, précise la portée des dispositions de ce Code en ce qui touche notamment la compétence.

39. La Cour de cassation a jugé que le militaire condamné à être détenu dans un pénitencier, ne perdant point par là sa qualité de militaire, est justiciable du conseil de guerre, et non des tribunaux ordinaires, à raison de tous les crimes et délits dont il se rend coupable; et cela, alors même qu'il s'est évadé du pénitencier, si le crime ou le délit a été commis avant l'expiration du délai déterminé pour le constituer en état de désertion, c'est-à-dire moins de six jours après son évasion : Cass., 3 juill. 1858 (J.M.p.1.273).

40. Qu'en principe le militaire détenu dans un pénitencier soit justiciable des conseils de guerre à raison de tous les crimes ou délits dont il se rend coupable, cela n'est pas douteux en présence du § 2 de l'art. 56, C. just. milit., qui est formel sur ce point. — Mais le militaire ainsi détenu cesse-t-il d'être soumis à cette juridiction, lorsqu'il s'est évadé du pénitencier? La négative nous semble également certaine sous une législation qui soumet les militaires à la juridiction du conseil de guerre, non pas uniquement lorsqu'ils sont présents au corps, mais par cela seul qu'ils sont portés présents sur les contrôles de l'armée. Peu importe que l'absence du militaire soit la suite d'une évasion d'un pénitencier dans lequel il était détenu, car cette détention ne fait point cesser son inscription sur les rôles de l'armée, et ne lui enlève pas sa qualité de militaire, comme cela résulte de l'art. 56, C. just. milit., et comme la jurisprudence l'avait déjà reconnu sous la législation antérieure. — V. Circ. min. just. 10 août 1858 (J.M.p.1.292).

41. Les militaires en congé ne sont justiciables des conseils de guerre que pour les délits militaires prévus par le tit. 2 du liv. 4, C. just. milit.: ils restent soumis à la juridiction des tribunaux ordinaires pour tous les délits de droit commun, et sont de ce nombre les vols commis par eux, soit dans une église, avec effraction, soit dans un chemin public, à l'aide de violence, sur un individu non militaire : Cass., 6 fév. 1858 (J.M.p.2.141). Le simple rapprochement des art. 57 et 248, C. just. milit., suffit pour justifier cette solution. L'art. 57, introduisant une exception à l'art. 56, qui déclare justiciables du conseil de guerre, *pour tous crimes ou délits,* les militaires en activité de service ou portés présents sur les contrôles de l'armée, etc., restreint la compétence de ces conseils, en ce qui concerne *les militaires en congé ou en* *permission*, aux *crimes et délits prévus par le tit. 2 du liv. 4*. Or, ce titre ne s'occupe que des crimes et délits *militaires*, et, relativement au vol (pour rentrer dans l'espèce de l'arrêt ci-dessus), l'art. 248, qui prévoit seul ce genre de délit (chap. 7 du tit. 4 précité), ne s'applique nullement au vol commis, soit dans une église avec effraction, soit dans un chemin public, avec violence, sur un individu non militaire.

42. Le conseil de guerre est seul compétent, à l'exclusion de la juridiction correctionnelle, pour connaître du délit de rébellion commis par les militaires en congé envers les agents de l'autorité, aussi bien lorsque la rébellion a eu lieu contre des agents de l'autorité civile (un sergent de ville ou un garde champêtre, par exemple), que lorsqu'elle a été commise envers des agents de l'autorité militaire : Douai, 9 août 1858 (J.M.p. 1.307); Cass., 7 déc. 1860 (*Id.*4.130). — En effet, l'art. 225, C. just. milit., qui punit la rébellion envers les agents de l'autorité, ne fait aucune distinction, et rien ne permet de supposer qu'il ait entendu attribuer à ce délit un autre caractère que celui déterminé par l'art. 209, C. pén.

43. Les militaires déserteurs et qui, comme tels, ont été rayés des contrôles ou ont cessé d'y être portés présents, ne sont plus justiciables des conseils de guerre, mais seulement des tribunaux ordinaires, pour les crimes et délits, même prévus par le Code militaire, qu'ils commettent depuis l'expiration du délai de grâce qui leur est accordé pour se représenter : Cass., 6 fév. 1858 (J. M.p.2.141); 13 déc. 1860 (*Id.*4.76); 22 nov. 1861 (*Id.*5.53); 28 juill. 1864 (*Id.*7.235). — Ces militaires, en effet, sont devenus étrangers à l'armée, et ne doivent plus être traités que comme de simples particuliers.

44. Mais il faut se garder de confondre l'état de désertion résultant, aux termes de l'art. 231, C. milit., de l'abandon du corps depuis plus de six jours, avec une absence du corps, sans congé ou sans permission, ne dépassant pas six jours. Cette absence, qui ne peut entraîner la radiation des contrôles, et qui n'empêche point que le militaire n'y soit porté présent, laisse ce militaire sous l'empire de l'art. 56, lequel déclare les militaires justiciables des conseils de guerre pour tous crimes et délits, par cela seul qu'ils sont portés présents sur les contrôles de l'armée. Il résulte de là que le militaire qui s'absente de son corps sans congé ou sans permission pendant un temps n'excédant pas six jours, est soumis plus étroitement à la juridiction militaire que celui qui est en congé ou en permission. Le premier est justiciable des conseils de guerre pour les délits de droit commun aussi bien que pour les délits militaires; le second ne l'est que pour cette dernière sorte de délits.

45. Il est évident, en présence de la disposition rappelée plus haut, n. 31, de l'art. 60, C. just. milit., que si le délit commis par un militaire déserteur est plus grave que celui de désertion (dont la connaissance appartient exclusivement aux tribunaux militaires), c'est la juridiction ordinaire qui doit être saisie la première. V. d'ailleurs Cass., 13 déc. 1860 et 22 nov. 1861, précités.

46. Réciproquement, la juridiction correctionnelle saisie tout à la fois d'un délit de sa compétence et d'un délit de la compétence du conseil de guerre doit, lorsque ce dernier délit emporte la peine la plus grave, surseoir à statuer sur le premier délit jusqu'à la décision de l'autorité compétente sur le second, et ne peut retenir la connaissance de l'un et de l'autre délit : Cass., 7 déc. 1860 (J.M.p.4.130).

47. Du reste, le tribunal correctionnel saisi en même temps d'un délit de sa compétence et d'un délit de la compétence du conseil de guerre, ne peut connaître de ce dernier délit, alors même que le premier emporte la peine la plus grave; il lui appartient seulement de statuer d'abord sur le premier délit, sauf au ministère public compétent à renvoyer ensuite, s'il y a lieu, le prévenu devant le conseil de guerre à raison du second : Douai, 9 août 1858 (J.M.p.1.307).

48. D'un autre côté, dans le cas où une ordonnance du juge d'instruction, statuant sur une poursuite dirigée simultanément contre un militaire et contre un non-militaire, a déclaré n'y avoir lieu à suivre contre ce dernier, et a, par voie de dessaisissement, renvoyé le premier devant la juridiction militaire, la chambre d'accusation ne peut, sur l'opposition à cette ordonnance formée par le ministère public, seulement quant au chef relatif au non-militaire, statuer elle-même à l'égard du militaire, sans user du droit d'évocation établi par l'art. 235, C. instr. crim. : Cass., 24 mai 1867 (J.M.p.11.64). — V. *Chambre d'accusation.*

49. L'individu libéré du service militaire, qui rentre à ce service par suite d'un engagement volontaire, doit être considéré comme déserteur six jours après celui de son absence constatée, et non pas seulement après un mois d'absence, encore bien que moins de six mois se soient écoulés depuis sa rentrée au service au moment où il abandonne son corps, cet individu ne pouvant être assimilé au conscrit qui entre au service. — Par suite, il est justiciable des tribunaux ordinaires pour les crimes par lui commis plus de six jours après son absence constatée : Cass., 9 août 1860 (J.M.p.3.277). — Ce n'est que par une interprétation judaïque, comme l'a dit le réquisitoire déposé dans cette affaire par le procureur général à la Cour de cassation, que l'on pourrait assimiler, relativement au point de départ de la désertion, le soldat libéré qui reprend du service avec le conscrit qui entre au service.

50. C'est à la juridiction criminelle, et non au conseil de guerre, qu'il appartient de connaître d'un crime ou délit commun imputé à un jeune soldat laissé dans ses foyers, bien que ce jeune soldat ait reçu son ordre de départ, si, au moment de la perpétration du crime ou délit, il n'était pas encore réuni au corps et ne faisait partie d'aucun détachement, ou même bien qu'il y ait eu ce jour-là réunion pour une revue, si c'est après cette réunion que le crime ou délit a été commis : Cass., 20 fév. et 9 juill. 1863 (J.M. p.7.41).

51. L'art. 63, C. just. milit., qui déclare justiciables des conseils de guerre tous les individus prévenus des crimes ou délits prévus par le titre 2 du liv. 4 de ce Code, au cas où l'armée est sur le *territoire ennemi*, a entendu désigner par ces derniers mots le territoire étranger occupé par les troupes françaises, même à la suite de la guerre pour la protection des intérêts publics qui commandent cette occupation. — Et cet article s'applique aux crimes et délits commis même par tout individu non militaire, quelle que soit sa nationalité : Cass., 19 janv. 1865 (J.M.p.8.128).

52. Il importe peu que le conseil de guerre auquel ont été déférés des crimes ou délits de cette nature ait appliqué au prévenu les peines édictées par le Code pénal ordinaire. Par suite, et spécialement, il a été jugé que l'individu non militaire condamné à des peines du droit commun par le conseil de guerre de la division française d'occupation à Rome, était non recevable à se pourvoir en cassation contre le jugement prononçant cette condamnation : même arrêt.

53. Le conseil de guerre est compétent pour connaître d'un crime commis en territoire ennemi par un étranger non militaire contre un soldat de l'armée française, encore bien que ce crime (celui d'empoisonnement) ne soit pas textuellement prévu par le Code de justice militaire : Cass., 24 août 1865 (J.M.p.8.232).

54. Le tribunal correctionnel devant lequel un non-militaire est poursuivi pour avoir reçu en gage des effets d'équipement de militaires, est incompétent pour connaître du fait, par ceux-ci, d'avoir mis en gage ces effets, la réception des effets dont il s'agit constituant, non un fait de complicité d'un délit militaire, à raison duquel les militaires soient justiciables des tribunaux ordinaires, comme le non-militaire lui-même, mais un délit principal et distinct : Rennes, 9 mai 1866; Toulouse, 21 mars 1867 (J. M.p.10.243). — Cette solution, qui nous semble parfaitement juridique, avait été déjà consacrée par la Cour suprême, soit avant, soit depuis la loi du 15 juill. 1829, relative à l'interprétation de plusieurs dispositions des lois pénales militaires (Cass., 25 juill. 1823, S.-V.7.1.299, et 10 déc. 1841, D.p.42.1.114); et elle a reçu l'approbation de MM. Hélie et Chauveau, sous l'empire de la loi précitée de 1829 comme sous celui du Code de just. milit. du 9 juin 1857 (*Théor. Cod. pén.*, 2ᵉ édit., t. 1, p. 63, et 4ᵉ édit., nᵒ 33, p. 77). Ce Code, en effet, de même que la loi de 1829 (art. 5), punit comme deux faits distincts, quoique en leur infligeant la même peine, la mise en gage par des militaires d'effets de grand ou petit équipement et la prise en gage de ces effets (art. 246 et 247). Mais il fait mieux encore : il ne se borne pas, comme la disposition précitée de la loi de 1829, à prévoir la prise en gage des effets dont il s'agit par des militaires; il en punit la réception de la part de *tout individu*, et dispose que la peine sera prononcée *par le tribunal compétent*, ce qui manifeste clairement l'intention du législateur de sanctionner l'interprétation admise par la jurisprudence.

55. Mais le tribunal correctionnel est, au contraire, compétent pour connaître tant de la soustraction frauduleuse, par un militaire, d'objets de literie militaire qui ne sont pas la propriété de l'État, que du recélé de ces objets par un non-militaire, la soustraction dont il s'agit constituant un vol simple, dont la complicité de la part d'un non-militaire rend les militaires eux-mêmes justiciables des tribunaux ordinaires : Rennes, 9 mai 1866, précité.

ART. 4. *Justiciables des tribunaux maritimes.*

56. La compétence des tribunaux maritimes est déterminée soit par les art. 77 et s., C. just. marit., soit par quelques lois spéciales. V., pour l'indication et le commentaire des dispositions qui régissent cette matière, M. F. Hélie, t. 5, n. 2423 et s.

57. La juridiction correctionnelle, saisie tout à la fois d'un délit de sa compétence et d'un délit de la compétence des tribunaux maritimes, doit, si le premier délit emporte la peine la plus grave, le retenir et y statuer immédiatement, sauf au ministère public compétent à renvoyer ensuite le prévenu devant la juridiction maritime à raison du second : Cass., 10 juin 1859 (J.M.p. 2.259).— Cette décision ne renferme qu'une application littérale de l'art. 109, C. just. marit. Ici, comme dans le cas où c'est un délit militaire dont la juridiction correctionnelle est saisie en même temps que d'un délit de sa compétence (V. *suprà*, n. 45 et s.), le législateur, obéissant à cette règle de haute raison que la vindicte publique doit s'appliquer tout d'abord au délit le plus dommageable à la société, veut que si le délit commun emporte la peine la plus grave, le tribunal correctionnel y statue préalablement à la poursuite du délit spécial devant la juridiction compétente. Mais si les deux délits emportent la même peine, c'est le tribunal maritime ou militaire qui, étant la juridiction naturelle du prévenu, et distribuant, du reste, la justice avec plus de célérité, doit statuer le premier (même art. 109).

58. C'est aux tribunaux correctionnels, et non aux tribunaux maritimes, qu'il appartient de connaître des délits en matière de police sanitaire ; la loi du 3 mars 1822, des dispositions de laquelle résulte cette compétence des tribunaux correctionnels, n'a pas été abrogée en ce point par le Code de justice maritime : Bordeaux, 4 janv. 1860 (J.M.p.3.194); Cass., 15 nov. 1860 (*Id.* 4.101). Cette solution se justifie par la double considération que l'art. 44 du décret du 24 déc. 1850, sur la police sanitaire, en prescrivant l'observation des art. 146 et suiv., C. instr. crim., et spécialement de l'art. 159, d'après lequel, quand le fait ne présente ni délit ni contravention de police, le tribunal doit annuler la poursuite et statuer par le même jugement sur les demandes en dommages-intérêts, a virtuellement exclu la compétence d'une juridiction telle que celle d'un conseil de guerre ; — et, d'autre part, que si les auteurs du Code de justice maritime n'ont exprimé d'aucune façon la pensée d'étendre aux contraventions à la police sanitaire les exceptions apportées par l'art. 372 de ce Code à la compétence des tribunaux maritimes, l'exposé des motifs et le rapport du Code de justice militaire, auquel l'article dont il s'agit a été textuellement emprunté, indiquent, au contraire, que ces exceptions comprennent toutes les infractions spéciales qui portent atteinte à la police générale, et ne s'arrêtent qu'à celles qui touchent plus directement aux intérêts privés. On doit conclure de là que les auteurs du Code de justice militaire, comme ceux du Code de justice maritime, n'ont pu avoir l'intention de comprendre les infractions à la loi sanitaire parmi celles dont devraient connaître les tribunaux militaires, et d'infirmer sur ce point particulier la jurisprudence de la Cour de cassation, dont ils déclaraient, au contraire, ne point vouloir s'écarter; que, dès lors, si ces infractions ne sont pas rappelées dans les art. 273, C. just. milit., et 372, C. just. marit., c'est simplement par l'effet d'un oubli, et que l'esprit de la loi doit ici suppléer à son silence.

59. Il suffit qu'un matelot soit embarqué à bord d'un navire marchand ou d'un bateau de pêche, pour qu'il soit justiciable du tribunal maritime commercial à raison des délits maritimes (tels qu'un vol d'objets dont la valeur n'excède pas dix francs) par lui commis : il n'importe qu'il ne soit pas inscrit sur le rôle d'équipage : Cass., 20 mai 1858 (J.M.p.2.92).

60. Le marin inscrit au rôle d'équipage d'un navire armé pour la pêche et la sécherie de la morue ne cesse pas d'avoir la qualité de marin *embarqué*, bien qu'il soit momentanément à terre pour l'opération de la sécherie. — En conséquence, il est justiciable du tribunal maritime commercial, et non des tribunaux ordinaires, à raison des délits maritimes (tels qu'un vol de vivres à l'usage du bord d'une valeur n'excédant pas dix francs) qu'il commet pendant ce séjour à terre : Cass., 16 déc. 1858 (J.M.p. 2.92).

61. Rappelons du reste que le tribunal maritime commercial n'est compétent que pour statuer sur les infractions au décret du 24 mars 1852 qualifiées *délits*, et punies des peines correctionnelles portées en son art. 55, et qu'à l'égard de celles qualifiées *crimes*, telles qu'un vol à bord d'objets d'une valeur excédant dix francs, la connaissance en appartient aux tribunaux ordinaires : Cass., 10 janv. 1857 (D.p.57.1.80).

Art. 5. *Justiciables des conseils de discipline de la garde nationale.*

62. Les conseils de discipline de la garde nationale ont pour attribution de réprimer les infractions aux règles du service. V. L. 13 juin 1851, art. 72 et s., 113 et s. Toutefois, celles de ces infractions qui sont passibles de plus de trois jours, doivent être déférées aux tribunaux correctionnels (art. 72 et s., 81, 83, 116).

63. Il a été très-exactement jugé qu'un garde national n'est justiciable de la juridiction correctionnelle pour une infraction relative au service commise après deux condamnations déjà encourues dans l'année, conformément à la disposition de l'art. 83 de la loi du 13 juin 1851, qu'autant que cette infraction consiste dans un troisième refus de service ; et qu'ainsi, la poursuite exercée, en pareil cas, pour insulte envers un supérieur et atteinte à la discipline, appartient à la juridiction du conseil de discipline, et non à celle du tribunal correctionnel : Cass., 11 août 1860 (J.M.p.4.14). — V. aussi Cass., 13 nov. 1835 (S.-V. 36.1.975).

64. Aux termes de l'art. 10 de la loi du 1er fév. 1868, la garde nationale mobile est soumise, pendant la durée des exercices et des réunions, à la discipline réglée par les art. 5, 81, 83, 113, 114 et 116 de la loi du 13 juin 1851.

Art. 6. *Justiciables de diverses autres juridictions spéciales.*

65. Nous mentionnerons ici le droit de juridiction : 1° des conseils de préfecture, en ce qui concerne les contraventions aux lois et règlements sur la grande voirie, sur la conservation des fortifications, sur l'entretien des canaux, rivières navigables, ports maritimes de commerce et travaux à la mer, et sur les carrières (V. F. Hélie, t. 5, n. 2434). V. aussi *infrà*, n. 119 ; — 2° du conseil de l'Université, à l'égard des délits commis dans l'intérieur des lycées et collèges par les élèves (Décr. 15 nov. 1811, art. 76 à 79. V. *suprà*, n. 27) ; — 3° des conseils de prud'hommes, relativement à certaines contraventions ou à certains délits des fabricants et ouvriers (Décr. 16 mars 1806 et 3 août 1808) ; — 4° des prud'hommes pêcheurs, concernant les contraventions relatives à la police de la pêche (L. 8-10 déc. 1790, art. 129) ; — 5° des autorités sanitaires, à l'égard des contraventions dans l'enceinte et les parloirs des lazarets et autres lieux réservés (L. 3 mars 1822, art. 18) ; — 6° des conseils des Echelles du Levant et de Barbarie, à l'égard des contraventions de police (sans appel) et des délits correctionnels (avec l'assistance de deux Français notables et à charge d'appel) (L. 28 mai 1836).

§ 3 — *Compétence* ratione loci.

66. Bien que la règle de la triple compétence du juge du lieu de l'infraction, de celui du domicile du prévenu et de celui du lieu de son arrestation, c'est-à-dire de la compétence *ratione loci*, établie par les art. 23, 63 et 69, C. instr. crim., pour la poursuite et l'instruction, n'ait pas été reproduite à l'égard du jugement, il est constant que cette règle est également applicable pour la détermination des limites de la juridiction des tribunaux. V. notamment F. Hélie, t. 5, n. 2341.

67. Il importe, toutefois, de remarquer que la compétence tripartite dont il s'agit n'existe pas pour les tribunaux de police, qui ne connaissent que des contraventions commises dans l'étendue de leur territoire : Cass., 14 déc. 1843 (Bull. n. 315) ; 4 nov. 1853 (*Id.*, n. 528) ; — F. Hélie, n. 2342. — V. aussi Cass., 14 août 1857 (J.M.p.1.52), ainsi que les indications d'autorités accompagnant cet arrêt.

68. A l'égard des tribunaux correctionnels, il a été jugé, avec pleine raison, qu'il convient dans l'intérêt d'une bonne et plus prompte administration de la justice, que la poursuite soit exercée devant le juge du lieu du délit plutôt que devant celui du domicile ou de l'arrestation du prévenu (Cass., 3 fév. 1820, Dall., *Rép.*, v° *Compét. crim.*, n. 81), et la raison de décider est la même pour le jugement : F. Hélie, n. 2343.

69. En matière de banqueroute simple pour tenue irrégulière des livres, le lieu du délit est celui où le commerçant a son établissement : Cass., 9 déc. 1859 (J.M.p.3.145).— S'il s'agissait de banqueroute frauduleuse, le lieu du délit serait celui où ont été accomplis les faits de fraude : Cass., 1er sept. 1827 (S.-V. chr.).

70. D'après un arrêt de la Cour de cassation du 9 déc. 1864 (J.M.p.8.3), au cas où le délit poursuivi est complexe et comprend un ensemble des faits qu'il s'agit de constater et d'apprécier au point de vue de la qualification légale, le tribunal du lieu où se sont accomplis les plus importants de ces faits est compétent pour connaître du délit lui-même ; et, par exemple, en matière d'escroquerie, le tribunal de l'arrondissement dans lequel ont été pratiquées les manœuvres frauduleuses est compétemment saisi de la poursuite, bien que la remise de la chose escroquée ait été obtenue dans un autre arrondissement. Mais cette théorie nous semble fort contestable.

71. On ne saurait comprendre que dans le cas où les divers éléments dont se compose un délit complexe se sont produits dans des arrondissements différents, la poursuite puisse être portée devant un tribunal autre que celui du lieu où s'est accompli le dernier fait, c'est-à-dire le fait qui a définitivement consommé le délit. Chacun des autres éléments, quelle que soit d'ailleurs son importance relative, ne constituant qu'un acte préparatoire du délit et ne tombant point par lui-même sous l'application de la loi pénale, du moins au point de vue de la poursuite sous le rapport de laquelle il s'agit de l'apprécier, ne saurait déterminer la compétence *ratione loci*. C'est ainsi que la Cour de cassation elle-même a jugé, par exemple, que le délit d'abus de confiance ne peut être réputé commis dans le lieu où les sommes détournées ont été remises à titre de mandat ou de dépôt à l'inculpé, alors que la mise en demeure dont l'inefficacité consomme le délit a été adressée à celui-ci dans un autre lieu (arrêts des 3 janv. et 5 déc. 1862, J.M.p.6.178). — Or, de même que la compétence, en matière de délit d'abus de confiance, ne saurait appartenir aux juges du lieu où a été opérée la remise de la chose, lorsque l'intention frauduleuse de s'approprier cette chose, qui seule donne à l'appropriation le caractère de délit, s'est manifestée dans un autre lieu, de même, en matière de délit d'escroquerie, les juges du lieu où ont été pratiquées les manœuvres frauduleuses ne peuvent être compétents, quand c'est dans un autre lieu qu'a été opérée la remise de la chose, sans laquelle le délit n'existerait pas. C'est ce que la Cour de Colmar a formellement décidé par arrêt du 27 janv. 1824 (J.P., à sa date).

72. Par un autre arrêt du 14 juill. 1863 (J.M.p.6.217), la Cour de Colmar a décidé non moins exactement qu'en admettant qu'il y ait escroquerie de la part de celui qui s'est fait délivrer en pays étranger, par une compagnie de chemin de fer française, un billet à prix réduit pour une personne qu'il a faussement présentée comme appartenant à la classe de celles au profit desquelles est établie la réduction de prix, les tribunaux français sont incompétents pour connaître d'un tel délit, encore bien que la personne pour laquelle a été délivré le billet en ait fait usage en France, le délit ayant été entièrement consommé en pays étranger.

73. La Cour de Grenoble a aussi très-bien décidé, par arrêt du 1er juill. 1858 (J.M.p.1.247), que le délit d'abus de confiance n'étant consommé qu'au moment où celui à qui une chose a été remise en vertu de l'un des contrats spécifiés par l'art. 408, C. pén., a accompli les actes destinés à lui en assurer la possession définitive, c'est devant les juges du lieu où ces actes ont été commis, et non devant ceux du lieu où la chose a été remise, que ce délit doit être poursuivi; et que, spécialement, l'individu qui, après avoir pris en location à l'étranger un objet mobilier (un cheval), fait acte de propriétaire sur cet objet en France, est valablement poursuivi pour abus de confiance devant les tribunaux français. — V. notre observ. 1re sur cet arrêt.

74. Mais il faut se garder de confondre la consommation même du crime avec ses conséquences, et de croire, par exemple, qu'un délit d'abus de confiance commis en pays étranger puisse être poursuivi devant les tribunaux français, par cela seul que les objets abusivement détournés à l'étranger auraient été ensuite introduits en France ou auraient causé en France un grave préjudice à la victime de ce délit. V. Mangin, *Act. publ.*, no 72 ; Dalloz, *Répert.*, vo *Compét. crim.*, n. 140.

75. Le lieu où a été commis le délit de vente ou de mise en vente de boissons falsifiées, est celui du domicile du destinataire de ces boissons, et non celui du domicile du prévenu, lorsque les boissons, expédiées du lieu du domicile de celui-ci, ne devaient être dégustées et acceptées qu'au lieu du domicile du destinataire ; en conséquence, le tribunal de ce dernier domicile est compétent pour connaître du délit : Cass., 10 août 1861 (J.M.p. 5.90). — Ce n'est encore là qu'une application du principe indiqué ci-dessus, n. 71, que le lieu du délit, lorsqu'il s'agit d'un fait préparé et exécuté en des endroits différents, est celui de l'exécution. En effet, dans l'espèce sur laquelle a statué l'arrêt que nous venons de mentionner, la vente ou la mise en vente avait bien été préparée au lieu du domicile du prévenu ; mais elle n'avait été consommée et, par conséquent, le délit n'avait été exécuté qu'au lieu du domicile du destinataire, où devaient avoir lieu la dégustation et l'acceptation des vins falsifiés expédiés à celui-ci. Cela s'induit nécessairement, comme le décide ici la chambre criminelle, de l'art. 1587, C. Nap., portant qu'à l'égard des choses que l'on est dans l'usage de goûter avant d'en faire l'achat, il n'y a point de vente tant que l'acheteur ne les a pas goûtées et agréées. Cet article, à la vérité, ne s'occupe pas de la simple mise en vente, que l'art. 1er de la loi du 27 mars 1851 place sur la même ligne que la vente même ; mais on comprend aisément que la mise en vente ne peut avoir lieu que là où la vente doit être faite.

76. Jugé de même que le lieu où a été commis le délit de tromperie sur la quantité de marchandises vendues, livrables au domicile du destinataire et devant y être mesurées, est celui de ce domicile même ; et que, par suite, le délit est compétemment déféré au tribunal de ce domicile : Douai, 7 juin 1864 (J.M.p. 8.235).

77. Le lieu où un commerçant a son établissement doit être considéré comme celui de sa résidence, pouvant déterminer la compétence du tribunal correctionnel appelé à connaître d'un délit pour lequel il est poursuivi, encore bien que ce commerçant se trouverait détenu pour dettes dans un autre lieu : Cass., 9 déc. 1859 (J.M.p.3.145). — Mais il faut observer que si le lieu où un inculpé se trouve détenu ne doit pas nécessairement être réputé celui de sa résidence au point de vue de la compétence du tribunal correctionnel appelé à connaître du délit, ce lieu peut du moins, selon les circonstances, être considéré comme tel, sans que cette appréciation tombe sous le contrôle de la Cour de cassation : Cass., 7 nov. 1834 (S.-V.35.1.239).

78. C'est un principe incontestable que la connexité a pour effet de modifier la compétence *ratione loci*, et de permettre à un tribunal correctionnel de connaître de délits perpétrés hors de son arrondissement. Le tribunal dans l'arrondissement duquel ont été commises des escroqueries, peut donc être appelé à juger d'autres escroqueries connexes dont les mêmes individus se seraient rendus coupables dans un autre arrondissement : Cass., 14 mai 1847 (J. crim., t. 20, p. 263); — F. Hélie, n. 2368. — V. *infrà*, n. 159 et s.

79. Mais des escroqueries doivent-elles être considérées comme ayant été commises dans des arrondissements distincts, et la connexité est-elle nécessaire pour les soumettre à la juridiction du même tribunal, par cela seul que les manœuvres frauduleuses ont été exercées, les unes dans tel arrondissement, les autres dans tel autre, si la remise de toutes les choses escroquées a été obtenue dans le même arrondissement? Ce que nous avons dit ci-dessus, n. 71, conduit nécessairement à la négative.

80. La Cour de cassation a jugé qu'en matière d'escroquerie, le tribunal de l'arrondissement dans lequel ont été pratiquées les principales manœuvres frauduleuses, est compétent pour connaître des autres manœuvres moins importantes qui ont été exercées par les mêmes individus au préjudice d'autres personnes, dans un autre arrondissement, et en vertu d'un concert préalable ourdi aussi ailleurs, ces dernières manœuvres devant être considérées comme connexes aux premières : Cass., 18 déc. 1868 (J. M.p.12.240). Mais cette décision ne fait pas connaître en quel lieu avait été effectuée la remise des fonds escroqués au moyen des manœuvres pratiquées hors de l'arrondissement devant le tribunal duquel avait été dirigée la poursuite.

81. La compétence dont un tribunal correctionnel est investi pour connaître de délits commis hors de son arrondissement, mais connexes à d'autres délits perpétrés dans cet arrondissement, ne saurait s'étendre à des délits distincts commis aussi hors de son arrondissement, alors surtout que ces derniers délits ont fait l'objet d'une poursuite séparée : Cass., 3 janv. 1862 (J.M.p. 6.178). — Cela est d'évidence.

82. Il est élémentaire que, lorsqu'une même poursuite est dirigée contre plusieurs coprévenus, tous doivent être traduits devant le même tribunal, encore bien qu'ils seraient, isolément, justiciables de tribunaux différents. C'est là un effet nécessaire du principe de l'indivisibilité de la procédure établi, sinon expressément, du moins d'une manière implicite, par le Code d'instruction criminelle (art. 226, 387, 501, 526, 527). V. F. Hélie, n. 2355.—Il a été jugé, par application de ce principe, que le tribunal de la résidence de l'un des coauteurs d'un délit est compétent même à l'égard de celui des coauteurs qui est domicilié dans un autre arrondissement : Cass., 9 déc. 1864 (J.M.p.8.3); et que la compétence pour connaître d'un délit à l'égard de l'auteur principal, entraîne compétence à l'égard du complice (V. les arrêts cités par Dalloz, *Rép.*, vⁱˢ *Compét. crim.*, n. 153 et s., 161, 225 et s., et *Complice*, n. 235. *Adde* Cass., 4 nov. 1854, S.-V.54.1. 809; Aix, 16 mai 1863, J.M.p.6.291; — F. Hélie, t. 5, n. 2355), à moins cependant que le complice ne soit mis en jugement qu'après la décision rendue contre l'auteur principal : Aix, 16 mai 1863, précité. V. aussi les indications jointes à ce dernier arrêt.

83. Décidé encore que le tribunal correctionnel qui, saisi compétemment à l'égard de l'un des prévenus d'un délit, s'est trouvé également compétent à l'égard des autres prévenus, en vertu du principe de l'indivisibilité de la procédure, reste compétent pour statuer quant à ceux-ci, même alors qu'ils reviennent seuls devant le tribunal par voie d'opposition à un jugement de condamnation qui avait été rendu contre eux en même temps que le premier prévenu était acquitté : Cass., 6 nov. 1856 (S.-V.57.1. 148).

84. Mais cette indivisibilité, qui attire des prévenus à un tribunal dont la juridiction, sans cela, ne s'étendrait pas sur eux, cesse évidemment d'exister, du moment où une ordonnance de non-lieu vient à être rendue au profit de l'inculpé, seul naturellement justiciable de ce tribunal, et dont la présence dans la poursuite eût pu seule justifier cette dérogation aux règles générales de la compétence. C'est ce qu'a décidé aussi la Cour de cassation, par arrêt du 17 janv. 1861 (J.M p.4.87).

85. De même, le complice qui, à raison de l'indivisibilité de la procédure, avait été originairement poursuivi devant le même tribunal correctionnel que l'auteur principal, bien que ce tribunal ne fût ni celui du lieu de son domicile, ni celui du lieu de son arrestation, ni celui du lieu du délit, a cessé d'en être justiciable dès le moment où il a été renvoyé seul en police correctionnelle par une ordonnance du juge d'instruction. — Peu importe que, depuis, l'auteur principal ait été lui-même renvoyé par une autre ordonnance devant le tribunal dont il s'agit, et y ait été condamné par une décision devenue définitive : Paris, 15 fév. 1866 (J.M.p. 9.188).

86. D'un autre côté, nous devons rappeler que la règle de compétence *ratione loci* reçoit exception dans les cas prévus par les art. 214, 230, 409, 427, 428, 429, 482, 500, 542, et s., C. instr. crim. ; 18, L. 20 avr. 1810; 16, L. 25 mars 1822.

87. Il a été encore dérogé à cette règle à l'égard des crimes et délits commis soit à l'étranger, soit à bord de navires étrangers stationnant dans un port français ou dans l'hôtel des agents diplomatiques étrangers.

88. Aux termes de l'art. 5, C. instr. crim., « tout Français qui, hors du territoire de la France, s'est rendu coupable d'un crime puni par la loi française, peut être poursuivi et jugé en France. — Tout Français qui, hors du territoire de France, s'est rendu coupable d'un fait qualifié délit par la loi française, peut être poursuivi et jugé en France, si le fait est puni par la législation du pays où il a été commis. — Toutefois, qu'il s'agisse d'un crime ou d'un délit, aucune poursuite n'a lieu, si l'inculpé prouve qu'il a été jugé définitivement à l'étranger ».

89. D'après l'art. 6, « la poursuite est intentée à la requête du ministère public du lieu où réside le prévenu ou du lieu où il peut être trouvé. Néanmoins la Cour de cassation peut, sur la demande du ministère public ou des parties, renvoyer la connaissance de l'affaire devant une Cour ou un tribunal plus voisin du lieu du crime ou du délit ».

90. L'art. 7 dispose que « tout étranger qui, hors du territoire de la France, se sera rendu coupable, soit comme auteur, soit comme complice, d'un crime attentatoire à la sûreté de l'État, ou de contrefaçon du sceau de l'État, de monnaies nationales ayant cours, de papiers nationaux, de billets de banque autorisés par la loi, pourra être poursuivi et jugé d'après les dispositions des lois françaises, s'il est arrêté en France ou si le Gouvernement obtient son extradition ».

91. Enfin, suivant l'art. 2 de la loi du 27 juin 1866, « tout Français qui s'est rendu coupable de délits et contraventions en matière forestière, rurale, de pêche, de douanes ou de contributions indirectes sur le territoire de l'un des Etats limitrophes, peut être poursuivi et jugé en France, d'après la loi française, si cet État autorise la poursuite de ses regnicoles pour les mêmes faits commis en France. — La réciprocité est légalement constatée par des conventions internationales ou par un décret publié au *Bulletin des lois* ». V. *Étranger.*

92. Rappelons, en outre, que le Français qui, s'étant rendu coupable d'un crime dans la vallée d'Andorre, a été remis à la justice française par l'autorité andorrane, est compétemment traduit devant les tribunaux français : Cass., 12 mai 1859 (J.M.p. 2.213). — V. *Action publique*, n. 50.

93. En principe, les tribunaux français connaissent, comme juges du lieu du délit, de toute infraction commise sur le territoire français par les étrangers. — Mais, en vertu d'une fiction admise par tous les États et qui constitue le *privilége de l'exterritorialité*, le territoire de la nation à laquelle appartient un navire de guerre est réputé se prolonger dans le port étranger où il mouille. D'où il suit que les crimes et délits commis à bord d'un navire de guerre étranger mouillé dans un port français échappent à la juridiction de l'autorité française. V. Vattel, *Dr. des gens*, liv. 1, ch. 19, § 216 ; Wheaton, *Élém. de dr. internat.*, t. 1, part. 2, ch. 2 ; Fœlix, édit. Demangeat, *Dr. internat.*, t. 2, n. 544, p. 258 ; Ortolan, *Élém. de dr. pén.*, n. 935 ; Th. Ortolan, *Réglem. internat. et diplom. de la mer*, t. 1, p. 215 ; F. Hélie, t. 2, n. 634 et 637.

94. On peut se demander toutefois si, dans ce cas, le principe de la souveraineté territoriale du port ne doit pas prévaloir sur le principe de la souveraineté juridictionnelle du pays étranger dont le navire porte le pavillon, soit lorsque les faits sont de nature à compromettre la tranquillité du port, soit lorsque l'intervention de l'autorité locale est réclamée, soit lorsque le fait constitue un crime de droit commun que sa gravité ne permet à aucune nation de laisser impuni. L'affirmative, que M. le procureur général Delangle a soutenue devant la Cour de cassation lors de l'arrêt du 29 fév. 1868 mentionné au numéro suivant, nous semble devoir être admise.

95. Dans tous les cas, il est certain que les marins faisant partie de l'équipage d'un navire de guerre étranger mouillé dans un port français, sont justiciables des tribunaux français à raison des crimes ou délits qu'ils commettent à terre : Cass., 29 fév. 1868 (J.M.p.11.214). — V. aussi Cass., 7 sept. 1832 (S.-V.32.1. 577) ; Lyon, 15 oct. 1832 (S.-V.33.2.237) ; Th. Ortolan, t. 1, p. 291 ; F. Hélie, n. 637.

96. Quant aux navires de commerce, ils ne peuvent revendiquer le privilége de l'exterritorialité. Ces navires, ne représentant que des intérêts privés, ne sauraient avoir droit à une autre protection que celle qui est accordée aux particuliers voyageant en pays étranger. Les gens de l'équipage de ces navires sont donc justiciables de la juridiction locale à raison des délits qu'ils commettent à bord. La compétence de cette juridiction ne cesse qu'en ce qui concerne les délits commis à bord par les gens de l'équipage entre eux, délits qui se rattachent à la discipline intérieure du vaisseau, dans laquelle l'autorité locale ne doit pas s'ingérer. Et encore, pour ces délits mêmes, la juridiction française reprend son empire toutes les fois qu'ils ont porté atteinte à la tranquillité du port, ou que l'intervention de l'autorité locale a été réclamée. — Ces principes, consacrés par un avis du Conseil d'État du 20 nov. 1806, ont été encore confirmés par l'ordonnance du 29 oct. 1833 sur les fonctions des consuls dans leurs rapports avec la marine commerciale (D.p.33.3.114 ; S.32.3.609), et les auteurs s'accordent à les regarder comme certains. V. Wheaton, t. 1, p. 121 et s.; Azuni, *Droit maritime de l'Europe*, t. 1, p. 271 ; Lampredi, *du Commerce des neutres*, 1re part., § 10 ; Casaregis, *Disc.* 136, n. 9 et s.; Martens, *Dr. des gens*, § 322 ; Peinheiro-Ferreira, *Cours de droit public*, p. 2, art. 18; Fœlix, *loc. cit.*, t. 2, p. 258 et 294 ; Le Sellyer, *Tr. de dr. crim.*, t. 5, n. 2005 ; Th. Ortolan, t. 1, p. 292 et s.; Demangeat sur Fœlix, t. 2, p. 258, note a; Massé, *Droit comm.*, t. 2, n. 42; F. Hélie, t. 2, n. 635 et s.; Dalloz, *Rép.*, v° *Compét. crim.*, n. 122. — *Contrà*, Hautefeuille, *Droits et devoirs des nations neutres*, t. 2, p. 7 et s.; Rauter, *Dr. crim.*, t. 1, n. 57.

97. La jurisprudence s'est prononcée elle-même dans le sens de la doctrine que nous venons d'exposer. — Ainsi, d'une part, la Cour de Bordeaux a jugé, par arrêt du 31 janv. 1838 (S.-V.39. 2.37), que les crimes ou délits commis à bord d'un navire de commerce étranger, hors du territoire français, par le capitaine de ce navire contre un passager français, ne rentrent point dans la compétence de la juridiction française, mais uniquement dans celle des tribunaux dont le navire porte le pavillon.

98. Et, d'autre part, un arrêt de la Cour de cassation du 25 fév. 1859 (J.M.p.2.57) a décidé que les tribunaux français sont compétents pour connaître des crimes et délits commis à bord d'un navire de commerce étranger stationnant dans un port français, même entre gens de l'équipage ;..... alors surtout que le crime ou le délit a troublé la tranquillité de ce port, ou que l'intervention de l'autorité locale a été réclamée par l'auteur de ce crime ou délit ; et qu'il n'en est autrement qu'à l'égard des infractions qui ne concernent que la discipline ou l'administration intérieure du bâtiment.

99. Les art. 3 et 4 du décret du 24 mars 1852 sur la discipline de la marine marchande disposent qu'à l'exception des passagers non marins, ce décret est applicable à toutes les personnes qui, à quelque titre que ce soit, sont embarquées, employées ou reçues à bord des navires ou bateaux français naviguant sur les côtes ou au long cours. L'art. 11 porte que la connaissance des délits communs non prévus par ce même décret appartient au tribunal correctionnel de l'arrondissement où se trouve le navire, ou du premier port français où il aborde. L'art. 22 saisit les tribunaux ordinaires des crimes particuliers prévus par le décret. L'art. 26, *in fine*, dispose que, pour les délits communs non prévus et réservés aux tribunaux ordinaires, l'officier maritime qui a reçu la plainte doit la transmettre au procureur impérial *du lieu*. D'un autre côté, on lit dans l'art. 50 qu'en cas de crime, ce même officier transmet les pièces dans les 24 heures au procureur impérial *de l'arrondissement*, et fait transférer le prévenu devant l'autorité judiciaire. Enfin, l'art. 51 dit que si le crime est commis à l'étranger, le consul complète l'instruction et peut faire débarquer le prévenu *au port d'armement* avec les pièces du procès. — Suit-il de ces diverses dispositions que le marin prévenu d'un crime maritime doive être nécessairement jugé au port de débarquement en France, et que les magistrats de ce port soient investis à son égard d'une juridiction spéciale et exclusive qui ne permette pas de le renvoyer devant le juge de son domicile ?

100. Pour la négative, on peut dire que le décret du 24 mars 1852 ne parle nulle part de cette juridiction exclusive ; que l'envoi des pièces au procureur impérial du lieu ou de l'arrondissement ne confère pas nécessairement attribution aux juges du lieu, et ne les investit pas surtout d'une attribution exclusive de toute autre ; que c'est alors le cas de recourir aux règles du droit commun écrites dans l'art. 23, C. instr. crim.; que la compétence criminelle doit être plutôt étendue que restreinte ; que nul ne doit être distrait de ses juges naturels, et que les juges naturels de tout citoyen sont le plus généralement ceux de son domicile.

101. Mais on répond, pour l'affirmative, que le texte du décret du 24 mars doit s'interpréter par l'esprit qui l'a dicté ; qu'il statue sur des infractions disciplinaires dont la répression est toujours urgente ; que c'est là ce qui a dû porter le législateur à conférer attribution aux juges du premier port du débarquement ; que, dans un but d'économie et d'une bonne administration de la justice, aussi bien que pour faciliter et assurer la punition du coupable, c'est là qu'il doit être poursuivi et jugé;—Qu'en effet, les témoins du crime et souvent la partie civile ou plaignante intéressée à la condamnation sont à bord ou au port d'armement; que c'est là que les preuves sont plus faciles à recueillir, tandis que faire procéder à l'information quelquefois à de grandes distances, ce serait la rendre pénible, incertaine et coûteuse;—Que, d'après le droit commun, les juges du lieu, compétents pour instruire, ne peuvent renvoyer l'affaire que devant les juges de répression de leur ressort, et que ceux-ci ont dès lors une juridiction exclusive; que l'art. 23, C. instr. crim., ne saurait ici recevoir d'application, puisqu'une seule des trois hypothèses qu'il prévoit peut, dans le cas qui nous occupe, conférer attribution ; que l'on se trouve placé sous l'empire d'une législation spéciale et exceptionnelle qui déroge essentiellement au droit commun en instituant pour la marine des tribunaux d'exception et des juges particuliers ; et qu'enfin les juges naturels des marins sont ceux que la loi leur a donnés pendant toute la durée de l'exercice de leur profession.

102. Le privilége de l'exterritorialité, dont nous avons examiné ci-dessus l'application aux navires étrangers mouillés dans un port français, couvre également soit la personne, soit la demeure en France des agents diplomatiques étrangers. — Mais comme ce privilége, qui n'a d'autre objet que d'assurer au ministre étranger l'indépendance nécessaire pour l'accomplissement de sa mission, constitue une exception à la règle de la compétence territoriale, d'après laquelle notamment les lois de police et de sûreté obligent tous ceux qui habitent le territoire , elle ne saurait être étendue au delà des limites que lui assigne son but. Si donc l'on comprend que cette immunité protége la personne de l'ambassadeur, sans l'inviolabilité de laquelle l'exercice de son important ministère ne serait point libre ; si l'on doit également admettre qu'elle s'applique à sa demeure, qui ne saurait, sans danger pour la conservation des papiers relatifs à sa mission, être accessible à des personnes étrangères à l'ambassade, et qu'elle couvre même les autres agents qui font partie de l'ambassade et sont nommés par le souverain, comme l'ambassadeur lui-même; nulle raison plausible, au contraire, n'en pourrait faire accorder le bénéfice à des personnes dépourvues de tout caractère diplomatique, de si près qu'elles approchent l'ambassadeur.

103. La Cour de cassation a jugé en conséquence, par arrêt du 11 juin 1852 (S.-V.52.1.467), que les individus attachés au service des ambassadeurs ou autres agents diplomatiques étrangers sont soumis à la juridiction française à raison des crimes ou délits par eux commis dans l'hôtel de l'ambassade, alors surtout que l'ambassadeur a porté plainte lui-même ou donné son assentiment aux poursuites. V. dans le même sens, Merlin, *Répert.*, v° *Min. publ.*, sect. 6, n. 6, et F. Hélie, t. 2, n. 650. — V. encore, sur les points qui précèdent, de Martens et son annotateur Pinheiro-Ferreira, *Droit des gens moderne*, édit. Vergé, t. 2, §§ 216 et s. ; Legraverend, *Législ. crim.*, t. 1, p. 102; Rauter, *Dr. crim.*, t. 1, n. 9; Mangin, *Act. publ.*, t. 1, n. 79 ; Le Sellyer, *Dr. crim.*, t. 2, n. 760 et suiv.; Ortolan, *Élém. de dr. pén.*, n. 524; Mittermaier, *Procéd. crim. compar.*, § 55.

104. A plus forte raison doit-il en être ainsi à l'égard des sujets du souverain que représente l'ambassadeur et qui ne font à aucun titre partie de la suite de ce dernier.—Il est aujourd'hui généralement reconnu que l'hôtel d'un ambassadeur ne peut servir d'asile à des personnes poursuivies par la justice criminelle (V. de Martens et Pinheiro-Ferreira, § 220; Mangin, n. 82; F. Hélie, *loc. cit.*). Or, ne serait-ce pas méconnaître ce principe que de décider que l'auteur d'un crime commis même sur la personne d'un Français ou d'un étranger résidant en France doit échapper à la juridiction française, par cela seul que ce crime a été commis dans l'hôtel d'un ambassadeur étranger ? Une telle décision ne pourrait se fonder que sur la doctrine, émise par certains publicistes, que l'hôtel d'un ministre étranger doit être considéré d'une manière absolue comme la continuation du territoire du pays qu'il représente. Mais cette doctrine exagérée, qui aurait pour conséquence de reconnaître au ministre étranger jusqu'au droit de prononcer et faire exécuter lui-même les peines encourues par ceux qui commettraient des crimes dans son hôtel, est avec raison repoussée par les auteurs cités plus haut. — V. F. Hélie, n. 651.

105. Le principe de l'exterritorialité est plus absolu, il est vrai, en ce qui concerne les navires de guerre qui, mouillés dans un port étranger, n'en restent pas moins, en général, exclusivement soumis à la juridiction de l'Etat auquel ils appartiennent pour tous les actes criminels accomplis à leur bord, ainsi qu'on l'a vu ci-dessus, n. 93. Mais cette différence tient à ce que le vaisseau de guerre, qui, suivant les expressions de M. Th. Ortolan, *loc. cit.*, « porte dans son sein une partie de la puissance publique de l'État auquel il appartient, un corps organisé de fonctionnaires et d'agents de cette puissance dans l'ordre administratif et dans l'ordre militaire », représente la souveraineté étrangère à un plus haut degré que l'ambassadeur.

106. Il a donc été jugé à bon droit que la fiction légale en vertu de laquelle l'hôtel d'un ambassadeur ou autre agent diplomatique est censé situé hors du territoire du souverain près duquel il est accrédité, se restreint strictement à l'ambassadeur ou ministre, ou à ceux qui, lui étant subordonnés, sont néanmoins revêtus du même caractère public ; que, par suite, l'étranger n'appartenant à aucun titre à l'ambassade de sa nation est soumis à la juridiction française à raison des crimes par lui commis dans l'hôtel de cette ambassade ; et qu'il en est surtout ainsi lorsque c'est à la demande même des agents du gouvernement étranger que s'exerce la justice française : Cass., 13 oct. 1865 (J.M. p.11.216).

§ 4. — *Compétence des tribunaux de police.*

107. On comprend que nous ne saurions ici nous arrêter à l'examen des règles de la compétence des tribunaux de police. Nous toucherons seulement quelques points relatifs aux limites qui séparent cette compétence de celle des tribunaux correctionnels.

108. Dans une dissertation insérée J.M.p.4.189, M. Rabaroust a recherché quelles sont les injures qui échappent à la compétence des tribunaux correctionnels pour rentrer dans celle des tribunaux de police. A la suite de cette dissertation, nous avons exprimé, comme lui, l'opinion, conforme d'ailleurs à la jurisprudence et à la doctrine, que la loi du 17 mai 1819 n'a nullement innové, sous le rapport de la compétence, aux règles tracées en matière d'injures par le Code pénal, et qu'elle n'a pas attaché plus d'effet à la circonstance de publicité que le Code pénal ne l'avait fait lui-même. Tout développement à cet égard nous paraît superflu, et nous nous bornons à renvoyer aux autorités mentionnées dans le *Répertoire* de MM. Dalloz, v° *Presse-outrage*, n. 933, 1381 et suiv., et dans la *Table générale* de MM. Devilleneuve et Gilbert, v° *Injures*, n. 32.—V. aussi Cass., 19 sept. 1856 (S.-V.56.1.925).

109. La Cour de cassation a jugé à deux reprises que l'art. 311, C. pén., modifié par la loi du 13 mai 1863, qui punit de peines correctionnelles les violences ou voies de fait n'ayant occasionné aucune maladie ou incapacité de travail personnel, ne s'applique pas aux violences et voies de fait *légères,* lesquelles continuent à être de simples contraventions appartenant à la juridiction des tribunaux de police : Cass., 7 janv. 1865 (J.M.p.8. 61); 13 janv. 1865 (*Id.*8.158).

110. Mais si cette grave décision peut paraître justifiée par les termes du nouvel art. 311, C. pén., qui aux coups et blessures que punissait l'ancien texte, a ajouté les *autres violences ou voies de fait,* sans employer la qualification de *légères,* qui caractérise la contravention réprimée par l'art. 605, n. 8, du Code du 3 brumaire an iv, il est permis de douter qu'elle soit conforme à l'esprit des modifications apportées aux art. 309 et 311 par la loi du 13 mai 1863. Lorsqu'il est dit dans l'exposé des motifs de cette loi que le législateur a voulu atteindre les violences qui, sans être des coups, ont cependant *un caractère de gravité punissable*, rien n'autorise à penser que ces violences ne comprennent pas celles que prévoyait le Code de brumaire an iv, et qui, malgré leur qualification de *légères*, ont été cependant considérées par la loi comme assez graves pour être passibles de répression. Le rapport dont a été précédée la loi du 13 mai (p. 47 et 61) prouve au contraire que le législateur a entendu embrasser dans les prévisions du nouvel art. 311, même les simples violences ou voies de fait légères, car il signale comme tombant désormais sous l'application de cet article, des faits qui ont incontestablement le caractère de ces violences ou voies de fait, notamment le fait de cracher au visage de quelqu'un : la Cour de Douai, par arrêt du 15 fév. 1844 (S.-V.44.2.338), et la Cour de cassation, par arrêt du 9 mars 1854 (S.-V.54.1.576), ont jugé effectivement qu'un semblable fait est au nombre des voies de fait légères que réprime l'art. 605, n. 8, du Code du 3 brumaire an iv. — Aussi n'avons-nous pas hésité dans notre *Cod. pén. modif.*, p. 137 et 138, notes, à considérer l'addition des mots *autres violences ou* *voies de fait* dans les art. 309 et 311, C. pén., comme faisant rentrer sous l'application de ces articles les infractions seulement prévues jusque-là par la disposition précitée du Code de brumaire; et une opinion conforme a été exprimée par M. F. Hélie dans son appendice à la *Théor. du Cod. pén.*, n. 2647. — V. *infrà*, n. 113.

111. Au cas où le ministère public conclut à ce que le tribunal de police se déclare incompétent sur le motif que les faits dont il est saisi ont le caractère de délit, ce tribunal doit déclarer, en effet, son incompétence, sans pouvoir retenir le procès, sous le prétexte, soit que ces faits n'existent pas, soit qu'ils ne constituent pas un délit. Et la cassation du jugement du tribunal de police qui, en pareil cas, rejette le déclinatoire du ministère public, doit être prononcée avec renvoi devant un tribunal correctionnel : Cass., 22 nov. 1862 (J.M.p.6.230).

§ 5. — *Compétence des tribunaux correctionnels.*

112. Ce paragraphe sera consacré à l'examen très-important de l'étendue de la compétence *ratione materiæ* des tribunaux correctionnels. Dans l'impossibilité où nous sommes d'énumérer toutes les infractions qu'embrasse cette compétence, nous nous bornerons à signaler celles à l'égard desquelles son application a été le plus récemment contestée. Après quoi, nous étudierons la nature et les limites de la compétence correctionnelle.

113. On a vu ci-dessus, n. 109, que, d'après la jurisprudence de la Cour de cassation, contraire à notre sentiment, les violences ou voies de fait légères sont dans les attributions des tribunaux de police, et non dans celles des tribunaux correctionnels.—Mais on ne saurait considérer comme rentrant dans la catégorie de ces infractions le fait de renverser quelqu'un par terre et de lui porter des coups de poing; c'est là le délit de violences ou voies de fait assimilées aux coups et blessures par l'art. 311, C. pén., et dès lors la connaissance en est dévolue à la juridiction correctionnelle : Cass., 23 août 1867 (J.M.p.11.68).

114. Lorsque le bruit ou tapage injurieux ou nocture résulte soit de propos diffamatoires, soit de coups, la contravention s'absorbe dans le délit, et le fait est exclusivement de la compétence du tribunal correctionnel : Cass., 4 août 1827 (D.p.27.1.451). V. aussi Cass., 29 août 1828 (D.p.28.1.408) ; 5 juill. 1832 (D.p.33.1. 126) ; 13 oct. 1849 (D.p.49.5.375).—Mais si le tribunal de simple police a néanmoins statué sur un semblable fait envisagé au point de vue de la contravention, et que le jugement de condamnation rendu par lui soit passé en force de chose jugée, la répression est épuisée, et ce même fait ne saurait être déféré encore à la juridiction correctionnelle, à raison de son caractère de délit, car, en droit commun, deux peines ne peuvent être prononcées pour une infraction unique. *Sic*, trib. corr. de Marseille, 22 janv. 1863 (J.M. p.6.288). — V. toutefois, Carnot, *Comment. Cod. pén.*, sur l'art. 479, § 8, n° 35.

115. Des coups portés et des blessures faites à une personne immédiatement après la consommation d'un attentat à la pudeur, n'impriment pas à ce fait le caractère d'attentat à la pudeur avec violence, mais constituent un délit distinct, et rendent, dès lors, leur auteur justiciable, non de la Cour d'assises, mais de la juridiction correctionnelle : Cass., 3 sept. 1858 (J.M.p.2.125). Il est évident, en effet, que la violence, pour constituer l'attentat à la pudeur réprimé par l'art. 332, C. pén., doit être un moyen de commettre cet attentat et non point simplement une suite de sa consommation.

116. Un arrêt de la Cour de Grenoble du 12 janv. 1866 (J.M. p.9.61) a jugé que l'art. 410, C. pén., qui punit de peines correctionnelles le fait de tenue de maison de jeux de hasard, est applicable aux établissements de cette nature existant dans les auberges ou cabarets, et que, par suite, un tel fait est de la compétence de la juridiction correctionnelle; qu'on prétendrait à tort qu'il ne constitue que la contravention prévue par l'art. 475, n. 5, C. pén., et rentre, dès lors, dans la compétence du tribunal de simple police.

117. Dans le principe, la Cour de cassation décidait d'une manière absolue que la disposition de l'art. 410, C. pén., qui punit de peines correctionnelles le fait de tenue de maison de jeux de hasard, était inapplicable à la tenue de semblables jeux dans les cabarets, laquelle ne constituait, d'après elle, que la contravention de police prévue par l'art. 475, n. 5, du même Code. Et cette doctrine a été embrassée par MM. Hélie et Chauveau, *Théor. du Cod. pén.*, t. 5, n. 2036 (4e édit.). — Mais la jurisprudence a depuis consacré une distinction qui concilie fort sagement les dispositions que nous venons de rappeler. Si la tenue de jeux de hasard dans les cabarets, auberges et cafés, n'a lieu que d'une façon accidentelle et passagère, elle ne présente pas, évidemment, le caractère d'établissement de maison de jeux qu'a voulu atteindre l'art. 410, et elle tombe seulement sous l'application du n. 5 de l'art. 475. Mais si, au contraire, c'est une véritable maison de jeux de hasard qui est tenue dans les lieux publics dont il s'agit, comme rien, dans les termes de l'art. 410, n'autorise à penser qu'il exclut les maisons de jeux établies dans de tels lieux, sa disposition est seule applicable, et l'infraction est de la compétence des tribunaux correctionnels. *Sic*, Montpellier, 23 janv. 1843 (D. P.43.2.148); Cass., 12 mai 1843 (S.-V.44.1.257), 3 juill. 1852 (S.-V.52.1.477) et 1er août 1861 (S.-V.62.1.107). V. aussi en ce sens, Dalloz, *Répert.*, v° *Jeu-Pari*, n. 93 et s.

118. Il résulte d'un arrêt de la Cour d'Aix du 21 juin 1867 (J. M.p.12.209) qu'un percepteur des contributions directes n'est pas au nombre des *officiers publics* de la part desquels, aux termes de l'art. 408, § 2, C. pén., l'abus de confiance a le caractère de crime, et que, dès lors, c'est au tribunal correctionnel qu'il appartient de connaître de l'abus de confiance imputé à un percepteur. Cette interprétation nous paraît exacte.—Au premier abord, en rapprochant les termes du § 2 de l'art. 408, C. pén., de ceux de l'art. 174 du même Code, relatif à la concussion, on pourrait croire que les percepteurs des contributions directes sont au nombre des officiers publics, car ce dernier article, après avoir puni tous fonctionnaires, *tous officiers publics*, désigne particulièrement les *percepteurs* des droits, taxes, *contributions*, etc., d'où l'on doit conclure que ces percepteurs ne sont compris dans la disposition générale de l'art. 174 qu'en la qualité de fonctionnaires *ou d'officiers publics* (*Sic*, MM. Hélie, Chauveau, *Théor. Cod. pén.*, t. 2, n. 696). Mais en y regardant de plus près, il est facile de reconnaître que c'est seulement la qualité de fonctionnaire, impliquant l'attache du Gouvernement, que la loi applique ici aux percepteurs, et non celle d'*officier public*, qui appartient à ceux dont l'emploi, bien que public, n'est pas sous la dépendance directe de l'autorité; et que, dans l'art. 408, comme dans l'art. 174, cette dernière qualification désigne notamment les agents de change et les notaires, de même que celle d'*officiers ministériels* y désigne les avoués et les huissiers. — On s'assure encore dans cette opinion en remarquant que, pour étendre ses dispositions à certains fonctionnaires, et spécialement aux percepteurs, l'art. 224, C. pén., modifié par la loi du 13 mai 1863, n'a point employé l'expression d'*officier public*, mais bien celle de *citoyen chargé d'un ministère de service public* (V. notre *Cod. pén. modif.*, 2e part., n. 52 et 53).

119. Le fait d'avoir volontairement dégradé ou détérioré des appareils de télégraphie, sans que néanmoins le service de la correspondance ait été interrompu, tombe sous l'application, non du décret du 27 déc. 1851, par lequel ces faits de dégradation ou de détérioration ne sont, au cas où il y a eu interruption du service, réprimés comme contravention de la compétence des conseils de préfecture, qu'autant qu'ils ont été commis par imprudence ou involontairement (art. 2), et quand ils ont été volontaires, ne sont punis, comme délit, qu'autant qu'il y a eu interruption de service (art. 3) ; – mais par l'art. 257, C. pén., lequel n'a pas été abrogé, en ce qui concerne les appareils télégraphiques, par le décret précité. — Un tel fait est donc de la compétence des tribunaux correctionnels : Cass., 11 juin 1863 ; Limoges, 23 juill. 1863 (J.M.p.6.252).

120. Il a été jugé qu'un sénateur est compétemment cité devant la juridiction correctionnelle comme civilement responsable des suites d'un délit ; qu'à ce cas ne s'applique point le sénatusconsulte du 4 juin 1858, aux termes duquel (art. 1er) les sénateurs sont justiciables de la Haute-Cour de justice à raison des crimes ou délits commis par eux : Douai, 21 avril 1862 (J.M.p.5.178). — Cette solution nous paraît pleinement justifiée par le texte et par l'esprit du sénatus-consulte du 4 juin 1858. D'après l'art. 1er de ce sénatus-consulte, en effet, la Haute-Cour de justice « connaît des crimes et des délits *commis... par des sénateurs* » ; et ni dans cette disposition, ni dans aucune autre, il n'est question de la simple responsabilité civile que pourraient encourir les sénateurs à raison de crimes ou délits commis par d'autres personnes. — Quant à l'esprit du sénatus-consulte, il se révèle clairement dans le rapport de M. Barthe, où l'on voit que la juridiction spéciale de la Haute-Cour est assurée aux sénateurs bien moins à cause de leur dignité que parce que cette juridiction a paru plus capable que toute autre de résister à la pression du pouvoir, ou de se placer au-dessus des préjugés et des passions populaires. Or, ce motif, plein de gravité lorsqu'il s'agit de poursuites pour crimes ou délits imputés à des sénateurs, ne saurait avoir rien de sérieux relativement à de simples poursuites à fin de responsabilité civile. Et les auteurs du sénatus-consulte ont si bien entendu restreindre la compétence de la Haute-Cour aux faits pour le jugement desquels la pression du pouvoir ou l'influence des préjugés ou des passions pourraient être à craindre, qu'ils n'ont point étendu cette compétence aux contraventions de simple police. — V. *suprà*, n. 3.

121. Antérieurement à l'abrogation de la loi du 17 juill. 1856, il avait été décidé qu'au cas de poursuites correctionnelles dirigées contre le gérant d'une société en commandite par actions pour l'un des délits que prévoyait l'art. 13 de cette loi, les membres du conseil de surveillance pouvaient être eux-mêmes cités devant le tribunal correctionnel par le ministère public, com ne civilement responsables des suites de ce délit : Cass., 2 avr. 1859 (J. M.p.2.113); Rouen, 13 janv. 1860 (S.-V.61.2.289); Douai, 21 avr. 1862 (J.M.p.5.178).

122. Et qu'il en était ainsi, encore bien qu'il n'y eût pas de partie civile au procès : Cass., 13 déc. 1856 (S.-V.57.1.442); Douai, 21 avr. 1862, précité. — V. aussi d'autres décisions mentionnées dans la *Table générale* de Devilleneuve et Gilbert, v° *Responsab. civ.*, n. 25 et s., et 68.

123. En Algérie, la connaissance des délits et contraventions en matière forestière appartient aux juges de paix, et non aux tribunaux correctionnels, dans tous les cas où les peines applicables n'excèdent pas six mois d'emprisonnement ou 500 fr. d'amende : Alger, 5 mars 1868 (J.M.p.11.114).

124. C'est un principe bien constant que les ordonnances des juges d'instruction et les arrêts de la chambre d'accusation qui renvoient un inculpé devant le tribunal correctionnel, ne sont qu'indicatifs et non attributifs de juridiction; en sorte que ce tribunal doit apprécier sa compétence d'après la nature des faits imputés, abstraction faite de la qualification que leur donne l'arrêt ou l'ordonnance. — V. à cet égard les nombreux arrêts mentionnés dans le *Répert.* de Dalloz, v° *Instr. crim.*, n. 859, et dans la *Table générale* de Devilleneuve et Gilbert, v° *Trib. de pol. corr.*, n. 17 et s., ainsi que F. Hélie, t. 5, n. 2315, et t. 6, n. 2808; Trébutien, *Cours élém. de dr. crim.*, t. 2, p. 305. *Junge* Colmar, 24 déc. 1861 (J.M.p.5.88); Trib. de Charleville, 26 oct. 1863 (*Id.*6.261); Cass., 12 fév. 1864 (*Id.*7.191). — De là, la plupart de ces autorités concluent naturellement que si le tribunal correctionnel ou la Cour impériale, sur l'appel, estiment que le fait qui leur est déféré comme délit par l'ordonnance de renvoi, a, dans la réalité, le caractère de crime, ils doivent se déclarer incompétents. — V. particulièrement Trib. de Charleville, 26 oct. 1863, précité.

125. Que décider dans l'hypothèse inverse, où le fait dont les juges correctionnels ont été saisis par l'ordonnance de renvoi présente le caractère d'un simple délit ou même ne constitue pas un fait punissable, bien que, d'après la dispos't'on de loi visée par cette ordonnance, il dût être considéré comme crime? Faut-il dire, en présence de la qualification résultant de cette disposition, que les juges correctionnels ont été saisis par erreur, et qu'ils doivent se déclarer incompétents, ou bien faut-il reconnaître à ces juges le droit de vérifier leur compétence d'après la nature même du fait et sans égard à la disposition de loi visée à tort par le juge d'instruction? Évidemment, cette dernière solution découle encore nécessairement du principe rappelé ci-dessus. — C'est ce qu'a décidé l'arrêt de la Cour de Colmar du 24 déc. 1861 mentionné au numéro précédent.

126. Ce que nous venons de dire des ordonnances et arrêts de renvoi en police correctionnelle est également applicable à la citation donnée au prévenu soit par la partie civile, soit par le ministère public. V. les autorités indiquées *suprà*, n. 124. — *Adde* Pau, 14 juin 1859 (J.M.p.2.180); Bordeaux, 9 mai 1860 (*Id.* 3.225), ainsi que les arrêts mentionnés ci-après, n. 130 et s.; — F. Hélie, t. 6, n. 2851, 2854.

127. Ainsi, il a été jugé que le tribunal correctionnel saisi d'un fait que la citation du ministère public a qualifié inexactement, et pour la répression duquel elle a invoqué une disposition pénale qui ne lui est pas applicable, n'en doit pas moins statuer sur ce fait, en lui restituant sa véritable qualification, et en lui appliquant la disposition qui le régit : Bordeaux, 9 mai 1860, précité.

128. Décidé également que, dans le cas où un fait poursuivi par le ministère public comme délit commun, prend à l'audience le caractère d'un délit spécial (tel qu'un délit forestier), les juges ne peuvent se dispenser de statuer sur les réquisitions du ministère public tendant à l'application des peines que comporte la nouvelle qualification de ce fait, sous le prétexte que la procédure particulière prescrite à l'égard du délit spécial dont il s'agit (la notification du procès-verbal au prévenu) n'a pas été observée : Pau, 14 juin 1859, également précité. — En effet, ce délit ne s'étant révélé que pendant les débats, il suffit que l'instruction ait eu lieu selon les règles du droit commun pour que le tribunal en soit légalement saisi. Décider autrement, ce serait soumettre gratuitement le prévenu aux frais de nouvelles poursuites et aux lenteurs d'une nouvelle procédure; car le ministère public dont les réquisitions auraient été rejetées ne manquerait pas de reprendre le prévenu sous la prévention du délit révélé par les débats de la première affaire. On ne pourrait du reste lui opposer la maxime *Non bis in idem*, puisque nous supposons qu'il s'agirait d'un délit qui, bien que résultant du fait originairement poursuivi, constituerait, à raison de circonstances d'abord ignorées, un délit distinct de celui sur lequel il a été statué.

129. C'est donc inexactement qu'il a été jugé que l'individu poursuivi à tort pour violation de domicile à raison de son introduction dans la maison d'autrui, au moyen de la destruction totale ou partielle de cette maison ou de ses clôtures, ne peut, pour le fait dont il s'agit, être déclaré coupable du délit de destruction de clôture, alors que ce délit n'est pas spécifié dans la citation : Chambéry, 28 fév. 1867 (J.M.p.10.186).

130. Mais si le tribunal correctionnel peut donner au fait dont il est saisi une qualification autre que celle qu'il a reçue dans la citation ou dans l'ordonnance ou arrêt de renvoi, il ne lui appartient pas de substituer à ce fait un autre fait distinct qui ne s'est révélé qu'aux débats. La jurisprudence est aussi fixée sur ce point. V. les arrêts cités par Dalloz, *Répert.*, vº *Instr. crim.*, n. 926 et s. — *Junge* Metz, 30 juin 1858 (J.M.p.2.268); Bordeaux, 18 mars 1859 (*Id*.2.204); Paris, 2 mars 1860; Cass., 11 oct. 1860 ; Poitiers, 23 janv. 1861 (*Id*.4.158); Colmar, 14 fév. 1866 (*Id*.9.89); Pau, 28 juill. 1869 (*Id*.12.267);—F. Hélie, t.6, n. 2854. — Les réquisitions du ministère public et la condamnation ne peuvent, sans qu'il y ait violation du droit de la défense, porter sur d'autres faits que sur ceux qui sont énoncés dans la citation (ou l'ordonnance de renvoi), et à l'égard desquels seulement le prévenu a été mis à même de repousser les poursuites dirigées contre lui. Peu importe que les nouveaux faits soient révélés par les débats de l'audience : le tribunal ne s'en trouve pas saisi, et le ministère public ne peut l'en saisir à l'instant même par ses réquisitions. Il ne faut pas perdre de vue que le prévenu doit avoir le temps de préparer sa défense.

131. Ces principes sont d'ailleurs applicables en appel comme en première instance. V. les arrêts mentionnés dans la *Table générale* de Devilleneuve et Gilbert, vº *App. en mat. corr.*, n. 144, 246 et s. *Junge* Cass., 6 août et 13 déc. 1855 (S.-V.56.1.554); 16 août 1862 (J.M.p.6.29). — F. Hélie, t. 6, n. 3028; Berriat Saint-Prix, 2ᵉ part., t. 2, n 1164. — Vainement opposerait-on cette autre règle, que l'appel du ministère remet tout en question, car cet effet de l'appel du ministère public ne doit s'entendre que des divers éléments de la poursuite sur laquelle les premiers juges ont statué, et non de circonstances qui, bien que se rattachant au fait poursuivi, sont constitutives d'un délit distinct.

152. Décidé en ce sens que les juges correctionnels du second degré ne peuvent, même sur l'appel du ministère public, substituer à l'inculpation sous laquelle le prévenu a été poursuivi en première instance (celle de blessures par imprudence) une inculpation distincte (celle de blessures volontaires) : Poitiers, 17 déc. 1863 (J.M.p.7.232).

153. Décidé encore que les juges correctionnels ne peuvent modifier la nature de la prévention dont ils sont saisis, notamment en reconnaissant à la charge du prévenu une circonstance aggravante non relevée dans la citation, et que, spécialement, le prévenu poursuivi pour mendicité simple ne peut, ni en première instance ni en appel, être condamné pour mendicité avec menace ou avec introduction dans les maisons : Aix, 22 janv. 1868 (deux arrêts) (J.M.p.11.299). — Ce n'est pas, en effet, changer seulement la qualification du fait poursuivi que d'y ajouter une circonstance aggravante; c'est bien plutôt substituer au fait poursuivi un fait plus grave, quoique du même ordre; c'est modifier dès lors la prévention tout entière en violation du droit de la défense. Il est vrai qu'un arrêt de la Cour de cassation du 29 juin 1855 (S.-V.55.1.547) a, au contraire, reconnu aux juges d'appel, en matière correctionnelle, le pouvoir de relever à la charge du prévenu une circonstance aggravante dont les premiers juges n'avaient pas été saisis; mais cette doctrine, repoussée par M. F. Hélie, t. 6, n. 3029, nous paraît également inadmissible.

154. Remarquons maintenant que si les juges correctionnels ne doivent pas, pour apprécier leur compétence à l'égard des faits dont ils sont saisis, s'en tenir à la qualification donnée à ces faits par la citation, rien ne s'oppose à ce qu'ils prennent cette qualification pour base de leur décision sur la compétence, pourvu qu'il résulte du jugement qu'ils ont examiné le caractère légal des faits imputés : Cass., 4 déc. 1862 (J.M.p.5.311).

155. Il faut observer, d'un autre côté, que le droit des juges correctionnels de décliner leur compétence, soit d'office, soit sur la réquisition des parties, peut être exercé tant qu'il n'est pas intervenu une décision définitive sur le fond de la poursuite, et que ce déclinatoire peut se fonder, non-seulement sur l'appréciation des faits articulés et incriminés originairement, mais encore sur les modifications et circonstances nouvelles qui se sont produites depuis. *Sic*, Cass., 12 fév. 1864 (J.M.p.7.191).

136. Toutefois, l'allégation par le prévenu de circonstances aggravantes non comprises dans la poursuite ne peut donner lieu à une déclaration d'incompétence de la part des juges correctionnels, qu'autant qu'elle est fondée sur des indices et des charges assez graves pour constituer une prévention de crime. — Tel le cas où les juges correctionnels, saisis d'une poursuite pour blessures volontaires, reconnaissent qu'au moment où ils statuent, ces blessures sont de nature à faire croire à la perte d'un œil pour la victime : Même arrêt.

137. Le tribunal correctionnel saisi d'un fait qualifié crime par la loi est absolument tenu de se déclarer incompétent. — Et, en cas de condamnation prononcée à tort par le tribunal à raison de ce fait, les juges du second degré qui en sont saisis, même sur l'appel de la partie civile seule et après l'extinction de l'action publique, doivent annuler cette condamnation et renvoyer la cause devant les juges compétents; ils ne peuvent, procédant à de nouveaux débats, prononcer au profit de la partie civile les dommages-intérêts réclamés par elle : Cass., 7 janv. 1865 (J.M. p.8.98).

138. Par application du même principe, il a été jugé que le tribunal correctionnel saisi d'un fait qualifié par la prévention d'outrage public à la pudeur, se déclare à bon droit incompétent, lorsque ce fait réunit d'une manière indivisible les éléments du crime d'attentat à la pudeur : Cass., 8 mai et 10 sept. 1868 (J.M. p.12.163); Chambéry, 13 août 1868 (*Id.*12.48).

139. La déclaration que contiendrait, en pareil cas, l'ordonnance du juge d'instruction qui a saisi le tribunal correctionnel, qu'il n'y a lieu à suivre à raison du fait dont il s'agit en tant qu'envisagé comme crime, ne ferait nullement obstacle, encore bien que l'ordonnance serait passée en force de chose jugée, au droit et au devoir des juges correctionnels de se dire incompétents; ce n'est là qu'une déclaration surabondante et sans valeur. A ce cas est inapplicable l'art. 246, C. instr. crim., d'après lequel le prévenu à l'égard de qui il a été décidé qu'il n'y a lieu à suivre, ne peut plus être poursuivi pour le même fait, à moins qu'il ne survienne de nouvelles charges : Cass., 10 sept. 1868, précité. V. aussi Cass., 14 mars 1868 (J.M.p.12.14).

140. Jugé de même que le tribunal correctionnel est autorisé à se déclarer incompétent, lorsque le fait poursuivi comme délit

n'est en réalité que l'un des éléments du crime : Orléans, 5 août
1868 (J.M.p.11.222).

141. C'est bien à tort qu'un arrêt de la Cour d'Aix du 22 déc.
1864 (J.M.p.8.98) a décidé, en sens contraire, que le tribunal
correctionnel saisi d'un fait qui, d'après les énonciations de la
citation donnée au prévenu, ne constitue qu'un délit, est compétent pour en connaître, encore bien qu'une circonstance non relevée dans cette citation lui imprimerait le caractère de crime. La
citation en police correctionnelle n'étant qu'indicative et non at-
tributive de juridiction, ainsi que nous l'avons rappelé ci-dessus,
n. 126, il importe peu évidemment que la circonstance qui imprime au fait poursuivi le caractère de crime n'ait pas été relevée
dans cette citation, si elle vient, par une cause quelconque, à se
manifester aux magistrats. Sans doute, le ministère public peut
faire abstraction de cette circonstance pour poursuivre le fait devant
la juridiction correctionnelle, après que ce fait soumis, avec cette
même circonstance, à la Cour d'assises, a été l'objet d'un acquittement ; mais cela parce que, dans ce cas, il est établi qu'il
n'y a pas de crime, et qu'il peut, au contraire, y avoir un délit à
raison d'un élément que n'a pas eu à envisager la Cour d'assises.
Sans doute aussi, le président de la Cour d'assises, saisie d'un
crime, peut poser comme résultant des débats une question de
délit, mais seulement pour le cas où le crime serait écarté par le
verdict du jury ; et de tout cela il ne résulte nullement que les
tribunaux puissent indifféremment envisager le même fait comme
crime ou comme délit, en lui conservant ou en lui enlevant à
leur gré une des circonstances qui le constituent. Rien ne les autorise à dénaturer un fait dont le caractère criminel leur est révélé par les débats, en le dépouillant d'une des circonstances qui
le constituent, afin de le faire rentrer dans les limites de leurs
attributions, au lieu de laisser à une juridiction supérieure le
soin de l'envisager dans toute sa réalité et dans toute son étendue,
et de lui appliquer une exacte pénalité.

142. Mais si le fait poursuivi devant le tribunal correctionnel
comme simple délit est seulement lié à un autre fait constitutif
d'un crime, de manière à pouvoir en être détaché sans faire violence à la vérité des choses ; si, par exemple, un fait d'outrage
public à la pudeur est suivi, même immédiatement, d'un attentat
à la pudeur, au lieu de se confondre d'une manière indivisible
avec ce dernier fait et d'en représenter seulement une des faces ;
ou bien, si à côté du délit de banqueroute simple, se trouvait le

crime de banqueroute frauduleuse, alors la compétence des juges correctionnels se justifie parfaitement. Ils statuent sur un délit, qui leur est déféré sans faire obstacle à la poursuite du crime dont il est concomitant, mais complétement distinct.

143. C'est ainsi qu'il a été décidé que le tribunal correctionnel saisi d'un fait complexe et divisible présentant le double caractère de crime et de délit (en ce que, par exemple, il constituerait tout à la fois un attentat à la pudeur ou un viol et un outrage public à la pudeur), mais poursuivi seulement comme délit, ne peut se déclarer incompétent sous le prétexte que ce fait est constitutif d'un crime : Grenoble, 20 nov. 1861 (J.M.p.5.19); Amiens, 27 juill. 1866 (*Id.* 11.232).

144. ...Que le tribunal correctionnel saisi du délit de banqueroute simple ne peut se déclarer incompétent, sous le prétexte que des faits de fraude révélés aux débats à la charge du prévenu donneraient au fait poursuivi le caractère du crime de banqueroute frauduleuse, ces circonstances ne pouvant se relier au fait dont il s'agit comme circonstances aggravantes, mais étant constitutives d'un crime complétement distinct : Montpellier, 27 mai 1867 (J.M.p.10.235).

145. ...Que les juges correctionnels ne peuvent même se déclarer incompétents pour statuer sur un délit dont ils sont saisis, sous prétexte de la connexité de ce délit avec un autre fait présentant le caractère de crime qui leur avait été aussi déféré à tort, et à l'égard duquel ils ont également proclamé leur incompétence, si d'ailleurs il n'y a pas indivisibilité entre le délit et le crime : Cass., 18 avril 1868; Orléans, 5 août 1868 (J.M.p.11.222).

146. ...Que les juges correctionnels régulièrement saisis ne peuvent se déclarer incompétents pour d'autres causes que celles spécifiées aux art. 213 et 214, C. instr. crim., et qu'il ne leur appartient point de refuser de statuer sur des faits dont la connaissance leur est dévolue, sous prétexte que ces faits se rattacheraient, par un lien plus ou moins étroit, à d'autres faits pouvant donner lieu à des poursuites devant une autre juridiction, s'il ne s'agit que d'un lien de connexité et non d'indivisibilité; qu'ainsi, spécialement, les juges correctionnels, en se déclarant incompétents pour connaître d'un fait d'arrestation illégale imputé à un préposé du Gouvernement et constitutif d'un crime, ne peuvent refuser de statuer sur un fait distinct et simplement connexe de coups volontaires reproché au même agent : Cass., 22 avr. 1869 (J.M.p.12.113).

147. Cet arrêt ajoute qu'on prétendrait en vain, pour justifier dans ce cas l'incompétence des juges correctionnels, que le fait de coups volontaires n'est qu'un des éléments du crime d'arrestation illégale. L'exactitude de cette appréciation ne nous paraît pas douteuse. L'arrestation illégale se constitue par des éléments indépendants des violences qui peuvent être exercées contre la personne arrêtée, en tant du moins que ces violences ne consistent pas uniquement dans l'emploi de la force nécessaire pour opérer l'arrestation et qui ne saurait être en lui-même incriminé. Lors même que les voies de fait condamnables se produisent au moment de l'arrestation illégale, elles n'en sont point une des circonstances constitutives, et ne s'absorbent point en elle; mais elles conservent leur caractère propre, et ne cessent pas d'être un simple délit de la compétence des tribunaux correctionnels. Il doit en être de ces voies de fait comme de tout autre délit, tel, par exemple, que celui d'injures, dont l'agent de la force publique se rendrait coupable, pendant l'arrestation illégale, envers la personne qui est l'objet de ce crime.

148. Il est un cas, toutefois, où la juridiction correctionnelle ne pourrait compétemment statuer sur un délit se rattachant à un crime : c'est celui où ces deux faits, compris dans la même procédure, auraient donné lieu, de la part du juge d'instruction, au double renvoi de l'inculpé devant le tribunal correctionnel, pour le premier fait, et devant la chambre d'accusation pour le second. Le droit et le devoir qu'a alors la chambre d'accusation d'apprécier la procédure tout entière mettent obstacle à ce que le renvoi en police correctionnelle produise son effet, jusqu'à ce que cette chambre ait rendu sa décision. V. Paris, 13 oct. 1858 (J.M.p.2.62), et *Chambre d'accusation*, n. 27.

149. Dans le cas où les débats révèlent à la charge du prévenu d'un délit *d'autres faits distincts* ayant le caractère de crimes, il n'appartient pas au tribunal correctionnel de surseoir à statuer sur le délit faisant l'objet de la prévention, et de renvoyer pour plus ample informé devant le juge d'instruction compétent relativement aux nouveaux faits : le tribunal doit, en pareil cas, vider la prévention dont il est saisi, sauf au ministère public à reprendre, s'il le juge à propos, les faits susceptibles d'une poursuite criminelle. Il en est ainsi spécialement quand, au cours des débats sur une prévention de banqueroute simple, surgissent des charges de nature à motiver une poursuite pour banqueroute frauduleuse : Colmar, 22 avr. 1857 (J.M.p.6.66).

150. Jugé aussi que lorsqu'un prévenu est traduit devant le tribunal correctionnel sous l'inculpation de plusieurs faits, ce tribunal peut retenir la connaissance de ceux de ces faits qui constituent de simples délits, et se déclarer incompétent relativement aux autres faits, à raison de ce qu'ils ont le caractère de crime, au lieu de se déclarer incompétent sur le tout, alors particulièrement que les divers faits ne sont pas connexes : Cass., 17 sept. 1858 (J.M.p.2.100). V. nos observations sur cet arrêt.

151. Le tribunal correctionnel qui, ayant été saisi par une ordonnance du juge d'instruction, se déclare incompétent sur le motif que le fait incriminé a le caractère de crime, ne peut renvoyer le prévenu devant le juge d'instruction compétent : il y a lieu, en pareil cas, à règlement de juges par la Cour de cassation : Cass., 18 sept. 1862 (J.M.p.6.116). V. aussi Montpellier, 14 fév. 1859 (*Id.*2.150), et *Appel correctionnel*, n. 142.

152. Le tribunal correctionnel devant lequel un fait qui a été l'objet d'une accusation de crime suivie d'acquittement est ensuite poursuivi comme délit, conserve-t-il le droit de se déclarer incompétent, si ce fait lui paraît avoir le caractère de crime? Un arrêt de la Cour d'Aix du 19 mars 1868 (J.M.p.12.42) a consacré la négative dans le cas de poursuite pour délit d'outrage public à la pudeur, à raison d'un fait qui avait donné lieu précédemment à une accusation d'attentat à la pudeur sans violence.

153. Cette solution nous semble exacte; toutefois il ne faudrait pas la généraliser. Il ne saurait répuguer en rien à la nature des choses qu'un fait pour lequel il y a eu acquittement de l'accusation du crime d'attentat à la pudeur sans violence soit ultérieurement poursuivi comme délit d'outrage public à la pudeur, parce que ce crime et ce délit se constituent au fond des mêmes éléments, et que certaines circonstances extrinsèques seules les différencient, à savoir : l'âge de la victime, qui caractérise le premier, et la publicité, qui caractérise le second. Dès lors, après l'acquittement de l'accusation d'attentat à la pudeur sans violence, les juges correctionnels ne sauraient avoir aucune raison pour ne pas s'en tenir à l'appréciation du fait dépouillé de sa circonstance aggravante par le verdict du jury, et envisagé sous le seul aspect qui peut lui rester d'outrage public à la pudeur. La nature du fait ne peut aucunement résister à cette modification de la criminalité et de la qualification.

154. Mais il n'en est pas ainsi lorsque le crime pour lequel il y a eu acquittement et le délit pour lequel il y a nouvelle poursuite du même fait, se constituent d'éléments contradictoires et exclusifs les uns des autres. Ainsi, par exemple, si les juges correctionnels devant lesquels un fait qui a été l'objet d'une accusation de meurtre suivie d'acquittement, est ultérieurement poursuivi comme délit d'homicide par imprudence, reconnaissent que ce fait a été volontaire, il est impossible de les contraindre à l'envisager néanmoins comme un homicide involontaire. Dans ce cas, ils ont incontestablement le droit et le devoir de se déclarer incompétents, et cette déclaration d'incompétence n'infirmerait en rien la décision du jury, qui peut avoir pour fondement une appréciation complétement étrangère au caractère volontaire ou involontaire du fait. — La jurisprudence s'est d'ailleurs prononcée en ce sens. V. *Chose jugée*, n. 33.

155. Lorsque le fait dont le tribunal correctionnel a été saisi prend, *aux débats*, le caractère de contravention, la jurisprudence décide généralement que le droit accordé par les art. 192 et 213, C. instr. crim., au ministère public et à la partie civile de demander le renvoi devant le tribunal de police, n'appartient pas au prévenu (*Répert.* de Dalloz, v° *Compét. crim.*, n. 540; *Tabl. génér.* de Devilleneuve et Gilbert, v° *Trib. corr.*, n. 27. *Junge* Bordeaux, 28 janv. et 20 août 1841, D.p.41.2.202 et 42.2.135; Metz, 17 nov. 1860, J.M.p.4.181, et cette doctrine est aussi exprimée par MM. Carnot, *Instr. crim.*, sur l'art. 192, et F. Hélie, *Id.*, t. 6, n. 2531. Toutefois, l'opinion contraire, qui se fonde sur ce que le silence du législateur à l'égard du prévenu ne peut s'interpréter contre celui-ci, seul vraiment intéressé à demander le renvoi, est professée, avec plus de raison, selon nous, par MM. Bourguignon, *Man. d'instr. crim.;* Favard, *Rép.*, v° *Jugement*, sect. 2, § 1er, n. 2; Le Sellyer, *Droit crim.*, t. 3, n. 938; Legraverend, *Législ. crim.*, t. 2, p. 393; Dalloz, *loc. cit.*, n. 588; et elle a été également consacrée par divers arrêts que mentionnent MM. Dalloz, n. 539.

156. Dans tous les cas, le tribunal correctionnel saisi de deux faits non connexes constituant, d'après la citation, l'un un délit, l'autre une contravention de police, se déclare à bon droit compétent à l'égard de la contravention, lorsque, *avant tout débat*, le prévenu demande de ce chef son renvoi devant le tribunal de police : Cass., 8 mars 1839 (D.p.39.1.257); 4 mai 1843 (S.-V.44. 1.172); Metz, 11 août 1858 (J.M.p.2.203); Paris, 30 juin 1865 (*Id.* 10.35); — F. Hélie, *loc cit.*

157. Il reste à se demander dans quels cas la contravention qui se révèle aux débats n'est qu'une *dégénérescence* du fait déféré au tribunal correctionnel comme délit. Suffit-il que les circonstances constitutives de cette contravention se rattachent d'une manière intime au fait poursuivi ? Évidemment non ; car, malgré un tel lien, ces circonstances peuvent être complétement en dehors du délit sur lequel le tribunal est appelé à statuer, au lieu de former un de ses éléments ; et ce n'est qu'autant qu'elles auraient ce dernier caractère, qu'à défaut du délit, dont l'absence d'autres éléments ne permettrait pas de constater l'existence, elles pourraient constituer, à titre de dégénérescence, une simple contravention. Si elles sont étrangères aux éléments du délit, la connexité qui les unit au fait poursuivi n'empêche pas que la contravention qu'elles forment ne soit distincte de ce fait, et n'échappe dès lors à la compétence de la juridiction correctionnelle.—Cette juridiction peut bien connaître d'une contravention connexe à un délit, lorsqu'elle en a été saisie par la citation (V. *infrà*, n. 161) ; mais rien ne saurait l'autoriser à statuer sur une contravention distincte qu'elle substituerait, après les débats, sous prétexte de connexité, au délit que la citation lui avait seul déféré. V. *suprà*, n. 130.

158. Jugé en ce sens que l'individu poursuivi à tort devant le tribunal correctionnel pour délit de chasse sans permission ou à l'aide d'engins prohibés sur le terrain d'autrui, ne peut, à l'audience, être inculpé et jugé, à raison du même fait, pour contravention de passage sur le terrain d'autrui préparé ou ensemencé, soit que cette dernière infraction ait été relevée dans le procès-verbal dressé contre lui, soit qu'elle n'y ait pas été constatée, parce que c'est là une contravention distincte, à laquelle ne s'applique pas l'art. 192, C. instr. crim.: Trib. de Saint-Amand, 6 nov. 1863 (J.M.p.6.263) ; Trib. du Blanc, 10 janv. 1867 (*Id.*10. 108). La contravention résultant du fait de passage sur un terrain ensemencé, se lie bien au fait poursuivi comme délit de chasse sans permission du propriétaire ou à l'aide d'engins prohibés, mais elle en est cependant distincte. Le fait de passage sur un terrain, la circonstance que ce terrain est ensemencé, ne sont pas des éléments nécessaires du délit dont il s'agit, lequel peut très-bien se commettre au moyen du passage sur un chemin ou un sentier, et dans un terrain où n'a été jetée aucune semence.

159. Il résulte de l'art. 226, C. instr. crim., que les juges correctionnels doivent statuer par une seule et même décision sur les délits connexes dont les pièces se trouvent en même temps produites devant eux. Par là, les juges correctionnels sont investis du pouvoir de connaître de délits qui, sans la connexité, ne rentreraient pas dans leur compétence soit *ratione loci* (V. *suprà*, n. 78), soit *ratione personæ*, soit même *ratione materiæ*. On a vu ci-dessus, n. 33, 45 et s. et 57, une application de ce principe à l'égard des justiciables des tribunaux militaires et de ceux des tribunaux maritimes.

160. L'art. 227, C. instr. crim., indique les hypothèses dans lesquelles les délits sont connexes; mais sa disposition n'est qu'énonciative et nullement limitative : tous délits entre lesquels les juges reconnaissent un lien de connexité peuvent être l'objet de leur décision. Leur pouvoir à cet égard n'a d'autre limite que l'intérêt de la découverte de la vérité et de la bonne administration de la justice. C'est là un point bien constant. V. Cass., 24 déc. 1836 (S.-V.37.1.11); 25 nov. 1837 (D.P.38.1.426); 3 avr. 1847 (S.-V.47.1.702); 7 déc. 1860 (J.M.p.4.114); — Legraverend, *Législ. crim.*, t. 2, p. 160; F. Hélie, t. 5, n. 2365; Berriat Saint-Prix, t. 1, n. 221, et t. 2, n. 887; Trébutien, t. 2, p. 202; Dalloz, *Répert.*, v^is *Compét. crim.*, n. 214, et *Instr. crim.*, n. 1106. — Toutefois, comme le fait observer M. F. Hélie, il ne suffirait pas, pour que les juges fussent autorisés à joindre deux procédures séparément instruites, qu'ils regardassent cette jonction comme nécessaire à la bonne administration de la justice, s'il n'y avait pas entre elles une véritable connexité. Or, pour que les délits puissent être réputés connexes, il faut qu'ils se trouvent, sinon dans un des cas prévus par l'art. 227, du moins dans un cas analogue; car si cet article n'est que démonstratif, il indique au moins les caractères généraux de la connexité.

161. Par application de la règle d'après laquelle les dispositions des art. 226 et 227, C. instr. crim., ne sont point limitatives, il a été jugé que le tribunal correctionnel saisi d'un délit et d'une contravention connexes, est compétent pour statuer sur la contravention aussi bien que sur le délit : Metz, 28 mai 1862 (J.M.p.5.241). Compar. *Appel correctionnel*, n. 16.

162. Le tribunal correctionnel saisi de plusieurs faits connexes est compétent pour en connaître, bien que les prévenus prétendent que l'un de ces faits a le caractère de crime, s'il reconnaît, au contraire, que ce fait a, comme les autres, le caractère de délit : Agen, 14 août 1868 (J.M.p.11.268).

163. Il importe de remarquer que la jonction des délits connexes n'est pas rigoureusement obligatoire pour les juges correctionnels, et qu'ils ont la faculté de ne point l'ordonner lorsqu'il pourrait en résulter des retards qui amèneraient le dépérissement des preuves : Cass., 30 mai 1818 (S.-V.5.1.482) ; 14 août 1845 (D.p.46.4.343) ; — F. Hélie, n. 2368.

164. A plus forte raison, n'y a-t-il pas obligation de joindre des délits non connexes, même lorsqu'ils sont imputés à un seul prévenu, bien que dans ce cas la jonction soit, par argument de l'art. 365, C. instr. crim., considérée comme légale (V. F. Hélie, n. 2358) : Cass., 31 oct. 1819 ; 22 mars 1837 (D.p.39.1.398) ; 11 oct. 1855 (D.p.55.1.446) ; 17 sept. 1858 (J.M.p.2.100) ; — Dalloz, vis *Compét. crim.*, n. 199 et s., et *Instr. crim.*, n. 1102 et s., 1350 et s.

165. Les individus prévenus, soit comme auteurs principaux, soit comme complices, de délits connexes, sont tous justiciables de la juridiction seule compétente pour connaître du fait réputé le plus grave : Cass., 18 janv. 1839 (Dall., *Répert.*, v° *Compét. crim.*, n. 153) ; Agen, 2 mai 1868 (J.M.p.11.157) ; — Legraverend, t. 1, p. 463 ; Massabiau, t. 2, n. 1204 ; Duverger, t. 3, n. 521 ; F. Hélie, n. 2372. — Il en serait toutefois autrement si le tribunal du lieu de l'un des délits les moins graves avait été saisi le premier ; rien ne saurait autoriser son dessaisissement. V. F. Hélie, *loc. cit.*, et arrêts cités par cet auteur.

166. Il est constant, comme nous l'avons déjà rappelé plus haut, n. 82, que la compétence pour connaître du délit à l'égard de l'auteur principal entraîne compétence à l'égard du complice.

167. Toutefois, il en serait autrement si l'auteur principal était justiciable d'un tribunal d'exception, et que le tribunal correctionnel fût le juge naturel du complice. Dans ce cas, les deux prévenus devraient être renvoyés devant ce tribunal. V. F. Hélie, n. 2379. V. aussi *suprà*, n. 33.

168. ... A moins pourtant que le complice ne fût mis en jugement qu'après la décision rendue à l'égard de l'auteur principal ; car alors chacun d'eux resterait soumis à la juridiction qui lui est propre. L'indivisibilité du jugement n'est justifiée que dans le cas où tous les prévenus du même délit sont poursuivis simultanément : Cass., 22 avr. et 22 juill. 1808 (S.-V.2.1.504 et 554) ; — F. Hélie, n. 2380 ; Dalloz, v° *Compét. crim.*, n. 209.

169. L'arrêt de la Cour d'Aix du 16 mai 1863 mentionné

suprà, n. 166, a jugé que, bien que l'auteur principal se trouve justiciable d'un tribunal d'exception, le complice doit être traduit devant la juridiction ordinaire, s'il n'est mis en jugement qu'après la décision rendue contre l'auteur principal. Mais cette solution ne va pas assez loin, puisqu'on vient de voir que, même quand les poursuites sont simultanées, l'auteur principal et le complice doivent être jugés par la juridiction ordinaire.

170. En ce qui concerne la compétence des tribunaux correctionnels relativement aux *questions préjudicielles*, V. ce mot.

170 *bis*. C'est un principe certain que la connaissance des incidents contentieux qui s'élèvent sur l'exécution d'un jugement correctionnel appartient à la juridiction de qui émane ce jugement, à l'exclusion du ministère public, chargé seulement, en vertu de l'art. 197, C. instr. crim., d'assurer cette exécution et d'aplanir les difficultés non contentieuses qu'elle soulève. V. notamment Cass., 23 fév. 1833 (S.-V.33.1.558); 27 juin 1845 (S.-V. 45.1.543); 9 juill. 1859 (J.M.p.2.297); 1er fév. 1861 (*Id*.4.119); — Rauter, *Dr. crim.*, t. 2, n. 642; Hélie et Chauveau, *Th. C. pén.*, t. 1, n. 114; Berriat Saint-Prix, *Exéc. des jug. et arrêts*, p. 11; F. Hélie, t. 8, n. 4086; Dalloz, *Répert.*, v° *Jugement*, n. 898.

171. Mais que faut-il décider lorsqu'il y a eu appel du jugement rendu par un tribunal correctionnel? Doit-on appliquer la règle de l'art. 472, C. proc. civ., suivant laquelle, si le jugement est confirmé, l'exécution appartient au tribunal dont est appel, et s'il est infirmé, aux juges d'appel qui auront statué? L'arrêt de la Cour de cassation du 9 juill. 1859, ci-dessus, décide que cette règle est inapplicable ici, et que les juges d'appel sont, dans tous les cas, seuls compétents pour statuer sur l'exécution de leur décision et pour l'interpréter, alors même qu'ils se seraient bornés à adopter les motifs des premiers juges. L'art. 172, C. proc., dit cet arrêt, a été motivé par des considérations particulières aux juridictions civiles, et qui sont sans application en matière correctionnelle. Cela est-il bien exact? L'exposé des motifs du titre des Cours d'appel et le rapport dont ce titre fut l'objet au Corps législatif nous apprennent que si, au cas de confirmation, l'exécution du jugement a été dévolue au tribunal qui l'a rendu, c'est que, du moment où l'appel est anéanti, les pouvoirs de ce tribunal n'ont souffert aucune atteinte, et que celui de faire exécuter son jugement reste aussi entier que s'il n'y avait pas eu d'appel. Nous ne voyons pas en quoi cette considération serait inapplicable en matière correctionnelle.

172. Toutefois, nous croyons qu'une distinction doit être faite entre la connaissance des difficultés qui n'exigent pas l'interprétation de la décision et le droit de faire cette interprétation. Tandis que la connaissance des difficultés dont il s'agit nous paraît appartenir aux juges de première instance, lorsque le jugement a été confirmé, nous pensons que l'interprétation de la décision appartient aux juges d'appel, même quand ils ont confirmé avec adoption des motifs, parce qu'en maintenant ou en s'appropriant la décision des premiers juges, ils ont eux-mêmes prononcé le dernier mot sur le sort du prévenu, que c'est d'eux en réalité qu'émane la condamnation, et qu'il est de principe que les juges par qui une décision a été rendue ont seuls le droit d'en expliquer le sens. V. conf., Agen, 9 avr. 1810 (S.-V.3.2.249); Cass., 22 juin 1842 (S.-V.43.1.230) et 17 juin 1851 (D.P.54.5.332).

173. Il a été jugé à bon droit, selon nous, que la chambre des appels correctionnels qui a ordonné la mise en liberté provisoire d'un prévenu, a seule compétence pour statuer sur tout incident relatif au cautionnement par elle imposé à ce dernier : Cass., 1er fév. 1861, cité *suprà*, n. 170. — Ici, les principes que nous venons d'exposer se trouvent désintéressés. La mise en liberté provisoire ayant été ordonnée par les juges d'appel seulement, à eux seuls il doit appartenir de connaître des difficultés relatives à cette mesure. — V. *Liberté provisoire*.

174. Les juges correctionnels qui prononcent le relaxe du prévenu n'ont point, à la différence de la Cour d'assises, le droit de statuer sur une question de propriété d'objets saisis au cours de l'information, soulevée par la partie civile : Cass., 23 fév. 1869 (J.M.p.12.293). — Cela ne peut faire doute. Le relaxe du prévenu, ayant pour effet d'éteindre l'action publique, enlève par cela même aux juges correctionnels qui le prononcent le pouvoir de statuer sur tout ce qui se rattache à l'action civile, puisqu'ils ne peuvent connaître de cette dernière action qu'accessoirement à la première. La loi a voulu, il est vrai, qu'il en fût autrement en matière criminelle; mais la disposition de l'art. 366, C. instr. crim., renfermant une exception aux principes généraux, ne saurait être étendue hors des limites tracées par le législateur. — Ces raisons, qui ont fait prévaloir l'interprétation suivant laquelle il n'appartient pas aux juges correctionnels, en cas d'acquittement du prévenu, de prononcer sur la demande en dommages-intérêts de la partie civile (V. notamment F. Hélie, *Instr. crim.*, t. 6, n. 2722 et 2976), s'appliquent avec la même force aux questions de propriété d'objets saisis, soulevées par cette partie. Ces questions ne peuvent qu'être portées ultérieurement, comme la demande en dommages-intérêts elle-même, devant la juridiction civile.

175. Lorsque, au cours de débats contradictoirement engagés, l'action publique vient à s'éteindre par le décès du prévenu, les juges correctionnels qui avaient été saisis de cette action cessent incontestablement d'avoir compétence pour y statuer, comme aussi pour prononcer sur l'action civile. — De même quand le prévenu condamné par défaut vient à décéder après l'opposition par lui formée au jugement, le tribunal correctionnel est incompétent pour statuer au fond sur cette opposition, même en ce qui concerne simplement les intérêts civils : Trib. de Tarbes, 24 avr. 1863 (J.M.p.6.83). Il ne peut que renvoyer le plaignant à se pourvoir comme il avisera.

§ 6. — *Compétence des Cours d'assises.*

176. Il est généralement admis qu'à la différence des tribunaux correctionnels (V. *suprà*, n. 124 et s.), les Cours d'assises sont liées par l'arrêt de renvoi, et tenues de statuer sur les faits que ces arrêts leur défèrent, alors même qu'ils ne rentrent pas dans leurs attributions. V. les autorités mentionnées dans le *Répert.* de Dalloz, v° *Compét. crim.*, n. 646 et s., et dans la *Tabl. gén.* de Devilleneuve et Gilbert, v° *Cour d'assises*, n. 64 et s. *Junge* Trébutien, t. 2, p. 334.

177. Et il a été jugé spécialement, par application de ce principe, qu'une Cour d'assises ne peut se déclarer incompétente à raison de la qualité de militaire de l'accusé, lorsqu'elle a été une fois saisie de la connaissance du fait incriminé par un arrêt de la chambre d'accusation passé en force de chose jugée : Cass., 25 avr. 1816 (S.-V.5.1.183); 9 juill. 1816 (D.P.1.824); 2 oct. 1828 (S.-V.9.1.175) et 5 avr. 1832 (S.-V.32.1.511).

178. Si, comme on le suppose dans ce système, la Cour d'assises, à la différence des tribunaux correctionnels et de simple police, est liée par l'arrêt de renvoi, de telle manière qu'il ne lui soit pas permis de se dessaisir, dès l'ouverture même des débats, d'un fait qu'elle reconnaît appartenir à une juridiction exceptionnelle, à plus forte raison doit-il lui être interdit de s'abstenir d'appliquer à ce fait la peine dont il est passible, lorsque ce n'est qu'après les débats et par suite de la déclaration du jury, qu'il perd le caractère de crime commun pour revêtir celui de délit spécial.

179. Dès lors, il faudrait décider, par exemple, que lorsqu'un fait poursuivi comme crime maritime, dont la connaissance appartient aux tribunaux ordinaires, d'après l'art. 22 du décret du 24 mars 1852, se trouve réduit par la déclaration du jury aux proportions d'un simple délit maritime, réservé aux tribunaux maritimes par l'art. 9, § 2, du même décret, la Cour d'assises reste compétente pour prononcer la peine applicable à ce délit.

180. Mais le système dont il s'agit, qui se fonde sur la lettre de l'art. 365, C. instr. crim., sur l'absence dans ce Code de toute disposition autorisant les Cours d'assises à se dessaisir lorsque le fait qui leur est renvoyé se trouve soumis à une compétence spéciale, et enfin sur la plénitude de juridiction que la loi attribue, au contraire, aux Cours d'assises, ce système, disons-nous, soulève de graves objections, que M. F. Hélie a exprimées avec beaucoup de force, t. 5, n. 2318 et 2319, 2337 et s. Le savant criminaliste émet, après Merlin, *Répert.*, v° *Compét.*, § 2, n. 6, et *Quest.*, v° *Incompét.*, § 1, art. 1, n. 2, et M. Le Sellyer, *Dr. crim.*, t. 2, n. 453, l'opinion que l'extension de la compétence des Cours d'assises doit s'arrêter aux faits communs qui sont attribués aux juges ordinaires, mais ne comprend pas les faits spéciaux que la loi a exclusivement attribués à des juges exceptionnels. Les motifs de cette opinion, que nous inclinerions à adopter, sont, en substance : 1° que l'art. 365 a eu en vue le cas le plus ordinaire, celui où le fait objet de l'accusation dégénère, par l'admission des excuses ou la dénégation des circonstances atténuantes, en simple délit correctionnel ou contravention de police, mais qu'il n'a pu vouloir transporter devant les Cours d'assises les délits spéciaux pour lesquels le législateur a institué des juges exceptionnels; 2° que le silence du Code sur le pouvoir des Cours d'assises de se dessaisir quand le fait a le caractère d'un semblable délit, ne saurait suffire pour leur faire dénier ce pouvoir, alors qu'il appartient à tous les juges; que, du reste, la loi qui saisit la juridiction spéciale, dessaisit par là même toute autre juridiction qui n'a pas les conditions nécessaires pour apprécier sainement le fait; 3° et enfin qu'il n'est point vrai d'une manière absolue que les Cours d'assises aient la plénitude de juridiction; que si leur compétence s'étend à des infractions moins graves que celles dont la connaissance leur est particulièrement attribuée, c'est parce qu'elles offrent aux accusés des garanties plus efficaces que les juridictions d'un ordre inférieur; mais que cette compétence ne saurait atteindre des faits que des juges spéciaux sont plus aptes à juger que les Cours d'assises.

181. La Cour d'assises a seulement plénitude de juridiction en ce sens qu'elle reste compétente, alors même qu'il serait reconnu aux débats que le fait a simplement le caractère d'un délit ou d'une contravention (C. instr. crim., 365), ou bien que la Cour d'assises qui en est saisie n'est pas celle du lieu soit du crime, soit du domicile de l'accusé, soit du lieu de son arrestation (F. Hélie, n. 2335, et arrêts cités par cet auteur), ou encore que les formes particulières prescrites pour la mise en jugement d'une certaine catégorie d'accusés (L. 22 frim. an VIII, art. 75; C. instr. crim., 479 et s.) n'ont pas été observées : Même auteur, n. 2336.

182. Jugé, dans tous les cas, à bon droit, qu'une Cour d'assises (ou une Cour coloniale constituée en chambre criminelle) n'a pas compétence pour connaître d'un délit, tel que celui de dénonciation calomnieuse, qui s'est révélé pendant les débats ouverts devant elle, et qui n'est pas le fait même dont elle a été saisie par l'accusation, ou qui n'a pas le caractère d'un délit flagrant et commis à son audience même : Cass., 16 déc. 1858 (J. M.p.2.29).

183. Il est incontestable que la Cour d'assises ne saurait connaître d'autres faits que de ceux qui lui sont déférés par l'arrêt de renvoi et l'acte d'accusation. Elle peut sans doute être appelée à statuer sur des délits, soit parce qu'ils ont été formellement compris dans l'arrêt de renvoi, soit parce qu'ils ne sont que des dégénérescences des chefs d'accusation portés devant elle; mais lorsque certains faits et spécialement certains délits ont été, soit purement et simplement écartés, soit déférés à la juridiction correctionnelle par l'arrêt de renvoi, la Cour d'assises, malgré sa plénitude de juridiction, ne peut nullement en connaître : sa compétence est invariablement fixée par cet arrêt. De même qu'il lui est interdit de se dessaisir de faits que la chambre d'accusation lui aurait mal à propos renvoyés, en ce que, par exemple, ils n'auraient que le caractère de délits, de même, il lui est défendu d'étendre sa juridiction à des faits qui ne sont pas compris dans l'arrêt de renvoi et qui ne sont pas des modifications de ceux qu'il énonce. V. en ce sens, Cass., 8 janv. 1869 (J.M.p.12.291).

184. En conséquence, lorsque de tels faits ont été mal à propos soumis au jury et appréciés par lui, les questions et les réponses dont ils ont été l'objet doivent être annulées par la Cour de cassation, mais sans qu'aucun renvoi puisse être prononcé en ce qui les concerne, puisqu'un arrêt irrévocable de la chambre d'accusation en a attribué la connaissance à la juridiction correctionnelle : Même arrêt.

185. La Cour d'assises est compétente pour statuer sur toutes les exceptions ayant pour but d'éteindre l'action publique, telles que celles de prescription et de chose jugée, à moins que la chambre d'accusation n'y ait déjà statué elle-même : C. d'ass. du Var, 28 juill. 1866 (J.M.p.10.160); — F. Hélie, t. 5, n. 2327, et t. 7, n. 3561. — V. encore cet auteur, n. 3562 et s., relativement à la question de savoir si la Cour d'assises peut connaître aussi des exceptions qui tendent soit à l'annulation de la procédure, soit à la non-recevabilité de l'action.

§ 7. — *De l'exception d'incompétence.*

186. L'incompétence des juges saisis de la connaissance d'une infraction peut être opposée par toutes les parties (C. instr. crim., 539) et devant toutes les juridictions, sauf devant la Cour d'assises. V. *suprà*, n. 176 et s.; F. Hélie, t. 7, n. 3560.

187. En ce qui concerne particulièrement les poursuites devant la Haute-Cour de justice, il faut remarquer que c'est à la chambre des mises en accusation de cette Cour que l'exception d'incompétence doit être soumise, et qu'après que cette chambre y a statué, elle ne peut plus être proposée devant la chambre de jugement de la même Cour (L. 10 juill. 1852, art. 12 à 14).

188. En matière criminelle, toutes les exceptions d'incompétence sont absolues, et ne sauraient, dès lors, être couvertes par le silence ou l'acquiescement des parties, mais peuvent être proposées en tout état de cause et doivent même être admises d'office par les juges : Cass., 14 fév. 1868 (J.-M.p.11.212). — V. aussi F. Hélie, n. 2386.

189. Ainsi, le moyen d'incompétence *ratione materiæ*, tiré, par exemple, de ce qu'un fait déféré à la juridiction correctionnelle aurait le caractère de crime, peut être proposé après la défense au fond, et même pour la première fois soit en appel, soit devant la Cour de cassation : Cass., 7 oct. 1809; 25 janv. 1810; 12 mars et 30 avr. 1812; 11 sept. 1818; 13 mai 1826; 7 fév. 1834 (J.P. chr.); 14 fév. 1868, précité.

25

190. Jugé de même à l'égard de l'exception d'incompétence *ratione personæ :* Cass., 9 flor. an xi; 5 mai 1832 (J.P. chr.).

191. ... Et de l'exception d'incompétence *ratione loci :* Cass., 13 mai 1826 (S.-V.8.1.343); 7 août 1851 (S.-V.51.1.800); 9 déc. 1864 (J.M.p.8.3); Paris, 15 fév. 1866 (*Id.*9.188). — Toutefois, il existe des décisions en sens contraire sur ce dernier point. V. Cass., 3 mai 1811 (S.-V.3.1.340), 22 fév. 1828 (S.-V.9.1.41) et 24 déc. 1840 (S.-V.41.1.558).

COMPLICITÉ. — 1. Il n'entre pas dans notre plan de traiter d'une manière complète des règles de la complicité; nous ne ferons que toucher à quelques points de cette matière qui ont été pour la plupart discutés dans notre *Journal du Ministère public.*

2. C'est un principe incontestable que la déclaration de non-culpabilité prononcée par le jury à l'égard de l'accusé principal ne fait point obstacle à une déclaration de culpabilité à l'égard du complice, parce qu'elle n'implique pas nécessairement la non-existence du fait matériel, mais qu'elle repose sur une appréciation d'intention qui peut parfaitement n'être pas la même relativement à chacun des accusés. V. Cass., 7 oct. 1858 (D.P.58. 1.474), et les autres arrêts cités par MM. Dalloz, *Rép.*, vᶦˢ *Complice*, n. 53 et s., et *Instr. crim.*, n. 3544 et s.

3. Sous l'empire de l'ancien art. 597, C. comm., relatif à la complicité du crime de banqueroute frauduleuse, il avait été décidé avec raison qu'en cette matière le principe que nous venons de rappeler était inapplicable. En effet, cet article, imprimant à la complicité du crime de banqueroute un caractère spécial, la faisait résulter d'un concert avec le banqueroutier pour recéler ou soustraire tout ou partie de ses biens meubles ou immeubles; or, ce concert ne pouvant exister sans culpabilité de la part du failli, il était manifeste que l'acquittement de ce dernier était inconciliable avec la condamnation de l'individu accusé de complicité avec lui. Mais, d'après l'art. 593, qui, depuis la loi du 28 mai 1838, a remplacé l'ancien art. 597, cette complicité réside dans le seul fait de soustraire, recéler ou dissimuler, dans l'intérêt du failli, tout ou partie de ses biens meubles et immeubles, le tout sans préjudice des autres cas prévus par l'art. 60, C. pén. La loi n'exige plus de *concert* avec le failli, elle ne parle pas même de complicité; d'où divers auteurs et quelques arrêts ont inféré que l'art. 593 doit recevoir son application, sans que les individus qui ont recélé les biens du failli dans son intérêt puissent être réputés ses complices, en ce qu'ils ont agi à son insu : Lainné, *Faillites,* p. 615; Renouard, *Id.,* t. 2, p. 455; Bédarrides, *Id.,* n. 1276; — Cass., 2 mai 1840 (D.P.40.1.424) et 3 juin 1843 (S.-V.43.1.838).

4. Mais c'est aller trop loin. Cette disposition finale du § 1er de l'art. 593, *le tout sans préjudice des* AUTRES *cas prévus par l'art.* 60, *C. pén.,* démontre tout à la fois que ce paragraphe s'applique lui-même à un cas de complicité, et que cette complicité n'a plus un caractère spécial, mais rentre dans les termes du droit commun. V. en ce sens, Cass., 5 mars 1841 (D.P.41.1.358); 19 sept. 1856 (D.P.56.1.418); 19 fév. 1859 (J.-M.p.2.148); C. d'ass. des Bouches-du-Rhône, 22 mars 1859 (*Ibid.*); — Hélie et Chauveau, *Théor. Cod. pén.,* t. 5, n. 1972; Dalloz, *Rép.,* v^is *Faill. et banquer.,* n. 1483, et *Instr. crim.,* n. 3548.

5. Il faut observer, toutefois, que le fait de la part d'un tiers de soustraire, recéler ou dissimuler, dans l'intérêt du failli, les biens meubles ou immeubles de ce dernier, ne peut constituer la complicité du crime de banqueroute frauduleuse, qu'autant qu'il est reconnu qu'il y a eu détournement par le failli lui-même. Sans cette condition, le fait dont il s'agit ne pourrait être incriminé que comme un fait distinct de la banqueroute frauduleuse.

6. C'est ainsi qu'il a été jugé que la question posée au jury, relativement à l'accusé de complicité du crime de banqueroute frauduleuse, doit, à peine de nullité, comprendre, indépendamment des éléments généraux constitutifs de la criminalité, cet autre élément spécial, que le détournement a été commis par le failli lui-même : Arrêts mentionnés ci-dessus, n. 4.

7. La femme ne peut, à moins de circonstances particulières, être déclarée complice de détournements commis par le mari, soit au domicile conjugal, soit ailleurs : 23 août 1859, Douai (J. M.p.3.49).—Cette doctrine, déjà suivie dans l'ancien droit (Jousse, t. 4, p. 244), se justifie tout à la fois par l'argument d'analogie que fournit l'art. 248, C. pén., par l'autorité du mari sur la femme, et par la nécessité où cette dernière se trouverait le plus souvent de dénoncer son mari pour éviter d'être poursuivie elle-même, si elle devait être réputée complice des vols ou détournements commis par lui. V. Conf., Legraverend, *Législ. crim.,* t. 1, p. 246; Bourguignon, *Jurispr. des Cod. crim.,* t. 3, p. 67; Le Sellyer, *Dr. crim.,* n. 658; Hélie et Chauveau, t. 1, n. 214; Boitard, *Leç. sur le C. pén.,* p. 309. V. cependant Rauter, *Dr. cr.,* t. 1, p. 225.

8. Mais si la femme ne doit pas nécessairement être considérée comme complice des détournements ou des vols dont son mari s'est rendu coupable, elle ne saurait non plus être reputée de plein droit avoir agi sous l'influence de ce dernier ou sous l'empire de la crainte d'être poursuivie, et, dans l'un et l'autre cas, sans liberté nécessaire pour entraîner la responsabilité pénale. C'est aux juges, en matière correctionnelle, et au jury, en matière criminelle, d'apprécier l'intention qui a dirigé la femme. Ainsi l'ont décidé un arrêt de la Cour de cassation du 15 mars 1821 (S.-V.6.1.398), pour le cas de recelé d'objets volés, et un autre arrêt de la même Cour, du 23 mars 1854 (D.P.54.5.172), pour le cas de recèlement de malfaiteurs. V. aussi, en ce sens, Hélie et Chauveau, *loc. cit.;* Dalloz, *Répert.*, vº *Complice*, n. 210.

9. L'individu qui entretient des relations intimes avec une femme, dans un lit où couche la fille légitime et mineure de celle-ci, est-il, comme complice ou coauteur du délit d'excitation à la débauche d'une mineure commis par cette femme, passible de l'aggravation de peine édictée par les art. 334 et 335, C. pén., pour le cas où le crime dont il s'agit a été perpétré par les pères, mères, etc., des mineurs? Pour l'affirmative, on invoque d'abord la disposition de l'art. 59, C. pén., d'après laquelle les complices d'un crime ou d'un délit doivent être punis *de la même peine* que les auteurs de ce crime ou de ce délit, et l'on étend cette disposition aux coauteurs, parce qu'ils sont, dans la réalité, complices les uns vis-à-vis des autres. On dit ensuite que la complicité n'ayant qu'une criminalité d'emprunt qui tire sa qualification légale de celle du fait principal, il s'ensuit que toutes les circonstances qui, comme la qualité de l'agent dans certains cas, modifient la nature de l'infraction, changent, par une conséquence nécessaire, la nature des faits de complicité. D'ailleurs, ajoute-t-on, la participation aux infractions dans lesquelles se rencontrent de telles circonstances est incontestablement plus criminelle que le concours apporté à la perpétration de crimes ou délits dans lesquels elles ne se rencontrent pas.

10. Cette doctrine a été consacrée par la jurisprudence constante de la Cour de cassation (V. notamment arrêts des 8 juill. 1813, S.-V.4.1.390; 24 août 1827, S.-V.8.1.674; 22 janv. 1835, S.-V.35.1.920; 23 mars 1843, S.-V.43.1.544; 9 juin 1848, S.-V.48.1.527; 22 janv. 1852, D.P.52.5.133; 24 mars 1853, S.-V. 53.1.452; 14 sept. 1854, S.-V.54.1.590), et elle est enseignée par divers auteurs : Rauter, *Dr. crim.*, n. 119; Le Sellyer, *Id.*, t. 2, n. 682; Ortolan, *Élém. de dr. pén.*, n. 1285 et 1304; Trébutien,

Cours élém. de dr. crim., t. 1, p. 198, et Bertauld, *Cours de Cod. pén.*, p. 487 et suiv. Mais d'autres criminalistes en plus grand nombre la repoussent énergiquement (Bourguignon, *Jurispr. des Cod. crim.*, sur l'art. 147, C. pén., Carnot, *Comment. Cod. pén.*, même art., n. 10; Legraverend, *Législ. crim.*, t. 1, p. 132; Hélie et Chauveau, *Théor. Cod. pén.*, t. 1, n. 209; Rossi, *Tr. de dr. pén.*, t. 2, p. 217 (2ᵉ édit.); de Molènes, *de l'Humanité dans les lois*, p. 545; Boitard, *Leçons de Cod. pén.*, n. 163; Dalloz, *Rép.*, vº *Attentat aux mœurs*, n. 164), et les motifs sur lesquels se fonde leur propre opinion, qu'a adoptée un arrêt de la Cour d'assises de la Flandre orientale du 15 avr. 1856 (D.ᴘ.56.2.227), nous semblent décisifs. V. notre dissertation sur ce point, J.M.p.3.257.

COMPTABLE. — 1. Il est constant que les comptables publics ne peuvent être poursuivis à raison de détournements par eux commis, qu'après constatation par l'autorité administrative du déficit qui leur est reproché. V. en ce sens, Cass., 15 juill. 1819 (S.-V.6.1.100); 17 nov. 1842 (S.-V.43.1.91); 9 janv. 1852 (S.-V.52.1.274); 3 août 1855 (S.-V.55.1.766); Cons. d'Ét., 26 mars 1850 (S.-V.51.2.298); — Hélie et Chauveau, *Théor. Cod. pén.*, t. 2, n. 682; Dalloz, *Rép.*, vº *Forfaiture*, n. 45.

2. Mais de quel fonctionnaire doit émaner cette constatation ? Évidemment, de celui sous l'autorité duquel le comptable est placé et qui a qualité pour vérifier et juger sa comptabilité. Cette interprétation, enseignée par les auteurs précités, a été consacrée aussi par la jurisprudence.

3. C'est ainsi qu'il a été jugé que la constatation préalable de déficit à laquelle est subordonnée la poursuite en détournement contre un comptable de deniers publics, résulte suffisamment de la décision du ministre sous l'autorité duquel est placé ce comptable, fixant l'évaluation approximative du préjudice causé par ses malversations : Cass., 19 juin 1863 (J.M.p.8.18).

4. Décidé encore, par application du même principe, que le comptable public poursuivi pour détournement ne peut demander l'apurement préalable de son compte par l'autorité administrative compétente, lorsque la poursuite a eu lieu sur la dénonciation même du ministre constitué par la loi juge de la comptabilité du prévenu : Cass., 17 avr. 1847 (S.-V.47.1.605).

COMPTES. — 1. Les comptes de l'administration de la

justice criminelle et ceux de l'administration de la justice civile
et commerciale, qui, aux termes de l'art. 80 du décret du 30
mars 1808, devaient être envoyés au ministre de la justice par
semestre (en avril et en septembre), ne sont plus qu'annuels, les
premiers depuis 1826 (Circ. 5 janv. 1826, Gillet, n. 1905), les
seconds depuis 1840 (Circ. 19 oct. 1840, *Id.*, n. 2700).

2. L'époque à laquelle la chancellerie a exigé l'envoi des
comptes soit de l'administration de la justice criminelle, soit de
l'administration de la justice civile et commerciale, a fréquemment varié. V. Circ. des 24 janv. 1827 (Gillet, n. 1980), 6 mars
1827 (*Id.*, n. 1988), 12 janv. 1830 (*Id.*, n. 2182), 12 janv. 1831
(*Id.*, n. 2246), 12 janv. 1832 (*Id.*, n. 2309), 26 déc. 1838 (*Id.*,
n. 2575), 10 janv. 1849 (*Id.*, n. 3169) et 26 déc. 1851 (*Id.*, n.
3379). — D'après une circulaire du 10 déc. 1860 (Rés. chr., p.
25), les comptes criminels doivent être envoyés à la chancellerie
dans la dernière quinzaine de février, et ceux de la justice civile
et commerciale dans la première quinzaine d'avril.

3. Les comptes trimestriels des Cours d'assises doivent être
transmis à la fin de chaque trimestre (Circ. 16 janv. 1840 et 2 fév.
1841, Gillet, n. 2655 et 2714); c'est-à-dire dans le courant du
trimestre qui suit celui dont ils résument les travaux : Circ.
10 déc. 1860 (Rés. chr., p. 25). — On doit porter les affaires par
contumace dans les comptes des trimestres où elles ont été jugées : Circ. 16 janv. 1840, précitée.

4. Des recommandations importantes sur la rédaction des
comptes sont contenues, en ce qui concerne l'administration de
la justice criminelle, dans les circulaires des 5 janv. 1826 (Gillet,
n. 1905), 24 oct. 1827 (*Id.*, n. 2037), 20 janv. 1829 (*Id*, n. 2123),
12 janv. 1830 (*Id.*, n. 2182), 12 janv. 1832 (*Id.*, n. 2309), 30
déc. 1845 (*Id.*, n. 2935), 10 déc. 1845 (*Id.*, n. 2984), 18 déc.
1850 (*Id.*, n. 3309), 29 nov. 1853 (*Id.*, n. 3490), 10 déc. 1860
(Rés. chr., p. 25) et 8 déc. 1868 (*Id.*, p. 117); — en ce qui touche
les affaires d'assises, dans les circulaires des 30 avr. 1811 (Gillet,
n. 694), 9 avr. 1825 (*Id.*, n. 1835), 26 avr. 1826 (*Id.*, n. 1933), 3
mars 1828 (*Id.*, n. 2058), 27 juin 1832 (*Id.*, n. 2333); — et enfin,
en ce qui concerne l'administration de la justice civile et commerciale, dans les circulaires des 30 déc. 1840 (Gillet, n. 2705),
15 déc. 1841 (*Id.*, n. 2763), 31 déc. 1842 (*Id.*, n. 2817), 13 janv.
1844 (*Id.*, n. 2875), 30 déc. 1844 (*Id.*, n. 2935), 12 déc. 1845
(*Id.*, n. 2984), 9 déc. 1846 (*Id.*, n. 3043), 29 nov. 1853 (*Id.*,

n. 3490), 10 déc. 1860 (Rés. chr., p. 25) et 8 déc. 1868, (*Id.*, p. 117).

5. Indépendamment des comptes des Cours d'assises qui viennent d'être mentionnés, une circulaire du 19 déc. 1853 (Gillet, n. 3493) a prescrit aux procureurs généraux de faire parvenir au ministre de la justice, dans les dix jours de la clôture de chaque session, un compte rendu moral des résultats obtenus devant le jury. Ce travail, aux termes de la circulaire précitée, peut se renfermer dans des appréciations générales, sauf les renseignements plus détaillés sur des affaires ou des décisions d'une importance exceptionnelle; mais il doit particulièrement porter sur la manière dont les débats auront été dirigés, les instructions préparées, les accusations soutenues et les défenses présentées.

6. La rédaction du compte criminel n'est pas sans difficulté. Diverses méthodes ont été proposées pour la simplifier. V. à cet égard trois articles très-détaillés, J.M.p., t. 8, p. 135 et 159, et t. 11, p. 69. — V. aussi Desplagnes, *Notes pratiques sur l'administr. des parq.*, p. 108 et s.

7. L'état Ier doit présenter le relevé de tous les frais payés ou inscrits en débet, qu'il y ait eu condamnation ou acquittement : Circ. 10 déc. 1857 (Gillet, n. 3747).

8. Dans l'état VII, on doit classer avec soin, suivant l'ordre alphabétique, les crimes d'abord, puis les délits laissés sans suite en vertu d'ordonnances de non-lieu ou de décisions du parquet : Circ. 12 déc. 1856 (Gillet, n. 3684).

9. Les magistrats du parquet ne doivent pas se borner à s'assurer de la concordance des colonnes entre elles et de l'exactitude des chiffres. La valeur de ces chiffres doit aussi être appréciée à l'aide de rapprochements qu'il est facile de faire entre les divers tableaux de chaque compte et même de ceux d'arrondissements différents : Circ. 29 nov. 1853 (Gillet, n. 3490).

10. Les procureurs impériaux doivent vérifier avec un soin minutieux les états des juges de paix avant de les transcrire sur leurs propres comptes : Circ. 8 déc. 1852 (Gillet, n. 3448); 4 déc. 1854 (*Id.*, n. 3551) et 10 déc. 1857 (*Id.*, n. 3747).

CONCILIATION (PRÉLIMINAIRE DE). Pour faciliter l'exécution de l'art. 56, C. proc. civ., d'après lequel, au cas de citation en conciliation devant le juge de paix, celle des parties qui ne comparaît pas doit être condamnée à une amende de dix francs, une circulaire du 15 janvier 1838 a prescrit aux receveurs de l'enregistrement de dresser, tous les mois, pour leur canton, le relevé des mentions de non-comparution consignées, selon la prescription de l'art. 58 du même Code, sur les registres des bureaux de paix pendant le mois précédent. Ils envoient ce relevé au directeur de leur département, qui le transmet au procureur impérial. — Ce magistrat est ainsi mis à même de requérir contre le non-comparant, lorsque l'affaire est appelée à l'audience, l'amende édictée par la loi. — V. un modèle du relevé dont il s'agit, J.M.p.7.304.

CONCLUSION D'AUDIENCE. V. *Ministère public.*

CONFLIT. — **1**. Quand une affaire portée à un tribunal civil paraît être de la compétence de l'autorité administrative, le ministère public doit d'office en demander le renvoi devant l'administration, et si ses conclusions ne sont pas suivies, il transmet sans délai au ministre de la justice le jugement dans lequel il les aura fait insérer ; il avise en outre sur-le-champ le préfet pour que ce fonctionnaire puisse, s'il le juge à propos, élever le conflit : Circ. 6 frim. an XIII (Gillet, n. 483) ; 24 oct. 1825 (*Id.*, n. 1880) ; 24 nov. 1825 (*Id.*, n. 1897) ; 5 juill. 1828 (*Id.*, n. 2088).

2. Lorsqu'un préfet estime que la connaissance d'une question portée devant un tribunal civil (ou correctionnel [Ord. 1er juin 1828, art. 2]) est attribuée par une disposition législative à l'autorité administrative, il peut, alors même que l'administration ne serait pas en cause, demander le renvoi de l'affaire devant l'autorité compétente. A cet effet, il adresse au procureur impérial un mémoire dans lequel doit être rapportée la disposition législative qui attribue à l'administration la connaissance du litige. — Le procureur impérial fait connaître, dans tous les cas, au tribunal la demande formée par le préfet, et requiert le renvoi si la revendication lui paraît fondée (Ord. 1er juin 1828, art. 6).

3. Dans le cas où le déclinatoire proposé par le préfet ne paraît pas fondé, le procureur impérial doit ouvrir avec ce fonctionnaire des communications officieuses propres à prévenir des conflits qui pourraient être inconsidérément élevés : Circ. 5 juill. 1828 (Gillet, n. 2088).

4. Après que le tribunal a statué sur le déclinatoire, le procureur impérial adresse au préfet, dans les cinq jours qui suivent le jugement, copie de ses conclusions ou réquisitions, et du jugement rendu sur la compétence. — La date de l'envoi est constatée sur un registre à ce destiné (*Id.*, art. 7).

5. Si le déclinatoire est rejeté, dans la quinzaine de cet envoi pour tout délai, le préfet peut élever le conflit. — Si le déclinatoire est admis, le préfet peut également élever le conflit dans la quinzaine qui suivra la signification de l'acte d'appel, dans le cas où la partie interjetterait appel du jugement (*Id.*, art. 8).—L'arrêté de conflit et les pièces y visées sont déposés au greffe du tribunal dans le délai de quinzaine (art. 10 et 11).

6. Si l'arrêté a été déposé au greffe en temps utile, le greffier le remet immédiatement au procureur impérial, qui le communique au tribunal réuni dans la chambre du conseil, et requiert que, conformément à l'art. 27 de la loi du 21 fruct. an III, il soit sursis à toute procédure judiciaire (art. 12).

7. Après cette communication, l'arrêté du préfet et les pièces sont rétablis au greffe, où ils restent déposés pendant quinze jours. Le procureur impérial en prévient de suite les parties ou leurs avoués, lesquels peuvent en prendre communication sans déplacement, et remettre, dans le même délai de quinzaine, au parquet, leurs observations sur la question de compétence, avec tous les documents à l'appui (art. 13).

8. Le procureur impérial informe immédiatement le garde des sceaux de l'accomplissement des formalités indiquées ci-dessus, et lui transmet en même temps l'arrêté du préfet, ses propres observations et celles des parties, s'il y a lieu, avec toutes les pièces jointes. — La date de l'envoi est consignée sur un registre à ce destiné. — Dans les vingt-quatre heures de la réception de ces pièces, le ministre de la justice les transmet au secrétariat général du Conseil d'État, et il en donne avis au magistrat qui les lui a transmises (art. 14).

9. Le greffe auquel le préfet qui élève un conflit doit, suivant l'art. 10 de l'ord. du 1er juin 1828, faire déposer son arrêté et les pièces y visées, est toujours le greffe de la juridiction qui a statué sur le déclinatoire. — Ainsi, lorsque le préfet a proposé un déclinatoire devant une Cour impériale saisie seulement de l'appel d'un jugement interlocutoire, son arrêté doit être déposé au greffe de cette Cour, et non au greffe du tribunal de première instance, encore que la Cour ait renvoyé l'affaire devant ce tribunal par l'arrêt même qui a rejeté le déclinatoire. — Et si cet arrêté a été déposé au greffe du tribunal, il doit être annulé, alors même que le préfet, qui l'avait d'abord régulièrement adressé au procureur général, ne l'a retiré pour le déposer au greffe de la juridiction du premier degré, qu'en conséquence des observations de ce magistrat : Cons. d'Ét. 30 mai 1834 (Dalloz, *Répert.*, v⁰ *Conflit*, n. 149); 5 sept. 1836 (S.-V.37.2.59); 22 avr. 1842 (Rec. des arr. du Cons. d'Ét., 1842, p. 212); 31 déc. 1844 (S.-V.45.2.312); 25 avr. 1857 (J.M.p.1.114).

10. Il a été cependant jugé en sens contraire que le conflit élevé par le préfet après le rejet du déclinatoire qu'il avait proposé devant une Cour impériale, saisie de l'appel d'un jugement rendu seulement sur une exception d'incompétence, et qu'elle a confirmé, doit être dénoncé par le ministère public, non à cette Cour, mais au tribunal devant lequel l'affaire est pendante au fond : Bordeaux, 2 mars 1858 (J.M.p.1.148).—D'après cet arrêt, la Cour, saisie seulement, par l'appel d'une exception d'incompétence, épuiserait sa juridiction en statuant sur le déclinatoire du préfet, de façon à ne pouvoir prononcer le sursis prescrit par l'art. 12 de l'ord. de 1828. — Mais c'est là un scrupule mal fondé. V. nos observations à la suite de ce même arrêt.

11. Il en est de même de cette objection faite aussi par la Cour de Bordeaux, que si la Cour prononçait elle-même le sursis, il faudrait, pour arrêter le cours de la procédure, que sa décision fût ensuite notifiée au tribunal, dans les formes tracées par l'art. 12 de l'ord. de 1828, ce qui serait une double formalité et un circuit inutile. Nous ne voyons nullement la nécessité d'une telle notification. Lorsque les formalités prescrites par l'art. 12 ont été remplies devant la Cour, parce que c'est devant elle qu'avait été proposé le déclinatoire du préfet, pourquoi les reproduirait-on devant le tribunal? Les juges de première instance peuvent-ils être appelés à prononcer un sursis que la Cour a déjà prononcé elle-même ? Ne doivent-ils pas s'incliner devant la décision de la juridiction supérieure, et la notification aux parties ne suffit-elle pas évidemment pour que cette décision produise son effet ?

12. Le registre prescrit par l'ordonnance de 1828 est tenu au parquet sur papier libre. Il contient les dates : 1⁰ de l'envoi au procureur impérial du mémoire ou de la demande en revendication du préfet; 2⁰ de la communication donnée au tribunal par le procureur impérial de ce mémoire et de ses réquisitions; 3⁰ de l'envoi au préfet du jugement intervenu et des pièces jointes; 4⁰ de la signification de l'acte d'appel de ce jugement ; 5⁰ du dépôt de l'arrêté de conflit et du récépissé ; 6⁰ de la remise au pro-

cureur impérial par le greffier de l'arrêté de conflit et des pièces
jointes; 7° de la communication donnée par ce magistrat au tribunal du conflit élevé, de ses réquisitions à fin de sursis et du
jugement intervenu; 8° du rétablissement des pièces au greffe;
9° de l'avis donné par le procureur impérial aux parties ou aux
avoués de ce rétablissement, avec invitation d'en prendre communication, et, en tous cas, de lui accuser réception de cet avis;
10° de la remise au parquet par les parties ou leurs avoués de
leurs observations sur la question de compétence, avec les documents à l'appui; 11° enfin, de l'envoi fait par le procureur impérial à la chancellerie de toutes les pièces produites : Circ. 5 juill.
1828 (Gillet, n. 2088).

13. Il convient que les greffiers tiennent de leur côté un registre, ce qui rendra sans objet la rédaction d'un acte de dépôt
proprement dit pour constater le dépôt et le rétablissement au
greffe de l'arrêté de conflit et des pièces. — Le récépissé à donner au préfet doit être délivré sur papier libre et revêtu du visa
du procureur impérial : Même circul.

14. Les avoués doivent être invités à déposer, dans le délai
fixé par l'art. 13 de l'ord. de 1828, la citation, les conclusions
des parties, lors même qu'elles sont rapportées textuellement
dans l'expédition du jugement, et l'acte d'appel, s'il y a lieu. En
cas de retard, ils peuvent être poursuivis disciplinairement :
Circ. 1er déc. 1842 (Gillet, n. 2812); 15 déc. 1847 (*Id.*, n. 3081).

15. Aux formalités prescrites par l'ord. de 1828, il faut ajouter l'envoi au ministre de la justice des pièces énoncées en l'art.
6 de l'ord. du 12 mars 1831, relative au mode de décision des
conflits. Le jugement du conflit devant avoir lieu dans les deux
mois de la réception de ces pièces à la chancellerie (Ord. de
1831, art. 7), il importe de ne mettre aucun retard à leur envoi :
Circ. 25 nov. 1833 (Gillet, n. 2400); 10 nov. 1837 (*Id.*, n. 2572);
1er déc. 1842 (*Id.*, n. 2812). — Une récapitulation complète des
pièces à envoyer est contenue dans une circulaire du 15 déc.
1847 (Gillet, n. 3081). — On ne peut se borner à produire un
extrait du jugement contenant seulement le dispositif de la décision rendue; il faut une expédition complète : Circ. 10 nov. 1837
et 15 déc. 1847, précitées.

16. L'extrait du registre de mouvement, que doit comprendre
le dossier envoyé à la chancellerie (Circ. 10 nov. 1837, Gillet,
n. 2572; Circ. 15 déc. 1847, *Id.*, n. 3081), est certifié conforme
par le procureur impérial : Même circ. du 15 déc. 1847.

17. En transmettant le dossier au garde des sceaux, le procureur impérial doit y joindre un inventaire de toutes les pièces : Circ. 5 juill. 1825 (Gillet, n. 2088); 1er déc. 1842 (*Id.*, n. 2812); 15 déc. 1847 (*Id.*, n. 3081).

18. Le procureur impérial doit faire connaître au procureur général, par une mention spéciale sur les états semestriels, le nombre des revendications et celui des conflits élevés : Circ. 5 juill. 1828 (Gillet, n. 2088).

CONSEIL JUDICIAIRE. — V. *Interdiction.*

CONSERVATEUR DES HYPOTHÈQUES. —

1. Aux termes de la loi du 22 vent. an VII, relative à l'organisation de la conservation des hypothèques, chaque conservateur est tenu, avant d'entrer en exercice : 1° de faire enregistrer sa commission au greffe du tribunal civil de l'arrondissement dans lequel il doit remplir les fonctions qui lui sont confiées, et de prêter le serment prescrit par l'art. 14 de la Constitution et celui de s'acquitter de sa charge avec fidélité et exactitude ; 2° de fournir un cautionnement en immeubles.

2. Le cautionnement est reçu, dit l'art. 5, par le tribunal civil de la situation des biens contradictoirement avec le procureur impérial, et, ajoute l'art. 6, le préposé dépose dans le mois de l'enregistrement de la commission une expédition de la réception de ce cautionnement au greffe du tribunal civil de l'arrondissement de sa conservation. La loi de ventôse n'indiquant pas quelle est la procédure à suivre, on a adopté la marche la plus simple. Le conservateur présente, par l'intermédiaire d'un avoué, une requête au tribunal, qui statue après avoir entendu le ministère public.—Nous avons, pour fixer les idées en cette matière, donné, J.M.p.8.84, un modèle de la requête et du jugement qui déclare suffisant le cautionnement offert.

3. Le ministère public doit, par un examen scrupuleux des garanties présentées, prévenir les inconvénients qui pourraient résulter d'irrégularités dans les actes de cautionnements fournis en immeubles par les conservateurs des hypothèques. Une série d'observations rédigées à cet effet par le ministre des finances et une formule d'acte de cautionnement ont été envoyées aux parquets : Circ. 1er mai 1822 (Gillet, n. 1551).

4. Le cautionnement ne peut être restreint ni à un nombre d'années déterminé, ni à la gestion d'un seul bureau spécialement désigné ; il est donné pour toute la durée des fonctions et pour les dix années suivantes. Si des cautionnements temporaires ont été formellement affectés à la responsabilité décennale, il ne faut exiger un cautionnement définitif qu'au moment où devra être renouvelé celui qui a été fourni pour un temps limité : Circ. 2 déc. 1840 (Gillet, n. 2702).

5. Une circulaire du 2 mai 1825 (Gillet, n. 1843) donne le modèle de bordereau adopté pour l'inscription à prendre sur les immeubles affectés au cautionnement des conservateurs.

6. La même circulaire indique la marche à suivre pour la radiation de l'inscription sur les biens des conservateurs dont les fonctions ont cessé depuis plus de dix ans.

CONSUL, CONSULAT. — V. *Action publique*, n. 35, 44.

CONTRAINTE PAR CORPS. — 1. La contrainte par corps, supprimée en matière commerciale, civile et contre les étrangers (L. 22 juill. 1867, art. 1), a été maintenue en matière criminelle, correctionnelle et de simple police (art. 2). — V. le texte entier de cette loi, J.M.p.10.281.

2. Il nous paraît incontestable que la durée de la contrainte par corps, en matière soit criminelle, soit correctionnelle, soit de simple police, a besoin d'être fixée dans tous les cas par le juge, puisqu'elle n'est point déterminée d'une manière invariable par la loi elle-même, qui se borne à indiquer le minimum et le maximum de cette durée pour chaque hypothèse, en permettant à la libre appréciation des magistrats de s'exercer entre ces deux limites extrêmes. Les termes des art. 10 et 14 de la loi du 2 juill. 1867 prouvent qu'il en est à cet égard, sous la législation nouvelle, comme sous les lois des 17 avril 1832 (art. 35. 39 et 40) et 13 déc. 1848 (art. 8 et 12), d'après lesquelles le juge n'était dispensé de fixer la durée de la contrainte qu'autant que le législateur avait pris soin d'assigner un délai ferme à son exercice.

3. Si toutefois cette fixation venait à être omise, nous ne saurions admettre en principe que le minimum, pas plus que le maximum de la durée, devînt de plein droit applicable : l'omission pourrait être réparée par la voie de l'appel ou du recours en cassation, suivant que la juridiction qui l'aurait commise serait du premier ou du deuxième degré : Cass., 23 juin 1837 (S.-V.38.1.137) ; — Dalloz, *Répert.*, v° *Contrainte par corps*, n.

682 ; Pont, *Petits contrats*, n. 992. — Compar. Cass., 25 fév. 1835,
13 avr. 1836 et 12 nov. 1838 (S.-V.35.1.571 ; 36.1.829 ; 39.1.
147) ;—Pont, n. 887 ; Aubry et Rau, d'après Zachariæ, t. 5, p. 41,
note 61. — *Contrà*, Paris, 9 juin 1836 (S.-V.36.2.230) ; Nîmes,
1er août 1838 (S.-V.39.2.100) ; — Coin-Delisle, *Contrainte par
corps*, art. 7 de la loi du 17 avr. 1832, n. 5. — Dans le cas cependant où la décision ne serait plus susceptible d'être attaquée, il
semblerait juste que la durée de la contrainte par corps fût
réduite au minimum fixé par la loi, l'omission du juge devant
profiter plutôt que nuire au condamné : Aubry et Rau et Pont,
loc. cit. — *Contrà*, Dalloz, n. 680. — Mais, dans aucune hypothèse, il ne saurait appartenir au juge qui a prononcé la condamnation de réparer lui-même, par voie d'interprétation, l'omission
dont il s'agit : Cass., 28 avr. 1852 (S.-V.52.1.444) ; — Aubry et
Rau, et Pont, *ut suprà*. — *Contrà*, Cass., 14 mai 1836 (S.-V.36.
1.784).

4. D'après plusieurs décisions récentes, le décime de guerre et
le double décime doivent être ajoutés à l'amende et aux autres
condamnations énoncées en l'art. 9 de la loi du 22 juill. 1867,
pour déterminer la durée de la contrainte par corps en matière
correctionnelle : Cass., 27 août 1868 (J.M.p.12.19); Nancy,
17 nov. 1868 (*Ibid.*); Metz, 17 déc. 1868 (*Ibid.*). — Mais cette
interprétation nous paraît inadmissible. V. nos observations *eod.*,
ainsi que sur un arrêt en sens contraire de la Cour de Metz du
29 avr. 1868 (J.-M.p.11.123).

5. L'art. 10 de la loi du 22 juill. 1867 porte que les condamnés
qui justifient de leur insolvabilité sont mis en liberté après avoir
subi la contrainte pendant *la moitié* de la durée fixée par le jugement, et l'art. 14 réduit aussi la contrainte à cette *moitié* quand
le débiteur a commencé sa soixantième année. Comment la division par moitié devra-t-elle s'opérer, lorsque le nombre de jours
auquel la durée de la contrainte aura été fixée se trouvera impair ?
Cette difficulté nous paraît devoir être résolue d'après ces deux
principes, que la durée de l'emprisonnement se détermine par
jours entiers et non par fractions de jour, et que faveur est due
à la liberté. Or, il découle de là que le jour qui rend impair le
nombre auquel la durée de la contrainte a été fixée, doit, pour
le calcul de la moitié de cette durée, non point être divisé lui-
même en deux fractions égales, mais être retranché ; de telle
sorte, par exemple, que si la durée de la contrainte a été fixée à
quinze jours, la moitié à laquelle il y a lieu de la réduire doit être

de sept jours, et non de sept jours et demi. — Nous n'avons pas besoin de dire que cette solution cesserait d'être applicable si le nombre impair était, non pas un nombre de jours, mais un nombre de mois, puisque la division par moitié pourrait se faire alors d'une manière exacte sans aucun fractionnement de jour.

6. Lorsque les deux hypothèses prévues par les art. 10 et 14 de la loi du 22 juill. 1867 se trouvent en concours, c'est-à-dire lorsque, d'une part, le condamné justifie de son insolvabilité, et que, d'autre part, il a commencé sa soixantième année, la réduction de la contrainte à la moitié de la durée fixée par le jugement devant s'opérer deux fois, ainsi que la disposition finale de l'art. 14 ne permet pas d'en douter, il en résulte nécessairement que cette durée se trouve réduite à zéro ; d'où la conséquence que le condamné qui jouit du double bénéfice des dispositions précitées est totalement affranchi de la contrainte.

7. L'art. 9 de la loi nouvelle veut que la durée de la contrainte par corps, en matière de simple police, ne puisse excéder cinq jours, maximum de la peine d'emprisonnement en cette même matière ; mais il ne s'explique pas sur le minimum de cette durée. Faut-il admettre que ce minimum doit aussi être égal à celui de la peine d'emprisonnement en matière de simple police, c'est-à-dire que la durée de la contrainte peut être d'un jour seulement ? Nous ne le pensons pas. Par sa première disposition, l'art. 9 fixe le minimum de la durée de la contrainte à deux jours, sans distinction entre les matières criminelle, correctionnelle ou de police ; et il a fort bien pu vouloir que la contrainte par corps, en cette dernière matière, ne pût être exercée pendant un temps plus long que le maximum de la peine d'emprisonnement, ce que la raison et l'équité justifient à merveille, sans avoir entendu en même temps que la contrainte ne pût avoir une durée inférieure au minimum de cette peine.

8. D'après le § 4 de l'art. 18 de la loi du 22 juill. 1867, lorsque, en matière forestière et de pêche fluviale, le débiteur ne justifie pas de son insolvabilité, la durée de la contrainte par corps doit être fixée dans les limites de huit jours à six mois. Le silence de ce paragraphe relativement au cas où le condamné justifie au contraire de son insolvabilité, doit-il être interprété en ce sens que celui-ci est alors affranchi de la contrainte ? La négative est rendue évidente par le § 3 du même article qui maintient le titre XIII du Code forestier et le titre VII de la loi sur la pêche fluviale, en ce qui n'est pas contraire à la nouvelle loi. — V. au surplus, à cet égard, notre dissertation, J.M.p.11.28, n. 5.

9. Voy. sur l'opportunité d'une réforme des dispositions législatives concernant la contrainte par corps en matière correctionnelle et de police, une dissertation de M. Buchère, J.M.p.6.191.

CONTREFAÇON. — V. *Action publique.*

CONTRIBUTIONS INDIRECTES. — 1. En matière de contributions indirectes, l'arrestation et la détention présentant les caractères de l'exercice anticipé de la contrainte par corps, l'art. 113, § 2, C. instr. crim., réformé par la loi du 14 juill. 1865, qui assure de plein droit la mise en liberté provisoire à une certaine catégorie de prévenus, n'a point dérogé aux dispositions spéciales des art. 222 et s. de la loi du 28 avr. 1816 : Circ. min. just., 20 mars 1866 (Rés. chr., p. 85).

2. Les règles qui découlent de la loi en pareille matière se résument ainsi : Initiative et direction de la poursuite abandonnée à l'administration compétente ; devoir pour les agents de l'administration qui ont procédé à une arrestation de conduire immédiatement le contrevenant devant un juge compétent ; faculté pour le juge de maintenir ou de faire cesser la détention sur un examen sommaire de l'existence de charges suffisantes ; droit, pour le détenu, de réclamer, s'il y a lieu, devant le tribunal civil, en cas, d'irrégularité de son arrestation ; mode de saisir le tribunal de répression déterminé par la loi spéciale du 15 juin 1835, à l'exclusion même de la loi du 20 mai 1863 sur les flagrants délits (V. l'art. 7 de cette dernière loi) : Même circulaire.

3. Toutefois, le ministre des finances, pour entrer autant que possible dans les vues libérales du législateur et restreindre la détention dans les limites les plus étroites, a prescrit aux agents de son administration de donner toujours les assignations immédiatement après l'enregistrement des procès-verbaux, malgré le délai d'un mois accordé par la loi de 1835. La durée de la contrainte par corps est d'ailleurs calculée, d'après ses ordres, à partir de la date de l'arrestation antérieure au jugement de condamnation. Les procureurs impériaux n'ont donc, en cette matière, qu'à prêter leur concours aux représentants de l'administration des contributions indirectes pour la prompte expédition des affaires dans les conditions qui viennent d'être indiquées : Même circulaire.

4. En ce qui concerne la participation de l'administration des contributions indirectes à l'exercice de l'action publique, V. *Act. publ.*, n. 5, 7, 62, 95 et 108 ; *Appel correctionnel*, n. 31, 103 et 150.

5. Il est généralement admis que le ministère public n'a pas d'action à l'égard des contraventions en matière de contributions indirectes qui ne sont pas punissables de l'emprisonnement. V. Cass., 24 fév. 1820 (S.-V.6.1.188); 11 nov. 1826 (D.p.27.1.333); 18 janv. 1828 (D.p.28.1.99); 1er oct. 1842 (S.V.43.1.253); 12 août 1853 (S.V.53.1.788); Paris, 20 mai 1837 (S.-V.38.2.51); Rennes, 9 déc. 1846 (D-p.47.4.112); Metz, 30 mars 1854 (J.M.p.7.96); —Mangin, *Act. publ.*, t. 1, n. 41; Berriat Saint-Prix, *Proc. des trib. crim.*, 2e part., t. 1, n. 100 et 453; Dalloz, *Répert.*, v^is *Minist. publ.*, n. 180, *Instr. crim.*, n. 49, et *Impôts indirects*, n. 487 et suiv. Et de ce principe, il a été naturellement inféré que le ministère public n'est pas recevable à interjeter appel d'un jugement correctionnel rendu en cette matière sur les poursuites de la régie et exécuté par elle : Metz, 30 mars 1854, précité.

6. Mais l'interprétation contraire est soutenue avec force par MM. F. Hélie, *Instr. crim.*, t. 1, n. 505, et Trébutien, *Cours élém. de dr. crim.*, t. 2, p. 16. V. aussi Cass., 26 août 1826 (S.V.8.1.423).

7. Jugé que le conducteur de boissons expédiées par acquit-à-caution qui, ayant subi en route un accident par suite duquel ces boissons ont été complétement répandues, n'a pu le faire constater ni par le maire ou l'adjoint de la commune dans laquelle cet accident est arrivé, l'un s'étant trouvé malade et l'autre absent, ni par les employés de la régie des contributions indirectes, lesquels se sont refusés à dresser procès-verbal, et qui s'est, dès lors, borné à faire rédiger par le garde champêtre de cette même commune un rapport dépourvu de force probante, est admis à prouver par témoins l'accident dont il s'agit, malgré la prohibition de cette preuve édictée par l'art. 8 du titre III de la loi du 22 août 1791 : Trib. civ. d'Orange, 29 janv. 1868 (J.M.p.11.47). Dans les observations accompagnant cette décision, nous avons essayé d'établir qu'elle est aussi juridique qu'équitable.

8. Quand la transaction consentie par l'administration des contributions indirectes, sur une contravention (V. *Act. publ.*, n. 108), précède le jugement définitif, le magistrat du parquet auquel elle est notifiée doit s'abstenir de continuer les poursuites, et, suivant les cas, requérir une ordonnance de non-lieu ou demander le renvoi du prévenu. Si la transaction n'a lieu qu'après le jugement définitif, l'amende prononcée peut être remise en tout ou en partie par l'administration ; mais la peine d'emprisonnement ne peut être modérée ou remise que par le chef de l'Etat. — Quand les préposés de la régie jugent convenable de provoquer une réduction ou une remise de l'emprisonnement, ils en donnent avis au magistrat du ministère public près le tribunal ou la Cour qui a prononcé la condamnation. Ce magistrat transmet sur-le-champ au ministre de la justice, avec les renseignements ordinairement fournis pour les recours en grâce (V. *Grâce*), son avis sur le degré d'indulgence que le condamné lui paraît mériter. Si ce dernier n'est pas détenu, il est sursis provisoirement à l'exécution du jugement ou arrêt : Circ. 1er janv. 1844 (Gillet, n. 2873).

CONTUMACE. — 1. La notification au contumax de l'ordonnance de se représenter est une formalité distincte de l'affiche et de la publication de cette ordonnance, et qui doit, comme cette dernière formalité, être observée à peine de nullité de la procédure (C. instr. crim., 466 et 470) : Cass., 21 mars 1818 (Dalloz, *Répert.*, v° *Contumace*, n° 15); 29 juin 1833 (S.V.33.1.789); 17 janv. 1862 (J.M.p.5.12); 27 sept. 1866 (Id. 10.104); — Dalloz, *ut suprà;* F. Hélie, *Instr. crim.*, t. 8, n. 3871. — V. toutefois en sens contraire, Cass., 19 mai et 24 nov. 1826 (S.V.8.1.345 et 463).

2. Cette notification doit aussi, à défaut de formes spéciales prescrites par la loi, avoir lieu, sous peine de nullité, d'après les règles du droit commun. Dès lors, si l'accusé n'a pas de domicile connu, elle doit être visée et affichée conformément à l'art. 69, n. 8, Cod. proc. civ. : le visa seul de l'original par le procureur général, sans affiche à la principale porte de l'auditoire de la Cour d'assises, ne saurait suffire pour remplir le vœu de la loi : Cass., 24 nov. 1826, 29 juin 1832 et 17 janv. 1863, précités ; — F. Hélie, *loc. cit.*

3. Toutefois, MM. Dalloz, *ut suprà*, enseignent que le visa de l'exploit de notification dont il s'agit ici doit être donné, non point conformément aux prescriptions des art. 68 et 69, Cod. proc., mais en conformité des art. 105 et 109, Cod. instr. crim., relatifs au visa de l'acte de notification du mandat d'arrêt et du procès-verbal de perquisition du prévenu. Il est plus naturel, disent-ils, de suppléer au silence du Code d'instruction criminelle par des dispositions analogues du même Code, que par celles du Code de procédure civile; et, d'un autre côté, le visa étant établi comme un témoignage de la réalité de la notification, il semble peu logique de faire confirmer les déclarations contenues dans un acte de procédure criminelle par le procureur impérial qui y figure comme partie principale. — A cela il suffit de répondre : 1° que les règles du Code de procédure civile forment en général le droit commun, même dans les matières criminelles, pour les formalités qui n'ont pas été réglées par des lois spéciales, et qu'il est, dès lors, infiniment plus rationnel, pour déterminer la forme de la notification au contumax de l'ordonnance de se représenter, de recourir aux dispositions de ce Code relatives à la signification des exploits, qu'à des dispositions du Code d'instruction criminelle, telles que celles des art. 105 et 109, qui, quelle que soit leur analogie, n'en renferment pas moins des prescriptions appropriées à des hypothèses auxquelles il ne saurait être permis, dans le silence de la loi, d'assimiler celle prévue par les art. 466 et 470 ; — 2° que le caractère même du rôle que remplit le procureur impérial, représentant de la société, fait échapper à toute suspicion le visa qu'il appose sur l'original de l'exploit de notification.

4. La notification au contumax de l'ordonnance de se représenter doit-elle, à peine de nullité, avoir lieu le même jour que l'affiche et la publication de cette ordonnance ? La négative nous semble certaine. Rien, dans le texte ni dans l'esprit de la loi, n'autorise à faire de la simultanéité de la notification de l'ordonnance de se représenter et de l'affiche et de la publication de cette ordonnance une condition de la validité de la procédure. On s'était, au contraire, demandé si la notification de l'ordonnance dont il s'agit pouvait valablement être faite par le même acte qui constate la publication et l'affiche de cette ordonnance. La Cour de cassation a répondu affirmativement par arrêt du 2 avr. 1836 (D.P.36.1.262). V. aussi conf., M. F. Hélie, n. 3871. Mais si ce mode de procéder est facultatif, on ne saurait, en tout cas, sérieusement prétendre, en l'absence de toute disposition de la loi à cet égard, qu'il est obligatoire sous peine de nullité.

5. Une question fort grave et très-embarrassante est celle de savoir si c'est à la Cour d'assises, statuant sans l'assistance des jurés, ou bien au jury, qu'il appartient d'apprécier la dénégation que fait de son identité un accusé renvoyé devant cette Cour comme précédemment condamné par contumace. Quelque solution qu'on adopte, il semble impossible de ne pas faire violence à des principes de la plus haute importance. Toutefois, l'opinion qui attribue, en pareil cas, juridiction à la Cour d'assises statuant sans jurés, nous paraît être la moins périlleuse. V. notre dissertation, J.M.p.4.276. C'est là d'ailleurs la doctrine qu'a consacrée

la jurisprudence la plus considérable. V. Cass., 6 févr. 1824
(S.V.7.1.391;) 24 janv. 1834 (S.V.34.1.265); 5 août 1834 (S.V.
35.1.49; 20 juin 1851 (S.V.51.1.552); 1er et 29 juin 1854 (S.V.
54.1.581); 4 nov. 1865 (J.M.p.10.105); C. d'ass. de la Seine-Infé-
rieure, 28 juin 1824 (S.V.7.2.393); Colmar, 29 déc. 1834 (S.V.
35.1.50, en note); C. de cass. belg., 21 oct. 1861 (J.M.p.5.94);
C. d'ass. du Var, 2 nov. 1867 (*Id.*11.23); — Conf., Bourguignon,
sur l'art. 476, C. instr. crim., n. 9; Rodière, *Proc. crim.*, p. 525
(qui avait antérieurement soutenu la thèse contraire dans la *Rev.
de législ.*, t. 1, p. 315 et s.); Le Sellyer, *Dr. crim.*, t. 4, n. 1358
et s.; Dupin, réquisitoire prononcé lors de l'arrêt précité de la
Cour de cassation du 20 juin 1851; Trébutien, *Cours élément. de
dr. crim.*, t. 2, p. 630; F. Hélie, *Instr. crim.*, t. 8, n. 3878. —
Mais V. en sens contraire, C. d'ass. de la Seine, 10 mai 1826
(S.V.8.2.232); Cass., 15 mars 1860 (J.M.p.4.273); C. d'ass. des
Ardennes, 11 avr. 1861 (*Ibid.*);—Carnot, *Instr. crim.*, sur l'art.518,
n. 1; Duvergier sur Legraverend, *Législ. crim.*, 3e édit., t. 2, p. 599
et 600, note 4; Chauveau, *Journ. du droit crim.*, t. 6, p. 189,
art. 1361; Berriat-Saint-Prix, *Encycl. du droit*, v° *Contumace*, n. 15;
Morin, *Rép.*, *eod. v°*, n. 12; Boitard, *Leçons sur le Cod. d'instr.
crim.*, 7e édit., n. 954; Dalloz, *Rép.*, v° *Évasion*, n. 69.

6. Dans tous les cas, c'est au jury qu'il appartient de statuer
lorsque la dénégation d'identité ne consiste, en réalité, que dans
un alibi invoqué par l'accusé, qui reconnaît, d'ailleurs, que les
désignations de l'arrêt de contumace s'appliquent à sa personne:
C. d'ass. des Ardennes, 11 avr. 1861, ci-dessus. Du moment, en
effet, où l'accusé renvoyé devant les assises comme précédemment condamné par contumace, reconnaît que l'arrêt de contumace
s'applique bien à lui, et qu'il se borne à invoquer un alibi pour
établir qu'il n'est pas l'auteur du crime, il ne saurait plus être
question de reconnaissance d'identité à son égard. Les art. 518 et
519, C. instr. crim., lui sont donc évidemment inapplicables, et
il se trouve naturellement placé sous l'empire de l'art. 476, c'est-
à-dire qu'il doit être immédiatement jugé dans la forme ordinaire,
et que l'alibi invoqué par lui n'est plus qu'un simple moyen de
défense qu'il fera valoir devant le jury.

7. Il est certain que l'individu condamné par contumace pour
un fait qualifié crime ne doit être considéré que comme coupable
d'un délit correctionnel, si, au moment où il se présente pour
purger sa contumace, le fait qu'il a commis n'est plus envisagé
par la loi que comme un délit, et qu'il doit être renvoyé de l'action

dirigée contre lui, lorsque, depuis sa condamnation par contumace, il s'est écoulé le temps nécessaire pour la prescription des peines correctionnelles, c'est-à-dire cinq années. Ces principes, qu'a proclamés un arrêt de la Cour de cassation du 25 nov. 1830 (S.V.31.1.392), ne sont eux-mêmes qu'une conséquence de la règle formulée dans un avis du Conseil d'État du 29 prair. an VIII, qui veut que le juge applique toujours la loi la plus douce, qu'elle soit antérieure ou postérieure au fait incriminé.

8. Mais une question plus délicate est celle de savoir si, dans ce cas particulier, l'art. 641, C. instr. crim., qui dispose que les condamnés par contumace *dont la peine est prescri e* ne peuvent être admis à se présenter pour purger leur contumace, est applicable. La négative est soutenue dans une dissertation de M. Hardouin (J.M.p.12.216).

9. Au cas de condamnation par contumace, la Cour d'assises peut ordonner la remise des effets déposés au greffe comme pièces de conviction, réclamés par les propriétaires ou ayants droit, alors même qu'il n'y a pas d'accusés présents : l'art. 474, C. instr. crim., qui n'autorise cette remise qu'*après le jugement des accusés présents*, ne s'applique qu'au cas où il y a tout à la fois des accusés présents et des accusés contumax : C. d'ass. du Haut-Rhin, 17 août 1864 (J.M.p.7.229). — Conf., Dalloz, v° *Contumace*, n. 45.

10. Mais jugé que la Cour d'assises ne peut, lorsqu'elle prononce une condamnation par contumace, ordonner la restitution provisoire, au profit de la partie civile, des effets saisis sur un tiers, sous prétexte que ce tiers est le contumax lui-même, si cette identité n'a pas été légalement reconnue, et s'il n'est intervenu aucune condamnation contre lui : Cass., 1er fév. 1827 (S.V.8.1.516).

CORPS LÉGISLATIF. 1. La disposition de l'art. 11 du décret du 2 février 1852, d'après laquelle aucun membre du Corps législatif ne peut, pendant la durée de la session, être poursuivi ni arrêté en matière criminelle, sauf le cas de flagrant délit, qu'en vertu d'une autorisation du Corps législatif, s'applique même au cas où la plainte a été portée avant que le prévenu fût investi des fonctions de membre du Corps législatif ou pendant l'intervalle des sessions : trib. de Reims, 29 mars 1862 (J.M.p. 5.97).

2. Mais jugé que la garantie politique, ne protége que les députés dont l'élection a été reconnue régulière par la Chambre, et

non celui dont l'admission a été ajournée : Cass., 10 avr. 1847
(Bull. crim., n. 76). — La Cour de cassation restreint, du reste,
cette solution au cas d'élection partielle, et reconnaît que, dans
le cas d'une élection générale, tous les députés élus étant nécessairement appelés à procéder en commun à la vérification des
pouvoirs, ont droit à la garantie pour les fonctions qu'emportent
ces opérations préliminaires : Même arrêt. — Mais cette distinction est critiquée par M. F. Hélie, t. 2, n. 890, qui paraît considérer la garantie comme protégeant dans tous les cas les députés
non encore vérifiés. — V. aussi une protestation de M. Odilon
Barrot à la Chambre des députés (séance du 20 avr. 1847, *Monit.*
du 21).

5. La disposition précitée de l'art. 11 du décret du 2 févr.
1852 est d'ordre public ; en conséquence, elle doit être appliquée
d'office par les juges, encore bien que le prévenu déclarerait renoncer à en invoquer le bénéfice : Trib. de Reims, 29 mars 1862,
ci-dessus. — V. aussi Paris, 28 juin 1843 (S.-V.43.2.318).

4. Dans le cas où la poursuite a été autorisée, il n'est pas
besoin d'une nouvelle autorisation pour exécuter la condamnation
à une peine corporelle qui a été prononcée contre le député. —
V. notre dissertation, J.M.p.13.213.

— V. *Action civile.*

CORRESPONDANCE.

SOMMAIRE ALPHABÉTIQUE.

1. Nous avons indiqué, J.M.p.8.110, les personnes qui correspondent le plus souvent avec le parquet, et auxquelles celui-ci adresse ou desquelles il reçoit la correspondance en franchise, *sous bande* ou *fermée par nécessité*, et dans tous les cas *contre-signée*. Pour de plus amples indications, on doit consulter le *Manuel des franchises*. V. aussi les instructions mentionnées ci-après.

2. Les procureurs généraux sont autorisés à correspondre en franchise, pour affaires de service, avec les préfets, par lettres fermées, dans toute l'étendue de l'Empire : Circ. 29 juin 1858 (Gillet, n. 3780).

3. Les discours prononcés par les magistrats du ministère public à la rentrée des Cours et tribunaux peuvent être expédiés en franchise, pourvu que l'expédition soit faite sous bande et aux seuls magistrats du parquet : Circ. 30 mai 1845 (Gillet, n. 2956); 15 déc. 1860 (Rés. chr., p. 28).

4. Les procureurs généraux sont aussi autorisés à se transmettre réciproquement et à expédier aux procureurs impériaux, sous contre-seing, les mercuriales prononcées soit par eux, soit par leurs substituts, à la rentrée des Cours : Circ. 15 déc. 1860 (Rés. chr., p. 28).

5. Les procureurs impériaux et généraux doivent faire usage de leur contre-seing pour transmettre les pièces et les renseignements relatifs aux affaires d'assistance judiciaire : Circ. 9 août 1851 (Gillet, n. 3355); 6 mai 1852 (*Id.*, n. 3408).

6. Les présidents des tribunaux civils, qui n'ont pas le droit de correspondre en franchise avec les juges de paix de leur arrondissement, peuvent user pour cette correspondance du couvert du parquet : Décis. min. just., 26 janv. 1853 (Gillet, n. 3454).

7. Les juges de paix correspondent en franchise soit avec les commandants des brigades de gendarmerie de leur canton (Circ. 2 mars 1857, Gillet, n. 2698); soit avec les commandants des brigades établies en dehors de ce canton, mais dont la surveillance s'exerce sur des communes qui en dépendent : Circ. 24 sept. 1859 (Rés. chr., p. 13).

8. Les receveurs de l'enregistrement et des domaines sont autorisés à correspondre en franchise, sous bandes, avec les juges de paix et les commissaires de police dans l'étendue de leur canton (Décis. min. just. et min. fin., 19 août 1863) : Circ. 25 août 1863 (Rés. chr., p. 60).

9. Les procureurs impériaux ne doivent correspondre avec les divers ministres que par l'intermédiaire du garde des sceaux : Circ. 28 janv. 1824 (Gillet, n. 1730); 19 juillet 1826 (*Id.*, n. 1942); 13 mai 1828 (*Id.*, n. 2071).

10. C'est aussi par l'intermédiaire du garde des sceaux que les magistrats français doivent correspondre avec les magistrats étrangers : Circ. 19 juill. 1826 (Gillet, n. 1942); Lett. minist. 17 août 1849 (*Id.*, n. 3218). — Toutefois, en cas d'urgence, les procureurs impériaux peuvent, à charge d'en informer le procureur général, correspondre en franchise avec les magistrats des pays étrangers limitrophes, notamment avec ceux de Belgique : Circ. 14 août 1827 (Gillet, n. 2021); 25 oct. 1836 (*Id.*, n. 2532).

11. En général, la correspondance des parquets doit avoir lieu sous bandes, et ce n'est qu'exceptionnellement et en cas de nécessité qu'elle peut avoir lieu par lettres fermées : Circ. 11 oct. 1844 (Gillet, n. 2924).

12. Le contre-seing des procureurs impériaux peut, en cas d'empêchement, être exercé par leurs substituts, mais sous la condition qu'il sera formulé en ces termes : *Pour le procureur impérial empêché, le substitut....* Toute autre formule est irrégulière : Décis. min. fin., 14 mars 1835 (Gillet, n. 2460).

13. Dans le cas où il s'élève entre les magistrats et les préposés des postes des difficultés sur l'ouverture des dépêches, il doit en être référé par le procureur général au ministre de la justice, qui appelle sur ces difficultés l'attention du ministre des finances : Décis. min. just. 6 août 1828 (Gillet, n. 2093).

14. Lorsqu'il y a lieu de transmettre au procureur général ou au garde des sceaux des procédures criminelles, il convient de les faire charger à la poste; l'absence de cette précaution aurait pour effet de rendre le magistrat expéditeur responsable de la perte des pièces et de ses conséquences : Circ. 8 nov. 1840 (Gillet, n. 2650).

15. Dans les dépêches adressées au ministère de la justice, on doit indiquer, en premier lieu, la direction à laquelle l'affaire ressortit; on fait ensuite connaître par une mention succincte, mais substantielle, l'objet de la dépêche. S'il y a un dossier, les pièces qui le composent doivent être liées ensemble et renfermées dans une chemise sur laquelle est mentionnée la nature de l'affaire. Il est particulièrement nécessaire de réunir les pièces de comptabilité transmises à la chancellerie. — Pour les affaires qui ont donné lieu à une communication antérieure, on doit, outre les mentions ci-dessus, rappeler exactement **les numéros** et les indications mentionnés sur la dépêche **ministérielle** : Circ. 10 août 1861 (Rés. chr., p. 37).

16. En ce qui concerne la formule salutatoire à employer dans la correspondance des parquets, V. l'article inséré J.M.p. 8.109).

17. Une circulaire du ministre de la justice du 12 nov. 1851 (Gillet, n. 3368) a, pour la première fois, autorisé les procureurs impériaux, à user directement et sans l'intermédiaire ni le visa de l'autorité administrative, de la voie télégraphique pour leur correspondance, en leur recommandant néanmoins de n'y recourir qu'avec réserve. — V. aussi, quant à cette recommandation, Circ. 18 fév. 1857 (Gillet, n. 2697); 16 mars 1859 (Rés. chr., p. 4); 29 avr. 1862 (*Id.*, p. 43); 10 août 1865 (*Id.*, p. 75). Cette dernière circulaire avertit les magistrats que, s'ils employaient la correspondance télégraphique en dehors des cas réellement urgents, le coût de la dépêche serait mis à leur charge.

18. Plus tard, il a été décidé que la correspondance directe par voie télégraphique ne serait accordée qu'aux chefs de service; que les procureurs impériaux, dans les chefs-lieux de Cour, ne pourraient user de cette faculté, exclusivement réservée aux procureurs généraux; qu'au contraire, les procureurs impériaux des autres arrondissements continueraient à se servir directement des lignes télégraphiques, mais seulement dans les cas d'urgence : Circ. 6 janv. 1853 (Gillet, n. 3450).

19. Les abus auxquels la franchise télégraphique avait donné lieu de la part des procureurs impériaux, avaient déterminé le ministre de la justice à interdire d'une manière absolue à ces magistrats l'usage du télégraphe pour les communications judiciaires qu'ils pouvaient avoir à se faire entre eux : Circ. 9 janv. 1863 (Rés. chr., p. 50). — Mais le ministre n'a pas tardé à rétracter cette interdiction : Circ. 10 août 1865 (*Id.*, p. 75.).

20. Une circulaire du ministre de la justice du 16 mars 1859 (Rés. chr., p. 4) avait autorisé les chefs de parquet à adresser à leurs divers collègues de l'Empire, par voie télégraphique, des *circulaires* relatives à la poursuite des crimes et délits, dans les cas absolument exceptionnels, et à la charge de rendre compte de ces circonstances au procureur général, qui devait lui-même en aviser le garde des sceaux. — Mais, par trois circulaires postérieures, en date des 10 fév. 1860 (Rés. chr., p. 16), 7 nov. 1860

(*Id.*, p. 24) et 6 avr. 1866 (*Id.*, p. 88), ce mode de correspondance a été rigoureusement interdit. En cas d'infraction à cette défense, le garde des sceaux userait de son pouvoir disciplinaire, et mettrait le coût de la dépêche à la charge du magistrat expéditeur : Circ. 6 avr. 1866, précitée.

21. La franchise a été accordée par une circulaire du 24 nov. 1859 (Rés. chr., p. 14) aux dépêches télégraphiques de service échangées entre le procureur général d'Alger et le procureur impérial de Marseille. Les frais en sont supportés par le ministère de la justice, lorsque les renseignements demandés ou transmis se rattachent à des procédures instruites sur le territoire continental européen de l'Empire.

22. La franchise télégraphique appartient aux présidents d'assises pour leur correspondance avec le ministre de la justice, les procureurs généraux et les procureurs impériaux, lesquels jouissent, de leur côté, de la même immunité pour transmettre leurs réponses aux présidents des assises : Circ. 10 août 1865 (Rés. chr., p. 75).

23. La correspondance directe des procureurs impériaux par le télégraphe est restreinte aux avis à donner sur une seule ligne et à ceux qui exigent une rapidité tout à fait exceptionnelle. Pour les demandes ou communications à transmettre dans des ressorts éloignés ou dans divers lieux à la fois, la dépêche télégraphique doit passer par la chancellerie : Circ. 6 janv. 1853 (Gillet, n. 2450). — Dans tous les cas, les procureurs impériaux doivent apporter la plus grande concision dans leurs télégrammes : Circ. 18 fév. 1857 (*Id.*, n. 3697).

24. Les dépêches télégraphiques échangées entre l'Algérie et la France ne sont dirigées sur Marseille, qu'autant qu'elles en portent la mention expresse. Celles qui ne contiennent aucune indication sont transmises par la voie espagnole. Cette dernière voie étant beaucoup plus coûteuse, ne doit être employée que dans des cas graves et essentiellement urgents. En conséquence, toutes les dépêches pour l'Algérie qui n'ont pas un caractère exceptionnel d'urgence, doivent porter cette mention expresse : *par Marseille :* Circ. 27 fév. 1861 (Rés. chr., p. 31).

25. Les procureurs impériaux ne peuvent correspondre en franchise avec les directeurs et les chefs de stations télégraphiques : Circ. 23 juill. 1859 (Rés. chr., p. 10).

26. Les commissaires de surveillance administrative des chemins de fer sont autorisés, en cas d'accidents suivis de mort ou de blessures graves, à se servir du télégraphe électrique pour en aviser le préfet du département, le procureur impérial de l'arrondissement et l'ingénieur en chef du contrôle : Circ. 16 fév. 1860 (Rés. chr., p. 16).

27. Les magistrats doivent tenir note de toutes les dépêches qu'ils remettent à l'administration télégraphique, afin que le garde des sceaux puisse se faire une opinion précise sur les plaintes de cette administration : Circ. 29 avr. 1862 (Rés. chr., p. 43).

CORRUPTION DE FONCTIONNAIRE. — 1. La tentative de corruption de fonctionnaire, qui a le caractère d'un crime lorsque les promesses, offres, dons ou présents ont été agréés (C. pén. 179, § 1), est encore punissable, mais ne constitue plus toutefois qu'un délit, dans le cas où elle n'a *eu aucun effet* (*id.*, § 2).

2. Or, doit-on considérer comme n'ayant eu aucun effet et comme n'étant dès lors passibles que des peines correctionnelles déterminées par le § 2 de l'art. 179, C. pén., les offres faites à un préposé d'une administration publique pour le corrompre, lorsqu'elles n'ont été agréées par celui-ci qu'en apparence et dans le but de fournir la preuve de la culpabilité du corrupteur ? L'affirmative a été consacrée à bon droit par un arrêt de la Cour d'Aix du 7 mars 1867 (J.M.p.10.172).

COUR D'ASSISES. — 1. Dans la vaste matière de la procédure en Cour d'assises, nous ne pouvons que glaner, parmi les nombreuses solutions ministérielles et judiciaires, quelques-unes des plus récentes qui offrent un intérêt particulier pour nos lecteurs.

2. Le procureur général doit transmettre au garde des sceaux, après le roulement des chambres et avant le 1er septembre, la liste confidentielle des conseillers qui lui paraissent aptes à remplir les fonctions de président d'assises. Le nombre des noms portés sur cette liste ne doit pas excéder le double des départements du ressort, ni être inférieur au nombre des départements plus un. Les notes peuvent être distinctes pour chaque magistrat ou collectives, mais conformes dans tous les cas au modèle envoyé par la chancellerie. Aucun des membres de la chambre d'accusation n'y doit être compris. Mais le procureur général doit transmettre séparément au ministre une liste additionnelle de ceux des

magistrats composant cette chambre qui pourraient exceptionnellement être appelés à présider les assises : Circ. 30 mai 1850
(Gillet, n. 3267) et 20 août 1852 (*Id.*, n. 3428).

3. Le droit de régler le rôle des affaires à porter devant la
Cour d'assises n'appartient pas exclusivement au conseiller chargé
de la présider ; le ministère public tient aussi cette faculté des
art. 271 et 272, C. instr. crim. Le président des assises et le procureur général doivent donc se concerter dans cet objet : Décis.
min. just. 12 oct. 1819 (Gillet, n. 1329) et 15 mars 1850 (*Id.*,
n. 3257) ; Circ. 16 août 1842 (*Id.*, n. 2801).

4. Le juge qui a procédé à l'instruction d'une affaire renvoyée
devant la Cour d'assises, peut, bien qu'il lui soit interdit de faire
partie de cette Cour, être délégué par le président des assises
pour procéder à l'interrogatoire préalable de l'accusé : Cass.,
3 juill. 1832 (S.-V.32.1.751) ; 17 sept. 1835 (S.-V.36.1.128) ;
17 juin 1853 (S.-V.54.1.160) ; 28 août 1862 (J.M.p.6.42) ; —
F. Hélie, t. 4, n. 1585 ; Nouguier, *Cour d'assises*, t. 1, n. 234.

5. La parenté ou l'alliance, à un degré très-proche, d'un juré,
soit avec l'accusé, soit avec la partie civile, est-elle un cas d'incompatibilité ? L'affirmative, qui n'est point généralement admise,
a été soutenue avec force par M. Berriat Saint-Prix, J.M.p.6.
185.

6. Le tirage au sort du jury de session n'ayant point le caractère d'un jugement ou arrêt, mais constituant un simple acte
judiciaire, ne peut, en cas d'irrégularité, être l'objet d'un pourvoi
en cassation de la part du ministère public ; il n'appartient qu'au
ministre de la justice d'en provoquer l'annulation devant la Cour
suprême et de faire ordonner par cette Cour un nouveau tirage.
Il en est ainsi, spécialement, au cas où l'irrégularité consiste en
ce que, des bulletins de l'année précédente étant restés dans l'urne
où ont été déposés les noms portés sur la liste nouvelle, un certain nombre des noms extraits pour la formation du tableau des
36 jurés titulaires se sont trouvés être de ceux qui avaient figuré
sur la liste antérieure et ne se trouvaient pas compris dans la
nouvelle liste : Cass., 27 fév. 1863 (J.M.p.6.86).

7. Mais si le ministère public (ou l'accusé) ne peut diriger un
pourvoi en cassation contre le procès-verbal même de tirage au
sort du jury de session pour le faire annuler à raison des irrégularités qu'il renferme, ces irrégularités peuvent toutefois, lorsque,
comme dans l'espèce de l'arrêt ci-dessus, elles doivent avoir une
influence directe sur la procédure, donner lieu à un recours en

cassation de la part du ministère public ou de l'accusé contre l'arrêt intervenu ultérieurement. V. Nouguier, t. 1, n. 619.

8. Il n'est point interdit au ministère public de donner lecture, pendant les débats devant la Cour d'assises, des interrogatoires d'un inculpé à l'égard duquel la chambre d'accusation a rendu un arrêt de non-lieu : Cass., 27 juin 1823 (S.-V. chr.); 10 avr. 1828 (*Id.*); 28 déc. 1838 (D.p.39.1.135); C. cass. belg., 18 oct. 1858 (J.M.p.2.317); — Cubain, *Procéd. devant les Cours d'ass.*, n. 439; Dalloz, *Rép.*, v° *Instr. crim.*, n. 2305 ; Nouguier, t. 3, n. 2426. — Cette solution nous paraît trouver un solide appui dans l'art. 341, C. instr. crim., autorisant la remise aux jurés de toutes les pièces autres que les déclarations écrites des témoins.

9. Bien qu'en principe le débat devant la Cour d'assises soit essentiellement oral, il est de règle certaine que les preuves à l'appui de l'accusation ou de la défense peuvent être puisées dans des écrits, pourvu que les parties aient été mises à même de débattre ces preuves à l'audience. Sous ce rapport, l'instruction est régie devant les Cours d'assises par les mêmes principes que devant la juridiction correctionnelle : Cass., 4 nov. 1836 (S.-V. 37.1.988); 30 juill. 1847 (D.p.47.4.131); 5 mars 1852 (D.p.52.5. 166); 5 mars 1857 (D.p.57.1.178);— Dalloz, *Répert.*, v^is *Défense*, n. 139, et *Minist. publ.*, n. 313 ; Berriat Saint-Prix, *Manuel des jurés*, n. 207 ; F. Hélie, n. 3407, 3408, 3556; Nouguier, t. 3, n. 2427 et s. De là il résulte, par exemple, que le ministère public a le droit de se prévaloir, dans son réquisitoire, de documents contenant des renseignements sur la moralité de l'accusé, lorsque celui-ci a été mis à même d'en prendre connaissance et de les contredire : C. d'ass. du Cher, 25 juill. 1860 (J.M.p.3.219).

10. Les arrêts précités des 4 nov. 1836 et 30 juill. 1847, ainsi que plusieurs autres mentionnés par MM. Dalloz, v° *Défense*, *ut suprà*, vont même jusqu'à reconnaître au ministère public la faculté de s'appuyer sur des documents qui n'étaient pas pièces au procès, mais à la production desquels l'accusé ne s'est pas opposé. Toutefois, sur ce dernier point, on ne doit pas prendre la jurisprudence trop à la lettre, car le ministère public ferait à la défense une situation souvent bien défavorable, en invoquant pour la première fois, dans le développement par lui donné à l'accusation, des pièces que l'accusé ou son défenseur n'auraient pas eu comme lui l'avantage d'étudier à l'avance, et qu'ils seraient réduits à apprécier au moment même de lui répondre. C'est du reste ce que font judicieusement remarquer MM. Sebire et Carteret, *Encycl. du dr.*, v° *Cours d'assises*, n. 463, et Dalloz, v° *Min. publ.*, n. 314.

11. Le ministère public a le droit de produire devant la Cour d'assises des témoins appelés à déposer uniquement sur des faits autres que ceux de l'accusation, dans le but de faire connaître la moralité de l'accusé : Cass., 13 déc. 1810 ; 18 juin 1824 (Dalloz, *Répert.*, v° *Témoin*, n. 270) ; 12 déc. 1840 (S.-V.40.1.950) ; 24 juill. 1841 (D.p.41.1.425) : C. d'ass. de la Flandre orientale, 4 juill. 1859 (J.M.p.4.249).

12. La Cour de cassation a jugé même que le droit du ministère public de faire entendre des témoins sur la moralité de l'accusé, va jusqu'à faire porter les dépositions de ces témoins sur des faits à l'égard desquels est intervenu un arrêt de non-lieu ou d'acquittement : Cass., 9 janv. 1823 (Dall., *ut supr.*) ; 13 déc. 1839 (D.p.40.1.391) ; 7 janv. 1836 (S.-V.36.1.526). — Mais M. F. Hélie, t. 7, n. 3538, tout en approuvant cette jurisprudence, y apporte une sage restriction. « Les témoins, dit-il, peuvent être questionnés sur tous les faits qui se rattachent à la moralité de l'accusé, mais pour établir seulement le fait général de cette moralité, et non pour établir l'accusation avec d'autres accusations étrangères à celle-ci.... »

13. Le juge d'instruction peut être entendu comme témoin devant la Cour d'assises dans les affaires à l'instruction desquelles il a pris part : Cass., 12 déc. 1811 (S.-V.3.1.433) ; 1er fév. 1839 (D.p.39.1.377) ; 8 août 1851 (S.-V.52.1.220) ; C. d'ass. du Gard, 27 juin 1861 (J.M.p.4.237). Cette solution est fondée avec raison sur le silence que l'art. 322, C. instr. crim., garde relativement au juge instructeur dans l'énumération qu'il fait des personnes qui ne peuvent être entendues comme témoins.

14. La même doctrine a été, du reste, proclamée par la jurisprudence à l'égard, soit de l'officier du ministère public qui a fait des réquisitions dans l'instruction écrite (Cass., 23 janv. 1835, S.-V.35.1.365), soit des officiers de police judiciaire (Cass., 12 juill. 1810, S.-V.3.1.209 ; 31 oct. 1817, S.-V.5.1.381 ; 8 juill. 1824, S.-V.7.1.493 ; 19 mars 1829, S.-V.9.1.257 ; 9 janv. 1840, S.-V.40.1.802 ; 11 déc. 1851, D.p.51.5.515), particulièrement dans le cas où ces derniers ont entendu des témoins dans l'instruction en vertu d'une commission rogatoire du juge instructeur (Arrêts des 9 janv. 1840 et 11 déc. 1051 précités).

15. Il est surtout incontestable que le juge d'instruction et un officier du ministère public de première instance pourraient être entendus à titre de renseignements en vertu du pouvoir discrétionnaire du président : Cass., 12 sept. 1832 (D.p.33.1.56), 1er fév. 1839, mentionné ci-dessus, n. 13;—Dalloz, *Rép.*, vo *Témoin*, n. 208.

16. Mais il faut remarquer, d'un côté, que le refus de la Cour d'assises d'entendre comme témoin le juge d'instruction de l'affaire, n'emporte pas nullité, alors que c'est sur la demande de l'accusé et sans opposition de la part du ministère public que ce refus a eu lieu (Cass., 22 mai 1834, D.p.34.1.360) ; et, d'un autre côté, qu'on ne peut entendre un officier du ministère public comme témoin dans une poursuite qui a été exercée en son nom, ou dans laquelle il est chargé de porter la parole : Cass., 27 mai 1841 (D.p.41.1.403) ; — Dalloz, *loc. cit.*, n. 206.

17. La faculté pour la Cour d'assises de renvoyer l'affaire dont elle est saisie à une autre session, n'est pas limitée aux seuls cas prévus par les art. 331 et 354, C. instr. crim. ; ce renvoi peut être ordonné toutes les fois qu'il y a lieu de recourir à un acte d'instruction ayant pour objet d'éclairer le jury sur les éléments du crime soumis à son examen : Cass., 1er oct. 1813 (S.-V.4.1.443); 12 fév. 1818 (S.-V.5.1.420) ; 11 nov. 1830 (S.-V.31.1.366) ; 14 juin 1833 (S.-V.33.1.805) ; 11 juill. 1839 (S.-V.40.1.830) ; 15 mai 1863 (J.-M.p.6.287);— F. Hélie, t. 7, n. 3575 ; Trébutien, t. 2, p. 393 ; Dalloz, *Répert.*, vo *Instr. crim.*, n. 2013 ; Nouguier, t. 2, n. 944. — *Contrà*, M. Cubain, n. 389. — On doit néanmoins reconnaître, avec MM. F. Hélie et Dalloz, que la Cour d'assises ne saurait accorder le renvoi sans une nécessité bien démontrée.

18. Jugé spécialement que, bien qu'en matière de banqueroute frauduleuse, il appartienne au jury de déclarer, en dehors des décisions rendues par la juridiction civile ou commerciale, si, au moment où ont eu lieu les faits reprochés à l'accusé, celui-ci était commerçant failli, la Cour d'assises peut, à raison de l'influence que la décision fixant en dernier ressort l'époque de l'ouverture de la faillite est de nature à exercer sur la déclaration du jury, et même sur les questions de prescription qui viendraient à être soulevées, renvoyer l'affaire à une session ultérieure, jusqu'à ce qu'il ait été statué par la juridiction civile sur une instance pendante devant elle et ayant pour objet la fixation de l'époque de cette ouverture : Cass., 15 mai 1863, précité. — V. *Questions préjudicielles.*

19. Au cas où le faux témoignage imputé à un témoin devant la Cour d'assises a donné lieu au renvoi de l'affaire principale à une prochaine session, l'accusation de faux témoignage peut, à raison de la connexité, être jointe à l'accusation originaire, pour être soumise aux mêmes débats, le jugement de l'accusation de faux témoignage n'étant point préjudiciel, et la jonction des deux procédures ne portant point d'ailleurs atteinte aux droits de la défense. En tous cas, les accusés sont non recevables à critiquer cette jonction, comme contraire aux droits de la défense, quand elle a été ordonnée de leur consentement, et qu'ils n'ont élevé aucune réclamation lors des débats simultanés devant la Cour d'assises : Cass., 30 mars 1861 (J.M.p.4.165).—Conf., Nouguier, t. 2, n. 911 et suiv. — V. aussi Cass., 20 juin et 18 sept. 1836 (Bull., n. 359 et 503); — F. Hélie, t. 7, n. 3385, p. 459. — Antérieurement, la Cour de cassation avait consacré la doctrine contraire : Arrêt du 20 déc. 1845 (S.-V.46.1.265).—V. dans le même sens, Trébutien, t. 2, p. 411.

20. Nous avons publié, J.M.p.2.79, une intéressante dissertation de M. Jacques sur le rôle du ministère public et des avocats devant le jury, à laquelle nous renvoyons le lecteur.

COUR IMPÉRIALE. 1. Un crime commis envers les membres de la chambre civile d'une Cour impériale au moment où l'audience vient d'être déclarée suspendue et où ils descendent de leurs siéges pour passer dans la chambre des délibérations, doit être considéré comme commis à l'audience dans le sens de l'art. 507, C. instr. crim. — En conséquence, il appartient à cette chambre de procéder, de suite et sans désemparer, au jugement d'un tel crime : Cass., 15 juill. 1860 (J.M.p.3.181).

2. Cette solution ne laisse pas d'être délicate. L'art. 507, C. instr. crim., statue en prévision de crimes commis *à l'audience;* et il est certain qu'il a entendu désigner par là les crimes commis pendant la durée de l'audience, et qu'il est inapplicable à ceux qui seraient commis dans le prétoire, mais hors le temps où l'audience est tenue. L'art. 181 du même Code, qui règle le mode de répression des délits d'audience, fournit un argument irrésistible en faveur de cette interprétation, qui est du reste formellement enseignée par MM. Carnot, *Comment. Cod. instr. crim.*, sur l'art. 507, et Le Sellyer, *Dr. crim.*, t. 4, n. 1707.

3. Or, l'audience peut-elle être considérée comme durant encore après qu'elle a été déclarée suspendue ? La circonstance que les magistrats n'ont pas encore quitté la salle d'audience empêche-t-elle que cette suspension n'existe ? Si le crime commis à ce moment, au lieu d'être dirigé contre les magistrats, l'était contre de simples particuliers, pourrait-on dire qu'il est commis à l'audience, dans le sens de l'art. 507? La négative semble certaine; or, la solution doit être la même lorsque ce sont les magistrats, encore présents dans la salle d'audience, qui ont été victimes d'un attentat : car ce n'est pas uniquement le caractère des magistrats que l'art. 507 a voulu protéger; c'est avant tout le respect dû à la justice. Du moment où la justice ne s'exerce plus, la compétence exorbitante qu'établit l'art. 507 n'a plus raison d'être, et le droit commun reprend son empire.

4. Telles sont les objections qui peuvent être élevées contre la décision de l'arrêt ci-dessus de la Cour de cassation, et elles ne sont pas sans gravité. Toutefois, on peut répondre que l'audience n'est véritablement levée ou suspendue qu'après le temps moral nécessaire pour que les magistrats quittent la salle d'audience; que pendant ce court intervalle la justice, par une fiction que commande sa dignité, est censée n'avoir point cessé encore de s'exercer; que, sans doute, si, au lieu de se retirer, malgré la suspension prononcée par le président, les magistrats demeuraient dans la salle d'audience durant cette suspension, leur présence n'aurait point pour effet d'y continuer fictivement la tenue de l'audience, et que le crime qui y serait alors commis ne tomberait point sous l'application de l'art. 507, C. instr. crim.; mais qu'il en doit être autrement lorsque c'est au moment même où la suspension vient d'être prononcée et avant que les magistrats aient eu le temps de se retirer dans la chambre de leurs délibérations, que le crime est commis. — Cette dernière argumentation nous semble la plus conforme au véritable esprit de la loi.

5. Sur la participation des Cours impériales à l'exercice de l'*action publique*, V. ce mot, n. 12 et s.

CRIME D'AUDIENCE. V. *Cour impériale*, n. 1 et s.

CULTE. 1. Le Code pénal réprime, d'une part, les troubles apportés à l'ordre public par les ministres des cultes dans l'exercice de leur ministère (art. 199 et s.) et, d'autre part, les entraves au libre exercice des cultes (art. 260 et s.). — Nous toucherons successivement quelques-unes des questions les plus importantes qui se rattachent à ces deux ordres d'infractions.

2. 1° *Crimes et délits des ministres des cultes.* Une circulaire du 8 avr. 1861 (Rés. chr., p. 31) a invité les procureurs généraux à déférer à la juridiction compétente tous les membres du clergé, quels qu'ils soient, qui, dans l'exercice de leur ministère, se rendent coupables des crimes ou délits prévus par les art. 201 et 204, C. pén.

3. Or, quelles sont les règles de la poursuite en cette matière? Dans le principe, la jurisprudence avait établi une distinction entre les délits des ministres des cultes touchant à un intérêt purement privé et poursuivis à la requête de la partie lésée, et ceux qui portent atteinte à l'ordre et dont la poursuite est exercée par le ministère public, exigeant à l'égard des premiers le recours préalable au Conseil d'État, par application des art. 6 et s. de la loi du 18 germ. an x (V. Cass., 25 août 1827, D.p.27.1.478 ; 28 mars 1828, D.p.28.1.196 ; 18 fév. 1836 ; S.-V.36.1.770 ; 26 juill. 1838, S.-V.38.1.594 ; Rouen, 17 oct. 1828, D.p.29.2.38), et laissant pour les seconds toute liberté à l'action publique, conformément au droit commun (Cass., 23 juin 1831, Dalloz, *Rép.*, v° *Culte*, n. 247-2° ; 9 sept. 1831, S.-V.31.1.353 ; 3 nov. 1831, S.-V.32.1. 367 ; 25 nov. 1831, S.-V.32.1.306 ; 23 déc. 1831, S.-V.32.1.305 ; Grenoble, 3 mai 1831, D.p.31.2.205). V. aussi conf., Chassan, *Délits de la parole*, etc., t. 1, n. 96 et 97 ; de Champeaux, *Droit civ. ecclésiast.*, t. 2, p. 19, note 2 ; Gaudry, *Législ. des cultes*, t. 1, n. 319 et suiv.

4. Plus tard, la Cour suprême a subordonné à la condition d'un recours préalable au Conseil d'État la poursuite même des délits des ministres des cultes touchant à l'ordre général et dont la répression était réclamée par le ministère public (V. Cass., 25 sept. 1835, S.-V.36.1.68 ; 12 mars 1840, S.-V.40.1.283 ; 29 déc. 1842, D.p.43.4.141), et les Cours impériales se sont conformées à cette interprétation de l'art. 6 du titre 1er de la loi du 18 germ. an x (V. Agen, 27 fév. 1840, S.-V.40.2.159 ; Orléans, 11 juin 1840, S.-V.40.2.264, et 20 juill. 1857, J.M.p.1.104 ; Montpellier, 21 déc. 1840, Dalloz, *loc. cit.*, n. 270-3°, et 13 déc. 1858, J.M.p.2.245 ; Dijon, 16 déc. 1857, J.M.p., *Ibid* ; Bordeaux, 27 mars 1862, J.M. p.5.209 ; Toulouse, 18 nov. 1862, *Id.*13.41, à la note). V. aussi Cons. d'Ét., 27 déc. 1858 (*Id.*2.245). — Conf., Mangin, *Act. publ.*, n. 255 ; Fayard de Langlade, *Rép.*, v° *Abus* ; de Grattier, *Lois de la presse*, t. 1, p. 325 ; Foucart, *Élém. de dr. publ.*, t. 1, n. 494 (4e éd.) ; Le Sellyer, *Dr. crim.*, t. 3, n. 846 et 847 ; Le-

senne, *Condit. civ. et polit. des prêtres*, p. 351 ; Dufour, *Dr. adm.*,
t. 5, n. 61 et suiv. ; Dalloz, *Rép.*, v° *Culte*, n. 269 et s. ; Berriat
Saint-Prix, *Procès des trib. crim.*, 1re part., t. 1, n. 335. — Dans
ce système, le recours préalable au Conseil d'Etat est considéré
comme une mesure analogue à la garantie dont l'art. 75
de la constit. du 22 frim. an VIII protège les agents du Gouvernement.

5. Par un arrêt du 10 août 1861 (J.M.p.4.197), la Cour de cassation a paru abandonner la jurisprudence consacrée par les dernières décisions sur la question, pour revenir à celle qu'elle avait
adoptée dans le principe. — Elle a jugé, en effet, que bien qu'il
appartienne à l'autorité publique de déférer au Conseil d'État les
faits qui, de la part d'un ministre du culte, constituent tout à la
fois des abus et des délits caractérisés par les lois pénales, ces
faits n'en peuvent pas moins être poursuivis par le ministère
public devant les tribunaux ordinaires de répression, sans
recours préalable au Conseil d'État, ce recours préalable n'étant
nécessaire qu'à l'égard des délits qui touchent à un intérêt
purement privé et qui sont poursuivis à la requête des parties
lésées.

6. La Cour de cassation a appliqué cette doctrine à la poursuite devant la juridiction correctionnelle du fait, par un prêtre,
d'avoir, dans un discours prononcé en chaire, offensé publiquement le chef de l'État, censuré les actes du Gouvernement et
excité à la haine et au mépris, soit du Gouvernement, soit des
citoyens les uns contre les autres : Même arrêt.

7. Enfin, plus récemment, la chambre criminelle a sanctionné
de nouveau, en l'accusant plus nettement encore que par ses
arrêts antérieurs, la distinction entre le cas où les faits des ecclésiastiques qui constituent tout à la fois des abus et des délits ont
été commis dans l'exercice du culte, et celui où ils ont été commis en dehors de cet exercice, et a affirmé avec plus de précision
le droit de la partie lésée de porter directement, dans ce dernier
cas, sa plainte ou son action devant les tribunaux.

8. Ainsi, elle a jugé que le fait constitutif d'un délit imputé à
un ecclésiastique et pouvant présenter le caractère d'abus ne
doit être déféré au Conseil d'État par la partie lésée, préalablement à toute poursuite, qu'autant *qu'il a été accompli* dans l'exercice du culte ; *que, hors ce cas, la partie lésée peut porter directe-*

ment devant les tribunaux sa plainte ou son action : Cass., 8 mai 1869 (J.M.p.13.39).

9. Selon divers jurisconsultes, la poursuite des crimes et délits commis par les ecclésiastiques est indépendante de tout recours au Conseil d'État aussi bien lorsqu'elle est formée par les parties lésées que lorsqu'elle est intentée par le ministère public. *Sic*, Hélie et Chauveau, *Théor. Cod. pén.*, t. 3, n. 791 ; F. Hélie, *Instr. crim.*, t. 2, n. 951 et s. ; Batbie, *Appel comme d'abus*, p. 55 ; Vuillefroy, *Administr. du culte catholiq.*, p. 45 et s., note *a* ; Louis Dufour, *Police des cultes*, p. 475 et s. ; Serrigny, *Compét. et proc. administr.*, t. 1, p. 144 et s.

10. D'autres systèmes ont encore été proposés. M. Cormenin, *Dr. administr.*, Append., n. 3, ne regarde le recours préalable au Conseil d'État comme nécessaire, de la part de tout poursuivant, qu'à l'égard des simples délits, tels que celui d'injures, commis par les prêtres en qualité de prêtres, et non à l'égard des crimes, soit contre le Gouvernement, soit contre les particuliers. — Suivant M. Affre, *Appel comme d'abus*, p. 266 et 267, et *Administr. tempor. des paroiss.*, p. 584 et s., la nécessité du recours cesse seulement dans le cas où il s'agit d'attaques dirigées contre le pouvoir. — M. Laferrière, *Dr. publ. et administr.*, t. 1, p. 260 (5e édit.), considère la poursuite comme subordonnée d'une manière absolue à l'autorisation préalable du Conseil d'État; mais il s'occupe uniquement de l'hypothèse de délits poursuivis à la requête de particuliers.

11. Pour nous, nous ne saurions admettre qu'on doive subordonner à la condition d'un recours préalable au Conseil d'État la poursuite de tous les crimes et délits commis par les ministres des cultes dans l'exercice de leurs fonctions, et nous pensons qu'il est facile d'établir une distinction rationnelle entre ceux de ces crimes et délits qui ne peuvent être poursuivis sans autorisation, et ceux dont la répression peut avoir lieu d'office. Sur ce point, l'arrêt de la Cour d'Orléans du 20 juill. 1857, mentionné ci-dessus, n. 4, pose une règle fort exacte, à notre sens, c'est que le recours préalable au Conseil d'État est nécessaire seulement pour tous les *actes des fonctions* des ministres des cultes qui présentent le caractère de crimes ou de délits du droit commun. Il ne suffira pas, pour que l'exercice de l'action publique soit subordonné à ce recours, que le crime ou le délit ait été commis par le ministre du culte dans l'exercice de son ministère : il faudra qu'il se lie à un acte même de ses fonctions. Dans ce cas seulement, en effet, il peut être difficile de discerner le crime ou délit du simple abus, et nécessaire, dès lors, de soumettre l'appréciation préalable du fait au Conseil d'État. Comprise ainsi, la loi du 18 germ. an x protége tout à la fois, soit l'ordre public et l'intérêt particulier que peuvent léser les actes des ministres des cultes, soit ces ministres eux-mêmes, sans gêner d'une manière fàcheuse le libre mouvement de l'action publique.

12. Il a été jugé spécialement que le fait par un ministre protestant d'avoir, sans autorisation de l'autorité administrative, réuni plus de vingt personnes dans un local ouvert publiquement, pour y exercer devant elles les fonctions de son ministère, ne peut donner lieu à une poursuite correctionnelle comme constituant le délit de réunion illicite, sans que le Conseil d'État ait préjudiciellement déclaré si ce fait est, ou non, contraire aux lois : Orléans, 20 juill. 1857, précité.

13. ...Que le fait par un prêtre catholique d'avoir levé le corps d'un individu décédé et de l'avoir accompagné au lieu de l'inhumation, sans en avoir préalablement obtenu l'autorisation du maire de la commune, ne peut donner lieu à une poursuite correctionnelle avant que le Conseil d'État ait préjudiciellement décidé si ce fait est, ou non, contraire aux lois : Montpellier, 13 déc. 1858 (J.M.p.2.245); — Et qu'il en est de même du fait, par un ecclésiastique, d'avoir, dans l'exercice du culte, adressé une injure à un particulier : Cons. d'Ét., 27 déc. 1858 (*Ibid.*).

14. ...Mais que le fait, par un prêtre, d'avoir, pendant le catéchisme, frappé et blessé un des enfants qui y assistaient, peut être poursuivi devant le tribunal correctionnel, sans recours préalable au Conseil d'État, un tel fait étant essentiellement distinct de la fonction ecclésiastique : Bordeaux, 27 mars 1862 (J. M. p.5.209).

15. ... Que, de même, l'outrage par paroles adressé par un ecclésiastique au maire dans une séance du conseil de fabrique, peut, comme n'ayant pas été commis dans l'exercice du culte, être poursuivi directement devant le tribunal correctionnel par le maire, — et cela, alors même que l'ecclésiastique aurait assisté à la séance dont il s'agit en vertu d'une délégation épisco-

pale par lui reçue à l'effet d'examiner les comptes de la fabrique : Cass., 8 mai 1869 (J.M.p.13.39).

16. 2° *Entraves à l'exercice des cultes.* —Pour l'application de l'art. 261, C. pén., qui punit le fait d'avoir empêché, retardé ou interrompu les exercices d'un culte par des troubles ou désordres causés dans le temple, il n'est pas nécessaire que l'interruption de l'office soit absolue, et que l'exercice du culte ait cessé entièrement par suite du trouble qui y était apporté ; il suffit que ce trouble ait porté atteinte à la gravité, à la décence, au recueillement ou aux convenances tout au moins qui doivent être observés dans l'exercice du culte. Ainsi, est passible des peines portées par cet article l'individu qui, pendant un office, mêle aux chants religieux des vociférations discordantes et grotesques, bien que l'office n'ait pas discontinué, si toutefois il n'a pu être repris avec les convenances commandées par la cérémonie et par la sainteté du lieu, qu'après le départ de cet individu : Toulouse, 19 nov. 1868 (J.M.p.12.92).

17. Ce serait, en effet, attribuer à l'art. 261, C. pén., une portée restrictive qu'il ne saurait avoir, que de limiter son application à l'interruption de l'exercice du culte prise dans le sens littéral, au lieu de l'étendre à ce genre d'interruption qui, sans suspendre matériellement la cérémonie religieuse, empêche soit l'officiant, soit les assistants d'y apporter la gravité et le recueillement qui en sont les conditions essentielles. La jurisprudence, pas plus que la doctrine, ne s'était encore prononcée sur ce point. On a cité comme contraire à la décision de la Cour de Toulouse ci-dessus recueillie, ce passage de MM. Hélie et Chauveau, *Théor. Cod. pén.*, t. 3, n. 943 : « C'est moins le trouble que l'interruption elle-même que la loi punit, ou plutôt c'est le trouble seul, mais uniquement lorsqu'il est assez grave pour produire une *interruption* ou un retard dans le service religieux. » Pour nous, nous ne voyons dans cette appréciation rien d'opposé à celle de notre arrêt, puisque celle-ci ne fait que déterminer le caractère de l'interruption exigée par celle-là.

18. L'art. 261, C. pén., précité, est d'ailleurs applicable au cas où les fidèles seuls ont été troublés dans les exercices religieux, sans que l'officiant, demeuré dans l'ignorance de ce qui se passait, ait interrompu le cours des cérémonies : Douai, 24 fév. 1869 (J.M.p.12.92). — Conf., dissertation de M. Hibon (J.M.p.

12.107). V. aussi, Nîmes, 18 janv. 1855 (D.p.55.2.103), dans ses
motifs.— Mais V. dans un sens opposé, Montpellier, 19 mai 1851
(S.-V.51.2.350); Paris, 27 mai 1851 (D.p.54.5.226); Colmar, 12
juin 1866 (S.-V.66.2.365).

19. Dans tous les cas, la détermination du caractère légal des
troubles, interruptions, retardements ou empêchements apportés
à l'exercice-du culte, est abandonnée à l'appréciation des juges :
Douai, 24 fév. 1869, précité. — Conf., Carnot, sur l'art. 261, C.
pén.; Dufour, *Police des cultes*, p. 326.

DÉCLINATOIRE. — V. *Compétence criminelle*, 111, 124
et s., 135 et s., et *Conflit.*

DÉFENSE. — **1.** Devant les tribunaux répressifs, le ministère public ne peut requérir et les juges ne peuvent prononcer
aucune peine contre un individu qui se trouve présent à l'audience (comme témoin par exemple), mais qui n'a pas été cité
comme prévenu, et à l'égard duquel il n'y a pas eu d'instruction
préalable. Le droit sacré de la défense s'oppose, en effet, à ce
qu'un inculpé soit jugé sans avoir été informé d'avance de l'inculpation dirigée contre lui, et sans avoir été par là mis à même
de préparer sa justification. — Il importerait peu d'ailleurs que
le ministère public eût pris à l'audience des réquisitions contre
cet individu, car il ne peut dépendre du ministère public de
priver un inculpé du droit de préparer sa défense, et (sauf le cas
de délit flagrant) ce n'est qu'autant qu'un individu qui se trouve
à l'audience en une autre qualité que celle de prévenu, consent à
être jugé immédiatement sur les réquisitions prises contre lui à
cette audience même par le ministère public, que la décision peut
être valablement rendue. V. diverses applications de ce principe
aux mots : *Compétence criminelle, Instruction criminelle, Tribunaux correctionnels, Tribunaux de police.*

2. Décidé qu'il en est ainsi même dans le cas où, en Cour
d'assises, les réquisitions du ministère public et la condamnation
ont pour objet une dénonciation calomnieuse à raison de laquelle
l'accusé acquitté a réclamé des dommages-intérêts contre un témoin, en vertu des art. 358 et 359, C. instr. crim. (V. *Dénonciation*), et qu'on dirait à tort que le ministère public doit avoir le
même droit pour la répression que l'accusé acquitté pour ses intérêts civils : Cass., 16 déc. 1858 (J.M.p.2.29).

3. Cela semble incontestable, aucune assimilation ne peut être faite entre l'accusé acquitté réclamant des dommages-intérêts contre son dénonciateur, et le ministère public requérant contre celui-ci une peine correctionnelle. Il faut bien remarquer d'ailleurs que, si les art. 358 et 359, C. instr. crim., donnent à l'accusé acquitté le droit de demander devant la Cour d'assises des dommages-intérêts contre son dénonciateur, ils ne disposent point qu'il pourra exercer ce droit dans le cas même où le dénonciateur ne serait pas partie au procès criminel, et il a été décidé, sous le Code de l'an IV, que les juges criminels étaient incompétents pour statuer sur la demande de dommages-intérêts formée par l'accusé contre son dénonciateur, lorsque celui-ci ne s'était pas porté partie plaignante (Cass., 25 fruct. an IV, Dalloz, *Rép.*, v° *Dénonciation calomnieuse*, n. 138). Sous le Code actuel, la chambre criminelle a bien décidé que le dénonciateur qui ne s'est pas porté partie civile peut être condamné aux dommages-intérêts de l'accusé immédiatement après l'acquittement de ce dernier, et sans avoir été appelé au procès par une citation, mais seulement *lorsqu'il a fourni ses défenses sur les conclusions de l'accusé* (Cass., 23 juill. 1813, Dalloz, *eod.*, n. 139). Comment le dénonciateur serait-il traité moins favorablement en ce qui concerne l'exercice de l'action publique contre lui ?

4. Il est universellement admis que le principe posé par l'art. 335, C. instr. crim., que l'accusé et son conseil doivent toujours avoir la parole les derniers, est applicable au prévenu devant la juridiction correctionnelle. La solution contraire, que la Cour de cassation avait consacrée sous le Code de brumaire (arrêt du 18 avr. 1806, S.-V.2.1.235), ne saurait être admise aujourd'hui. Si, comme la Cour suprême l'a encore jugé le 7 nov. 1840 (S.-V.41. 1.84; D.P.41.1.136), l'art. 335 ne régit directement que les matières criminelles, il est permis néanmoins de le combiner avec l'art. 190, qui accorde au prévenu le droit de répliquer au ministère public, sans dire lequel doit être entendu le dernier. V. en ce sens, Metz, 6 mars 1820 (S.-V.6.2.219); Cass., 28 avr. 1841 (S.-V.51.1.798, note); 21 juin 1851 (D.P.51.1.175; S.-V., *loc. cit.*); — Merlin, *Répert,*, v° *Appel*, sect. 2, § 8; Carnot, *Instr. crim.*, sur l'art. 190, n. 4, et *Observ. addit.*, n. 1; Legraverend, *Législ. crim.*, t. 2, p. 213; F. Hélie, *Instr. crim.*, t. 6, n. 2935; Berriat Saint-Prix, *Proc. des trib. crim.*, 2e part., t. 2, n. 839; Trébutien, *Cours de dr. crim.*, t. 2, p. 492; Massabiau, *Man. du min. publ.*, t. 2, n. 2107; Dalloz, *Répert.*, v^{is} *Défense*, n. 150,

Instr. crim., n. 966, et *Min. publ.*, n. 276. Le droit du prévenu de prendre la parole le dernier existe, du reste, relativement aux simples incidents comme pour la discussion du fond (Cass., 5 mai 1826, S.-V.8.1.334, arrêt précité du 28 août 1841 ; — F. Hélie, *ut suprà ;* Dalloz, v° *Défense*, n. 252), et les juges ne sauraient, sans nullité de la procédure, lui en refuser l'exercice. *Sic*, mêmes arrêts des 28 août 1841 et 21 juin 1851 ; — F. Hélie, *ibid.*; Berriat Saint-Prix et Trébutien, *ut suprà*; Dalloz, *loc. cit.*, n. 143. — *Contrà*, Cass., 8 avr. et 14 oct. 1813 (S.-V.4.1.328 ; Dalloz, v° *Min. publ.*, n. 319).

5. Ce n'est point d'ailleurs méconnaître ce droit que d'accorder la parole au ministère public pour répliquer, malgré l'absence du défenseur du prévenu ; car de deux choses l'une : ou le défenseur s'est retiré avec l'assentiment du prévenu, et alors ce dernier doit être réputé avoir renoncé, comme il est libre de le faire, à la faculté de répondre au ministère public ; ou le défenseur a abandonné le prévenu contre le gré de celui-ci, et dans ce cas le prévenu peut choisir un autre défenseur, ou prendre lui-même la parole. La Cour de cassation a jugé en ce sens, par arrêt du 22 sept. 1826 (S.-V.8.1.431), qu'il est satisfait au vœu de la loi lorsque le président a demandé à l'accusé s'il n'avait rien à ajouter à sa défense, quoique, par suite de l'interruption de l'avocat, faite par le président dans les limites de son pouvoir, et du refus de l'avocat de continuer sa plaidoirie, l'accusé soit resté sans défenseur. — L'accusé ou le prévenu ne saurait surtout se faire un grief de ce que l'organe du ministère public a été admis à répliquer, malgré l'absence du défenseur qui devait répondre à ce magistrat, lorsqu'il lui reste un autre défenseur qui peut suppléer le premier. V. Douai, 15 avr. 1862 (J.M.p.5. 137).

6. Ajoutons que le droit de la défense n'exige point nécessairement que l'accusé ou le prévenu soit mis en demeure de prendre la parole le dernier, et que celui-ci ne serait point fondé à se plaindre, s'il n'avait pas réclamé l'exercice de ce droit, son silence ayant le caractère d'une renonciation. V. Cass., 17 oct. 1817 (Dall., v° *Défense*, n. 150); 2 sept. 1830 (D.p.30.1.363); 20 août 1840 (S.-V.40.1.744); 7 nov. 1840 (cité plus haut); 15 oct. et 23 déc. 1847 (S.-V.48.1.301 et 302; 10 juill. 1868 (J.M.p.12. 167); — F. Hélie, *ut suprà ;* Dalloz, v° *Défense*, n. 143. — En matière de simple police, où le droit du prévenu de prendre la parole le dernier est peut-être moins certain (l'art. 153, C. instr.

crim., se borne à dire qu'il *pourra proposer ses observations*), la
Cour de cassation est allée plus loin, et elle a jugé le 9 juin 1832
(S.-V.33.1.128), qu'il ne résulte pas de nullité de ce que le défenseur du prévenu n'aurait pas eu la parole après le ministère
public, si le jugement constate que le prévenu a été entendu dans
ses moyens de défense. V. aussi à cet égard M. Berriat Saint-
Prix, *loc. cit.* — V. encore sur des points analogues, Cass., 18
juin 1850 (S.-V.50.1.484); 18 mars et 13 mai 1852 (D.P.52.5.151
et 186); 5 mai 1854 (D.P.54.5.229).

7. Il est de principe certain qu'en matière civile, les parties
ont la faculté de prendre de nouvelles conclusions jusqu'à ce que
le ministère public ait été entendu. V. Rouen, 15 mai 1856
(*Journ. des avoués*, t. 8, p. 557); — Chauveau sur Carré, *Lois de
la procéd.*, t. 1, quest. 414, et Supplém., p. 112; Bioche, *Dict.
de la procéd.*, v° *Conclusions*, n. 17. — Mais lorsque, les plaidoiries étant closes, l'affaire a été renvoyée à une audience
ultérieure pour l'audition du ministère public, les parties con-
servent-elles, pendant l'intervalle, le droit de modifier ou augmenter leurs conclusions, ou bien la clôture des plaidoiries suffit-elle, à elle seule, pour le leur faire perdre? Cette dernière
interprétation a été consacrée par un arrêt de la Cour de cassation
du 8 nov. 1843 (D.P.43.4.301). Mais cette Cour, par un arrêt postérieur du 23 août 1848 (S.-V.48.1.604), a donné à la solution
contraire une préférence, selon nous, parfaitement justifiée. V.
dans le même sens, Caen, 20 nov. 1856 (J.M.p.1.6); Bordeaux,
7 fév. 1866 (J.M.p.9.181). Du reste, lorsqu'il a été ainsi pris des
conclusions nouvelles, les parties adverses peuvent être autori-
sées par les juges à présenter des observations écrites ou orales
en réponse : Rouen, 26 janv. 1847 (D.P.49.5.101); Caen, 20 nov.
1856, précité.

8. Quel est le droit des parties après l'audition du ministère
public? — Il était autrefois de maxime au palais, que le ministère public, parlant en qualité de partie jointe et non de partie
principale, ne pouvait être contredit. Notre législation nouvelle a
consacré ce principe (V. Bourges, 31 déc. 1849, S.-V.53.2.25;
Cass., 29 mai 1850, S.-V.51.1.131), en y apportant toutefois une
sage restriction. D'après l'art. 87 du règlement du 30 mars 1808,
combiné avec l'art. 111, C. proc. civ., le ministère public une
fois entendu, les parties ne peuvent *obtenir la parole après lui*,
mais seulement remettre sur-le-champ au président de *simples*

notes énonciatives des *faits* sur lesquels elles prétendent que ces conclusions ont été *incomplètes* ou *inexactes*.

9. Le droit de répliquer au ministère public ne peut être accordé aux parties, même dans le cas où il aurait conclu sur un point non discuté dans la cause, ou fait usage d'une pièce non communiquée, et encore bien qu'il aurait relevé des nullités non proposées et de nature à être suppléées d'office par le juge : Agen, 20 déc. 1824; Cass., 22 avr. 1835; 29 avr. 1846 (D.p.33.2.69; 38.1.94; 46.1.215); — Dalloz, *Rép.*, v° *Min. publ.*, n. 109. Ce droit ne saurait leur appartenir qu'autant que le ministère public aurait fait des réquisitions de nature à le faire considérer comme partie principale plutôt que comme partie jointe, ce qui arrive, par exemple, lorsqu'il requiert l'application d'une peine disciplinaire contre l'un des officiers ministériels de la cause, la saisie d'une correspondance ou d'un titre (Cass., 7 août 1822, D.p.22. 1.478), et nous serions assez disposé à assimiler à ces hypothèses celle où le ministère public demanderait la suppression d'un écrit comme injurieux pour la magistrature (V. en ce sens, Dalloz, *Rép.*, v° *Défense*, n. 245), bien que le contraire ait été jugé : Bourges, 2 juill. 1841 (D.p.42.2.44).

10. Il a été décidé que la discussion peut être rouverte après l'audition du ministère public, lorsque l'une des parties vient à produire des pièces nouvelles, surtout si ces pièces sont de nature à changer la physionomie du procès : Cass., 13 nov. 1834; Lyon, 1er juill. 1840 (D.p.35.1.24; 41.2.87); mais cette doctrine nous paraît inadmissible, et nous pensons que le devoir du juge, en pareil cas, est de rejeter la production comme tardive. On a vu plus haut que, dans l'intervalle qui s'écoule entre la clôture des plaidoiries et le moment fixé pour l'audition du ministère public, les parties ne peuvent plus apporter d'éléments nouveaux dans le débat; à plus forte raison doit-il en être ainsi après que le ministère public a été entendu. V. en ce sens, Colmar, 23 av. 1838 (D.p.39.2.174).

11. Il reste à se demander si, dans les cas ordinaires, les parties ne peuvent absolument, à défaut de réplique orale, que remettre au président les notes énonciatives dont parle l'art. 87 du règlement de 1808; s'il leur est interdit, par exemple, de signifier de nouvelles conclusions. L'affirmative a été consacrée en principe par de nombreux arrêts (V. Bordeaux, 10 mars 1842; Metz, 31 mai 1842; Cass., 29 mai 1850, D.p.43.4.301, et 50.1. 315); et il a été jugé spécialement qu'après l'audition du ministère public les parties ne peuvent ni se porter incidemment appelantes, ni produire de nouvelles articulations de faits, ni former une demande tendant à l'admission de la preuve testimoniale, ni proposer un moyen de prescription : Caen, 8 août 1848; Cass., 30 janv. 1849; Bourges, 31 déc. 1849; Pau, 19 août 1850 (D.P. 51.5.115; 49.1.59; 54.2.196; 51.2.5). Mais il résulte d'un arrêt de la chambre des requêtes du 9 juill. 1838 (D.P.38.1.270), que les parties peuvent du moins, après que le ministère public a été entendu, signifier des conclusions qui ne renferment que des éclaircissements et des justifications à l'appui des conclusions précédemment prises; et l'on a induit de cette solution que rien ne s'opposerait à ce qu'une partie produisît, à ce moment, un mémoire ampliatif, et répondît même par cette voie, à un moyen nouveau présenté par le ministère public (V. Dalloz, *Rép.*, v° *Défense*, n. 239). Mais c'est là, selon nous, exagérer singulièrement la portée de l'arrêt de la Cour suprême. Il faut remarquer, en effet, que, dans l'espèce de cet arrêt, les conclusions signifiées après l'audition du ministère public n'étaient que la *reproduction* de conclusions précédemment signifiées et débattues, et que, d'ailleurs, c'est à celles-ci et non aux conclusions tardives que le juge avait fait droit; circonstances que la chambre des requêtes prend elle-même le soin de relever, et qui ne laissent plus que la valeur d'un simple motif à la proposition, fort hasardée d'ailleurs, que nous avons rappelée plus haut.

12. Dans un autre système, qui nous paraît encore trop large, parce que les art. 87 du décret de 1808 et 111, C. proc. civ., combinés, n'autorisent la remise de notes au président après l'audition du ministère public, que lorsqu'il y a lieu de rectifier des faits présentés par celui-ci d'une manière incomplète ou inexacte, — les parties auraient le droit, non de signifier des conclusions additionnelles ou de produire un mémoire ampliatif, mais de remettre de simples notes énonciatives, lorsque les conclusions du ministère public rendent quelques observations nécessaires, et notamment dans le cas où il y a été relevé des nullités non proposées. V. Cass., 22 avr. 1835, cité *suprà*, n. 9; Besançon, 30 août 1852 (D.P.53.2.79).

13. Décidé plus juridiquement, selon nous, qu'après que le ministère public a été entendu, les parties peuvent seulement remettre aux juges de *simples notes* énonciatives des faits sur lesquels les conclusions du ministère public ont été inexactes ou incomplètes, et qu'il ne leur est pas permis, par exemple, de distribuer aux juges un *mémoire* imprimé, sous le titre de *Notes au conseil* : Montpellier, 22 déc. 1855 (J.M.p.1.6). — V. aussi Rennes, 26 janv. 1835 (D.p.35.2.64).

DÉLIT D'AUDIENCE. — **1.** Aux termes de l'art. 181, C. instr. crim., s'il se commet un délit correctionnel dans l'enceinte et pendant la durée de l'audience, le président dresse procès-verbal du fait, entend le prévenu et les témoins, et le tribunal applique, *sans désemparer*, les peines prononcées par la loi. — Cette disposition s'applique aux délits commis dans l'enceinte et pendant la durée des audiences des Cours, et même des tribunaux civils, sans préjudice de l'appel des jugements rendus dans ces cas par les tribunaux civils ou correctionnels.

2. D'un autre côté, l'art. 505 du même Code porte que lorsque le tumulte qui se produit à l'audience est accompagné d'injures ou voies de fait donnant lieu à l'application de peines correctionnelles ou de police, ces peines peuvent être, *séance-tenante et immédiatement après que les faits auront été constatés*, prononcées, savoir : — celles de simple police, sans appel, de quelque tribunal ou juge qu'elles émanent ; — et celles de police correctionnelle, à la charge de l'appel, si la condamnation émane d'un tribunal de premier degré, ou d'un juge seul.

3. Lorsque c'est un crime qui a été commis à l'audience, la marche à suivre est différente suivant qu'il s'agit de l'audience soit d'un juge seul, soit d'un tribunal du premier degré, ou de l'audience de la Cour de cassation, d'une Cour impériale ou d'une Cour d'assises. Dans le premier cas, le juge ou le tribunal, après avoir fait arrêter le délinquant et dressé procès-verbal des faits, envoie les pièces et le prévenu devant les juges compétents (C. instr. crim., 506). Dans le second cas, la Cour procède au jugement de suite et sans désemparer, de la manière réglée par les art. 507 et 508, C. instr. crim.

4. En présence de ces dispositions, il ne semble pas permis de douter que c'est seulement séance tenante que les juges peuvent exercer le pouvoir exceptionnel de répression dont ils sont armés ; autrement, l'infraction rentrerait dans les conditions de droit commun, et ne pourrait plus être punie que par la juridiction répressive compétente, sur la poursuite du ministère public. C'est en ce sens que s'était d'abord établie la jurisprudence de la Cour de cassation. V. arrêts des 8 déc. 1849 (S.-V.50.1.411), 3 oct. 1851 (S.-V.52.1.280) et 17 août 1860 (J.M.p.4.127).

5. Mais plus récemment la Cour suprême a décidé que le juge à l'audience duquel a été commis un délit dont il retient la connaissance en vertu de l'art. 505, C. instr. crim., peut se borner à commencer, séance tenante, l'information sur ce délit, et ajourner à une audience ultérieure sa décision tant sur le fond que sur l'incident, et qu'il n'est pas tenu de rendre immédiatement cette décision : Cass., 9 janv. 1866 ; 21 déc. 1867 (J.M.p.11.185).

6. Ce changement de jurisprudence n'est nullement justifié, à nos yeux. Si le texte de la loi exige clairement, comme on l'a vu, une répression instantanée, la pensée qui a présidé à sa rédaction n'est pas moins manifeste. La loi a voulu que le juge, quel qu'il fût, se trouvât armé du pouvoir nécessaire pour venger, par une condamnation immédiate, la dignité de la justice et la majesté de l'audience audacieusement outragées. Mais ce pouvoir exorbitant n'a plus de raison d'être, s'il n'est pas exercé au moment même où l'outrage vient d'être commis. Le délit d'audience n'est plus alors qu'un délit de droit commun dont la poursuite et la répression doivent suivre la marche ordinaire de la procédure correctionnelle ; et la simple constatation faite par le juge séance tenante ne peut plus être que l'un des éléments de cette procédure.

7. Les nouveaux arrêts de la chambre criminelle objectent qu'il entre dans les droits de tout juge qui ne se trouve pas suffisamment éclairé et en mesure de prononcer sur un litige en complète connaissance de cause, d'ajourner sa décision jusqu'à ce que sa conviction soit pleinement formée. Nous n'avons garde de contester au juge ce droit, qui est en même temps un devoir. Mais qu'on remarque bien que l'art. 505 n'impose point une obligation, qu'il accorde seulement une faculté ; de telle sorte que si le délit n'est pas suffisamment établi pour que le juge puisse immédiatement l'apprécier et le réprimer, rien ne s'oppose à ce que le magistrat s'abstienne et abandonne l'action publique à son cours ordinaire. N'est-ce pas, du reste, seulement dans le cas où le délit se produit avec tous les caractères de l'évidence, qu'une manifestation instantanée de l'autorité du juge est opportune ? Et en quoi l'effet moral obtenu par la condamnation serait-il plus grand, lorsque cette condamnation est prononcée à une audience postérieure à celle où le délit a été commis et a fait l'objet d'une constatation ou d'un commencement d'instruction, en présence d'un auditoire autre que celui qui a été témoin de ce délit, et peut-être en l'absence du délinquant, que lorsqu'elle intervient sur les poursuites ultérieures du ministère public?

8. M. F. Hélie paraît approuver la nouvelle jurisprudence de la Cour de cassation, en s'occupant des délits commis à l'audience du tribunal de simple police (t. 6, n. 2582). Et toutefois, au sujet des délits commis aux audiences des tribunaux correctionnels, cet auteur enseigne (n. 2929), conformément à diverses décisions, que par les mots *sans désemparer* et *séance tenante* qui se trouvent dans la loi, il faut entendre que le tribunal ne doit pas passer à l'examen d'une autre affaire ni lever l'audience sans statuer sur l'incident; qu'à la vérité, il n'est pas interdit au tribunal de remettre l'incident après le jugement de l'affaire dans laquelle il s'est produit, mais qu'il faut du moins que le fait soit constaté et jugé dans le cours de l'audience.

9. Il faut remarquer que pour qu'un délit d'audience puisse être réprimé séance tenante, il n'est pas besoin d'une réquisition du ministère public, qui doit seulement être entendu : Cass., 10 janv. 1852 (S.-V.52.1.477).

10. Il a été parfaitement jugé que le délit d'outrage par paroles adressé à un magistrat à l'occasion de l'exercice de ses fonctions, et tendant à inculper l'honneur et la délicatesse de ce magistrat, peut, lorsqu'il est commis à l'audience, être réprimé séance tenante, conformément à l'art. 181, C. instr. crim., sans qu'il soit besoin d'une plainte préalable du magistrat outragé, l'art. 5 de la loi du 26 mai 1819, qui subordonne à la plainte de la partie lésée la poursuite des délits d'injure ou de diffamation, n'étant point applicable à ce cas : Cass., 5 juin 1851 (D.p.52.5. 443); 30 déc. 1858 (J.M.p.2.87). V. aussi Cass., 28 mars 1856 (D.p.56.5.359); Bordeaux, 30 sept. 1867 (J.M.p.11.241). L'art. 181 s'applique à tous les délits correctionnels indistinctement, et par conséquent à l'outrage envers un magistrat, que punit l'art. 222, C. pén. On ne comprendrait pas, en effet, que ce dernier délit échappât à l'empire d'une disposition qui a sa source dans l'intérêt de la dignité de la justice. A supposer que l'art. 5 de la loi du 26 mai 1819, qui subordonne la poursuite du délit de diffamation ou d'injure à une plainte préalable de la partie lésée, s'appliquât au délit d'outrage envers un magistrat (Sur ce point, V. *Outrage*), il faudrait dire, avec l'arrêt recueilli ci-dessus, que cette extension doit être restreinte à la disposition générale du § 1er de l'art. 222, C. pén., et n'atteint point la dispo-

28

sition spéciale du 2ᵉ paragraphe, relative à l'outrage commis à l'audience d'une Cour ou d'un tribunal.

11. Mais un arrêt de la Cour de Douai du 16 août 1869 (J.M. p.12.282) a décidé aussi très-exactement, selon nous, que, l'art. 505, C. instr. crim., qui autorise le juge à l'audience duquel se produit un tumulte accompagné d'injures, à prononcer séance tenante les peines dont cette infraction est passible, ne s'applique pas au cas de production à l'audience d'un factum injurieux pour le juge, si l'auteur de ce factum n'assistait pas à l'audience où la production en a été faite; — qu'il n'y a lieu, en pareil cas, que de faire saisir l'écrit injurieux et de dresser procès-verbal, sauf au ministère public à poursuivre ultérieurement la répression du délit. L'art. 181 lui-même suppose non moins manifestement la présence du délinquant à l'audience.

12. Le délit ou le crime commis envers des magistrats au moment où l'audience vient d'être suspendue et où ils descendent de leur siége, doit-il être considéré comme commis à l'audience, et peut-il être réprimé séance tenante, par application des art. 181, 505 et 507, C. instr. crim.? L'affirmative a été consacrée par un arrêt de la Cour de cassation du 5 juill. 1860 (J.M.p.3.181) et par un arrêt de la Cour de Bordeaux du 30 sept. 1867 (*Id*. 11.241).

13. On peut objecter contre ces décisions que l'audience ne saurait être considérée comme durant encore après qu'elle a été suspendue; que la circonstance que les magistrats n'ont pas quitté la salle d'audience n'empêche pas que cette suspension n'existe; que si le délit ou le crime commis à ce moment, au lieu d'être dirigé contre les magistrats, l'était contre de simples particuliers, on ne pourrait dire qu'il est commis à l'audience dans le sens de la loi, et que la solution ne saurait être différente quand ce sont des magistrats, encore présents dans la salle d'audience, qui ont été victimes de l'acte délictueux ou criminel, parce que ce n'est pas uniquement le caractère des magistrats, mais surtout le respect dû à la justice, que les art. 181, 505 et 507, C. instr. crim., ont voulu protéger; que du moment où la justice ne s'exerce plus, la compétence exorbitante qu'établissent ces articles n'a plus de raison d'être, et l'on rentre sous l'empire du droit commun.

14. Mais il nous semble permis de répondre que l'audience n'est véritablement levée ou suspendue qu'après le temps moral nécessaire pour que les magistrats quittent la salle d'audience;

que, pendant ce court intervalle, la justice, par une fiction que commande sa dignité, est censée n'avoir point cessé encore de s'exercer; que, sans doute, si, au lieu de se retirer, malgré la suspension prononcée par le président, les magistrats demeuraient dans la salle d'audience durant cette suspension, leur présence n'aurait point pour effet d'y continuer fictivement la tenue de l'audience, et que le délit ou le crime qui y serait alors commis ne tomberait point sous l'application des dispositions précitées; mais qu'il en doit être autrement lorsque c'est au moment même où la suspension vient d'être prononcée, et avant que les magistrats aient eu le temps de se retirer dans la chambre de leurs délibérations, que le crime est commis.

15. Sur le point de savoir si le faux témoignage peut être réprimé séance tenante, en vertu de l'art. 181, C. instr. crim., par le tribunal correctionnel à l'audience duquel il est commis, V. *Faux témoignage.*

16. Suivant une jurisprudence à peu près constante et l'opinion de quelques auteurs, le jugement par lequel un tribunal ou un juge prononce une peine correctionnelle ou de police pour un délit d'audience, devant être considéré comme rendu par le tribunal de police ou par le tribunal correctionnel, l'appel doit en être porté, dans le premier cas, devant le tribunal correctionnel, et, dans le second cas, devant la chambre correctionnelle de la Cour; de telle sorte que si ce jugement émane d'un juge de paix, le tribunal civil ne peut être saisi de l'appel qui en est interjeté, et que s'il émane d'un juge de police, il ne peut être déféré par appel au tribunal correctionnel. V. Cass., 25 mars 1813 (Dalloz, *Rép.*, v° *App. en mat. crim.*, n. 94); 26 janv. 1854 (D.P.55.1.431); 7 janv. 1860 (J.M.p.3.37); Douai, 16 août 1869 (*Id.*12.282); — Boitard, *Leç. sur le Cod. d'instr. crim.*, n. 951; Dalloz, *loc. cit.*

17. Il a été aussi jugé, d'après le même principe, que lorsque la décision rendue sur un délit d'audience vient à être cassée, la cause doit être renvoyée devant la juridiction répressive compétente pour connaître de l'infraction; qu'ainsi, notamment, en cas de cassation du jugement d'un tribunal de police réprimant un délit d'audience, le renvoi doit être fait à un tribunal correctionnel, et que la cassation de l'arrêt d'une chambre civile d'une Cour impériale qui a statué sur un crime commis à l'audience, donne lieu au renvoi devant la chambre d'accusation : Cass., 5 juill. 1860 (J.M.p.3.181); 4 janv. 1862 (S.V.62.1.751); 10 mai 1867 (Bull., n. 115); 24 déc. 1867 (J.M.p.11.185).

18. Mais une semblable interprétation ne nous paraît point exacte. Rien, selon nous, n'autorise à croire que la juridiction qui réprime un délit d'audience se trouve transformée de plein droit en une juridiction criminelle du degré que comporte la nature de l'infraction, et que les art. 181 et 505, C. instr. crim., aient entendu déroger à la règle d'après laquelle la compétence de la juridiction qui doit connaître d'un appel ou devant laquelle une affaire doit être renvoyée après cassation, se détermine d'après le caractère, non de la condamnation, mais de la juridiction qui a rendu la décision frappée d'appel ou la décision cassée. V. en ce sens, Douai, 13 mars 1830 (D.P.31.2.191) ; — Chauveau sur Carré, quest. 432 ; Bioche, *Dict. de proc.*, v° *Audience*, n. 31 ; Chassan, *Délits de la parole, de l'écriture et de la presse*, t. 2, n. 2145. — V. aussi *Avocat*, n. 62.

19. Dans tous les cas, il est incontestable que si la cassation était prononcée par le motif que la décision statuant sur un délit d'audience n'a pas été rendue séance tenante, la cause devrait être renvoyée devant le tribunal correctionnel, puisque, en pareil cas, comme nous l'avons dit plus haut, n. 4, la compétence de droit commun reprend son empire. — Ainsi jugé par l'arrêt de cassation du 17 août 1860 que nous avons cité *ibid*.

DÉLITS RURAUX. — 1. La poursuite des délits ruraux prévus soit par la loi du 28 sept.-6 oct. 1791, soit par le Code pénal, n'est point subordonnée à la plainte des parties lésées. Comme, en principe, l'action du ministère public s'exerce librement à l'égard des crimes et délits, la nécessité d'une plainte ne saurait être admise relativement aux délits ruraux qu'autant qu'elle s'induirait d'une disposition expresse, et cette disposition n'existe pas. V. en ce sens, Cass., 11 juin 1813 (S.-V.4.1.367); 31 oct. 1822 (S.-V.7.1.150) ; 17 oct. et 29 déc. 1837 (S.-V.38.1. 172 et 932); 21 nov. 1839 (S.-V.40.1.574) ; — Dalloz, *Répert.*, v^is *Droit rural*, n. 169, et *Contravention*, n. 224 ; F. Hélie, t. 2, n. 746.

2. Jugé spécialement que la poursuite de la contravention résultant de l'introduction d'un troupeau dans les propriétés d'autrui, contravention prévue par l'art. 479, § 10, C. pén., n'est pas subordonnée à une plainte préalable du propriétaire : Cass., 26 nov. 1858 (J.M.p.2.98).

3. Une telle poursuite n'est point non plus soumise à la condition de l'existence d'un dommage causé au propriétaire : Même arrêt. Sous ce rapport, comme sous d'autres, l'art. 479, § 10, C. pén., diffère de l'art. 25, tit. 1, de la loi du 28 sept. 1791, qu'il a remplacé, et qui proportionnait l'amende encourue par le délinquant à la *valeur du dédommagement dû au propriétaire*. On peut consulter comme analogie, dans le sens de la solution de notre arrêt, diverses décisions antérieures de la chambre criminelle statuant sur l'application des art. 471, § 13, et 475, § 10, C. pén.: Cass., 16 oct. 1835 (D.P.35.1.452); 4 déc. 1847 (S.-V.48. 1.95), et 28 juin 1856 (D.P.56.1.337). Mais un arrêt de la même chambre du 29 janv. 1858 (D.P.58.5.126) semble consacrer l'interprétation contraire.

4. L'individu prévenu d'avoir mené des bestiaux sur le terrain d'autrui, peut-il échapper à l'action du ministère public en produisant devant le juge de police ou, sur appel, devant le tribunal correctionnel, une attestation du propriétaire du terrain portant que cette introduction de bestiaux a eu lieu avec l'autorisation de celui-ci? Au premier abord, l'affirmative semble ne pas souffrir de difficulté. Un propriétaire ne peut-il pas disposer de son terrain comme il l'entend, et s'il lui appartient, ainsi qu'on n'en saurait douter, de concéder à des tiers le droit de conduire leurs bestiaux sur ce terrain, comment, en usant d'un tel droit, ces tiers commettraient-ils une contravention, et seraient-ils soumis à l'action du ministère public? Toutefois, cette solution ne saurait être admise d'une manière absolue.

5. Il faut remarquer d'abord que la répression de la contravention prévue par l'art. 479, n, 10, C. pén., touche à l'ordre public, comme le reconnaissent MM. Hélie et Chauveau, *Théor. C. pén.*, t. 6, n. 2581, et comme le supposent les solutions relevées aux deux numéros qui précèdent. De là il résulte, selon nous, que cette action ne saurait être paralysée par des attestations de complaisance que le contrevenant obtiendrait, au cours des poursuites, du propriétaire du terrain. La contravention ne cesserait d'exister que dans le cas où il serait établi, contradictoirement avec celui-ci, qu'antérieurement au fait poursuivi il était intervenu entre lui et le prévenu un accord sérieux d'après lequel ce dernier devait avoir la faculté de conduire des bestiaux sur sa propriété. A cet égard, l'art. 479 ne s'explique nullement; mais ne peut-on pas argumenter des termes de l'art. 471, § 10, qui, punissant le fait d'entrer sur le terrain d'autrui préparé ou ensemencé, n'exempte de la peine qu'il prononce que les usufruitiers, locataires, fermiers, ainsi que les agents ou préposés de ces personnes? Dans le silence de l'art. 479, il est, ce semble, permis, en égard à l'analogie, d'étendre au cas prévu par ce dernier article la disposition que nous venons de rappeler (V. en effet Dalloz, *Répert.*, v° *Contravention*, n. 505). Or, cette disposition ne manifeste-t-elle pas la volonté de la loi de n'affranchir de poursuites que ceux qui peuvent justifier par un titre véritable l'acte de jouissance qu'ils ont exercé sur le terrain d'autrui?

6. La jurisprudence ni la doctrine ne se sont, croyons-nous, directement prononcées sur ce point. Toutefois, il résulte d'un arrêt de la Cour de cassation du 11 déc. 1812, et il est enseigné par MM. Dalloz, qui rapportent cet arrêt, *loc. cit.*, n. 222, que l'exception tirée par le prévenu de ce qu'il a agi par les ordres d'une personne qui prétend être propriétaire du terrain ou y avoir un droit de jouissance, n'est de nature à arrêter la justice qu'autant que la personne dont il invoque le droit vient le faire valoir à la suite d'une mise en cause ou au moyen d'une intervention. Il n'y a pas loin de cette interprétation à celle que nous venons d'exprimer nous-même.

7. L'enlèvement du bois dans les plantations d'arbres appartenant aux particuliers ou aux communautés, tombe-t-il encore sous l'application de l'art. 36 du tit. 2 de la loi du 26 sept. 1791, ou bien cette disposition a-t-elle été abrogée en ce point par les art. 338, §§ 3, 4 et 5, C. pén., et 471, § 15, même Code, et le fait dont il s'agit ne constitue-t-il que le maraudage prévu et puni par ces dernières dispositions ? — La première interprétation a été consacrée par trois arrêts de la Cour de cassation des 19 fév. 1813 (S.-V.4.1.268), 22 fév. 1839 (J.P.39.1.318) et 19 janv. 1848 (J.P.48.2.366), et avec pleine raison, selon nous.

8. Antérieurement au Code pénal, la matière du maraudage était régie exclusivement par les art. 34 à 37 du tit. 2 de la loi du 28 sept. 1791. L'art. 388 du Code de 1810 se borna à punir le vol, dans les champs, des récoltes ou meules de grains faisant partie des récoltes, sans autre spécification. Vint ensuite la loi du 23 juin 1824, dont l'art. 13 remplaça et abrogea l'art. 35 du tit. 2 de la loi de 1791. Plus tard, les dispositions des art. 36 et 37 du même titre de cette loi, relatives à l'enlèvement de bois dans les taillis et futaies, ont cessé de recevoir leur application en présence du tit. 12 du Code forestier. Enfin, la loi du 28 avr. 1832 vint ajouter à l'art. 388, C. pén., son § 5, reproduisant, avec quelques modifications, l'art. 13 de la loi du 23 juin 1824, et à l'art. 475 son § 15, qui remplaça l'art. 34, tit. 2, de la loi de 1791. A partir de ce moment, toute la matière du maraudage s'est trouvée transportée de cette loi dans le Code pénal, sauf ce qui concerne les cas prévus par les art. 36 et 37. Nous avons dit que les dispositions de ces deux articles, relatives à l'enlèvement de bois dans les taillis et futaies, ont disparu devant le tit. 12 du Code forestier. Mais quant à leurs dispositions concernant l'enlèvement de bois dans les *plantations d'arbres* (lesquelles ne peuvent s'entendre simplement des *pépinières*, puisque l'expression est générale), elles n'ont été remplacées ou abrogées par aucun autre texte de loi : ces dispositions restent donc en vigueur. — V. en ce sens Dalloz, *Répert.*, v° *Contraventions*, n. 185 et 404. V. aussi Hélie et Chauveau, t. 5, n. 1854. Compar., en outre, un article de M. Fournier, J.M.p.6.96.

— V. *Action publique*, n. 62.

DÉNONCIATION. — **1.** L'art. 358, C. instr. crim., qui reconnaît à l'accusé le droit de demander devant la Cour d'assises des dommages-intérêts contre son dénonciateur, ajoute que les membres des autorités constituées ne peuvent néanmoins être ainsi poursuivis à raison des avis qu'ils sont tenus de donner concernant les délits dont ils ont cru acquérir la connaissance dans l'exercice de leurs fonctions (C. instr. crim., 29), sauf contre eux la demande en prise à partie, s'il y a lieu.

2. De là un arrêt a conclu à bon droit que les membres des autorités constituées ne sont point, pour cet objet, passibles d'une action en dommages-intérêts, et que les juges civils saisis à tort d'une semblable action doivent se déclarer d'office incompétents : Paris, 19 nov. 1863 (J.M.p.7.29).

3. Cet arrêt a appliqué la doctrine dont il s'agit aux officiers de police judiciaire (à un maire et à un garde champêtre ayant agi en cette qualité dans l'espèce). Il semble, en effet, évident que par son esprit comme par son texte l'art. 358, C. instr. crim., s'applique à tous les fonctionnaires chargés de dénoncer les délits, et qu'il ne pouvait exclure les officiers de police judiciaire qui, plus spécialement soumis à cette obligation (C. instr. crim., 9 et 509), ont aussi d'une manière plus particulière besoin d'une garantie.

4. Cependant on a objecté que la voie de la prise à partie ne saurait être appliquée à cette catégorie de fonctionnaires, soit parce que les dispositions des art. 505 et 509, C. proc. civ., qui désignent les juges et tribunaux contre lesquels elle peut être employée, sont limitatives, soit parce que le Code de procédure n'indique pas les formalités à observer pour prendre à partie les officiers de police judiciaire. Mais ces objections ne sont pas sérieuses, et elles ont été victorieusement réfutées par M. Delaine dans un article inséré J.M.p.7.32 et s.

5. Il faut remarquer que les fonctionnaires publics peuvent être poursuivis, non plus par la voie de la prise à partie, mais par la voie correctionnelle, lorsque l'avis qu'ils ont transmis a le caractère d'une *dénonciation calomnieuse*. V. ce mot.

DÉNONCIATION CALOMNIEUSE.

SOMMAIRE ALPHABÉTIQUE.

1. Il est constant que la dénonciation qui, lorsqu'elle est calomnieuse, tombe sous l'application de l'art. 373, C. pén., n'est soumise à aucune forme particulière, et n'a pas besoin, notamment, d'être revêtue des formalités prescrites par l'art. 31, C. instr. crim. V. Nîmes, 23 sept. 1867 (J.M.p.11.44); Cass., 30 janv. et 1er mai 1868 (*Id.* 12.160); Paris, 20 nov. 1868 (*Id.*12.133); — Hélie et Chauveau, *Théor. Cod. pén.*, t. 4, n. 1662; F. Hélie, *Instr. crim.*, t. 4, n. 1738; Duverger, *Man. des jug. d'instr.*, t. 2, n. 175; Dalloz, *Rép.*, v° *Dénonc. calom.*, n. 43, ainsi que les nombreuses décisions mentionnées par ces auteurs.

2. La dénonciation, dans le sens de l'art. 373, C. pén., résulte, suivant l'arrêt de la Cour de Paris du 20 nov. 1868, précité, de tout acte écrit, émané de la volonté libre et spontanée du dénonciateur et destiné dans sa pensée à révéler aux officiers de justice ou de police administrative ou judiciaire des faits pouvant donner lieu contre la personne dénoncée à des mesures répressives, de quelque nature qu'elles puissent être, et, par exemple, de la citation en police correctionnelle signifiée par un particulier à une autre personne, à raison d'un délit imputé à celle-ci, alors même que celui de qui émane cette citation y aurait pris la qualité de plaignant. — Cette dernière circonstance non-seulement n'enlève pas à la citation le caractère de dénonciation, mais le lui imprime au contraire de plus fort; car une plainte est-elle autre chose qu'une dénonciation, même lorsque celui de qui elle émane déclare se constituer partie civile? V. Cass., 12 nov. 1813 (S.-V.4. 1.464) et 21 mai 1841 (Bull., n. 149); — Hélie et Chauveau, t. 4, n. 1663.

3. Jugé aussi qu'il suffit qu'une dénonciation soit reçue par un officier de police judiciaire et ensuite signée par le dénonciateur, pour qu'elle ait, si elle est reconnue calomnieuse, le caractère de la dénonciation par écrit que punit l'art. 373, C. pén. : Cass., 4 mars 1859 (S.-V.59.1.708). — V. encore Cass., 24 déc. 1859 (S.-V.60.1.390).

4. Il a été décidé même que la dénonciation punie par l'art. 373, C. pén., n'a pas besoin d'être revêtue de la signature du dénonciateur au bas de l'acte qui la renferme ou la constate, et qu'ainsi, spécialement, le caractère de la dénonciation, dans le sens de cet article, appartient : 1° à celle qu'un individu fait écrire par un tiers, d'après un projet qu'il avait dressé lui-même, et qu'il a fait ensuite remettre au parquet par une autre personne; — 2° au procès-verbal d'un maire constatant les faits énoncés dans une déclaration à lui verbalement faite par un plaignant qui a reconnu l'exactitude de cette constatation, bien que celui-ci n'ait ni signé, ni été interpellé de signer le procès-

verbal, et qu'il ne lui en ait pas été donné lecture : Cass., 30 janv.
et 1er mai 1868, cités au n. 1.

5. Mais c'est là, selon nous, aller trop loin. Suffit-il que des
circonstances extrinsèques et les aveux mêmes de celui à qui on
impute une dénonciation fassent présumer qu'il en est l'auteur,
pour que, s'il s'agit d'imputations calomnieuses, l'art. 373, C. pén.,
devienne applicable? L'écrit qui renferme ces imputations ne
doit-il pas plutôt porter avec lui-même la preuve qu'il constitue
réellement une dénonciation? Cette dernière interprétation est le
plus généralement admise. Il est donc nécessaire que la dénonciation soit signée par la personne de qui elle émane, à moins que
le procès-verbal de l'officier qui la reçoit ne constate l'impossibilité de signer. V. Cass., 3 déc. 1819 (S.-V.6.1.142); Colmar,
31 juill. 1856 (S.-V.57.2.16); — et les auteurs mentionnés ci-dessus, n. 1.

6. Jugé spécialement que le procès-verbal d'un commissaire
de police qui constate la dénonciation d'un délit imputé à un tiers,
n'a pas le caractère de la dénonciation par écrit, exigé par
l'art. 373, C. pén., si ce procès-verbal n'est pas signé par le dénonciateur, et ne mentionne pas que ce dernier ait été requis de
le signer, ni que lecture lui en ait été faite : Bordeaux, 11 fév.
1863 (J.M.p.6.142).

7. Est-il indispensable que la dénonciation énonce que l'officier de justice à qui elle a été faite a été *requis* de la recevoir?
L'affirmative paraît résulter d'un arrêt de la Cour de Caen du
11 juin 1863 (J.M.p.6.283). — Mais la Cour de cassation a jugé
plus exactement, par arrêt du 26 avr. 1867 (*Id*.10.289), que la
dénonciation faite au procureur impérial et signée par son auteur,
peut servir de base à une poursuite en dénonciation calomnieuse,
bien qu'elle n'énonce pas que le magistrat ait été *requis* de la recevoir, cette expression n'étant pas sacramentelle.

8. La spontanéité est un des caractères essentiels de la dénonciation calomnieuse : Cass., 9 déc. 1819 (S.-V.6.1.142); 29 juin
1838 (S.-V.39.1.694); 31 janv. 1859 (S.-V.60.1.747); — Mangin,
Instr. écr., t. 1, n. 70; Hélie et Chauveau, *Théor. Cod. pén.*, t. 4,
p. 551 (2e éd.); Chassan, *Délits de la parole, de l'écrit. et de la
presse*, t. 1, n. 642, et Dalloz, *Rép.*, v^o *Dénonciation calomnieuse*,
n. 16. V. encore Metz, 22 août 1818; Paris, 16 nov. 1825 (Dall.,
ibid., n. 17 et 18), et Guadeloupe, 15 déc. 1829 (D.p.32.1.281).
Mais ce principe doit être sainement entendu, et la dénonciation
ne saurait être considérée comme manquant de spontanéité, par

cela seul qu'elle se serait produite dans des circonstances où celui de qui elle émane était obligé de donner un avis ou des renseignements à l'autorité, car il n'y a ici obligation que de signaler les faits que l'on croit être vrais ; et si, au lieu de remplir ce devoir, on dénonce méchamment des faits faux, c'est là, à notre sens, une dénonciation complétement spontanée et tombant, dès lors, sous l'application de l'art. 373, C. pén. — C'est ainsi qu'on décide que les fonctionnaires publics auxquels la loi (C. instr. crim., 18, 20 et 29) impose l'obligation de dénoncer au ministère public les crimes ou délits dont ils ont connaissance, sont passibles de poursuites correctionnelles, dans le cas où la dénonciation est reconnue calomnieuse : Cass., 10 oct. 1816 (S.-V.5.1.240) ; 12 mai et 22 déc. 1827 (S.-V.8.1.597 et 728) ; — Mangin, *loc. cit.*, n. 69 ; Rauter, *Dr. crim.*, t. 2, n, 687 ; Chassan, *loc. cit.*, n. 156 ; F. Hélie. t. 4, n. 1754 ; Trébutien, *Cours de dr. crim.*, t. 2, p. 208 ; Duverger, *Man. des jug. d'instr.*, t. 2, p. 9 et 18 (3ᵉ *éd.*) ; Dalloz, vⁱˢ *Instr. crim.*, n. 548, et *Dénonc. calomn.*, n. 40. C'est ainsi encore que la Cour de cassation a jugé que le fait de la part d'un individu traduit devant un tribunal répressif d'avoir, à la suite d'interpellations à lui adressées par le ministère public et par la partie civile, dirigé contre celle-ci, dans un écrit remis au tribunal, des imputations diffamatoires, constitue une dénonciation calomnieuse, sans qu'on soit fondé à prétendre que cette dénonciation manque du caractère de spontanéité : Cass., 29 juin 1838 (S.-V.39.1.694).

9. La même Cour nous paraît donc avoir méconnu les vrais principes, dans son arrêt ci-dessus mentionné du 9 déc. 1819, en refusant de voir le caractère de spontanéité, nécessaire pour constituer le délit de dénonciation calomnieuse, dans la dénonciation faite à un maire par une personne qui s'est présentée devant lui sur son invitation ; et ce reproche s'adresse également à MM. Hélie et Chauveau et Dalloz, qui enseignent une doctrine conforme. L'invitation de donner des explications à l'autorité n'enlève point, selon nous, le caractère de spontanéité à une dénonciation calomnieuse que celui de qui elle émane n'avait évidemment nul besoin de faire pour répondre à cette invitation. Pour que le caractère de spontanéité manque à la dénonciation, il faut, ce nous semble, que cette dénonciation ait été directement provoquée.

10. Le défaut de spontanéité résulterait, d'après un arrêt de la Cour de Caen du 11 juin 1863 (J.M.p.6.283), de ce que c'est seulement après avoir vaqué à d'autres affaires que l'officier de police à qui elle avait été portée a rédigé le procès-verbal dans lequel il l'a consignée, et de ce que ce procès-verbal n'a été signé par l'auteur de la dénonciation qu'après diverses constatations faites par l'officier de police pour parvenir à la découverte de la vérité. — Mais l'exactitude de cette solution nous paraît douteuse.

11. Il est dans tous les cas incontestable qu'une dénonciation ne perd point le caractère de spontanéité, par cela seul qu'elle serait contenue dans une réponse à une demande de renseignements émanée de l'autorité, alors que cette demande de renseignements a été motivée par une première lettre, dans laquelle avait été commencée la dénonciation : Cass., 30 mai 1862 (J.M.p. 5.279).

12. La circonstance que l'auteur de la dénonciation a été déjà entendu comme témoin au cours d'une information commencée à la suite d'une première plainte identique portée par un autre dénonciateur, n'ôte point non plus à la dénonciation son caractère de spontanéité : Cass., 26 avr. 1867 (J.M.p.10.289).

13. Au contraire, on ne peut considérer comme dénonciation calomnieuse, en ce qu'elle manque de spontanéité, la déclaration mensongère d'un délit imputé à un tiers, faite devant le juge d'instruction, sur l'interpellation de ce magistrat, alors surtout que cette déclaration se borne à exprimer de vagues soupçons : Bordeaux, 11 fév. 1863 (J.M.p.6.142).

14. La dénonciation ne cesse pas de tomber sous l'application de l'art. 373, C. pén., bien qu'elle ait été faite au moment où une information ouverte sur une première plainte semblable portée par un autre dénonciateur allait être terminée, la loi n'exigeant point que la dénonciation n'ait pour objet qu'un fait inconnu jusque-là : Cass., 26 av. 1867, *suprà*, n. 12.

15. Bien que les sous-officiers de gendarmerie ne soient pas des officiers de police judiciaire, la dénonciation calomnieuse qui leur est remise ne rentre pas moins dans les prévisions de l'art. 373, C. pén., alors qu'elle a été reçue par eux en qualité d'intermédiaires du procureur impérial, et doit, dès lors, être considérée comme faite à ce magistrat lui-même : Cass., 24 déc. 1859 (et non 1858) (J.M.p.3.223). — Mais il faut remarquer que c'est seulement vis-à-vis des individus non militaires que les sous-officiers de gendarmerie n'ont pas qualité pour recevoir directement les dénonciations. En ce qui concerne la police judi-

ciaire militaire, les sous-officiers sont aujourd'hui assimilés aux
officiers eux-mêmes, et les uns et les autres doivent se conformer, dans l'exercice de leurs fonctions d'officiers de police judiciaire militaire, aux dispositions des art. 86 et s., C. just. milit.,
dispositions d'après lesquelles notamment les officiers de police
judiciaire reçoivent en cette qualité les dénonciations et les
plaintes qui leur sont adressées. V. C. just. mil., 84; Décis.
impér., 24 avr. 1858, art. 268 *bis*. Or, l'art. 373, C. pén., par les
expressions générales d'officiers de justice ou de police administrative ou judiciaire qu'il emploie, désigne les officiers de la justice ou police judiciaire militaire aussi bien que les officiers de
la justice ou police judiciaire civile, ainsi que l'a jugé un arrêt
de la Cour de cassation du 21 avril 1820 (Dalloz, *Répert.*, v° *Dénonc. calomn.*, n. 67).

16. Pour que la dénonciation calomnieuse tombe sous l'application de l'art. 373, C. pén., il n'est pas nécessaire que les faits
dénoncés aient le caractère de crime ou de délit; il suffit qu'il y ait
possibilité de faire de la dénonciation un instrument de persécu-
tion ou de poursuites criminelles contre un innocent : Cass..
12 mai 1827 (S.-V.8.1.597) et 3 juill. 1829 (t. 9.1.923); Bourges,
13 nov. 1845 (J.P.45.2.602); Colmar, 3 fév. 1863 (J.M.p.6.144);
— Hélie et Chauveau, t. 4, n. 1671; Dalloz, *loc. cit.*, n. 22. —
V. aussi *infrà*, n. 47.

17. La dénonciation ne peut être réputée calomnieuse qu'autant qu'elle a été faite de mauvaise foi : Rennes, 15 janv. 1868
(J.M.p.12.212).—Évidemment, pour la dénonciation calomnieuse
comme pour tout autre délit, l'intention de nuire est un élément
capital.

18. Mais le prévenu acquitté d'un tel délit, à raison de sa
bonne foi, pourrait-il néanmoins être condamné aux frais de la
poursuite, si les faits qui ont servi de base à cette poursuite ont
le caractère d'une faute ou d'une imprudence? Un arrêt de la
Cour de Pau du 9 janv. 1858 (J.M.p.2.88) a consacré l'affirmative; mais cette solution est, selon nous, fort contestable. Il ne
faut pas perdre de vue, en effet, que les juges de répression n'ont
de compétence que comme juges du délit qui leur est soumis, et
que, ce délit une fois écarté, leurs attributions cessent; d'où il
suit qu'ils ne peuvent prononcer une condamnation aux frais
contre le prévenu acquitté, sans empiéter sur le domaine de la
juridiction civile (Conf. Dalloz, *Rép.*, v° *Frais et Dépens*, n. 975),
et la jurisprudence décide, en effet, d'une manière absolue, que

le jugement qui acquitte un prévenu ne peut le condamner aux frais, sous quelque prétexte que ce soit. V. les arrêts cités *eod.*, n. 976. Compar. néanmoins Caen, 8 mai 1845 (D.p.45.4.74 et 289). — Au surplus, V. *Frais.*

19. Une dénonciation ne cesse pas d'être calomnieuse, par cela seul que certains des faits qu'elle contient sont exacts, alors que ces faits, d'ailleurs sans gravité et connus pour tels par le dénonciateur, ont été dénaturés et ont servi de prétexte à des imputations de nature à leur donner méchamment un caractère contraire à la vérité, dans le dessein de nuire : Pau, 3 déc. 1864 (J. M.p.8.313).

20. Le droit accordé au prévenu par l'art. 191, C. instr. crim., de demander, en cas de relaxe, des dommages-intérêts contre celui qui l'a cité en police correctionnelle, n'est pas exclusif de la faculté, pour le prévenu relaxé, de porter une plainte en dénonciation calomnieuse contre l'auteur de la citation, et de le faire condamner pour ce délit : Cass., 12 nov. 1813 (S.-V.4.1.464) ; Paris, 20 nov. 1868 (J.M.p.12.133).— Et à plus forte raison, une telle plainte est-elle recevable, si elle précède le jugement de relaxe.

21. Le délit de dénonciation calomnieuse peut et doit être poursuivi d'office par le ministère public, aucune disposition légale n'exigeant, pour la mise en mouvement de l'action publique en cette matière, une plainte préalable : Cass., 3 juin 1813 (S.-V. 4.1.364) ; Paris, 4 fév. 1842 (Dalloz, *Répert.*, v° *Dénonciat. calomn.*, n. 116) ; Pau, 3 déc. 1864 (J.M.p.8.313) ; — Dalloz, *loc. cit.*

22. La poursuite du délit de dénonciation calomnieuse n'est pas subordonnée à la représentation de l'écrit à l'aide duquel le délit a été commis : à cet égard, l'action soit du ministère public, soit de la partie civile, n'est soumise qu'aux règles du droit commun quant à la preuve des délits. L'existence de la dénonciation calomnieuse peut donc être établie notamment au moyen de la preuve testimoniale.—Et les juges, en ordonnant cette preuve, ne sont pas tenus, lorsque aucune contestation n'est élevée par le prévenu sur la forme de la dénonciation qui lui est imputée, de spécifier les conditions caractéristiques de la dénonciation calomnieuse : Cass., 4 mai 1860 (J.M.p.3.221). — Cette décision, dans le sens de laquelle on peut invoquer les motifs d'un arrêt de la Cour de Dijon du 8 nov. 1854 (S.-V.55.2.184), nous semble parfaitement fondée. La preuve littérale ne constitue un mode nécessaire de la constatation des délits que dans quelques cas exceptionnels déterminés par la loi (V. *Preuve des délits*), et comme au nombre de ces cas ne se trouve point celui de la dénonciation calomnieuse, ce délit peut évidemment être prouvé par témoins aussi bien que par écrit.

23. Cependant un arrêt de la Cour de Rennes du 24 nov. 1851 (D.P.54.5.239) a jugé, au contraire, que la production de la dénonciation prétendue calomnieuse ne peut être suppléée par la preuve orale de l'existence de cette dénonciation, parce que ce sont les termes mêmes de l'écrit et non des dispositions exprimant des souvenirs fugitifs sur son contenu, qui peuvent mettre le juge à même de se former une conviction éclairée relativement à la vérité ou à la fausseté des faits, et surtout relativement à l'intention de celui qui les aurait signalés à l'autorité dans cet écrit.

24. L'arrêt de la Cour de Dijon, du 8 nov. 1854, mentionné ci-dessus, n. 22, a refusé aussi d'admettre la preuve par témoins de la dénonciation calomnieuse, mais à raison de ce qu'on prétendait la faire résulter d'une lettre écrite au procureur impérial, et que ce magistrat, qui ne la considérait pas comme une dénonciation, ne croyait pas devoir communiquer.

25. En principe, l'action en dénonciation calomnieuse ne peut être exercée, tant que la fausseté des faits dénoncés n'a pas été déclarée par l'autorité compétente. V. notamment Cass., 17 avr. 1846 (D.P.46.4.411); Orléans, 28 juin 1853 (D.P.54.2.28). — Toutefois, les juges correctionnels saisis de la poursuite peuvent y statuer, sans surseoir jusqu'après cette déclaration de la fausseté des faits dénoncés, lorsque le prévenu reconnaît lui-même cette fausseté, ou rétracte les imputations renfermées dans sa dénonciation : Cass., 21 mai 1841 (S.-V.41.1.889); 15 avr. 1865 (J.M.p.8.147); Pau, 3 déc. 1864 (*Id*.8.313); Colmar, 11 fév. 1868 (*Id*.11.108); — Dalloz, v° *Dénonc. calomn.*, n. 73; F. Hélie, *Théor. Cod. pén.*, t. 4, n. 1675.

26. Mais, cet effet de l'aveu ou de la rétractation du prévenu de dénonciation calomnieuse ne se produit qu'à l'égard du prévenu lui-même, et non vis-à-vis des complices qu'il peut avoir, surtout si ces derniers repoussent l'aveu ou la rétractation comme intéressé et de mauvaise foi : Cass., 13 sept. 1860 (J.M.p.4.11).

27. Au cas où la dénonciation portée contre un fonctionnaire public comprend divers faits qui constitueraient, les uns des délits dont la fausseté ne pourrait être reconnue que par l'autorité judiciaire, et les autres de simples manquements professionnels, que l'administration de laquelle dépend ce fonctionnaire a qualité pour apprécier, le ministère public n'est pas tenu d'attendre, pour exercer sa poursuite en dénonciation calomnieuse, que tous ces faits aient été vérifiés par les autorités respectivement compétentes; il peut se borner à poursuivre à raison d'un seul de ces faits dont il a provoqué et obtenu la déclaration de fausseté : Aix, 23 juin 1866 (J.M.p.10.60).—*Contrà*, Orléans, 28 juin 1853 (D.p. 54.2.28).

28. La fausseté des faits dénoncés à laquelle est subordonnée la poursuite en dénonciation calomnieuse n'a pas besoin d'être déclarée en termes exprès par l'autorité chargée de l'apprécier; elle résulte suffisamment de tout acte émané de cette autorité qui l'implique : Cass., 6 juin 1867 (J.M.p.11.44). — Ce principe a reçu des applications nombreuses qui seront indiquées ci-après.

29. Le refus du procureur impérial de donner suite à une dénonciation portée devant lui contre un simple particulier, a-t-il le caractère d'une décision sur la fausseté des faits dénoncés, suffisante pour autoriser l'action en dénonciation calomnieuse? — L'affirmative a été admise par un arrêt de la Cour de Bordeaux du 22 avr. 1857 (J.M.p.1.3). — V. aussi MM. Dalloz, v° *Dénonc. calomn.*, n. 91 et 94, d'après lesquels, ce refus du ministère public ne constituant pas une décision aussi irréfragable que le serait celle de l'autorité compétente pour vérifier les faits dénoncés, le juge saisi de l'action en dénonciation calomnieuse devrait avoir, en pareil cas, une plus grande latitude pour apprécier la bonne ou la mauvaise foi du dénonciateur.

30. On peut dire, en faveur de cette doctrine, que dénier au dénoncé le droit de s'armer du refus du procureur impérial de donner suite à la plainte pour y puiser la preuve de la fausseté des faits articulés contre lui, ce serait le réduire à l'impossibilité de demander la réparation de la calomnie dont il a été l'objet, et le placer dans cette situation cruelle et bizarre, que l'impunité du dénonciateur serait d'autant plus assurée, que la dénonciation paraîtrait au ministère public plus dénuée de fondement; — Que faire un devoir aux juges saisis de l'action en dénonciation calomnieuse de renvoyer à prononcer sur le mérite de cette action jusqu'à ce qu'il soit intervenu un jugement sur la vérité ou la fausseté des faits dénoncés, c'est fermer complétement la porte des tribunaux à celui qui se plaint d'avoir été calomnié, puisque le ministère public, qui seul aurait pu faire statuer sur la dénonciation, a refusé d'en soumettre l'appréciation à la justice.

31. Néanmoins, l'opinion contraire a prévalu. V. Douai, 15 oct. 1832 (D.p.33.2.16) et 5 janv. 1864 (J.M.p.7.120); Caen, 11 juin 1863 (*Id.*6.283); Colmar, 11 fév. 1868 (*Id.*11.108). — Elle se fonde sur les motifs suivants : le refus du procureur impérial de donner suite à une plainte ne peut, dans le silence de la loi, avoir, en matière de dénonciation calomnieuse, le caractère de décision judiciaire qu'il n'a point dans les autres cas. Il est inadmissible que devant ce refus sans contrôle possible et sans recours, prévenu et juges soient tenus de s'incliner. Si le sursis jusqu'après déclaration par la justice de la fausseté des faits dénoncés, offre en pareil cas des inconvénients, c'est au législateur et non aux tribunaux à y pourvoir. En fait, d'ailleurs, il est peu probable qu'en présence d'un sursis aux fins d'instruction ordonné par un tribunal, le procureur impérial se refuse à saisir le magistrat chargé, en matière de délits communs, de statuer sur la vérité ou la fausseté des faits, c'est-à-dire le juge d'instruction : ce serait presque un déni de justice qui trouverait son contre-poids dans les pouvoirs conférés au procureur général par l'art. 274, C. instr. crim., et aux Cours impériales par les art. 9 du même Code et 11 de la loi du 20 avr. 1810.

32. Il a été jugé aussi qu'une décision du procureur général, déclarant faux les faits contenus dans une dénonciation portée contre un notaire, ne suffit pas pour autoriser le juge saisi d'une action en dénonciation calomnieuse, relativement à ces mêmes faits, à y statuer; mais la décision préalable sur la vérité ou la fausseté des faits dénoncés doit émaner de la chambre de discipline des notaires ou du tribunal civil, suivant que ces faits sont relatifs à la discipline intérieure ou peuvent entraîner les peines de la suspension ou de la destitution : Cass., 13 sept. 1860 (J.M. p.4.10). — V. également Cass., 18 déc. 1846 (S.-V.47.1.151). — *Contrà*, Pau, 23 juin 1865 (J.M.p.10.60).

33. Lorsque les faits sur lesquels porte la dénonciation dirigée contre un notaire ou autre officier public ou ministériel, concernent uniquement la discipline intérieure, nous admettons parfaitement que, comme le jugent les arrêts de la Cour de cassation mentionnés ci-dessus, la décision sur la vérité ou la fausseté de ces faits doit émaner de la chambre de discipline à la juridiction de laquelle ils appartiennent; la seule déclaration du procureur général que les faits dénoncés sont faux ne saurait suffire ici pour autoriser l'exercice de l'action en dénonciation calomnieuse. Mais quand il s'agit de faits de nature à motiver une poursuite disciplinaire devant les tribunaux, on peut objecter que subordonner alors l'exercice de l'action en dénonciation calomnieuse à une décision rendue sur la vérité ou la fausseté des faits par le tribunal civil jugeant disciplinairement, ce serait consacrer un véritable déni de justice au préjudice de l'officier ministériel dénoncé, puisque, dans ce cas, la juridiction disciplinaire ne pouvant, à la différence de ce qui a lieu dans la première hypothèse, être saisie que par le ministère public, ce serait à celui-ci à provoquer la décision préalable dont il s'agit, et qu'en présence de la décision du procureur général, on ne saurait espérer que le ministère public soumette les faits dénoncés à l'appréciation de la juridiction disciplinaire. Toutefois, les motifs qui font regarder le refus du ministère public de donner suite à la plainte portée contre un simple particulier comme insuffisante pour autoriser l'action en dénonciation calomnieuse (V. *suprà*, n. 31) paraissent pouvoir être invoqués ici avec la même force. — V. au surplus Chassan, *Délits de la parole, de l'écriture et de la presse*, t. 1, n. 638 et 639; de Grattier, *Comment. des lois de la presse*, t. 1, p. 493; Berriat Saint-Prix, *Procéd. des trib. crim.*, 2e part., t. 2, n. 878.

34. Mais la jurisprudence reconnaît que le refus du procureur général de donner suite à une dénonciation portée contre un magistrat et qu'il déclare dénuée de fondement, constitue une décision sur la fausseté des faits dénoncés suffisante pour autoriser l'action en dénonciation calomnieuse, et mettant obstacle à ce que le tribunal saisi de cette action accorde un sursis au dénonciateur pour faire statuer sur la vérité ou sur la fausseté de ces mêmes faits : Cass., 11 nov. 1843 (S.-V.43.1.640); Limoges, 25 mars 1843 (S.-V.44.2.178); Bordeaux, 22 avr. 1857 (J.M.p.1.3); Grenoble, 15 avr. 1864 (*Id.*7.120); Pau, 23 juin 1865 (*Id.*10.60). — Cette solution se justifie par l'autorité que l'appréciation du procureur général puise à l'égard des magistrats dans le rôle que lui assigne l'art. 479, C. instr. crim. — L'identité de raison devrait la faire étendre aux dénonciations portées contre les officiers de police judiciaire, vis-à-vis desquels le même droit d'initiative personnelle lui est conféré par l'art. 483.

35. Dans tous les cas, l'opinion du procureur général ne peut avoir le caractère et l'effet d'une décision sur la fausseté des faits dénoncés, qu'autant qu'elle est constatée par une déclaration écrite émanée directement de ce magistrat. La preuve de cette fausseté ne saurait résulter, par exemple, ni des poursuites correctionnelles dirigées par le procureur impérial contre l'auteur de la dénonciation, ni des conclusions qui auraient été prises en appel par l'un des substituts du procureur général à fin d'infirmation du jugement de première instance qui avait ordonné un sursis jusqu'à ce que la fausseté des faits dénoncés eût été déclarée : Cass., 16 déc. 1853 (D.p.53.5.153).

56. Il est bien établi en jurisprudence et en doctrine que la fausseté des faits dénoncés est suffisamment constatée, et que le dénonciateur peut en conséquence être poursuivi pour dénonciation calomnieuse, lorsqu'une ordonnance du juge d'instruction (autrefois de la chambre du conseil) ou un arrêt de la chambre d'accusation, a déclaré qu'il n'y a lieu à suivre sur ces faits. V. Cass., 12 fév. 1819 (S.-V.6.1.27)); 8 août 1835 (S.-V.35.1.921); 4 nov. 1843 (S.-V.44.1.255); 8 juin 1844 (S.-V.45.1.96); 25 avr. 1862 (J.M.p.5.279); 24 nov. 1864 (*Id*.10.60); Douai, 27 mai 1861 (*Id*.4.211); — Mangin, *Act. publ.*, n. 230; Hélie et Chauveau, t. 4, n. 1672); Le Sellyer, *Dr. crim.*, t. 4, n. 1567; Dalloz, *Répert.*, v° *Dénonciation calomnieuse*, n. 79 et suiv.; Berriat Saint-Prix, t. 2, n. 879. — Peu importe, du reste, que depuis l'ordonnance ou l'arrêt de non-lieu il soit survenu des charges nouvelles, à moins que le juge d'instruction ou le ministère public, à qui auraient été dénoncées ces nouvelles charges, n'aient repris les poursuites. V. en ce sens, Cass., 2 août 1822 et 18 avr. 1823 (S.-V.7.1.120 et 229); — Mangin, Hélie et Chauveau, Le Sellyer, *ut suprà*, et Dalloz, n. 86 et 87.

57. Un arrêt de la Cour de Rennes du 15 janv. 1868 (J.M.p. 12.212) a, il est vrai, décidé en sens contraire que l'ordonnance du juge d'instruction qui déclare n'y avoir lieu à suivre contre un inculpé, par le motif *que la prévention n'est pas suffisamment justifiée*, et sans s'expliquer autrement sur la sincérité ou la fausseté de la plainte qui a donné lieu à cette prévention, ne peut servir de base légale à une poursuite en dénonciation calomnieuse. Mais cette décision isolée ne saurait être suivie. La Cour de Rennes trouve qu'une ordonnance de non-lieu n'implique pas la fausseté des faits qui ont été l'objet de la dénonciation, lorsqu'elle se borne (suivant une pratique générale) à déclarer que la prévention relative à ces faits *n'est pas suffisamment justifiée*. La Cour de cassation s'est chargée de répondre (arrêt du 25 avr. 1862, précité) que « cette décision... suffit pour établir la fausseté de la dénonciation, puisqu'il résulte de l'instruction qu'elle avait provoquée, qu'elle n'a pu même servir de base à une prévention ».

38. Il est constant que, lorsque la dénonciation est portée contre des fonctionnaires de l'ordre judiciaire, le ministre de la justice, à qui ressortissent ces fonctionnaires, est compétent pour déclarer la fausseté des faits dénoncés, et qu'après cette déclaration les tribunaux saisis de la plainte en dénonciation calomnieuse n'ont plus qu'à apprécier la moralité de la dénonciation, et à décider si elle a été faite de mauvaise foi et dans une intention coupable. V. Cass., 12 mai et 22 déc. 1827 (S.-V.8.1.597 et 728); 20 nov. 1851 (S.-V.52.1.147); 20 mars 1852 (D.P.52.5.199); — Mangin, *Act. publ.*, t. 1, n. 228; Dalloz, n. 103.

39. Jugé spécialement que la déclaration du ministre de la justice, à qui ont été adressées des dénonciations contre des officiers de police judiciaire (un procureur impérial et un officier de gendarmerie), que ces fonctionnaires ont été faussement dénoncés, constitue une décision sur la fausseté des faits, suffisante pour autoriser la poursuite en dénonciation calomnieuse : Bordeaux, 30 mai 1861 (J.M.p.4.232).

40. ... Et qu'il en est de même du renvoi, après information, fait par le ministre de la justice au procureur général, avec ordre de poursuivre, pour dénonciation calomnieuse, l'auteur d'une dénonciation portée contre un officier ministériel (un huissier) : Cass., 23 janv. 1858 (J.M.p.4.232).

41. Décidé encore que la déclaration, dans une lettre signée du secrétaire général du ministère de la justice et adressée à un procureur général, que la plainte portée contre un magistrat (un juge de paix) est dénuée de tout fondement, constitue une décision sur la fausseté des faits dénoncés suffisante pour autoriser la poursuite en dénonciation calomnieuse, alors que la signature du secrétaire général du ministère de la justice est précédée de la formule suivante : « *le garde des sceaux ministre de la justice; par autorisation, le secrétaire général* » : Cass., 7 août 1862 (J.M.p. 6.38).

42. En matière de dénonciation calomnieuse contre des fonctionnaires administratifs à raison de leurs fonctions, l'autorité administrative est exclusivement compétente pour déclarer la fausseté des faits dénoncés : Cass., 20 nov. 1851 ((S.-V.52.2.147); 26 mars 1852 (D.P.55.2.198); — et la preuve à faire devant le tribunal correctionnel saisi de la poursuite ne peut porter que sur la question d'intention : Cass., 26 oct. 1816 (S.-V.5.1.243); 2 mai 1834 (D.P.34.1.435) : Pau, 9 janv. 1858, précité ; Trib. corr. de

Vassy, 12 janv. 1859 (J.M.p.2.91, obs. 3 *in fine*) ; — Dalloz, n. 110 et 111.

43. Jugé spécialement que la décision sur la vérité ou la fausseté des fait imputés, dans une dénonciation, à un maire relativement à l'exercice de ses fonctions administratives, doit émaner du préfet, et qu'il ne saurait y être suppléé, ni par une lettre du sous-préfet,... ni par une ordonnance du juge d'instruction saisissant le tribunal correctionnel du délit de dénonciation calomnieuse : Nîmes, 12 nov. 1862 (J.M.p.7.120).

44. ... Qu'il y a constatation des faits imputés à un maire, suffisante pour autoriser la poursuite en dénonciation calomnieuse, dans une dépêche du préfet, portant que ces faits sont calomnieux, alors même que cette décision du préfet se trouve frappée d'un recours au Conseil d'État, une telle voie de recours, à la supposer recevable en cette matière, ne produisant pas un effet suspensif : Montpellier, 14 août 1865 (J.M.p.10.60).

45. ... Qu'on doit voir aussi une décision suffisante sur la fausseté des faits imputés à un maire dans une lettre du préfet, faisant connaître au sous-préfet qu'il suspend le dénonciateur de ses fonctions d'adjoint à raison du caractère calomnieux de la dénonciation, et surtout dans une dépêche du ministre de l'intérieur approuvant la suspension de l'adjoint et déclarant que la dénonciation est sans fondement et qu'il n'y a pas lieu d'y donner suite : Colmar, 3 fév. 1863 (J.M.p.6.144).

46. ... Que l'autorisation donnée par le ministre de l'intérieur à un préfet de déférer à l'autorité judiciaire l'auteur d'une dénonciation portée contre un maire et un juge de paix à raison de faits administratifs dont le préfet a reconnu la fausseté, implique une décision sur cette fausseté suffisante pour servir de base à une poursuite en dénonciation calomnieuse : Cass., 6 juin 1867 (J.M.p. 11.44). — V. encore Cass., 26 mai 1832 (S.-V.33.1.68) et 11 déc. 1847 (S.-V.48.1.526) ; — Hélie et Chauveau, n. 1676 et 1677 ; Dalloz, n. 99 et 103.

47. Le préfet est compétent pour rendre sur les faits dénoncés contre un inspecteur primaire une décision autorisant la poursuite en dénonciation calomnieuse, lorsque ces faits, n'ayant pas un caractère délictueux, mais ne constituant que des abus commis par l'inspecteur primaire dans l'exercice de ses fonctions, ne rentrent pas dans les attributions de l'autorité judiciaire, et que celle-ci n'en a pas d'ailleurs été saisie : Cass., 15 juill. 1864 ; Rennes, 16 sept. 1864 (J.M.p.7.178 et 273).

48. L'arrêt précité de la cour de Rennes décide en outre que les juges saisis de cette poursuite ne sauraient être tenus de surseoir à statuer au fond, sous le prétexte que la décision du préfet est sujette à infirmation de la part de l'autorité supérieure, tant qu'il n'est pas justifié d'un recours légalement exercé contre cette décision. Mais il faut aller plus loin et admettre, conformément à la solution mentionnée ci-dessus, n. 44, que l'existence du recours n'enlèverait point à la décision l'effet qui vient d'être indiqué.

49. Le décret du Conseil d'État qui refuse d'autoriser la poursuite d'un fonctionnaire de l'ordre administratif contre lequel une dénonciation a été portée à raison d'un crime ou délit qu'il aurait commis dans ses fonctions, ne met pas obstacle à l'exercice de l'action en dénonciation calomnieuse : Cass., 10 mars 1842 (S.V. 42.1.357); 8 nov. 1867 (J.M.p.11.3); — Hélie et Chauveau, t. 4, p. 562 et 563; Dalloz, n. 99 et 103.—Et cette action est recevable, en pareil cas, indépendamment de toute décision préalable sur la vérité ou la fausseté des faits dénoncés, sauf aux juges saisis à apprécier les moyens de défense qui seront opposés par le prévenu : Cass., 8 nov. 1867, précité.—Nul doute sérieux ne semble pouvoir s'élever sur l'exactitude de cette doctrine. L'attribution faite à l'administration du droit de statuer sur la vérité ou la fausseté de faits imputés à l'un de ses agents, n'étant qu'une dérogation au droit commun, d'après lequel le juge saisi d'un délit est compétent pour apprécier tous les éléments de ce délit, le retour à ce droit commun est parfaitement justifié lorsque l'administration empêche elle-même l'exercice du pouvoir exceptionnel qui lui a été reconnu. Il ne serait pas juste que, sous le prétexte de protéger le fonctionnaire dénoncé, la garantie constitutionnelle se retournât contre lui en le privant de la faculté de poursuivre son dénonciateur. Ce fonctionnaire n'aura-t-il pas d'ailleurs lui-même intérêt à mettre sous les yeux des juges correctionnels tous les documents propres à leur faciliter l'appréciation des faits imputés?

50. L'arrêt de la Cour de cassation du 8 nov. 1867, mentionné au numéro précédent et un arrêt de Dijon du 18 déc. 1867 (J.M.p.11.5) reconnaissent aux juges saisis de la poursuite en dénonciation calomnieuse le droit d'y statuer, malgré le refus du Conseil d'État d'autoriser la poursuite du fonctionnaire dénoncé, dans le cas où il est intervenu une ordonnance de non-lieu relativement aux faits imputés à celui-ci, et alors surtout que cette ordonnance, passée en force de chose jugée, est antérieure au décret du Conseil d'État. — Pour nous, nous ne voyons point quelle influence peut avoir ici l'ordonnance de non-lieu. Le décret du Conseil d'État refusant l'autorisation de poursuites ne peut certainement pas enlever au juge d'instruction le droit de déclarer qu'il n'y a charges contre qui que ce soit d'avoir commis le crime ou délit signalé dans la dénonciation, par l'appréciation des faits en eux-mêmes, indépendamment de toute relation avec le fonctionnaire dénoncé. Mais est-ce là la déclaration de fausseté des faits imputés à celui-ci, telle qu'elle est exigée en principe pour que l'action en dénonciation calomnieuse contre un fonctionnaire de l'ordre administratif puisse être exercée? On ne saurait sérieusement le soutenir. Pourquoi donc invoquer cette décision comme moyen de justifier la compétence du tribunal correctionnel pour statuer sur la poursuite en dénonciation calomnieuse?

DESTRUCTION DE TITRE. — 1. Le consentement, donné par celui au préjudice de qui un titre a été volontairement détruit, à l'anéantissement du récépissé formant dans ses mains la preuve de l'existence de ce titre, ne met pas obstacle à l'action du ministère public en répression du fait de destruction (C. pén., 439): Cass., 13 juin 1861 (J.M.p.4.254). — Ce point ne semble pas pouvoir faire difficulté. Du moment où l'action du ministère public en répression du délit de destruction de titre n'est point subordonnée par la loi à la plainte préalable de la partie lésée, et peut être exercée d'office, aucune renonciation, aucun consentement ultérieur de cette partie ne sauraient paralyser dans les mains du ministère public l'exercice de l'action dont il s'agit.

2. La preuve testimoniale du fait de destruction d'un titre qui aurait été volontairement remis au prévenu est-elle admissible, alors qu'il s'agit d'une valeur supérieure à 150 fr., bien qu'il n'existe ni preuve écrite ni commencement de preuve par écrit de cette remise du titre? La négative a été consacrée par un arrêt de la Cour de cassation du 23 sept. 1853 (S.-V.54.1.213), fondé sur ce que celui au préjudice de qui a été détruit un titre volontairement remis au prévenu, a pu se procurer une preuve écrite de cette remise. Mais si la destruction n'avait pas été précédée d'une remise volontaire du titre au prévenu, elle pourrait être prouvée par témoins, de quelque valeur qu'il s'agit, parce qu'alors la partie lésée n'aurait pu se procurer aucune preuve littérale. V. Cass.,

4 oct. 1816 (D.p.2.1348); 21 oct. 1824 (S.-V.7.1.544); 23 déc. 1825 (D.p.26.1.221); 2 avr. 1834 (S.-V.35.1.699), et anal., 30 janv. 1846 (S.-V.46.1.314). V. aussi Mangin, *Act. publ.*, t. 1, n. 173; Morin, *Dict. du Dr. crim.*, v° *Quest. préjud.*, p. 661; Dalloz, *Rép.*, v° *Dommages-Destruct.*, n. 203. — *Contrà*, Cass., 6 avr. 1817 (S.-V.5.1.304).

— V. *Preuve des délits.*

DÉTENTION PRÉVENTIVE. — 1. Les principes du Code d'instruction criminelle sur la détention préventive des inculpés ont été profondément modifiés, on le sait, par la loi du 14 juill. 1865. Nous avons présenté le commentaire de cette loi dans notre *Code de la Détention préventive*, auquel nous renvoyons le lecteur. — V. aussi une circulaire du ministre de la justice du 14 oct. 1865 (Rés. chr., p. 76), relative à l'exécution de la loi précitée.—Sous la législation nouvelle, la jurisprudence n'a eu à se prononcer en cette matière que sur des difficultés concernant la mise en liberté provisoire; c'est au mot *Liberté provisoire* que nous indiquerons et apprécierons ses décisions. Nous nous bornerons ici à rappeler les instructions ministérielles dont les modifications apportées aux conditions de la mise au secret ou interdiction de communiquer a été l'objet, et nous nous étendrons d'autant moins sur ce point qu'une seconde réforme de cette partie du Code d'instruction criminelle est projetée. — On pourra du reste consulter utilement une dissertation de M. Eyssautier insérée J.M.p.6.235.

2. Les ordonnances du juge d'instruction portant interdiction de communiquer (C. instr. crim., 613, § 3), doivent être transcrites à la colonne 2 du registre d'écrou dont l'intitulé est celui-ci : *Mouvement, Changement de position, Sortie.* En tête de l'inscription, on doit relater le jour et l'heure où elle est faite, et c'est à la même heure, après le délai fixé par l'ordonnance, que la mesure prescrite par le magistrat cesse de plein droit. La prolongation de cette mesure ne peut avoir lieu qu'en vertu d'une nouvelle ordonnance, pour la transcription de laquelle les mêmes formalités doivent être observées : Circ. min. int. 24 juill. 1866 (Rés. chr., p. 91).

3. Toutes les permissions délivrées par l'autorité administrative de visiter dans les prisons des prévenus ou des accusés doivent, pour être valables, porter le visa du juge d'instruction ou du président des assises. Mais il est bien entendu que le droit de délivrer ces permissions continue d'appartenir exclusivement à l'autorité administrative. Les préfets doivent se concerter avec les chefs de parquet afin de régler l'application de cette mesure de manière qu'elle ne puisse donner lieu à aucune difficulté ni devenir un obstacle pour les visiteurs qui n'auraient d'autre but que d'apporter des consolations aux détenus : Même circulaire.

4. Les procureurs généraux doivent veiller à ce que le droit de visa des magistrats soit maintenu avec fermeté, mais uniquement dans l'intérêt du service judiciaire et sans dégénérer en une entrave pour l'administration qui aura délivré le permis de visite. C'est au directeur ou gardien de la prison qu'il appartient de ne pas autoriser la visite sans visa. Une ordonnance formelle d'interdiction doit être rendue toutes les fois qu'on pourrait craindre un conflit d'attributions, et aucune observation officielle ne doit être formulée contre l'usage que les agents administratifs auraient fait de leur droit, puisque le remède à tout abus se trouve dans l'obligation imposée aux gardiens chefs. — Dans les rapports mensuels que les procureurs généraux adressent au garde des sceaux sur la marche des procédures criminelles (V. *États et envois périodiques*), ils doivent lui rendre compte de l'observation des prescriptions ci-dessus : Circ. min. just. 21 août 1866 (Rés. chr., p. 92).

DÉTENUS. — V. *Détention préventive*, *Emprisonnement*, *Évasion de détenus*.

DÉTOURNEMENT DE GAGE. — V. *Abus de confiance*, n. 3, et *Gage*.

DIFFAMATION.

SOMMAIRE ALPHABÉTIQUE.

Administration publique, 44, 45.
Affiche, 64, 55.
Agent de l'autorité publique, 41.
Appel, 20.
Articulation des faits, 55, 56.
Audience, 9 et s., 17 et s.
Autorité administrative, 51.
Bonne foi, 2, 3.
Citation, 55 et s.
Compétence, 51 et s.
Conflit, 51, 52.

Conseil municipal, 51 et s.
Date, 49.
Décès, 34 et s., 58.
Délit d'audience, 24, 43.
Dénonciation, 62.
Dépositaire de l'autorité publique, 41.
Diffamation verbale, 64.
Discours en justice, 47 et s.
Écrits produits en justice, 47 et s.
Enfant, 31 et s.
Enregistrement, 44.

458 DIFFAMATION.

§ 1er. — *Caractères de la diffamation.*

1. On ne saurait décider, comme l'a fait, en matière de calomnie, un arrêt de la Cour de Bruxelles du 21 nov. 1835 (J.P. chr.), que le simple soupçon émis sur l'existence d'un délit ne suffit pas pour justifier une poursuite. V. *Répert. du Palais.*, v° *Diffam.*, n. 47. — Il a donc été jugé à bon droit que le fait de la part d'un maître qui, à la réclamation des hardes laissées chez lui par une domestique qu'il a renvoyée, oppose un refus fondé sur l'allégation exprimée publiquement de vols commis à son préjudice par cette fille et de la communication faite par elle d'une maladie vénérienne à son fils, constitue le délit de diffamation : Aix, 27 juill. 1866 (J.M.p.10.180).

2. Mais il est hors de doute que l'intention coupable est un élément du délit de diffamation. Dès lors, le fait d'avoir tenu publiquement sur le compte d'une personne des propos de nature à porter atteinte à son honneur, n'est point punissable, si ces propos, au lieu d'avoir été tenus dans l'intention de nuire, l'ont été de bonne foi pour répondre à des demandes de renseignements : Aix, 27 juill. 1860, précité. — Conf., Dalloz, *Rép.*, v° *Presse-outrage*, n. 874 et s.

3. Il a été jugé dans le même sens que la simple manifestation de soupçon et la réclamation d'un objet cru volé n'ont pas le caractère de diffamation délictueuse, lorsqu'elles sont émises de bonne foi, sans intention de nuire et sans légèreté : Cass., 25 août 1864 (S.-V.66.1.36). — Mais V. aussi Cass., 8 nov. 1861 (S.-V.62.1.764).

4. Il résulte d'un arrêt de la Cour d'Amiens du 24 janv. 1862 (J.M.p.5.113) que les propos diffamatoires, tenus à l'audience, par exemple, cessent d'être punissables, s'ils ont été rétractés immédiatement ou même après les réquisitions du ministère public, mais à la première interpellation du président, et cette décision est conforme à la doctrine enseignée par la majorité des auteurs. V. de Grattier, *Législation de la presse*, t. 1, p. 193 ; Chassan, *Délits et contrav. de la parole, de l'écriture et de la presse*, t. 1, n. 533 ; Curasson, *Compét. des juges de paix*, t. 1, p. 627, n. 29 (2e édit.); Dalloz, vo *Presse-outr.*, n. 1315 ; Bories et Bonassies, *Dict. prat. de la presse*, t. 1, vo *Diffamation*, n. 55 ; Roussel, *Code annoté de la presse*, p. 105, n. 505.

5. Mais la Cour de cassation a jugé avec plus de raison, par arrêt du 4 janv. 1862 (J.M.p.5.113), que si, en pareil cas, les excuses faites et le regret exprimé par le prévenu, après les réquisitions du ministère public, peuvent être pris en considération comme circonstances atténuantes, ils ne sauraient faire disparaître le délit. — V. dans le même sens, Grellet-Dumazeau, *Diffamation*, t. 1, n. 244.

6. D'après l'arrêt de la Cour d'Aix du 27 juill. 1860 mentionné ci-dessus, n. 2, la publicité caractéristique du délit de diffamation résulte suffisamment, soit de la pluralité des personnes auxquelles les propos diffamatoires ont été successivement tenus, soit de la circonstance que ces propos ont été proférés à proximité d'un grand nombre d'individus qui pouvaient les entendre, par exemple, dans un vestibule sur lequel ouvre une classe d'enfants. Pour nous, nous ne saurions voir la publicité dans la pluralité des personnes qui l'une après l'autre ont entendu les propos incriminés. Il ne faut pas oublier, en effet, qu'il s'agit ici, non pas de la publicité quelconque dont se contente l'art. 6 de la loi du 25 mars 1822, relativement à l'outrage envers les fonctionnaires publics, mais de la publicité particulière que spécifie l'article 1er de la loi du 17 mai 1819 et qui est attachée aux lieux ou réunions dans lesquels les propos sont proférés (V. *infrà*, n. 11). Or, la pluralité des personnes ne saurait constituer une réunion publique, lorsque c'est à chacune de ces personnes isolément que les propos ont été tenus d'une manière successive.

7. Mais cette autre circonstance que les imputations diffamatoires ont été proférées dans un vestibule sur lequel ouvre une
classe d'enfants, peut être au contraire constitutive de la publicité exigée par la loi de 1819, cette classe étant une réunion publique, surtout si elle contient des élèves externes. V. en ce sens,
Cass., 9 nov. 1832 (S.-V.32.1.741) ; — Parant, *Lois de la presse*,
p. 68 et 70, n. 7 ; Chassan, t. 1, p. 49, note ; de Grattier, t. 1,
p. 45 et 372 ; Grellet-Dumazeau, t. 1, n. 173 ; Dalloz, *Rép.*, v°
Presse-outrage, n. 856-5°. — V. aussi Hélie et Chauveau, *Théor.
C. pén.*, t. 4, n. 1359.

8. La publicité de la diffamation ne résulte pas de l'envoi fait
à des tiers de lettres anonymes contenant chacune des imputations diffamatoires différentes : Alger, 11 sept. 1869 (J.M.p.12.
277). Dans ce cas, en effet, chacune des imputations n'est communiquée qu'à une seule personne, et il est constant que l'envoi
d'une lettre missive à une seule personne n'est point constitutive
de la publicité par distribution, dans le sens de l'art. 1ᵉʳ de la loi
du 17 mai 1819. — V. en ce sens, Chassan, t. 1, n. 77 ; Grellet-
Dumazeau, t. 1, n. 207, ainsi que les décisions suivantes, qui
ont résolu soit directement, soit indirectement la question :
Colmar, 4 déc. 1821 (S.-V.6.2.491) ; Cass., 10 mai 1827 (S.-V.9.
1.595), 23 nov. 1843 (S.-V.44.1.223) et 22 nov. 1865 (S.-V.66.1.
48) ; Trib. de Toulon, 14 janv. 1843 (*Gaz. des Trib.*, n. des 27 et
28 fév. suiv.) ; Bordeaux, 22 fév. 1866 (S.-V.66.2.279).

9. Il a été jugé que la diffamation résultant d'imputations dirigées à l'audience de la Cour d'assises par l'accusé contre un
témoin, a le caractère de publicité voulu par la loi, encore bien
que l'audience fût à huis clos, et que les propos diffamatoires
aient été seulement tenus en présence de la Cour, des jurés, des
témoins déjà entendus, des membres du barreau et des autres
personnes qui se trouvaient à ce moment dans la salle d'audience : C. d'ass. de l'Ardèche, 11 sept. 1861 (J.M.p.5.113).

10. Si l'on devait, comme le fait cet arrêt, se placer ici au
point de vue de la loi du 17 mai 1819, sa solution nous paraîtrait fort contestable. On ne saurait, en effet, considérer comme
un lieu public une salle d'audience dans laquelle le public ne
peut pas pénétrer, ni voir une réunion publique dans une assemblée composée exclusivement de quelques personnes privilégiées
travaillant, loin des regards du public, à l'œuvre de la justice.
V. du reste, comme analogie, l'interprétation donnée par divers
auteurs (Legraverend et son annotateur, Duvergier, t. 1, ch. 10,

sect. 1, § 1 ; Bourguignon, *Jurispr. des Cod. crim.*, t. 2, p. 450 ;
Carré, *Lois de l'organis.*, n. 274) à l'art. 504, C. instr. crim., qui
prévoit les troubles ou tumultes commis à l'audience ou en tout
autre lieu où se fait *publiquement* une instruction judiciaire.

11. Mais la publicité de la diffamation envers un témoin doit
être appréciée uniquement d'après les prescriptions de l'art. 6
de la loi de 1822, qui a modifié à cet égard la loi du 17 mai 1819,
en substituant aux délits de diffamation et d'injure qu'elle prévoit, le délit plus large d'outrage. V. en ce sens, Cass., 18 juill.
et 12 sept. 1828 (S.-V.9.1.169); Lyon, 15 juin 1834 (S.-V.35.2.
318); — Parant, p. 141 ; de Grattier, t. 1, p. 207, 218, et t. 2,
p. 50 et 51 ; Chassan, t. 1, n. 510 et 511 ; Dalloz, v° *Presse-outr.*,
n. 781. — V. toutefois, Cass., 17 juill. 1845 (S.-V.45.1.781);
Montpellier, 2 avril 1855 (D.p.55.5.350); — Grellet-Dumazeau,
t. 1, n. 509. Or, une différence bien tranchée existe entre les
deux dispositions en ce qui concerne la publicité. Tandis que la
première exige que la diffamation ait été commise *dans des lieux
ou réunions publics,* la seconde punit l'outrage par cela seul qu'il
a été fait *publiquement, d'une manière quelconque,* et il est généralement reconnu que ces derniers mots, *d'une manière quelconque,*
se réfèrent au mode de publicité de l'outrage aussi bien qu'à la
nature du fait; en sorte que la publicité voulue par l'art. 6 de la
loi de 1822 est une publicité non définie, que les juges apprécient
arbitrairement, suivant les circonstances de chaque espèce.— V.
du reste, sur ce point, ce qui est dit au mot *Outrage.*—En présence
d'un tel principe, il serait difficile de prétendre que l'outrage fait
à un témoin en présence de la Cour d'assises, des jurés, des témoins déjà entendus, de plusieurs membres du barreau et
d'autres personnes se trouvant dans la salle d'audience, n'a pas
eu lieu publiquement dans le sens de la disposition précitée, par
cela seul que l'audience était à huis clos; et dès lors, tout en
désapprouvant le point de départ de la solution que consacre à
cet égard la Cour d'assises de l'Ardèche, nous croyons que cette
solution est en elle-même inattaquable.

12. Les médecins inspecteurs des eaux thermales privées sont
des agents de l'autorité publique dans le sens de l'art. 16 de la
loi du 17 mai 1819; en conséquence, la diffamation envers ces
médecins, pour des faits relatifs à leurs fonctions, est passible
des peines prononcées par l'article précité : Cass., 19 mai 1860
(J.M.p.3.227). — Cette solution semble parfaitement justifiée par
la nature des fonctions des médecins inspecteurs des eaux ther-

males. Mais la qualité d'agents de l'autorité publique, dans le sens de l'art. 16 de la loi du 17 mai 1819, a été refusée aux médecins ou chirurgiens des hospices par un arrêt de la Cour d'Orléans du 16 août 1836 (S.-V.37.2.159), dans ses motifs, et par un arrêt de la Cour de Riom du 21 avr. 1841 (D.P.41.2.210). V. conf., de Grattier, t. 1, p. 207; Dalloz, v° *Presse-outrage*, n. 905.

13. Les notaires ne peuvent, quant aux diffamations commises envers eux à raison de leurs fonctions, être considérés ni comme des dépositaires ou agents de l'autorité publique, ni comme des fonctionnaires publics; ils doivent être réputés simples particuliers, et dès lors c'est sous l'application de l'art. 18 de la loi du 17 mai 1819 que tombent ces diffamations : Cass., 14 avr. 1831 (S.-V.31.1.150); 9 sept. 1836 (S.-V.36.1.868); 27 nov. 1840 (S.-V. 1.41.137); 17 août 1849 (S.-V.49.1.719); Riom, 13 nov. 1846 (D.P. 47.2.37); Bordeaux, 21 mars 1860 (S.-V.60.2.620); Colmar, 16 oct. 1866 (J.M.p.10.208). — Conf., Dalloz, v° *Presse-outrage*, n. 938. — V. aussi *Outrage*.

14. On s'est étonné qu'aucun des arrêts qui ont consacré cette solution n'ait visé l'art. 1er de la loi du 25 vent. an XI, qui qualifie les notaires de *fonctionnaires publics*. — Cela toutefois s'explique sans peine. Si la loi organique du notariat a pu dire, dans un certain sens, que les notaires sont des fonctionnaires publics, il n'en est pas moins certain que cette qualification ne leur appartient pas dans l'acceptation entière du mot et dans le sens des lois répressives des délits de diffamation et d'outrage. Le droit pour les notaires d'assurer le concours de la force publique à l'exécution de leurs actes, imprime bien à leurs fonctions quelque chose du caractère des attributions des fonctionnaires publics (V. sur ce point Dalloz, *Répert.*, v° *Notaire*, n. 228); mais ils ne peuvent être complétement assimilés à ces fonctionnaires, parce qu'ils n'exercent aucune portion de la puissance publique (Mêmes auteurs, v° *Fonctionnaire public*, n. 54).

15. Un arrêt de la Cour de cassation du 22 juin 1809 est cité comme ayant jugé qu'un notaire doit être réputé un *fonctionnaire public* dans l'exercice de ses fonctions, lorsqu'il donne aux parties intéressées lecture d'un testament mystique dont il est dépositaire (Dalloz, v° *Presse-outrage*, n. 687); mais il faut remarquer que cette décision est intervenue sous l'empire de la loi du 19 juill. 1791, qui n'établissait aucune distinction entre les officiers ministériels et les fonctionnaires publics. — Il est toutefois un auteur qui, tout en reconnaissant aux notaires la qualité d'officiers ministériels, au point de vue de la répression des outrages qui leur sont adressés, pense qu'on devrait leur accorder même celle de *dépositaires de l'autorité publique*, à raison du pouvoir qu'ils ont d'imprimer à leurs actes une force d'exécution égale à celle qui résulte d'un jugement (Grellet-Dumazeau, *loc. cit.*, n. 408). Mais cette opinion isolée ne saurait être admise; les notaires n'ont aucune autorité sur les citoyens, et la qualification de dépositaires ou agents de l'autorité publique leur a été refusée à bon droit par les arrêts de la Cour suprême et de Cours d'appel mentionnés plus haut.

16. Ajoutons que, par une raison de la même nature, on doit décider que la diffamation contre la chambre des notaires ne peut pas être considérée comme adressée à un corps constitué. V. en ce sens, Cass., 14 avr. 1831 (S.-V.31.1.150); 9 sept. 1836 (S.-V.36.1.868);—Chassan, t. 1, p. 487, note 4; Dalloz, v° *Presse-outrage*, n. 897.

§ 2. — *Conditions de l'action en diffamation.*

Art. 1er. — Réserve de l'action, relativement aux discours et écrits produits en justice.

17. On sait qu'aux termes de l'art. 23 de la loi du 17 mai 1819, l'action en diffamation n'est ouverte relativement à des imputations qui se sont produites au cours d'un procès, et qui portent sur des faits étrangers à la cause, qu'autant qu'elle a été réservée par les juges. — Cette réserve est-elle nécessaire pour l'action publique aussi bien que pour l'action civile? Non, sans doute; les termes mêmes de l'art. 23 de la loi du 17 mai 1819 l'indiquent clairement, et c'est certainement par erreur que l'art. 17 de la loi du 18 juill. 1828 assimile sous ce rapport l'action publique à l'action civile. « S'il était sage, dit fort bien M. Grellet-Dumazeau, n. 925, *in fine*, de prononcer la forclusion à l'égard des parties en cause, afin que des griefs particuliers, nés du procès, ne pussent pas survivre à ce procès en l'absence de réserves expresses, il eût été peu convenable d'apporter la même gêne à l'action publique, indépendante de sa nature et confiée à des magistrats accoutumés à n'en user que dans les circonstances graves, et alors seulement que l'ordre public est intéressé à une répression ». V. dans le même sens, de Grattier, t. 1, p. 258, et un arrêt de la Cour de cassation du 7 nov. 1834 (S.-V.35.1.239). — V. cependant en sens contraire, Toulouse,

10 avr. 1829 (S.-V.9.1.369); Metz, 27 nov. 1867, précité; — Mangin, *Act. publ.*, t. 1, n. 154, p. 329; Chassan, t. 1, n. 128; Rousset, n. 2432.

18. La chambre criminelle a jugé, par arrêt du 8 mars 1861 (J.M.p.4.144), qu'un mémoire produit devant une Cour d'appel peut être poursuivi par le ministère public comme diffamatoire envers le chef du parquet du tribunal qui a rendu le jugement frappé d'appel, sans qu'il soit nécessaire que la Cour ait réservé au procureur général cette action en diffamation; mais en se fondant sur ce que le chef du parquet de première instance doit, en pareil cas, être réputé un *tiers* dans le sens de l'art. 23 de la loi de 1819. V. nos observations sur cet arrêt.

19. D'un autre côté, il a été décidé très-justement que l'action du ministère public à raison des imputations diffamatoires contenues dans une plaidoirie prononcée devant un tribunal, est non recevable, si ces imputations n'ont pas été déclarées par le tribunal étrangères à la cause : Cass., 3 mars 1837 (S.-V.37.1.906). La chambre criminelle fait découler cette solution du principe que, l'action publique étant ici subordonnée à la plainte de la partie lésée (V. *infrà*, n. 28), les mêmes fins de non-recevoir qui empêchent celle-ci d'agir sont opposables au ministère public. Ce principe, exact en lui-même, ne doit être accepté cependant que sous le bénéfice de l'exception indiqué ci-dessus, n. 17.

20. La partie, contre laquelle un mémoire injurieux ou diffamatoire a été produit au cours d'un procès pendant devant un tribunal de commerce, n'est pas recevable à exercer contre l'auteur de ce mémoire une poursuite correctionnelle pour injures, encore bien que le tribunal de commerce ait rendu un jugement lui donnant acte de ses réserves d'exercer une telle poursuite, si ce jugement est frappé d'appel. En pareil cas, le tribunal correctionnel saisi prématurément de la poursuite dont il s'agit doit surseoir à y statuer jusqu'à l'arrêt à intervenir sur l'appel du jugement du tribunal de commerce : Rennes, 30 juin 1864 (J.M. p.7.198).

21. Décidé que les juges ne doivent pas donner acte à une partie, en vue d'une poursuite ultérieure en diffamation, des réserves qu'elle prétend faire à raison des imputations dirigées contre elle dans une poursuite criminelle par le ministère public relativement à des faits étrangers à la cause : Cass., 11 janv. 1851 (S.-V.52.1.546). — Cela est manifeste, le ministère public n'étant point personnellement *partie* dans les poursuites qu'il exerce, mais devant plutôt être considéré comme un *tiers*. V. *suprà*, n. 18.

22. Les imputations diffamatoires dirigées à l'audience d'un tribunal de répression par le prévenu contre un témoin, ne doivent pas être considérées comme étrangères à la cause, lorsqu'elles tendent à ébranler la foi due à la déposition de ce témoin ; en conséquence, de telles imputations ne donnent pas ouverture à l'action en diffamation : Metz, 27 nov. 1867 (J.M.p.12.272). — Cette décision est conforme à l'opinion générale qui, se fondant avec raison sur le droit reconnu par la loi au prévenu ou accusé de dire contre le témoin et contre sa déposition tout ce qui peut être utile à sa défense, considère comme échappant à l'application de la disposition finale de l'art. 23 de la loi du 17 mai 1819, les imputations diffamatoires dirigées contre un témoin par le prévenu ou accusé, lorsqu'elles sont justifiées par les nécessités de la défense de ce dernier. V. notamment, Chassan, t. 1, n. 136 ; Grellet-Dumazeau, t. 2, n. 931. V. aussi Cass., 1er juill. 1825 (S.-V.8.1.48).

23. Mais en ce qui concerne les imputations diffamatoires qui sortent de ces limites et sont dès lors étrangères à la cause, le témoin doit-il être rangé au nombre des *tiers*, à l'égard desquels l'action en répression est ouverte sans avoir besoin d'avoir été réservée par les juges ? L'affirmative a été consacrée par un arrêt de la Cour de Caen du 13 juin 1844 (S.-V.44.2.316), et est enseignée par MM. Parant, p. 102, n. 7, de Grattier, t. 1, p. 271, Grellet-Dumazeau, *loc. cit.*, et Rousset, *Cod. génér. des lois sur la presse*, n. 2442 *bis*. Mais la doctrine contraire, qui nous paraît plus juridique, résulte d'un arrêt de la Cour de cassation du 23 août 1838 (S.-V.38.1.991), ainsi que d'un arrêt de la Cour de Nîmes du 27 mai 1841 (J.P.41.2.136), d'un arrêt de la Cour de Nancy du 9 nov. 1857 (S.-V.58.2.239), et de l'arrêt de la Cour de Metz du 27 nov. 1867 mentionné au numéro précédent, et est professée par MM. Chassan, *loc. cit.*, et F. Hélie, *Instr. crim.*, t. 7, n. 3536. V. aussi *Outrage*.

24. Il faut observer du reste que, dans tous les cas, les imputations diffamatoires dirigées par le prévenu ou accusé contre un témoin, peuvent être réprimées séance tenante, comme délit d'audience, par les juges devant lesquels elles se produisent, si ces juges estiment qu'elles excèdent les bornes d'une légitime défense : C. d'ass. de l'Ardèche, 11 sept. 1861, et Amiens, 24 janv. 1862 (J.M.p.5.113). Ce n'est, en effet, que *ce qui peut être*

30

utile à la défense de l'accusé ou du prévenu, que l'art. 319, C. instr. crim., permet à celui-ci de dire, tant contre le témoin que contre sa déposition. Seulement, les juges doivent user avec une grande réserve de ce droit de répression, car, ainsi que le dit M. F. Hélie, « les excès de la défense doivent être appréciés avec quelque indulgence ». Et si la Cour ou le tribunal devant qui les propos diffamatoires ou outrageants pour un témoin auraient été tenus, ne les avait pas immédiatement réprimés, et n'avait pas non plus réservé l'action à laquelle ils peuvent donner lieu, aucune poursuite ultérieure ne serait recevable, parce que le juge à l'audience duquel les propos ont été prononcés est seul à même d'apprécier s'ils étaient ou non justifiés par l'intérêt de la défense. V. Cass., 23 août 1838 (S.-V.38. 1.991); Nîmes, 27 mai 1841 (J.P.41.2.136); — Chassan, t. 1, n. 136; F. Hélie, *loc. cit.* — *Contrà*, Caen, 13 juin 1844 (S.-V. 44.2.316). En pareil cas, il y aurait présomption, suivant l'arrêt précité de la Cour suprème, que l'accusé n'est pas sorti des bornes d'une défense légitime.

25. Mais on ne saurait aller jusqu'à revendiquer ici, d'une façon absolue, pour l'accusé ou pour le prévenu, l'immunité établie en faveur de la défense par l'art. 23 de la loi du 17 mai 1819, parce qu'il est manifeste que cet article, en disposant que les discours prononcés devant les tribunaux ne donneront lieu à *aucune action en diffamation ou injure*, a eu particulièrement en vue les propos injurieux ou diffamatoires tenus à l'audience par les parties les unes contre les autres ou contre les tiers, mais n'a nullement entendu déroger, en ce qui concerne les témoins, qui méritent une protection toute spéciale, à l'art. 319, C. instr. crim., d'après lequel le droit de l'accusé d'attaquer les témoins ou leurs dépositions est limité par les besoins de sa défense, et que, dans tous les cas, cet art. 23 doit s'effacer devant la disposition postérieure de l'art. 6 de la loi du 25 mars 1822, qui punit l'outrage fait publiquement à un témoin à raison de sa déposition, et s'applique, dès lors, aux propos diffamatoires tenus contre le témoin à l'audience même où il est interrogé. *Sic*, Cass., 6 nov. 1823 (S.-V. 7.1.331) et 23 août 1838, précité ; Nancy, 9 nov. 1857 (S.-V.58. 2.239); — de Grattier, t. 1, p. 246.

26. Les écrits, et notamment les mémoires, produits en dehors des tribunaux dans l'intérêt d'une publicité étrangère au débat, ne sont point protégés par l'immunité de l'art. 23 de la loi du 17 mai 1819, d'après lequel un écrit produit devant les tribunaux ne peut donner lieu à une action en diffamation, à moins qu'elle n'ait été réservée par le tribunal;... Et cela encore bien qu'ils auraient été en même temps produits devant le juge saisi de la cause : Cass., 14 déc. 1838 (S.-V.39.1.707) et 6 nov. 1863 (J.M.p.7.10); Paris, 24 avr. 1847 (D.P.47.2.197); Bourges, 24 avr. 1863 (J.M.p.6.93); — Chassan, t. 2, n. 2123; Grellet Dumazeau, t. 2, n. 905. — V. cependant Rennes, 30 juin 1864 (J.M.p.198).

27. Jugé également que l'immunité de l'art. 23 de la loi du 17 mai 1819 ne saurait être invoquée ni par la partie qui a répandu dans le public un écrit imprimé relatif à un procès qu'elle soutient, mais qui ne l'a pas distribué aux magistrats (Colmar, 27 juin 1836, J.p.chr. — Conf., Chassan, t. 1, n. 125; Grellet-Dumazeau, *loc. cit.*); — Ni par celle qui a publié dans les journaux un article concernant également un procès où elle est intéressée : Cass., 25 juin 1831 (J.p.chr.). — Conf., Parant, t. 1, p. 101; de Grattier, t. 1, p. 238, n. 4; Mangin, *Act. publ.*, t. 1, n. 153, p. 326.

27 *bis*. L'art. 23 de la loi du 17 mai 1819 ne s'applique point au cas où l'écrit diffamatoire ou injurieux a été produit par le mandataire de l'une des parties en cause, alors même que la publication de cet écrit aurait pu être utile à cette partie : Cass., 9 juin 1859 (S.-V.59.1.712). — *Contrà*, Rennes, 30 juin 1864 (J.M.p.7.198).

ART. 2. — Plainte préalable.

28. Le délit de diffamation ne peut être poursuivi sans une plainte préalable de la partie qui se prétend lésée : Aix, 3 mai 1867 (J.M.p.11.7); Alger, 11 sept. 1869 (J.M.p.12.277).

29. La nécessité d'une plainte ne saurait être sérieusement contestée, sous le prétexte que l'art. 27 du décret du 17 fév. 1852 aurait dérogé à l'art. 5 de la loi du 26 mai 1819, qui prescrit cette condition. En exigeant que *les poursuites* des délits de la presse ou de la parole *aient lieu dans les formes et délais établis par le Code d'instruction criminelle*, l'art. 27 précité n'a évidemment eu pour objet que de régler le mode d'exercice de l'action soit du ministère public, soit de la partie lésée, en cette matière, sans toucher aucunement aux conditions préalables de cet exercice.

30. La nullité de la poursuite résultant, en pareil cas, du défaut de plainte préalable, n'est point couverte par le silence du prévenu, et doit être prononcée d'office : Aix, 3 mai 1867, et Alger, 11 sept. 1869, précités. — Conf., Grellet-Dumazeau, t. 2,

n. 832. — Mais il a été jugé à bon droit que l'exception prise de ce que l'action publique n'était recevable que sur la plainte de la partie lésée, ne peut être invoquée devant la Cour de cassation, alors que, proposée aussi devant les juges du fond, elle a été repoussée par un jugement non frappé d'appel : Cass., 14 nov. 1840 (D.p.41.1.148).

51. Il a été décidé qu'un père n'a pas qualité pour porter plainte, à raison d'un délit de diffamation, au nom de son enfant majeur, s'il n'a pas reçu de celui-ci un mandat spécial à cet effet; et que si ce mandat peut être purement verbal, on ne saurait toutefois le faire résulter de la simple remise faite par l'enfant à son père d'une lettre anonyme contenant la diffamation, alors qu'il est reconnu que cette remise n'a eu d'autre but que de faciliter les recherches tendant à découvrir l'auteur de la lettre : Alger, 11 sept. 1869 (J.M.p.12.277).

52. Ces deux solutions ne sauraient ni l'une ni l'autre faire difficulté. Nul ne peut rationnellement porter plainte qu'à raison des faits qui le lèsent personnellement. Le père est donc sans qualité pour rendre plainte au nom de ses enfants majeurs, lorsque l'infraction, telle qu'une diffamation, par exemple, ne concerne que ces derniers (*Sic*, Chassan, t. 2, n. 1161), de même que les enfants seraient sans qualité pour se plaindre, au nom de leur père, d'une diffamation dont il aurait été l'objet (Agen, 9 mars 1843, S.-V.44.2.73; — Legraverend, *Législ. crim.*, t. 1, p. 196; de Grattier, t. 1, p. 342). — Cela n'est vrai toutefois qu'autant qu'on suppose que celui qui porte plainte au nom d'une autre personne n'est pas nanti d'un mandat de celle-ci; car il n'est pas douteux que la plainte peut être formée par un mandataire de la partie lésée. Seulement le mandat doit être spécial; il est inadmissible qu'une procuration générale suffise pour conférer au mandataire un droit aussi grave et aussi délicat que celui de provoquer, au nom du mandant, des poursuites en répression d'un délit (Arg. C. instr. crim., 31; arrêt d'Agen précité). — D'un autre côté, il est incontestablement permis de porter plainte, sans mandat, au nom des personnes que l'on a sous sa puissance. Ainsi, le père, au nom de son enfant mineur, le mari, au nom de sa femme, peuvent rendre plainte à raison d'infractions lésant l'enfant ou la femme. Mais dans ce cas, pas plus que dans celui où la partie lésée est maîtresse de ses droits, la personne qui rend plainte ne saurait agir en son nom personnel (Mangin, *Act. publ.*, t. 1, n. 124; Chassan,

n. 1162; Grellet-Dumazeau, t. 2, n. 846); à moins cependant que le préjudice causé par l'infraction ne rejaillisse sur cette personne elle-même, — et c'est ce qui arrivera le plus souvent lorsqu'il s'agira, par exemple, d'une plainte portée par un père ou par un mari à raison d'une diffamation commise envers la femme de celui-ci ou envers l'enfant, même majeur, de celui-là. V. encore à cet égard, Mangin, *loc. cit.*; Parant, p. 219; de Grattier, t. 1, p. 343; Chassan, n. 1164; Grellet-Dumazeau, *loc. cit.* Compar. aussi Bourguignon, *Législ. des Cod. crim.*, t. 1, p. 171; Legraverend, *ut suprà*.

53. Remarquons que la plainte portée au nom d'un tiers à raison d'une infraction qui ne lèse point le plaignant, telle que la plainte en diffamation portée par un fils au nom de son père, est frappée de nullité, encore bien que la partie lésée rendrait elle-même plainte ultérieurement, cette seconde plainte ne pouvant être considérée comme une ratification de la première; mais que cette nullité ne réagit point sur la plainte nouvelle de la partie lésée, et s'oppose seulement à ce que celle-ci puisse exciper de la procédure suivie sur la plainte primitive (Agen, 9 mars 1843. précité). — Notons encore que la dénonciation faite par un père des injures adressées à son fils majeur tient lieu de la plainte exigée de la partie lésée, si le fils a été présent, a signé le procès-verbal dressé par l'officier qui a reçu la dénonciation, et a affirmé l'exactitude des faits dénoncés : Trib. de Reims, 18 juin 1834 (*Gaz. des trib.*, nos des 23 et 24 du même mois).

54. C'est une question très-grave et très-controversée que celle de savoir si la diffamation contre la mémoire d'une personne décédée tombe sous l'application de la loi du 17 mai 1819, et peut être l'objet d'une plainte de la part des héritiers du défunt, bien qu'elle ne soit pas dirigée contre eux personnellement. Une discussion approfondie d'une telle question ne serait point ici à sa place; mais nous croyons du moins utile d'exposer, en les résumant, les motifs qui doivent, selon nous, faire prévaloir la solution négative.

55. On ne saurait méconnaître tout ce que la thèse contraire a de profondément moral. Mais ce n'est pas seulement à ce point de vue que le jurisconsulte doit examiner la question, et il ne faut pas oublier que des considérations qui pourraient être d'un grand poids dans les délibérations du législateur appelé à compléter une loi insuffisante, ne sont que d'un faible secours pour l'interprète qui recherche uniquement le sens et la portée de la loi telle qu'elle existe encore. Sans doute, la mémoire des morts ne doit pas nous être indifférente, et l'on ne saurait supposer que, quand les auteurs du Code Napoléon, du Code d'instruction criminelle et du Code pénal ont entouré cette mémoire de leur sollicitude, le législateur de 1819 ait systématiquement dénié aux enfants le droit de venger l'atteinte portée à l'honneur de leur père depuis qu'il n'est plus. Mais de ce que le législateur n'a pas expressément interdit l'exercice de ce droit, s'ensuit-il qu'il l'ait autorisé ? Les termes des lois des 17 et 26 mai 1819 nous paraissent résister invinciblement à une telle interprétation.

56. On sait que, d'après l'art. 13 de la loi du 17 mai, la diffamation consiste dans toute allégation ou imputation d'un fait qui porte atteinte à l'honneur ou à la considération *de la personne* à laquelle le fait est imputé ; or, ce mot *personne* n'est-il pas exclusif de l'idée d'outrage à la *mémoire d'un mort ?* On répond que, du moment où la loi ne distingue pas, ce mot doit comprendre les morts aussi bien que les vivants. Mais n'est-ce pas là une interprétation forcée, et ne fait-on pas dire à la loi ce qu'on veut qu'elle exprime plutôt que ce qu'elle exprime réellement ? Ne répugne-t-il pas aux règles du langage de considérer le mot *personne* comme s'appliquant à la mémoire d'un mort ? Et comment admettre que si l'art. 13 de la loi du 17 mai 1819 eût entendu désigner l'*injure à la mémoire,* il n'eût pas, ainsi que le fait l'art. 1047, C. Nap., employé cette expression même, au lieu de la locution impropre que l'on suppose ? Nous trouvons, du reste, dans l'art. 3 de la loi du 26 mai, une preuve palpable que le mot *personne* ne s'appliquait, dans la pensée du législateur, qu'aux vivants et non aux morts. Cet article dispose, en effet, que la poursuite de l'offense contre la *personne* des souverains et *celle* des chefs des gouvernements étrangers n'aura lieu que *sur la plainte ou à la requête du souverain ou du chef de gouvernement* qui se croira offensé. Il est bien clair ici que l'offense contre la personne ne peut s'entendre de l'injure à la mémoire, puisque c'est seulement sur la plainte de la personne même qui a reçu l'offense que l'action répressive peut être exercée. Or, nous demandons ce qui autorise à croire que le législateur ait voulu qu'il en fût autrement dans le cas de diffamation contre les particuliers.

57. D'un autre côté, l'art. 5 de la loi du 26 mai 1819 porte que, dans le cas de diffamation ou d'injure contre tout dépositaire ou agent de l'autorité publique, contre tout agent diplomatique étranger, ou contre tout particulier, la poursuite n'aura lieu que

sur la plainte de la partie qui se prétendra lésée. De ces derniers
termes ne doit-on pas induire aussi que les lois de 1819 ne sont
pas applicables à la diffamation contre les morts, puisque la condition de la plainte ne peut en pareille hypothèse être réalisée ?
A cela, on objecte que ces mots : *la partie qui se prétendra lésée*
embrassent dans leur généralité soit l'individu même qui a été
diffamé, soit ses héritiers, si la diffamation n'a eu lieu qu'après
sa mort. Mais ici encore nous rapprocherons l'art. 3, qui exige
une plainte de la personne offensée elle-même, et nous deman-
derons pour quel motif le législateur aurait accordé aux héritiers
des agents de l'autorité publique, des agents diplomatiques étrangers et des simples particuliers, un droit qu'il n'accordait pas
aux héritiers des souverains et des chefs des gouvernements
étrangers. Dans l'art. 5, il est vrai, le législateur emploie les
mots *partie lésée;* mais qui ne voit que c'est pour éviter une nouvelle énumération des personnes contre lesquelles a été dirigée
l'offense ? Est-il permis de supposer qu'il ait voulu désigner par
ces mots toute personne qui alléguerait avoir ressenti une lésion ?
S'il en était ainsi, il faudrait donc admettre que l'injure adressée
à un père pourrait, du vivant même de celui-ci et malgré son
silence, être vengée, à l'aide de l'action répressive, par ses enfants, qu'elle lèse incontestablement; et, bien plus! que cette action pourrait être exercée même par les tiers qui éprouveraient
un préjudice de l'atteinte portée à la considération d'un individu
mort ou vivant (leur débiteur ou leur associé, par exemple), dont
il leur importerait que le crédit ne fût pas ébranlé! Il faudrait
aller jusque-là, car dans un semblable système d'interprétation,
il n'y aurait pas de limites... Or, n'est-il pas manifeste que de
telles conséquences sont inacceptables ? V., en effet, Agen, 9 mars
1843 (S.-V.44.2.73); — Legraverend, *Législ. crim.*, t. 1, p. 193 ;
Mangin, *Act. publ.*, t. 1, n. 124; Chassan, t. 2, p. 44; de Grattier, t. 1, p. 342; Dalloz, *Répert.*, v° *Presse-outrage*, n. 1091.

58. On dit que la mémoire d'un mort entre dans le patrimoine
de sa famille, et que l'héritier, qui représente le défunt, trouve
dans sa qualité même le droit de défendre tout ce qu'il recueille
dans la succession, que ce soit une propriété morale ou matérielle. Cet argument, emprunté aux principes du droit civil, peut
être spécieux, mais il nous semble peu juridique au fond et bien
insuffisant pour justifier la doctrine que nous essayons de combattre. Et d'abord, ne fait-on pas ici une confusion entre l'héritage d'honneur et de considération qu'un père laisse à ses enfants

et la mémoire de ce père ? Les enfants peuvent impunément ternir par des actes contraires à la morale l'honneur que leur père leur a transmis : peuvent-ils de même flétrir sa mémoire, sans que la loi les atteigne ? Les art. 727 et 1047, C. Nap., et 360, C. pén., répondent négativement. Il n'est donc pas exact de dire que la mémoire d'un mort entre dans le patrimoine de sa famille, ce qui impliquerait que la famille en a la libre disposition. Non, la mémoire de ceux qui ne sont plus est une propriété placée au-dessus de tous les biens de ce monde, propriété digne d'un si grand respect que nul ne peut s'en constituer arbitrairement le défenseur, et qu'il appartient au législateur seul de l'entourer des protections spéciales qui lui sont dues. Et, puis, s'il était vrai que cette propriété morale suivit la condition des biens matériels, il en résulterait donc qu'elle ne serait transmise qu'aux parents au degré successible, que ceux-ci pourraient, à leur gré, l'accepter ou la répudier, et que l'héritier acceptant aurait seul le droit d'exercer l'action en diffamation !... Il faudrait donc reconnaître à l'étranger institué légataire universel la prééminence, pour l'exercice de cette action, sur l'héritier légitime exclu de la succession du défunt !... Voilà où conduisent des assimilations dont la justesse apparente séduit au premier abord, mais qui n'ont rien de sérieux dans la réalité. Il est donc impossible de pousser la fiction jusqu'à considérer l'héritier de celui dont la mémoire a été diffamée, comme ayant été lésé personnellement par cette diffamation et comme ayant, dès lors, qualité pour porter la plainte exigée par l'art. 5 de la loi du 26 mai 1819.

59. D'autres raisons puissantes viennent achever cette démonstration. Si les lois des 17 et 26 mai 1819 avaient entendu comprendre dans leurs dispositions la diffamation contre les morts, n'auraient-elles pas réglé l'exercice de l'action répressive au point de vue de la qualité des divers parents du défunt pour former cette action et des dissentiments qui peuvent se manifester entre eux à ce sujet? Un parent à un degré éloigné pourra-t-il porter plainte à raison de la diffamation dont la mémoire du défunt a été l'objet, alors que les enfants de ce dernier croient plus convenable de ne pas livrer cette mémoire à des débats qui l'offenseraient davantage que la diffamation elle-même? Et si parmi les enfants un seul est d'avis de provoquer ces débats, sa volonté suffira-t-elle, quelque imprudente qu'elle soit, pour que la justice doive être saisie de l'action en diffamation ?... Le nombre des héritiers représentant le défunt, quel que soit le dissentiment qui puisse s'élever entre eux, dit l'arrêt de la Cour de cassation, ne peut avoir pour effet de détruire leur droit de poursuite existant par lui-même et reconnu par la loi. Oh ! sans doute, si la loi avait consacré le droit que l'on revendique pour les représentants du défunt, la difficulté que nous signalons ne se présenterait pas, et elle ne se présenterait pas, parce qu'alors la loi n'aurait pas manqué de déterminer les conditions d'un tel droit. Mais est-il besoin de répéter qu'aucun texte ne réprime la diffamation contre les morts, et le silence du législateur sur le mode d'exercice de l'action en diffamation, dans un pareil cas, n'est-il pas une preuve de plus de l'absence de cette action ?

40. Enfin, au système qui attribue aux représentants d'un défunt le droit de poursuivre la répression de la diffamation dirigée contre sa mémoire, il est permis d'opposer les franchises dont l'histoire doit jouir pour être impartiale et sérieuse. Le législateur n'a pu suspendre sur la tête de l'historien, comme une sorte d'épée de Damoclès, le droit dont seraient armés, sans limitation de temps, les représentants des personnages dont il raconterait et apprécierait les actes, de porter contre lui une plainte en diffamation. On prétend qu'un tel droit ne peut être une gêne pour l'histoire, parce que le juge ne trouvera le délit que là où il rencontrera l'intention de nuire. Cette raison est-elle bien concluante? Quand on objecte le danger que l'application des lois de 1819 à la diffamation contre les morts crée pour l'historien, on ne suppose pas, assurément, que des poursuites pourront atteindre ce dernier sans qu'une intention de nuire lui soit imputée, et que les tribunaux pourront lui appliquer les peines de la diffamation sans examiner sa bonne ou sa mauvaise foi. Mais l'appréciation arbitraire des juges est-elle une suffisante garantie pour l'historien, dont aucune appréhension ne doit paralyser l'indépendance, nous ne disons pas la licence ou la malignité ? L'intention de l'écrivain ne peut-elle pas être méconnue ? Et cette possibilité, qui n'est à l'égard de tout autre qu'un inévitable tribut payé à la fragilité humaine, n'offre-t-elle pas, pour celui qui entreprend la lourde tâche d'écrire l'histoire, un péril contre lequel le législateur doit, dans un intérêt public, le défendre, au moins dans une large mesure? — Mais, hâtons-nous de le dire, ces considérations ne sont pas pour nous les plus décisives, et ce n'est pas sans intention que nous les avons rejetées sur le dernier plan. Nous croyons sans doute que, s'il s'agissait de faire une loi sur la répression de la diffamation contre les morts, le législateur devrait en tenir un

compte sérieux ; mais elles ne suffiraient pas pour nous faire repousser aujourd'hui cette répression, si d'autres motifs irrésis-
tibles, selon nous, ne déterminaient notre conviction à cet égard.
V. dans le sens de notre opinion, trib. de la Seine, 19 avr. 1824
(Dalloz, *Répert.*, v° *Instr. crim.*, n. 104) ; Bruxelles, 16 fév. 1827
(*eod.*) ; Paris, 11 juill. 1836 (*eod.*) et 14 août 1836 (Dall., *loc.
cit.*, n. 103) ; Angers, 28 mai 1866 (J.M.p.9.184) ;—Chassan, t. 1,
p. 350 ; de Grattier, t. 1, p. 167 ; Grellet-Dumazeau, t. 1, n. 61
et s. ; F. Hélie, *Instr. crim.*, t. 1, n. 559 ; Dalloz, v^is *Presse*,
n. 1128, et *Instr. crim.*, n. 103 ; Grand, *Revue pratique de droit
français*, t. 9, p. 307 ; Bertin, journ. *le Droit*, n^os des 26 et 27 avr.
1860 ; Berville, *Droit de plainte en matière de diffamation ;* Paillart,
des Franchises de l'historien ; Paringault, *des Morts diffamés ou in-
juriés.—Contrà*, Cass., 23 mars 1866 (M.J.p.9.184), 1er mai 1867
(ch. réun.) (*Id.*10.113) et 5 juin 1869 (*Id.*12.244) ; Lyon, 11 déc.
1868 (*Id.*12.41).

41. Par l'arrêt précité du 5 juin 1862, la Cour de cassation a
jugé que la diffamation contre la mémoire d'un mort peut donner
lieu à une plainte de la part des héritiers de celui-ci, même dans
le cas où le mort était un dépositaire ou agent de l'autorité publique aux fonctions duquel se rapportent les imputations diffamatoires.—De telle sorte que les actes d'un fonctionnaire public,
qui appartiennent à l'histoire, ne pourront cependant, quelque
blâmables qu'ils soient, être flétris par l'historien, sans que celui-
ci soit exposé à une action en diffamation de la part, non point
seulement des enfants, mais de tout héritier ou légataire de ce
fonctionnaire, qui se prétendra lésé par ce stigmate ! — La Cour
de cassation admet d'ailleurs par cet arrêt que l'aggravation de
peine prononcée par l'art. 16 de la loi du 17 mai 1819 pour le cas
où la diffamation est dirigée contre un dépositaire ou agent de
l'autorité publique, pour des faits relatifs à ses fonctions, est applicable aussi bien lorsque la diffamation attaque un fonctionnaire décédé que si elle l'avait atteint de son vivant.

42. Le même arrêt décide que lorsque la diffamation, quoique
s'adressant principalement au défunt, atteint aussi les héritiers
personnellement, ceux-ci sont recevables à en demander la réparation devant les tribunaux répressifs, tant de leur chef que du
chef de leur auteur, sauf aux juges à observer la règle du non-
cumul des peines. — Que l'action en diffamation soit ouverte aux
héritiers, lorsque la diffamation dirigée contre la mémoire du défunt les atteint en même temps eux-mêmes d'une manière directe,

nul ne saurait le contester. Mais nous ne pouvons admettre qu'il leur appartienne, en pareil cas, d'agir du chef de leur auteur.

43. Le délit de diffamation ou d'outrage commis à l'audience par l'accusé ou le prévenu contre un témoin, peut-il être réprimé d'office par les juges, ou bien la répression doit-elle en être provoquée, soit par une réquisition du ministère public, soit par une plainte préalable du témoin ? Il ne nous paraît pas douteux que nulle réquisition ni nulle plainte n'est ici nécessaire, quoique le contraire semble admis, au moins implicitement, par quelques arrêts (Cass., 6 nov. 1823, S.-V.7.1.331 ; 23 août 1838, S.-V.38. 1.991 ; C. d'ass. de l'Ardèche, 11 sept. 1861, J.M.p.5.113). Du moment, en effet, où il s'agit d'un délit d'audience, ce n'est plus le droit commun qu'il faut appliquer, c'est la disposition exceptionnelle de l'art. 181, C. instr. crim., qui, sans faire aucune distinction relativement à la nature des délits, arme les juges d'un droit de répression qu'elle subordonne à la seule condition d'une décision instantanée. V. *Délit d'audience. Adde* conf., Carnot, *Comment. C. instr. crim.*, sur l'art. 181, n. 10 ; Le Sellyer, *Dr. crim.*, t. 4, n. 1683 ; Parant, p. 213 ; Chassan, t. 2, n. 1140 et 2109. — Que si la répression n'avait pas été immédiate, le droit commun reprendrait son empire, et le délit de diffamation ou d'outrage commis à l'audience envers un témoin ne pourrait plus être que l'objet d'une poursuite devant le tribunal correctionnel à la requête du ministère public ; mais, dans notre opinion, cette poursuite, fondée sur la disposition de l'art. 6 de la loi du 25 mars 1822, serait encore indépendante de toute plainte de la partie lésée. V. *Outrage.*

44. Le délit de diffamation ou d'injures envers une administration publique (celle de l'enregistrement, par exemple) attaquée collectivement et sans que les fonctionnaires qui en font partie soient individuellement et personnellement désignés, peut être poursuivi sur la plainte du chef de cette administration : Cass., 16 juin 1832 (S.-V.32.1.855) et 3 janv. 1861 (J.M.p.4.81).

45. Des auteurs contestent que la poursuite du délit de diffamation ou d'injure envers les administrations publiques soit subordonnée à la condition d'une plainte préalable, et ils fondent cette opinion sur le raisonnement suivant : Sous l'empire de l'art. 17 de la loi du 25 mars 1822, le délit dont il s'agit pouvait être poursuivi sans plainte préalable ; et, s'il est vrai que cet art. 17 a été abrogé par l'art. 5 de la loi du 8 oct. 1830, qui a, par suite, remis en vigueur la loi du 26 mai 1819, aux dispositions de laquelle avait dérogé cet article, il ne s'ensuit pas qu'une plainte soit nécessaire pour provoquer l'action du ministère public en répression du délit de diffamation ou d'injure envers une administration publique ; car cette condition exorbitante du droit commun n'est pas prescrite, à l'égard d'un tel délit, par la loi du 26 mai 1819, et l'on ne saurait invoquer par analogie l'art. 4 de cette loi, qui subordonne la poursuite de la diffamation ou de l'injure envers les corps constitués à une délibération de ces corps requérant la répression du délit, les fins de non-recevoir qui ont pour effet d'entraver la spontanéité de l'exercice de l'action publique ne pouvant être étendues ni suppléées. *Sic*, Chassan, t. 2, n. 1134 ; F. Hélie, t. 2, n. 794 ; Dalloz, v° *Presse-outrage*, n. 1062. — Mais la doctrine suivant laquelle une plainte est nécessaire, dans notre hypothèse, pour mettre l'action publique en mouvement, doctrine implicitement consacrée par les deux arrêts de la Cour de cassation mentionnés au numéro précédent, et enseignée par MM. Parant, p. 208 et 211, et de Grattier, t. 1, p. 334, nous semble seule exacte. Il n'est nullement nécessaire, pour la justifier, d'emprunter une raison d'analogie à l'art. 4 de la loi du 26 mai 1819 ; il suffit d'appliquer l'art. 5 de cette loi, qui, en soumettant, d'une manière générale, la poursuite du délit de diffamation à la condition d'une plainte de la partie qui se prétend lésée, dispose à l'égard des administrations publiques comme à l'égard de toute autre partie.— Il reste seulement à déterminer par qui doit, dans ce cas, être formée la plainte. Les arrêts précités des 16 juin 1832 et 3 janv. 1861 décident, avec raison, que lorsque la diffamation ou l'injure s'adresse à une administration publique considérée collectivement, et non point personnellement aux membres qui en font partie, c'est par une plainte du chef de cette administration que la poursuite doit être provoquée ; et le même sentiment est exprimé par MM. Parant, p. 218, de Grattier, p. 344, n. 7, et par M. Chassan lui-même, n. 1172.

46. Les éléments constitutifs de la plainte ne sont pas déterminés par la loi ; mais il est constant en jurisprudence et admis par presque tous les auteurs que les prescriptions des art. 31, 63 et suiv., C. instr. crim., ne sont point ici applicables, et que la plainte préalable à la poursuite du délit de diffamation n'est soumise à aucune forme particulière. V. Cass., 3 et 18 janv. 1861 (*J.M.*p.4.81) ; Colmar, 28 janv. 1862 (*Id.*5.134) ; Aix, 3 mai 1867 (*Id.*11.7) ; Trib. corr. de Lyon, 16 nov. 1868 (*Id.*11.289). Compar. aussi ce qui est dit aux mots *Injures* et *Outrage*. — Il appar-

tient donc aux juges d'apprécier dans chaque espèce si la partie
lésée a, par un acte quelconque, suffisamment provoqué l'exercice de l'action publique.

47. Il a été jugé spécialement qu'une lettre adressée au procureur impérial par la partie lésée, et contenant prière de poursuivre la diffamation dont elle aurait été l'objet, constitue une
plainte suffisante dans le sens de l'art. 5 de la loi du 26 mai 1819 :
Colmar, 28 janv. 1862, précité.

48. Mais on ne saurait voir une telle plainte dans une déposition faite par le plaignant, comme témoin, devant le tribunal
correctionnel, au sujet d'un autre délit imputé au même prévenu,
et contenant la révélation de diffamations proférées contre lui par
ce dernier, sans exprimer l'intention de dénoncer ces diffamations à la justice : Aix, 3 mai 1867, aussi précité. Il est en effet
évident que la plainte ne peut consister que dans une manifestation spontanée et non équivoque de l'intention de la partie lésée
de déférer à la juridiction correctionnelle les diffamations ou injures dont elle a été l'objet. V. Cass., 15 juill. 1843, cité par
M. Chassan, t. 2, p. 49 et 50 (2e édit.), qui adopte la même
opinion.

49. Décidé encore qu'il suffit que la plainte ait, en fait, précédé l'exercice de l'action publique, sans qu'il soit nécessaire
qu'elle soit datée : Cass., 18 janv. 1861, précité.

50. Il n'est pas nécessaire, pour la validité d'une poursuite
en diffamation, que la plainte à laquelle est subordonnée cette
poursuite soit visée dans la citation ou dans le jugement : Cass.,
29 nov. 1860 (J.M.p.4.72). — La loi ne prescrit point et ne pouvait prescrire un tel visa, car le prévenu n'a aucun intérêt à être
informé du dépôt de la plainte, qui est exigé dans le seul but de
ne point engager, sans son consentement, dans des débats judiciaires la partie qui se prétend diffamée.

§ 3. — Compétence.

51. D'après la jurisprudence constante du Conseil d'État, c'est
à l'autorité administrative, et non à l'autorité judiciaire, qu'il
appartient de connaître d'une plainte en diffamation dirigée
contre les membres d'un conseil municipal à raison d'imputations contenues dans une délibération de ce conseil; de telle sorte
qu'il y a lieu, par l'administration, dans le cas où une telle
plainte a été déférée à la juridiction correctionnelle, d'élever le

conflit d'attributions. V. Cons. d'Ét., 11 fév., 6 sept. et 9 déc.
1842; 29 juin 1847; 11 avr. 1848; 11 nov. 1851; 18 mai 1854
(S.-V.42.2.280; 43.2.108; 48.2.335; 49.2.318; 52.2.251 ; 54.2.
628); 17 août 1866 et 5 mai 1870 (J.M.p.11.41; 13.161). Mais la
doctrine contraire, sanctionnée par la Cour de cassation (V. arrêts des 22 août 1840, 17 mai 1845, 30 nov. 1861 et 22 janv.
1863 (S.-V.40.1.382; 45.1.771 ; 62.1.324; 63.1.274) et enseignée
par les auteurs (Serrigny, *Organis. et compét. admin.*, t. 1, n. 169,
p. 233; Chauveau, *Princip. de compét.*, t. 3, n. 738, p. 559, et
Cod. d'instr. admin., t. 1, n. 438 *bis*, p. 242; Reverchon, *Rev.
crit. de jurispr.*, t. 30, p. 112. — V. toutefois Dalloz, v° *Presse-
outrage*, n. 1167 et 1168), nous paraît seule juridique. — Compar. aussi Chassan, t. 1, p. 61, note 3, et t. 2, p. 166, n. 1381 et
1382; Grellet-Dumazeau, t. 2, n. 1001.

52. D'après l'art. 2 de l'ordonn. du 1er juin 1828, il faut,
pour que le conflit puisse être élevé, que la répression du délit
soit attribuée par une disposition législative à l'autorité administrative, ou que le jugement à rendre dépende d'une question
préjudicielle dont la connaissance appartiendrait à cette autorité.
— Or, peut-on dire qu'il y ait ici un texte qui attribue à l'autorité administrative la *répression d'un délit?* Évidemment non. Les
auteurs de l'ordonnance de 1828 n'ont pu entendre par ces mots
que des décisions juridiques prononçant des peines, comme les
décisions des conseils de préfecture qui prononcent sur les contraventions à la police de la grande voirie. — Mais quand le
préfet, par application de la loi des 14-22 déc. 1789, ordonne la
radiation d'une délibération du conseil municipal, il ne prononce
pas une peine, il ne réprime pas un délit, il accorde au citoyen diffamé une sorte de réparation civile. Dès lors, c'est à l'autorité judiciaire seule qu'il appartient de décider si l'art. 60 de la loi de
1789 interdit toute action en diffamation devant les tribunaux
correctionnels contre les conseils municipaux agissant collectivement, ou contre leurs membres à raison de la part qu'ils auraient prise à une délibération.

53. Ajoutons qu'il n'y a, dans tous les cas, aucune distinction
à faire entre la plainte dirigée contre le conseil municipal, pris
comme être collectif, et celle dirigée contre certains de ses membres individuellement, lorsque c'est dans une délibération de ce
conseil que le plaignant prétend voir le délit de diffamation,
parce que la délibération est nécessairement l'œuvre du corps

tout entier. C'est ce qui ressort manifestement de plusieurs des décisions du Conseil d'État mentionnées plus haut.

54. Jugé que le tribunal correctionnel français dans l'arrondissement duquel a été adressé et distribué un journal étranger contenant un article diffamatoire, est compétent pour connaître du délit, encore bien que l'administration de ce journal ne possède en France ni agence spéciale pour la distribution, ni bureau d'abonnement : Paris, 25 janv. 1867 (J.M.p.10.65).

§ 4. — *Procédure.*

55. L'art. 6 de la loi du 26 mai 1819, qui exigeait que la citation et le réquisitoire définitif du ministère public, en matière de délits commis par la voie de la presse ou par tout autre moyen de publication et conséquemment en matière de diffamation, continssent l'articulation et la qualification des faits constitutifs de ces délits, a été abrogé par l'art. 27 du décret du 17 fév. 1852, aux termes duquel les délits dont il s'agit doivent être poursuivis dans les formes et délais prescrits par le Code d'instruction criminelle. Il suffit donc que la citation ou le réquisitoire indique le fait et son caractère légal, selon les prescriptions des art. 182 et 183 de ce Code : Cass., 21 mai 1853, 23 fév. 1854 (S.-V.54.1. 349), 17 août 1861 (J.M.p.5.134), 22 janv. 1863 (S.-V.63.1.274) et 19 janv. 1866 (J.M.p.11.97); Colmar, 28 janv. 1862 (*Id.*5. 134); Lyon, 26 déc. 1867 (*Id.*11.67); — F. Hélie, t. 2, n. 801; — Circ. min. just. 27 mars 1852 (Gillet, n. 3397).

56. Ainsi, il importe peu que le fait soit inexactement qualifié dans la citation ou dans le réquisitoire du ministère public; comme si, par exemple, un fait constituant une diffamation publique y avait été à tort qualifié de dénonciation calomnieuse ; il appartient aux juges, conformément au droit commun, de rendre à ce fait sa véritable qualification : Lyon, 26 déc. 1867, précité.— En ce qui concerne le droit du tribunal correctionnel de modifier la qualification donnée par la citation au fait dont il est saisi, V. *Compétence criminelle*, n. 124 et s.

57. L'arrêt précité de la Cour de cassation du 19 janv. 1866 ajoute avec raison, en ce qui concerne le réquisitoire définitif, que, le ministère public n'étant obligé par aucune loi à le notifier au prévenu, celui-ci est, dans tous les cas, sans qualité pour se plaindre de l'irrégularité que cet acte peut présenter.

58. Jugé qu'au cas de poursuite en diffamation contre la mé-

moire d'une personne décédée, il ne résulte pas de nullité de ce
que la citation donnée à la requête des héritiers du défunt ne
relève pas spécialement le fait de diffamation envers eux, si elle
contient la copie entière de l'écrit qui renferme les imputations
diffamatoires, et si dans leurs conclusions, sur lesquelles s'est
défendu le prévenu, ils ont demandé condamnation, non-seulement pour diffamation envers leur auteur, mais encore pour diffamation envers eux-mêmes : Cass., 5 juin 1869 (J.M.p.12.244). —
V. *suprà*, n. 34 et s.

59. A plus forte raison, les juges correctionnels saisis d'une
action en diffamation ne peuvent écarter certains propos diffamatoires, sous le prétexte qu'ils n'auraient pas été expressément
spécifiés dans la citation, si ces propos ne sont que la propaga-
tion d'autres propos faisant l'objet d'un des griefs énoncés en la
demande : Lyon, 24 janv. 1865, (J.M.p.8.42).

60. La Cour de cassation a jugé d'une manière constante, soit
avant, soit depuis la loi du 25 mars 1822, par une interprétation, selon nous très-exacte, des art. 13, 14, 20 et s. de la loi du
26 mai 1819, que la preuve de la vérité des faits diffamatoires
n'est pas admissible en matière de diffamation verbale contre les
fonctionnaires publics. V. arrêts des 26 nov. 1812 (S.-V.4.1.232),
11 avr. 1822 (S.-V.7.1.51), 11 mai 1844 (S.-V.44.1.558), 11 déc.
1847 (S.-V.48.1.163), 9 mars et 17 août 1850 (S.-V.50.1.479 ; 51.1.
206), 29 fév. et 28 déc. 1868 (J.M.p.11.283 ; 12.3). — V. aussi
conf., Paris, 12 sept. 1842 (S.-V.44.1.558, à la note) ; Grenoble,
25 fév. 1859 (J.M.p.12.203) ; — Chassan, t. 2, p. 533. — *Contrà*,
Bordeaux, 13 avril 1848 (D.p.48.2.159) ; — Parant, p. 356 et suiv.,
375, et suppl., p. 483 ; de Grattier, t. 1, p. 468 ; Grellet-Dumazeau, t. 2, n. 632 et suiv. — Or, ni l'art. 18 de la loi du 25 mars
1822, ni l'art. 28 du décret du 17 fév. 1852, qui n'en est que la
reproduction, n'ont pu avoir pour effet de porter atteinte à cette
interprétation, puisqu'ils se bornent à exclure la preuve testimoniale des moyens généraux d'établir la réalité des faits diffamatoires, que l'art. 20 de la loi du 26 mai 1819 admettait sans restriction dans le cas de diffamation écrite. V. aussi Dalloz, *Répert.*,
v° *Presse-outrage*, n. 1499 ; Giboulot, *Cours complet de la presse*,
p. 64, note 2. Ainsi, aujourd'hui encore (puisque le nouveau projet de loi sur la presse, qui renferme à cet égard de graves modifications, est resté en suspens), il est bien certain que la preuve
des faits imputés à des fonctionnaires est interdite d'une manière
absolue en ce qui concerne la diffamation *verbale*.

61. Un jugement du tribunal correctionnel de Toulon du 5 janv. 1867 (J.M.p.10.153) a décidé que, sous l'empire de l'art. 28 du décret du 17 fév. 1852, la preuve des faits imputés à des fonctionnaires publics et relatifs à leurs fonctions, ne peut pas plus être faite par écrit que par témoins. Mais cette solution ne nous paraît pas admissible. Les termes si formels de l'art. 28 du décret du 17 fév. 1852 ne sauraient permettre d'étendre à la preuve écrite la prohibition qu'il prononce. V. en ce sens, Dalloz, n. 1491 et s. — V. aussi Cass., 29 juill. 1865 (D.p.66.1.48).

62. L'art. 28 du décret du 17 fév. 1852, sur la presse, qui interdit la preuve par témoins des faits diffamatoires, n'a pas abrogé l'art. 25 de la loi du 26 mai 1819 ordonnant aux juges saisis d'un délit de diffamation de surseoir au jugement, lorsque les faits imputés sont légalement punissables, et ont été dénoncés par l'auteur de l'imputation : Cass., 19 janv. et 1er juin 1855 (S.-V.55.1.304 et 767); 29 déc. 1865 (J.M.p.10.151); Orléans, 26 fév. 1855 (D.p.55.2.292); — Dalloz, v° *Presse-outrage*, n. 1365. Ces auteurs disent avec raison que l'art. 28 du décret du 17 fév. 1852 a abrogé seulement l'art. 20 de la loi du 26 mai 1819, qui permettait la preuve des faits diffamatoires imputés à des fonctionnaires publics, et non l'art. 25, dont la disposition est, d'ailleurs, à la différence de l'art. 20, une disposition de droit commun, puisque le sursis qu'il ordonne était déjà prescrit par l'art. 372, C. pén. de 1810.

63. S'il ne suffit pas, dans les cas ordinaires, pour autoriser les juges à passer outre à la décision du délit de diffamation, alors que les faits imputés sont légalement punissables et ont été dénoncés, que le ministère public, sans requérir une information régulière, se soit borné à déclarer que, vérification faite, il refuse de donner suite à la dénonciation, et si la déclaration de vérité ou de fausseté des faits dénoncés doit émaner, soit du juge d'instruction, soit de la chambre d'accusation, soit de la juridiction répressive compétente, il en est autrement quand les imputations sont dirigées contre un des fonctionnaires protégés par l'art. 479, C. instr. crim.: le refus du procureur général de poursuivre, à raison du défaut de fondement des faits dénoncés, constitue alors une décision autorisant suffisamment les juges à statuer sans sursis : Cass., 29 déc. 1865 (J.M.p.10.151). — V. analog. *Dénonciation calomnieuse*, n. 34.

64. En matière de diffamation, l'insertion de l'arrêt de condamnation dans les journaux, lorsqu'elle est ordonnée, non dans l'intérêt de la partie civile, mais sur la réquisition du ministère public, constitue une véritable peine ; par suite, le choix des journaux dans lesquels aura lieu cette insertion ne peut être laissé à la partie civile ; ce n'est qu'au ministère public, seul chargé de l'exécution des peines, que doit appartenir ce choix : Cass., 19 mai 1860 (J.M.p.3.227). — Cette solution nous semble incontestable. On a soutenu, il est vrai, que la disposition de l'art. 26 de la loi du 26 mai 1819, qui autorise les magistrats à ordonner l'impression ou l'affiche de l'arrêt de condamnation, en matière de diffamation, ne leur permet pas par là d'ordonner l'insertion de cet arrêt dans les journaux, attendu que quand la loi a voulu qu'il y eût publication par la voie des journaux, elle l'a dit d'une manière expresse, comme, par exemple, dans l'art. 11 de la loi du 9 juin 1819 (*Sic*, Dalloz, n. 1040); mais cette raison est loin d'être décisive ; et il suffit que l'insertion dans les journaux soit, ainsi qu'on n'en saurait douter, l'équivalent de l'impression avec affiches, pour que le premier mode de publicité puisse, sans qu'il y ait aggravation de peine, être substitué au second. V. en ce sens, Bordeaux, 17 août 1826 Dalloz, *ibid.*) ; Cass., 20 août 1839 (S.-V.39.1.691) et 14 juin 1854 (S.-V.54.611) ; — de Grattier, t. 1, p. 503; Chassan, t. 2, n. 1892.

65. La Cour de cassation est allée elle-même jusqu'à décider, par arrêt du 25 mars 1813 (S.-V.4.1.311), que quand la loi permet d'ordonner l'affiche d'un jugement, elle autorise implicitement le juge à ordonner qu'il en sera fait publiquement lecture; mais cette interprétation extensive est avec raison repoussée par les auteurs. V. Dalloz, v° *Affiche*, n. 96.

66. Relativement au caractère pénal de l'affiche ou de l'insertion dans les journaux, que relève l'arrêt de la Cour de cassation du 19 mai 1860 mentionné ci-dessus, n. 64, il a été proclamé aussi par un grand nombre d'autres arrêts, qui ont décidé en conséquence que cette mesure ne peut être ordonnée, même sur la réquisition du ministère public, hors des circonstances où la loi l'autorise spécialement. V. la *Tabl. génér.*, de Devilleneuve et Gilbert, v° *Affiches*, n. 5 et s.; *Adde*, 1er juin 1831 (S.-V.31.2. 205); Cass., 28 août 1854 (S.V.54.1.616) et 7 fév. 1857 (S.V.57. 1.496). — Toutefois l'affiche ou l'insertion dans les journaux ne constitue une peine que lorsqu'elle est prescrite d'office ou sur la demande du ministère public, et elle cesse d'avoir ce caractère lorsque c'est à la requête de la partie lésée et par forme de réparation civile qu'elle est ordonnée. V. Dalloz, *loc. cit.*, n. 101.

§ 5. — *Prescription*.

67. Depuis le décret du 17 fév. 1852, dont l'art. 27 ordonne que les poursuites des délits commis par la voie de la presse et autres moyens de publication aient lieu dans les délais prescrits par le Code d'instruction criminelle, ces délits, et spécialement celui de diffamation, se prescrivent par trois ans, conformément à ce Code, et non plus par six mois, comme le voulait l'art. 29 de la loi du 26 mai 1819, lequel a été abrogé par le décret précité : Cass., 23 fév. 1854 (S.-V.54.1.349); Metz, 30 janv. 1856 (S-V.55. 2.523); Pau, 24 juill. 1862 (J.M.p.5.288); Colmar, 2 mai 1865 (*Id.* 8.201); Lyon, 13 mars 1867 (*Id.*10.102); Paris, 17 avr. 1869 (*Id.* 12.248); — Dalloz, v° *Presse-outrage*, n. 1290 ; Ravelet, *Code manuel de la presse*, p. 154 ; — Circ. min. just. 27 mars 1852 (Gillet, n. 3397). *Contrà*, Rouen, 23 juin 1864 (J.M.p.7.203) ; Trib. corr. de Marseille, 23 janv. 1868 (*Id.*11.296);—Rousset, *Code génér. des lois sur la presse*, n. 2755 et s.; F. Hélie, t. 2, n. 1063.

DISCIPLINE.

SOMMAIRE ALPHABÉTIQUE.

1. Ne pouvant faire entrer dans notre cadre restreint que les notions en matière de discipline qui portent sur des points d'un intérêt pratique susceptibles de quelque difficulté, nous n'entreprendrons pas d'exposer les règles générales de la matière, ni de retracer successivement les principes applicables à chaque catégorie de fonctionnaires ou d'officiers publics ou ministériels. Les indications sommaires que nous allons donner trouveront, au surplus, un complément aux mots *Avoué, Avocat, Huissier, Greffier, Magistrat, Notaire*.

2. Il est de règle absolue que la juridiction disciplinaire est personnelle, en ce sens qu'elle ne peut être exercée par les tribunaux que sur les personnes qui leur sont attachées par l'exercice de leurs fonctions. V. les décisions mentionnées dans la *Table générale* de Devilleneuve et Gilbert, v° *Discipline*, n. 42 et s.

3. Les Cours d'appel ont-elles la plénitude de juridiction disciplinaire envers leurs commis greffiers assermentés, ou bien n'ont-elles à leur égard que la juridiction conditionnelle et limitée écrite dans l'art. 58 du décret du 6 juill. 1810?—Cet article porte : « Les commis assermentés seront avertis ou réprimandés, s'il y a « lieu, par le premier président ou par le procureur général. « Après une seconde réprimande, la Cour peut, sur la réquisition « du ministère public, et après avoir entendu le commis greffier « inculpé, ou lui dûment appelé, ordonner qu'il cessera ses fonc- « tions sur-le-champ, et le greffier en chef sera tenu de le faire « remplacer dans le délai qui aura été fixé par la Cour. » Mais s'il n'y a pas eu de réprimande antérieure, et si pourtant le fait imputé est assez grave pour nécessiter une révocation immédiate, la Cour pourra-t-elle user de cette faculté?

4. La raison de douter se tire de ce que le décret y a mis la condition d'une double récidive, et de ce que la loi ne donne nulle part à la Cour la plénitude de juridiction sur les greffiers et leurs commis. Son intervention dans le cas de l'art. 58 est motivée par la nécessité de réprimer énergiquement des torts multipliés et de faire cesser une scandaleuse résistance aux injonctions de ses chefs. Mais quand ces circonstances impérieuses ne se rencontrent pas, pourquoi étendre sa compétence hors des limites de la loi? On le comprendrait si les infractions les plus graves des commis greffiers devaient demeurer impunies ; or, ce résultat n'est jamais à craindre, puisqu'il suffit de les dénoncer au greffier en chef ou au ministre pour obtenir leur révocation. Nous sommes dès lors disposé à penser que la compétence des Cours d'appel se borne à priver les commis greffiers de leurs fonctions, mais seulement après deux réprimandes infligées par qui de droit et demeurées inutiles ; qu'elles ne peuvent prononcer contre eux aucune autre peine ; qu'elles ne sont point investies à leur égard de la plénitude de la juridiction disciplinaire, et que, dans les cas graves qu'un avertissement ou une réprimande ne suffirait pas à réprimer, c'est au ministre de la justice ou à leur greffier en chef, qu'il appartient de prononcer leur révocation. V. en ce sens, Dalloz, *Rép.*, vᶦˢ *Discipl. judic.*, n. 237, et *Greffe*, n. 201 ; Morin, *Discipl.*, t. 1, n. 81.

5. On a contesté aux tribunaux le droit de juger les notaires disciplinairement, si ce n'est dans les cas de nature à entraîner leur suspension ou leur destitution, et l'on a prétendu que, pour toutes les infractions d'une moindre gravité, ces officiers publics ne sont justiciables que de leur chambre de discipline. V. Nancy, 2 juin 1834 (S.V.34.2.519) et 9 juin 1843 (S.-V.44.2.63) ; Cass., 1ᵉʳ avr. 1844 (S.-V.44.1.357) ; 20 janv. 1847 (S.-V.47.1.458) ; Metz, 20 juin 1846 (D.ᴘ.46.2.160) ; Rouen, 1ᵉʳ février 1853 (D.ᴘ.53.2.111) ; — Dalloz, *Répert.*, nouv. édit., vᵒ *Notaire*, n. 731 ; Jeannest Saint-Hilaire, *du Notariat*, p. 418. — Mais cette doctrine, qui se fonde principalement sur le silence de la loi du 25 vent. an xi à l'égard de la plénitude de juridiction disciplinaire des tribunaux, a été repoussée à bon droit par un grand nombre de décisions, tant des tribunaux et des Cours d'appel, que de la Cour de cassation, ainsi que par plusieurs auteurs. V. Bourges, 23 juill. 1827 (S.-V. chr.) ; Paris, 9 janv. 1837 (S.-V.37.2.227) ; Cass., 16 juin 1836 (S.-V.36.1.461) et 23 déc. 1839 (S.-V.40.1.11) ; trib. de Blois, 8 fév. 1837 (D.ᴘ.37.3.136) ; Rennes, 1ᵉʳ avr. 1840 (S.-V. 40.2.157) ; Bordeaux, 4 août 1841 (S.-V.42.2.70) ; trib. de Tulle, 31 mai 1843 (D.ᴘ.44.3.36) ; Amiens, 16 avr. 1845 (S.-V.45.2.264) ; Lyon, 13 mai 1851 (D.ᴘ.54.2.97) ; — Rolland de Villargues, *Rép. du notariat*, vᵒ *Discipline notariale*, n. 3 et s. ; Clerc et A. Dalloz, *Formulaire du notariat*, t. 2, p. 226, n. 123 (4ᵉ édit.).

6. La compétence générale des tribunaux, en cette matière, découle avec évidence, selon nous, soit des termes de l'art. 53 de la loi du 25 vent. an xi, qui, en attribuant aux tribunaux la connaissance de toute infraction qui *paraît assez grave* pour entraîner la suspension ou la destitution, indique que toute infraction peut être déférée à l'autorité judiciaire, investie du pouvoir d'apprécier s'il y a lieu d'appliquer la suspension ou la destitution, ou seulement une peine moins grave ;—soit du droit de surveillance conféré au ministère public et aux tribunaux sur les notaires ; — soit de l'inconvénient qu'il y aurait, pour les notaires, à être soumis à deux poursuites à raison du même fait, envisagé par le ministère public comme une faute de nature à entraîner la suspension ou la destitution, et par la chambre de discipline comme

une infraction passible d'une simple peine disciplinaire ; — soit enfin, et principalement, de l'inefficacité à laquelle, sans la plénitude
de juridiction de l'autorité judiciaire, serait condamné le droit de
surveillance du ministère public et des tribunaux sur les notaires,
dans le cas où la chambre de discipline, par un fâcheux esprit de
corps ou par une condamnable faiblesse, s'abstiendrait de se
saisir d'infractions qui, bien que non susceptibles d'entraîner la
destitution, appelleraient cependant une peine.

7. Toutefois, il faut reconnaître, avec MM. Rolland de Villargues, *loc. cit.*, n. 11, et Clerc et Dalloz, *loc. cit.*, n. 124, que le
pouvoir disciplinaire des tribunaux, en ce qui concerne les peines
de discipline intérieure, ne doit point absorber celui des chambres
de discipline, et que, bien loin de là, comme il a surtout pour
objet de parer aux inconvénients de l'inaction de celles-ci, il ne
s'exerce que subsidiairement et seulement dans le cas où les
chambres de discipline auraient négligé de se saisir des faits passibles des peines dont il s'agit, malgré les injonctions, soit du
ministère public, soit du ministre (arg. L. 25 avr. 1810, art. 54).
C'est aussi ce qu'ont décidé plusieurs des arrêts mentionnés plus
haut. V. notamment Bourges, 23 juill. 1827 ; Cass. ; 16 juin 1836
et 23 déc. 1839. Du reste, la négligence de la chambre à juger
les faits de simple discipline n'a pas besoin d'être préalablement
constatée pour que le ministère public puisse poursuivre la répression de ces faits devant le tribunal ; il suffit qu'il se soit écoulé
un délai moral sans poursuites de la part de la chambre, depuis
l'injonction à elle adressée par le ministère public. M. Rolland de
Villargues, n. 12, qui argumente d'un arrêt de cassation du 23
mars 1826 (S.-V. chr.), paraît ne pas même exiger de mise
en demeure ; mais cette interprétation nous semble trop rigoureuse. V. aussi MM. Dalloz, *loc. cit.*, n. 733.

8. Il résulte clairement de la combinaison des art. 5 et 6 de la
loi du 25 vent. an XI et de l'avis du Conseil d'État du 9 fruct. an
XII, que si c'est au ministre de la justice qu'il appartient de statuer sur les faits qui impliquent, de la part d'un notaire, l'abandon ou le changement de sa résidence, les tribunaux civils jugeant disciplinairement sont seuls compétents pour connaître des
faits qui constituent un exercice abusif par le notaire du droit
d'instrumenter dans l'étendue de son ressort, mais hors de sa résidence. V. en ce sens, Cass., 11 janv. 1841 (S.-V.41.1.112) ; 22
août 1860 (J.M.p.3.242) ; Toulouse, 31 déc. 1844 (D.P.45.2.66) ;
Grenoble, 30 janv. 1856 (D.P.56.2.92) ; Agen, 4 août 1857 (D.P.

57.2.164); Caen, 6 déc. 1858 (J.M.p.2.66); — Rolland de Villargues, *Répert. du notar.*, v⁰ *Notaire*, n. 40; Ed. Clerc, *Man. du notar.*, t. 2, n. 81 ; Dalloz, *Rép.*, v⁰ *Notaire*, n. 40.

9. On doit notamment voir l'infraction dont il s'agit dans le fait de la part du notaire de se rendre périodiquement, les jours de foire et de marché, dans des communes autres que celle de sa résidence, pour y recevoir des actes sans en être requis par les parties : Caen, 6 déc. 1858, précité.

10. ... Et, à plus forte raison, dans le fait de la part du notaire de se rendre périodiquement plusieurs fois par semaine du lieu de sa résidence au chef-lieu de canton, pour y passer, également sans réquisition des parties, le plus grand nombre des actes de son ministère : Cass., 22 août 1860, aussi précité.

11. Un arrêt de la Cour de Paris a jugé que, dans le cas d'infraction par un notaire à la règle de la résidence, la circonstance que le ministre de la justice n'a pas usé du droit que lui confère l'art. 4 de la loi du 25 vent. an xi, de provoquer le remplacement de cet officier public, ne met point obstacle à l'exercice de l'action du ministère public en répression de l'infraction dont il s'agit, et que cette infraction résulte suffisamment du fait, de la part du notaire, de se transporter une fois par semaine du lieu de sa résidence dans une ville voisine où il tient bureau ouvert, non pour y instrumenter, mais pour y recevoir des clients auxquels il donne rendez-vous à l'effet de conférer avec eux sur des actes à signer ultérieurement dans son étude, de payer des frais d'actes reçus par lui ou des prix de ventes faites par actes passés devant lui, ou enfin de s'entendre sur des acquisitions de terrain à faire en vue de reventes à opérer plus tard. — Cet arrêt donne lieu à une double remarque. D'abord, il fait une confusion de principes, en supposant que des faits qui constituent, non point un abandon ou un changement de résidence, mais un abus du droit d'instrumenter dans l'étendue du ressort, rentrent dans le droit d'appréciation du ministre de la justice. V. en effet, *suprà*, n. 8. Ensuite, il considère comme une infraction à la règle de la résidence notariale le transport périodique du notaire dans une ville autre que celle de sa résidence, non pour y passer des actes ainsi que cela avait eu lieu dans les espèces des divers autres arrêts intervenus sur la question, mais seulement pour les y préparer ; et en cela nous croyons qu'il a bien jugé.

12. Y a-t-il faute disciplinaire dans le fait, de la part d'un notaire, de dissimuler dans un acte de vente une partie du prix réel ? L'affirmative ne nous paraît pas douteuse ; et elle a été consacrée par la jurisprudence, de même qu'elle est admise par les auteurs. V. Dijon, 24 fév. 1846 (D.p.46.4.157) ; trib. de Verviers (Belg.), 27 oct. 1852 (D.p.54.3.16); Bordeaux, 14 et 21 mars 1859 (J.M.p.3.71) ; — Rolland de Villargues, *loc. cit.*, n. 63 ; Dalloz, *Rép.*, v° *Notaire*, n. 782 ; Clerc et Dalloz, *loc. cit.*, n. 164 et 165 ; Jeannest Saint-Hilaire, *loc. cit.*, p. 401. — Conf., Circ. min. just. 21 août 1838 (Gillet, n. 2607). La première obligation d'un officier public qui a pour mission d'imprimer le caractère de l'authenticité aux actes qu'il rédige, est évidemment de n'altérer en aucune façon la vérité. Toute dissimulation par lui sciemment commise dans ces actes, quel qu'en soit d'ailleurs le but, est dès lors un grave manquement aux devoirs de sa profession. Comment n'y pas voir une faute de discipline?

13. Faisons d'ailleurs remarquer que la dissimulation d'une partie du prix dans un acte de vente constitue de la part du notaire une faute disciplinaire, par cela seul que cet officier public s'est prêté sciemment à la dissimulation, et alors même qu'il n'aurait pas agi dans une intention de fraude. C'est ce qui résulte clairement des motifs de l'arrêt de la Cour de Bordeaux du 14 mars 1859 mentionné ci-dessus, et ce qui s'induit également de l'arrêt de la Cour de Dijon du 24 fév. 1846 aussi précité. Un arrêt de la Cour de Lyon du 18 fév. 1841 (Dalloz, *Rép.*, v° *Notaire*, n. 783) semble bien favorable à l'interprétation contraire; mais cette interprétation est, selon nous, inadmissible.

14. La faute disciplinaire du notaire n'est pas moins évidente lorsque, dans un acte de vente, il omet de mentionner les transmissions par actes sous seing privé, non enregistré, dont l'immeuble vendu a été précédemment l'objet. C'est là encore une altération de la vérité qui constitue une violation flagrante des obligations attachées à son ministère. Nous pouvons citer en sens analogue une décision du ministre de la justice du 22 juin 1858 (Gillet, n. 3775), portant qu'un notaire ne peut, sans manquer à ses devoirs et s'exposer à une poursuite disciplinaire, participer à des opérations de revente de domaines en détail, dans lesquelles la qualité des vendeurs est dissimulée sous le voile d'une procuration fictive, dans le but de soustraire la première vente à la formalité de l'enregistrement. V. aussi trib. de Péronne, 28 avr. 1852 (D.p.54.3.16).—Consult. Agen, 16 août 1854 (D.p.56.2.169).

15. Le fait par l'acquéreur d'un office de notaire (et la raison de décider est la même à l'égard de tout autre office) de stipuler par une contre-lettre, lors de cette acquisition, un supplément de prix en dehors de celui porté au traité ostensible, donne lieu contre lui à l'action disciplinaire. V. notamment Rouen, 7 fév. 1846 (D.p.46.2.45); Cass., 6 nov. 1850 (S.-V.50.1.790). — Carré, *Lois de l'organ. et de la compét.*, art. 148, quest. 157; Rolland de Villargues, v° *Discipl. notar.*, n. 64; Morin, *Discipline*, n. 656; Bioche, *Dict. de pr.*, vⁱˢ *Discipline*, n. 438, et *Office*, n. 168; Clerc et Dalloz, *Formul. du notar.*, t. 2, p. 235 (4ᵉ édit.). — Toutefois, cette doctrine paraît contestable à MM.Dalloz, *Répert.*, v° *Discipl. judic.*, n. 23, qui pensent que, dans le cas dont il s'agit, la faute est imputable au vendeur de l'office et non à l'acquéreur. V. *Office*.

16. Jugé que le déguisement du prix d'un office de notaire rend le cessionnaire de cet office passible de poursuites disciplinaires, alors même que ce déguisement avait pour objet, non point d'augmenter, mais au contraire de diminuer le prix ostensible : Bordeaux, 23 avr. 1860 (J.M.p.3.245).

17. Dans les diverses hypothèses qui viennent d'être examinées et dans tous les cas analogues, le devoir du ministère public est d'inviter énergiquement la chambre de discipline des notaires à se saisir de l'infraction et à y statuer. Que si la chambre ne tient nul compte de cette invitation et s'abstient, pendant un délai moral qui doit être sainement apprécié, d'instruire et de juger, alors, mais alors seulement, le ministère public devra soumettre directement le fait au tribunal. L'inaction de la chambre de discipline ne saurait l'arrêter, et il ne doit pas imiter cette inaction dans des circonstances aussi graves. — V. pour de plus amples développements notre dissertation, J.M.p.2.186.

18. Les tribunaux sont investis d'un pouvoir discrétionnaire pour prononcer contre un notaire, soit la suspension, soit la destitution, soit la condamnation à l'amende, suivant la gravité de la faute disciplinaire par lui commise : Cass., 31 oct. 1811 (S.-V. chr.); 20 nov. 1811 (*Id.*); 24 juin 1828 (*Id.*); 20 juill. 1841 (S.-V.41.1.694); 6 nov. 1850 (S.-V.50.1.790); 22 août 1860 (J.M.p.3.242); — Dard, *des Offices*, p. 137; Clerc et Dalloz, *Formul. du notar.*, t. 2, p. 232 et 248; Dalloz, *Répert.*, v° *Notaire*, n. 751 et s.

19. L'action en destitution formée par le ministère public contre un notaire doit être portée devant le tribunal civil de la résidence de ce dernier, encore bien que les faits qui lui servent de base se soient passés dans un autre arrondissement : Cass., 10 mai 1864 (J.M.p.7.239). C'est ce qu'on doit inférer de l'art. 53 de la loi du 25 vent. an XI qui dispose expressément que la suspension et la destitution sont prononcées contre les notaires *par le tribunal civil de leur résidence,* sans distinguer si les faits qui donnent lieu à ces peines disciplinaires se sont accomplis dans le ressort de ce tribunal ou dans tout autre arrondissement.

20. Il est bien constant que l'action disciplinaire exercée contre un notaire par le ministère public doit être soumise à l'une des chambres du tribunal et jugée publiquement, l'art. 103 du décret du 30 mars 1808, qui veut que les mesures de discipline à prendre sur les réquisitions du ministère public soient arrêtées en assemblée générale, à la chambre du conseil, ne s'appliquant qu'aux officiers ministériels. V. les décisions mentionnées par Dalloz, *Répert.,* v° *Notaire,* n. 842. — *Junge* Cass., 10 mai 1864 (J.M.p.7.239). — Cette interprétation se fonde encore sur la disposition de l'art. 53 de la loi du 25 vent. an XII, qui qualifie de *jugements* les décisions rendues disciplinairement par les tribunaux civils contre les notaires, et déclare ces décisions sujettes à appel.

21. D'après un arrêt de la Cour de Bordeaux du 25 mai 1859 (J.M.p.2.211), un officier ministériel poursuivi disciplinairement devant un tribunal en la chambre du conseil ne peut se pourvoir devant la Cour d'appel du ressort, à l'effet d'obtenir son renvoi, pour cause de suspicion légitime, devant un autre tribunal, la Cour étant destituée de toute compétence en cette matière. Mais cette décision nous semble très-contestable. D'un côté, le caractère spécial des décisions disciplinaires n'est point un obstacle au renvoi de l'officier ministériel inculpé devant d'autres juges, pour cause de suspicion légitime, la loi ne faisant point dépendre ce renvoi de la nature de la décision à rendre, et des poursuites où l'honneur des parties se trouve toujours intéressé réclamant au moins des garanties aussi étendues que les causes qui n'affectent que leurs intérêts pécuniaires. D'un autre côté, ce renvoi n'est point inconciliable avec la compétence souveraine attribuée en matière de discipline au ministre de la justice, parce qu'il ne porte aucune atteinte à cette compétence, qui ne s'exerce que sur le fond de l'affaire. Enfin, on ne saurait objecter que si les préventions du magistrat ou de l'officier ministériel inculpé ont quelque chose de fondé, le ministre ne manquera pas d'user d'indulgence envers lui. En effet, le ministre recevant des magistrats qui ont exercé les poursuites, communication de la décision, n'est-il pas à craindre qu'il ne soit trompé par ceux-là mêmes contre lesquels l'inculpé a des préventions ? D'ailleurs, si un semblable argument avait quelque valeur, il eût dû faire exclure les demandes de renvoi d'un tribunal à l'autre pour cause de suspicion légitime, même dans les matières ordinaires, puisque la sentence des premiers juges, à supposer qu'elle eût été influencée par les passions de ces magistrats, pourrait être rectifiée par la Cour statuant sur l'appel. V. en ce sens, Dalloz, n. 60 et 61.

22. Quelles sont les formes d'après lesquelles les actions disciplinaires dirigées devant les tribunaux contre les officiers publics ou les officiers ministériels doivent être instruites et jugées? La jurisprudence offre sur ce point trois systèmes bien tranchés.

23. D'un côté, quelques arrêts ont jugé que l'action disciplinaire doit être introduite et suivie dans les formes et délais des poursuites correctionnelles, parce que, dans le silence de la loi sur le mode de procéder en cette matière, il faut se déterminer d'après la nature et l'objet d'une telle action, et que la répression étant le but principal de l'action disciplinaire, qui rentre dès lors dans l'exercice de l'action publique, c'est aux formes prescrites par le Code d'instruction criminelle qu'elle doit être soumise, et non à celles que trace le Code de procédure civile, et qui, dans la pratique, ne pourraient lui être appliquées sans des difficultés fort graves. V. en ce sens, Dijon, 5 déc. 1844 (D.P.45.1.138); Montpellier, 6 juin 1843 (Journal de cette Cour, n. 115) et 27 déc. 1852 (S.-V.53.2.9); Bruxelles, 27 déc. 1865 (J.M.p.9.150). — Et de là ce dernier arrêt a conclu, spécialement, que les causes de reproches admises à l'égard des témoins par l'art. 283, C. proc. civ., sont sans application en matière disciplinaire.

24. D'autres décisions, au contraire, se fondant sur ce que la loi défère aux tribunaux civils la connaissance des actions disciplinaires, ont posé en principe que ces actions ne peuvent être formées et instruites que d'après les règles de la procédure civile ordinaire, du moins quant aux formalités compatibles avec la nature et le but de ces actions (Douai, 13 sept. 1834, S.-V.36.2. 42; Rennes, 7 janv. 1839, S.-V.39.2.539; Cass., 6 janv. 1835, S.-V.35.1.16; 6 mai 1844, S.-V.44.1.561; Gand, 5 avr. 1866 J.M.p.9.322), et quelques-unes d'elles (celles de Douai, Caen et Gand) ont fait application de ce principe à l'appel des jugements prononçant des condamnations disciplinaires.

25. Mais le plus grand nombre des arrêts rendus sur la matière, s'attachant à cette idée que l'action disciplinaire se distin-

gue tout à la fois des actions civiles ordinaires et de l'action publique, et constitue une poursuite *sui generis*, ont décidé qu'elle
n'est soumise indistinctement ni aux formes de l'instruction criminelle, ni à celles de la procédure civile, qu'une grande latitude
est accordée par la loi pour l'exercice du pouvoir disciplinaire, et
qu'il appartient aux magistrats d'apprécier si les procédés suivant lesquels cet exercice s'est accompli, ont suffisamment res-
pecté les principes essentiels en toute procédure, tels que le droit
de défense ou la nécessité d'une mise en demeure pour faire courir les délais, etc. V. Cass., 30 déc. 1824 (S.-V. chr.); 23 avr.
1839 (S.-V.39.1.472); 7 juin 1847 (S.-V.47.1.607); 23 janv. 1855
(S.-V.55.1.415); 10 mai 1864 (J.M.p.7.239); Rennes, 21 déc.
1843 (Dalloz, *Rép.*, v° *Discipl. judic.*, n. 92); Angers, 14 nov.
1855 (D.p.55.2.28). — Conf. , Dalloz, *loc. cit.* , n. 87 et s.; Clerc
et Dalloz, *Formul. du notar.*, t. 2, 2e part., n. 235 *bis;* Eloy, *Res-
pons. des not.*, t. 2, n. 1095 et s.

26. C'est, selon nous, dans cette dernière doctrine qu'est la
vérité. Il est facile de comprendre, en effet, que l'action disciplinaire, qui ne tend ni à la répression pénale de faits de nature à
troubler l'ordre social, ni à la solution de difficultés surgissant
entre les citoyens au sujet de leurs intérêts civils, mais qui a exclusivement pour objet de protéger l'honneur et la considération
du corps auquel appartient l'officier contre lequel elle est dirigée,
et qui s'exerce par conséquent dans le cas où toute autre action,
soit répressive, soit civile, serait impuissante, ne saurait être entravée par des règles rigoureuses que le législateur n'a point établies pour elle. Les juges saisis de cette action peuvent donc combiner, pour l'instruction et le jugement de l'affaire, les prescriptions du Code de procédure civile avec celles du Code d'instruction criminelle; et, par exemple, la Cour devant laquelle a été
porté l'appel d'un jugement rendu disciplinairement contre un
notaire, peut, sans irrégularité, statuer sur le rapport d'un de ses
membres, et après interrogatoire du notaire poursuivi (Cass., 10
mai 1864, précité), comme aussi il ne résulterait aucune nullité
de ce que la décision de la Cour n'aurait pas été précédée d'un
rapport par l'un des conseillers : Cass., 23 janv. 1855, aussi
mentionné plus haut.

27. Quant aux formes de l'appel, nous croyons, contrairement
aux décisions indiquées ci-dessus, n. 24, qu'elles peuvent être
autres que celles prescrites par l'art. 456, C. proc. civ., et que
l'appel pourrait même être formé par simple lettre, comme cela

a été jugé en matière de discipline des avocats. V. *Avocat*, n. 60.

28. La Cour de cassation a jugé, par un arrêt du 5 juill. 1858 (J.M.p.1.185), que la règle d'après laquelle l'action publique en répression de faits qui présupposent l'existence d'un contrat dont la preuve doit être faite par écrit, est non recevable en l'absence d'une telle preuve, ne s'étend point à l'action disciplinaire, même en matière de discipline notariale ; et qu'ainsi, l'action disciplinaire dirigée par le ministère public contre un notaire à raison de faits d'indélicatesse ou d'improbité se rattachant à un abus de mandat ou à une violation de dépôt, ne saurait être déclarée non recevable, sous le prétexte qu'il n'existe pas de preuve littérale ou de commencement de preuve par écrit du mandat ou du dépôt allégué, et que le ministère public se borne à offrir la preuve par témoins des faits reprochés au notaire. V. aussi analog., Cass., 9 nov. 1852 ; Angers, 14 nov. 1855 (D.p.56.2.28).—Nous souscrivons pleinement à cette doctrine.

29. La règle qui oblige les juges correctionnels à se conformer aux exigences du droit civil relativement au mode de preuve des conventions que présupposent les délits dont ils sont saisis, est sans doute bien constante. V. *Preuve des délits*. Mais cette règle ne peut être invoquée en matière disciplinaire, parce que, là, les considérations décisives qui l'ont fait établir ne se présentent plus. Devant les tribunaux criminels, l'action civile pouvant s'associer d'une manière complète à l'action du ministère public, et conséquemment partager les prérogatives attachées à l'exercice de cette dernière action ou se prévaloir des condamnations auxquelles elle a abouti, on ne saurait affranchir celle-ci des exigences du droit civil quant au mode de preuve des conventions, sans y faire par là même échapper celle-là, qui cependant doit, par de puissantes raisons d'ordre public, y demeurer soumise. Les règles du droit civil élèvent donc forcément, en pareil cas, une barrière infranchissable devant les immunités de l'action publique. — Au contraire, l'action disciplinaire, qui se distingue essentiellement de l'action publique, en ce qu'elle a pour mobile, non l'intérêt public, mais l'intérêt du corps auquel appartient l'inculpé, et pour objet la répression, non d'un crime, d'un délit ou d'une contravention, mais de tout fait de nature à compromettre l'honneur de ce même corps (V. Cass., 27 nov. 1838, S.-V.38.1.965, et 6 mai 1844, S.-V.44.1.561), l'action disciplinaire, disons-nous, ne peut fournir aucune arme à l'action civile. En règle générale, les tribunaux jugeant disciplinairement ne peuvent connaître de l'action civile des parties lésées. **V. Cass.**, 3 mars 1829 (S.-V. chr.) et 17 nov. 1830 (S.-V. *id.*); Paris, 21 avr. 1836 (S.-V.36.2.433); et si l'art. 53 de la loi du 25 vent. an xi fait exception à ce principe à l'égard des notaires, parce que, pour ces derniers, la juridiction disciplinaire est exercée par les tribunaux constitués comme pour le jugement des affaires purement civiles, il ne résulte point de là que, dans ce cas même, l'action civile doive participer aux immunités de l'action disciplinaire ou s'autoriser des décisions obtenues par celle-ci. Elles ne cessent pas d'être complétement indépendantes l'une de l'autre. La première peut s'appuyer sur toutes sortes de preuves, alors même que les faits qu'elle a pour objet présupposent un contrat dont l'existence ne saurait être prouvée que par écrit, précisément parce qu'elle ne peut produire aucune conséquence préjudiciable à ce contrat. Et la seconde, n'étant admise devant le tribunal saisi de la poursuite disciplinaire, qu'à raison du caractère de juridiction civile que conserve ce tribunal, ne perd rien de sa nature propre, et, par suite, reste assujettie, en ce qui concerne le mode de preuve des conventions, aux prescriptions rigoureuses du droit commun.

50. Du reste, si le ministère public exerçant l'action disciplinaire, contre un notaire particulièrement, peut recourir, dans tous les cas, à la preuve testimoniale pour justifier l'inculpation, il faut bien remarquer que les tribunaux jouissent d'un pouvoir souverain pour apprécier la pertinence des faits dont il demande à faire preuve, et qu'un arrêt qui rejetterait cette demande, en se fondant uniquement sur ce que les faits ne sont pas pertinents, échapperait à la censure de la Cour suprême : Cass., 15 déc. 1846 (D.p.47.1.30).

51. Le jugement d'un tribunal civil qui prononce disciplinairement une condamnation à l'amende contre un notaire, étant sujet à appel, aux termes de l'art. 53 de la loi du 25 vent. an xi, ne peut être attaqué par la voie du recours en cassation : Cass., 30 juill. 1863 (J.M.p.6.310).

52. Il n'y a ni excès de pouvoir, ni violation du droit de la défense de la part de la Cour d'appel qui, après avoir interrogé et entendu dans ses moyens de défense un magistrat poursuivi disciplinairement devant elle, charge, au cours de son délibéré, un ou plusieurs de ses membres de la vérification confidentielle des faits poursuivis, et prononce ensuite une condamnation contre le magistrat inculpé, sans que le résultat de cette mesure lui ait été communiqué,... alors du moins que la vérification n'a porté que sur les faits mêmes relevés par la prévention et qui seuls ont servi de base à la décision disciplinaire : Cass., 18 mai 1863 (J. M.p.6.232). — La Cour d'appel, en effet, est investie de la plus grande latitude pour le choix des éléments de sa décision, les seules formes prescrites pour l'instruction en cette matière étant déterminées par l'art. 55 de la loi du 20 avr. 1810, aux termes duquel « aucune décision ne pourra être prise que le juge inculpé n'ait été entendu ou dûment appelé, et que le procureur général n'ait donné ses conclusions par écrit. » Le magistrat inculpé ne peut donc se plaindre de n'avoir pas été appelé à s'expliquer sur le résultat de la vérification faite confidentiellement, par deux membres de la Cour, de l'exactitude des informations précédemment recueillies, alors que ces mêmes informations lui avaient été communiquées, et qu'il avait ensuite présenté ses moyens de défense. La décision disciplinaire ne lui ferait grief que si elle était fondée sur des faits autres que ceux relevés par l'instruction et au sujet desquels il avait été admis à se défendre.

53. La Cour d'Orléans a bien jugé, par arrêt du 9 janv. 1817 (Dalloz, *Rép.*, v° *Discipl. judic.*, n. 112), qu'en matière de discipline, la compétence des Cours d'appel n'est point limitée aux chefs d'inculpation qui ont été l'objet d'une plainte et des réquisitions du ministère public, et qu'elles sont saisies de tous les éléments qui peuvent les mettre à même d'apprécier la pureté des actions de ceux de leurs membres dont la conduite est soumise à leur examen ; mais ce pouvoir est nécessairement subordonné à la condition que sur tous les faits autres que ceux qui ont donné lieu à la plainte et aux réquisitions du ministère public, le magistrat inculpé soit appelé à donner ses explications.

54. Il résulte d'un arrêt de la Cour suprême du 17 juill. 1823 (D.P.23.1.389), que la demande d'un magistrat inculpé tendant à son renvoi devant une autre Cour, pour cause de suspicion légitime, ne peut être soumise à la Cour de cassation ; et la même opinion est professée par M. Foucher sur Carré, *Organ. et compét.*, t. 2, p. 110, note *a*. — Mais cette doctrine nous paraît devoir être repoussée par les motifs que nous avons exprimés ci-dessus, n. 21, au sujet d'une décision rendue dans le même sens à l'égard des officiers ministériels. — V. aussi Carré, *loc. cit.*, art. 73, n. 103 ; Morin. *Discipl.*, t. 2, n. 725 ; Dalloz, n. 60 et 61.

DOMAINE. — V. *Communication au ministère public, Enregistrement, Titres de valeurs industrielles.*

DOMICILE. — **1.** L'interprétation de l'art. 106, C. Nap., aux termes duquel le citoyen appelé à une fonction publique temporaire ou révocable conserve le domicile qu'il avait auparavant, s'il n'a pas manifesté d'intention contraire, a donné lieu à divers systèmes qu'il ne nous paraît pas inutile d'exposer ici, puisque la question intéresse personnellement les magistrats du ministère public. — D'après un arrêt de la chambre criminelle de la Cour de cassation du 21 mai 1835 (S.-V.35.1.782. — V. également Toulouse, 10 mai 1826, S.-V.chr.; Duranton, t. 1, n. 363), l'acceptation de fonctions révocables, si elle n'a pas pour effet d'opérer de plein droit la translation immédiate du domicile dans le lieu où ces fonctions sont exercées, fait du moins légalement présumer que ce lieu est le siége du principal établissement du titulaire et conséquemment de son domicile, à moins que la preuve contraire ne résulte de circonstances expressément déclarées.

2. Selon d'autres décisions, au contraire, les fonctionnaires amovibles conservent leur domicile d'origine tant qu'ils n'ont pas fixé leur principal établissement dans le lieu où ils exercent leurs fonctions : Cass., 16 mai 1809 (S.-V. chr.); 1er mars 1826 (*Id.*); 18 juin 1846 (D.p.46.1.249). — V. aussi Riom, 16 fév. 1819; Dalloz, *Répert.*, v° *Domicile*, n. 114.

3. Enfin, dans un système moins absolu, on décide que le changement de domicile d'un fonctionnaire amovible peut, comme celui d'un simple particulier, être déterminé par les circonstances (Paris, 2 prair. an XIII, Dalloz, *loc. cit.*, n. 109; Cass., 11 juill. 1831, S.-V.31.1.362; Limoges, 12 mars 1844, S.-V.44.2.623; Orléans, 5 août 1851, D.p.52.2.151), et que ces circonstances sont souverainement appréciées par les tribunaux : Cass., 20 juin 1832 (S.-V.32.1.694), et 14 fév. 1855 (D.p.55.1.398); — Demolombe, t. 1, n. 366; Dalloz, *loc. cit.*, n. 109.

4. Cette dernière interprétation nous paraît être la seule admissible. — L'art. 106 pose la règle que les fonctionnaires amovibles conservent leur domicile d'origine, et il ne fait fléchir cette règle que dans le cas où le fonctionnaire a manifesté l'intention de transférer son domicile dans le lieu où il exerce ses fonctions. Il est donc impossible de considérer l'acceptation de fonctions révocables comme faisant présumer, jusqu'à preuve contraire, que le lieu de ces fonctions est devenu celui du domicile du titulaire. C'est la solution inverse qui est la seule vraie. — Mais de quelle manière, pour abdiquer son domicile d'origine, le fonctionnaire amovible doit-il manifester son intention? Dans le silence de la loi sur ce point, on ne peut que recourir au droit commun, c'est-à-dire aux art. 103, 104 et 105, C. Nap., qui veulent que l'intention de changer de domicile puisse résulter, soit d'une déclaration expresse faite tant à la municipalité du lieu que l'on quitte, qu'à celle du lieu où l'on s'établit, soit, à défaut de déclaration, de l'ensemble des circonstances. Il n'est donc pas nécessaire que le fonctionnaire ait déjà fixé son principal établissement dans le lieu où il exerce ses fonctions. Tout acte renfermant l'expression d'une volonté certaine suffit pour constituer la preuve de son changement de domicile. Mais on ne saurait se dissimuler que l'appréciation des actes qui peuvent manifester cette volonté est infiniment délicate.

5. Jugé, dans le sens de la doctrine à laquelle nous nous rallions, que les fonctionnaires amovibles (et notamment les magistrats du ministère public) conservent le domicile qu'ils avaient avant l'acceptation de leurs fonctions, s'ils n'ont manifesté une intention contraire soit par une déclaration faite à la municipalité, soit par tout autre acte renfermant l'expression d'une volonté certaine; et que, spécialement, un membre du parquet ne peut être considéré comme ayant transféré son domicile au lieu où il exerce ses fonctions, lorsque non-seulement il n'a manifesté par aucun acte sa volonté d'opérer cette translation, mais qu'il a conservé dans le lieu de son domicile d'origine ses propriétés, ses intérêts, son habitation, son principal établissement, et que même il y a constamment exercé ses droits civils et politiques; qu'en conséquence, sont nulles les significations faites à ce magistrat au lieu de ses fonctions, soit d'un commandement préalable à la saisie immobilière, soit de tous les actes de procédure qui ont suivi : Lyon, 20 août 1858 (J.M.p.1.302).

DOUANES. — **1.** Lorsqu'une saisie de marchandises prohibées a été opérée dans une ville où il n'existe pas de bureau de douanes, le chef du parquet de première instance doit lever une expédition du jugement définitif intervenu sur cette saisie, et le transmettre sans délai au préfet pour que ce fonctionnaire prenne les mesures propres à assurer la rentrée et la répartition des condamnations pécuniaires : Décis. min. just. 9 juill. 1819 (Gillet, n. 1312).

2. En matière de douanes, la détention préventive présentant les mêmes caractères que quand il s'agit de délits communs, il y a lieu d'y appliquer l'art. 113, C. instr. crim., modifié par la loi du 14 juill. 1865, et d'admettre le principe de l'élargissement de droit au bout de cinq jours, quand le contrebandier n'est pas récidiviste, qu'il est domicilié, et que des circonstances exceptionnelles n'élèvent pas le maximum de la pénalité encourue à deux ans au plus : Circ. 20 mars 1866 (Rés. chr., p. 85).

3. Mais comme la libération avant le jugement peut, dans certains cas, présenter des inconvénients et des dangers, les délinquants étant le plus souvent de simples agents d'entrepreneurs de contrebande qui, malgré un domicile plus apparent que réel, ne présentent aucune garantie, le ministère public doit appliquer résolument en cette matière la loi du 20 mai 1863 sur les flagrants délits. Les délais qui devront nécessairement s'écouler avant l'arrivée des prévenus devant le tribunal compétent ne sauraient mettre obstacle à ce que l'affaire soit jugée comme flagrant délit, alors surtout que la foi due aux procès-verbaux dispense le ministère public de toute autre preuve. On peut d'ailleurs abréger ces délais en faisant enregistrer les procès-verbaux au chef-lieu de l'arrondissement, dans le cas où l'accomplissement de cette formalité sur les lieux mêmes aurait pour résultat de retarder la translation. Les parquets doivent à cet égard prêter leur concours aux agents de l'administration, auxquels il appartient de résoudre ces questions de détail et de localités : Même circulaire.

4. Dans tous les cas, le tribunal sera saisi immédiatement après que le parquet sera nanti des pièces probantes, sauf à renvoyer à une audience ultérieure, si un délai est nécessaire à la manifestation de la vérité. Mais si du procès-verbal ou des aveux du prévenu à l'audience il résultait que des complices de la fraude dussent être mis en cause, le devoir du tribunal ne serait pas moins de procéder d'urgence au jugement des fraudeurs arrêtés en flagrant délit, sauf à diriger contre les complices une information distincte : *Id.*

5. L'administration des douanes ne participe à l'exercice de l'action publique que pour obtenir les condamnations qui doivent, dans l'intérêt public, réparer le dommage que la fraude a pu causer, c'est-à-dire, pour faire prononcer la confiscation et l'amende contre le délinquant : il ne lui appartient pas de requérir la peine de l'emprisonnement; ce droit n'est dévolu qu'au ministère public. En conséquence, le prévenu du délit de contrebande acquitté en première instance ne peut, en l'absence d'un appel du ministère public, et sur le seul appel de l'administration des douanes, être condamné par la Cour à l'emprisonnement : Cass., 28 prair. an xi; 23 fév. 1811 (Dalloz, v° *App. en mat. crim.*, n. 181); 27 nov. 1858 (J.M.p.2.71); Metz, 18 juin, 3 sept. et 18 nov. 1841 (Rec. de jurispr. de cette Cour, t. 5, p. 313 et s.); — Mangin, *Action publique*, t. 1, n. 45; F. Hélie, *Instr. crim.*, t. 2, n. 1099. — V. *Action publique*, n. 7. V. aussi nos observations sur l'arrêt de la Cour de cassation du 27 nov. 1858.

6. En matière de contrebande par mer, la simple tentative d'importation est, sauf les cas graves prévus par l'art. 36 de la loi du 21 avr. 1818, de la compétence du juge de paix, à la différence du versement opéré, qui est de la compétence de la juridiction correctionnelle : Cass., 26 avr. 1830 (S.-V.9.1.502); 23 fév. 1861 (J.M.p.4.122); Caen, 20 juin 1860 (*Ibid.*). — V. aussi Dalloz, *Répert.*, v° *Douanes*, n. 766.

7. Il est du reste de principe certain que le juge de paix ne statue sur les contraventions en matière de douanes que comme juge civil, et non comme juge de police (*Sic*, Cass., 19 juill. 1821 et 4 janv. 1820, S.-V.1.470, et 7.1.177); d'où la conséquence que le tribunal d'appel, relativement à ces contraventions, est exclusivement le tribunal civil de première instance (L. 14 fruct. an iii, art. 6), et que, dès lors, la chambre correctionnelle de la Cour, saisie de l'appel d'un jugement correctionnel qui a incompétemment statué sur une contravention de cette nature, ne saurait avoir le droit d'en connaître elle-même par voie d'évocation : Caen, 20 juin 1860, précité.

8. Un arrêt de la Cour d'Amiens du 16 mai 1868 (J.M.p.11. 191) décide que la condamnation à l'amende prononcée par le juge de paix pour trouble apporté à l'exercice des fonctions des préposés des douanes, a un caractère répressif, et est, par suite, comprise dans les matières à l'égard desquelles la contrainte par corps a été maintenue par la loi du 22 juill. 1867 (V. *Contrainte par corps*, n. 1). Mais l'opinion contraire est habilement soutenue par M. Boucly dans une dissertation insérée J.M.p.11.177 et 201.

9. On sait que l'administration des douanes est autorisée transiger, en tout état de cause, sur les contraventions en cette matière. V. *Action publique*, n. 108. Quand la transaction précède le jugement définitif, elle a pour effet (suivant la chancellerie et la jurisprudence) d'arrêter l'action publique, quelle que soit la nature de la peine applicable à la contravention. En conséquence, l'officier du ministère public auquel cette transaction est notifiée doit, suivant les cas, s'abstenir de poursuivre, requérir une ordonnance de non-lieu ou demander le renvoi du prévenu : (Circ. min. just. 24 déc. 1812 (Gillet, n. 826); 1er janv. 1844 (*Id.* n. 2873);—Cass., 30 juin 1820 (S.-V.6.1.265 et 266); 3 mai 1855. — V. encore Mangin, *Act. publ.*, t. 1, p. 89, n. 47; Dalloz, *Répert.*, vº *Douanes*, n. 1013 et s.

10. Mais, d'après d'éminents criminalistes, dont l'opinion nous paraît plus rationnelle, l'administration des douanes, qui, comme on l'a vu ci-dessus, n. 5, n'a pas d'action pour requérir contre les délinquants la peine de l'emprisonnement, ne doit pas avoir le droit de transiger sur les délits qui emportent cette peine, soit qu'il s'agisse de délits communs, soit qu'il s'agisse de délits de fraude passibles de l'emprisonnement : V. Legraverend, *Législ. crim.*, t. 1, p. 616; F. Hélie, t. 2, n. 1099. — V. aussi *Action publique*, n. 108.

11. Quand la transaction n'a lieu qu'après le jugement définitif, l'amende prononcée peut être remise en tout ou en partie par l'administration; mais s'il y a eu peine d'emprisonnement, le chef de l'État peut seul modérer ou remettre la peine. Si les agents des douanes jugent convenable de proposer une remise ou une réduction de l'emprisonnement, ils en donnent avis au ministère public près la Cour ou le tribunal qui a prononcé la condamnation définitive. Le magistrat du parquet transmet sur-le-champ au garde des sceaux, avec les renseignements habituellement fournis pour les recours en grâce, son avis sur le degré d'indulgence que le condamné lui paraît mériter. Il est sursis provisoirement à l'exécution du jugement, si le condamné n'est pas détenu : Circ. 1er janv. 1844, précitée.

12. Dans tous les cas, la transaction ne profite qu'aux prévenus avec lesquels elle a été passée, et ne fait pas obstacle à la poursuite des coauteurs ou complices : Cass., 26 août 1820 (J.P. chr.); — F. Hélie, *loc. cit.*

ÉLECTIONS. — **1.** Les chefs des parquets de première instance ne doivent pas adresser isolément, soit au maire de la commune où demeure le condamné, soit au préfet du département, les extraits des jugements qui entraînent la privation du droit de vote. Les greffiers doivent tenir ,dans la forme du registre prescrit par l'art. 600, C. instr. crim., un relevé exact de ces jugements, au fur et à mesure qu'ils sont prononcés, et ce relevé, dont chaque article sera payé dix centimes, est adressé au préfet à la fin de chaque année, pour que les éliminations nécessaires soient opérées lors de la révision des listes électorales : Circ. 21 juill. 1856 (Gillet, n. 3666).

2. Les dépôts, prescrits par la loi, de la signature, de la profession de foi et du bulletin de vote, peuvent avoir lieu, dans le le cas où la circonscription électorale comprend plusieurs arrondissements, indistinctement au parquet de l'un ou l'autre des chefs-lieux. Dans ce cas, le chef du parquet qui a reçu le dépôt doit avertir d'urgence le procureur général, le préfet, le sous-préfet et le chef de parquet de première instance que ce dépôt peut intéresser : Circ. 5 juin 1857 (Gillet, n. 3713).

3. Une circulaire du ministre de la justice du 14 mars 1868 (Rés. chr., p. 104), retrace les règles à observer par les juges de paix en matière de révision des listes électorales, en invitant les procureurs généraux à donner aux juges de paix de leur ressort des instructions dans le sens de cette circulaire, à insister près d'eux sur la nécessité d'apporter en cette matière la régularité la plus absolue dans l'exercice des pouvoirs qui leur sont confiés par la loi, et à leur faire comprendre qu'ils doivent eux-mêmes éclairer et guider les maires sur l'étendue de leur compétence, et sur l'application, en ce qui les concerne, des dispositions du décret du 2 fév. 1852.

4. Les juges de paix doivent veiller assidûment à ce que leurs greffiers aient soin, conformément à l'obligation que la loi leur impose, de transmettre exactement au greffier de la Cour de cassation *toutes les pièces* produites à l'appui des réclamations en matières électorales, et particulièrement la décision de la commission signifiée à l'électeur et la décision du juge de paix sur l'appel, afin que la Cour de cassation ne soit pas exposée à ne pouvoir statuer sur les pourvois : Circ. 19 mars 1863 (Rés. chr., p. 53).

5. Il est arrivé souvent que des maires se sont pourvus en cassation contre les décisions des commissions municipales en matière électorale, soit en leur qualité de maire, soit, au besoin, comme électeur, ou ont fait former le pourvoi par un membre de la commission. Les procureurs généraux doivent prendre des mesures pour prévenir le retour de cette illégalité. Leurs avertissements seront d'autant plus opportuns que l'erreur dont il s'agit a été partagée par quelques juges de paix qui, dans l'exercice du droit que leur donne l'art. 23 du décret de 1852 de désigner eux-mêmes les intimés à mettre en cause, ont cru devoir parfois appeler les maires à venir défendre devant eux les décisions des commissions municipales : Circ. proc. gén. près la Cour de cass., 23 mars 1865 (Rés. chr., p. 73).

6. Les dispositions du décret du 2 fév. 1852, qui répriment les actes tendant à altérer la sincérité des élections, ne mettent point obstacle à ce que ceux de ces actes qui, outre le caractère de manœuvre électorale, auraient celui d'un crime ou d'un délit, soient punis des peines prononcées contre ce crime ou ce délit.— Ainsi, les propos tenus par un candidat dans le but d'éloigner de son compétiteur les suffrages électoraux tombent, s'ils ont un caractère diffamatoire, sous l'application de l'art. 18 de la loi du 17 mai 1819 : Lyon, 24 janv. 1865 (J.M.p.8.42).

EMPRISONNEMENT.

SOMMAIRE ALPHABÉTIQUE.

1. Le chef du parquet de première instance doit veiller à ce que l'agent de la force publique qui dépose dans les prisons une personne arrêtée, assiste à l'inscription de l'acte d'écrou sur le registre et à la transcription du mandat ou du jugement, et signe le tout. — Il doit aussi vérifier tous les mois si les registres des concierges des maisons d'arrêt et de justice sont tenus régulièrement, et adresser au garde des sceaux un procès-verbal sommaire de cette vérification, en donnant avis des irrégularités constatées (C. instr. crim., 608 et 609; C. pén., 120) : Circ. 29 juill. 1822 (Gillet, n. 1577).

2. Le registre d'écrou doit contenir textuellement la copie soit du mandat de dépôt ou d'arrêt, soit de l'ordonnance de prise de corps, soit du jugement ou de l'arrêt de condamnation. Dans le cas où l'ordonnance de prise de corps ferait partie de l'arrêt de mise en accusation, il suffit de transcrire cet arrêt par *extrait* comprenant le dispositif en entier (C. instr. crim., 242) : Circ. 5 janv. 1832 (Gillet, n. 2306).

3. Les condamnés à l'emprisonnement qui ne sont point en état de détention préalable peuvent se constituer volontairement, sans l'intervention d'un agent de la force publique. Dans ce cas, le ministère public adresse directement au concierge l'extrait du jugement de condamnation avec son réquisitoire, ou le remet au condamné lui-même : Circ. 21 déc. 1836 (Gillet, n. 2534).

4. Dans le cas où un individu condamné pour délit à l'emprisonnement a subi, sous une autre prévention, une détention préalable d'une durée au moins égale à celle de sa peine, cette peine est réputée subie, et l'écrou n'est plus une formalité indispensable pour l'exécution de la condamnation : Cass., 5 nov. 1846 et 12 mai 1857; — Circ. 26 fév. 1847 (Gillet, n. 3054).

5. Lorsque la condamnation à une peine qui doit être subie dans une maison centrale est devenue définitive, le ministère public en adresse un extrait sommaire au préfet (des modèles de ces extraits sont envoyés aux parquets par la chancellerie : Circ., 20 sept. 1858), avec invitation de faire transférer le condamné au lieu de sa destination. Si quelque motif s'oppose à la translation, le préfet en fait part au procureur général ou au chef du parquet de première instance, de même qu'il leur donne avis de la translation, au moment où elle a lieu. Le procureur général ou le chef du parquet de première instance du lieu où la condamnation a été prononcée, en adresse un autre extrait au chef du parquet de la Cour ou du tribunal de première instance dans la circonscription desquels est située la maison centrale, pour qu'ils puissent en surveiller l'exécution. Ces magistrats peuvent à cet effet se transporter à la maison centrale : Circ. min. just. 26 juill. 1817 et 6 déc. 1840, § 9 (Gillet, n. 1155 et 2703).

6. Les §§ 8 et 10 de la circulaire du 6 déc. 1840 (Gillet, n. 2703) indiquent les mentions que doivent contenir les extraits d'arrêts ou de jugements accompagnant les condamnés aux bagnes ou dans les maisons centrales. On doit particulièrement ne pas omettre celle du signalement. — Il importe de tenir la main à ce que les extraits transmis aux ministres de la marine et de l'intérieur soient rédigés conformément à leurs prescriptions, et contiennent, en outre, toutes les indications mentionnées dans les cadres imprimés fournis à l'autorité judiciaire : Circ. 30 avr. 1859 (Rés. chr., p. 5).

7. Les magistrats du parquet doivent veiller à ce que les extraits soient remis aux gardiens-chefs des maisons d'arrêts et de justice aussitôt que la condamnation est devenue définitive.—Les greffiers ne peuvent se prévaloir de la disposition de l'art. 20 de la loi fiscale du 22 frim. an VII, relative au délai de la présentation des actes judiciaires à l'enregistrement, pour différer l'accomplissement de cette formalité à l'égard des jugements et arrêts. Les art. 164 et 370, C. instr. crim., qui veulent, à peine d'amende, que les jugements et arrêts soient signés dans les vingt-quatre heures, doivent être rigoureusement appliqués, surtout lorsqu'une peine corporelle a été prononcée, et quand ces actes auront été rédigés et signés immédiatement, les greffiers n'auront plus aucune raison pour en retarder l'enregistrement. Ils doivent être prévenus que des poursuites seront dirigées contre eux, s'ils ne se conforment pas aux art. 164 et 370 précités, et que, dans tous les cas, les contrevenants seront signalés au ministre, qui ne pourra accepter l'excuse tirée d'un retard dans le dépôt par le juge rédacteur de la minute du jugement, ou d'une négligence des magistrats à donner leur signature sur la feuille. Dans les cas exceptionnels, il faudrait au moins que le magistrat prît la responsabilité formelle du retard, si le greffier la rejetait sur lui. Il convient que les présidents et les chefs de parquets de première instance organisent des vérifications hebdomadaires destinées à prévenir le retour de fâcheuses irrégularités : Circ. 16 juin 1862 (Rés. chr., p. 46).

8. Si le ministre de l'intérieur fait transférer le condamné dans un autre lieu, le procureur général ou le chef du parquet de première instance transmet aussitôt l'extrait du jugement ou de l'arrêt au parquet dans l'arrondissement duquel le condamné est transféré, et rend compte au ministre de la justice des motifs du déplacement : Mêmes circulaires.

9. Dans le cas où le jugement qui prononçait la peine de l'emprisonnement est confirmé en appel, il est indispensable de transmettre au chef du parquet près le tribunal qui a rendu ce jugement un extrait de l'arrêt, au bas duquel il met l'ordre d'arrêter le condamné. Mais lorsque la décision confirmée portait acquittement ou simple condamnation à l'amende, ou lorsque le jugement de condamnation à l'emprisonnement est infirmé, il suffit de donner au parquet avis du résultat de l'affaire : Décis. min. just. 9 avr. 1825 (Gillet, n. 1834).

10. Lorsqu'il y a lieu de demander pour un condamné l'autorisation de subir sa peine dans un autre arrondissement que celui où il a été jugé, la demande et l'extrait du jugement doivent être adressés préalablement au ministre de la justice par le parquet de première instance : Décis. min. just. 4 oct. 1831 (Gillet, n. 2291).

11. Un condamné à la peine de l'emprisonnement ne peut être admis à la subir dans une maison de simple dépôt : Décis. min. just. 25 sept. 1824 (Gillet, n. 2030).

12. Les individus condamnés à des peines correctionnelles qui excèdent la durée d'un an, ne peuvent être autorisés à subir ces peines dans les prisons départementales, par exception à l'ord. du 2 avr. 1817, que dans les cas d'infirmités graves ou en considération de l'intérêt bien entendu des familles.—Les préfets doivent donc prendre ces seuls motifs pour base des appréciations qu'ils transmettent à ce sujet au ministre de l'intérieur. Ils ne doivent, du reste, jamais omettre de consulter le ministère public, dont il faut que l'avis soit joint à leurs propositions. En tout cas, ces autorisations sont essentiellement révocables et subordonnées à la persévérance des détenus dans une bonne conduite : Circ. min. just. 27 mars 1846 (Gillet, n. 3002); Circ. min. intér. 10 juill. 1858 (J.M.p.1.256).

13. Les parquets, consultés par l'autorité administrative relativement à l'autorisation à accorder aux condamnés à plus d'une année d'emprisonnement de subir leur peine dans les prisons d'arrondissement, émettent trop facilement des avis ou bien favorable sans aucun motif, ou contenant seulement la formule banale « *il n'y a pas d'inconvénient* ». Cette autorisation porte une trop grave atteinte à l'égalité devant la loi pour qu'on puisse l'accorder sans des raisons sérieuses. Les magistrats ne doivent donc acquiescer au maintien des condamnés dans les prisons d'arrondissement que lorsqu'ils pourront justifier leur avis favorable d'une manière explicite : Circ. 17 avr. 1867 (Rés. chr., p. 99).

14. Les détenus frappés de plusieurs peines dont les unes, excédant la durée d'une année, doivent être subies dans les maisons centrales, et les autres, inférieures à ce terme, doivent l'être dans les prisons départementales, sont extraits des maisons centrales à l'expiration de la peine qui les y a fait transférer, et conduits par la gendarmerie dans les lieux où ont été rendus les jugements prononçant contre eux des condamnations à un emprisonnement qui n'excède pas une année. — Toutefois, cette règle ne pouvant, sans inconvénient, être appliquée d'une manière absolue, il n'y a lieu de transférer que les condamnés qui auront à subir une peine de six mois au moins : Circ. min. intér. 19 déc. 1853 (Gillet, n. 3494).

15. Lorsqu'un individu, à sa sortie de la maison centrale, a encore à subir plusieurs condamnations prononcées par les tribunaux de différents départements, il doit être d'abord transféré dans le lieu où il a été frappé de la plus forte peine, quelle que soit la date des jugements; et, à l'expiration de cette peine, le préfet du département où elle aura été subie doit prendre les mesures nécessaires pour qu'il soit mis à la disposition de ceux de ses collègues qui auront à faire exécuter les autres condamnations. Cependant, si la détention de cet individu ne devait pas se prolonger encore au delà de six mois, il conviendrait de le maintenir dans la même prison : Même circulaire.
let, n. 3494).

16. En principe, et sauf les cas exceptionnels, les prévenus et les accusés doivent être transférés *à pied* de brigade en brigade, ou par la voie des chemins de fer dans les cas indiqués au numéro suivant. On ne doit, par des raisons d'économie, recourir à ce dernier mode de transport que quand il s'agit de transférer un ou deux individus seulement : Circ. 13 août 1855 (Gillet, n. 3602).

17. Il doit être fait emploi des chemins de fer, pour la translation des prévenus et des accusés, toutes les fois que ceux-ci partent d'un chef-lieu de département ou d'arrondissement pour être conduits devant l'autorité judiciaire d'un autre chef-lieu existant sur la même ligne. Le nombre des gendarmes à requérir pour l'escorte doit être subordonné aux besoins réels : un seul gendarme peut être requis lorsque le prévenu n'inspire aucune crainte : Circ. 30 juin 1855 (Gillet, n. 3591). — Du reste, il convient de se concerter avec le commandant de la gendarmerie auquel, dans chaque localité, est dévolu le droit de fixer le nombre des gendarmes d'escorte, afin d'assurer la disposition économique à prendre, toutes les fois qu'elle pourra être appliquée, par exemple lorsqu'il s'agira de la translation d'un seul individu et notamment d'une femme : Circ. 6 oct. 1858 (Gillet, n. 3792).

18. Il arrive presque toujours qu'un médecin est requis pour constater l'impossibilité de voyager à pied, même quand la cause d'impossibilité est assez apparente pour n'avoir pas besoin d'autre constatation que la déclaration écrite de la personne qui ordonne le transport en voiture. Il convient, pour éviter les frais, de ne requérir la visite du médecin que dans les cas de nécessité absolue, et cette visite ne doit avoir lieu que lorsqu'il y a dissentiment entre les agents chargés de l'escorte et le prévenu sur la question de savoir si celui-ci est hors d'état de faire la route à pied : Circ. 5 mars 1856 (Gillet, n. 3634) ; 27 juin 1857 (*id.*, n. 3717) ; 6 oct. 1858 (*id.*, n. 3792).

18 *bis.* Lorsque l'absence de médecin sur les lieux rend la mesure inexécutable, l'officier municipal ou le commandant de la gendarmerie chargé de l'escorte doit donner une attestation explicative de la cause nécessitant le transport en voiture, et cette attestation doit être insérée dans la réquisition remise au convoyeur. Pour reconnaître en définitive que le transport ne pouvait avoir lieu à pied, il convient en outre que le magistrat devant qui le prévenu est conduit s'assure, au vu de sa personne et en réclamant, s'il y a lieu, le concours d'un médecin, de l'exactitude du motif donné pour le transfert en voiture ; et s'il est démontré que ce motif est inexact, il faut, lorsque le prévenu aura eu plusieurs gîtes à franchir, que le magistrat remonte à la source pour découvrir si l'abus a commencé au départ et s'il s'est perpétué de gîte en gîte jusqu'à l'arrivée à destination. Il devra être donné connaissance au ministre de la justice des abus qui auront été découverts. Les procureurs généraux doivent adresser à ce sujet les recommandations les plus formelles à leurs substituts, et donner des instructions tant aux officiers municipaux qu'aux commandants de gendarmerie dans chaque gîte d'étape, afin que la nécessité du transport en voiture soit justifiée lors de la remise à la chancellerie des réquisitions ou ordres de fournitures joints à l'appui des comptes de l'entrepreneur : Circ. 17 août 1860 (Rés. chr., p. 21).

18 *ter*. Il est d'usage, dans quelques localités, d'apposer au bas des réquisitions ou des visas d'arrivée une *griffe* au lieu de la signature du maire. Ce mode de procéder, retirant aux attestations des officiers publics leur caractère d'authenticité, doit être sévèrement proscrit : Même circulaire.

19. D'après une décision arrêtée de concert entre le ministre de l'intérieur et le ministre de la justice, les femmes accouchées ou enceintes doivent subir la peine de l'emprisonnement au-dessus d'un an dans la prison du chef-lieu du département où la condamnation aura été prononcée ; elles peuvent y conserver leur enfant pour l'allaiter et lui donner les soins nécessaires jusqu'à l'âge de trois ans.—Quant aux femmes condamnées à la réclusion et aux travaux forcés qui se trouvent dans la même situation, elles doivent être maintenues dans la prison du chef-lieu pendant trois ans à partir du jour de l'accouchement, après lequel délai l'enfant est remis à la famille, ou aux institutions qui doivent en tenir lieu, si elle est absente, et elles achèvent de subir leur peine dans une maison centrale.—Il est entendu que si les condamnées ne voulaient ou ne pouvaient allaiter, les dispositions ci-dessus cesseraient de leur être applicables. Il en serait de même en cas de mort de l'enfant : Circ. 21 juin 1861 (Rés. chr., p. 36).

20. Si un condamné à la peine de l'emprisonnement tombe malade pendant qu'on le transporte au lieu où il doit subir cette peine, le temps que dure sa maladie doit être imputé sur la durée de son emprisonnement : Décis. min. just. 6 janv. 1825 (Gillet, n. 1800).

21. Les directeurs des maisons centrales doivent dénoncer directement au ministère public les crimes ou délits commis dans ces maisons, tout en en rendant compte au préfet, et sauf à en référer à l'autorité supérieure en cas de doute, de difficultés et de conflits. Du reste, tous les faits, même prévus par la loi pénale, ne doivent pas être l'objet d'une poursuite judiciaire ; il peut être laissé beaucoup à la répression disciplinaire du directeur : Circ. min. intér. 7 août 1854 (Gillet, n. 3532).

21 *bis*. L'assistance des agents de la force publique à la radiation de l'écrou au cas de mise en liberté, soit après l'expiration de la peine, soit par suite d'absolution ou d'acquittement, n'est pas nécessaire. La présence des agents ne doit être requise que lorsqu'il s'agit de transférer le détenu d'une prison dans une autre : Circ. 30 déc. 1812 et 18 avril 1843, Gillet, n. 828 et 2828).

22. De dispositions concertées entre le garde des sceaux et le ministre de l'intérieur, il résulte que le chef du parquet de première instance n'a aucun ordre à donner pour faire élargir les prévenus dont la peine expire. Il doit se borner à mentionner au pied de l'extrait du jugement délivré pour la rédaction de l'écrou, la date du jour où la peine a commencé à courir; cette indication contient implicitement celle du jour où la peine doit expirer. Quand ce jour est arrivé, le gardien-chef procède, sur l'ordre de l'autorité administrative, à l'élargissement des condamnés. Toutefois, le gardien-chef est tenu d'adresser au parquet, huit jours à l'avance, la liste des condamnés dont la peine est sur le point d'expirer : Circ. 5 sept. 1864 (Rés. chr., p. 71).

23. Par exception à cette règle, le ministère public demeure chargé d'ordonner lui-même la mise en liberté des individus condamnés à une peine n'excédant pas vingt jours. Des mesures convenables doivent être prises dans chaque parquet pour la surveillance de ces peines de courte durée : Même circulaire.

24. Au surplus cette innovation, ayant un caractère essentiellement administratif, ne porte aucune atteinte aux droits généraux conférés au ministère public par les art. 197 et 376, C. instr. crim., ni au droit d'ordonner directement, conformément aux art. 615 et s. du même Code, l'élargissement des individus détenus arbitrairement, ni, enfin, au droit de prescrire la mise en liberté des individus qui ont été l'objet d'une grâce définitive : Id.

25. L'art. 40, C. pén., en portant que la peine d'un mois d'emprisonnement est de trente jours, n'a prévu que le cas spécial d'une condamnation à l'emprisonnement pendant un mois. Sa disposition ne doit pas être étendue au delà de cette limite, et elle est inapplicable lorsque la condamnation est de deux ou de plusieurs mois. Alors, les mois d'emprisonnement doivent être comptés date par date, d'après le calendrier grégorien : Décis. min. just. 16 mai 1840 (Gillet, n. 2676); — Mangin, *Act. publ.*, t. 2, n. 318.

26. Si les circonstances qui avaient rendu nécessaire la détention d'enfants au-dessous de seize ans acquittés comme ayant agi sans discernement, viennent à ne plus exister, les préfets sont autorisés à mettre ces enfants en apprentissage, et même à les faire enrôler dans les armées de terre et de mer; mais ces mesures ne peuvent être employées qu'avec l'adhésion du procureur général et de ses substituts. — Quand il s'agit de la mise en apprentissage, le préfet doit, avant de conclure, communiquer au chef du parquet de première instance le projet de traité, ainsi que tous les documents qui peuvent faire apprécier la convenance des engagements à contracter au nom des enfants. Lorsqu'il s'agit d'un autre placement, le ministère public doit être également instruit de ses conditions et de ses avantages. En cas de dissentiment avec le préfet, il doit en être référé au ministre de la justice : Circ. 6 avr. 1842 (Gillet, n. 2779).

27. Du reste, le consentement du ministère public à la mise en liberté des jeunes détenus laisse subsister la surveillance que la décision judiciaire lui donne le droit d'exercer sur eux. Il doit toujours se réserver la faculté de les faire réintégrer dans une maison de correction, s'ils venaient à donner des sujets de plainte, et ne pas omettre de faire stipuler dans les contrats d'apprentissage la résolution de la convention dans le cas où le maître userait de mauvais traitements envers son apprenti : Même circulaire.

28. Avant la loi du 5 août 1850, c'était au ministre de la justice qu'il appartenait d'apprécier la demande de cessation de la détention formée par les parents (Circ. 6 avr. 1842, précitée). — Aujourd'hui, cette attribution se trouve dévolue au ministre de l'intérieur. Toutefois, il a été convenu entre ce ministre et le garde des sceaux, que lorsqu'il s'agira de confier un jeune détenu à sa famille, l'administration prendra préalablement l'avis du ministère public. De plus, les directeurs des établissements d'éducation correctionnelle sont tenus d'indiquer en temps utile au procureur général les noms des jeunes détenus rendus provisoirement à la vie libre ou placés en apprentissage : Circ. 29 oct. 1852 (Gillet, n. 3439).

29. Il demeure d'ailleurs entendu que, s'il devient exceptionnellement nécessaire de faire complétement cesser la tutelle administrative, de rendre, sans condition, l'enfant à ses parents, d'anéantir, en un mot, la décision judiciaire qui l'avait remis entre les mains de l'administration et de faire procéder à la radiation de l'écrou, il appartient au ministre de la justice seul de prendre ou de provoquer cette mesure : Même circulaire.

30. Sous cette seule réserve, le procureur général consulté par l'administration doit transmettre directement et sans retard au fonctionnaire qui les lui aura demandés, son avis et les renseignements propres à éclairer l'administration. Il doit avoir soin, s'il y a lieu, d'instruire le garde des sceaux de l'irrégularité ou de l'omission des communications qui doivent lui être faites. — Le procureur général est obligé de visiter, au moins chaque an-

née, les établissements d'éducation correctionnelle de son ressort,
et il doit tenir le ministre au courant des résultats de sa visite et
des observations qu'elle lui aurait suggérées : *Id.* — Compar. la
loi du 5 août 1850.

V. *Action publique,* 108 ; *Appel corectionnel,* 208, 209 ; *Assistance judiciaire,* 32 ; *Évasion de détenus* ; *Exécution des jugements et arrêts* ; *Frais* ; *Notaire,* 37 ; *Peine* ; *Prescription criminelle,* 87 ; *Prisons.*

ENFANTS ASSISTÉS. — Les magistrats doivent accorder leur concours à l'administration générale de l'assistance publique à l'égard des enfants assistés envoyés dans les départements et qui restent sous sa tutelle. — Aucune information judiciaire ne doit être dirigée contre un enfant assisté, sans qu'un avis préalable ait été adressé au sous-inspecteur de l'administration résidant dans l'arrondissement : Circ. min. just. 15 avril 1857 (Gillet, n. 3704). V. aussi Circ. min. int. 30 avr. 1856 (*Id.* n. 3648).
— V. *Envois non périodiques,* n. 2-17°.

ENLÈVEMENT DE MINEURE. — **1.** L'immunité accordée par l'art. 357, C. pén., au ravisseur qui a épousé la fille enlevée, de ne pouvoir être poursuivi que sur la plainte des personnes ayant le droit de demander la nullité du mariage, et condamné qu'après que le mariage aura été annulé, peut être invoquée en appel par celui qui n'a épousé la mineure par lui enlevée que depuis la condamnation pour enlèvement prononcée contre lui en première instance. Mais les frais de première instance et d'appel doivent, en pareil cas, rester à la charge du prévenu, malgré son acquittement : Bordeaux, 24 juin 1868 (J.M.p.12.264).
— Cette décision, à laquelle nous ne connaissons pas de précédent, nous semble parfaitement fondée.

2. La circonstance que le mariage aurait été annulé sur la demande du ministère public, n'autoriserait point celui-ci à poursuivre d'office le ravisseur. Pour qu'il en fût ainsi, il faudrait que le ministère public se trouvât au nombre des personnes qui peuvent porter la plainte exigée par l'art. 357. Or, la famille seule de la victime a ce droit, qui lui a été précisément accordé pour qu'elle puisse faire prévaloir l'intérêt de cette dernière sur celui de la vindicte publique : Legraverend, *Législ. crim.,* t. 1, p. 48 ; F. Hélie, t. 2, n. 788.

3. L'exception introduite par l'art. 357, C. pén., en faveur du ravisseur, ne lui est point exclusivement personnelle, mais peut être opposée aussi par ses complices ; car ce n'est pas l'intérêt particulier du ravisseur, mais la paix de la famille que la loi a voulu sauvegarder : Cass., 2 oct. 1852 (Bull., n. 235) ;—F. Hélie, n. 788. — *Contrà*, C. d'ass. de la Seine, 26 mars 1834 (S.-V. 34.2.276).

ENREGISTREMENT ET DOMAINES. — 1.

En matière domaniale, le ministère public peut être chargé par le préfet de défendre les intérêts de l'État, sans avoir le droit de décliner cette mission (Arrêté, 10 therm. an IV; Av. Cons. d'Ét., 12 mai-1er juin 1807). Mais il n'est, en pareil cas, que le représentant du préfet ; il n'agit pas comme partie principale, et ne cesse pas d'avoir le droit de conclure comme partie jointe : Cass., 8 nov. 1843 ; — Debacq, *Act. du min. publ. en mat. civ.*, p. 376. — V. *infrà*, n. 4.

2. Par suite, toutes les significations sont faites au nom du préfet, et le ministère public n'a point qualité pour exercer contre les décisions intervenues les recours dont elles sont susceptibles : Nancy, 12 fév. 1827 (S.-V. chr.); Bordeaux, 21 août 1839 ; — Debac, p. 377.

3. Dans les affaires domaniales, le préfet peut se borner à remettre à l'officier du ministère public les mémoires de la régie et l'arrêté du conseil de préfecture, avec une lettre portant qu'il approuve les moyens qui y sont présentés ; il n'est point nécessaire que le préfet refonde lui-même ces moyens dans un seul mémoire signé par lui. Les mémoires dont il s'agit doivent être communiqués à la partie adverse, sans signification (L. 10 therm. an IV; 14 vent. an VII) : Lett. minist. just. 6 juin et 10 juill. 1818 (Gillet, n. 1220 et 1231).

4. Du reste, le magistrat du parquet est libre, s'il ne trouve ni justes ni concluants les moyens qui lui ont été fournis au nom de l'État, de conclure, comme officier du ministère public, dans le sens qui lui paraît être conforme au vœu de la loi : Lett. min. 10 juill. 1818, précitée. — Ce droit est une conséquence du rôle qu'il remplit dans cette sorte d'affaires. V. ci-dessus, n. 1.

5. C'est seulement dans les affaires intéressant le domaine de l'État, et non dans celles qui concernent le domaine de la couronne, que le ministère public peut recevoir du préfet la délégation du droit de défendre les intérêts de l'administration. V. L. 2-7 mars 1832, art. 27 ; Sénatus-cons. 17 déc. 1852, art. 22 ; —, Debacq, p. 379.

6. En matière d'enregistrement, les conclusions du ministère public doivent être orales, et il ne suffirait pas qu'elles fussent données par écrit : Cass., 14 mars 1821, 14 avr. 1830, 16 mai 1831, 16 avr. 1856 (S.-V.6.1.397 ; 9.1.492 ; 31.1.206 ; 56.1.617) et 18 fév. 1867 (J.M.p.11.96) ; Circ., 21 déc. 1836 (Gillet, n. 2535). Le jugement doit du reste mentionner ces conclusions orales (arrêts précités des 14 mars 1821 et 16 mai 1831) ; et il faut en outre qu'il constate qu'elles ont été données dans l'ordre prescrit par l'art. 65 de la loi du 22 frim. an vii, c'est-à-dire après le rapport et immédiatement avant le prononcé du jugement : Cass., 18 fév. 1857, aussi précité.

7. Les greffiers des tribunaux de première instance doivent tenir un registre spécial pour l'inscription des pièces produites dans les affaires de l'administration de l'enregistrement et des domaines ; il y est fait mention de la date, de la nature et du mouvement des pièces remises au greffe. — Le ministère public doit veiller à l'inscription dont il s'agit, ainsi qu'à la réintégration au greffe des pièces qui seraient extraites par les directeurs ou les avoués : Circ. 24 oct. 1814 et 9 mai 1821 (Gillet, n. 942 et 1464).

8. Les magistrats du parquet doivent s'attacher à faire cesser l'abus qui consiste, de la part des parties, à produire des actes non enregistrés avec la fausse qualification de conventions verbales, et de la part des juges à les énoncer dans leurs jugements en leur conservant cette même qualification : Circ. 6 mars 1815 (Gillet, n. 960) ; 25 mai 1834 (*Id.*, n. 2431) ; 10 nov. 1848 (*Id.*, n. 3157).

9. En ce qui concerne les envois périodiques faits au ministère public par l'administration de l'enregistrement et des domaines, V. *États et envois périodiques*.

— V. *Actes judiciaires*, 4 ; *Action directe ou d'office*, 23 ; *Appel correctionnel*, 85, 180, 181 ; *Conciliation (préliminaire de)* ; *Frais* ; *Notaire*, 38 ; *Poste aux lettres*, 9 et 10 ; *Procès-verbal*, 11 et 12 ; *Serment*, 1 ; *Succession vacante*, 1 ; *Témoin*, 26 ; *Tribunal de police*, 8.

ENSEIGNEMENT. — 1. Le procureur général, dans les villes où siége une Cour d'appel, et le chef du parquet de première instance dans les autres chefs-lieux de département, sont de droit membres du conseil départemental de l'instruction publique (L. 15 juin 1854, art. 5). Ils peuvent s'y faire remplacer par leurs substituts : Arg. décis. min. just. 6 déc. 1850 (Gillet, n. 3302); Circ. min. instr. publ. 20 janv. 1851 (*Id.*, n. 3314).

2. Aux termes de l'art. 27 de la loi du 15 mars 1850, tout instituteur qui veut ouvrir une école libre doit préalablement déclarer son intention au maire de la commune où il veut s'établir, lui désigner le local, et lui donner l'indication des lieux où il a résidé et des professions qu'il a exercées pendant les dix années précédentes. Cette déclaration est consignée sur un registre spécial tenu à cet effet dans chaque mairie (art. 1er du décret du 7 oct. 1850); elle doit être accompagnée : 1° de l'acte de naissance de l'instituteur ; 2° de son brevet de capacité ou titre équivalent (art. 25 de la loi du 15 mars 1850).—Dans les trois jours, le maire, après avoir visité ou fait visiter le local destiné à l'école, est tenu de délivrer gratuitement à l'instituteur, en triple expédition, une copie légalisée de sa déclaration. Ces expéditions sont remises, l'une au préfet, la seconde au sous-préfet et la troisième au chef du parquet de première instance (Décr., 7 oct. 1850, art. 2). Ce magistrat doit s'enquérir des antécédents de l'instituteur, et, s'il juge qu'il y aurait danger à lui confier des enfants, porter plainte au préfet. V. *infrà*, n. 5. — V. les modèles de l'expédition de la déclaration du postulant et de la lettre de transmission de cette déclaration au parquet, **J.M.**p.7.135 et 136.

3. Il a été jugé que l'instituteur qui veut ouvrir une école libre doit absolument, pour satisfaire au vœu de l'art. 27 de la loi du 15 mars 1850, et à peine des poursuites correctionnelles prescrites par l'art. 29, adresser au préfet, au sous-préfet et au chef du parquet de première instance, une copie collationnée de la déclaration par lui faite au maire de la commune où il se propose de s'établir, et qu'il ne suffirait pas qu'il fît quatre déclarations distinctes, l'une au maire, la seconde au préfet, la troisième au sous-préfet et la quatrième au ministère public : Douai, 6 mars 1860 (J.M.p.3.168).

4. De graves objections nous semblent pouvoir être faites contre cette solution. L'art. 27 de la loi du 15 mars 1850 se borne à prescrire à l'instituteur qui veut ouvrir une école libre, de déclarer son intention au maire de la commune où il se propose de s'établir, et d'adresser en outre *cette déclaration* au recteur de l'Académie, auquel le préfet a été substitué à cet égard par l'art. 8 de la loi du 14 juin 1854, au chef du parquet de première instance et au sous-préfet. Rien évidemment dans cette disposition n'indique que le législateur ait entendu soumettre l'instituteur postulant à l'obligation d'adresser au recteur (aujourd'hui au préfet), à l'officier du ministère public et au sous-préfet, une copie de la déclaration par lui faite au maire. Tout ce qu'a voulu la loi c'est que chacun de ces fonctionnaires reçoive la déclaration de l'intention de l'instituteur d'ouvrir une école libre, afin qu'ils puissent prendre sur lui les renseignements propres à mettre le recteur ou le préfet à même d'exercer, s'il y a lieu, le droit d'opposition que lui confère l'art. 28. — Il est vrai que l'art. 2 du décret du 7 oct. 1850, relatif à l'exécution de la loi du 15 mars, a ajouté aux prescriptions de cette loi des obligations nouvelles, et qu'il exige que le maire, après avoir visité ou fait visiter le local destiné à l'école, délivre gratuitement à l'instituteur trois copies légalisées de sa déclaration, copies destinées à être remises par l'instituteur au recteur, ou au préfet, au chef du parquet de première instance et au sous-préfet, et au bas desquelles le maire, s'il refuse d'approuver le local, doit faire mention de son opposition, ainsi que des motifs sur lesquels elle est fondée. Mais cette disposition, qui ne se borne pas, quoi qu'en dise l'arrêt mentionné ci-dessus, à fixer le sens de l'art. 27 de la loi du 15 mars, n'a pu avoir pour effet d'étendre la pénalité prononcée par l'art. 29 contre la contravention à l'art. 27. C'est l'inobservation des formalités prescrites par ce dernier article, et non celle des formalités nouvelles qu'exige le décret du 7 oct. 1850, qui peut rendre l'instituteur passible de poursuites correctionnelles et d'une condamnation à une amende de 50 à 500 fr.

5. Le préfet, soit d'office, soit sur la plainte de l'officier du ministère public ou du sous-préfet, peut, dans le mois de la déclaration à lui faite, former opposition à l'ouverture de l'école dans l'intérêt des mœurs publiques. Cette opposition est jugée dans un bref délai, contradictoirement et sans recours, par le conseil départemental de l'instruction publique : L. 15 mars 1850, art. 28 ; L. 14 juin 1854, art. 7.

6. Il n'y a pas ouverture d'école libre, soumise, à peine de poursuites correctionnelles, à une déclaration préalable au maire, au préfet, au sous-préfet et au chef du parquet de première instance, de la part de celui qui donne l'instruction à des enfants de diverses familles, mais isolément ou par groupes d'enfants d'une même famille, soit chez lui, soit au domicile des parents ; il y a là seulement enseignement domestique et privé : l'ouverture d'une école libre dans le sens de la loi n'a lieu qu'autant que des enfants de différentes familles sont réunis habituellement pour recevoir l'enseignement en commun : Cass. , 27 juill. 1860 (J.M.p. 3.238); Bordeaux , 15 nov. 1860 (*Id*.4.155).

7. Déjà, avant la loi du 15 mars 1850, la Cour de cassation avait jugé dans le même sens qu'une école est publique toutes les fois que des enfants ou des jeunes gens de différentes familles se réunissent habituellement dans un local commun, pour se livrer à l'étude soit des lettres, soit des sciences, le mot *publiquement* ayant été employé par le législateur uniquement par opposition à l'enseignement domestique et privé qui a lieu dans une même famille (Cass., 1er juin 1827, S.-V. chr., et 3 nov. 1827, D. p. 28.1.7); mais qu'il n'y a pas enseignement public de la part de l'instituteur chargé de donner l'instruction dans un hospice aux enfants qui s'y trouvent recueillis, lorsque d'ailleurs les enfants du dehors ne sont pas admis à y participer, parce que les enfants recueillis dans l'hospice ne forment qu'une famille, d'où il suit que l'enseignement qu'ils y reçoivent est purement domestique et privé : Cass., 30 mars 1833 (S.-V.33.1.885). V. aussi Angers, 7 août 1826 (S.-V.26.2.326).

8. Mais en sens opposé aux décisions mentionnées ci-dessus, n. 6, on peut citer un arrêt de la Cour de Douai du 15 juill. 1851 (D.p.53.2.159), jugeant que le fait par un instituteur d'avoir, depuis sa révocation, donné, même gratuitement et d'une manière non suivie, des leçons à deux ou trois de ses anciens élèves, tombe sous l'application de l'art. 29 de la loi du 15 mars 1850. Cet arrêt, en effet, semble attacher la pénalité établie par cet art. 29 à la seule circonstance de la pluralité des élèves et non à celle de l'enseignement donné à ceux-ci en commun. Du reste, la Cour de Douai, dans l'arrêt dont il s'agit, s'est montrée aussi peu explicite que les décisions précitées, dont l'exactitude ne nous paraît pas douteuse, sont au contraire formelles.

9. Quiconque ouvre ou dirige une école en contravention aux art. 25, 26 et 27 de la loi du 15 mars 1850, ou avant l'expiration du délai fixé par le dernier paragraphe de l'art. 28, doit être poursuivi devant le tribunal correctionnel du lieu du délit, et condamné à des peines que détermine l'art. 29 de la même loi.— Il en est de même de celui qui, dans le cas d'opposition formée à l'ouverture de son école, l'ouvre néanmoins avant qu'il ait été statué sur l'opposition, ou au mépris de la décision du conseil académique qui aura accueilli cette opposition (art. 29 précité).

10. Tout instituteur libre peut, sur la plainte du préfet ou du ministère public, être traduit pour cause de faute grave dans l'exercice de ses fonctions, d'inconduite ou d'immoralité, devant le conseil académique du département, et être censuré, suspendu pour un temps qui ne peut excéder six mois, ou interdit de l'exercice de sa profession dans la commune où il l'exerce. Le conseil académique peut même le frapper d'une interdiction absolue (L. 15 mars 1850, art. 30).

11. Le préfet à qui celui qui veut former un établissement d'instruction secondaire a fait les déclaration et dépôt de pièces prescrits par les art. 27 et 60 de la loi du 15 mars 1850, doit en donner avis au chef du parquet de l'arrondissement dans lequel l'établissement devra être fondé (L. 15 mars 1850, art. 60; L. 14 juin 1854, art. 8). — Pendant le mois qui suit le dépôt des pièces, le préfet et l'officier du parquet peuvent se pourvoir devant le conseil académique, et s'opposer à l'ouverture de l'établissement dans l'intérêt des mœurs publiques ou de la santé des élèves (*id.*, art. 64).

12. Toute personne qui, sans se conformer aux conditions prescrites par la loi, ouvre un établissement d'instruction secondaire, doit être poursuivie devant le tribunal correctionnel du lieu du délit et condamnée à des peines que détermine l'art. 66 de la loi précitée.

13. Tout chef d'établissement libre d'instruction secondaire, toute personne attachée à l'enseignement ou à la surveillance d'une maison d'éducation, peut, sur la plainte du ministère public ou du recteur, être traduit, pour cause d'inconduite ou d'immoralité, devant le conseil académique, et être interdit de sa profession, à temps ou à toujours, sans préjudice des peines encourues pour crimes ou délits prévus par le Code pénal (L. 15 mars 1850, art. 68).

14. L'instituteur ou l'institutrice libre qui, sans en avoir reçu l'autorisation du conseil départemental, reçoit dans son école des enfants d'un sexe différent du sien, est passible des peines portées à l'art. 29 de la loi de 1850 (L. 10 avr. 1867, art. 20)

15. Le chef du parquet de première instance doit adresser, d'une part, au procureur général, pour être transmis au ministre de la justice, et, d'autre part, au préfet, l'extrait de tout jugement, soit civil, soit correctionnel, qui prononce des peines contre un instituteur : Circ. 15 fév. 1834, 6 déc. 1840, § 13, et 4 avr. 1855 (Gillet, n. 2412, 2703 et 3568).

16. Le procureur général doit rendre compte au ministre de la justice et informer le ministre de l'instruction publique de toutes les affaires qui intéressent les membres ou les élèves de l'Université, et le chef du parquet de première instance chargé de la poursuite en donne avis directement au recteur : Circ. 27 sept. 1822 et 6 déc. 1840, § 3 (Gillet, n. 1598 et 2703). — V. *Compétence criminelle*, n. 27 et 65.

17. Le paiement des sommes dues aux lycées par les parents des élèves est poursuivi par le ministère public, à la requête des proviseurs (Ordonn., 12 mars 1817, art. 16). A cet effet, le proviseur envoie au chef du parquet de l'arrondissement dans lequel est situé le domicile des parents de l'élève débiteur, un état des sommes dues au lycée. L'officier du parquet, après avoir, s'il le juge convenable, tenté une réclamation officieuse, fait donner aux père, mère ou tuteur de l'enfant, une assignation à comparaître, à jour fixe, devant le tribunal civil réuni en chambre du conseil (art. 11 du décret du 1er juill. 1809). Cette assignation, sur papier visé pour timbre, et enregistrée en débet, est rédigée à la requête du proviseur du lycée de..., poursuites et diligence du procureur de... Elle doit conclure à ce que le débiteur soit condamné à payer la somme due entre les mains du proviseur.

18. Le jugement prononcé en audience publique, l'officier du parquet en demande au greffe une expédition, la fait signifier à la partie condamnée, et l'adresse ensuite au proviseur en y joignant l'original de signification.

19. Le rôle du ministère public, dans les poursuites qu'il dirige au nom des proviseurs, est absolument le même que dans les affaires domaniales. V. *Enregistrement et domaines*, n. 1 et s.

20. Deux circulaires des 17 juill. 1816 et 2 avr. 1817 (Gillet, n. 1064 et 1132) recommandent une grande célérité pour l'expédition des affaires portées devant les tribunaux par les agents de l'université.

21. Il faut remarquer que cette mission du ministère public ne s'étend pas au recouvrement des sommes dues aux colléges communaux : Debacq, *Act. du minist. publ. en mat. civ.*, p. 382. — V. *Envois non périodiques*, n. 2-6° et 3-3°.

ENVOIS NON PÉRIODIQUES. — **1**. Indépendamment des envois périodiques dont il est parlé plus loin (V. *États et envois périodiques*), le chef du parquet de première instance et le procureur général ont à faire, chacun de leur côté, divers envois ou communications à des époques non périodiques et qui sont celles où les actes, objet de ces envois ou communications, viennent d'être accomplis.

2. Le chef du parquet de première instance est tenu : 1º d'adresser au procureur général, pour être transmises au garde des sceaux, les pièces relatives aux cessions d'offices (V. *Office*) ; — 2º de rendre compte au procureur général de toutes les condamnations définitives émanées d'une Cour d'assises ou d'un tribunal correctionnel qui prononce la surveillance de la haute police, et d'en donner avis au préfet (Circ. 6 déc. 1840, § 15, Gillet, n. 2703) ; — 3º lorsque la condamnation à une peine qui doit être subie dans une maison centrale est devenue définitive, d'en adresser un extrait au préfet, avec invitation de faire transférer le condamné, et un autre extrait au procureur général ou au chef du parquet de première instance du lieu où le condamné doit être transféré (Même circul., § 9) ; — 4º d'envoyer au préfet un extrait des jugements rendus en matière de recrutement (*Id.*, § 14) ; — 5º d'envoyer au même fonctionnaire l'extrait des jugements tant civils que correctionnels qui prononcent des peines contre les instituteurs (Circ. 4 avr. 1855, Gillet, n. 3568) ; — 6º de donner avis au recteur des poursuites dirigées contre les membres ou les élèves de l'Université (Circ. 6 déc. 1840, § 3) ; — 7º lorsque des militaires en activité de service ou des gendarmes sont appelés en témoignage, d'en informer les chefs de corps (*Id.*, § 4) ; — 8º de donner avis aux chefs de corps des poursuites dirigées contre des militaires en activité de service, même lorsqu'ils se trouvent en congé, et si la poursuite est dirigée contre des gens de mer, employés ou appelés au service maritime, d'en informer le ministre de la justice (*Id.*, § 2) ; — 9º d'adresser aux directeurs des douanes et des contributions indirectes les citations en témoignages données aux préposés (*Id.*, § 5) ; — 10º d'adresser au ministre de la justice la demande d'extraction d'un condamné détenu dans un bagne (*Id.*, § 6) ou dans une maison centrale (Circ. 9 mai 1856, Gillet, n. 3652) ; — 11º d'informer les directeurs des maisons centrales des peines devant être subies dans un autre établissement pénitentiaire auxquelles sont condamnés de nouveau les détenus (Circ. 29 août 1854, Gillet, n. 3537) ; — 12º lorsqu'un individu poursuivi ou condamné a pris la fuite, d'adresser au ministre de l'intérieur son signalement, avec l'indication de l'acte qui ordonne l'arrestation, de la date et de l'autorité judiciaire de qui émane cet acte (Circ. 6 déc. 1840, § 12) ; — 13º de transmettre au garde des sceaux les commissions rogatoires qui doivent être exécutées à l'étranger, et de lui envoyer, avant de les exécuter, celles reçues de l'étranger (Circ. 5 avr. 1841, Gillet, n. 2724) ; — 14° d'adresser au ministre de la justice un extrait de tout jugement ou arrêt de condamnation contre les militaires en activité de service, en disponibilité, en non-activité ou en réforme ; — de tout arrêt portant condamnation à des peines afflictives et infamantes contre des militaires jouissant d'une pension de retraite ;—de tout jugement ou arrêt de condamnation ou de faillite contre les membres de la Légion d'honneur ou les militaires médaillés ; — de tout jugement ou arrêt contre des gens de mer, employés ou appelés au service du souverain ; — de tout jugement ou arrêt soit civil, soit correctionnel, qui prononce des peines contre un instituteur ; — de tout jugement ou arrêt en matière correctionnelle ou criminelle contre des imprimeurs et des libraires : — de tout arrêt de condamnation ou d'acquittement en matière de fausse monnaie (Circ. 6 déc. 1840, § 13 ; Circ. 17 janv. 1853, Gillet, n. 3451 ; Circ. 31 déc. 1859, Rés. chr., p. 15 ; Circ. 28 fév. 1860, *Id.*, p. 16) ; — 15° d'adresser au ministre de la marine un extrait de tout jugement exécuté contre un marin, militaire ou assimilé en conformité de l'arrêté ministériel du 2 janv. 1859 et de l'instruction du ministre de la marine du 6 mars 1860 (V. *Exécution des jugements et arrêts*);—16° de transmettre à l'autorité militaire un extrait des jugements de condamnation à plus d'une année d'emprisonnement rendus contre un militaire, et au procureur général dans le ressort duquel est situé le pénitencier, un autre extrait du même jugement (V. *ibid.*) ; — 17° de donner avis au sous-inspecteur de l'administration de l'assistance publique de toute information judiciaire dirigée contre un enfant assisté (Circ. 15 avr. 1857, Gillet, n. 3704) ; — 18° de donner avis à l'inspecteur des postes des condamnations correctionnelles pour usage de timbre oblitéré ; — 19° de communiquer aux ingénieurs en chef du contrôle des chemins de fer tous procès-verbaux constatant des infractions aux règlements, qui, ayant été dressés par des agents des compagnies, n'auraient pas passé sous les yeux de ces fonctionnaires (Circ. 29 juin 1852, Gillet, n. 3418).

5. Le procureur général doit : 1° informer le garde des sceaux de tout crime ou délit qui, par son caractère ou sa gravité, intéresse essentiellement l'ordre public, ainsi que des poursuites dont ce fait est l'objet (Circ. 6 déc. 1840, § 1er, Gillet, n. 2703) ; — 2° rendre compte au ministre de tout fait empreint d'un caractère politique, quel que soit son peu de gravité, ainsi que tout événement grave, n'eût-il pas le caractère d'un délit (*Ibid.*) ; — 3° rendre compte au ministre de la justice et informer le ministre de l'instruction publique de toutes les affaires qui intéressent les membres ou les élèves de l'Université (*Id.*, § 3) ; — 4° adresser au ministre de la justice, dans le mois où elles ont été prononcées, un état des condamnations définitives émanées d'une Cour d'assises ou d'un tribunal correctionnel qui ordonnent la mise en surveillance de la haute police (*Id.*, § 15) ; — 5° transmettre au garde des sceaux les pièces relatives à la demande d'autorisation de poursuivre un agent du Gouvernement (Circ. 1er mai 1816, Gillet, n. 1048) ; — celles relatives aux cessions d'offices (V. *Office*) ; — 6° transmettre également au ministre les pièces relatives aux demandes d'extradition (Circ. 5 avr. 1841, § 3, Gillet, n. 2724) ; — 7° lui donner immédiatement avis de tous jugements ou arrêts en matière de fausses nouvelles ou de discours séditieux (Circ. 4 août 1853, Gillet, n. 3475) ; — 8° informer dans les vingt-quatre heures le garde des sceaux des vacances de places dans la magistrature par décès ou démission (Circ. 18 fruct. an XI, Gillet, n. 437 ; 6 fruct. an XII, *Id.*, n. 472 ; 6 fruct. an XIII, *Id.*, n. 510 ; 30 août 1813, *Id.*, n. 881 ; 14 déc. 1813, *Id.*, n. 904 ; 12 mai 1814, *Id.*, n. 918 ; — 9° lui transmettre immédiatement copie de l'acte de décès des magistrats honoraires (Circ. 25 sept. 1843, Gillet, n. 2857) ; — 10° adresser à la chancellerie un relevé exact de tous les magistrats qui sont membres de la Légion d'honneur, et donner immédiatement avis du décès de chaque magistrat légionnaire (Circ. 13 sept. 1853, Gillet, n. 3481) ; — 11° envoyer au garde des sceaux les présentations de candidats aux fonctions de la magistrature, aussitôt que les vacances sont connues et sans attendre que ces présentations soient réclamées par le ministre (Circ. 25 oct. 1829, 29 oct. 1830 et 7 juill. 1841, Gillet, n. 2173, 2228 et 2737). — V. *Magistrat*.

ENVOIS PÉRIODIQUES. — V. *États et envois périodiques*.

ESCROQUERIE. — 1. Nous n'avons pas à exposer ici les règles délicates qui doivent servir à déterminer les éléments constitutifs du délit d'escroquerie. Cependant, il nous a paru intéressant de relever, parmi les nombreuses solutions relatives à cette matière, quelques-unes des plus récentes et des plus importantes à la fois.

2. C'est un principe aujourd'hui bien constant que de simples mensonges n'ont point le caractère de manœuvres frauduleuses constitutives du délit d'escroquerie, et qu'une certaine mise en scène, certains actes positifs ou l'intervention d'un tiers ayant pour objet de leur donner créance, peuvent seuls leur imprimer ce caractère. V. notre *Code pénal modifié*, p. 173, note; Hélie et Chauveau, *Théor. Cod. pén.*, t. 5, n. 1993 et s. La jurisprudence a spécialement appliqué ce principe en matière d'engagements relatifs à l'exemption du service militaire. V. notamment, Cass., 30 juill. 1813, 14 juill. 1843, 27 sept. 1844, 22 mai et 11 nov. 1847, 17 sept. 1857, 9 août 1861, 28 mai 1864 (S.-V.4.1.409; 43.1.735; 45.1.288; D.p.57.1.451; D.p.61.5.194; Bull., 1864, n. 134); Bordeaux, 22 fév. 1838 (Dalloz, *Répert.*, v° *Vol et escroquerie*, n. 813-5°).

3. Et, plus récemment, il a été jugé qu'il n'y a pas délit d'escroquerie de la part de celui qui, à l'effet de faciliter l'admission d'un remplaçant administratif pour le service militaire, exige de lui la promesse d'une certaine somme à titre de salaire et du remboursement de ses avances, pour le cas seulement où l'admission serait prononcée, encore bien qu'il ait recouru à des allégations mensongères pour relever l'importance du service rendu, s'il n'a d'ailleurs employé aucun acte positif ni aucune intervention de tiers destinés à leur donner créance : Trib. corr. d'Orange, 22 août 1867 (J.M.p.10.262).—La circonstance que, dans l'espèce de cette décision, la promesse obtenue par le prévenu d'escroquerie n'était que *conditionnelle*, est indifférente. Lorsque la remise d'une promesse a été provoquée par l'un des moyens que précise l'art. 405, C. pén., elle rentre dans les prévisions de cet article, sans qu'il y ait à distinguer si elle est pure et simple ou soumise à une condition, puisque la loi elle-même ne distingue point. Diverses décisions se sont prononcées en ce sens. V. particulièrement, toujours en matière d'exemption du service militaire, Cass., 4 avr. 1839 et 17 sept. 1857, précités.

4. D'un autre côté, il est incontestable que les faits qui appuient les allégations mensongères ne peuvent leur donner le caractère de manœuvres frauduleuses constitutives du délit d'escroquerie, qu'autant qu'ils ont pour objet de persuader l'existence de fausses entreprises, d'un pouvoir ou d'un crédit imaginaire, ou de faire naître l'espérance ou la crainte de quelque événement chimérique. V. Hélie et Chauveau, *loc. cit.*

5. Par application de cette règle, il a été fort bien jugé qu'il n'y a pas délit d'escroquerie de la part d'un individu qui, pour se faire faire l'aumône, dit mensongèrement avoir été ruiné par un incendie, et porte un bras en écharpe dans le but de donner créance à cette allégation, et que de tels faits constituent simplement le délit de mendicité avec simulation de plaies ou infirmités : Trib. corr. de Saint-Palais, 31 mai 1867 (J.M.p.10.230).

6. Décidé aussi qu'il n'y a pas manœuvres frauduleuses constitutives du délit d'escroquerie de la part de l'individu qui, ayant acquis des immeubles par acte sous seing privé, avec promesse de son vendeur de consentir des actes publics aux personnes auxquelles il revendrait ces immeubles en détail, détermine celui-ci à remplir cette promesse en s'engageant à souscrire une transaction sur des difficultés survenues entre eux au sujet de son acquisition, mais, après la signature des actes publics dont il s'agit, et la lecture faite par le notaire, sans protestation de sa part, de la transaction convenue, refuse de signer lui-même cette transaction : Pau, 14 juin 1866 (J.M. p. 10,57). — En effet, l'escroquerie n'est qu'une espèce particulière de vol. Ce que le voleur prend à l'insu et contre le gré du maître, l'escroc en obtient la remise volontaire par de coupables stratagèmes ; mais c'est toujours *une chose appartenant à autrui* qu'il s'agit d'acquérir injustement ; et si l'on vient à reconnaître que la chose obtenue appartenait déjà à celui qui s'en est emparé, le délit s'évanouit. Dans l'espèce de l'arrêt ci-dessus, l'acquéreur avait certainement usé de manœuvres envers le vendeur ; mais ces manœuvres n'étaient pas frauduleuses, parce qu'elles n'avaient pour objet que de lui procurer ce qu'il avait le droit d'obtenir. V. les observations à la suite de l'arrêt précité.

7. L'obtention d'une promesse *verbale* d'une somme d'argent rentre-t-elle dans les prévisions de l'art. 405, C. pén., qui punit comme délit d'escroquerie le fait de se faire remettre ou délivrer des *obligations, dispositions, billets, promesses,* etc., par l'un des moyens et dans le but que cet article détermine ? La négative semble avoir été admise par un jugement du tribunal correctionnel de Montélimart du 22 août 1867 (J.M.p.10.262), et elle a été consacrée expressément par deux arrêts de la Cour de cassation des 4 mars 1842 et 22 mai 1847 (S.-V.42.1.928 ; 47.1.875). — Conf., Dalloz, *Répert.* , v° *Vol et escroquerie* , n. 254. — C'est en effet la solution qui découle tant du texte que de l'esprit de l'art. 405. La remise ou la délivrance dont parle cet article suppose nécessairement un objet tangible, comme un écrit, et ne saurait s'appliquer à un simple engagement par paroles. C'est ainsi d'ailleurs que le veut la raison ; car si l'individu auquel une promesse écrite a été arrachée par l'emploi d'un faux nom, d'une fausse qualité ou de manœuvres frauduleuses, peut être considéré comme dépouillé par cela même de tout ou partie de sa fortune, à raison de l'abus qui peut être fait immédiatement de cet écrit, il n'en saurait être de même de celui qui n'a fait qu'une promesse verbale, dont on ne peut, en cas de contestation de sa part, se prévaloir contre lui, qu'après l'avoir fait confirmer par la justice.

8. Il est évident que le fait volontaire de changer une pièce de monnaie de cuivre comme pièce d'or, ou de donner une semblable pièce en paiement aussi comme pièce d'or, ne constitue pas le délit d'escroquerie, si l'acceptation de cette pièce n'a pas été déterminée par des manœuvres frauduleuses : C. cass. de Belgique, 22 sept. 1865 (J.M.p.10.72). — V. *Filouterie*.

9. On ne saurait non plus voir une tentative d'escroquerie dans le fait de chercher à échanger comme pièce d'or contre de la monnaie, une pièce en cuivre doré : Liége, 16 janv. 1867 (J.M.p.10. 72). Ce fait, qui ne tombe sous l'application d'aucune loi pénale en Belgique, est atteint, chez nous, par l'art. 134, C. pén., depuis la loi du 13 mai 1863. V. notre *Code pénal modifié*, 2e part., n. 8 et s.

10. Mais jugé qu'il y a escroquerie de la part de celui qui échange comme pièce d'or, contre de la monnaie, une pièce de cuivre rendue brillante par le frottement : Rennes, 11 avr. 1866 (J.M.p.10.106).— V. aussi Dalloz, n. 773.— Quant à nous, cette solution nous semble inadmissible.

11. Avant la loi du 13 mai 1863, modificative de plusieurs dispositions du Code pénal, c'était une question très-controversée que celle de savoir, s'il était nécessaire, pour constituer la tentative du délit d'escroquerie, que la chose convoitée eût été remise à l'auteur des manœuvres frauduleuses, ou si l'emploi seul de ces manœuvres, dans le but d'obtenir la remise de la chose, caractérisait suffisamment cette tentative. Cette dernière interprétation, que nous avions défendue dans le *Journal du Ministère public* (t. 1, p. 335 et t. 4, p. 162), a été consacrée par la loi précitée au moyen de l'addition qu'elle a faite, dans l'art. 405, C. pén., aux mots « se sera fait remettre ou délivrer », de ces autres mots, exclusifs de toute équivoque, « *ou aura tenté de se faire remettre ou délivrer* ». V. notre *Code pénal modifié*, 2e part., n. 115 et s.

— V. *Compétence criminelle*, n. 70 et s., 78 et s.; *Vol*, 8.

ÉTAT CIVIL. — 1. Un condamné aux travaux forcés qui prétend avoir atteint l'âge de soixante ans et qui demande à subir sa peine dans une maison de réclusion, conformément à la loi du 30 mai 1854, peut-il, à défaut d'inscription sur les registres de l'état civil, prouver la date de sa naissance par un acte de notoriété, ou doit-il obtenir un jugement de rectification de ces registres? La nécessité d'un jugement de rectification a été soutenue dans une dissertation insérée J.M.p.12.185. — Ce jugement ne pourrait être attaqué par l'administration ; mais le ministère public serait recevable à en interjeter appel, suivant la jurisprudence qui a prévalu en matière de rectification d'actes de l'état civil. V. *Actes de l'état civil*, n. 56.

2. Dans la dissertation précitée, on a également exprimé l'opinion qu'un jeune homme désigné par le sort pour faire partie du contingent militaire de sa commune, ne peut, à l'effet de se faire exempter du service, prouver, au moyen d'un acte de notoriété homologué par le tribunal, à défaut d'acte de naissance, que son père a atteint l'âge de soixante-dix ans, mais qu'il est tenu de produire un jugement de rectification des registres de l'état civil. — Mais, dans ce cas, le ministère public serait sans qualité pour interjeter appel du jugement, car l'art. 26 de la loi du 22 mars 1832 charge le préfet de suivre les instances de cette nature. Quant au préfet, il peut, en pareille circonstance, se pourvoir par la voie de l'appel, s'il avait été mis en cause devant les premiers juges, et par la voie de la tierce opposition dans le cas contraire. — V. *Actes de l'état civil; Étranger*, 15; *Recrutement militaire*, 1 et 3.

ÉTAT DES RÉCIDIVES. V. *États et envois périodiques*, 10-8°; *Récidive*, 16 et s.

ÉTAT DE SIÉGE. — L'état de siége modifie la compétence judiciaire (V. L. 9 août 1849), sans dispenser néanmoins le ministère public d'aucun de ses devoirs, surtout dès que l'indice d'un crime contre la sûreté de l'État lui fait sentir la nécessité d'une information ; mais, dans cette hypothèse, l'officier du parquet doit s'arrêter aux premiers actes dont il a reconnu l'urgence, et livrer aussitôt à l'autorité militaire et les pièces recueillies et les individus arrêtés. La juridiction militaire est en effet, par l'état de siége, substituée à la juridiction ordinaire pour tous les crimes et délits soit postérieurs, soit même antérieurs à la déclaration de l'état de siége. Les tribunaux ordinaires ne connaissent plus que des faits qui leur sont abandonnés par l'autorité militaire. Il ne saurait donc jamais s'élever de conflit entre les deux juridictions : Circ. proc. gén. de Rennes, 16 juin 1832 ; (Massabiau, *Man. du minist. publ.*, t. 2, n° 1406).

ÉTATS ET ENVOIS PÉRIODIQUES.

1. Le nombre et la nature des états ou procès-verbaux que les chefs de parquet de première instance ont à envoyer périodiquement soit au procureur général, soit au préfet, soit au garde des sceaux, varient un peu suivant les ressorts. Cependant la nomenclature qui va suivre résume les traditions le plus généralement suivies.

2. 1° *Envois hebdomadaires*. — Tous les huit jours, envoi au procureur général d'une notice de toutes les affaires criminelles ou correctionnelles qui sont survenues dans la semaine (C. instr. crim., 249). Cette notice contient en outre le rappel des affaires non terminées, et rend compte pour chaque affaire des actes auxquels le juge d'instruction aura procédé dans la semaine ou des motifs de son inaction dans cette période : Circ. 1er juin 1855 (Gillet, n. 3585).

5. 2° *Envois de quinzaine*. — Tous les quinze jours, transmission au parquet de la Cour des bulletins n° 1 ou extraits des jugements de condamnation devenus définitifs, et des extraits des jugements de relaxe ou acquittement, également définitifs (C. instr. crim., 198) : Circ. 6 nov. 1850, §§ 3 et 10 (J.M.p.68 et 70). — V. *Casiers judiciaires*.

4. 3° *Envois mensuels*. — A. *Au procureur général*. — 1° Relevé du registre de pointes (Décr. 30 mars 1808, art. 11) ; — 2° Procès-verbal de vérification du registre d'écrou de la maison d'arrêt (C. instr. crim., 607 et s. ; Circ. 29 juill. 1822, Gillet, n. 1577) ; — 3° État de situation de la maison d'arrêt (Circ. 6 pluv. an III, Gillet, n. 70) ; — 4° État des interdictions de communiquer (C. instr. crim., 613 ; Circ. 14 oct. 1865, Rés. chr., p. 78) ; — 5° Procès-verbal de vérification des registres des greffes des justices de paix (V. *infrà*, n. 12) ; — 6° Procès-verbal de vérification des minutes du greffe du tribunal (C. proc. civ., 140 ; Circ., 23 déc. 1822 et 11 mars 1824, Gillet, n. 1624 et 1742) ; — 7° Procès-verbal de vérification du casier judiciaire (V. *Casiers judiciaires*, n. 43) ; — 8° État des congés (Décis. minist. 19 fév. 1816, Gillet, n. 1027. — V. *Magistrat*). — 9° État des condamnés placés sous la surveillance de la haute police (Circ. 11 mai 1822 ; 6 déc. 1840, § 15, Gillet, n. 1557 et 2703) ; — 10° Relevé des avertissements donnés dans les justices de paix (V, *infrà*, n. 13).

5. B. *Au préfet.* — État, en triple expédition, des sommes à payer aux magistrats et greffiers de l'arrondissement pour leur traitement pendant le mois. L'envoi a lieu le dernier jour du mois, ou le 1er du mois suivant : Circ., 19 mai 1818.

6. C. *Au garde des sceaux.* — Bordereau, avec pièces à l'appui, des frais de justice taxés ou mandatés pendant le mois précédent par les magistrats de l'arrondissement (Ord., 28 nov. 1838) : Circ. 8 déc. 1838 (Gillet, n. 2613). — V. *Frais.*

7. D. *A l'ingénieur en chef du contrôle des chemins de fer.* — Avant le 10 de chaque mois, état, même négatif, des décisions judiciaires intervenues sur les procès-verbaux dressés en matière de police des chemins de fer : Circ. 5 avr. et 30 août 1854, 4 août 1855 (Gillet, n. 3511, 3538 et 3600).

8. 4° *Envois trimestriels.* — A. *Au procureur général.*—1° Procès-verbal de vérification du registre des recettes des greffiers de justices de paix (V. *infrà*, n. 14) ; — 2° État des condamnés à l'emprisonnement par les tribunaux de simple police (V. *ibid.*) ; — 3° Dans les dix premiers jours des mois de janvier, avril, juillet et octobre, extrait, délivré par le greffier, du registre des ordres tenu au greffe du tribunal (Circ. 2 mai 1859, § 9, J.M.p. 2.166) ; — 4° Tableau indicatif du nombre des procès-verbaux constatant des infractions à la police de la pêche et suivis de poursuites (V. *Pêche fluviale*) ; — 5° État en trois parties des condamnations en matière de délits politiques, de délits de presse et d'usurpation de noms ou de titres nobiliaires (Circ. 26 oct. et 17 nov. 1858, Rés. chr., p. 1 et 2 : Circ. 11 janv. 1859) ; — 6° En même temps que cet état, rapport sur la situation morale, politique et économique de l'arrondissement (Même circ. 11 janv. 1859) ; — 7° Dans les dix jours de la clôture de la session des assises, état des affaires jugées par la Cour d'assises, soit contradictoirement, soit par contumace (C. instr. crim., 290) : Circ. 30 avr., 22 mai et 23 nov. 1811, 9 avr. 1825, 3 mars 1828, 5 fév. 1829, 24 fév. 1830, 27 juin 1832 ; — 8° En même temps que cet état, rapport sur les résultats obtenus devant le jury : Circ. 19 déc. 1853 (Gillet, n. 3493) ; — 9° En même temps aussi, état des jurés défaillants : Circ. 30 janv. 1826 (*Id.*, n. 1913).

9. B. *Au préfet.* — Dans les premiers jours de chaque trimestre, état, dressé par le greffier, des condamnations à l'emprisonnement (C. instr. crim. , 600 et 601) : Circ. 23 mars 1811, 6 déc. 1840, § 18 (Gillet, n. 688 et 2703), et 30 déc. 1850, § 3 (J. M.p.1.98).

10. 5° *Envois annuels.* — A. *Au procureur général.* — 1° Dans la seconde quinzaine de septembre, états statistiques destinés à la rédaction de la mercuriale ; — 2° A la même époque, relevé du registre des notifications faites au parquet en exécution de la loi du 21 mai 1858 ; — 3° Dans la première huitaine de novembre, procès-verbal de rentrée du tribunal ; — 4° A la même époque, délibération du tribunal relative à l'exercice de la plaidoirie ; — 5° A la même époque, tableau de l'ordre des avocats et procès-verbal relatif à l'élection du conseil de discipline et du bâtonnier ; délibérations constituant soit la chambre des avoués, soit la chambre des huissiers ; — 6° A la même époque, délibération pour le renouvellement du bureau d'assistance judiciaire ; — 7° Dans la seconde quinzaine de novembre, rapport sur la confection des listes du jury ; — 8° Dans la première quinzaine de février, compte rendu de l'administration de la justice criminelle ; état des récidives ; — 9° Dans la première quinzaine d'avril, compte rendu de l'administration de la justice civile et commerciale ; états des ordres, des contributions et des ventes ; — 10° Dans la première quinzaine du mois de mai, procès-verbal de vérification des registres de l'état civil ; — 11° avant la fin de l'année, indication des mesures prises pour assurer le service du parquet pendant les vacances (Circ. 8 août 1829, Gillet, n. 2161). — V. *Actes de l'état civil, Assistance judiciaire, Avocat, Avoué, Comptes, Jury.*

11. B. *Au préfet.* — A la fin de l'année, relevé, dressé par le greffier, dans la forme du registre prescrit par l'art. 600, C. instr. crim., des jugements qui entraînent la privation du droit de vote : Circ. 21 juill. 1856 (Gillet, n. 3666).

12. De même que le chef du parquet de première instance a de nombreux envois périodiques à faire, de même il en reçoit de divers agents de l'administration. — Ainsi, en premier lieu, tous les mois, dans les cinq premiers jours, les juges de paix envoient au parquet de première instance un procès-verbal de vérification mensuelle des minutes des greffes des justices de paix. Ces procès-verbaux sont résumés par le chef du parquet en un seul état qu'il transmet lui-même au procureur général. V. les modèles, J.M.p.7.278 et 279).

13. Les juges de paix envoient aussi, tous les mois, au parquet de première instance, après l'avoir certifié, un extrait du registre du greffe indiquant, pour chaque avertissement donné dans le cours du mois précédent, le nom du destinataire et la date de l'affranchissement. Le chef du parquet compare cet extrait avec le relevé des billets d'avertissement affranchis par chaque greffier de justice de paix, que l'inspecteur des postes du département est tenu, de son côté, de lui adresser chaque mois, et il rend compte du résultat de son examen au procureur général : Circ. 22 avr. 1856 (Gillet, n. 2643). — V. les modèles, J.M.p.7.280.

14. D'un autre côté, dans les premiers jours de chaque trimestre, c'est-à-dire au commencement des mois de janvier, avril juillet et octobre, les juges de paix envoient au parquet du tribunal : 1° un procès-verbal de vérification du registre sur lequel leurs greffiers doivent inscrire les sommes qu'ils reçoivent pour les actes de leur ministère (Ordonn. 17 juill. 1825, art. 3); 2° un état des jugements de police qui, rendus dans le trimestre précédent, ont prononcé la peine d'emprisonnement (C. instr. crim., 178). — Le chef du parquet doit ensuite lui-même rendre compte au procureur général des vérifications qui ont eu lieu dans chaque canton, et envoyer à ce magistrat un compte sommaire des jugements qui ont prononcé l'emprisonnement (Ordonn. 17 juill. 1825, art. 3, § 2 ; C. instr. crim., 178, § 3). V. les modèles, J.M.p. 300, 301 et 302.

15. Tous les mois, le directeur de l'enregistrement transmet au parquet de première instance le relevé fait par chaque receveur pour son canton, des mentions de non-comparution consignées sur les registres des bureaux de paix pendant le mois précédent : Circ. 15 janv. 1838. V. le modèle, J.M.p.7.304.

16. Chaque mois aussi, les receveurs de l'enregistrement réunissent en un seul état, dressé en double expédition, tous les frais urgents qu'ils ont acquittés sur de simples taxes ou mandats du juge pendant le mois précédent. Ils en adressent une expédition au directeur, et ils envoient la seconde au chef du parquet de première instance pour qu'elle soit transmise par ce magistrat à la chancellerie (Décr. 18 juin 1811, art. 134; Ordonn. 28 nov. 1838, art. 4). V. les modèles, J.M.p.7.305.

17. Dans les premiers jours de chaque trimestre, le directeur de l'enregistrement transmet au parquet les états des condamnés dont l'insolvabilité a été constatée par les receveurs pendant le trimestre précédent, et contre lesquels la contrainte par corps peut être exercée : Circ. 21 juill. 1853 (Gillet, n. 3471).

18. Tous les trois mois, ou tous les six mois, les receveurs de l'enregistrement adressent au parquet du tribunal un état des procès-verbaux des faits délictueux enregistrés pendant le dernier trimestre ou semestre, et sur lesquels il n'est, pendant ce laps de temps, intervenu aucune décision judiciaire. V. le modèle, J.M. p.306. — Par la lecture de cet état, le chef du parquet peut se rendre compte de la manière dont est faite la police dans l'arrondissement, et il peut demander aux juges de paix, maires ou commissaires de police pourquoi suite n'a pas été donnée à tel ou tel procès-verbal.

19. Dans le même but, le commandant de gendarmerie de l'arrondissement doit adresser, les 1er et 15 de chaque mois, au procureur de première instance, un état sommaire des contraventions de simple police, avec l'indication du fonctionnaire auquel la remise du procès-verbal a été faite (Décr. 1er mars 1854, art. 497).

20. Enfin, les chefs de parquets des tribunaux peuvent se faire adresser par les commissaires de police des rapports périodiques sur la situation morale et politique de leur circonscription : Circ. 3 mars 1858 (J.M.p.1.182).

21. Le relevé du registre de pointes (V. *suprà*, n° 4-1°) doit contenir toujours l'indication du nombre des affaires restant à juger au commencement de chaque mois : Circ. 2 janv. 1863 (Rés. chr., p. 50).

22. Les greffiers doivent porter sur les états dressés et transmis au ministre de l'intérieur, en exécution des art. 600 et 601, C. instr. crim. (V. *Suprà* n° 9), les enfants de moins de seize ans qui, bien qu'acquittés comme ayant agi sans discernement, sont envoyés dans une maison de correction. — Ils doivent indiquer, dans la colonne d'observations, ceux des jugements ou arrêts portés à ces états qui auraient été rendus par défaut : Circ. 23 oct. 1859 (Rés. chr., p. 13).

23. Le procureur général a lui-même de nombreux envois périodiques à faire au garde des sceaux. — Ainsi, il doit lui adresser : 1° de mois en mois, un extrait de tous les jugements et arrêts en matière de presse devenus définitifs (Circ. 6 déc. 1840, § 17, Gillet, n. 2703 ; Circ. 12 fév. 1858, *Id.*, n. 3754); — 2° Tous les mois, un rapport sur la marche des procédures criminelles et correctionnelles du ressort, dans lequel il doit être rendu compte spécialement de l'observation de la circulaire du 21 août 1866 relative à l'interdiction de communiquer (Rés. chr., p. 92) et du mode suivi pour les expertises (Circ., 6 fév. 1867, *Id.*, p. 93) ; — 3° Tous les mois, un relevé sommaire des observations adressées aux magistrats de première instance à raison de la direction et de l'expédition des affaires criminelles (Circ. 1er juin 1855, Gillet, n. 3585) ; — 4° Dans la seconde quinzaine de chaque mois, le compte rendu de la vérification des greffes des Cours et des tribunaux (Circ. 11 juin 1827 et 20 nov. 1846, Gillet, n. 2007 et 3040); — 5° Tous les trois mois, un état ou tableau de toutes les condamnations ayant un caractère politique (Circ. 26 oct. 1858, Rés. chr., p. 1) ; — 6° Tous les trois mois, un rapport sur la situation morale et politique du ressort (Circ. 6 déc. 1840, § 1er, Gillet, n. 2703 ; 24 nov. 1849, *Id.*, n. 3237 ; 31 janv. 1853, *Id.*, n. 3455; 20 avr. 1858, *Id.*, n. 3767) ; — 7° Dans la seconde quinzaine de novembre de chaque année, la copie de la mercuriale, la liste des magistrats et des avocats qui se sont distingués, et deux exemplaires du discours de rentrée (Circ. 6 nov. 1824, Gillet, n. 1787, 1788; Circ. 15 nov. 1850, *Id.*, n. 3295) ; — 8° Au mois de janvier, les notices individuelles des magistrats (Circ. 15 mai 1850, Gillet, n. 3265) ; — 9° Dans le courant de mars, les notices relatives aux condamnés détenus dans les bagnes, maisons centrales et prisons et recommandés à la clémence du souverain (Circ. 20 janv. 1838, 1er fév. 1839 et 4 fév. 1847, Gillet, n. 2580, 2618 et 3048) ; — 10° Dans la première quinzaine du mois de juin, les procès-verbaux de vérification des actes de l'état civil (V. *Actes de l'état civil*, n. 12).

24. D'un autre côté, dans les cinq premiers jours de janvier, avril, juillet et octobre, le procureur général doit envoyer au maréchal de France dans le commandement supérieur duquel est compris son ressort, un rapport sur la situation politique de ce ressort, qui peut se terminer par le tableau des condamnations politiques prononcées dans le cours du trimestre, et reproduire par extrait ou en substance le rapport politique adressé aux mêmes époques au garde des sceaux : Circ. 20 avr. 1858 (J.M.p.1. 180).

25. Dans les rapports trimestriels sur l'état moral et politique de leur ressort, les procureurs généraux doivent comprendre des renseignements particuliers et leur appréciation personnelle sur la situation de l'instruction primaire : Circ., 19 nov. 1865 (Rés. chr., p. 85).— Mais il est recommandé aux procureurs de première instance ainsi qu'à leurs auxiliaires, de ne demander ces renseignements aux fonctionnaires de l'enseignement qu'à titre purement officieux, et d'éviter tout ce qui pourrait ressembler à une ingérance dans les attributions de l'administration de l'instruction publique : Circ. 22 janv. 1866 (Rés. chr., p. 85).

26. Il est sans doute naturel et irréprochable d'appeler les juges de paix à fournir aux chefs des parquets de première instance les éléments d'information demandés par les procureurs généraux pour les rapports trimestriels qu'ils adressent à la chancellerie sur l'état général de leur ressort; mais ces rapports ne doivent pas devenir un moyen de police politique : Circ., 20 fév. 1870 (Rés. ch., p. 132).

27. Pour de plus amples détails, on peut consulter sur cette matière : le *Manuel des envois périodiques et non périodiques* de M. Vente ; les *Codes annotés des circulaires* de M. Addenet, p. 116; les *Notes pratiques sur l'administr. des parquets* de M. Desplagnes, p. 97 et s., et les *Notions pratiques concernant l'administr. des parquets de 1re instance* de M. Lebon, p. 56 et s.

— V. *Juge de paix*, 10 et s.; *Jury*, 6 et 7; *Pêche fluviale*, 4; *Tribunal de police*, 16, 18 et s.

ÉTRANGER. — 1. Il a été jugé que l'étranger qui prend un nom supposé dans le passe-port qu'un consul français lui délivre en pays étranger, se rend coupable du délit prévu par l'art. 154, C. pén., et peut être poursuivi devant les tribunaux français à raison de ce délit : Bruxelles, 6 sept. 1836 (Dall., *Répert.*, v° *Faux*, n° 366); Trib. corr. de Boulogne-sur-Mer, 25 fév. 1858 (J.M.p.1.120).

2. Cette décision nous semble parfaitement exacte. Il est vrai que l'on refuse généralement aux consuls le titre d'agents diplomatiques, ainsi que celui de ministres publics, et qu'on leur dénie, par suite, les immunités attachées à ces titres, et notamment le privilége de l'*exterritorialité* en vertu duquel les ambassadeurs et ministres qui représentent un État en pays étranger ont le droit de n'être traduits, en matière civile comme en matière criminelle, que devant les tribunaux de leur pays (V. Vattel, liv. 2, chap. 2, n. 24; Wicquefort, *Tr. de l'Ambassadeur*, liv. 1, sect. 5, p. 76; de Martens, *Dr. des gens*, liv. 4, ch., 9, § 148; Pardessus, *Dr. commerc.*, n. 1441; Mangin, *Act. publ.*, t. 1, n. 83; Richelot, *Encyclopéd.*, v° *Consul*, n. 37; Le Sellyer, *Tr. d'instr. crim.*, t. 2, n. 776; F. Hélie, *eod.*, t. 2, n. 652; Dalloz, *Répert.*, v° *Consuls*, n°s 32, 35, et les arrêts cités par ce dernier auteur). Mais il n'est pas moins certain qu'une fois investis de l'*exequatur* qui les accrédite auprès du gouvernement du pays étranger dans lequel ils sont envoyés, ils doivent être considérés, dans ce pays, comme les officiers publics de leur propre souverain (F. Hélie, *loc. cit.*). La nation qui les reçoit prend, par cela même, l'engagement de souffrir l'exercice de la magistrature dont ils sont revêtus et l'exécution des sentences qu'ils peuvent rendre (Cass., 29 mars 1809, S.-V. chr.). En faut-il davantage pour que les actes auxquels ils procèdent dans les limites de leurs fonctions prennent le caractère d'actes émanés de l'autorité du pays auquel ils appartiennent? Le passe-port délivré par un consul en pays étranger doit donc être assimilé à celui qui serait délivré dans la nation de ce consul; et si l'étranger qui a obtenu ce passe-port l'a falsifié ou y a pris un nom supposé, il est nécessairement justiciable, à raison de ce délit, des tribunaux de cette dernière nation.

3. Depuis la loi du 3 déc. 1849, dont l'art. 8 prononce la peine d'un mois à six mois d'emprisonnement contre l'étranger qui, après avoir été expulsé de France par application de l'art. 7 de la même loi, ou de l'art. 272, C. pén., y est rentré sans autorisation, cet étranger ne peut être puni, en outre, comme coupable d'infraction au ban de surveillance, de la peine d'emprisonnement prononcée par l'art. 45, C. pén. : cette peine a été remplacée, à son égard, par celle de l'art. 8 précité de la loi de 1849 : Cass., 27 mars 1852 (S.-V.52.1.180); Douai, 23 juill. 1853 (D.P. 57.2.67; Trib. corr. de Hazebrouck, 3 fév. 1859 (J.M.p.2.77).— Cette doctrine nous semble incontestable. La peine prononcée par l'art. 8 de la loi du 3 déc. 1849 contre l'étranger expulsé de France qui rentre sans autorisation, doit, d'autant mieux, selon nous, être considérée comme la seule applicable, qu'avant cette loi, l'infraction à l'arrêté d'expulsion rendu contre un étranger vagabond ne pouvait être punie de la peine de l'art. 45, C. pén., que par une extension d'une légalité douteuse. — V. cependant Circ. 18 mai 1858, *in fine* (J.M.p.2.84).

4. En cas de poursuites contre des étrangers pour infraction à un arrêté d'expulsion, les officiers du ministère public peuvent trouver des renseignements utiles dans les états signalétiques des étrangers expulsés de France qui sont transmis mensuellement aux parquets des procureurs généraux : Circ. 16 août 1864 (Rés. chr., p. 70).

5. Une circulaire du ministre de la justice du 18 mai 1858 (J.M.p.2.84) prescrit aux officiers du ministère public de requérir contre les étrangers déclarés coupables du délit de vagabondage la peine accessoire de la surveillance de la haute police et d'interjeter appel des jugements qui ne feraient pas droit à leurs réquisitions.

6. La condamnation prononcée contre un étranger par les tribunaux de sa nation pour un crime commis en France, met-elle obstacle à ce que cet étranger soit poursuivi en France à raison du même fait? La négative a été consacrée par une jurisprudence très-importante. V. Metz, 19 juill. 1859 (J.M.p.2.230); C. de cass. belg., 31 déc. 1859 (*Id.*3.66); Gand, 3 déc. 1861 (*Id.*5.74); Cass. 21 mars 1862 (*Id.*5.57); Amiens, 17 mai 1862 (*Id.*5.176); C. d'ass. du Var, 28 juill. 1866 (*Id.*10.160); C. d'ass. du Nord, 6 août 1866 (*Ibid.*); C. d'ass. de la Moselle, 4 déc. 1867 (*Id.*11.159).

7. Mais nous avons, dans nos observations sur quelques-uns de ces arrêts, soutenu l'opinion contraire par des raisons qui ne nous paraissent pas avoir été victorieusement réfutées, et dont voici la substance : l'art. 5, C. instr. crim., dispose que le Français qui, hors du territoire de la France, s'est rendu coupable d'un crime ou d'un délit puni par la loi française, ne peut être poursuivi en France, s'il prouve qu'il a été jugé définitivement à l'étranger (antérieurement à la loi du 27 juin 1866, l'art. 7 du même Code contenait une disposition à peu près semblable); ce n'est là qu'une application fort juste de la maxime *Non bis in idem*, dont le caractère ne saurait être altéré par la circonstance que la condamnation a été prononcée par une juridiction étrangère. Il est bien vrai que les jugements étrangers ne sont pas exécutoires en France; mais autre chose est la force exécutoire, autre chose l'autorité de la chose jugée. Celle-ci existe indépendamment de l'application des dispositions du jugement et par cela seul qu'il a été rendu. Ce jugement, quelle qu'en soit la portée et de quelque juridiction qu'il émane, est un fait que les tribunaux français ne sauraient méconnaître. V. en ce sens, Carnot, *Comment. Cod. pén.*, sur l'art. 7; Mangin, *Act. publ.*, t. 1, n. 70; F. Hélie, *Instr. crim.*, t. 2, n. 680, 1038, 1042; Dalloz, *Répert.*, v° *Compét. crim.*, n. 132.

8. Tout ceci s'applique à l'hypothèse d'un crime commis en pays étranger par un Français. Mais les raisons de décider ne sont-elles pas les mêmes dans le cas d'un crime commis en France contre un Français par un étranger? La condamnation prononcée contre ce dernier par les juges de son pays pourrait-elle avoir moins d'autorité en France que celle que les mêmes juges auraient prononcée contre un Français? Non, sans doute. Dans l'un et l'autre cas, le jugement ne peut être exécuté en France, mais il y produit inévitablement l'exception de la chose jugée, et il y fait obstacle à de nouvelles poursuites et à un nouveau jugement contre celui à l'égard duquel il est intervenu.

9. La jurisprudence oppose toutefois diverses considérations. La première est tirée du principe de la souveraineté territoriale qui soumet les étrangers eux-mêmes à la juridiction française pour les délits par eux commis en France. Il résulterait de ce principe que l'action de la justice française ne peut, en pareil cas, être arrêtée par les décisions de la justice étrangère, intervenues à raison des mêmes délits. Mais tirer une semblable conclusion, n'est-ce pas forcer le sens et la portée du principe invoqué? La souveraineté territoriale exige sans doute que les étrangers qui habitent le territoire y soient régis par les lois de police et de sûreté de la même manière que les nationaux, et c'est ce qu'exprime l'art. 3, C. Nap. Mais cette exigence va-t-elle jusqu'à soumettre les étrangers à nos lois, même pour les délits à raison desquels ils ont été déjà poursuivis et jugés dans leur propre pays, et à les soustraire ainsi à l'application de la maxime *Non bis in idem*, qui a son fondement dans un sentiment universel d'humanité? L'art. 3 n'en dit rien, et le principe de la souveraineté territoriale qu'il consacre ne renferme point nécessairement en lui-même cette conséquence. On conçoit, au contraire, parfaitement, selon nous, que ce principe fléchisse devant la règle impérieuse que nous venons de rappeler. Le législateur ne le subordonne-t-il pas lui-même expressément à cette règle, lorsqu'il dispose, par l'art. 5, C. instr. crim., que le Français qui se sera rendu coupable en pays étranger d'un crime contre un Français, ne pourra, à son retour en France, y être poursuivi et jugé qu'autant qu'il n'aurait pas été déjà poursuivi et jugé en pays étranger? — La jurisprudence nie, il est vrai, que l'art. 5 (autrefois l'art. 7) repose sur l'application de la maxime *Non bis in idem*, et c'est encore, suivant elle, le principe de la souveraineté territoriale que le législateur a voulu uniquement appliquer ici. En reconnaissant à une souveraineté étrangère le droit de juger un Français qui a commis un crime sur le territoire étranger, le législateur français aurait pour but de faire respecter chez lui la souveraineté territoriale qu'il ne méconnaît pas chez les autres. En d'autres termes, il résulterait tout simplement de l'art. 5 que la justice étrangère a le droit de frapper le Français qui commet en pays étranger un crime contre un Français, par la même raison que la justice française peut atteindre l'étranger qui contrevient en France aux lois de police et de sûreté. Mais comment ne pas voir que la disposition de l'art. 5 a une portée plus considérable? Cette disposition, en effet, ne se borne pas à proclamer le droit respectif du souverain français et du souverain étranger de juger les délits commis sur leur territoire par des citoyens de l'autre pays; elle détermine les effets de la décision rendue par la justice étrangère sur la poursuite d'un délit commis par un Français en pays étranger contre un Français, et elle déclare que cette décision met obstacle à la nouvelle poursuite en France contre ce Français à raison du même fait. Comment dire qu'une telle disposition n'a pour base que le principe de la souveraineté territoriale, souveraineté qui n'est nullement intéressée à ce que les décisions rendues contre les étrangers aient l'autorité de la chose jugée en pays étranger, et comment n'y pas reconnaître l'application de la maxime *Non bis in idem?* Et si le législateur fait fléchir devant l'autorité de cette maxime le principe de compétence territoriale qui veut que les Français soient justiciables des tribunaux français pour les crimes par eux commis contre d'autres Français en pays étranger, on ne saurait comprendre pourquoi il repousserait cette même maxime lorsqu'il s'agit de délits commis en France par des étrangers.

10. Une autre objection est prise de ce que les jugements rendus en pays étranger ne peuvent être exécutés en France, ni y exercer aucune autorité, si ce n'est dans le cas prévu et suivant les conditions prescrites par l'art. 546, C. proc. civ., et les art. 2123 et 2128, C. Nap. Mais ne suffit-il pas de répondre que ces articles, uniquement relatifs à l'exécution et aux effets civils des jugements étrangers, n'excluent en aucune manière l'application de la maxime *Non bis in idem*, qui est indépendante de cette exécution et de ces effets, et que, d'ailleurs, l'art. 5, C. instr. crim., témoigne hautement qu'aux yeux du législateur les jugements des tribunaux étrangers ont, vis-à-vis de l'action publique, la même autorité que les jugements des tribunaux français? On se récrie toutefois contre cette assimilation, et l'on a fait habilement ressortir les inconvénients qu'offre l'application du principe de la chose jugée aux décisions des tribunaux étrangers en matière répressive. V. notamment les conclusions de M. l'avocat général Savary devant la Cour de cassation, lors de l'arrêt du 21 mars 1862 mentionné ci-dessus. — Ces inconvénients sont réels, nous le reconnaissons; mais suffisent-ils pour faire repousser ici l'application de la règle de suprême équité qui ne permet pas que le même individu soit deux fois poursuivi et jugé pour le même délit? Notre réponse négative s'appuie encore sur la disposition de l'art. 5, C. instr. crim., que nous ne saurions rappeler trop souvent, parce qu'on la perd trop de vue ou qu'on néglige trop de l'étudier. En effet, la plupart des conséquences fâcheuses que l'application de la maxime *Non bis in idem* peut produire dans le cas d'un jugement rendu en pays étranger au sujet d'un crime commis par un étranger sur le territoire français, se produisent également et même en certains points avec plus de force dans le cas d'un jugement étranger rendu sur la poursuite d'un crime commis par un Français contre un Français en pays étranger. Ce crime peut être un crime politique; il peut être dirigé contre le souverain français; il peut consister dans l'assassinat de ce souverain, se trouvant momentanément en pays étranger. Et pourtant le Français qui s'en sera rendu coupable ne pourra être poursuivi et jugé en France, si la justice étrangère a elle-même prononcé sur son forfait! Il pourra rentrer impunément en France, acquitté, grâcié ou évadé, avec bien plus de scandale encore qu'un étranger, et sans que le droit d'expulsion du territoire français puisse être exercé à son égard comme à l'égard de celui-ci! Ce résultat, quelque regrettable qu'il soit, est admis par le législateur, comme une conséquence inévitable de la règle *Non bis in idem*... En présence d'une manifestation aussi significative de la volonté de la loi de subordonner à l'application de cette maxime le principe de la souveraineté territoriale, est-on autorisé, nous le demandons, à soutenir qu'il y a incompatibilité entre une telle application et les prérogatives de la souveraineté française? V. dans le sens de notre opinion, dissertation de M. Grand, Journ. du Pal., 1859, p. 989; F. Hélie, n. 1042. V. aussi nos observations sur l'arrêt de la Cour de Metz mentionné ci-dessus.

11. On a agité encore la question plus spéciale de savoir si la condamnation prononcée en pays étranger contre un Français pour un crime attentatoire au crédit de l'État français, tel que celui de contrefaçon de monnaie française ayant cours légal, s'oppose à ce que le Français soit aussi poursuivi ultérieurement en France pour le même fait. Ici également nous avons embrassé l'affirmative, en nous appuyant sur le même principe que pour la question précédente. V. nos observations sur un arrêt de Besançon. 14 nov. 1861 (J.M.p.5.15). qui ne s'est pas directement prononcé sur ce point. La similitude des raisons de décider est surtout manifeste depuis la modification apportée à la rédaction des art. 5 et 7, C. instr. crim., par la loi du 27 juin 1866, puisque le nouvel art. 5 s'applique à tout crime puni par la loi française (et conséquemment à celui dont il est question ci-dessus), et non pas seulement, comme l'ancien art. 7, aux crimes commis contre un Français.

12. Dans tous les cas, il est bien certain que la condamnation prononcée en pays étranger contre un Français pour un crime commis par lui dans ce pays et puni par la loi française, ne saurait empêcher de nouvelles poursuites en France, lorsque, prononcée par contumace, elle n'est pas encore devenue définitive et irrévocable : Besançon, 14 novembre 1861, précité; Cass., 21 déc. 1861 (J.M.p.5.74).

13. Il a été jugé avec pleine raison qu'un étranger ne peut être poursuivi en France à raison d'un crime par lui commis en pays étranger sur la personne d'un Français, qui en a rendu plainte, lors même qu'il aurait des complices français justiciables des tribunaux de France : Cass., 2 juin 1825 (S.-V.8.1. 130); Colmar, 22 janv. 1864 (J.M.p.7.206). A la différence de notre ancien droit, qui permettait qu'un étranger coupable d'un crime quelconque, commis même sur le territoire étranger, fût jugé en France, s'il y était arrêté (V. Jousse, *Justice criminelle*, t. 1, p. 425), la législation actuelle n'autorise l'exercice de l'action publique en France contre les étrangers qu'à raison des crimes spécifiés dans l'art. 7, C. instr. crim. (attentats à la sûreté de l'État, contrefaçon des sceaux de l'État, de monnaies nationales, de papiers nationaux et de billets de banque), dont ils se rendent auteurs ou complices. Cette action ne peut donc être exercée contre un étranger à raison de toute espèce de crime, spécialement à raison d'un assassinat ou d'un meurtre commis en pays étranger sur la personne d'un Français, encore bien que cet étranger serait arrêté en France et aurait des complices français justiciables des tribunaux de France. V. conf., Magnin, *Act. publ.*, t. 1, n. 64; Rauter, *Dr. crim.*, t. 1, n. 54; Fœlix, *Dr. internat. privé*, n. 540; F. Hélie, t. 2, n. 669; Trébutien, *Cours de dr. crim.*, t. 2, p. 132; Dalloz, *Rép.*, v° *Compét. crim.*, n. 114.

14. Les expéditions des actes passés en pays étranger ne peuvent être admises par les autorités françaises qu'autant qu'elles ont été légalisées par les agents diplomatiques ou consulaires français dans le pays où ces actes ont été dressés : Circ. 7 août 1855 (Gillet, n. 3601).

15. La demande faite par le ministère public d'un acte de l'état civil passé en pays étranger, doit être adressée directement au ministre de la justice, qui la transmet au ministre des affaires étrangères : Déc. min. just. 12 mars 1827 (Gillet, n. 1990).
— V. *Action directe ou d'office*, 13; *Action publique*, 33 et s., 56 et s., 61 et 69; *Casiers judiciaires*, 20, 23, 59, 60, 66; *Commission rogatoire*, 5, 7, 10; *Envois non périodiques*, 2-13°; *Exploit; Interdiction*, 5 et s.; *Juge de paix*, 9; *Loterie; Médecin*, 2, 3; *Nationalité*, 1; *Passe-port; Preuve des délits*, 48; *Séparation de corps*, 12; *Service militaire; Succession d'étranger; Surveillance de la haute police*, 4 et s.; *Témoin*, 26; *Vagabondage*, 1, 2, 6.

ÉVASION DE DÉTENUS. — 1. Les art. 237 et suiv., C. pén., qui punissent le fait des gardiens de prison d'avoir favorisé l'évasion des détenus, sont-ils applicables dans le cas d'évasion d'individus détenus pour des faits qui n'ont pas le caractère d'infraction à la loi pénale? Et spécialement, les préposés à la surveillance des détenus d'une colonie pénitentiaire se rendent-ils passibles des peines prononcées par cet article, en facilitant l'évasion d'un jeune détenu qui, après avoir été acquitté, pour défaut de discernement, d'une poursuite dirigée contre lui, a été envoyé dans cette colonie pour y rester jusqu'après sa vingtième année? A ne consulter que les termes, soit de la rubrique sous laquelle sont placés les art. 237 et suiv., C. pén., soit de l'art. 237, on pourrait croire que la responsabilité pénale des gardiens de prisons s'étend à toute évasion de détenus facilitée par leur négligence ou leur connivence, sans qu'il y ait à rechercher pour quelle cause l'évadé était détenu. Mais les art. 238, 239 et 240 ont restreint cette responsabilité dans des limites qu'on ne saurait méconnaître. Ainsi, l'art. 238, le premier qui prononce une peine contre les fauteurs d'évasion, dispose pour le cas où l'évadé était *prévenu* de délits de police ou de crimes simplement infamants; l'art. 239, pour le cas où il était *prévenu* ou *accusé* d'un crime de nature à entraîner une peine afflictive à temps, ou *condamné* pour un crime de ce genre, et l'art. 240, pour l'hypothèse où l'évadé était *prévenu* ou *accusé* d'un crime de nature à entraîner la peine de mort ou des peines perpétuelles, ou *condamné* à l'une de ces peines. Quant aux art. 241 à 243, qui complètent le système de pénalité relatif aux fauteurs d'évasion, en prévoyant les circonstances aggravantes de la criminalité de ces derniers, ils ne font que se référer, en ce qui concerne la qualité des détenus, aux hypothèses indiquées par les art. 238, 239 et 240. Il suit clairement de là que les gardiens ne sont responsables de l'évasion qu'ils ont favorisée, qu'autant que l'évadé était détenu en qualité, soit de prévenu ou d'accusé d'un délit ou d'un crime, soit de condamné pour un crime ou pour un délit.— L'évasion d'individus détenus à tout autre titre (si l'on excepte toutefois les prisonniers de guerre, en vue desquels statue aussi l'art. 238), ne soumet donc les gardiens à aucune responsabilité pénale.

2. Cette interprétation peut du reste s'appuyer sur la jurisprudence et sur la doctrine des auteurs. En effet, divers arrêts ont jugé que les art. 237 et suiv., C. pén., ne s'appliquent ni au cas où l'évadé était détenu pour dettes civiles (Cass., 30 avr. 1807, S.-V.2.1.382 ; 20 août 1824, S.-V.7.1.523 ; 29 sept. 1831, S.-V. 32.1.240), ni à celui où l'évadé est un étranger arrêté en France en vertu d'un ordre d'extradition et poursuivi pour infraction à la loi pénale de son pays (Cass., 30 juin 1827, S.-V.8.1.628 ; Nancy, 15 mars 1852, S.-V.52.2,507), et ils se sont fondés pour le décider ainsi sur ce que le législateur n'a voulu atteindre que les détenus poursuivis ou condamnés pour crimes ou délits commis en France. La même opinion est professée par Carnot, t. 1, p. 676, et t. 2, p. 585 ; Bourguignon, t. 3, p. 234 ; Chauveau et Hélie, *Théor. C. pén.*, t. 3, n. 893 ; Massabiau, *Man. du min. publ.*, t. 3, n. 3374 et 3375.

3. Il n'appartient pas au tribunal correctionnel d'ordonner la réintégration d'un prévenu, mineur de seize ans, dans une maison de correction d'où il s'était évadé : c'est là une mesure rentrant exclusivement dans les attributions de l'autorité administrative : Rennes, 2 déc. 1863 ((J.M.p.7.92).

EXCITATION A LA HAINE OU AU MÉPRIS DU GOUVERNEMENT.

1. Il a été décidé très-exactement que l'art. 4 du décret du 11 août 1848, qui punit l'excitation, par l'un des moyens énoncés en l'art. 1er de la loi du 17 mai 1819, à la haine ou au mépris du Gouvernement *de la République*, n'a pas été abrogé par l'avénement du Gouvernement impérial, mais que cet article, n'étant que l'expression d'une règle générale qui a été appliquée sous tous les régimes, n'a pas cessé d'être en vigueur, bien qu'aucune disposition nouvelle ne l'ait rendu spécialement applicable aux attaques dirigées contre le

Gouvernement impérial, et par cela seul que l'art. 56 de la Constitution du 14 janv. 1852, maintenu par le sénatus-consulte du 7 novembre suivant, a conservé leur force aux lois antérieures : Cass., 19 janv. 1866 (J.M.p.11.97) et 21 juin 1867 (*Id.*10.206). — V., d'ailleurs, *Monit. univers.* du 11 août 1848, p. 1970.

2. Nous avons recueilli dans le *Journal du ministère public* (t. 5, p. 10; t. 6, p. 29; t. 12, p. 29), divers arrêts relatifs à l'interprétation de l'art. 2 de la loi du 27 fév. 1858 punissant les manœuvres pratiquées et les intelligences entretenues, soit à l'intérieur, soit à l'étranger, dans le but d'exciter à la haine ou au mépris du Gouvernement. L'abrogation dont cette loi a été l'objet (V. décret du 24 oct. 1870) nous dispense de reproduire les solutions que ces arrêts avaient consacrées, ainsi que les observations qu'ils nous avaient suggérées.

EXCITATION DE MINEURS A LA DÉBAUCHE.

— **1.** Une question délicate s'est élevée en cette matière, c'est celle de savoir si la complicité peut résulter d'un seul fait de provocation à l'un des actes d'entremise qui constituent le délit puni par l'art. 334, C. pén., ou si l'habitude est nécessaire de la part du complice aussi bien que de la part de l'auteur principal.— Cette dernière interprétation a été consacrée par un arrêt de la Cour de Metz du 29 avril 1868 (J.M.p.11.144).

2. On peut objecter contre cette décision que l'habitude n'est pas une condition de la complicité; que l'art. 60, C. pén., qui établit les règles générales de la complicité, n'impose point cette condition, que ne prescrit non plus aucune autre disposition légale; que tout ce que la loi exige, c'est l'excitation habituelle à la débauche, et qu'il suffit qu'entre le proxénète, auteur principal du délit, et le séducteur, il y ait eu concours dans cette excitation habituelle, pour que la participation du séducteur, ne se fût-elle produite qu'une seule fois, à l'égard d'un seul mineur, prenne le caractère de la complicité.

3. Ces objections, ne manquent pas de gravité, et elles peuvent s'appuyer d'ailleurs sur un arrêt de la Cour de cassation du 10 nov. 1860 (S.-V.61.1.198), dans lequel on lit que « lorsque la provocation se produit dans les conditions de l'art. 60, Cod. pén., le séducteur devient le complice du proxénète, …alors même que les remises d'argent, les dons ou promesses destinés à salarier l'intermédiaire n'auraient pas été habituellement effectués, *l'habitude nécessaire pour caractériser le délit d'excitation à la débauche*

*n'étant pas exigée par l'art. 60, Cod. pén., pour constituer la provo-
cation par dons ou promesses, et la complicité qui en est la conséquence
légale.* » Est-ce là toutefois une théorie bien juridique ? On comprend qu'un seul acte de provocation suffise pour constituer la
complicité d'un délit qui se commet instantanément, et cette hypothèse, la plus commune, est celle en vue de laquelle dispose
l'art. 60, C. pén. Mais lorsque le délit se compose d'actes successifs, lorsqu'il ne peut être consommé que par une série de faits
assez répétés pour constituer l'habitude, comment une provocation
unique à l'un de ces faits seulement permettrait-elle d'assimiler
celui de qui elle émane à l'auteur même du délit, en le déclarant
son complice et en le frappant d'une peine identique ? Il y a dans
cette provocation isolée, complicité de l'un des éléments du délit,
mais non du délit même. Décider autrement, ce serait rendre la
situation du complice beaucoup plus rigoureuse que celle de l'auteur principal, puisque celui-ci ne peut être condamné que pour
une série d'actes dont l'ensemble constitue le délit, tandis que
celui-là pourrait l'être pour un seul fait de participation à l'un de
ces actes.

4. La justesse de ces observations s'est imposée à l'esprit éminemment judicieux de M. F. Hélie, qui, tout en approuvant l'arrêt précité de la Cour de cassation du 10 nov. 1860, n'a pu s'empêcher de dire : « Il n'y a pas de complicité si l'agent ne s'est
pas associé à tous les actes élémentaires du délit; or, comme
l'habitude est un de ces éléments, il s'ensuit que le séducteur ne
peut être atteint que s'il a habituellement participé aux actes du
proxénète.... Un seul acte de connivence, une seule stipulation,
lors même que cette stipulation aurait été exprimée à plusieurs
reprises, ou que son exécution se serait manifestée par plusieurs
actes, ne constituerait pas l'habitude relativement au séducteur »
(*Théor. Cod. pén.*, t. 4, n°s 1393 et 1394). — En matière d'usure,
où l'habitude est aussi une condition du délit, la jurisprudence
ne fait résulter la complicité que d'une participation aux divers
faits successifs dont le délit se compose. V. Cass., 14 oct. 1826
(S.-V.8.1.437) et 27 fév. 1864 (S.-V.64.1.341). —Compar. également M. Bertauld, *Cours de Cod. pén.*, p. 453. Elle ne saurait
suivre une autre règle en matière d'excitation habituelle de mineurs à la débauche.

EXÉCUTION DES JUGEMENTS ET ARRÊTS. —

1. Nous nous sommes déjà occupé, au mot *Emprisonnement*,

n. 5 et s., des extraits des jugements de condamnation à des peines corporelles qui doivent être délivrés par les greffiers en vue de l'exécution de ces peines. — V. aussi *Envois non périodiques*, n. 2-14°.

2. Lorsqu'un obstacle passager s'oppose à la translation d'un condamné dans les bagnes, l'autorité administrative peut se contenter d'en informer l'autorité judiciaire. Si l'obstacle a pour effet de changer la nature de la peine, le ministère public doit en être avisé spécialement. En cas de divergence d'opinions entre le préfet et le ministère public, il faut en référer au ministre de la justice : Circ. 6 déc. 1840, § 11.

3. Quand un individu condamné a pris la fuite, le ministère public doit envoyer directement au ministre de l'intérieur le signalement de ce condamné dressé avec tout le soin désirable, en y joignant l'indication de l'acte qui ordonne l'arrestation, de la date et de l'autorité judiciaire de qui émane cet acte : *Id.*, § 12.

4. C'est à la diligence de l'autorité judiciaire qu'est exécuté tout jugement de tribunal ordinaire prononçant un emprisonnement au-dessous de deux mois contre un marin ou un militaire de la marine, lequel, dans ce cas, subit sa peine dans la maison d'arrêt du tribunal. — Arrêté Min. just., intér., guerr. et mar., 2 janv. 1859, art. 4 ; Circ. Min. just. 29 janv. 1859 (Rés. chr., p. 2).

5. Lorsqu'un marin, militaire ou assimilé a été condamné par un tribunal ordinaire à un emprisonnement de deux mois à une année, il doit être aussitôt mis à la disposition de la gendarmerie, pour être dirigé, dans le plus bref délai, et autant que possible par les voies rapides, sur le chef-lieu de l'arrondissement maritime comprenant dans son ressort le département où siége le tribunal. Il en est de même de tout marin condamné à un emprisonnement excédant une année. — Arr. 2 janv. 1859, précité, art. 3 ; Circ. min. just. 29 janv. 1859, précitée ; Instr. min. mar. 6 mars 1860 ; Circ. min. just. 27 mars 1860 (Rés. chr., p. 16).

6. Un extrait de chaque jugement exécuté en conformité des dispositions ci-dessus est aussitôt adressé au ministre de la marine, avec avis de la destination assignée au condamné : Arr. 2 janv. 1859, précité, art. 5 ; Circ. 29 janv. 1859 et 27 mars 1860, précitées.

7. Quand un militaire condamné par les tribunaux ou par la Cour d'assises à plus d'un an d'emprisonnement, a été transféré dans un pénitencier, le chef du parquet de première instance doit renvoyer un extrait du jugement à l'autorité militaire pour faire transférer le condamné, et un autre extrait au procureur général dans le ressort duquel est situé ce pénitencier pour qu'il surveille l'exécution de la peine : Décis. min. just. 7 déc. 1840 (Gillet, n. 2704).

8. Dans le cas où le même condamné se trouve frappé de plusieurs peines, c'est au ministère public à indiquer, en marge de l'extrait, celle de ces peines que le condamné doit subir. Le procureur général doit en référer au ministre toutes les fois que l'exécution du jugement ou de l'arrêt fait naître des doutes sur la durée de la détention : Circ. 6 déc. 1840, précitée.

9. Dans le concours de deux peines d'une nature différente, la plus forte doit toujours être exécutée la première ; mais il faut avoir soin d'annoter sur l'extrait du jugement ou arrêt la condamnation qui reste à subir, afin qu'à l'expiration de sa première peine, le condamné soit remis à la disposition de l'autorité compétente, pour qu'elle lui fasse subir la seconde : Décis. min. just., 13 mars 1833 (Gillet, n. 2368).

10. Le condamné qui a obtenu une commutation de peine peut subir la nouvelle peine au lieu d'entérinement des lettres de commutation : Décis. min. just. 25 juin 1822 (Gillet, n. 1569).

11. Le délai de vingt-quatre heures à partir de la réception de l'arrêt qui rejette le pourvoi, imparti par les art. 373 et 375, C. instr. crim., pour l'exécution des arrêts de condamnation, ne doit être augmenté, quand il s'agit de la peine de mort, que du temps strictement nécessaire pour le transport des exécuteurs. On ne doit pas, notamment, retarder l'exécution de manière à la faire coïncider avec un jour de marché : Circ. 6 mai 1847 (Gillet, n. 3060).

12. L'exécution d'un arrêt de condamnation devenu irrévocable par le rejet du pourvoi en cassation, ne peut être suspendue par l'inscription de faux contre tel ou tel acte de la procédure ; autrement, les condamnés pourraient, au moyen d'inscriptions successives, parvenir à rendre les arrêts inexécutables : Lett. min. just. 1ᵉʳ mars 1819 (Gillet, n. 1283).

13. La condamnation à mort d'un individu tombé en démence depuis l'arrêt ne peut recevoir son exécution tant que le condamné demeure dans cet état ; le ministère public doit le soumettre à de fréquentes visites des gens de l'art, et faire exécuter la condamnation aussitôt qu'il aura recouvré l'usage de sa raison : Lett. min. just. 16 oct. 1817 (Gillet, n. 1172).

14. L'autorité administrative doit être informée du jour et de l'heure des exécutions capitales, afin qu'elle puisse prendre les mesures convenables pour assurer le maintien de la tranquillité publique pendant les préparatifs et la durée de l'exécution : Décis. min. just. 7 avril 1851 (Gillet, n. 3326).

15. Lorsque l'exécution se fait hors du chef-lieu de la Cour ou du tribunal qui a prononcé la peine, le procès-verbal en est dressé par le greffier du tribunal de l'arrondissement où elle a lieu, et transcrit par lui, dans les vingt-quatre heures, au bas de l'expédition de l'arrêt. Cette expédition, considérée comme la minute même, est renvoyée immédiatement, avec le procès-verbal, pour que le tout soit déposé au greffe du lieu où a été rendu l'arrêt : Lett. min. just. 29 juin 1811 (Gillet, n. 706).

16. Le ministère public ne doit faire signifier aux condamnés en matière correctionnelle que les jugements par défaut : Circ. 30 déc. 1812 (Gillet, n. 828).

17. Lorsqu'un jugement par défaut, rendu sur les poursuites de la partie civile, prononce la peine d'emprisonnement, le ministère public doit le faire signifier lui-même, sans attendre les diligences de la partie civile : Décis. min. just. 17 fév. 1844 (Gillet, n. 2879).

18. Pour l'exécution d'un jugement portant peine d'emprisonnement, il suffit que le ministère public délivre l'ordre d'arrestation au bas de l'extrait du jugement. Ce même extrait est ensuite remis au receveur de l'enregistrement pour le recouvrement de l'amende et des frais : Circ. 30 déc. 1812 (Gillet, n. 828).

19. Le ministère public doit commencer par inviter officiellement les condamnés à l'emprisonnement à se constituer prisonniers, et ne délivrer un extrait du jugement de condamnation pour leur capture, que lorsqu'ils n'ont pas obtempéré à cette invitation dans un délai déterminé : Circ. 1er avril 1854 (Gillet, n. 3510).

20. Toutes les fois qu'il s'agit de faire exécuter un arrêt ou un jugement de condamnation, au moyen de la capture du condamné, le ministère public doit requérir du juge compétent un exécutoire supplémentaire pour obtenir le remboursement des frais de capture, et remettre cet exécutoire au receveur de l'enregistrement, par les soins duquel le recouvrement doit être opéré : Circ. 27 juin 1835 et 1er avril 1854 (Gillet, n. 2471 et 3510).

21. Les prescriptions de l'art. 57 du décret du 18 juin 1811 ont été étendues aux extraits de jugements fournis à l'administration de l'enregistrement pour le recouvrement des amendes, par une décision du ministre de la justice du 7 mars 1861 (Rés. chr., p. 31), qui recommande en conséquence aux magistrats du parquet d'enjoindre aux greffiers de ne jamais délivrer de tels extraits sans les avoir soumis préalablement à leur examen et à leur visa. Cette décision a principalement pour objet d'obvier à l'inconvénient résultant de l'omission qui jusque-là était souvent faite, dans les extraits dont il s'agit, de l'article de loi que le jugement avait appliqué, ce qui entraînait parfois une fausse attribution des amendes, notamment en matière de chasse.

22. En ce qui concerne les condamnés à l'amende qui sont solvables, le ministère public, cinq jours après un commandement signifié à la requête de l'administration de l'enregistrement, et sur la demande du receveur, lequel a dû se pourvoir de l'autorisation de son directeur (Instruct. génér., n. 1952), adresse les réquisitions nécessaires à la gendarmerie. — Ces réquisitions sont exécutées comme tous autres mandats de justice en matière criminelle (C. instr. crim., 97).

23. Les condamnés insolvables contre lesquels il pourrait être utile d'exercer la contrainte par corps sont désignés par les agents forestiers, lorsqu'il s'agit de délits forestiers ou de pêche, et par le parquet, quand la condamnation a été prononcée pour toute autre cause. — A cet effet, chaque trimestre, les receveurs de l'enregistrement fournissent au parquet un état qui comprend les condamnés dont l'insolvabilité a été constatée dans le trimestre précédent, et dans lequel ne doivent pas figurer : 1° la femme en même temps que le mari; le père ou la mère en même temps que les enfants; 2° les condamnés dont le domicile n'est pas connu, ni les condamnés à une peine corporelle pendant qu'ils la subissent; 3° les mineurs âgés de moins de seize ans accomplis à l'époque du fait qui a motivé la poursuite, à moins d'une disposition formelle qui prononce contre eux la contrainte par corps; 4° les débiteurs de condamnations ne s'élevant pas, en totalité, à dix francs, sauf le cas de récidive; 5° les condamnés qui ont obtenu un sursis en vertu de la loi du 13 déc. 1848 : Circ., 21 juill. 1853 (Gillet, n. 3471).

24. Le chef du parquet de première instance, après avoir pris les renseignements nécessaires, renvoie l'état au directeur de l'enregistrement, en lui indiquant les condamnés à l'égard desquels doit être exercée la contrainte par corps. Cette mesure, qui a moins pour objet d'obtenir le paiement de l'amende prononcée, que d'empêcher les insolvables sans moralité de se faire un jeu des condamnations par eux encourues, a cependant quelquefois pour effet de procurer ce paiement. — V. Lebon, *Notions pratiques sur l'administr. des parq.*, p. 184, texte et note 2.

25. Les gendarmes chargés d'opérer des arrestations en vertu de la loi sur la contrainte par corps et pour le recouvrement des amendes et frais de justice, peuvent surseoir à l'incarcération dans le cas où des circonstances ignorées de l'administration de l'enregistrement paraîtraient devoir s'opposer à l'exécution de la contrainte. Ils doivent en ce cas rendre compte à qui de droit des motifs du sursis : Circ. min. just. 13 déc. 1858. — V. *Contrainte par corps*.

26. Les magistrats du parquet ne doivent pas perdre de vue que les jugements rendus en pays étranger ne peuvent être exécutés en France que conformément aux art. 2123, et 2128, C. civ., et 546, C. proc. civ., ou aux stipulations des traités internationaux : Circ. 19 juin 1866 (Rés. chr., p. 90).

— V. *Appel correctionnel*, 47, 48, 118 et s., 207, 209 ; *Assistance judiciaire*, 30 ; *Compétence criminelle*, 170 et s. ; *Emprisonnement, Jugement ou arrêt par défaut*, 6 et s ; *Marin*, 2 ; *Prescription criminelle*, 38 ; *Tribunal de police*, 15 et s.

EXPERTISE. — **1.** En matière criminelle et correctionnelle, le plus grand soin doit être apporté dans le choix des experts nommés au cours de l'information ; il est important de ne désigner que des hommes capables et expérimentés : Instr. gén. 30 sept. 1826, art. 17 ; Circ. 6 fév. 1867 (Rés. chr., p. 93). — Il faut n'en nommer qu'un seul et au plus deux. Les expertises tirent en effet leur force probante beaucoup moins du nombre des hommes spéciaux consultés que du mérite, de la science et de l'intégrité bien connue de l'expert. Souvent même un rapport offre d'autant plus de garanties qu'il est signé par un seul expert, parce que la responsabilité en retombe sur lui seul. Les art. 43 et 44, C. instr. crim., dont les indications ont un caractère général, tracent d'ailleurs eux-mêmes cette règle. — Lors donc qu'au cours d'une information il y a lieu de recourir à la médecine légale, il suffit de désigner un seul expert dans les cas ordinaires, comme ceux de simples coups et blessures, et deux pour les autopsies et autres opérations qui ne peuvent être renouvelées. La nomination d'un troisième expert ne peut être utile qu'en cas de partage. — Ces règles sont également applicables aux analyses chimiques et aux vérifications en matière de faux : Circ. 6 fév. 1867 précitée.

2. C'est surtout en matière correctionnelle que les magistrats doivent, en règle générale, s'imposer l'obligation de ne requérir qu'un expert, comme dans les poursuites pour falsification de denrées alimentaires, de tromperie sur la qualité de la marchandise vendue, etc.: *Id.*

3. Il importe d'empêcher que, sous le faux titre de témoins à décharge, on n'amène devant la justice des hommes qui, ne connaissant rien personnellement des faits de l'accusation, viennent, quoique dépourvus de capacité, combattre par leurs affirmations sans fondement l'opinion d'experts consciencieux et justement considérés. C'est là constituer une expertise déguisée que condamne la jurisprudence (Cass., 26 juin 1823 et 20 mars 1847; Lacuisine, *Tr. du pouv. judic.*, p. 346; Append. de la Table analytique des arrêts de la C. de cass., vº *Cour d'assises*, n. 441, et Dalloz, Rec. pér., 47.4.434) : Même circulaire.

4. Les magistrats doivent s'abstenir de confier de nouvelles missions à des experts qui, après avoir posé des conclusions formelles dans un rapport, ne savent pas les défendre à l'audience. Il importe aussi de ne plus avoir recours à ceux dont les recherches aboutissent toujours au doute et qui ne savent arriver à une conclusion précise en faveur de l'inculpé ou contre lui : *Id.*

5. Il est nécessaire de vérifier avec le plus grand soin les fournitures de toutes sortes présentées par les experts. Le prix n'en doit être remboursé qu'autant que les experts ont joint à leur mémoire des états détaillés, afin que la quotité et le prix puissent être débattus, et que la dépense soit réduite, s'il y a lieu : Instr. gén. 30 sept. 1826, art. 19; Circ. 6 fév. 1867, précitée. — Les experts doivent supporter sans recours la perte des instruments qu'ils brisent pendant leurs opérations, quand cet accident doit être attribué à la mauvaise qualité des objets cassés ou à la maladresse de l'opérateur. Cependant lorsque les instruments, comme dans les analyses chimiques, doivent être brisés ou rendus impropres au service par suite de l'opération elle-même, il y a lieu exceptionnellement de tenir compte à l'expert de la perte qu'il a éprouvée, après avoir reconnu la sincérité de sa déclaration tant sous le rapport de l'existence du fait que sous celui du dédommagement : Circ. 6 fév. 1867.

6. Pour éviter les abus fréquents et regrettables qui ont été constatés dans les expertises consistant en vérifications d'écritures et de comptabilité, où les experts tendent trop souvent à donner à leurs opérations des développements excessifs, les magistrats ont à déterminer d'une manière précise dans quelles limites la vérification doit se renfermer. Ils doivent fixer l'année au delà de laquelle l'expert ne remontera pas, et la nature des délits qu'il recherchera. Il est aussi ridicule de remonter à une date où la prescription serait acquise, qu'il est frustatoire de reconstituer toute la comptabilité d'une société depuis plusieurs années. — Les magistrats instructeurs manquent à leur mission quant ils se préoccupent de l'intérêt que peuvent avoir les syndics d'une faillite à établir d'une manière précise leur situation vis-à-vis du failli. D'ailleurs, parmi les faits qui leur sont dénoncés, le plus souvent sans indices sérieux, ils doivent choisir les plus graves au point de vue de la répression. — En matière de banqueroute frauduleuse, le détournement est bien rarement démontré par une balance entre l'actif et le passif, qui coûte à l'expert des mois de travail, et qui laisse toujours dans le doute la question essentielle, celle de l'emploi des sommes disparues. Les magistrats des parquets de première instance ne doivent pas hésiter à poser des réquisitions écrites pour restreindre les expertises et pour signaler aux procureurs généraux les affaires dans lesquelles des investigations inutiles seraient prescrites. De leur côté, les procureurs généraux doivent se faire transmettre en communication les réquisitions adressées aux experts en matière commerciale, afin de s'assurer par eux-mêmes qu'elles ne contiennent rien d'inutile : *Id.*

7. Un autre abus résulte de la concentration de plusieurs expertises à la fois dans la même main. L'expert chargé simultanément de plusieurs missions ne peut les remplir que l'une après l'autre, et dès lors il y a forcément des retards. C'est ce qui arrive notamment pour les experts de Paris : sous prétexte que les tribunaux n'ont de confiance que dans tel ou tel expert en renom, de tous les points de la France on accumule dans son cabinet les affaires les plus variées. Ne pouvant consacrer à toutes son travail personnel, il grossit ses mémoires du salaire de ses aides, par lesquels a été rédigé un rapport qu'il n'est pas même en état de défendre à l'audience. — Le parquet doit veiller à ce que les magistrats instructeurs s'adressent à des hommes spéciaux, sinon de leur localité, au moins du ressort auxquels ils appartiennent ou du ressort le plus rapproché. Autant que possible, chaque expert n'aura qu'un très-petit nombre d'affaires à la fois, afin qu'il les termine dans le plus bref délai : *id.*

8. Une autopsie ne doit être requise et ordonnée que lorsqu'il est indispensable d'y recourir. Elle doit comprendre l'ouverture

des trois cavités encéphalique, thoracique et abdominale ; et tous les phénomènes qu'elle présente doivent être soigneusement décrits : Décis. minist. 5 oct. 1819 (Gillet, n. 1328).

9. Les experts ne doivent pas être cités, mais invités sans frais par un simple avertissement du ministère public, au bas duquel ils sont taxés : Circ. 30 déc. 1812 (Gillet, n. 828).

10. Il convient, dans l'intérêt de la justice et du Trésor, que les magistrats assistent aux expertises et leur donnent une surveillance spéciale : Décis. min. 30 août 1832 (Gillet, n. 2345).— V. aussi F. Hélie, *Instr. crim.*, t. 4, n. 1897.

11. Tout ce qui précède s'applique particulièrement aux expertises ordonnées au cours de l'information. Quant à celles qu'ordonnent les tribunaux, il a été décidé notamment que les juges correctionnels ne sont pas tenus de se conformer à l'art. 303, C. proc. civ., qui prescrit de nommer trois experts, mais qu'ils peuvent n'en nommer qu'un ou deux : Cass., 23 juill. 1836 (S. -V. 37. 1. 245); Rouen, 10 déc. 1869 (J. M. p. 13). — Conf. F. Hélie, t. 6, n. 2622 et 2903.

EXPLOIT. — **1.** Certains exploits d'huissier nécessitent l'intervention du parquet de première instance. Ils se divisent en deux catégories : 1° ceux dont copie est *remise* au chef du parquet pour qu'il la fasse parvenir, dans les cas assez rares où cela est possible, à la personne qu'elle intéresse; 2° ceux dont la copie est *signifiée* à ce magistrat pour qu'il ait à requérir, s'il y a lieu, l'inscription d'une hypothèque légale. Dans ces différentes hypothèses, le chef du parquet doit viser l'original de l'acte dont copie lui est remise ou signifiée.

2. La première catégorie comprend : Les copies d'exploit signifiées à ceux qui n'ont aucun domicile ni résidence connus en France (C. pr. civ., art. 69, § 8); les copies de protêt de perquisition (C. comm., art. 173; décret 13-26 mars 1848; — Persil, *De la lettre de change*, p. 389); enfin les copies d'exploit signifiées à ceux qui habitent le territoire français hors du continent, ou à ceux qui sont établis à l'étranger (C. pr. civ., art. 69, § 9). Quand le domicile ou la résidence du destinataire de la copie remise au chef du parquet de première instance ne sont pas connus, ce magistrat se borne d'habitude à classer cette pièce. Lorsque le destinataire habite l'Algérie, l'officier du parquet doit envoyer la copie au garde des sceaux (Circ. 13 avr. 1861, Rés. chr., p. 33). C'est au ministre de la marine ou à celui des affaires étrangères qu'il faut l'adresser, si le destinataire est établi aux colonies françaises ou à l'étranger. Une circulaire du 28 avr. 1865 (*Id.*, p. 74), pour éviter aux bureaux du ministère des affaires étrangères toute perte de temps dans le classement de l'expédition des actes judiciaires transmis par les parquets, exige : 1° qu'on indique, dans les lettres d'envoi des actes dont il s'agit, le nom du destinataire, le lieu de sa résidence et le nom de la personne à la requête de laquelle la signification est faite; 2° que l'on place les actes selon leur rang d'inscription, que l'on mette sur chacun d'eux, en tête et à l'encre rouge, le nom et la demeure du destinataire, et enfin qu'on les attache par un cordon à la lettre d'envoi. Les ministres font savoir au parquet quelle suite a été donnée à son envoi. Ils lui transmettent soit le récépissé du destinataire, soit un certificat des autorités locales constatant que ce dernier n'a pu être trouvé au domicile indiqué.

3. Le Code de procédure civile, dont l'art. 69, § 9, détermine le mode à suivre pour la transmission des exploits dressés en France; mais destinés à des personnes résidant en pays étranger, ne prescrit rien quant aux exploits venus de l'étranger et destinés à des personnes domiciliées en France. Ces exploits sont envoyés au ministre des affaires étrangères, qui les transmet au garde des sceaux pour qu'il les fasse parvenir au parquet du tribunal dans l'arrondissement duquel résident les individus auxquels ils doivent être remis. — Toutefois, il a été dérogé à cet usage, en ce qui concerne les exploits venant d'Italie, par une décision du ministre de la justice du 19 juin 1866 (Rés. chr., p. 90), d'après laquelle les chefs des parquets de première instance peuvent recevoir eux-mêmes, à l'effet de les transmettre aux personnes auxquelles ils sont destinés, tous les exploits déposés aux parquets des tribunaux italiens, en exécution de l'art. 142, C. proc., de ce pays, qui leur seront remis par l'agent consulaire italien le plus rapproché de leur parquet. C'est aussi à cet agent consulaire qu'ils doivent envoyer, sans intermédiaire, les récépissés délivrés par les personnes qui auront reçu les exploits.

4. La loi indique deux hypothèses dans lesquelles des actes doivent être signifiés au chef du parquet de première instance pour que ce magistrat ait à requérir, s'il y a lieu, une inscription d'hypothèque légale; ce sont, d'une part, celle déterminée par l'art. 2194, C. civ., et, d'autre part, celle réglée par l'art. 692, C. proc. civ.

5. D'après la première de ces dispositions, l'acquéreur d'un immeuble ayant appartenu à un mari ou à un tuteur, qui veut purger les hypothèques non inscrites dont ces immeubles peuvent être grevés, dépose une copie de son contrat d'acquisition au greffe du tribunal civil de la situation des biens, et certifie ce dépôt par acte signifié, tant à la femme ou au subrogé tuteur qu'au chef du parquet de première instance. Un extrait de ce contrat reste affiché pendant deux mois dans l'auditoire du tribunal, et, durant ce délai, le magistrat du parquet peut, comme les autres parties intéressées, requérir, s'il y a lieu, une inscription hypothécaire au profit de la femme et du mineur. Mais, dans l'impossibilité où il se trouve d'apprécier l'opportunité de cette inscription, le ministère public, dans l'usage, se borne à classer l'acte qui lui a été signifié.

6. Aux termes de l'art. 692, C. proc. civ., dans les huit jours au plus tard après le dépôt au greffe du cahier des charges dressé à la suite d'une saisie immobilière, sommation de prendre communication de ce cahier des charges est faite aux créanciers inscrits, à la femme du saisi, aux femmes des précédents propriétaires, au subrogé tuteur des mineurs ou interdits, ou aux mineurs devenus majeurs. Cette sommation doit contenir l'avertissement que pour conserver les hypothèques légales sur l'immeuble exproprié, il est nécessaire de les faire inscrire avant la transcription du jugement d'adjudication ; et copie en est notifiée au chef du parquet de l'arrondissement où les biens sont situés, lequel est *tenu* de requérir l'inscription des hypothèques légales existant du fait du saisi sur les biens compris dans la saisie. — V. *Hypothèque légale.*

7. La disposition précitée de l'art. 69, C. pr., d'après laquelle l'exploit signifié à une partie qui n'a ni domicile, ni résidence connus en France, doit être remis au parquet, n'est applicable qu'autant que l'huissier chargé de la signification a fait vainement toutes les investigations que commandaient la prudence et la bonne foi. — Et spécialement l'huissier chargé d'assigner une société n'est pas autorisé à remettre l'exploit au parquet, par cela seul qu'au domicile indiqué on lui aurait répondu que cette société n'y habitait plus, sans que l'on sût où elle avait transporté son siége. Peu importe d'ailleurs que l'huissier ait dit dans l'exploit avoir fait toutes les recherches prescrites par la loi, s'il n'en a spécifié aucune : Colmar, 14 juin 1859 (J.M.p.2. 299). — V. dans le même sens, Paris, 16 nov. 1853 (D.p.55.2. 126), et autres arrêts mentionnés dans le *Répert.* de Dalloz, v° *Exploit*, n. 454. — Mais V. en sens contraire d'autre décisions citées *eod.*, n. 453. — Nous croyons que, lorsqu'un exploit est soumis au visa du chef du parquet de première instance, en vertu de l'art. 69, C. proc., il est bon que ce magistrat invite l'huissier à ne laisser cet exploit au parquet, qu'autant qu'il lui a été réellement impossible de découvrir le domicile de la personne à laquelle il est destiné. Cette recommandation pourra avoir le double avantage de prévenir les nullités d'exploit, et de décharger les parquets du soin de se livrer à des recherches que l'huissier doit tout d'abord faire lui-même.

8. Aucun exploit ne peut être signifié dans une caserne de gendarmerie, sans que l'huissier ait préalablement obtenu un permis du commandant de la compagnie : Circ. min. de la guerr. 6 nov. 1855 (J.M.p.7.308).

9. Il résulte d'un décret du 30 juill. 1862 que les copies ne peuvent contenir, à peine d'une amende de 25 fr.: 1° sur le petit papier (feuilles et demi-feuilles) plus de trente lignes à la page. et plus de trente syllabes à la ligne; 2° sur le moyen papier, plus de trente-cinq lignes à la page, et plus de trente-cinq syllabes à la ligne ; 3° sur le grand papier, plus de quarante lignes à la page, et plus de quarante syllabes à la ligne. — Quant au papier dit *grand registre,* il ne peut contenir plus de quarante-cinq lignes à la page et de quarante-cinq syllabes à la ligne. — Les magistrats doivent veiller avec soin à la ponctuelle exécution de ce décret, dont le but principal est d'assurer aux copies d'actes de procédure une netteté et une correction qui leur manquaient trop souvent : Circ. 9 août 1862 (Rés. chr., p. 49); 8 mai 1863 ((*Id.*, p. 54). Il importe qu'ils se concertent à cet effet avec les juges taxateurs, et qu'ils ne négligent pas de provoquer l'application de l'amende établie par l'art. 2 du décret du 29 août 1813 : Circ. 18 mars 1824 et 15 avr. 1840 (Gillet, n. 1743 et 2671); Circ. 8 août 1863 précitée. — Cette dernière circulaire leur fait particulièrement cette recommandation relativement aux actes signifiés hors de France, à l'égard desquels des plaintes nombreuses se sont élevées.

10. Les exploits qui, par suite de l'intervention d'une partie civile, devraient être enregistrés au comptant, peuvent recevoir en débet la double formalité du timbre et de l'enregistrement, sur la production d'une réquisition écrite du ministère public, dans le cas où des fonds consignés par la partie civile se trouvent épuisés : Circ. 14 nov. 1861 (Rés. chr., p. 39).

— V. *Actes judiciaires, Huissier.*

EXPOSITION D'ENFANT. — **1.** La Cour de Pau a jugé, par arrêt du 16 mars 1866 (J.M.p.9.272), qu'il n'y a pas exposition d'enfant dans un lieu solitaire de la part de la fille qui, après avoir, pendant la nuit, quitté sa demeure en compagnie de sa mère et s'être, à une certaine distance, séparée de celle-ci pour s'avancer seule dans un chemin creux peu éloigné des habitations, a mis là au monde un enfant vivant, et, rappelée par sa mère, à laquelle elle avait caché sa grossesse, y a abandonné cet enfant, de telles circonstances étant exclusives de l'intention criminelle et de la condition de solitude du lieu; et qu'en conséquence, si la mort de l'enfant s'en est suivie, le fait ne constitue pas le crime prévu par l'art. 351, C. pén., mais simplement le délit d'homicide par imprudence, en sorte que c'est à tort que le tribunal correctionnel se déclare incompétent pour en connaître.

2. L'exactitude de cette décision semble contestable. — Dans l'hypothèse à laquelle elle s'applique, le fait de l'exposition ne peut être douteux, car il ne viendrait à l'esprit de personne de chercher une différence entre le cas où l'inculpée est allée à dessein donner naissance à son enfant dans un lieu écarté, et celui où elle l'y transporte après l'accouchement. — Le délaissement n'est pas moins certain; non-seulement les soins indispensables ont été interrompus, mais ils n'ont pas même commencé. — D'un autre côté, le chemin creux, la nuit obscure, l'heure avancée suffisent pour constituer un lieu solitaire, quelque peu éloigné qu'on le suppose des habitations. Ce qui a cependant arrêté la Cour de Pau, c'est le défaut de l'intention criminelle... Mais comment ne pas voir cette intention dans le soin pris par l'inculpée de cacher sa grossesse pendant neuf mois, de quitter furtivement sa couche au moment de sa délivrance, de s'éloigner de tout secours, de tenir à l'écart jusqu'à sa mère dont la surveillance relâchée lui promettait une si facile indulgence, dans son application à tout faire en un mot pour envelopper d'un mystère impénétrable l'existence de son enfant? Qu'on invoque comme circonstances atténuantes la crainte du déshonneur, le trouble et l'émotion causés par une situation douloureuse, nous le comprenons; mais qu'on se serve de ces considérations pour changer la qualification légale des faits, nous ne saurions l'admettre. V. au surplus les observations accompagnant l'arrêt précité.

— V. *Action publique*, n. 85.

EXPROPRIATION POUR CAUSE D'UTILITÉ PUBLIQUE.

1. Aux termes de l'art. 14 de la loi du 3 mai 1841, sur la production des pièces constatant que les formalités prescrites par l'art. 2 du tit. 1er et par le tit. 2 de cette loi ont été remplies, le ministère public requiert et le tribunal prononce l'expropriation pour cause d'utilité publique des terrains ou bâtiments indiqués dans l'arrêté du préfet. D'après une pratique constante, le ministère public, auquel les pièces sont transmises par le préfet, saisit le tribunal par des conclusions écrites. V. Daffry de la Monnoye, *Lois de l'expropr. pour cause d'util. publ.*, p. 70 et s.; Lebon, *Notions pratiques sur l'administr. des parq.*, p. 102.

2. C'est, d'ailleurs, moins des conclusions qu'une véritable requête, que le ministère public présente dans ce cas au tribunal. Nous avons donné, J.M.p.10.322, un modèle de cette requête. Le magistrat qui la rédige peut, de même que le tribunal dans le jugement, viser les pièces justificatives de toutes les formalités essentielles, soit d'une manière collective, soit individuellement. Cette seconde manière de procéder témoigne mieux cependant du soin que le parquet a apporté à la vérification du dossier.

3. S'il s'agit d'une expropriation poursuivie dans un intérêt communal, ou pour l'ouverture et le redressement de chemins vicinaux, les formalités à remplir par l'administration ne sont pas aussi nombreuses (art. 12) que si cette expropriation était poursuivie dans l'intérêt de l'État; mais, dans tous les cas, il convient, pour étudier le dossier et libeller la requête, d'avoir sous les yeux les tit. 1 et 2 (art. 1 à 12) de la loi du 3 mai 1841, et si l'expropriation a pour but l'ouverture ou le redressement de chemins vicinaux, il faut, en outre, se référer à l'art. 16 de la loi du 21 mai 1836.

4. La mission du ministère public, en cette matière, se borne à la présentation de la requête dont nous venons de parler. Une fois le jugement rendu, le préfet, à qui, en règle générale, appartient exclusivement l'exercice des actions de l'administration, rentre en possession de ses pouvoirs. Lui seul peut former contre la décision intervenue le recours en cassation qu'autorise l'art. 20 de la loi du 3 mai 1841. V. en ce sens, Cass., 13 déc. 1843 (S.-V. 44.1.246); — Debacq, *Action du minist. publ. en mat. civ.*, p. 276.

5. L'art. 20 précité n'ouvre, au profit de l'administration, que la voie du recours en cassation, et non celle de l'appel. Il résulte cependant d'un arrêt de la Cour de Metz du 15 janv. 1863 (J.M.

p.6.34) que le jugement qui, contrairement à la requête présentée par l'officier du parquet, a refusé de prononcer l'expropriation, est sujet à appel de la part de ce magistrat. Mais cette décision est doublement erronée, puisque, d'un côté, le ministère public est sans qualité pour agir en cette matière après le jugement rendu sur sa requête, comme nous l'avons indiqué au numéro précédent, et que, d'un autre côté, ainsi que nous venons de le dire, la loi ne permet d'attaquer ce jugement que par le pourvoi en cassation. — V. au surplus les observations accompagnant l'arrêt précité de la Cour de Metz.

6. Afin que les pourvois des préfets, formés dans l'intérêt de l'administration, ne souffrent pas de retard devant la Cour de cassation, les officiers du ministère public doivent adresser à ces fonctionnaires les dossiers relatifs aux procédures d'expropriation pour cause d'utilité publique aussitôt qu'ils sont déposés au parquet, soit après le jugement du tribunal, soit après l'ordonnance du magistrat directeur du jury : Circ. 15 avr. 1842 (Gillet, n. 2780).

EXTERRITORIALITÉ. —V. *Action publique*, n. 35 et s.; *Compétence criminelle*, n. 93 et s.

EXTORSION DE SIGNATURE. — **1.** Le délit d'extorsion de signature ou de remise soit d'écrit contenant obligation soit de fonds ou valeurs, à l'aide de la menace écrite ou verbale de révélations ou d'imputations diffamatoires, que prévoit le § 2 ajouté par la loi du 13 mai 1863 à l'art. 400, C. pén., peut-il être poursuivi par le ministère public sans plainte préalable de la partie lésée? On peut dire pour la négative que le délit dont il s'agit et que, dans un langage qui s'est imposé, on appelle le *chantage*, ne se commet qu'en vue de la diffamation; que, dès lors, il serait contradictoire, quand la diffamation publique ne peut être poursuivie sans que la partie lésée ait porté plainte, que la simple menace conditionnelle et non réalisée d'une diffamation, pût, au contraire, être l'objet de poursuites exercées d'office; qu'on ne peut séparer le § 2 de l'art. 400, C. pén., des art. 13 de la loi du 17 mai 1819 et 5 de la loi du 26 mai, et qu'une plainte est d'autant plus nécessaire à l'égard du délit prévu par la première de ces dispositions, que la diffamation ne sera rendue publique que par les poursuites mêmes auxquelles elle donnera lieu.

2. Mais, en faveur de l'interprétation contraire, on répond que le silence gardé, au sujet de la nécessité d'une plainte préalable, non-seulement par le législateur dans le texte du § 2 de l'art. 400, C. pén., mais encore par les orateurs qui ont pris part à la discussion très-animée dont cette nouvelle disposition a été l'objet au Corps législatif dans les séances des 10 et 14 avr. 1863 (V. notre *Cod. pén. modif.*, 2e part., n. 106 et s.), par le garde des sceaux dans la circulaire du 30 mai 1863, qu'il a consacrée à l'explication des modifications apportées au Code pénal (Rés. chr., p. 54 et s.), et enfin par les divers commentateurs de la loi du 13 mai 1863, montre bien que le ministère public conserve ici la liberté d'action dont il jouit généralement en matière répressive, et dont une disposition formelle peut seule le priver; que, d'ailleurs, malgré certaines analogies, le délit puni par le § 2 de l'art. 400, C. pén. (article placé, comme on le sait, dans la section des vols) diffère profondément du délit de diffamation auquel s'appliquent les dispositions précitées des lois des 17 et 26 mai 1819, et que ces deux délits sont loin d'avoir entre eux une liaison telle que les prescriptions concernant la poursuite de celui-ci puissent être réputées gouverner également la poursuite de celui-là. Cette dernière doctrine, que nous n'hésitons pas à considérer comme la plus exacte, a été implicitement consacrée par un arrêt de la Cour d'Aix du 28 mars 1866 (J.M.p.10.141).

3. Seulement, nous devons rappeler la recommandation que la circulaire précitée du 30 mai 1863 fait au ministère public d'apporter, dans une matière aussi délicate, une réserve et des ménagements tout particuliers. « Il faut éviter qu'une intervention irréfléchie ne vienne précipiter des révélations qu'il importerait de prévenir plus encore que de réprimer. L'intérêt privé peut avoir tout à perdre, et la morale publique n'a peut-être rien à gagner à l'éclat d'un scandale prémédité. D'ailleurs, il ne faut pas exagérer la portée d'une loi dont le bienfait dépendra de la sagesse de son application. Les mots « imputations diffamatoires », dont la jurisprudence fixera du reste l'interprétation, n'imposent pas au ministère public l'obligation de poursuivre sans examen dans tous les cas qui pourraient rentrer dans l'art. 13 de la loi du 17 mai 1819. »

4. Un arrêt de la Cour de Grenoble du 7 mars 1867 (J.M.p. 10.141) a fort bien jugé que l'extorsion de signature ou de remise d'écrit contenant obligation, punie par l'art. 400, § 2, C. pén., ne résulte point du fait, de la part d'un individu lésé par un délit, d'avoir, par la menace de porter plainte, obtenu de l'auteur de ce délit une transaction lui assurant même une réparation exagérée,... sauf aux tribunaux civils à faire justice de cette exagération, si elle est le résultat du dol ou de l'erreur. Le rapport dont a été précédée la loi du 13 mai 1863 et la circulaire du garde des sceaux mentionnée ci-dessus, ne laissent aucun doute sur l'exactitude de cette solution. V. notre *Cod. pén. modif.*, 2ᵉ part., n. 111, et notre *Rés. chr. des circ.*, p. 58.

5. Mais la transaction tomberait, au contraire, sous l'application de la disposition précitée, si la réparation du préjudice causé avait été déjà réglée par une première convention. Si, en effet, l'individu lésé par un délit ne fait qu'user de son droit en amenant l'auteur de ce délit à transiger avec lui sur la réparation du préjudice causé, il n'en est plus de même évidemment lorsque, après avoir réglé cette réparation par une première convention, cet individu arrache à l'auteur du délit, par la menace d'une plainte, une transaction qui n'a plus de base légitime.

EXTRADITION.

SOMMAIRE ALPHABÉTIQUE.

1. Les principes relatifs à l'extradition des Français ou des étrangers qui, après avoir commis des crimes en France, se sont réfugiés en pays étrangers, se trouvent exactement résumés dans une circulaire du ministre de la justice du 5 avr. 1841 (Gillet,

n. 2724), que le lecteur devra consulter. V. aussi à cet égard F. Hélie, *Instr. crim.*, t. 2, n. 707 et s.; Bonafos, *de l'Extradition*, p. 17 et s.

2. Le gouvernement seul peut demander l'extradition; il n'appartient ni au chef du parquet de première instance ni au procureur général de s'entendre directement à cet égard avec les autorités étrangères; ils peuvent seulement correspondre avec ces autorités pour recueillir des renseignements. La demande d'extradition doit être adressée, par l'intermédiaire du procureur général, au garde des sceaux, qui la transmet au ministre des affaires étrangères : Circ. 12 juin 1816, 11 fév. 1817 et 5 avr. 1841, § 3 (Gillet, n. 1061, 1112 et 2724).

3. Lorsque l'extradition est demandée au commencement de la procédure, le ministère public doit adresser au garde des sceaux, avec une lettre explicative, un mandat d'arrêt énonçant la qualification du fait avec le développement nécessaire, mais ne contenant pas de réquisition aux autorités étrangères, à l'égard desquelles il ne constitue pas un acte exécutoire; il ne saurait suffire de transmettre un mandat d'amener : Lett. minist. 10 janv. 1827 (Gillet, n. 1976); Circ. 5 avr. 1841, § 3.

4. Dans les cas où il y a incertitude sur la qualification des faits, la demande doit être suspendue jusqu'à la décision de la chambre d'accusation : Lett. minist. 12 mai 1849 (Gillet, n. 3196).

5. Si l'arrêt de la chambre des mises en accusation est rendu, il doit être joint à la demande; et il doit en être de même de l'arrêt de condamnation contradictoire ou par contumace qui serait intervenu : Circ. 5 avr. 1841, § 3.

6. Les renseignements et avis transmis à l'appui de la demande d'extradition ne doivent pas omettre d'indiquer si l'individu qui fait l'objet de cette demande est Français ou étranger : Décis. min. just. 17 janv. 1826 (Gillet, n. 1909).

7. La demande en extradition ne suspend pas l'instruction, qui doit être poursuivie par contumace : Lett. minist. 3 mai 1849 (Gillet, n. 3193).

8. Lorsque, postérieurement à la demande d'extradition, le fait qui l'a provoquée perd le caractère de crime pour prendre celui d'un simple délit, ou s'il intervient, soit une ordonnance ou un arrêt de non-lieu, soit une ordonnance d'acquittement, le ministre de la justice doit en être informé sans délai, pour que la demande soit retirée, ou le prévenu rendu à la liberté et conduit hors des frontières : Circ. 5 avr. 1841, § 3.

9. L'individu livré par l'autorité étrangère doit être remis d'abord à l'autorité administrative. Ensuite, le procureur général dans le ressort duquel il est amené, après avoir reçu l'ordre de conduite, s'entend avec le procureur général dans le ressort duquel l'accusation doit être purgée, pour que la translation soit opérée : *Id.*

10. Quand l'étranger dont l'extradition est accordée est sous le coup de poursuites en France, elles doivent être mises à fin. S'il est acquitté, le décret d'extradition est immédiatement exécuté; s'il est condamné, cette exécution n'a lieu qu'après la peine subie : *Id.* Cependant M. Bonafos, *loc. cit.*, p. 24, pense que, s'il s'agissait d'une peine de longue durée, il conviendrait de remettre le prévenu à l'autorité étrangère, sous la condition qu'après le jugement il serait ramené en France, afin d'y subir la peine précédemment prononcée. — Dans tous les cas, l'extradition ne peut être retardée pour un autre intérêt que la vindicte publique : Circ. précitée, *ibid.;* — Bonafos, *ut suprà.*

11. Toute demande d'extradition formée par un gouvernement étranger est adressée, avec les pièces justificatives, au ministre des affaires étrangères, lequel la transmet avec son avis au ministre de la justice, et c'est sur le rapport de ce dernier ministre que statue le chef de l'État (Décr. 23 oct. 1811, art. 1 et 2. — Lorsque le décret qui autorise l'extradition est rendu, une expédition en est immédiatement transmise au ministre de l'intérieur, qui est exclusivement chargé de son exécution, sans que l'autorité judiciaire ait aucunement à intervenir. V. la Circ. du 5 avr. 1841.

12. Dans le cas de demande d'extradition adressée au gouvernement français par un gouvernement étranger, les magistrats doivent rester en dehors de la négociation qui intervient sur cette demande. Ils ne doivent pas exécuter les mandats, ordres d'arrestation ou jugements de condamnation qui leur sont directement adressés par l'autorité étrangère, mais transmettre ces actes au ministre de la justice, qui s'entend sur la question d'extradition avec le ministre des affaires étrangères : Même circulaire, § 4.

13. C'est un principe constant que l'extradition est une mesure de haute administration sur la légalité de laquelle il n'appartient pas à l'autorité judiciaire de prononcer. V. Cass., 16 sept. 1841 (S.-V.47.1.397, *ad not.*); 11 mars 1847 (S.-V.47.1.397); 18 juill. 1851 (S.-V.52.1.157); 23 déc. 1852 (S.-V.53.1.400); 4 mai

1865 (J.M.p.10.17) et 26 juill. 1867 (*Id*.11.19); C. d'ass. de la Vienne, 3 déc. 1866 (*Id*.10.17); — F. Hélie, *Instr. crim.*, t. 2, n. 724; Trébutien, *Cours élém. de dr. crim.*, t. 2, p. 135, 142 et 143; Bertauld, *Cours de Cod. pén.*, p. 600, 3ᵉ édit.; Dalloz, *Rép.*, v° *Traité internat.*, n. 329; Bonafos, *de l'Extradition*, p. 54.

14. Jugé en conséquence qu'il n'appartient pas à la Cour d'assises de prononcer, sur la demande de l'accusé, la nullité de l'extradition dont celui-ci a été l'objet : C. d'ass. de la Vienne, 3 déc. 1866, ci-dessus; Lyon, 8 sept. 1866 (J.M.p.10.85); Cass., 26 juill. 1867 (*Id*..11.19).

15. Dès lors, aussi, l'autorité judiciaire n'a pas à s'enquérir des motifs qui ont déterminé l'extradition, quand elle a été accordée pour le crime même dont cette autorité a été saisie. — Et, en pareil cas, la demande de l'extradé tendant à l'apport de l'acte d'extradition doit être rejetée comme étant dépourvue d'objet : Même arrêt de la Cour d'ass. de la Vienne. — Mais l'apport de l'acte d'extradition pourrait être valablement demandé par l'accusé, ou ordonné même d'office par les juges, s'il avait uniquement pour objet d'éclairer ceux-ci sur la portée de cet acte. V. Ducrocq, *Rev. de législ. et de jurispr.*, t. 30, p. 23 et 24.

16. Il n'appartient pas aux juges saisis de la poursuite dirigée contre un extradé de surseoir au jugement de l'affaire jusqu'à ce qu'il ait été statué par qui de droit sur la validité de l'extradition : C. d'ass. de la Vienne, 3 déc. 1866 (J.M.p.10.17); — Ducrocq, *loc. cit.*, p. 3 et s. — V. toutefois en sens contraire, Cass., 15 mars et 16 juin 1822 (S.-V.7.1.39 et 91); 4 sept. 1840 (S.-V.40. 1.781); — Mangin, *Act. publ.*, t. 1, n. 238; F. Hélie, t. 2, *loc. cit.*; Dalloz, n. 332 et 333; Hoffman, *Quest. préjudic.*, t. 2, n. 460. — Dans tous les cas, le sursis serait parfaitement justifié, s'il n'était ordonné qu'en vue d'obtenir des éclaircissements, notamment sur la teneur de l'acte d'extradition. V. le numéro précédent.

17. Les traités et conventions d'extradition ne peuvent sans doute être expliqués ou interprétés que par les puissances entre lesquelles ils sont intervenus; mais l'autorité judiciaire est essentiellement compétente pour en faire l'application, lorsque leur sens et leur portée sont clairs et certains : Cass., 26 juill. 1867 (J.M.p.11.19). — V. en ce sens Trolley, *De la hiérarchie administr.*, t. 1, n. 119; Bertauld, p. 581 et 582; Ducrocq, p. 20.

18. Décidé encore qu'il n'appartient pas aux tribunaux d'expliquer ni d'interpréter les traités d'extradition, surtout en s'appuyant sur des documents qui émanent exclusivement de la puissance étrangère avec laquelle un semblable traité a été conclu; mais qu'ils doivent surseoir dès que le caractère des faits produits devant eux est contesté comme constituant ou ne constituant pas une extradition : Cass., 4 sept. 1840 (S.-V.40.1.781); 23 sept. 1852 (Bull., n. 412); 4 et 25 juill. 1867 (J.M.p.11.32); — F. Hélie, n. 724, 726.

19. Lorsque, le sens d'un traité d'extradition étant clair et non contesté, il s'agit simplement de décider si la remise d'un prévenu fugitif, faite par l'autorité étrangère à l'autorité française, constitue ou non une exécution de ce traité, les tribunaux sont-ils encore incompétents? L'affirmative, que la Cour de cassation a consacrée par l'arrêt du 25 juill. 1867 mentionné au numéro précédent, nous paraît douteuse, au moins dans ses termes absolus. Ne s'agit-il pas simplement, en pareil cas, de l'application du traité d'extradition, application que la Cour suprême reconnaît elle-même, comme on l'a vu ci-dessus, n. 17, être dans les attributions de l'autorité judiciaire? Suffira-t-il que le prévenu, ainsi livré à la France, soutienne que cette remise ne constitue pas une extradition, pour que les juges devant lesquels il est traduit soient tenus de surseoir jusqu'à ce que le Gouvernement se soit prononcé à cet égard? Nous comprenons que le sursis devienne nécessaire dans le cas où le fait présenté comme constitutif de l'extradition présente un caractère équivoque et nécessite dès lors lui-même une interprétation qui appartient au Gouvernement seul (V. en ce sens, Cass., 4 sept. 1840, précité). Mais lorsque le caractère d'extradition est manifeste, où serait l'utilité du sursis? En quoi le principe de la séparation des pouvoirs se trouve-t-il alors engagé?

20. La jurisprudence a maintes fois décidé que le fait seul de la remise du prévenu ou accusé au Gouvernement français suffit, quelles que soient les formes suivies, pour opérer l'extradition et autoriser les tribunaux français à statuer sur les poursuites dirigées contre l'extradé : Cass., 31 juill. 1845, 18 juill. 1851 et 23 déc. 1852 (S.-V.45.1.839; 52.1.157; 53.1.400); 26 juill. 1867 (J.M.p.11.19); C. d'ass. de la Vienne, 3 déc. 1866 (*Id*.10.17). — Conf., Bonafos, n. 24. Ne doit-il pas résulter de là que la circonstance que le prévenu ou accusé dont l'extradition a été réclamée par le Gouvernement français, a demandé et obtenu d'être livré à la justice de son pays avant l'entier accomplissement des formalités préalables à cette mesure, n'enlève pas à la remise de sa

personne faite aux autorités françaises le caractère légal de l'extradition ?

21. La Cour de cassation a jugé toutefois en sens contraire
que le prévenu fugitif qui, pour se soustraire aux délais qu'aurait nécessités l'accomplissement des formalités préalables à l'extradition, a demandé et obtenu d'être immédiatement livré aux
autorités françaises, et qui est ainsi rentré en France par un effet
de sa propre initiative, est sans droit pour se plaindre de l'inobservation des conditions applicables aux cas d'extradition : Cass.,
4 et 25 juill. 1867 (J.M.p.11.32). — Mais cette doctrine nous
semble inadmissible. Ce n'est point pour empêcher l'extradition,
qu'il sait avoir été sollicitée et être inévitable, que le prévenu ou
accusé a demandé sa remise immédiate à la justice française ;
c'est uniquement pour en éviter les lenteurs. Si le gouvernement
étranger l'eût, de son propre mouvement, livré ainsi à la France,
sur une demande d'extradition, il n'aurait pas été admis à opposer que l'extradition était irrégulière. Comment, par cela seul
qu'il a provoqué lui-même cette remise, serait-on fondé à prétendre qu'elle n'a pas le caractère de l'extradition ? Si le gouvernement étranger a renoncé à l'accomplissement de formalités
établies dans son intérêt, quel grief peut-il en résulter pour la
France, qui obtient, par un procédé plus prompt, ce qu'elle a
réclamé ? Il semble donc qu'alors le prévenu ou accusé doit être
jugé conformément aux principes qui régissent l'extradition,
c'est-à-dire uniquement sur les faits à raison desquels la remise
de sa personne a été accordée à l'autorité française. V. le numéro
suivant.

22. Le respect du droit des gens exige que l'accusé dont l'extradition a été obtenue d'un gouvernement étranger, ne puisse
être jugé par les tribunaux français sur un fait distinct du crime
pour lequel cette extradition a été accordée. Ce principe, qui a
été proclamé tout à la fois par la jurisprudence, par les auteurs
et par la chancellerie, est un principe absolu et indépendant de
toute stipulation, s'appliquant même au cas où il y aurait connexité entre le crime pour lequel l'extradition a été accordée et
d'autres faits distincts également imputés à l'extradé. V. Cass.,
4 sept. 1840 (S.-V.40.1.781); 24 juin 1847 (S.-V.47.1.677); C.
d'ass. du Pas-de-Calais, 15 févr. 1843 (S.-V.43.2.223); C. d'ass.
de la Vienne, 3 déc. 1866 (J.M.p.10.85); — Legraverend, *Législ.
crim.*, t. 1, p. 112; Bourguignon, sur l'art. 5, C. instr. crim.;
Mangin, t. 1, n. 76; Le Sellyer, *Dr. crim.*, t. 5, n. 1954 et 1955;

Fœlix, *Dr. internat.*, n. 570; F. Hélie, t. 2, n. 727; Trébutien, t. 2, p. 141; Massabiau, *Man. du minist. pub.*, t. 2, n. 1201; Dalloz, n. 337; Hoffman, t. 2, n. 463; Ducrocq, p. 13; — Circ. min. just., 5 avr. 1844 (Gillet, n. 2724).

23. A plus forte raison, lorsque l'extradition a été accordée par un gouvernement étranger pour un crime déterminé, sous la condition que l'accusé ne serait pas jugé pour un autre fait à lui également imputé, les juges saisis, à la suite de l'information, tant du crime dont il s'agit que de l'autre fait, doivent-ils se déclarer incompétents pour statuer sur ce fait? Cons. de révis. de Paris, 20 déc. 1861 (J.M.p.5.172).

24. Cependant il a été décidé, en sens contraire, que l'accusé qui, bien qu'extradé à raison d'un crime, est poursuivi pour des faits distincts, constitutifs de simples délits, n'est recevable ni à décliner la compétence à cet égard des juges devant lesquels il est traduit, ni à demander un sursis pour faire prononcer la nullité de son extradition relativement à ces mêmes faits : Lyon, 8 sept. 1866 (J.M.p.10.85). Et un magistrat qui a récemment approfondi la matière de l'extradition (M. Bonafos, p. 58 et s.), enseigne une doctrine conforme. Les juges devant lesquels est traduit l'extradé ne doivent, dit-il, qu'examiner leur compétence relativement au fait qui leur est déféré, sans se préoccuper des causes de l'arrestation, ni des circonstances ou des actes qui l'ont précédée ou accompagnée. Rien ne peut les affranchir de l'obligation de statuer sur l'accusation ou la prévention dont ils sont saisis : les actes du pouvoir exécutif français et, à plus forte raison, ceux d'un pouvoir étranger, sont sans effet à cet égard. Seulement il appartiendra à ce pouvoir d'empêcher l'exécution de leur décision, si les traités l'exigent. V. aussi, Dalloz, n. 338.

25. Mais nous ne saurions nous rallier à cette opinion. Du principe rappelé plus haut, n. 17, que l'autorité judiciaire est compétente pour appliquer un acte d'extradition dont le sens est clair, et d'en assurer l'exécution, ne résulte-t-il pas que lorsque cet acte restreint à une inculpation déterminée la mise en jugement de l'extradé, les juges devant lesquels cet acte est produit ne peuvent se dispenser d'en consulter et d'en observer les dispositions? Serait-il vrai que cette obligation constitue une entrave apportée illégalement par le pouvoir exécutif à l'action du pouvoir judiciaire? Nullement. On admet qu'il appartiendrait au pouvoir exécutif d'empêcher l'exécution de l'arrêt de la Cour d'assises ou du jugement correctionnel rendu contre l'extradé pour des crimes ou délits autres que ceux à raison desquels l'extradition a été accordée. Pourquoi n'aurait-il point ce droit à l'égard des décisions du juge instructeur ou de la chambre d'accusation concernant les mêmes crimes ou délits? Comment lui refuserait-on la faculté de soustraire l'extradé aux effets d'une simple ordonnance ou d'un simple arrêt de renvoi, lorsqu'on accorde qu'il pourrait l'affranchir de ceux d'un arrêt ou jugement de condamnation? L'influence exercée par l'acte d'extradition est, certes, autrement grave dans le second cas que dans le premier, et il est plus conforme tout à la fois à la raison et au principe de la séparation des pouvoirs administratif et judiciaire qu'elle se produise dans celui-ci.

26. On oppose un arrêt de la Cour de cassation du 5 sept. 1845 (S.-V.46.1.157), dans les motifs duquel on lit « que les restrictions de l'extradition, leur appréciation et leur exécution, tenant à l'interprétation des traités, rentrent dans le pouvoir du Gouvernement, et que son action à cet égard est indépendante des procédures criminelles, qui doivent suivre leur cours légal ». Mais, loin d'improuver l'opinion que nous défendons, cet arrêt la confirme, ainsi qu'il est facile de le voir. En disant que les *procédures criminelles* doivent suivre leur cours légal, malgré les restrictions de l'acte d'extradition, il proclame, en faveur des juridictions d'instruction une latitude que nous admettons nous-mêmes (V. *infrà*, n. 29); mais il n'étend pas cette latitude aux juridictions de jugement. Il est intervenu, en effet, sur le pourvoi formé contre un arrêt de renvoi, et il contient, indépendamment des motifs dont on argumente, d'autres considérants très-significatifs, auxquels nous renvoyons le lecteur. MM. F. Hélie, n. 729, et Trébutien, t. 2, p. 143, n'hésitent point d'ailleurs à interpréter comme nous l'arrêt du 5 sept. 1845.

27. Du reste, les juges saisis de la poursuite dirigée contre un prévenu ou accusé dont l'extradition a été accordée à raison d'un crime déterminé, seraient compétents pour connaître de faits distincts qui lui seraient également imputés, s'il y avait entre les diverses infractions, non point une simple connexité, mais une indivisibilité réelle : Cass., 18 déc. 1858 (Bull. n. 313); — F. Hélie, n. 727.

28. Ici se placent encore deux remarques essentielles. La première, c'est que ce n'est pas juger l'extradé sur un fait autre que celui pour lequel l'extradition a été accordée, que de modifier la qualification de ce fait, soit parce qu'il aurait été originairement mal qualifié, soit parce que l'admission de circonstances atténuantes ou la suppression d'une circonstance aggravante lui auraient donné un degré moindre de criminalité. V. Cass., 1ᵉʳ fév. 1845 (S.-V.45.1.591) et 18 déc. 1858 (S.-V.59.1.632); — F. Hélie, n. 728; Trébutien, p. 142, et Dalloz, n. 339. — Toutefois, nulle condamnation ne pourrait être prononcée contre l'extradé, si le fait qui a donné lieu à l'extradition, et qui était qualifié crime, se trouvait en définitive n'avoir que le caractère d'un simple délit, pour lequel l'extradition n'est jamais accordée : Cass., 4 sept. 1840, précité; — Trébutien, *ut suprà;* Bertauld, *Cours de Cod. pén.*, p. 583 (2ᵉ édit.). — *Contrà,* F. Hélie et Dalloz, *loc. cit.*

29. La seconde remarque qu'il importe de faire, c'est que le principe d'après lequel l'extradé ne peut être jugé pour un fait distinct du crime pour lequel l'extradition a été obtenue, n'empêche point que, dans le cas où l'extradé est inculpé soit d'un délit, soit d'un crime dont l'extradition n'a pas autorisé la poursuite, le juge d'instruction ou la chambre d'accusation ne doivent statuer sur tous les chefs de la procédure : Cass., 5 sept. 1845 (S.-V.46.1.157); — F. Hélie, n. 729; Trébutien, p. 143; Dalloz, n. 338. Mais, en pareil cas, les juridictions de jugement, à la différence des juridictions d'instruction, ne peuvent prononcer sur le chef non compris dans l'acte d'extradition, lequel détermine invariablement leur compétence (V. *suprà*, n. 25), ou du moins elles ne peuvent statuer sur ce chef que comme en matière de contumace. *Sic,* F. Hélie et Trébutien, *ut suprà.* MM. Dalloz, *loc. cit.*, pensent, au contraire, que si le Gouvernement n'ordonne pas que l'extradé soit soustrait aux débats sur le chef non prévu par l'acte d'extradition, il devra être passé outre au jugement et à l'exécution de la condamnation qui viendrait à être prononcée. « La mise en jugement, disent-ils, serait, il est vrai, une violation du traité; l'exécution du jugement en serait une autre; mais le pouvoir judiciaire se serait tenu dans la stricte légalité. Les conséquences de ces faits seraient débattues de gouvernement à gouvernement. » Une semblable doctrine est évidemment inadmissible. Loin de se concilier avec la légalité, elle serait une violation manifeste du principe rappelé ci-dessus, n. 22, et admis, comme on l'a vu, par MM. Dalloz eux-mêmes.

30. Le consentement de l'extradé à être jugé sur d'autres chefs d'accusation que ceux à raison desquels son extradition a été accordée, rend-il les juges saisis de la poursuite compétents pour connaître de ces chefs d'accusation? L'affirmative a été consacrée par diverses décisions (C. d'ass. du Pas-de-Calais, 15 fév. 1843, S.-V.43.2.223); Cass., 24 juin 1847 (S.-V.47.1.676), et elle a l'assentiment de MM. Legraverend, *Législ. crim.*, t. 1, p. 11; Dalloz, *loc. cit.*, n. 334, et Ducrocq, *ut suprà*, p. 34. — Mais elle a été improuvée par le ministre de la justice, dans une lettre adressée au procureur général de Douai à l'occasion de l'arrêt de la Cour d'assises du Pas-de-Calais mentionné plus haut et inséré dans la note 2 jointe à cet arrêt au recueil Sirey, et elle est repoussée également par M. F. Hélie, n. 727 : « Il est certain, dit cet auteur, que l'adhésion du prévenu ne peut modifier ni les règles de la compétence, ni l'exécution d'une convention dans laquelle il n'a point été partie. » On doit, ce semble, répondre, avec M. Ducrocq, que le droit de l'accusé de purger en entier dans un débat contradictoire l'accusation dans les liens de laquelle il se trouve, est supérieur aux règles de compétence qu'on lui oppose et qu'on ne saurait l'en priver sans violer en lui les franchises de la défense. — Ajoutons, du reste, que la chancellerie s'est ralliée à l'opinion générale dans l'affaire où est intervenu l'arrêt de la Cour d'assises de la Vienne du 3 déc. 1866 mentionné *suprà*, n. 13 et 20. Une dépêche du garde des sceaux au procureur général de Poitiers, en date du 25 nov. 1866, porte, en effet: « Vous devrez vous conformer à la convention diplomatique et à mes instructions, en requérant que l'accusé ne soit jugé que sur le chef de faux, *à moins qu'il n'accepte volontairement la décision du jury sur les autres points.* » — Ces dernières expressions indiquent que le consentement de l'accusé doit être formel. L'arrêt de la Cour d'assises de la Vienne exige aussi, et avec pleine raison, que l'accusé consente *expressément* à être jugé sur tous les chefs compris dans l'arrêt de mise en accusation. V. également Ducrocq, *loc. cit.*

31. L'agent de change failli étant assimilé, non au banqueroutier simple, mais au banqueroutier frauduleux, l'acte par lequel l'extradition d'un agent de change failli a été accordée ne saurait cesser de lui être opposable, sous le prétexte que, d'après ses termes, cet acte ne s'applique qu'au crime de banqueroute frauduleuse : Cass., 26 juill. 1867 (J.M.p.11.19). — Le principe sur lequel repose cette décision est enseigné par MM. Hélie et Chauveau, *Théor. Cod. pén.*, t. 5, n. 1979, et Bédarride, *Bourses de comm.*, etc., n. 466 et s., qui la justifient pleinement par l'analyse des travaux préparatoires du Code pénal, et n'ont pas de peine à démontrer l'inexactitude de la doctrine contraire de Carnot, *Comment. Cod. pén.*, t. 2, p. 365, d'après laquelle le mot *faillite*, dans l'art. 404 de ce Code, devrait s'entendre de la banqueroute simple et non d'une pure cessation de paiements V. encore, toutefois, en sens opposé à la solution ci-dessus, Mollot, *Bourses de comm.*, t. 2, n. 623.

32. Les tribunaux excèdent leurs pouvoirs en ordonnant qu'un prévenu qu'ils considèrent comme détenu en dehors des conditions stipulées par les traités d'extradition, soit reconduit à la frontière de la puissance qui l'a livré; une telle mesure est dans les attributions exclusives de l'administration : Cass., 25 juill. 1867 (J.M.p.11.32). — V. aussi F. Hélie, n. 724.

33. De ce que l'extradition est un acte libre de souveraineté, il suit qu'elle peut être accordée par un gouvernement pour un crime autre que ceux mentionnés dans les conventions diplomatiques: Circ. min. just., 5 avr. 1841 (Gillet, n. 2724); Cass., 4 mai 1865 (J.M.p.10.17) et 6 juin 1867 (*Id*.11.19); — F. Hélie, n. 714; Trébutien, t. 2, p. 143; Bertauld, *loc. cit.*; Dalloz, n. 301; Bonafos, p. 56.

34. Dès lors, l'extradé n'est pas recevable à se plaindre devant l'autorité judiciaire de ce qu'il est mis en jugement pour un crime autre que ceux prévus par le traité autorisant l'extradition, alors que l'extradition a été accordée à raison de ce crime : Cass., 4 mai 1865, précité.

— V. *Action publique*, 47, 48, 56; *Extradition*, 3-6°.

FIN DU TOME PREMIER.

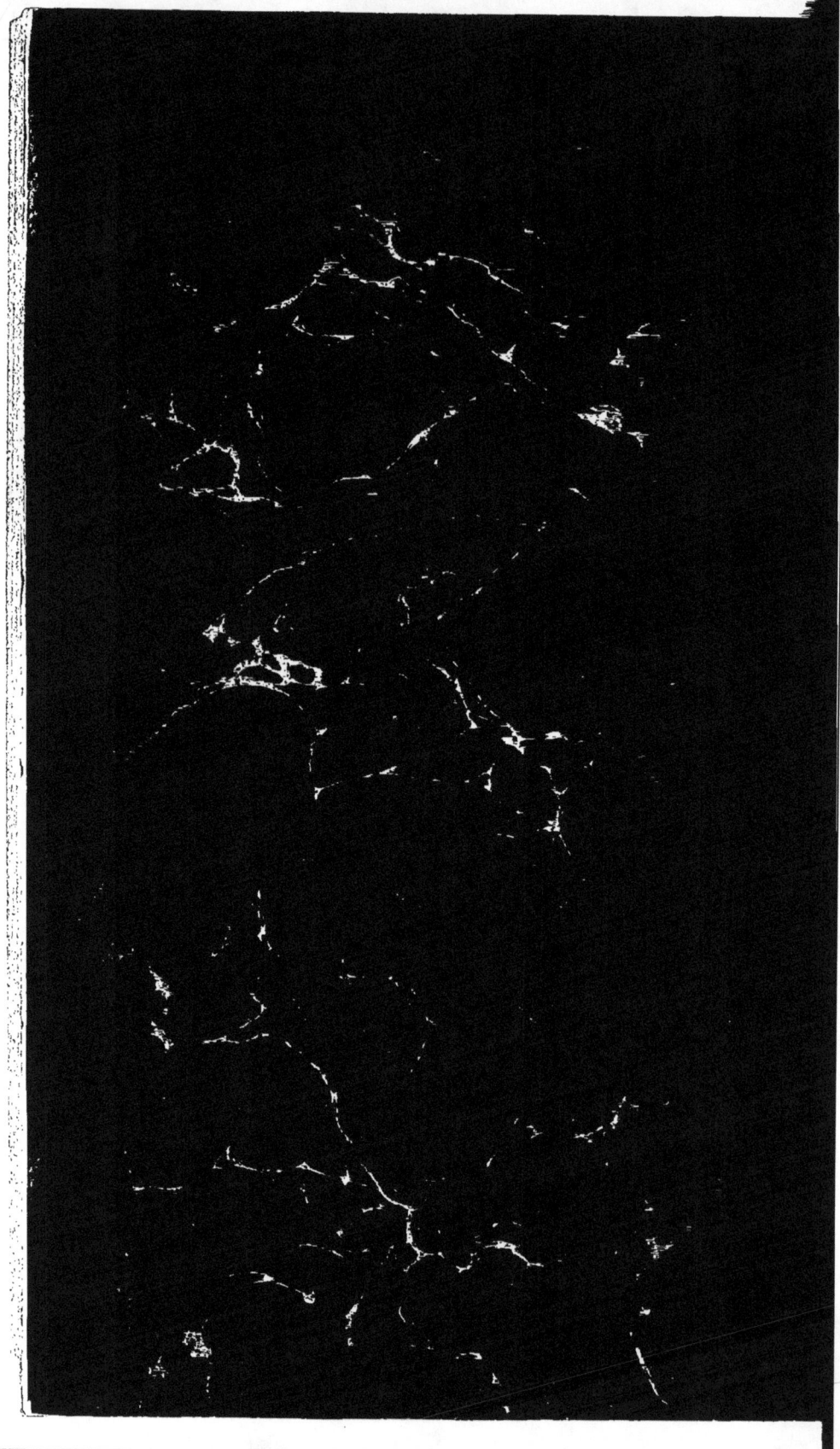

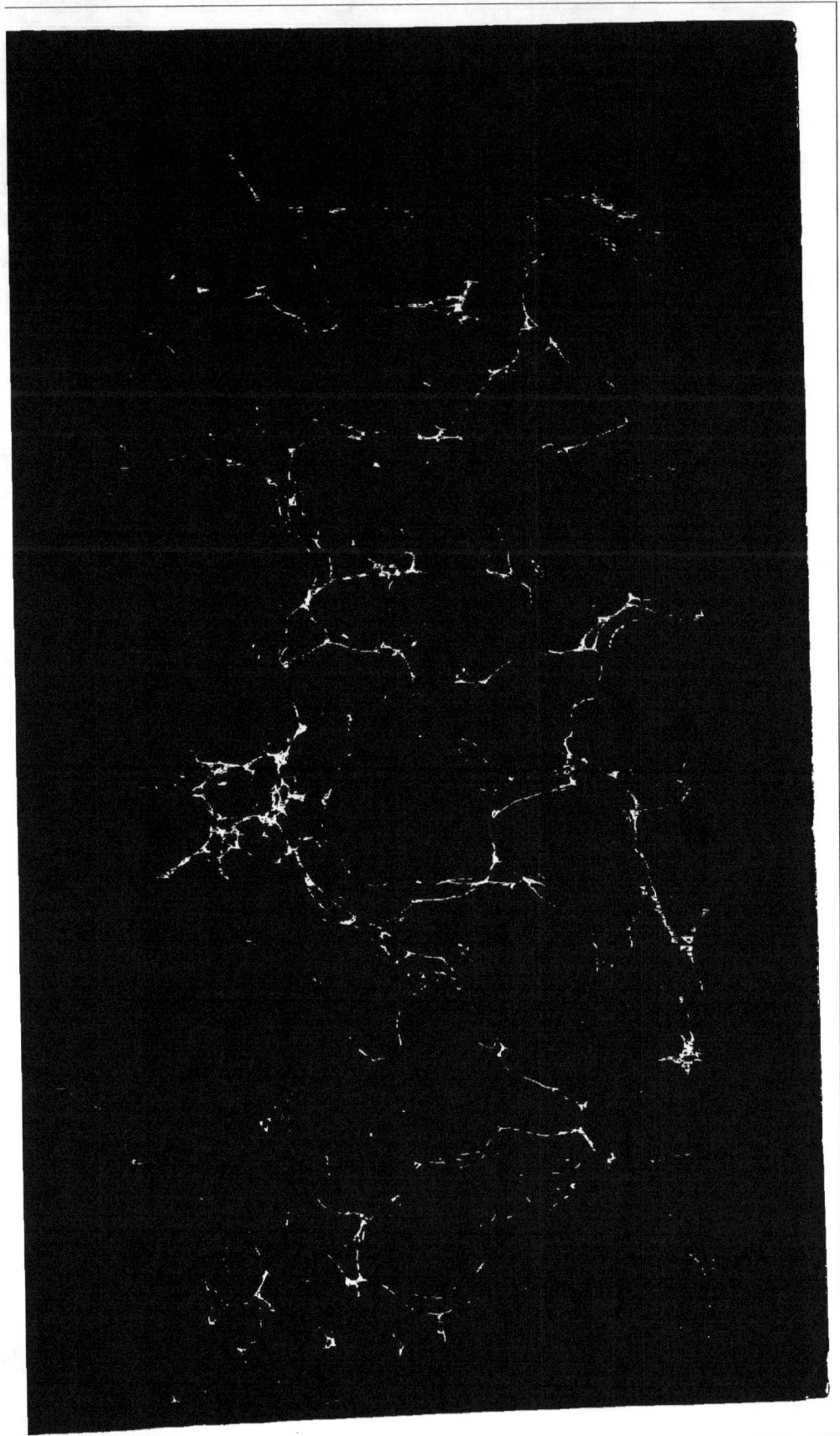

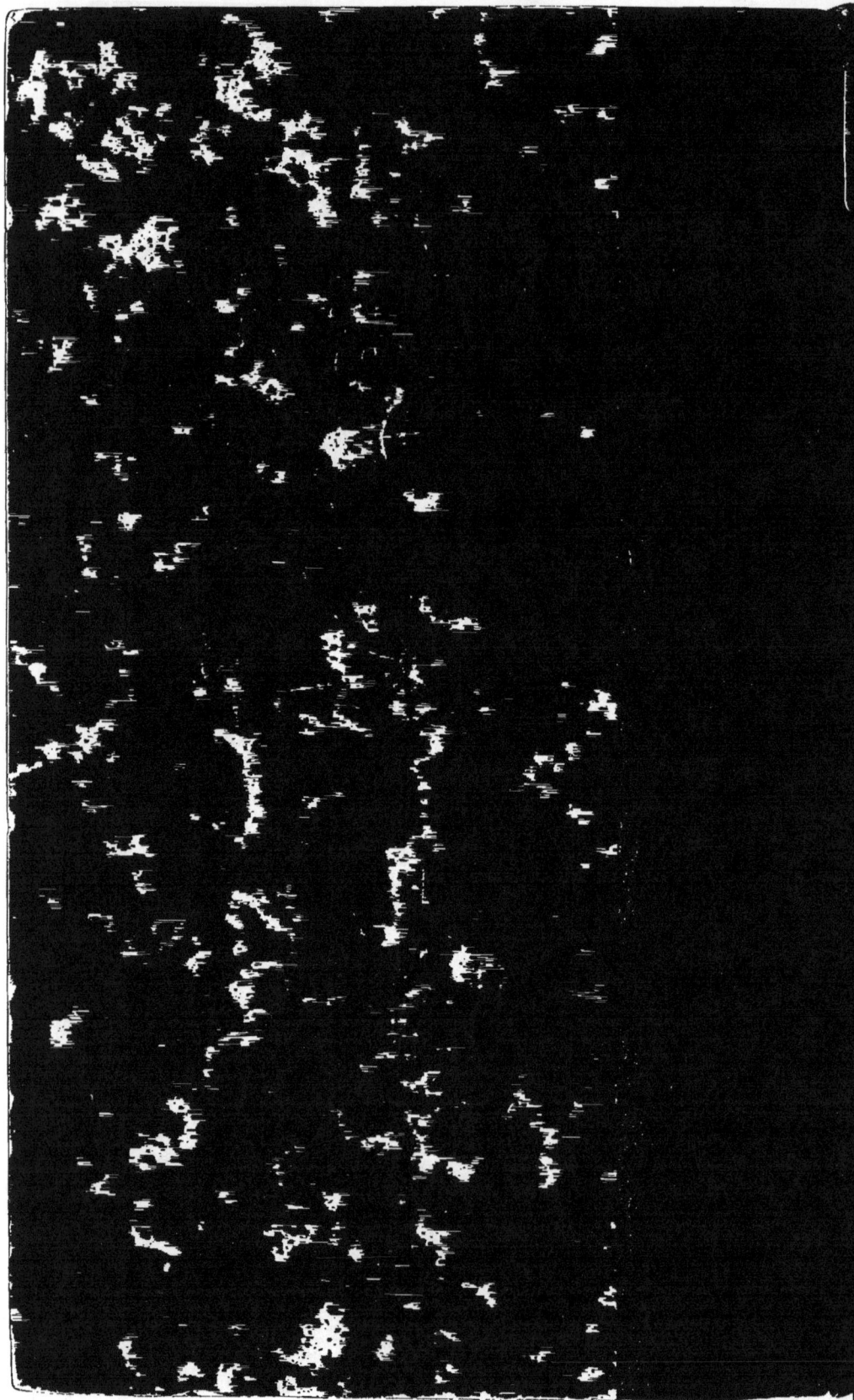